湖北省学术著作出版专项资金资助项目

中国学术档案大系

主编 陈文新

本书为山东大学自主创新项目成果

严复学术档案

主 编 朱修春
副主编 李明慧 李国庆

WUHAN UNIVERSITY PRESS
武汉大学出版社

图书在版编目(CIP)数据

严复学术档案/朱修春主编. —武汉：武汉大学出版社,2015.3
中国学术档案大系
ISBN 978-7-307-12110-2

Ⅰ.严…　Ⅱ.朱…　Ⅲ.严复(1853~1921)—学术思想—研究
Ⅳ.B256.5

中国版本图书馆 CIP 数据核字(2013)第 265294 号

责任编辑:李　琼　　责任校对:汪欣怡　　版式设计:马　佳

出版发行:武汉大学出版社　(430072　武昌　珞珈山)
　　　　(电子邮件：cbs22@whu.edu.cn　网址：www.wdp.whu.edu.cn)
印刷:武汉中远印务有限公司
开本:720×1000　1/16　印张:34.75　字数:514 千字　插页:2
版次:2015 年 3 月第 1 版　　2015 年 3 月第 1 次印刷
ISBN 978-7-307-12110-2　　定价:78.00 元

目　　录

近三十年严复研究综述(代序)

严复是近代中国文化转型的代表人物之一，在系统介绍西学和推动教育现代化方面具有不可磨灭的功绩。无论是在时人眼里，还是在后世研究严复的学者看来，严复的翻译工作、政治经济文化思想以及中西汇通的理念都值得我们不断探究、反复讨论。

改革开放以来，史学研究逐渐步入正轨，严谨化、科学化、社会化日益突出，呈现了欣欣向荣的景象。借助这股东风，关于严复及其思想的研究也取得了不少突破性进展，不仅探究得更为全面、细致，而且对于以往较少关注的层面也有着墨，涌现出不少较有分量的大部头著作。据笔者不完全统计，近三十年来，有关严复研究的论文达到2000余篇，著作150余本。严复学术研究会、严复研究会等专业学术机构的建立，以及各类纪念性与讨论性学术会议的召开，都推动了严复思想研究的深入拓展。三十年是一个节点，有必要作全面的总结概括，归纳严复研究的特点、趋向以及不足，以为后来的研究提供借鉴和便利。针对近三十年的研究动态，以往学者对于严复思想的综述性讨论多局限于政治思想层面，笔者有鉴于此，将试图从严复生平，严复的译介工作，严复政治思想、教育思想、哲学思想等方面去探讨①，力求全面。

一、严复生平研究

对于严复生平事迹的考证探讨，一直是严复研究的重点。早在严复

---

① 近三十年中，对于严复经济和文学思想的讨论不是很多，所以笔者不单列条目，而是分别将其与政治思想研究和翻译思想研究放在一起略作讨论。

先生逝世后，各类年表、传记或是评传便层出不穷。陈宝琛的《清故资政大夫海军协都统严君墓志铭》、王蘧常的《严几道年谱》、王允皙的《侯官严先生行状》、柯劭忞的《严复传》以及严复长子严璩辑录的《侯官严先生年谱》等论著都堪称佳作，为后来者的研究提供了不少借鉴。

而近三十年来，在过往研究的基础上，严复生平的研究呈现出了相互补充的两个特点。其一，综论严复生平的专著增多，力求全面、细致地概括严复一生。王栻、俞政合著的《严复》（江苏古籍出版社1984年版），较为完整地记叙了严复的生平事迹，从"海军生涯"开始一直说到"病重辞世"，着重铺陈影响严复政治、社会思想形成及转变的事件，对严复的译著和思想变迁有着细致的探讨。陈越光、陈小雅的《摇篮与墓地：严复的思想和道路》（四川人民出版社1985年版）则着眼于严复的思想道路，在时代背景下突出了严复思想的发展轨迹，传统文化滋养下成长的严复，并没有固守孔孟之道，而是向西方寻找解决现实问题的路径。此外，欧阳哲生的《严复评传》（百花洲文艺出版社1994年版）、牛仰山的《严复》（新蕾出版社1993年版）、杨正典的《严复评传》（中国社会科学出版社1997年版）、皮后锋的《严复大传》（福建人民出版社2003年版）等都是研究严复生平不错的专著。当然，还有相当一部分学者把精力放在严复学术资料的整理上，王栻主编的《严复集》（中华书局1986年版）便是其中的代表，该书按照诗文、书信、专著和按语四类收录了严复主要的生平著述，精而不杂，为研究的进一步开展提供了很好的史料基础。而王思义编著的《生斯世何必无情：严复家书》（辽宁古籍出版社1996年版）则另辟蹊径，整理了严复的家书，展现了严复不为人知的一面。

美国学者本杰明·史华兹（Benjamin I. Schwartz）的《寻求富强：严复与西方》（*In Search of Wealth and Power*：*Yan Fu and the West*）颇具批判与反思色彩，自出版后，便对国内学者产生巨大震动。作者不囿于严复生平的叙述，"我不打算把这本书完全写成严复的传记。我的注意力将主要集中在他所关心的事和他的思想上"，① 通过对严复几

---

① ［美］本杰明·史华兹著，叶凤美译：《寻求富强：严复与西方》，江苏人民出版社1989年版，第4页。

部重要译著进行分析，抽丝剥茧，逐层深入，论证严复独特的自由主义坚守和渴望国家富强的愿望。当然，书中的很多观点也引起了不少学者的反对，汪荣祖就在《严复的翻译》一文中与史华兹进行了商榷。汪荣祖认为，史华兹的很多论点是建立在他所不能理解中国古文义法的错误判断之上。例如史华兹以严复翻译《天演论》时使用佛、道用语而认为严复具有神秘主义的思想倾向，汪荣祖以为这正是史华兹不懂古文用典传统和句法的错误表现，"西方汉学家不通古文义法，以致有此漏见"①。

其二，关于严复生平研究的第二个特点，是专题研究大为拓展，呈现更加碎片化的趋势。在严复与时人关系的讨论中，王宪明以严复维新变法时期所作《辟韩》为切入点，从三个方面探讨文章所涉及的人际关系。长期以来，学术界较为一致地认为严复写作《辟韩》展现了他对中国专制制度强烈批判和彻底否定的态度，《时务报》将文章转载之后，张之洞特别授意屠仁守撰文批驳。王宪明却不以为然，通过对史料的细密爬梳，他认为《辟韩》一文，"无论在人事上还是在道统文化上都是对李鸿章的批评和对张之洞的支持，而张之洞之所以要批驳严复的《辟韩》，主要是为了塞守旧者之口，以防守旧者以此为借口来反对维新变法"②。王宪明不但对文章发布的时代和文化背景进行深入分析，而且从具体文本出发，将《孝感屠梅君侍御辨〈辟韩〉书》的写作心态、用词含义透彻剖析，从而得出结论，"张之洞之所以要《时务报》发《辨〈辟韩〉书》，主要目的并不是要批《辟韩》的作者，而是因为《辟韩》一文犯了'时忌'，可能会成为守旧派大员和社会上顽固人士向维新阵营攻击的口实，从而扼杀维新的一线生机和希望，故从保护维新阵地和维新志士出发，对《辟韩》一文进行了象征性的批评，其用心可谓良苦"③。

---

① 汪荣祖：《严复的翻译》，载《中国文化》1994 年第 1 期，第 118 页。
② 王宪明：《解读辟韩——兼论戊戌时期严复与李鸿章张之洞之关系》，载《历史研究》1999 年第 4 期，第 113 页。
③ 王宪明：《解读辟韩——兼论戊戌时期严复与李鸿章张之洞之关系》，载《历史研究》1999 年第 4 期，第 127 页。

关于学界一直争论的"光绪六年严复任职北洋水师学堂"的事，姜鸣在《龙旗飘扬的舰队——中国近代海军兴衰史》中较早提出了严复任职为"洋文正教习"的观点，他在书中指出，严复"在学堂的职务，也不是人们常说的'总教习'，而是驾驶学堂'洋文正教习'"①。而马自毅在《"总教习"还是"洋文正教习"——严复任职北洋水师学堂期间若干史实考证》一文中也指出，光绪六年(1880 年)，严复学成回国后，在北洋水师学堂担任的职务不是"总教习"而是"洋文正教习"。② 马自毅结合上海图书馆中李鸿章档案的相关史料，逐步考证了严复留学英国、任职北洋水师学堂等史实，同时他认为，严复升任总教习的时间应该是光绪十五年(1889 年)。黄克武在《走向翻译之路：北洋水师学堂时期的严复》一文中，亦同样表示赞同姜鸣的观点，并且提出"总教习"是指驾驶学堂洋文总教习，可能是"洋文正教习"的别称。③ 2006 年，福建师范大学严复研究所联合中国社会科学院近代史研究所、厦门大学历史系等单位召开了纪念严复逝世 85 周年国际学术研讨会，会议综述针对"正教习"与"总教习"的考订问题，作了总结："进一步弄清严复在北洋水师学堂任职情况，详细说明严复由'洋文总教习'(亦称'洋文正教习')一职开始其教学生涯以及由'会办'到'总办'的升迁过程，发前所未发。但'正教习'等同于'总教习'的说法，似可进一步探讨。"④

二、严复翻译研究

梁启超曾经盛赞严复"于西学中学皆为我国第一流人物"，这正

---

① 姜鸣：《龙旗飘扬的舰队——中国近代海军兴衰史》，三联书店 2002 年版，第 148 页。

② 马自毅：《"总教习"还是"洋文正教习"——严复任职北洋水师学堂期间若干史实考证》，载《历史研究》2004 年第 2 期，第 68 页。

③ 黄克武：《走向翻译之路：北洋水师学堂时期的严复》，载《中央研究院近代史研究所集刊》2005 年第 49 期，第 6 页。

④ 林平汉：《严复学术与思想研究新进展——纪念严复逝世 85 周年国际学术研讨会综述》，载《福建师范大学学报》2007 年第 2 期，第 172 页。

是基于严复对译介西方名著的贡献。严复一生共译九部西学著作,数量虽然不多,但都可堪称精品。即使是以古文翻译,仍可不失原意,而且更有着不一样的典雅味道。严复在翻译实践中,提出了译文工整的三个原则"信、达、雅",至今仍是学界广泛讨论的话题。近三十年,关于严复翻译思想的研究,"信、达、雅"是无论如何都绕不开的话题,而且探究越来越深入,显著的特点是理论性更强,评点更加理性。

关于严复翻译三原则的地位、定义及其相互关系,早在 20 世纪就有过广泛争论,中国翻译工作者协会翻译通讯编辑部编著的《翻译研究论文集(1894—1948)》(外语教学与研究出版社 1984 年版),其中收录了 37 位译界学者的 48 篇论文,较为详实地记录了中国那几十年间翻译理论的发展状况。近三十年来,涉及"信、达、雅"标准的争论已然不多,大多数学人已经把它当做翻译中不容忽视的理论而进行研究,对标准本身的探讨渐趋减少,但总结性的文字明显增多。刘靖之主编的《翻译论集》(三联书店 1981 年版)、沈苏儒的《论信达雅——严复翻译理论研究》(商务印书馆 1998 年版),罗新璋、陈应年主编的《翻译论集》(商务印书馆 1984 年版)等都属此类专著。黄克武在《严复的翻译:近百年来中西学者的评论》一文中作了较为详细的总结、分析,作者认为:"整体来看,近百年来对严复翻译事业的讨论形成了一个非常复杂的评估传统。这些评估环绕着严复所提出的信雅达的翻译三原则。"①而汪荣祖则以"信、达、雅"为切入点,初步探讨了严复的翻译思想,他在文中指出,"严复以典雅的古文译笔,阐释近代西方玄理,把外国新酿,包装在古色古香的旧酒瓶中"②。

严复的翻译不仅译介西方名著,更重要的是借助翻译的形式,传播西学理论,其中饱含他开民智的思想期许。颜德如进而指出,"虽然严复本人没有写过有关翻译思想的系统论著,但是综观他现已公开

---

① 黄克武:《严复的翻译:近百年来中西学者的评论》,载《东南学术》1998 年第 4 期,第 94 页。

② 汪荣祖:《严复的翻译》,载《中国文化》1994 年第 9 期,第 118 页。

的所有文章，我们不难发现，他对翻译实有自己的比较系统的看法"①。作者在论文中不惧繁琐，逐层深入，从翻译的前提、翻译的标准、翻译的宗旨、翻译的关键、翻译的素养、翻译的组织、翻译的动机七个方面较为系统地概括了严复的翻译思想。

近年来，对严复翻译思想的研究，逐步呈现跨学科综合研究的态势，除了运用翻译理论进行深入考察之外，哲学、社会学的理论解析也开始出现在讨论的舞台上。王玲英从意识形态的角度出发，阐释了严复翻译中"信"的原则。作者认为，"严复的翻译实践和他提出的翻译标准'信'是受融合他本人和当时社会的主流意识形态操控的。而这种意识形态的介入与操控也是一种必然，并非偶然的历史现象。因为严复在他的翻译年代开始受到西方现代意识形态影响，无论情愿或不情愿都必须接受西方现代思想意识的精神洗礼"②，作者通过对严复翻译实践的分析，并运用列弗维尔的翻译操纵理论，指出翻译实际上是由多重因素操控的结果。赵艳的硕士学位论文《从意识形态对严复〈天演论〉翻译过程的操纵看翻译是改写》，作者以《天演论》为分析文本，主要探讨了意识形态对严复翻译过程的操控。类似的文章还有罗欢的硕士论文《从操控论角度研究严复〈天演论〉的翻译》以及刘艳芳的硕士论文《严复翻译中的意识形态操纵作用研究》等。

在翻译之外，严复文学思想的研究，却被普遍忽略，特别是严复的诗歌研究。由于严复翻译和写作用的是文言文，新文化运动之后，古文地位一落千丈，严复雅致的桐城派古文反而成了批评的对象。对严复文学思想一直缺少独创和有益的研究，很多附属在严复翻译、哲学思想的讨论中。随着近三十年严复研究专题化的不断扩展，这一现象有所改变。杨正典从严复的诗歌理论入手，初步整理了严复的美学思想。作者指出，"严复在创作动机、艺术趣味、形象思维等关键问

---

① 颜德如：《严复翻译思想新探》，载《福建论坛》2005 年第 6 期，第 76 页。

② 王玲英：《严复翻译之"信"与意识形态操控》，载《中山大学学报论丛》2005 年第 4 期，第 109~110 页。

题上，都对诗歌艺术的审美特征进行了深入的研究，他一方面继承了中国古代美学的优良传统，另一方面又有着独立的探索和建树，而这一切，都将给后人以巨大的启示。"①张修龄、马卫中同样从诗歌着手，以严复诗歌的内容和形式，论证严复属于"同光体"诗派，进而揭示了严复传播西方文化与固守旧诗观念这一矛盾现象的内在原因。② 在文学改革层面，张宜雷认为，严复不仅是翻译家和思想家，而且是 19 世纪文学变革的先驱。张宜雷提出五点设想，以支持他的结论，主要包括：严复引进进化论思想为文学变革提供思想武器；他将人性本体论引入小说领域，开"小说界革命"先河；他最早提出了文学审美价值论；他的散文吸收了西方论说文体注重逻辑论证的特点，在散文文体演变中起了重要过渡作用。③ 同时，惠萍的博士论文《严复与近代文学变革》着重探讨了严复的文学理念，并且进一步梳理了严复与近代文学变革的关系。韩国学者白光俊则从严复的写作手法着手，试图论证严复文言的书写观点，他肯定了严复为适应当时书写和传播环境采用文言作文的方法，"严复坚持用文言翻译，减少了守旧人士对西学的反感，可以诱导他们的眼界转向新的思想潮流。从这个意义上讲，严复的书写还是有肯定的价值的"④。不过，白光俊的论证略显单薄，猜测忖度的成分可能多一些。韩江洪的著作《严复话语系统与近代中国文化转型》算是这方面的代表作了，他以社会语言学、文体学、翻译改写论、目的论、翻译规范论作为理论基础，结合理论阐述、个案分析和历史考证的研究方法，重点阐述了严复话语系统的内在机理。

---

① 杨正典：《严复诗歌美学思想初探》，载《文史哲》1991 年第 5 期，第 94 页。

② 张修龄、马卫中：《严复诗歌初论》，载《苏州大学学报》1996 年第 4 期，第 70 页。

③ 张宜雷：《严复与中国文学的现代化变革》，载《理论与现代化》2004 年第 5 期，第 71 页。

④ ［韩］白光俊：《严复的文言书写观点》，载《徐州师范大学学报》2004 年第 1 期，第 37 页。

三、严复政治思想研究

政治思想研究历来是严复研究中的学术重地,对严复在特殊时代背景下具有的经世救国思想、维新改良思想、自由主义思想的剖析一直是其中的重中之重。近三十年来,在已有基础上,亦不断深化。不但在严复的实践层面,而且从文本中挖掘潜在的思想倾向,使得严复政治思想的研究持续积累素材,没有因为时间的流逝而僵化不前。

比较研究的方法被广泛采用,很多学者将严复的政治思想置于具体的历史语境,与同时代的人物进行比较。俞政把严复和梁启超做了类比,作者认为,二者在自由主义思想的取向上有很多相同之处,总的来说,严复的自由主义学术气息较浓,而梁启超的自由主义思想则明显更注重实用,特别是在自由概念的理解上,"梁、严二人都认为自由与奴隶相反对,其义为无拘无束,万不能曲解成放纵或放肆。但是梁启超一度把自由与自治混为一谈,而严复则始终坚持自由的实质就是自主"[1]。接着,作者继续深入,针对两人在自由的重要性、封建中国的自由实质、自由的约束与限制、自由的坚守与维护、团体自由(国群自由)与个人自由(小己自由)的关系等方面展开讨论,较为全面地展现了严复与梁启超的自由主义观念。赵慧峰、俞祖华二人,将严复与胡适的自由主义思想放在近代自由主义思潮传承的背景下作比较,他们都赞成渐进的改良方式,反对急风骤雨式的革命道路,主张温和的改革,而在个体与群体的关系、民主宪政、经济自由以及言论自由等问题上,严复与梁启超既有着相似的思想倾向,当然也存在着不一样的路径选择。但在作者看来,从严复到胡适,他们二人的自由主义思想,属于"既有传承又有失落,既有发展又有失落,从而代表了近代自由主义思潮发展的不同阶段"[2]。李双璧在《历史研究》上

---

① 俞政:《严复和梁启超自由思想的几点比较》,载《社会科学研究》2004年第4期,第105页。

② 赵慧峰、俞祖华:《从严复到胡适:近代自由主义思潮的传承与调适》,载《文史哲》2010年第6期,第78页。

发表了一篇文章,探讨严复与康有为的政治变革思想。作者从理论基础、价值取向、改革方案、思想影响层面,逐步深入,层层递进,说明了严复和康有为对晚清思想变革的走向有着不同的功用与贡献。作者指出,"他们的变革思想之不同,不在于思想水平的高低,而在于观察问题的角度和思考问题的方法之不同"①,作者以时代背景为基点,分析指出,康有为是用传统治经方法和传统救国模式探寻救国道路的最后一人,方法虽旧,但政治思想却是新的。而严复则是以新观念、新思想、新方法为中国近代思想启蒙的第一人,与康有为相比,方法是新的,可政治思想上却相对保守。苏中立从理想社会模式的角度比较了严复和谭嗣同,作者以为,他们设计的理想社会模式在旗号、层次、思想资源、理论基础等方面有许多共同之处。主要包括:第一,都是从救国出发、以进化思想为指导而设计理想社会蓝图;第二,都有二级理想社会层次;第三,都有传统的大同思想和西方的社会主义思想资源;第四,都提出理想社会模式的理论基础是自然人性论和人道主义。同时,作者也对比了严复和谭嗣同理想社会模式的不同之处,发现他们在思想渊源、具体内容、实现途径等方面也有一些不同的特点。②

对于严复政治思想的研究,不只是对严复自由主义的态度有着广泛的争鸣③,譬如宪政观念、现代国家构建以及晚年政治思想转变情况,也是近年来受到学者普遍关注的问题。王宪明对于严复的建国构想及其历史影响进行了初步梳理,并以此为基础,认为我们对严复晚年思想应本着同情的原则,而不必过分苛责。作者认为,《社会通诠》和《政治讲义》集中反映了严复对于三种"国家"形式的认识,辛亥革命以后,构想进一步丰满,"应该像西方国家建立各自独特的教化那样,改用新式机器来发掘和淘炼中国固有的宝藏,建立中华民族所

① 李双璧:《康有为严复变革思想比较》,载《历史研究》1990 年第 3 期,第 130 页。

② 苏中立:《戊戌时期谭嗣同和严复的理想社会模式之比较》,载《史学月刊》1998 年第 6 期,第 78~82 页。

③ 相关分析参见李艳红:《近十年来严复思想研究综述》,载《湘潭大学学报》2002 年第 6 期,第 90~91 页。

特有的'教化'，从风俗、民情、世道人心方面，确保国家的长治久安"①。作者同时指出，所谓严复晚年思想的倒退，提倡尊孔读经，其实背后深藏着对民族文化的终极关怀。对于严复晚年政治思想的转变，史学界历来存在较大争议。传统观点认为，严复的思想属于早期进步，晚期反动。而近三十年来，这一评价体系逐渐松动，呈现了不一样的观点。其中杨正典的评价一针见血，"严复执着于他的渐进改良，于'革命立宪皆非其所措意'成了掉队的先行者"②。甄建均在《严复晚年思想的变化及其归宿》一文中直接指出，"晚年严复思想的变化过程，对今人谋求民族文化的现代化，有着远不得以'反动'为名的深刻启迪"③。同样，也有学者持不同观点。赵群群认为，严复的政治思想在维新变法时期是符合历史潮流的，但到了辛亥时期却与社会脱节。虽然作者主张严复政治思想的主流没有变化，但是严复"他所坚持的政治思想与时代发展的呼声不同步，因而是保守的、落后的"④。同样，阳伶也持相近的观点，作者甚至认为，严复早期的政治思想是积极进步的，主张变法维新，但是进入晚年，他的思想却趋于保守落后，他主张教育救国，复辟帝制。出现这种变化的原因，作者给出了三点："第一，中国残酷的现实和第一次世界大战的破坏使他对西方文化失去了信心；第二，其庸俗进化论的理论思想决定其政治态度日趋保守；第三，理论与实践相脱离也是其思想落后的重要原因。"⑤张平海、李爱峰在《严复政治思想转变的原因探析》一文中，同样指出："辛亥革命后，其政治立场更为落后，不仅反对任何革命，就是其他变革也表示反对。其政治思想日趋落后的原因主要是他

① 王宪明：《严复的建国构想述论》，载《清华大学学报》1999年第3期，第66页。

② 杨正典：《严复评传》，中国社会科学出版社1997年版，第31页。

③ 甄建均：《严复晚年思想的变化及其归宿》，载《学术研究》2000年第8期，第101页。

④ 赵群群：《再论严复政治思想的转变——从戊戌变法到辛亥革命》，载《大庆师范学院学报》2011年第1期，第12页。

⑤ 阳伶：《严复早晚期政治思想的变化及原因》，载《湘潭大学学报》2005年第2期，第82页。

不能正确认识社会发展的形势，思想跟不上社会发展的速度，不能与时俱进，反映了资产阶级的局限性。"①实际上这些观点可以算是老生常谈，但也从其他层面作了较过去更为深入的探讨。评价历史人物的思想应该与时代背景相符合，放在过去的框架中，而不是一味地以今人眼光强求苛责，对于严复晚年的思想转变，不能简单地用"反动"、"落后"来概括。

　　近年来，对严复政治思想中的宪政成分，不少学者发文作了探讨，值得我们关注。任艳妮的硕士论文《严复宪政思想研究》对严复宪政思想作了系统梳理，作者从严复宪政思想的形成和发展、主要内容以及评价方面作了较为全面的考察。龙江在论文中指出，严复宪政思想的根源很多，人性论、自由主义和实证主义、进化论、重商主义、个人社会经历等在其宪政思想形成过程中发挥了作用。在严复心中，新的宪政就是"限制以皇权为代表的行政权，实行三权分立制度，着重议会代表制，少数服从多数和政党制度及地方自治"②。吴向红、杜力夫也认为，严复倡导的是反对专制、限制皇权的资产阶级民主宪政，不可求急、求快，"民主宪政制度的建设之所以不能太快，与其说是因为严复先生保守，不如说是因为他对民主宪政历史的了解使然"③。王建龙则认为，严复作为近代中国宪政思想的代表人物，他所追求的终极目标并不是富强而是"治道"。作者进而指出，"严复试图在追求富强的基础上进一步追求保持富强的最好的方式，追求一种长治久安的'治道'；不仅如此，严复希望把追求富强和保持富强的方式统一起来，使实现富强的方式与保持富强的方式一以贯之"④。在此基础上，杨阳著《富强抑或自由：严复宪政思想研究》

---

① 张平海、李爱峰：《严复政治思想转变的原因探析》，载《河南师范大学学报》2000 年第 1 期，第 13 页。

② 龙江：《论严复的宪政思想》，载《山东社会科学》2007 年第 2 期，第 133 页。

③ 吴向红、杜力夫：《严复宪政法治思想初探》，载《福建论坛》2007 年第 8 期，第 135 页。

④ 王建龙：《试论严复宪政思想的终极目标》，载《福建论坛》2005 年第 4 期，第 68 页。

（中国人民公安大学出版社 2009 年版）一书，对于严复宪政思想的探究作了全面而又深刻的总结。该书先是梳理了近代西方宪政思想的概念，然后以严复译著为考察对象，逐步展开对其宪政思想的形成背景与发展演变的探讨。

严复的经济思想与政治思想不可分割、紧密相连，二者处于同种分析架构的思维衍生。严复在翻译英国古典经济学家亚当·斯密（Adam Smith）的代表作后，将其命名为《原富》出版。通过书中案语，严复将自己对经济学的理解与观感充分展露。早在 1935 年，郑学稼在《严侯官先生的政治经济思想》一文中就指出，严复的政治经济学思想受到普遍忽略，"年轻的人，知道译《国富论》的郭大力和王亚南，或许不知严复罢"①。虽然随着时代的演进，严复当初倡导的经济思想在现在看来可能要幼稚许多，但严复毕竟是属于开创性的人物，他所译出的《原富》对于中国学者了解西方古典经济学具有启蒙作用。近年来，这个问题逐步得到重视，相关研究也取得了突破性进展。俞政在《论严复的经济自由主义》中，针对严复在《原富》中的经济自由主义思想作了讨论，作者认为，"它为民族资本主义的发展提供了先进的理论指导，为民族资产阶级反对封建势力的斗争提供了有力的思想武器，它是在中国创建资本主义社会的必要的理论准备之一"②。同时，俞政在另一篇文章中，又探讨了严复《原富》以外文章中散见的经济思想。作者以为，严复不论政治，而以"救贫"作为当时中国的头等大事，究其原因，主要包括：一、戊戌变法惨遭慈禧太后为首的顽固派的残酷镇压，国人记忆犹新；二、严复撰文时距《辛丑条约》的签订为时不远，战败的创伤尚未治疗，巨额的赔款又强加到了中国人民的头上；三、严复在翻译《原富》的过程中，已经深刻领会并且全面掌握了亚当·斯密的经济理论；四、严复曾于 1901 年接受张翼的邀请，短期担任开平矿务有限公司中国董

---

① 郑学稼：《严侯官先生的政治经济思想》，载《文化建设》1935 年第 20 期，第 49 页。

② 俞政：《论严复的经济自由主义》，载《苏州大学学报》1994 年第 3 期，第 106 页。

事部的华总办之一。① 正是这四个因素，促成严复不问政治而关心经济建设。此外，李秀丽的《严复的自由主义经济思想》（载《山西财经大学学报》2005 年第 5 期）以及冯英的《析严复的经济自由主义思想》（载《黑龙江社会科学》2002 年第 5 期），都不同程度地探究了严复经济自由主义的思想倾向，观点大同小异。

四、严复哲学思想研究

由于译介西方哲学和社会学名著，严复的哲学思想历来广受关注。特别是严复所处时代的特殊性，他的翻译工作，不仅仅局限于简单介绍西方哲学思想，而且汇聚形成了他自己的一套哲学体系。从新中国成立以来至 20 世纪 80 年代，严复的哲学思想研究长盛不衰，学者主要着眼于严复哲学的性质和地位，大概有四种课题：天演论哲学、实证主义哲学、经验主义哲学、机械唯物主义哲学。近三十年，随着研究的不断深化，不但原有课题取得了新的进展，而且注重探究严复思想中与传统文化相契合的哲学观念。

关于严复哲学的性质和地位。杨宪邦认为，严复的哲学观是天演论哲学，"严复的哲学虽有实证论、机械论的因素，但基本上不是实证论，也不是机械论，而是天演论"②。同时，杨宪邦肯定了严复哲学观在近代中国历史上的地位，严复的天演论哲学观对于近代中国资产阶级维新派、资产阶级民主革命派和激进革命民主主义者的世界观、认识论和方法论的建立和发展，都有着重要的贡献和深远的影响。③ 李承贵则认为，"严复哲学的产生主要是为了解决近代中国面临的'如何对待西学、变法和如何对待西方列强侵略'等课题，从而使其哲学的唯物唯心性质不突出，而哲学功用性质特别明显；就其对

---

① 俞政：《20 世纪初严复的经济思想》，载《徐州师范大学学报》2003 年第 1 期，第 105 页。

② 杨宪邦：《论严复的天演论哲学》，载《社会科学辑刊》1984 年第 1 期，第 56 页。

③ 杨宪邦：《论严复的天演论哲学》，载《社会科学辑刊》1984 年第 1 期，第 64 页。

近代中国思想界的作用看，可称为启蒙哲学"①。杨正典指出，严复的哲学中虽然有实证主义倾向，但不能就此认为是实证主义哲学。严复"以近代自然科学三大发现以及星云说、以太说为思想基础，建立了进化唯物哲学理论"，可以称之为进化唯物哲学。② 陈国庆、刘惠娟同样认为严复的哲学思想是进化论，但他的进化论不是纯粹西方式的，而是结合时代特征，吸收、借鉴赫胥黎和斯宾塞的进化论理念而形成的新进化观，并且影响国人认识到实现富强和图存救亡的重要性。③ 陈遵沂则通过史实论证，严复不但对近代西方的实证方法和逻辑方法有着深刻的认识，而且大力提倡，在当时起了十分重要的作用。④

关于严复哲学中的伦理、道德思想。张岂之、陈国庆在《近代伦理思想的变迁》一书第七章中着重探讨了严复"开明自营"的新伦理观，作者认为，严复具有开明的、合理的利己主义思想和改造国民道德的"三民"主张，这与过去的道德观是有所不同的。⑤ 徐曼也认为，严复"在宣传、介绍西方近代伦理道德学说的同时，对中国传统伦理道德也进行了整理和改造，形成了由进化伦理观、自由平等伦理观、'开明自营'、'背苦趋乐'伦理观构成的伦理思想体系"⑥，不仅使国人获得了新知，更重要的是为中国传统伦理学输入了一套新的世界观、方法论，以及新的思维方式和价值观念。李承贵则认为，严复作为汇通中西学的大师，借助西学，对中国传统道德进行了全面透视，并且进行改造和更新。作者同时指出，严复对中国传统道德的改铸主要表现在义利关系、群己关系、自由责任关系、权利义务关系、善恶

---

① 李承贵：《建国以来严复思想研究综述》，载《学术月刊》1995 年第 10 期，第 105 页。

② 杨正典：《严复评传》，中国社会科学出版社 1997 年版，第 193 页。

③ 陈国庆、刘惠娟：《严复对进化论的选择与创新》，载《西北大学学报》2003 年第 1 期，第 36 页。

④ 陈遵沂：《严复对西方近代实证方法与逻辑方法的认识》，载《理论学习月刊》1989 年第 10 期，第 46 页。

⑤ 张岂之、陈国庆：《近代伦理思想的变迁》，中华书局 1993 年版，第 199 页。

⑥ 徐曼：《严复伦理思想探析》，载《理论月刊》2011 年第 5 期，第 43 页。

标准等方面，具有鲜明的资本主义伦理色彩和较强烈的后现代价值诉求两大特点。① 汪丹更是指出，严复在译介、传播西方个体本位的自由主义的同时，也对其危害进行了反省。从文化层面讲，"严复的自由观反映出的是中国伦理本位文化所能容忍与接受的自由意志，而非西方个体本位文化中原汁原味的自由意志"② 魏义霞则从宗教观出发，对严复的哲学伦理思想进行了探讨。作者认为，严复出于现实的需要而不是学术兴趣，凭借着深厚的西学素养，探讨了宗教的起源、分布和演变，并且介绍了孔德、斯宾塞等人的宗教思想，而严复最终是想通过对中国社会宗教状况的分析和保教与保种、保国关系的厘清，突出强调"自强保种"的观念。③

五、严复教育思想研究

在严复小的时候，严家便很重视严复的教育，为其择良师而教。严复的官宦生涯也与教育有着密不可分的关系，他曾先后在北洋水师学堂、安徽高等学堂、复旦公学、北京大学等校任职，不但熟稔中西教育观念，而且在实践中不断改革中国传统教育方式。可以说，严复的教育学说和教育改革为中国教育的近代化作出了不可磨灭的贡献。在严复的观念里，无论是改良、宪政，抑或是革命，中国的富强最终要依靠振兴教育的道路。严复一生的追求，"鼓民力、开民智、新民德"，依靠的正是教育。对于严复教育思想的研究，近三十年，仍然秉承过往的研究理念，对严复兴教育的思想和行为基本持肯定的态度，同时在严复教育思想的内容、来源和评价上亦有所突破。

对于严复教育思想的论述。皮后锋在《严复的教育生涯》中，对严复毕生所从事的教育事业作了集中概括，爬梳史实，理顺线索，从

---

① 李承贵：《论严复对中国传统道德的改铸》，载《福建论坛》2004 年第 5 期，第 41 页。

② 汪丹：《严复"伦理本位"的自由观》，载《天津师范大学学报》2006 年第 1 期，第 33 页。

③ 魏义霞：《严复的宗教观与孔教观》，载《天津师范大学学报》2012 年第 5 期，第 24 页。

严复总办北洋水师学堂开始，到出任安徽高等学堂监督、主持复旦公学校政，最后执掌北京大学。作者为我们展现了一个为教育兢兢业业的严复，通过这些史实的梳理，作者认为严复的办学经历，反映了近代中国社会关系的复杂及教育救国之路的艰难与曲折。① 做类似工作的还有许多学者，崔运武就是其中一位。崔运武对严复的教育思想进行了系统的研究，通过文本和实践的解读，详细地论述了严复教育的内容、理念以及教育思想的建构。崔运武以为，严复一生都处在中西文化的交汇点上，他大力倡行过西学的先进，也在不断反思；他强烈批评过中学的迂腐，但最终在辛亥革命后又自觉回归"传统"。② 崔运武从中西文化教育的角度，对严复的教育思想进行了阐述。纵然严复的教育事业有收获，也有失落，但是，不容否认，"严复是中国近代教育领域里毕生追寻适合使中国走向富强而应有的新教育的探索者"③。同时，廖芹的博士论文《严复教育思想研究》，从严复教育思想的来源、对旧教育的反思以及对新教育的提倡等角度，也对严复的教育思想进行了较为全面的整理。程方平对严复的教育工作也作了充分肯定，尽管在他看来，严复后期走向保守，但是"严复在他的一生中，除了投身到反帝反封建的斗争中去，就是潜心教育，试图通过教育来达到自己的理想境界"④。

王民认为，长期以来，史学界对严复的教育思想作了卓有成效的研究，但是对于其形成过程中的内在基础却缺乏关注。作者试图从几个层面分别探讨：一、个人的教育经历与实践是严复教育思想形成的重要资本；二、西方学说的启示是严复教育思想形成的重要依据；三、对中国传统教化和洋务教育的理性批判是严复教育思想形成的重要思考。最后，作者得出结论："拥有丰富的教育经历与实践，接受了先进的西方教育理念，对中国教育现状的理性批判与思考，是严复

---

① 皮后锋：《严复的教育生涯》，载《史学月刊》2000 年第 1 期，第 24 页。
② 崔运武：《严复教育思想研究》，辽宁教育出版社 1993 年版，第 1 页。
③ 崔运武：《严复教育思想研究》，辽宁教育出版社 1993 年版，第 263 页。
④ 程方平：《严复教育思想述略》，载《苏州大学学报》1984 年第 1 期，第 125 页。

教育思想形成过程中不可或缺的自身基础。"①韩立云则认为，在严复建构的教育体系中，最为重要的应该是培育资产阶级自由国民的教育目标，这是严复的希望，亦是严复开展教育活动的归宿。除了教育目标以外，作者还细致地论证了严复的教育对象、教育原则、教育内容、教育方式，以说明严复教育思想的革新经过。② 陈敏、陈伯强同样认为严复的教育改革具有创新精神，归纳起来，主要表现在以下四个方面：第一，提出体智德三育并重的教育观；第二，主张三段建制和贯彻优胜劣汰原则；第三，主张社会科学与自然科学并重；第四，倡导使用归纳法和演绎法进行教学。③

对于严复教育思想的评价，大多数论著在介绍严复教育思想的同时，会涉及褒贬问题，但多是一笔带过，缺乏系统研究。总的来说，对严复教育思想的肯定和赞扬是占主要方面的。崔运武在《严复教育思想研究》一书中，关于严复的教育思想与实践，如此评价道："在我们论及维新乃至清末的教育时，在康、梁、严等诸人中，严复理应处于首位，因为这不仅仅是作为教育思想家而论，严复对教育的投入，远非他人可比，而更为重要的，是他在理论上的开拓，他的理论的深度与广度，也是他人望尘莫及的。"④同时，作者也看到，严复在中国近代教育思想史上的地位被远远低估，这既是由于人物评价体系的欠缺，也是我们没有真正理解严复教育思想内涵的缘故。韩立云在探究严复教育思想所具备的革新理念后，认为其对开启中国教育近代化作出了很大贡献：首先，"三育并举"的教育目标要求受教育者个体的全面发展，尤其是对个体"自由"意志的强调是近代民主发展的最基本内涵。其次，教育对象由精英扩大到大众，这既是时代发展的

---

① 王民：《论严复教育思想形成的自身基础》，载《福州大学学报》2002 年第 4 期，第 109 页。

② 韩立云：《严复教育革新思想探析》，载《贵州文史丛刊》2012 年第 3 期，第 88 页。

③ 陈敏、陈伯强：《论严复改革教育的创新精神》，载《福建师范大学学报》2003 年第 1 期，第 113~115 页。

④ 崔运武：《严复教育思想研究》，辽宁教育出版社 1993 年版，第 265 页。

所需，也是中国教育向近代发展的必然趋势。再次，对教育原则和教育内容的进一步发展，开始了中西融合、古今融合的过程，这恰恰是近代化过程的两个方面。最后，严复强调根据教学内容的要求和学生的身心发展的特点，构建以近代实验教学方法为重点并包含言语讲授法在内的新的教学方法体系，这可以说是"教育的科学化的初露端倪"，而教育科学化是近代教育发展的总趋势。① 张红则从严复教育救国的观念出发，评点严复的教育思想：教育救国思想的提倡和教育救国思潮的推进，教育制度的变革和教育内容的更新，造就了中国近代新型的知识分子群，他们开始摆脱封建教育的羁绊，接受新思想、新文化，走上了救国救民的道路，许多优秀分子成长为反帝反封建斗争的先锋力量。② 只是，严复希冀依靠教育救国的目的最终却没有达到。陈月茹探讨了严复教育的价值取向，而对于严复的教育救国思想，却认为，"严复的教育思想一直受制于其政治思想。'教育救国论'并非出自他对教育价值的模糊看法，因为严复的教育价值观完全是服从、服务于他的政治立场的。严复教育价值观的不合理性是显而易见的"③。陈月茹客观强调了严复政治追求对其教育思想的影响，但似乎有夸大的嫌疑。

综上所述，近三十年，无论是从宏观层面概括，还是从微观层面挖掘，严复研究的各个方面都取得了可喜的成绩，不少领域有了前所未有的突破。但评价总要坚持两点论、重点论。严复思想研究，在已有的基础上，还有必要进一步推进科学化、专题化、综合化，在许多仍未涉及或研究不到位的方面，譬如严复的史学思想、文学思想，依然需要学者不畏艰苦，继往开来。

（李国庆）

---

① 韩立云：《严复教育革新思想探析》，载《贵州文史丛刊》2012 年第 3 期，第 92 页。

② 张红：《试评严复的"教育救国"思想》，载《天津师范大学学报》1995 年第 6 期，第 48 页。

③ 陈月茹：《论严复的教育价值观》，载《山东师范大学学报》1997 年第 3 期，第 68 页。

严复研究经典论著评介

吴汝纶致严复书①

吴汝纶

（一）丙申七月十八日（1896 年 8 月 26 日）

前接惠书，文艺至高。不鄙弃不佞，引与衷言，反复诵叹，穷于置对，因此久稽裁答。抑执事之微旨，何其深远而沈郁也。时局日益坏烂，官于朝者，以趋跄应对，善候伺，能进取，软媚适时为贤。持清议者，则肆口妄诋諆，或刺取外国新闻，不参彼己，审强弱，居下讪上以钓声誉②，窃形势，视天下之亡，仅若一缾盆之成若毁，泊然无与于其心。其贤者或读儒家言，稍解事理，而苦殊方绝域之言语文字，无从通晓；或习边事，采异俗，能言外国奇怪利害，而于吾土载籍旧闻，先圣之大经大法，下逮九流之书，百家之异说，瞑目而未尝一视，塞耳而了不一闻。是二者，盖近今通弊，独执事博涉，兼能文章。学问奄有东西数万里之长，子云笔札之功，充国四夷之学，美具难并，钟于一手，求之往古，殆邈焉罕俦。窃以为国家长此因循不用贤则已耳，如翻然求贤而登进之，舍执事其将谁属？然则执事后日之事业，正未可预限其终极。即执事之自待，不得不厚，一时之交疏用寡，不足芥蒂于怀，而屈、贾诸公不得志之文，虞卿魏公子伤心之事，举不得援以自证。尚望俯纳刍荛，珍重自爱，以副见慕之徒之所仰期。幸甚，幸甚！

---

① 本篇选自王栻：《严复集》第五册，中华书局 1986 年版。
② 《桐城吴先生全书》作"钓声"，今从《严几道诗文钞》。

尊译《天演论》，计已脱稿，所示外国格致家谓顺乎天演，则郅治终成。赫胥黎又谓不讲治功，则人道不立，此其资益于自强之治者，诚深诚邃，某以浅陋之识，妄有论献，亦缘中国士人，未易遽与深语，故欲以外国农桑之书，遍示人人，此亦迂谬之妄见也。尊意拟译穆勒氏之书，尤欲先睹为快，献书称官，此自古法，奈何欲易之。唯鉴察不宣。

（二）丁酉二月初七日（1897 年 3 月 9 日）

吕临城来，得惠书并大著《天演论》。虽刘先主之得荆州，不足为喻。比经手录副本，秘之枕中。盖自中土翻译西书以来，无此宏制。匪直天演之学，在中国为初凿鸿蒙，亦缘自来译手，无似此高文雄笔也。钦佩何极！抑执事之译此书，盖伤吾士之不竞，惧炎黄数千年之种族，将遂无以自存，而惕惕焉欲进之以人治也。本执事忠愤所发，特借赫胥黎之书，用为主文谲谏之资而已。必绳以舌人之法，固执事之所不乐居，亦大失述作之深诣。顾蒙意尚有不能尽无私疑者，以谓执事若自为一书，则可纵意驰骋；若以译赫氏之书为名，则篇中所引古书古事，皆宜以元书所称西方者为当，似不必改用中国人语。以中事中人，固非赫氏所及知，法宜如晋宋名流所译佛书，与中儒著述，显分体制，似为入式。此在大著虽为小节，又已见之例言，然究不若纯用元书之为尤美。区区谬见，敢贡所妄测者，以质高明。其他则皆倾心悦服，毫无间然也。惠书词义深懿，有合于《小雅》怨诽之诣。以执事兼总中西二学，而不获大展才用，而诸部妄校尉，皆取封侯，此最古今不平之事，岂亦①天演学中之所谓天行者乎？然则执事故自有其所谓人治者在也。

大著恐无副本，临城前约敝处读毕，必以转寄。今临城无使来，递中往往有遗失，不敢率尔。今仍命小婿呈交，并希告之临城为荷。近有新著，仍愿惠读。肃颂道履，不宣。

---

① 《桐城吴先生全书》作"此岂亦"，今从《严几道诗文钞》。

（三）戊戌二月廿八日（1898 年 3 月 20 日）

接二月十九日惠书，知拙序已呈左右，不以芜陋见弃，亮由怜其老钝，稍宽假之，便有以自慰。至乃以五百年见许，得毋谬悠其词已乎。鄙意①西学以新为贵，中学以古为贵，此两者判若水火之不相入，其能熔中西为一冶者，独执事一人而已。其余皆偏至之诣也。似闻津中议论，不能更为异同，乃别出一说，以致其媢妒之私，曰：严君之为人，能坐言而不能起行者也。仆尝挫而折之曰：天下有集中西之长，而不能当大事者乎？往年严公多病，颇以病废事，近则霍然良已，身强学富识闳，救时之首选也，议者相悦以解。传闻南海张侍郎，因近日特科之诏，举执事以应，诚侍郎之爱执事。顾某以为特科徒奉行故事耳，不能得真才；得矣，亦不能用。愿执事回翔审慎，自重其才，幸勿轻于一出也。卓见何如？

前读尊拟万言书，以为王荆文公上仁宗书后，仅见斯文而已。虽苏子瞻尚当放出一头地，况余子耶？况今时粗士耶？独其词未终，不无遗憾。务求赓续成之，寄示全璧。虽时不能听，要不宜惩羹吹齑，中作而辍。篇中词意，往复深婉，而所言皆确能正倾救败之策，非耳食诸公胸臆所有。某无能裨益山海，承诱掖使言，则一得之愚，谓宜将所云计臣筹数千万之款，及航海②西游之赀，用扬榷而言之，使读者知所筹皆切实可行，乃不为书生空谈。又如前幅所治之学，与所建白，有异于古，非陛下与内外大臣疆吏所尝学，无以知其才而区别贤否，此某所以决特科之为奉行故事，不能得真才，而劝执事之慎于一出者为此。虽然，此不可形之封事中，以为不知己者之诟厉。彼大臣虽万不能知，万不能区别，而有一人揭其不能之隐，则恨之次骨，此绛灌所以腐心于贾生也。则吾虽明知其不能，而必且遁为他说，以使之容纳吾言，而无中其所忌。此在凡上言者皆尔。况执事精通西学，奈何使谗间者得太阿之柄，而谓我自炫所长，以历诋公卿乎？此虽近

---

① 《桐城吴先生全书》作"鄙论"，今从《严几道诗文钞》。
② 《桐城吴先生全书》作"杭海"，今从《严几道诗文钞》。

于不直，要有合于与上大夫闾阎之诣，亦用世者周身之防，似亦不宜不一厝意也。愚见如此，未审有当否。

斯密氏《计学》稿一册，敬读一过，望速成之，计学名义之雅训，又得实，吾无间然。《天演论》凡己意所发明，皆退入后案，义例精审，其命篇立名，尚疑未慊。卮言既成滥语，悬疏又袭释氏，皆似非所谓能树立不因循者之所为。下走前钞福（副者）本，篇各妄撰一名，今缀录书尾，用备采择。吕君已视事，想少清暇商榷文字矣。

（四）戊戌七月初七日（1898 年 8 月 23 日）

惠书并新译斯密氏《计学》四册，一一读悉。斯密氏元书，理趣甚奥赜，思如芭蕉，智如涌泉，盖非一览所能得其深处。执事雄笔，真足状难显之情，又时时纠其违失，其言皆与时局痛下针砭。无空发之议，此真济世之奇构。执事虚怀谦挹，憨憨下问，不自满假。某识浅，于计学尤为祷昧，无以叩测渊懿，徒以期待至厚，不敢过自疏外，谨就愚心所识一孔之明，记之书眉，以供采择。其甘苦得失，则唯作者自喻，非他人所能从旁附益也。

尊著万言书，请车驾西游，最中肯綮，又他人所不敢言。其文往复顿挫，尤深美可诵，自宜续成完书，不宜中途废止。所示四事，皆救时要政，国势险夷，万法坐敝，条举件论，不可一二尽。又风俗不变，不惟满汉畛域，不能浑化，即乡举里选，亦难免贿赂请托、党援倾轧之弊。而土著为吏，善则人地相习，不善则亲故把持。此皆得半之道，非万全之策，似不如不复枚举。但以劝远巡为一篇归宿，斟酌今日财政，于何筹此巡游经费，便是佳文。若国政之因革损益，似非一篇中所能尽具也。尊论利济之说，一人功成，必千因万缘，与之为辅，断无举世乖违，而能成事，最为通识。至于舟壑潜移，牛哀化虎，则尤有不忍言者。近日议法之家，皆自奋其室中之见。楚中所议科举，尤为难行。今之秀孝，虽未必果材，然国家一切屏（应为摒，编者注）弃不齿，恐亦有不测之忧。吾恐西学不兴，而中国读书益少，似非养育人才之本意也。《国闻报》中有治事治学为两途之论，几道所为无疑，他人无此议也。

（五）己亥正月三十日（1899 年 3 月 11 日）

惠示并新译①《计学》四册，斯密氏此书，洵能穷极事理，镂刻物态；得我公雄笔为之，追幽凿险，抉摘奥赜，真足达难显之情，今世盖无能与我公上下追逐者也。谨力疾拜读一过，于此书深微，未敢云于少得，所妄加检校者，不过字句间眇小得失，又止一人之私见。徒以我公数数致书，属为勘校，不敢稍涉世俗，上负锤诿高谊，知无当于万一也。独恐不参谬见，反令公意不快尔。某近益老钝，手蹇眼滞，朝记暮忘，竟谆谆若八九十，心则久成废井，无可自力。因思《古文辞类纂》一书，二千年高文，略具于此，以为六经后之第一书，此后必应改习西学。中学浩如烟海之书，行当废去，独留此书，可令周孔遗文，绵延不绝。故决计纠资石印，更为校勘记二卷，稍益于未闻，俟缮写再呈请是正。元著四册奉缴，不具。

（六）己亥二月廿三日（1899 年 4 月 3 日）

得二月七日惠示，以校读尊著《计学》，往往妄贡疑议，诚知无当万一，乃来书反复齿及，若开之使继续妄言，诚谦抑不自满假之盛心，折节下问，以受尽言，然适形下走之盲陋不自量，益增惭恧。

来示谓新旧二学当并存具列，且将假自它之耀以袪蔽揭翳，最为卓识。某前书未能自达所见，语辄过当。本意谓中国书籍猥杂，多不足行远，西学行则学人日力夺去大半，益无暇浏览向时无足轻重之书，而姚选古文则万不能废，以此为学堂必用之书，当与六艺并传不朽也。若中学之精美者，固亦不止此等。往时曾太傅言："六经外有七书，能通其一，即为成学，七者兼通，则闲气所钟，不数数见也。"七书者《史记》、《汉书》、《庄子》、《韩文》、《文选》、《说文》、《通鉴》也。某于七书，皆未致力，又欲妄增二书，其一姚公此书，余一则曾公十八家诗钞也。但此诸书，必高才秀杰之士，乃能治之，

---

① 《桐城吴先生全书》作"新绎"，今从《严几道诗文钞》。

若资性平钝，虽无西学，亦未能追其途辙。独姚选古文，即西学堂中亦不能弃去不习，不习，则中学绝矣。世人乃欲编造俚文，以便初学，此废弃中学之渐，某所私忧而大恐者也。区区妄见，敬以奉质。

别纸垂询数事，某浅学不足仰副明问，谨率陈臆说，用备采择。欧洲文字与吾国绝殊，译之似宜别创体制，如六朝人之译佛书，其体全是特创。今不但不宜袭用中文，并亦不宜袭用佛书。窃谓以执事雄笔，必可自我作古。又妄意彼书固自有体制，或易其辞而仍其体似亦可也。不通西文，不敢意定，独中国诸书无可仿效耳。来示谓行文欲求尔雅，有不可阑入之字，改窜则失真，因仍则伤洁，此诚难事。鄙意与其伤洁，毋宁失真。凡琐屑不足道之事，不记何伤。若名之为文，而俚俗鄙浅，荐绅所不道，此则昔之知言者无不悬为戒律。曾氏所谓辞气远鄙也，文固有化俗为雅之一法，如左氏之言马矢，庄生之言矢溺，公羊之言登来，太史之言伙颐，在当时固皆以俚语为文而不失为雅。若范书所载铁胫、尤来、大抢、五楼、五蟠等名目，窃料太史公执笔必皆芟薙不书，不然，胜、广、项氏时，必多有俚鄙不经之事，何以《史记》中绝不一见？如今时鸦片馆等，此自难入文，削之似不为过。傥令为林文忠作传，则烧鸦片一事固当大书特书，但必叙明原委，如史公之记平准，班氏之叙盐铁论耳。亦非一切割弃，至失事实也。姚郎中所选文似难为继。独曾文正经文杂抄，能自立一帜，王、黎所续，似皆未善。国朝文字，姚春木所选国朝文录，较胜于廿四家，然文章之事，代不数人，人不数篇。若欲备一朝掌故，如文粹、文鉴之类，则世盖多有。若谓足与文章之事，则姚郎中之后，止梅伯言、曾太傅及近日武昌张廉卿数人而已。其余盖皆自邻也。

来示谓欧洲国史略似中国所谓长编、纪事本末等比。然则欲译其书，即用曾太傅所称叙记、典志二门，似为得体。此二门曾公于姚郎中所定诸类外，特建新类，非大手笔不易办也。欧洲纪（应为记，编者注）述名人，失之过详，此宜以迁、固史法裁之。文无剪裁，专以求尽为务，此非行远所宜。中国间有此体，其最著者，则孟坚所为王莽传。若穆天子、飞燕、太真等传，则小说家言，不足法也。欧史用韵，今亦以韵译之，似无不可，独雅词为难耳。中国用韵之文，退之为极诣矣。私见如此，未审有当否。不具。

（七）己亥九月廿七日（1899 年 10 月 31 日）

往年闻有怨女赋诗云，九月桃花三月菊，大家颠倒作春秋。岂惟怨女！凡中国声利所在，无不尽然。吾安得夫忘言之人而与之言哉。庄生之诒远矣！盛京卿前过此，谈及我公，亦深相敬服。要亦空赞已耳。敬爱无已，忽发狂言。

（八）辛丑四月十八日（1901 年 6 月 4 日）

《原富》大稿，委令作序，不敢以不文辞。但下走老朽健忘，所读各册，已不能省记。此五册始终未一寓目，后稿更属茫然。精神不能笼罩全书，便觉无从措手，拟交白卷出场矣。

惠卿郎中，拟以报馆奉烦，不知张京卿以煤矿相托。窃料此后报馆不致仍前阻挠，其能久持不折阅与否，则全视办理得法不得法。若起手谨慎，渐次拓充，当可自立不败。至报纸议论，下走颇嫌南中诸报，客气叫嚣，于宫廷枢府，肆口谩骂，此本非本朝臣子所宜，但令见地不谬，立言不妨和婉，全在笔端深浅耳。若无微妙之笔，亦不涉议论，但采撷各国议论而译传之，似亦可也。廉郎所以仰烦者，固在报馆主笔，尤欲得大才译英、美要册①奇书，以为有此一事，足以维持报馆。台端所译，又可压倒东亚。其意如此，能否俯就，专望见教。兹附去报馆章程，乞是正幸甚！

【评介】

吴汝纶致严复书共有八封，吴闿生 1904 年刊行的《桐城吴先生全书·尺牍》辑有其中一至三函，王栻主编《严复集》附录三《师友来函》中，八封函件全部收录。

"平生风义兼师友，天下英雄惟使君。"这是吴汝纶逝世后，严复为他写的挽联。

---

① 《桐城吴先生全书》作"要删"，今从《严几道诗文钞》。

　　吴汝纶(1840—1903年)，字挚甫，清代安徽桐城人。年少家贫，但尤好作文、治学。同治四年(1865年)，考中进士，名列第八，授内阁中书。先后在曾国藩和李鸿章幕府任事，曾、李奏折，多出自他的手笔。[①] 文学上，吴汝纶是桐城派后期的重要人物，与张裕钊、黎庶昌、薛福成并称"曾门四弟子"。光绪十五年(1889年)，吴汝纶辞去冀州知州，主讲保定莲池书院。光绪二十八年(1902年)，清政府下诏开办新学，拟以吴汝纶任京师大学堂总教习，加授五品卿衔，但吴汝纶坚辞不受，后去日本考察教育。光绪二十八年，在家乡桐城创办桐城小学堂，又名桐城学堂，1952年改称安徽省桐城中学。吴汝纶是近代著名的文学家、教育家。

　　"丙申七月十八日(1896年8月26日)"的书函是所收吴汝纶致严复书的第一封，算是对严复翻译《天演论》的回应和鼓励。中日甲午战争之前，严复就已经认识到进化史观在西学中的重要地位。甲午战争惨败的结局，更使严复意识到时局维艰，若想挽救民族危亡，定要引进西学，提倡西法，变革教育。而对西方进化论的钟爱，使严复饱含热情地想要把它译介过来。虽然严复在《原强》等文章中已对进化理论有所介绍，但他以为仅靠这些"只言词组"不足以警醒国人，可是如要翻译达尔文的《物种起源》或是斯宾塞的《第一原理》这类专著，又限于时间和精力，恐"繁衍奥博，不可足译"，最后乃折中选择翻译赫胥黎的《进化与伦理》一书。在这封书信中，吴汝纶对严复译介《天演论》表示了赞赏与欣喜，"赫胥黎又谓不讲治功，则人道不立，此其资益于自强之治者，诚深诚邃"。吴汝纶一向支持严复的翻译工作，这既是由于为人师者故爱其子弟，更多的则是二人在政治理念和治学态度上的契合。

　　译完《天演论》，严复便托人将书稿转交于吴汝纶。在"丁酉二月初七日(1897年3月9日)"的这封信札中，我们不难看出吴汝纶读后的溢美之词，"吕临城来，得惠书并大著《天演论》。虽刘先生之得荆州，不足为喻。比经手录副本，秘之枕中。盖自中土翻译西书以来，无此宏制。匪直天演之学，在中国为初凿鸿蒙，亦缘自来译手，无似

---

　　① 赵尔巽：《清史稿·吴汝纶传》，中华书局1977年版，第13444页。

此高文雄笔也。钦佩何极"。无论是翻译手法还是句读文笔，"毫无间然也"，皆可称精妙。除了夸赞以示满意之外，吴汝纶还为《天演论》各小节拟出标题，并在信中提出了几点建议："若以译赫氏之书为名，则篇中所引古书古事，皆宜以元书所称西方者为当，似不必改用中国人语。以中事中人，固非赫氏所及知，法宜如晋宋名流所译佛书，与中儒著述，显分体制，似为入式。"严复经过思虑，采纳了吴汝纶的大部分建议，对《天演论》作了反复修改，"其参引己说多者，皆削归后案而张惶之，虽未能悉用晋唐名流翻译义例，而似较前为优，凡此皆受先生之赐矣"①，《天演论》最终得以在 1897 年 11 月定稿出版。吴汝纶亦当仁不让地写了《天演论》的序言。年近耳顺的吴汝纶在序言中写道："抑严子之译是书，不惟自传其文而已。盖谓赫胥氏以人持天，以人治之日新，卫其种族之说，其义富，其辞危，使读焉者怵焉知变，于国论殆有助乎？"②其对严复译书主旨的分析可谓鞭辟入里，在"丁酉二月初七日（1897 年 3 月 9 日）"这封给严复的信札中亦同样感念："抑执事之译此书，盖伤吾士之不竞，惧炎黄数千年之种族，将遂无以自存，而惕惕焉欲进之以人治也。本执事忠愤所发，特借赫胥黎之书，用为主文谲谏之资而已。"

"戊戌二月甘八日（1898 年 3 月 20 日）"，吴汝纶寄给严复的信函中主要说了三件事：一则，吴汝纶为《天演论》写的序，已送至严复处，"知拙序已呈左右"，并对篇名的确定给出了自己的建议，"卮言既成滥语，悬殊又袭释氏，皆似非所谓能树立不因循者之所为。下走前钞福（副者）本，篇各妄撰一名，今缀录书尾，用备采择"。二则，维新变法事起，吴汝纶听说"南海张侍郎"（即张荫桓，编者注）举荐严复应经济特科，"顾某以为特科徒奉行故事耳，不能得真才；得矣，亦不能用"。三则，真切肯定严复上光绪帝《上皇帝万言书》。维新运动开始后，严复写作万言书，并分两次在天津《国闻报》上发表其中一部分，之后，严复得光绪帝召见。吴汝纶在信中与严复畅谈万

① 王栻：《严复集》第三册，中华书局 1986 年版，第 520～521 页。

② ［英］赫胥黎著，严复译：《天演论·吴汝纶序》，商务印书馆 1981 年版，第 6 页。

言书所陈对策，既褒奖万言书"以为王荆文公上仁宗书后，仅见斯文而已"，又诚挚地提出自己的建议以作讨论。总体说来，严复与吴汝纶对时局的看法大致相同，时之维艰，国家唯有求变、求新以求强方可自立于世界，提倡兴西学以培养新式知识分子，并注重西学理论的引入与传播。他们虽然都赞成维新改良，但却对康有为、梁启超的变法之路不甚趋同。严复与吴汝纶认为，当务之急，应是通过教育以开民智，变革政治制度要待条件成熟之后才能施行，如果太过急躁，可能会适得其反。这封信件就充分反映了吴汝纶，同时也是严复的政治改良思想。

"戊戌七月初七日（1898 年 8 月 23 日）"，时隔半年，吴汝纶又写一封答复严复的信函，告诉他，自己读亚当·斯密《计学》四册"之后的感触，"斯密氏元书，理趣甚奥赜，思如芭蕉，智如涌泉，盖非一览所能得其深处。执事雄笔，真足状难显之情，又时时纠其违失，其言皆与时局痛下针砭。无空发之议，此真济世之奇构"。同时，又与严复探讨其《上皇帝万言书》中所论方针政策，言辞恳切，且句句点到要害。此时的吴汝纶除了继续大谈"西学之兴"对于培养人才的意义，还开始关注传统文化的走向。严复晚年思想变化的轨迹，似乎可以从吴汝纶的转变中略微窥见。

"己亥正月三十日（1899 年 3 月 11 日）"吴汝纶寄给严复的信函，主要谈论了"《计学》"的校勘工作，并稍稍谈了一些感想。提到《古文辞类纂》，更透露出其对传统文化的关怀，虽然至此吴汝纶仍不忘提倡西学。

"己亥二月廿三日（1899 年 4 月 3 日）"的信札前半段，吴汝纶借讨论《计学》"的契机，与严复辩谈"新旧二学"意旨。吴汝纶认为，西学之兴，势如破竹，风气转移，但"西学行则学人日力夺去大半"，古本典籍自然落魄，而一些"无足轻重之书"更是不入学人法眼。所以鉴于时境所迫，吴汝纶强调像《古文辞类纂》此类精书绝不可偏废，否则"此废弃中学之渐，某所私忧而大恐者也"。吴汝纶所忧心之事，恰也为严复此时开始辗转思考之事。吴汝纶与严复对传统文化的关怀和中西学关系的分析，多有相通之处。他们二人既信奉进化史观，又着眼于中国现实的考虑，特别是西方列强强加给中国的种种不平等，使他们开始逐渐思考"进化"之后的发展方向。书信后半段，集中探讨了文辞和体例问题。"来示谓行文欲求尔雅，有不可阑入之字，改窜则失真，因仍则伤洁，此诚难事。鄙意与其伤洁，毋宁失真"，吴汝纶主张，翻译文字最重本义，雅洁与真实固然不可偏废，但如二者只可取其一，吴汝纶必定会选择后者。同时，他也是这样告知严复的。吴汝纶坚持以古文和古籍范式阐释西方经典，显示了"西学东渐"背后潜在的文化取舍，其实质仍然具有"中体西用"的影子。简而言之，就是"以中学之义理词章诠释西学，化外邦之长为我所用，以图民族之复兴"①。

"己亥九月廿七日（1899 年 10 月 31 日）"致信严复，说自己"敬爱无已，忽发狂言"，实则是多种情绪涌上心头，情不自知。

"辛丑四月十八日（1901 年 6 月 4 日）"信札讲了两件事：严复《原富》书稿，"委令作序"，但吴汝纶年事已高，记忆不及，"拟交白卷出场"；吴汝纶的侄女婿廉惠卿拟开报馆经营事。

王栻主编《严复集》所收吴汝纶致严复的八封信札，是他们二人思想轨迹的写照，虽是吴汝纶答复严复的信件，但他们二人互动商讨的情景跃然纸上。书信很好地反映了吴汝纶和严复对于时局的看法、中西学之间的关系以及翻译的文法等问题。透过简单静止的文字，我们依然可以看到他们二人之间建立在共同政治理念之上的友谊。

---

① 董根明：《进化史观与古文道统的同一——吴汝纶与严复思想考索》，载《中国社会科学院研究生学报》2008 年第 1 期。

孝感屠梅君侍御辨《辟韩》书①

屠仁守

　　自丙岁仲秋之月，获读大报及公启，蹶然而兴，慨然而叹，驰告友朋，谓不图今日重睹汉官威仪，盖为著统之体尊，发凡之例谨，托心豪素，而致戒于汕上横议。方今中外报馆如林，群言淆乱，此报出，吾党其得闻圣证论矣乎。次第及十数册，陈义弥高，不无出入，又好以嬉笑怒骂为文章，同人窃窃致疑其间，蒙释之曰：此皆忧时君子，惨怛郁悒，激而为此，欲以警醒一世，使知其患则操其备耳。吾辈但当尽心考求，期于存之有主，措之有方，以赴事机之会，斯报之功，于是为大，不宜择一二偏宕愤激之谈，病其全体，闻者颇然之。故虽以僻寂荒城，独无分局，而皆辗转焉托，千里递寄，数人得共阅一编，资为程课。区区方深慰幸。乃顷读二十三册，有《辟韩》之文，俨然著录，于私心有大不安者，谬托乞类，不敢不略抒管蠡之见，冒渎于下执事。窃以韩子《原道》之作，后儒推崇，容有过当。唯伊川程子谓其言语有病，朱子以其略格致不言，为无头学问，然立论大体，盖皆深取焉。斯亦既严且核，庶几得所折衷矣。今《辟韩》者，溺于异学，纯任胸臆，义理则以是为非，文字则以辞害意，乖戾矛盾之端不胜枚举。请先言大者，夫君臣之义，与天无极，其实尊卑上下云尔。自有伦纪以来，无所谓不得已之说也。在昔封建之时，天子抚有天下为君，则率土为之臣；诸侯抚有一国而为君，则境内为之臣；大夫有家，则家众为之臣；下逮士庶人，有主则仆，犹君臣也。若

---

　　① 本篇选自《时务报》第30册，光绪二十三年五月二十一日（1897年6月18日）。

《辟韩》之意，则必尊上其仆，卑下其主。由室老以禄大夫，由大夫以立诸侯，由诸侯以共置天子，而仆之视主曰："尔直为吾保性命财产，吾故不得已而事之。"此明自然也。则夫人之于天，亦惟当责其保吾性命财产，曰："吾之为人于天也，不得已而事之也。"由明自然也，而可乎！夫此不得已之说。出于上为顺，出于下为逆，《辟韩》者代为君者言之善矣。凡经传所以诫人君者，法语巽言，大都此意，僻则为天下僇，岂其使一人肆于民上之两言，天下交儆，尤人君所不可一日忽忘者，此其不得已为何如？而岂谓君臣之伦，为出于不得已也乎！既以君臣之伦为不得已，则无怪乎以佛之弃君臣为是也，而又曰其所以弃君臣非也者，将毋俾为佛者既皆成佛，则求立一君以保其为佛之性命财产，而以不得已者事之，乃为明于自然者乎。老氏明白然，孔子无以易。而所谓自然者，则泯有自然之性命，有自然之财产，所求于上者，保其性命财产而已。更骛其余，则为代大匠斫，是以仁义道德无所用，礼乐刑政无所施，而束于教之曲士，不可语于此。其于道于治，视韩子深浅何如也。孔子未尝言自然，而老子明自然，老氏既胜孔氏矣。孔子不敢弃君臣，而佛能弃君臣，佛氏又胜孔子矣。至今日而孔子之道，不足致富强，不足为民保财产性命，独西人擅富强，能为民保财产性命，是西人又胜孔子矣。孔子如是，岂况韩子。孔子曰："足食足兵，民信之矣。"孔子之所谓富强也。又曰："齐一变至于鲁，鲁一变至于道，春秋莫富强于齐，而夫子云尔，岂谓国不当富不当强哉！毋亦以富强必探其本，必进其治，断非法自然，弃君臣，专事贾胡之事，变为民主之国，而后乃与道大适也。且夫民主之云，固《辟韩》者所以明自然之本旨，为其能同心耳，能并力耳。然古之善为国者，曷尝不以同心并力为务，聿求元圣，与之戮力而商王，乱臣十人，同心同德而周兴，商周非民主也；而今日我之大挫于倭，惟是仲藤陆奥为之左右，而其国人从之，亦并非民主也。今以挫于倭之忿恨，有慕于欧洲之富强，直欲去人伦，无君子，下而等于民主之国，亦已误矣。而咎千载以前之韩子，《原道》而不知学民主之道，求疵索瘢以辟之，曩有为偾事者解脱，造为宋儒贻祸中国说，专以不立和议为定罪，是则以今日之付托非人，师不武，臣不力，至于一切坏烂，不可收拾，无识者既以罪宋，而有识者又以咎唐，恐推而上之，举凡先王先圣所以为治为道者，皆将不免贻误我朝之责备，可奈何？世之愚恶大儒，逆斥不通孔子拘，夫岂无故，而荀卿疾之。程子曰："凡立言欲涵蓄意思，不使知德者厌，无德者惑。"若《辟韩》之言，岂直厌与惑而已。殆将俾知德者忧，而无德者幸。苟至无德者幸，则天下之乱可知已矣。

大报尝著《尊君权》篇，其义明，其说详，可与前参民权之论相调剂以适于中。今突复博采兼收，异军突起，虽报馆之例，有闻必录，误则从而更正之。窃以于众事犹可，抑亦他报馆不问义理，但骋快笔者所优为，恐非诸君子则《时务报》之心所宜然也。

昨读译《东华杂志·汉学再兴论》，为之踌躇四顾，默愧之，滋畏之，以彼人士，犹能言修身齐家，设立教育之当取法，犹如尊《论语》为纯然道义之书，并推存亡消息之理，谓国学勃兴，将压倒西学，我方靡焉欲步其后尘，彼乃皇然而思返古道。我方贬圣贤以遵西洋之善，彼且稽经史而建东洋之政策，两册鳞次之间，自立也若彼，自屈也若此，比而观之，其何以解焉。然则吾《时务报》上而规诲，下而传语，达诸朝野，播之列邦，诚有谈非容易者。诸君子综才、学、识之三长，鉴今于古，策中以西，蒙每奉一编，辄欣戚交心，歌泣不知其由。意者谠言日出，既痛砭沉疴，猛觉群迷，其必写畏天命悯人穷之苦衷。招揭荡平正直之王道于薄海内外，使凡业臻富强之国，幡然知仁义之为福而当务，争攘之为祸而当戒。有以淡其欲念，戢其雄心，则岂惟中夏安，四裔亦且俱安。载书之盟，请要于季路；弭兵之会，成言于向戌，此则诸君子主持坛坫之盛美，足以尊国势而保黎民，由是以大正人心，息邪说，距诐行，放淫辞，乃为不得已之事实。其或不然，第惩庸论忌讳虚愦，而矫枉过正，务录一切蔑古拂经，干纪狂诞之说，无益于已乱，而有余于召衅，诚未见其可以。隶也愚昧，妄援弹驳之条，私为刍荛之献，伏乞鉴宥而赐栽择焉。

【评介】

屠仁守的《孝感屠梅君侍御辨〈辟韩〉书》，原载于《时务报》第30册，光绪二十三年五月二十一日（1897年6月18日），是屠仁守针对严复所作《辟韩》的批判文章。牛仰山等编写的《严复研究资料》和苏中立、涂光久主编的《百年严复——严复研究资料精选》亦收录此文。

屠仁守（1832—1903年），字梅君，湖北孝感人。其祖父为嘉庆刑部员外郎，道光时任直隶总督。同治十三年（1874年），屠仁守高中进士，随后即被选为庶吉士，授编修一职，光绪年间转任江南道御史，曾上书直陈改良朝政的六项措施。为御史15年，以敢于直谏而著称。光绪十五年（1889年），因言获罪，慈禧太后下诏严责，革职后永不叙用。去职后，屠仁守潜心著述，之后西游太原，在令德堂讲授学问，并任令德书院院长。屠仁守为山西培养了大批经世人才，其学生著名者有阎锡山、于右任、商震、贾景德等。光绪二十六年（1900年），因义和团之乱，两宫离京西逃，清廷以"教士有方"为名，起用屠仁守为五品京堂，授光禄寺少卿。光绪二十七年（1901年），受清政府委派，屠仁守任陕西大学堂（现西北大学）总教习，于光绪二十九年（1903年）在西安病逝。屠仁守为官尽职尽责，以强国为己任，身为御史，直言敢谏，即使因言获罪亦不改本色。作为学者，屠仁守学识渊博，博古通今，时人称为"海内大儒"。虽经科举，但屠仁守对于西学并不排斥，且积极赞助康梁维新变法。同时，屠仁守致力教育，改革学院旧体制，培养了大批有用之才。

1895年，严复的《辟韩》一文发表在天津《直报》上。两年之后的1897年，上海《时务报》第23册予以全文转载，随后出版的《时务报》第30册便发表了张之洞授意屠仁守所作的《孝感屠梅君侍御辨〈辟韩〉书》，一段历史公案由此而产生。对于屠仁守《孝感屠梅君侍御辨〈辟韩〉书》的解读，历来观点较为一致，认为屠仁守的用意在于批判严复"张狂"主张，捍卫君主制。这种看法在新中国成立后"左"倾思潮的左右下，尤为盛行。他们把严复的《辟韩》认作是"公开向封建专制制度和儒家思想宣战的战斗檄文，是积极宣扬资产阶级政治主张的鼓动书"，文章的出炉也因此成了清末儒法斗争的产物。而屠仁守的批判文章《孝感屠梅君侍御辨〈辟韩〉书》，无疑就站在了历史的"反动面"，是积极为封建专制摇旗呐喊的宣言书。但是，随着学术研究的更加开放和深入，也有了不一样的声音。王宪明在《历史研究》的一篇论文《解读〈辟韩〉——兼论戊戌时期严复与李鸿章张之洞之关系》（载《历史研究》1999年第4期）中对《孝感屠梅君侍御辨〈辟韩〉书》的诠释便具有一定代表性。在前人研究的基础上，笔者将从《孝感屠梅君侍御辨〈辟韩〉书》的内容结构以及写作的政治、人际背景方面进行评介。

作者首先从《时务报》着笔，各有褒贬，既有"著统之体尊，发凡之例谨，托心豪素，而致戒于讪上横议"的赞赏，也不乏"陈义弥高，不无出入，又好以嬉笑怒骂为文章"的贬斥，但总体来讲，对于这份报纸，屠仁守并不持反对意见。除了对《时务报》本身的政见、观点不排斥之外，还因为屠仁守与此时《时务报》的主持人张之洞保持着紧密关系。也正是受张之洞的嘱托，屠仁守作了这篇《孝感屠梅君侍御辨〈辟韩〉书》。作者开篇便以第三者的口吻，劝诫《时务报》，"斯报之功，于是为大，不宜择一二偏宕愤激之谈，病其全体"，换言之，屠仁守是想告诉读者，严复《辟韩》之类的文章，只是"忧时君子，惨怛郁悒，激而为此，欲以警醒一世"而作，在《时务报》中毕竟是少的，不足以代表报纸的言论取向，那些批评《时务报》的人应该看到这一点。文章开始，作者便在不经意间透露了他写作《孝感屠梅君侍御辨〈辟韩〉书》的一个目的，即为《时务报》辩解。以屠仁守和张之洞之间的关系，为了抚平因《时务报》刊载《辟韩》而引起的舆论大哗，这些应是情理之中。

虽然对于严复《辟韩》中大加挞伐的《原道》，屠仁守同样觉得"后儒推崇，容有过当"，但重点不在于韩愈文章的好坏，而在于严复借《原道》发挥的思想。屠仁守认为，"今《辟韩》者，溺于异学，纯任胸臆，义理则以是为非，文字则以辞害意，乖戾矛盾之端不胜枚举"，屠仁守先拿严复所论的"君臣之义"开刀。屠仁守坚信，自有纲常伦纪以来，便存在君臣之义，并不像严复所谓的不得已之说。若按照严复的推理逻辑，人和天的关系，也是基于"保护自有生命财产"而存续的，属于不得已的事情，岂不荒谬。接着作者顺着严复《辟韩》的思绪，点出"固《辟韩》者所以明自然之本旨，为其能同心耳，能并力耳"，严复明自然、去君臣之伦的目的，其实最终都归结于提倡民主之政，以图国家富强。对此，屠仁守则指出，古时帝王励精图治，勤于政事者，君臣也同心同力图谋国家强盛，没有所谓的民主，商周同样曾经兴盛。比之于近邻，之所以甲午战败于日本，"惟是仲藤陆奥为之左右，而其国人从之"，与民主无涉。严复因为清廷败于日本而心生忿恨，又仰慕西方的富强，所以就强设因果，以民主之制为西方富强之术，"直欲去人伦，无君子，下而等于民主之国"。作者认为严复这种想法太过牵强，不足以说服众人，显而易见是错误的。论到此处，作者又重提《时务报》曾经发表过的一篇文章《尊君权》，"其义明，其说详"，可以和之前的民权之论相互调和，屠仁守似乎是在有意地提醒，但笔锋一转，又"责怪"报馆"博采兼收，异军突起"，竟然不加辨别，即收录严复此文，虽然是报馆例行之事，但出错就应及时改正。屠仁守字里行间有意无意透露的似乎不是责难，而是替报馆辩解，正所谓人孰无过，知错能改善莫大焉。

最后，作者就近日阅读《东华杂志·汉学再兴论》谈了感想，其意仍然是借此说彼，一方面肯定《时务报》"上而规诲，下而传语，达诸朝野，播之列邦，诚有谈非容易者"，编者综具才、学、识，鉴古知今，尽心竭力，每一编都甚为优美，以致"辄欣戚交心，歌泣不知其由"。另一方面，似在苦口婆心地劝说《时务报》编者不能因一时情绪，而编录"悖论邪说"，导致"无益于已乱，而有余于召衅"，如此实在是不可取。至此，从行文来看，屠仁守《孝感屠梅君侍御辨〈辟韩〉书》的两个目的都已达到，批驳严复错论君臣之义，替《时务报》作一解释，以消解舆论压力。

屠仁守《孝感屠梅君侍御辨〈辟韩〉书》是受张之洞委托因应《时务报》刊载严复《辟韩》而作，全文以纵论"君臣之义"为出发点和中心，反复辩证国家富强与政体之间的关系。作者行文流畅，明理晓达，此文一出，关于《时务报》刊载《辟韩》的争议便有所消散。文章发表后第六天，高凤谦便致信汪康年称："屠侍御《辨辟韩》书，虽未尽善，然却足以塞守旧之口，俾人知前此之刊刻原无成心也。"①写作《孝感屠梅君侍御辨〈辟韩〉书》主要是为了保护报馆，也可以从时人笔记和往来书函中得以窥见。作者行文，虽是批判严复，但替报馆辩解的意图已很明显。由此，我们可以看出，屠仁守《孝感屠梅君侍御辨〈辟韩〉书》的主要目的是为了回应守旧之人对报馆的非议，驳斥严复只

---

① 汪康年：《汪康年师友书札》，上海古籍出版社 1986 年版，第 1627 页。

是一种手段。严复《辟韩》所论，无非是契约论杂糅君主立宪的思想，它既反对"君臣之义"为固有伦理，又强调时机不到，可以借君主制行维新之政。这套说辞明显是受到日本政体的影响，加之当时清廷甲午战败，严复更是力主此说。但是，从严复后来思想发展的轨迹来看，这种议论相对于严复整体的政论思想，还是略显"激进"，毕竟这是属于甲午丧师的愤激之作。而屠仁守也不是一味守旧的人物，他不但熟知国学，而且并不排斥新学。屠仁守与张之洞等洋务派和康有为等维新派人物都相交甚深，对西方的学术和政治体制皆有所了解，在维新运动中，屠仁守也是积极提倡新政之人。1896 年，屠仁守与张之洞一起参加了上海强学会，并被认为是其中的创办人之一。毫无疑问，屠仁守的政治取向是接近张之洞的，在不变革清朝统治体制的前提下，积极向西方学习富强之术，当然主要侧重点仍然限于技术层面。而在 1897 年正值变法诉求狂潮泛滥之时，《时务报》刊登严复两年之前的《辟韩》文章，以响应日益迫切的变法需要，虽是应景之作，但却给《时务报》带来了不小的言论危机。当然，对于严复文章中的观点，无论是张之洞还是屠仁守恐怕都不甚赞成，可《辟韩》毕竟是严复 1895 年的"愤激"之作，张之洞并不想借此深究，何况此时严复已从李鸿章处逐渐转向张之洞。所以，为了保护《时务报》报馆以及表明姿态，才有屠仁守这篇批驳严复《辟韩》的《孝感屠梅君侍御辨〈辟韩〉书》出炉。

绍介新著《原富》①

梁启超

英国斯密·亚丹著，侯官严复译，上海南洋公学印。原书以西历一千七百七十六年，即乾隆三十六年出版。原名 *Inguiry into the Nature and Cause of the Wealth of Nations*。译言考究国民之富之天然及原因也。严氏定为今名。斯密亚丹，为政术理财学(英文 political Economy，中国未有此名词，日本人译为经济学，实属不安。严氏欲译为计学，然亦未赅括。然就原文政治与计算两意，拟为此名，以质大雅)之鼻祖，西人推崇之者，至谓此书出版之日，即为此学出世之日。虽其言未免过当，要之使此学确然成一完全独立之学科者，实斯密氏之功也。此书印行后，迄今百有余年，其间学术之变迁，不下数十派，愈辨愈精，愈出愈新，至今此书，几如夏鼎商彝，视为陈迹。然后起诸家之说，总不外引申此书，是正此书之两途。虽谓不能出斯密氏之范围可也。然则欲治此学者，固万不可不读此书。严氏首译之，诚得其本矣。全书凡分五编，前二编总释政治理财学之界说，第一编考国富之实，与其所以富之由，而论劳力之贵巧贵疾，及其食报殊等之原因结果。第二编论资本之性质，及资本与劳力之关系。第三编论各国理财政术之历史，而穷其理势之所由致。第四编评骘前此理财富之学说，而论重农重末两派之异同得失。第五编论国家财政之事，其赋税之种类性格如何，赋税之方法如何，又近代国债之起源利病，论全书之体段，于部分之得宜，篇章之完整，不无缺憾。要之，

---

① 本篇选自《新民丛报》第 1 号，上海南洋公学印，光绪二十八年正月一日(1902 年 2 月 8 日)。

能综合种种繁赜之事物，而以一贯之学理镕铸之，其心力可谓宏伟矣。虽其中自相矛盾之处亦不少，但创始者难为功，非我辈凭借先业者所妄加菲薄也。严译仅第一第二编，其后三编尚未完成，但全书纲领，在首二编。学者苟能熟读而心得之，则斯学之根基已立，他日读诸家之说，自不至茫无津涯矣。

严氏于翻译之外，常自加案语甚多，大率以最新之学理，补正斯密所不逮也。其启发学者之思想力别择力，所益实非浅鲜。至其审定各种名词，按诸古义，达诸今理，往往精当不易。后有续译斯学之书者，皆不可不遵而用之也。

严氏于西学中学皆为我国第一流人物，此书复经数年之心力，屡易其稿，然后出世，其精善更何待言。但吾辈所犹有憾者，其文笔太务渊雅，刻意摹仿先秦文体，非多读古书之人，一翻殆难索解，夫文界之宜革命久矣。况此等学理邃颐之书，非以流畅锐达之笔行之，安能使学僮受其益乎？著译之业，将以播文明思想于国民也，非为藏山不朽之名誉也。文人积习，吾不能为贤者讳。又吾辈所欲要求于严氏者有两事：一曰将所译之各名词，列一华英对照表，使读者可因以参照原书，而后之踵译者，亦将按图索骥，率而遵之，免参差以混耳目也；一曰著叙论一卷，略述此学之沿革，斯密氏以前之流派若何？斯密氏以后之流派若何？斯密氏此书中位置功德若何？综其概而论之，以饷（应为飨，编者注）后学。今此书曾无译者自序，乃至斯密亚丹为何时人，《原富》为何时出版，亦未言及，不得不谓一缺点也。

吾闻译者尝言：吾于此学，欲译最古者一书，最新者一书。吾深佩其言，岂为此学，诸科之书，亦当如是矣。斯编则其所谓最古者也。吾欲代我学界同志，要索斯编之速卒业，吾欲代我学界同志，要索其所谓最新者之一书，吾更欲代我学界同志，要索他诸学科中最古最新者各一书，愿严子有以语我来。

【评介】

《绍介新著〈原富〉》这篇文章，是梁启超1902年针对严复的译作《原富》而写的书评，发表在《新民丛报》第1号(上海南洋公学印，光绪二十八年正月一日)上。

梁启超(1873—1929年)，字卓如，号任公，又号哀时客、中国之新民、饮冰室主人等。梁启超是中国近代历史上著名的资产阶级启蒙思想家、政治活动家、史学家、教育家，无论是对近代资产阶级民主政治，还是对近代中国的学术发展都有着极为深远的影响。

1873年，梁启超出生在广东新会，自幼在家接受传统教育。1889年，年仅16岁的梁启超考中举人，17岁赴京参加会试，只是未及得中。就在同年，梁启超结识了康有为，并拜在他门下。戊戌变法之前，曾与康有为联合来京参加会试的举人共同发起"公车上书"，名噪一时。之后，又为革新政治、变法图强积极奔走。他先后领导了北京和上海的强学会，担任长沙时务学堂总教习，并与黄遵宪一起创办《时务报》，发表《变法通议》等文章，竭力宣传资产阶级维新思想，作为维新派的核心人物，时人将其与康有为并称"康梁"。1898年，"百日维新"失败，政变发生，梁启超流亡日本。在日本期间，曾与革命派人物有过接触，但仍然坚持政治改良，反对革命。1913年，"第一流人才内阁"成立，梁启超出任司法总长。但袁世凯称帝之后，梁启超亦表示强烈反对，积极参与反袁斗争。1916年，梁启超出任财政总长兼盐务总署督办，1917年，由于护法运动的影响，段祺瑞内阁倒台，梁启超辞职，从此逐渐退出政坛，专心学术研究，在诸多领域有开创之功。1925年，梁启超被聘任为清华大学国学研究院导师。梁启超涉猎广泛，博闻强识，在哲学、史学、文学、经学等方面均有建树，同时提倡"诗界革命"和"史学革命"。1929年1月，梁启超病逝于北京协和医院。其代表作品主要有：《少年中国说》、《中国历史研究法》、《中国近三百年学术史》、《新民说》、《中国文化史》、《李鸿章传》等，梁启超的大部分著述收录在《饮冰室合集》之中。

严复所译《原富》是英国古典经济学家亚当·斯密(Adam Smith)的代表作，原名为 *Inquiry into the Nature and Causes of the Wealth of Nations*，现在较为流行的译本是郭大力和王亚南翻译的《国富论》。严复从1897年开始着手翻译该书，直到1902年才陆续完成，并由上海南洋公学出版。确切地说，梁启超的《绍介新著〈原富〉》并不是对全书的书评，其时《原富》仅出版了前两编，尚未完成。但是正如梁启超所说，"其后三编尚未完成，但全书纲领，在首二编"，《原富》

一书的主要意旨在前两编已经基本体现。

梁启超的《绍介新著〈原富〉》虽仅有一千余字，但叙述详略得当，将严复译作的《原富》较为完整地介绍给了读者。文章主要分为三个部分：第一，简介《原富》一书的大致内容。第二，对严复译法的商榷。第三，提出的建议。

在篇首，梁启超首先简单介绍了亚当·斯密这部古典经济学的开山之作，"要之使此学确然成一完全独立之学科者，实斯密氏之功也"，梁启超对亚当·斯密在经济学上的贡献推崇备至，认为他是"政术理财学之鼻祖"。此后经济学的发展，历经百年有余，学术流派不下数十，其书虽然是"古书陈迹"，但后来学者研究创新总不外引用此书，可见它在学术史上的地位。严复首次将它译作《原富》，介绍到中国来。接着，梁启超总括性地叙述了《原富》一书五编的主要内容，并针对篇章结构总结道，"论全书之体段，于部分之得宜，篇章之完整，不无缺憾"，在梁启超看来，虽然其中诸多学理有自相矛盾之处，但"以一贯之学理镕铸之，其心力可谓宏伟矣"，对于开创者我们不应过于苛责，更不能"妄加菲薄"。

对于严复在书中的案语发挥，梁启超以为，严复的出发点是想以经济学最新的研究成果，补充亚当·斯密书中的缺漏，《原富》书中的案语"启发学者之思想力别择力，所益实非浅鲜"。后世学者若翻译亚当·斯密的论著，这些影响是无法抛开的。梁启超甚至认为严复"于西学中学皆为我国第一流人物"，他翻译的《原富》历时数年，几易其稿，自然精妙。但是对严复的译笔，梁启超却多有批评，"其文笔太务渊雅，刻意摹仿先秦文体，非多读古书之人，一翻殆难索解，夫文界之宜革命久矣"。由此引起了一段关于翻译文笔"雅俗"的论争。梁启超在肯定《原富》翻译功绩的同时，也相当中肯地提出，严译刻意模仿先秦文体，文笔太过"渊雅"，读者若不是多读古书之人，便很难理解文字意蕴。照此看来，严复翻译书籍以启民智的初衷似无法达到。进而，针对这一问题，梁启超在文章中提出了两点建议：一是将所翻译的各名词，罗列出一个中英文对照表，这样既方便读者，也为后来翻译的人提供借鉴；二是撰写一篇关于作者亚当·斯密及其学说沿革的文章，以及《原富》出版的情况，为阅读者提供便利。对于梁启超所提的意见，严复大部分欣然接受，并致函梁启超说明相关情况：中英对照表由张元济代劳，亚当·斯密的传记和《原富》的介绍都已写好。但是，梁启超提出的文笔渊雅不足以启民智之说，严复并不赞同，他在《与〈新民丛报〉论所译〈原富〉书》中进行了商榷："窃以谓文辞者，载理想之羽翼，而以达情感之音声也。是故理之精者不能载以粗犷之词，而情之正者不可达以鄙倍之气。非务渊雅也，务其是耳。且执事既知……若徒为近俗之辞，以取便市井乡僻之不学，此于文界，乃所谓陵迟，非革命也。"①严复选择雅致的文言翻译西方典籍，毫无疑问，出发点也是为方便世人阅读与理解，这本是无可厚非的。事实上，严复此种翻译笔法在士大夫阶层了解西方学术方面，确然发挥了良好的作用。但是，对于学术的普及乃至平民化，严复的文笔的确无法很好地做到。梁启超与严复在翻译笔法上的争论，实质上涉及文言与白话之争，在一定程度上甚至可以说是文学发展方向的辩论。但这种单纯的学术争鸣，不但无伤大雅，而且还有力地促进了翻译方法的改进。最后，梁启超亦是十分诚恳地期待严复"最新者之一书"的诞生。

梁启超的《绍介新著〈原富〉》一文，结构精当，文笔洗练，较好地评介了严复译著，使读者对《原富》有了初步了解。与此同时，梁启超不为尊者讳，客观地评价此书在内容与文笔上的得失，并且提出了自己的两点建议。虽然现在看来，梁启超的某些观点有待商榷，但《绍介新著〈原富〉》仍是一篇很不错的书评，值得我们学习、借鉴。

---

① 严复：《与〈新民丛报〉论所译〈原富〉书》，载《新民丛报》1902 年第 7 号，第 109~111 页。

论近年之学术界①

王国维

外界之势力之影响于学术，岂不大哉！自周之衰，文王、周公势力之瓦解也，国民之智力成熟于内，政治之纷乱乘之于外，上无统一之制度，下迫于社会之要求，于是诸子九流各创其学说，于道德、政治、文学上燦然放万丈之光焰。此为中国思想之能动时代。自汉以后，天下太平，武帝复以孔子之说统一之，其时新遭秦火，儒家唯以抱残守缺为事，其为诸子之学者，亦但守其师说，无创作之思想，学界稍稍停滞矣。佛教之东，适值吾国思想凋敝之后，当此之时，学者见之，如饥者之得食，渴者之得饮，担簦访道者，接武于葱岭之道；翻经译论者，云集于南北之都。自六朝至于唐室，而佛陀之教极千古之盛矣。此为吾国思想受动之时代。然当是时，吾国固有之思想与印度之思想互相并行而不相化合，至宋儒出而一调和之，此又由受动之时代出而稍带能动之性质者也。自宋以后以至本朝思想之停滞略同于两汉。至今日而第二之佛教又见告矣，西洋之思想是也。

今置宗教之方面勿论，但论西洋之学术。元时罗马教皇以希腊以来所谓七术(文法、修辞、名学、音乐、算术、几何学、天文学)遗世祖，然其书不传。至明末，而数学与历学，与基督教俱入中国，遂为国家所采用，然此等学术，皆形下之学，与我国思想上无丝毫之关系也。咸、同以来，上海、天津所译书，大率此类。唯近七八年前，侯官严氏(复)所译之赫胥黎《天演论》(赫氏原书名《进化论与伦理学》，译义不全)出，一新世人之耳目，比之佛典，其殆摄摩腾之《四

① 本篇选自王国维：《王国维儒学论集》，四川大学出版社 2010 年版。

十二章经》乎？嗣是以后，达尔文、斯宾塞之名，腾于众人之口；物竞天择之语，见于通俗之文。顾严氏所奉者，英吉利之功利论及进化论之哲学。其兴味之所存，不存于纯粹哲学，而存于哲学之各分科，如经济、社会等学其所最好者也。故严氏之学风非哲学的，而宁科学的也，此其所以不能感动吾国之思想界者也。近三四年，法国十八世纪之自然主义，由日本之介绍而入于中国，一时学海波涛沸渭矣。然附和此说者，非出于知识，而出于情意。彼等于自然主义之根本思想，固瞢无所知，聊借其枝叶之语以图遂其政治上之目的耳。由学术之方面观之，谓之无价值可也。其有蒙西洋学说之影响，而改造古代之学说，于吾国思想界上占一时之势力者，则有南海康有为之《孔子改制考》，《春秋董氏学》，浏阳谭嗣同之《仁学》。康氏以元统天之说，大有泛神论之臭味，其崇拜孔子也，颇模仿基督教；其以预言者自居，又居然抱穆罕默德之野心者也，其震人耳目之处，在脱数千年思想之束缚，而易之以西洋已失势力之迷信，此其学问上之事业不得不与其政治上之企图同归于失败者也。然康氏之于学术，非有固有之兴味，不过以之为政治上之手段。荀子所谓"今之学者以为禽犊"者也。谭氏之说则出于上海教会中所译之《治心免病法》。其形而上学之以太说，半唯物论、半神秘论也。人之读此书者，其兴味不在此等幼稚之形而上学，而在其政治上之意见。谭氏此书之目的，亦在此而不在彼，固与南海康氏同也。庚辛以还，各种杂志接踵而起，其执笔者非喜事之学生，则亡命之逋臣也。此等杂志，本不知学问为何物，而但有政治上之目的，虽时有学术上之议沦，不但剽窃灭裂而已。如《新民丛报》中之《汗德哲学》，其纰缪十且八九也。其稍有一顾之价值者，则《浙江潮》中某氏之《续无鬼论》，作者忘其科学家之本分而闯入形而上学，以鼓吹其素朴浅薄之唯物论，其科学上之引证亦甚疏略，然其唯有学术上之目的，则固有可褒者。又观近数年之文学亦不重文学自己之价值，而唯视为政治教育之手段，与哲学无异。如此者，其亵渎哲学与文学之神圣之罪固不可逭，欲求其学说之有价值，安可得也！故欲学术之发达，必视学术为目的而不视为手段而后可。汗德《伦理学》之格言曰："当视人人为一目的不可视为手段。"岂特人之对人当如是而已乎，对学术亦何独不然？然则彼等言政治则言政治已耳，而必欲渎哲学文学之神圣，此则大不可解者也。

近时之著译与杂志既如斯矣，至学校则何如？中等学校以下，但授国民必要之知识，其无与于思想上之事，固不俟论。京师大学之本科，尚无设立之日；即令设立，而据南皮张尚书之计画，仅足以养成咕哔之俗儒耳。此外私立学校，亦无足以当专门之资格者，唯上海之震旦学校有丹徒马氏（良）之哲学讲义，虽未知其内容若何，然由其课程观之，则依然三百年前特嘉尔之独断哲学耳。国中之学校如此，则海外之留学界如何？夫同治及光绪初年之留欧美者，皆以海军制造为主，其次法律而已；以纯粹科学专其家者独无所闻。其稍有哲学之兴味如严复氏者，亦只以余力及之。其能接欧人深邃伟大之思想者，吾决其必无也，即令有之，亦其无表出之之能力，又可决也。况近数年之留学界，或抱政治之野心，或怀实利之目的，其肯研究冷淡干燥无益于世之思想问题哉！即有其人，然现在之思想界，未受其戈戈之影响则又可不言而决也！

由此观之，则近数年之思想界，岂特无能动之力而已乎？即谓之未尝受动，亦无不可也。夫西洋思想之入我中国为时无几，诚不能与六朝唐室之于印度较。然西洋之思想与我中国之思想同为入世间的，非如印度之出世间的思想，为我国古所未有也。且重洋交通，非有身热头痛之险，文字易学非如佉庐之难也。则我国思想之受动，宜较昔日为易，而顾如上所述者何哉？盖佛教之入中国，帝王奉之，士夫敬之，蚩蚩之氓膜拜而顶礼之。且唐宋以前孔子之一尊未定，道统之说未起，学者尚未有入主出奴之见也，故其学易盛，其说易行。今则大学分科，不列哲学，士夫谈论，动诋异端，国家以政治上之骚动，而疑西洋之思想皆酿乱之麹蘗；小民以宗教上之嫌忌，而视欧美之学术皆两《约》之悬谈，且非常之说，黎民之所惧；难知之道，下士之所笑。此苏格拉底之所以仰药，婆鲁诺之所以焚身，斯披诺若之所以破门，汗德之所以解职也。其在本国且如此，况乎在风俗文物殊异之国哉！则西洋之思想之不能骤输入我中国，亦自然之势也。况中国之民，固实际的而非理论的，即令一时输入，非与我中国固有之思想相化，决不能保其势力，观夫三藏之书已束于高阁，两宋之说犹习于学官。前事之不忘，来者可知矣。

然由上文之说，而遂疑思想上之事，中国自中国，西洋自西洋者，此义不然，何则？知力，人人之所同有宇宙人生之问题，人人之所不得解也。其有能解释此问题之一部分者，无论其出于本国或出于外国，其偿我知识上之要求而慰我怀疑之苦痛者，则一也。同此宇宙，同此人生，而其观宇宙人生也，则各不同。以其不同之故，而遂生彼此之见，此大不然者也。学术之所争，只有是非、真伪之别耳，于是非、真伪之别外，而以国家、人种、宗教之见杂之，则以学术为一手段而非以为一目的也。未有不视学术为一目的而能发达者。学术之发达，存于其独立而已。然则吾国今日之学术界，一面当破中外之见，而一面毋以为政论之手段，则庶可有发达之日欤！

【评介】

本文由王国维撰写于 1905 年，原收录于《王国维遗书》（五）之《静庵文集》（商务印书馆 1940 年影印本），此据《王国维儒学论集》（四川大学出版社 2010 年版）。本文的部分内容论述了严复译述《天演论》的影响以及这本译著的缺陷。

王国维（1877—1927 年），浙江海宁人，字伯隅、静安，号观堂、永观，清末秀才。王国维在文学、美学、史学、哲学、古文字学、考古学等学科方面有卓著的成就，与郭沫若（字鼎堂）、董作宾（字彦堂）和罗振玉（号雪堂）一并被称为甲骨收藏界的"甲骨四堂"。少年时代他曾埋头苦读，然早年乡试屡应不中，于是在戊戌变法之际弃绝科举，转向新学。1898 年在上海《时务报》馆充书记校对，结识罗振玉。其后，在罗振玉的资助下于 1901 年赴日本东京物理学校学习自然科学，同时研究哲学等。1902 年回国后，执教于通州、苏州等地师范学堂，讲授哲学、心理学、伦理学等，并开始在文学研究领域进行"独学"。1907 年任清政府学部所属图书局编译名词馆协修。1922 年再赴北京，任职于溥仪的南书房，继为清华研究院教授，与梁启超、陈寅恪、赵元任、李济一同被称为"五星聚奎"的清华五大导师。1927 年，北伐军攻入，王国维在北京颐和园的昆明湖投湖自尽，只留下一纸遗书，开头言曰："五十之年，只欠一死。经此世变，义无再辱。"其自尽给世人留下无数谜团。贤者仙逝，然其在做学问方面的成就和对待学术的态度却给后人留下无尽财产，他在《人间词话》中提出的"三境界"更被此后众多中国学者引为治学格言：第一个境界，"昨夜西风凋碧树，独上高楼，望尽天涯路"；第二个境界，"衣带渐宽终不悔，为伊消得人憔悴"；第三个境界，"众里寻他千百度，蓦然回首，那人正在灯火阑珊处"。

本文主要以外界因素对学术发展的影响为出发点，从政治、国民教育的角度进行观察，论述了中国近代学术的特点，批判了当时中国社会中学术服从于政治的情况。王国维强调，学术的昌盛在于人们能够将之作为目的，而不是将之作为服务政治的手段，从而表达了对中国学术发展状况的担忧。他在文章末尾提出了促使学术昌盛的重要条件，那就是："未有不视学术为一目的而能发达者。学术之发达，存于其独立而已。"

王国维认为，中国古代思想的发展可以分为五个时期。一是西周衰落之后诸子思想蜂拥而起的能动时代；二是汉以后儒学抱守残缺的较为停滞的时代；三是由六朝至唐的大量翻译西方佛学经典的受动时代；四是宋儒积极调和佛学经典与本国思想文化的较为主动的时代；五是宋朝至清末的思想发展较为停滞的时代。然而，到清末以后，西洋思想文化的传入如同汉唐之际佛学的传入一样，其在中国思想界的传播又使得本国思想文化的发展成为被动状态了。

在吸收西洋文化的初始阶段，清人最为关注的并不是学习西方的哲学思想，而是吸收数学、历学、基督教等与中国思想无甚关系的知识。直到严译《天演论》的出版，这种情况才大大改变。对于严复在这一时期引进西方思想的作用，王国维主要谈到两点。一、严译《天演论》对中国社会产生了范围广阔的影响。如其言，该书一经出版，"一新世人之耳目，比之佛典，其殆摄摩腾之《四十二章经》乎？嗣是以后，达尔文、斯宾塞之名，腾于众人之口；物竞天择之语，见于通俗之文"。二、严译《天演论》的影响与其说集中于哲学界，不如说集中于科学界。因为严复所推崇的天演进化论思想、英国功利主义思想、斯宾塞的群学思想等等促成了经济、社会学等学科的划分，偏向于实际运用的领域，因而"不能感动吾国之思想界者也"。换言之，《天演论》的影响虽然是巨大的，但是，由于严复在其中所表达的某些具体的思想过于偏重于科学研究领域，而缺乏与中国传统哲学思想的共鸣，因而与康有为、梁启超等人的带有强烈文化煽动性的倡言相比起来，严译《天演论》在中国思想界便显得不那么具有感召力了。但总体说来，王国维对严复的治学态度与贡献是非常认可的。他提到，在1905年前后的中国学术界中，学术研究的氛围并不是很好，在留学生中，"其稍有哲学之兴味如严复氏者，亦只以余力及之。其能接欧人深邃伟大之思想者，吾决其必无也，即令有之，亦其无表出之之能力，又可决也"。这一方面是对严复在中国近代学术史上的地位的肯定，另一方面又是对当时中国学术界不以培养有才、有德之士为目标的批评。

在指出严复之思想还不足以"感动吾国之思想界者也"之后，王国维便对当时中国学术成为政治界的工具的现象作了深刻批判。一方面，对于学术研究的独立性被政治目的俘获的现象，王国维给予指责。他认为，像当时最有影响力的康有为、谭嗣同、梁启超等人在学问上的事业与其在政治上的企图其实是同归于失败的。因为他们将学术作为政治上的手段，而且他们在学术上的议论常常也是"剽窃灭裂"和谬误百出。同时，无论是在文学还是哲学研究的领域，学者们都似乎越来越不重视这些文史哲学科本身的价值，却转而重视它们作为政治教育手段的价值了。另一方面，王国维还指出，当时的学校教育不仅与培养真正的有才、学、识的学生的目标背道而驰，还趋向于培养出善于迎合社会政治现实的学生。在中等学校以下的教育中，培养学生们的个人思考能力被忽略了。而在高等教育中，教育者也大多趋向于把学生培养成为"呫哔之俗儒"。即使是出国留学的学生，也大多缺乏合格的学术能力。总之，"政治野心"和"实用目的"在当时的学术界占据了主流，阻碍了学术的进步。

由此，王国维指出，中国学术思想界吸收西方思想的进程之缓慢并不是因为自身"缺乏动力"，这是因为其自身的抵触几乎就使西方思想的动力不起作用。"今则大学分科，不列哲学，士夫谈论，动诋异端，国家以政治上之骚动，而疑西洋之思想皆酿乱之麴蘗"，可见中国思想界对所传入的西方思想的排斥力仍然是很强的。而且，若是有"非常之说"，则"黎民之所惧"；若是"难知之道"，则"下士之所笑"，因此，"西洋之思想之不能骤输入我中国，亦自然之势也"。由是也可以推论，严译《天演论》以及严复所引入的其他西方思想，在1905年左右所遇到的传播阻力并不小，尽管它们一开始就在中国社会引起了轩然大波，但是这仅说明引起关注而已，并不说明西学已经触发了与中学融合的进程。在当时的学术界重视政治性目的的氛围下，要使中西学恰当地交融，似乎还没有实现的条件。

《社会通诠》商兑①

章太炎

英人甄克思著《社会通诠》，侯官严复译述著录。其所言不尽关微旨，特分图腾社会、宗法社会、军国社会为三大形式而已。甄氏之意，在援据历史，得其指归。然所征乃止赤、黑野人之近事，与欧、美、亚西古今之成迹，其自天山以东，中国、日本、蒙古、满洲之法，不及致详，盖未尽经验之能事者。严氏皮傅其说，以民族主义与宗法社会比而同之。今之政客，疾首于神州之光复，则谓排满者亦宗法社会之事，于是非固无取，于利害则断其无幸。夫学者宁不知甄氏之书，卑无高论，未极考索之智，而又非能尽排比之愚，固不足以悬断齐州之事，如严氏者，又非察于人事者耶？人心所震矜者，往往以门户标榜为准，习闻其说以为神圣，而自蔽其智能，以世俗之顶礼严氏者多，故政客得利用其说以愚天下。抑天下固未知严氏之为人也，少游学于西方，震叠其种，而视黄人为猥贱，若汉、若满，则一丘之貉也！故革命、立宪，皆非其所措意者，天下有至乐，曰营菟裘以娱老耳。闻者不憭，以其邃通欧语，而中国文学湛深如此，益之以危言足以耸听，则相与尸祝社稷之也亦宜。就实论之，严氏固略知小学，而于周、秦、两汉、唐、宋儒先之文史，能得其句读矣。然相其文质，于声音节奏之间，犹未离于帖括。申夭之态，回复之词，载飞载鸣，情状可见。盖俯仰于桐城之道左，而未趋其庭庑者也。至于旧邦历史，特为疏略，辄以小说杂文之见，读故府之秘书。扬迁抑固，无

---

① 本篇原载于《民报》第 12 号（1907 年 3 月 6 日），此据谢立中：《中国社会学经典读本》，北京大学出版社 2007 年版。

过拾余沫于宋人，而自晋、宋以下，特取其一言一事之可喜者，默识不忘于其胸府，当时之风俗形势，则泊然置之。夫读史尽其文不尽其质，于藏往则已疏矣，而欲以此知来，妄其颜之过厚耶？观其所译泰西群籍，于中国事状有豪毛之合者，则矜喜而标识其下；乃若彼方孤证，于中土或有牴牾，则不敢容喙焉。夫不欲考迹异同则已矣，而复以甲之事蔽乙之事，历史成迹，合于彼之条例者则必实，异于彼之条例者则必虚；当来方略，合于彼之条例者则必成，异于彼之条例者则必败。抑不悟所谓条例者，就彼所涉历见闻而归纳之耳，浸假而复谛见亚东之事，则其条例又将有所更易矣。社会之学，与言质学者殊科，几何之方面，重力之形式，声光之激射，物质之化分，验于彼土者然，即验于此土者亦无不然。若夫心能流衍，人事万端，则不能据一方以为权概，断可知矣！且社会学之造端，实惟殄德，风流所播，不逾百年，故虽专事斯学者，亦以为未能究竟成就。盖比列往事，或有未尽，则条例必不极成。以条例之不极成，即无以推测来者。夫尽往事以测来者，犹未能得什之五也，而况其未尽耶？严氏笃信其说，又从而为之辞，并世之笃信严氏者，复冀为其后世，何其过也！今就《社会通诠》与中国事状计之，则甄氏固有未尽者；复有甄氏之所不说，而严氏附会以加断者；又有因严氏一二狂乱之辞，而政客为之变本加厉者。辩论如左：

今之非民族主义者，辄举宗法社会以相怵让。民族主义之与宗法社会，固非一事。（其辩在后。）则言宗法社会之得失，非吾所注意也。然今者重纰缪之说，实自此始。故先举甄氏所说之宗法社会，与中国固有之宗法社会，校其同异，而知甄氏所谓四端，于中国未必能合也。如甄氏云宗法社会，所与今之军国社会，异者有四：

一、重民而不地著　宗法社会之籍其民也，以人而不以地。何以言之？前谓近世社会所以系属其民在于军政，以军政系民者，以民之所居者有定地也。是以地著尚焉。甲国之民，其可居于乙国，固无疑。然乙国不以国民视之，于其国家之政，莫得与也。然使其人既受廛占籍而为民矣，则于其种族旧居，靡所问也。故《拿破仑法典》曰："生于法土者，为法人"。自其大较言之，则是法也，欧洲列邦之所同用也。乃宗法社会则不然，其别民也，问其种族而不问其所居，为其社会之民，必同种族者，不然虽终其身于其社会，乃至为之服劳，将为客而不为主。总一社会之民，有时可迁易其土居，其称某国自若。于避敌逐利时时为之，虽演进稍深之种人，亦有不尽然者。而上古之宗法社会，则莫不如此矣。

二、排外而锄非种 宗法社会欲其民庶，非十余年、数十年之生聚不能。而今之军国社会不然，其于民也，归斯受之而已矣。虽主客之争尚所时有，而自大较言之，则欧洲无排外之事也。盖今之为政者，莫不知必民众而后有富国强兵之效。古人以种杂为讳者，而今人则以傀合为进种最利之图，其时异情迁如此。是故近今各国，皆有徕民之部，主受廛入籍之众。使此而立于宗法社会时，其不骇怪而攻之者几何？盖宗法社会之视外人，理同寇盗，凡皆侵其刍牧，夺其田畴而已，于国教则为异端，于民族则为非种，其深恶痛绝之，宜也。故宗法社会无异民，有之，则奴虏耳！

三、统于所尊 天演极深、程度极高之社会，以一民之小己为本位者也。宗法社会以一族一家为本位者也。以一民之小己为本位者，民皆平等，以与其国之治权直接。虽国主之下，亦有官司，然皆奉至尊之名，为之分任其事，官司之一己，于义本无权贵也。至宗法社会不然，一民之身皆有所属，其身统于其家，其家统于其族，其族统于其宗，循条附枝，皦然不紊。故一民之行事，皆对于所属而有责任，若子侄、若妻妾、若奴婢，皆家长之所治也。家长受治于族正，族正受治于大宗，此其为制，关于群演者至深，当于后篇徐详之。

四、不为物竞 今夫收民群而遂生理者，宗法也；沮进化而致腐败者，亦宗法也。何则？宗法立则物竞不行故也。吾党居文明之社会，享自由之幸福，夫自由幸福非他，各竭其心思耳目之力，各从其意之所善而为之，是已。国有宪典，公立而明定之，使吾身不犯其所禁者，固可从吾之所欲。农之于田，以早播为利，虽违众而破块可也。工之于器，以用楔为坚，虽变法而置胶粘可也。卖浆者忽酒，种莠者忽烟，无涉于人，皆所自主。乃宗法之社会不然，偭高、曾之规矩，背时俗之途趋，其众视之，犹蛇蝎矣。夫然，故人率其先而无所用其智力，心思坐窜，而手足拘挛，一切皆守其祖法，违者若获罪于天然，此其俗之所以成也，然而腐败从其后矣。凡古社会莫不如此，此不可道之灾也。虽然，如是之习，其始何以生？其终何以变？此治群学者所不可不讨论也。乃今所言，使学者知其有是，足矣。

以此四端，与中国固有之宗法相校，当略分时代后先，而为大别。春秋以往，以宗法系民生，而别子为祖，继别为宗，其法惟行于公子、大夫、元士之家。礼不下庶人，则民间固无宗法之可守。下自战国，至于近世，国家统一，而百姓不以阶级相丽，其宗法亦奄然荡没。然山谷阻深之地，往往自成村落，其民无虑千万，都为一族之民，则有祠堂以相系联，而决事听于族长。至于都会，地当孔道，则五方杂错，民族不纯，祠堂之制，视之蔑如也！其在中原，皖南北最重家庙，而徽、宁为高原之地，斗绝四方，则旁郡县之迁居者少，故视祠堂尤重。迤南至江西、闽、广间，则族长最尊宠，而数族常有械斗之事，此亦今之宗法已。古者宗法行于大夫、元士，不行于齐民；今者宗法行于村落素人，不行于都人士。古者宗法以世袭之，大宗为主，其贵在爵；今者宗法以及格之族长为主，其贵在昭穆年寿。此古今之所以为别。然与甄氏所述四端，则皆有不相契合者。一曰：怀土重迁之性，惟农民为最多，而宗法社会所凭依者，泰半不出耕稼，一去其乡，田土亦随之而失。是以盘庚迁殷，民胥咨怨，惟《诗》人亦以鸿雁哀鸣为失所，安在其不地著也？若其有迁移者，则占籍亦其常耳。《传》称有分土，无分民，此谓自甲国移于乙国者，即与乙国之民无异，而大宗不能加呵责。其在乙国，亦岂于种族旧居有所问者？土断之制，自古然矣。非特冠带之国，互相亲睦者然也。虽于夷狄亦然。春秋时，狐突、舅犯皆为犬戎之族，而著籍晋国，称为名臣，则因而晋人之矣。赵盾有言，微君姬氏，则臣狄人也。然则使赵盾不反晋国，则虽以赵衰之子，而不得不狄人视之，及其归晋，则因而晋人之矣。反之，吴出于周，越出于夏，皆帝王神圣之胄，而以远窜蛮方，世用夷俗，《春秋》之书夫差、勾践也，曾不得比于士伍，削其人之称，而谓之吴与越而已。若不以地著为重者，则惟当问其祖宗为何等？而安用是纷纷者为！逮及七国以后，则宗法已不同昔，而地著复较往日为彰明。近世迁徙之民，但令移居满二十年，而有田宅于迁所者，即许著籍。(惟东晋初年，侨置州郡不隶迁所，其后亦用土断之法。)其待外国之民也，则虽以南朝之矜重门地，而何妥以细脚胡人著籍郫县，亦未闻有摈斥之者。乃至代北之族，金、元之族，当中国自治时，亦一切以编氓相视，如何其不地著耶？若夫南洋、美洲之侨民，终身守其故籍，而未尝一人欧、美诸邦之版。然欧、美人之在中国者，亦或据田宅、长子孙矣。顾未有愿入中国之籍者，则未知中国人之重宗法软？抑欧、美人之重宗法软？要之，主宗法者，固不必与地著相违矣。（按：地著与土断，其义各异。地著谓城郭宫室之民，居有定地，异于游牧者。土断谓就地著籍耳。此甄氏所言地著，其义当为土断。或严氏译文未审。今姑仍之。至于游牧之民，虽不地著，而水草尚不可缺，水草在地，故游牧者虽时有迁徙，而未尝不爱其地。严氏于原书第一条下加案语曰：可以为前说之证者，莫明于犹太与古所称之行国。吾颇疑史迁《匈奴列传》冒顿曰：地者，国之本也，奈何予人？尽斩言予地东胡者，云云，为钓奇而非事实，此甚荒谬！夫匈奴游牧之民也，游牧恃水草，水草必生于地，失一地，即失一可供水草之牧场，宁能弃之无吝乎？所谓行国者，谓其随地迁移，而要必在一国范围之内。虽转徙无常，仍不能出于其域，况匈奴部落亦有分地，《传》称诸左方王将居东方，直上谷以往者，东接秽貉、朝鲜；右方王将居西方，直上郡以西，接月氏、氐羌，而单于之庭直代云中，是也。则迁移之地，亦仍在分地之中耳。如今内外蒙古，内则四十九旗，外则八十一部，亦各有其界限。若多得一地，即亦多一牧场，而失之，即牧场减少矣。谁谓冒顿之言，非当时事实乎？严氏所言，出于评选《史记菁华录》者，致为鄙陋！严氏以其与不地著之语相合，遂取之以疑《史记》。所谓历史成迹，合于彼之条例者则必实，异于彼之条例者则必虚，其证如是。）故甄氏第一条义，与中国固有之宗法不合也。二曰：中国宗法盛行之代，春秋以前，本无排外之事，而其时外人亦鲜内入。有内人者，若熏粥、姜戎之类，固非如今世欧、美诸邦以通商为名号，直钞盗边塞而处吾土耳。今也以宾旅入，而昔也以暴客入；今也以契约人，而昔也以戎马入。如是，则固侵其刍牧，夺其田畴也，有扞御之而已。虽今之军国社会而遇此者，能敛手不与校乎？若以单身为宾萌于中国，如前所谓狐突之徒，则中国未之排斥也。进观周穆王时，有西域化人谒王同游之迹，国人于此方胪句介绍之不暇，而何排斥之有？（此事载《列子》，其真否不可知。然列子处春秋之末，去古甚近，固按当时风俗而言之。）仲尼弟子有言偃者，本吴下之蛮夷耳，入宰武城，而未闻三桓之诛锄排斥也。自尔以来，至于宋、明，西南诸国与中国互市不绝，而葡萄牙之在濠镜时，以一旅入掠，则中国亦不得不命将誓师以与之搏。迨其帖服，则复交通如故。海外诸教，释氏先入于汉世矣，天方继入于唐世矣，基督晚入于明世矣。是时人民望此以为导师，欢喜踊跃，如大旱之见长蜺。特一二士人以其背弃儒法，而被以异端之名，非社会之总意然也。若曰距今五十年中，常有排教之事，则不知基督教之来也，常挟国权以俱来，而所至有陵轹细民之事。入其教者又借此以武断闾里之间，是所以促其反动，而非由宗法社会使然。宗法者，敬宗而严父，寝庙烝尝，以为大典，有背于其法者，则人人贱视之。然而佛教之入也，亦曰六亲不敬，鬼神不礼，而未闻传其教者之被菹醢。利玛窦、南怀仁辈以基督旧教，传播中国，且二百年。自海衅未启以前，谁以罗马教宗为悖德忘本，而反抗之者？若夫韩愈、杨光先辈，以其私意，抒之简毕，陈之庙堂，则于全体固无所与。且今世亦有以彼教为无君父，而视之如洪水猛兽者矣。然人民之愤起排教者，其意乃绝不在是，浸假而基督教人之在中国，循法蹈义，动无逾轨，则人民固不以异教而排斥之，亦不以异种而排斥之。其相遇也，与昔之天竺法师无异。虽以百千士人著书攻击，犹往日宋儒之辟佛而已，而人民不因是以起其敌忾之心也。至夫政府之排教，则有矣，然其意本不在异种异教，而惟集众倡乱之为惧。日本德川时代，尝杀基督旧教六万余人，即以是故。夫以其集众倡乱而排之，则不必于异种之教然也，虽同种之白莲、闻香亦然；不必于破坏宗法之教然也，虽儒流之党锢道学亦然。是故政府之排教也，以其合群而生变；人民之排教也，以其藉权而侮民。皆于宗法社会无所关系云尔。至谓宗法社会无异民，有之则奴虏者，则吾见南非之矿工，计佣受值，无所负于英人，而少有不率，则荆楚被于其背。以彼雇主而得治其佣人，于法则戾，于事实则中国之待佣人所未有。是何军国社会之人，待异民如奴虏，而宗法社会之人，犹无其横暴也？故甄氏第二条义，与中国固有之宗法不合也。三曰：宗法统于所尊，其制行于元士以上，族人财产有余，则归之宗，不足则资之宗，上至世卿，而宗子常执大政，所以拱枰其下者，恃有政权以行其刑赏耳。七国以后，执政者起于游说乞食之徒，而宗子降为皂隶，政柄既去，则不能号令其下，虽宗权亦因以俱去。挽近乃有祠堂之法，稍集一族之赢余，以奉园庙，则又系以义庄，主之者是为族长。土地财产之权所在，则宗权亦在，顽嚚不孝内乱之事，常得以众议治之。然而民之行事，对于祠堂则固无责任矣。祠堂所有，辄分之以恤孤寡、兴教育，足以膏沐族人，而族人则不必以其所有归之祠堂，去留惟所欲耳。惟岁时丘垅之祭，略有责任，亦以墓田所收入者酬之，其有远行服贾，不以儋石之利为得者，则墓祭亦任之旁族。若夫家人父子之间，其责任常不可弛，而父之对于其子，有出入顾复之责者，虽军国社会亦然。子长而复有扶老携衰之责任于其父，则施报之道然也。然未至于必待其子者，则父子常得私其所有。商君行法，家富子壮，则出分；家贫子壮，则出赘。至今父子异财之习，犹与秦人不异。综此数者，受治则稍稍见诸南方之民矣，而责任竟安在乎？然则古者之行宗法，以其事为天倪定分；今者之行宗法，以其事为补阙拾遗。若云当今之世，民不以一身为本位者，则吾所未见也。故甄氏第三条义，与中国固有之宗法，有合于古，不合于今也。四曰：《周礼》言以九职任万民。此宗法盛行时代之制也。至于业不得更，法不得变，则于古籍无文。夫农工诸业，固有受之鼻祖，传之子孙者矣。《史记》言畴人子弟，畴者，谓从其父学；而《考工》诸职，以氏称者，亦皆世习其艺者也。人情于见闻娴习之事，其为之必易于他术，故世业于古有征。虽然，此固顺其自然之习惯，而非谓少有变更即不容于社会也。农之子恒为农，工之子恒为工，商之子恒为商，此特管子治齐之法，岂他国民庶皆云尔乎？《记》云："良冶之子，必学为裘；良弓之子，必学为箕。"此可证业之有更矣。《世本·作篇》所记，常有其物已见于古初，而后人复为新作者，此可证法之有变矣。虽以一人而兼数业者，亦所在有之，世称舜耕历山，就时负夏，陶于河滨，渔于雷泽。此犹曰上古草昧之世，一人而万能也。韩子称市人有兼粥矛盾者，此犹曰宗法破散之后，得伺隙以求利也。然孔子固云"少贱多艺"；扁鹊亦以"馆舍之守，更事医术。"而未闻有遮禁之者。梓庆作鐻，公输削木，墨翟制辖，此皆变更旧则，而未有以奇技淫巧戮之者。然则谓宗法社会以不守祖法为咎者，其说荒矣！若自七国以至今兹，则变更固已数见，不劳持筹布策而陈其事。然而实业犹未能竞进者，则以人无学术，欲骤变而有不逮。古之长艺，又往往不著竹帛，故不得不归良工于张衡、马钧，归上农于氾胜之、赵过，而己惟相时徐进焉。文敝则然，于宗法何与？故甄氏第四条义，与中国固有之宗法，若古若今，都无所合也。夫甄氏以其所观察者而著之书，其说自不误耳。而世人以此附合于吾土，则其咎不在甄氏而在他人。若就此四条以与中国成事相稽，唯一事为合古，而其余皆无当于古。今则今宗法必有差愈于古宗法者，古宗法亦有差愈于甄氏所见之宗法者。要之，于民族主义皆不相及，此其论则将及于严氏。

甄氏之言曰：宗法社会，以民族主义为合群者也。此未尝谓民族主义即宗法社会，而特宗法社会所待以合群者，亦藉此民族主义耳。然则民族主义之所成就者，不专于宗法社会而止，较然著矣。严氏之言则曰：中国社会，宗法而兼军国者也。故其言法也，亦以种不以国。观满人得国，几三百年，而满、汉种界厘然犹在。东西人之居吾土者，则听其有治外之法权，而寄籍外国之华人，则自为风气，而不与他种相入，可以见矣。故周、孔者，宗法社会之圣人也。其经法义言、所渐渍于民者久，其入于人心者亦最深。是以今日党派虽有新旧之殊，至于民族主义，则不谋而皆合。今日言合群，明日言排外，甚或言排满。至于言军国主义，期人人自立者，则几无人焉。盖民族主义，乃吾人种智之所固有者，而无待于外铄，特遇事而显耳。虽然，民族主义，将遂足以强吾种乎？愚有以决其必不能矣。斯言则诬谬之甚也！民族主义者，与政治相系而成此名，非脱离于政治之外，别有所谓民族主义者。然就严氏所译甄说，则民族主义，或为普遍之广名，如是则外延甚巨，而足以虚受三种形式，顾其所挟持以为用者，为何物耳？所挟持以为用者为此，则民族主义亦随形转变而为此，其为军国社会可也，其为宗法社会可也，其为图腾社会亦可也。譬之纯铁，可以为炮，可以为刀剑，可以为矢镞，其形式则不同，而其本为纯铁则不异。未有离于纯铁而可为此三者，亦未有离于民族主义而可为彼三者。使有民族主义者，而其操术不出于谱牒之文，享尝之制，收族聚宗之道，则宗法社会狭小之制以成。若其操术更短，惟虫鱼鸟兽百物之形是务，则民族主义亦即以成图腾社会。何者？蛇之图腾，燕之图腾，莲华之图腾，既各自为徽帜，而亦有辈行序次之可稽。则其有潜在之民族主义可知也。特其言语缺乏，而无族姓部落之云云，故托于有形以为表象，亦犹暗者之见国旗，未能言国，而惟知同隶一旗者之可亲也。今吾党所言民族主义，则操术非前二者亦明矣。所为排满洲者，岂徒曰子为爱新觉罗氏，吾为姬氏、姜氏，而惧子之淆乱我血胤耶？亦曰覆我国家，攘我主权而已。故所挟以相争者，惟日讨国人，使人人自竞为国御侮之术，此则以军国社会为利器，以此始也，亦必以终。其卒乃足以方行海表，岂沾沾焉维持祠堂族长之制，以陷吾民于大湫深谷中耶？夫排外者，惟其少隘也，故于未灭我国家者则仇之，已灭我国家者则置之，铁道之争，华工之约，其利害岂不甚巨，顾其害尚有大于此者。虽然，彼所争者，亦国家一部之事耳。一华人入籍于英、美，一白人归嫁于神州，则固非彼所欲问者。若挟其宗法社会之见，则虽无能为利害者，而亦排之。今于欧洲伭猥之国不执何也，此岂宗法社会之圣人所渐渍耶？又况吾党所志，乃在于复我民族之国家与主权者，若其克敌致果，而满洲之汗，大去宛平，以适黄龙之府，则固当与日本、暹罗同视，种人顺化，归斯受之而已矣。岂曰非我族类，必不与同活于衣冠之国，虽于主权之既复，而犹当黎面剺刃，寻仇无已，以效河湟羌族之所为乎？若是者，其非宗法社会亦明矣。且民族主义之见于国家者，自十九世纪以来，遗风留响，所被远矣。撮其大旨，数国同民族者则求合，一国异民族者则求分。故意大里收合余烬，而建王国；德意志纠合群辟，而为连邦。此同民族者之求合也。爱尔兰之于英伦，匈牙利之于奥大利，亟欲脱离，有荷戟入榛之象。此异民族者之求分也。其在他国，虑有不尽然者。至美利坚以新造之邦，地广人稀，不得不招来殊族，以谋生聚。然其翕合无间者，惟数种白人而止，当地之赤人，固不与共苦乐，而黑奴则惟有解放之名。伽得《社会之进化》有言曰："美人之于黑种，虽以平等叫号于市朝，名曰预选举参政权，其事实乃绝相反，徒以容貌之黑，遂沦落于社会之下层。其间有材质贤明、财产众多者，犹不得与白人同伍。所定区划，黑人逾之，则放逐于规外，斩杀唯命，而白人逾之则无罪，虽乞儿无赖，愚不知学者，一切视之同等。凡关于政治之事，则曰此吾白人所擅也。有于白人之主配权而不赞成者，不曰卖国奴，则曰国事犯罪者矣。其他列国殖民之地，亦多如是。"其言民族范围，虽较欧洲旧疆为稍广，要之，以白种为限界耳。社会主义者流，名曰以圆顶方趾尽为同胞者也。然欧洲一二学者，或云其利当只及白人，若黄人则不得与之同格。特以社会主义与民族主义名实背驰，不敢讼言以为号，其实岂无所异视耶？由是观之，人类同根，只涂饰观听之词耳。若吾党之言民族主义，所挟持者则异是。惟曰以异民族而覆我国家，攘我主权，则吾欲与之分，既分以往，其附于职方者，蒙古之为国仇，则已解于半千岁上，准回、青海，故无怨也。西藏则历世内属，而又于宗教得中国之尊封者也。浸假言语、风俗渐能通变，而以其族醇化于我，吾之视之，必非美国之视黑民。若纵令回部诸酋，以其恨于满洲者，刺骨而修怨及于汉人，奋欲自离以复突厥花门之迹，犹当降心以听，以为视我之于满洲，而回部之于我可知也。至不得已，而欲举敦煌以西之地，以断俄人之右臂者，则虽与为神圣同盟可也。若是，而曰此民族主义者，即是宗法社会，则何异见人之国旗商标，而曰此有徽章者，犹未离于图腾社会也。且今之民族主义，非直与宗法社会不相一致，而其力又有足以促宗法社会之熔解者。夫祠堂族长之制，今虽差愈于古，亦差愈于欧洲。要其仆遫之体，褊陋之见，有害于齐一亦明矣。人情习其故常，而无持更叫旦者于其左右，则梦寐为之不醒。今外有强敌以乘吾隙，思同德协力以格拒之，推其本原，则曰以四百兆人为一族，而无问其氏姓世系。为察其操术，则曰人人自竞，尽尔股肱之力，以与同族相系维。其支配者，其救援者，皆姬、汉旧邦之巨人，而不必以同庙之亲，相呴相济。其竭力致死、见危授命者，所以尽责于吾民族之国家，身体发肤，受之父母，虽有毁伤而无所惜，曰务其大者远者耳！民知国族，其亦夫有奋心，谛观益习，以趋一致。如是，则向之隔阂者，为之瓦解，犹决泾流之细水，而放之天池也。人亦有言："中夜失火，则姻戚不如比邻。"故内之以同国相维，外之以同患相救，当是时，则惟军国社会是务，而宗法社会弃之如脱屣耳矣。若以吾言非实者，则请以南北会党之事例之。会党发源，多在晚明之遗老，盖摄取国家观念于民族主义之中，而组织固犹未备者也。自有会党，而其人粮不宿舂，襆被远行，千里无饥寒之患；其在同党，虽无葭莩微末之亲，一见如故，班荆而与之食，宝刀可脱也，轻裘可共也，左骖可解也，斯无待祠堂义庄之补助，而宗法社会之观念自灭。视同姓之弟昆，常不如其同会，虽古之郑庄、剧孟，方之末矣！夫会党者，特民族主义之未有组织者也。戎昭果毅、蹀血而前者，是其所至乐也。而知识未充，训练未具，方略未周，犹未足以称军国社会，特其途径在是。其民族主义所挟持者亦在是。然已足以熔解宗法社会，使无复烟炭余滓之留，又况吾党所称之民族主义，所恃以沃灌而使之孳殖者，舍军国社会而外，无他法乎？当其萌芽，则固无宗法社会之迹矣。及其成就，则且定法以变祠堂族长之制，而尽破宗法社会之则矣。今若与之临睨旧乡，观其所为同异者，邑里细人，越陌度阡，则视以为殊气。乃至言地方自治者，亦或以省界、府界为枪累，不容以他人而参吾事。而吾党之言治者，与彼则正相反。村落陋见，犹当息之，何有于族？令以此系于政治之民族主义，而破宗法，犹秦皇之统一六合，以破封建之列侯。国犹是国也，惟帝制与七雄，其大小异，故其功能亦异。民族犹是民族也，惟军国与宗法，其大小异，故其成绩亦异。世之不怿于宗法社会者，则有矣。惧民族主义之行，而中国之衰微复如东周，其沦陷或同于罗马，危心疾首，鼻涕长一尺，以对吾说也则宜。反而观吾党所持者，非直与宗法无似，而其实且与之僢驰。同人，同人！为严氏所号呴久矣，其亦今而后笑欤？

严氏所说曰：民族主义，不足以遂强吾种耳。使空有民族主义之名，而无其具，则诚宜为严氏所讥，此吾党汉民所已言者。是亦非独民族主义然也，虽日言帝国主义、社会主义、人道主义，而无术以行之，则抓落亦犹是也。今之政客，则以为虽有其具，其义必有非而无是，其势必有败而无成。此又于严氏所说，附之增语，其咎复不在严氏矣。是非之说，其本怀虑不在是，光复旧邦之为大义，被人征服之可鄙夷，此凡有人心者所共审。然明识利害，选择趋避之情，孔、老以来，以此习惯而成儒人之天性久矣。会功利说盛行，其义乃益自固，则成败之见，常足以挠是非，诐辞遁说，吾所不暇辩也。所辩者，成败之策耳。今有人曰：以宗法社会与军国社会抗衡，则必败。第弗论吾党所谓民族主义者，为宗法社会以否，就言宗法、军国胜败之故，岂非以一者为未进化，一者为已进化，故得以优劣定之耶？然则图腾社会，尚较宗法社会为下，而游牧之民，实自图腾初入宗法者耳。其与耕稼之民相抗，则劣者当在败亡之地。何南宋之卒亡于蒙古也？西罗马灭于峨特，东罗马灭于突厥，印度灭于莫卧尔，此皆以劣等社会战胜优等社会者也。是则国之兴废，非徒以社会文化高下为衡，顾民气材力何如耳。若复以文义相牵，而谓民族主义与宗法社会同者，征以文义，则不如征以实事。甄氏固言图腾社会传世以女，而不以男矣。而欧洲皇室，犹或以女主绍位，其贵族亦有效此者，二世之嗣皇，即承其母系耳。是虽谓欧洲之法，犹兼图腾社会可也。夫中国亦自有妇人封者，自齐侯赐辟司徒之妻始。汉高以许负为鸣雌亭侯，以奚涓之母为鲁侯，明帝亦封东海王强之女为小侯者四国，然不以子姓从其母族，父系之法。自古未有变也。非特中国为然，虽满洲亦无袭母系者，此皆纯无瑕衅之宗法，与图腾社会相校，宜无不斩馘克捷。然而中国与满洲，则既摧衄于泰西矣。社会相衡，其不足以定胜负之数如此。若曰欧洲图腾社会之法，惟在一端，不足以概其大体，则吾党之于宗法社会，并其一端而亦无之，以实相丽，犹有不可，况以名相丽乎？鼠之未腊者曰璞，玉之未理者曰璞，同璞相丽，犹有不可，况其名未及于璞乎？要之，今日固决死耳，岂曰无衣，与子同袍，修我戈矛，与子同仇。此民族主义所任用，而于宗法社会无忽微之相系也。若云以会盟驰说相励，无军事之实用者，此固吾党所当文莫。抑使今日而有雄杰材武之士，若洪秀全者出，吾知必无曾、胡之寇已。言谈虽虚，要以促社会之自觉，则岂独寸鳞一翮之助也欤？法之革命也，官军有利器足以摧坚入深，而革命党憔悴无军需，仓皇遇警，有持几案道具以相格者，此非必败之道耶？徒以大风所播，合军民为一心，而效死以藩王室者少，故民党得因之成业。夫战争之事，宁我薄人，而无恃他人之不吾薄，吾岂徒效法人所为，冀人之倒戈厥角以为恃？固曰鸠合骏雄，厚集群力，以成戎衣之烈，是所焦心茧足以求之者，顾岂非军国社会之事哉？而独政客所不快耳。虽然，今之政客，虑有二途：其一热中（应为衷，编者注）干禄，而以立宪望之满洲政府者，太史公云：在日月之际。此固不足与议。其一欲以国民自竞，奋起僵尸，竭其膂力，以倡国会于下，使政府震怖，而从吾之迫协者，其始固不得不以甲兵耀武，不幸而被诛夷，则与革命何择？幸而可以震慑之也，当是时，则固足以继濠州、金田之迹，而胡为局促于立宪之辕下者？苟以协迫清廷，与日本之要求立宪等易，则利害相反之故，固第二政客所深知矣。暴骨犹是，涂地犹是，势力犹是，安见此之可为，而彼之必不可为也。此吾所为辩其利害以相讽激，使无惑于严氏之莠言，纳约自牖，尽于斯耳。抑人之所志，固不当以成败为臬极，若所欲尽于功利，则欧洲学生固有言迎立东圣者，而一二杖节乘传于殊方，名为通达时务之士，亦欲得西方元首以莅吾土，迎立之欢，异于攻破，宜必展布四体以左百姓，而辅佐多元老魁杰，亦能使庶事无堕其功实，或优于自为立宪百倍。(按此最为无耻之言，二种政客亦不肯为是说，然以之语严氏，则必以其言为有中矣。)而无若人之所致命遂志者，在欲得权藉何？夫既以权藉为期，则成败固不暇虑，而非排斥满洲，亦无以使其权尽复；纵得立宪，犹余一行政机关之首领，而相位亦或为汉人所绝分。(军机长官，旧以亲王任之，他日欲改此，必不可得。)宁为鸡口，毋为牛后，与使他人唉我而饱也，宁自唉而不足。权藉之于功利，诚有不相调适者。法人有言：所志不成，当尽法国而成蒿里，以营大冢于其上。士苟知此，彼天然淘汰、优胜劣败之说，诚何足以芥蒂乎？循四百兆人之所欲击，顺而用之，虽划类赤地，竟伸其志可也！今之所辩，以《社会通诠》为限，则其言如上而止。

【评介】

本文由章太炎完成于 1907 年，原刊登于《民报》第 12 号 (1907 年 3 月 6 日)。在文中，章太炎针对严复译述英国甄克思的《社会通诠》中的部分观点进行了反驳与论述。章太炎 (1869—1936 年)，浙江余杭人，原名学乘，字枚叔，后改名为炳麟，号太炎。章太炎是清末民初思想家、史学家，著名的民族主义革命者，在历史、哲学、政治等学科的学术研究方面也有丰富的著述。

1904 年，甄克思的《社会通诠》(原名为 *History of Politics*) 由严复翻译完成并出版。严复通过撰写案语表达了如下想法：首先，人类社会始于图腾，进而进入宗法社会阶段，最后才进入以暴力机构为统治手段、以国家机器与工业化为特征的具有近代意义的军国社会阶段。

其次，当时的中国属于宗法社会而兼有军国性质，但是宗法占据主要地位。宗法社会的百姓"以种而不以国"，种界严格，因而言合群、言排外。这种排外从严复所处的时代看来便是言"排满"。然而，军国社会是"期人人自立"的。最后，当时中国最重要的任务之一，就是脱离宗法社会，进入军国社会，从而实现现代化。严译《社会通诠》出版后，其中批判民族主义、批驳"排满"行为的话语引来一系列反对的声音。如汪精卫在《民报》创刊号（1905年10月20日）上发表了《民族的国民》一文，既宣扬了民族主义以及"排满"政策在当时中国的必要性，又批评了严复在《社会通诠》案语中所提出的反对民族主义和"排满"行为的观点。1907年，章太炎又撰文指出严译《社会通诠》的疏漏，指责严复将中国列为于宗法社会是有误的。其批判之猛烈使章、严关于《社会通诠》的不同见解成为历来学者颇为关注的历史问题之一。苏中立教授曾在《民族主义与现代化——严复对〈社会通诠〉中关于民族主义论述的辨析》[载《福建论坛》（人文社会科学版）2008年第4期]一文中提出，章、严之辩的分歧点在于是否"排满"及排外。他还提供了一系列关于这一问题的研究成果以供参考，包括：俞政：《评严译〈社会通诠〉引起的一场风波》（载《史学月刊》2001年第6期）；王天根：《宗法社会与近代民族主义——以严复、章太炎对〈社会通诠〉探讨为中心》（载《学术论坛》2002年第2期）；俞政：《严复著译研究》之第五章《社会通诠》（苏州大学出版社2003年版，第271~287页）；王宪明：《混杂的译本——读严复译〈社会通诠〉》（载《中国翻译》2004年第2期）；王宪明：《语言、翻译与政治——严复译〈社会通诠〉研究》（北京大学出版社2005年版）；罗福惠、袁永组：《一百年前由译介西书产生的一场歧见——关于严复译〈社会通诠〉所引发的〈民报〉上的批评》（载《学术月刊》2005年第10期）；赵秀明、张文斌：《从翻译的目的论角度重新审视严译名著〈社会通诠〉》（载《安阳工学院学报》2006年第3期）。

《〈社会通诠〉商兑》则主要从三个方面对严译《社会通诠》进行辩驳。首先，章太炎归纳了甄克思与严复所谓宗法社会的四个特征，包括：重民而不地著（宗法社会人民比较容易迁土而居）；排外而锄非种（宗法社会人民对外来民族往往会深恶痛绝）；统于所尊（宗法社会人们以一家一族为本位）；不为物竞（即一切遵循祖法而不敢自主追求幸福）。严复认为，中国社会正契合了甄克思所归纳的宗法社会的上述特点。对此，章太炎指出，第一，中国社会并非重民而不地著，相反应是怀土重迁。无论是在农耕社会还是游牧社会，尽管这些社会内部有人口迁徙，但是在一定的地域范围之内进行的，特别是在稳定的君主专制国家内，怀土重迁是保持国家稳定的重要因素。第二，中国人民排斥满族、排斥西方人的行为并非由于其有"排外而锄非种"的特性，而是因为满族的统治已经到了腐朽至极的程度，而外国人的入侵更让人意识到有必要联合起来保护本国主权。第三，说中国社会统于宗法之尊，并非完全准确。这一特点适合于古代社会，而在章太炎所处的新陈代谢加速的时代，已有越来越多的人以个人的发展而非宗法之要求为重心了。第四，于古于今，中国社会有许多实业干将相互竞争推动社会技术的进步，因此甄克思所谓"不为物竞"也并非中国社会的特征。由此，章太炎认为，严复将中国归纳为宗法社会并予以抨击是不恰当的。

其次，严复在《社会通诠》中认为，民族主义是宗法社会的主要特点。而章太炎指出，无论在图腾社会、宗法社会，还是军国社会、民族主义都有可能在其中衍生。如图腾社会中，不同部落的标志性图腾其实就代表了这个部落的血缘、民族意识。在军国社会中，国家建立起强大的御侮之术也同样是维护民族国家利益的有力武器。因此，严复对于宗法社会的判断是不准确的。

最后，严复认为，宣扬民族主义不足以使国家强大起来，因为民族主义是宗法社会的象征，而宗法社会是不敌军国社会的。章太炎却认为，国家之间战争之胜败并非由是否为军国社会而决定，只有军民合心为国家安全效力才有可能取得战争的胜利。总之，章太炎认为，严复把中国定义为宗法社会，并由此反对民族主义，反对当时情势正盛的"排满"活动，是无视中国受满族、受西方国家压迫的严重性的表现。

当然，章太炎与严复的分歧与两人著述的时代背景有关。王天根教授在其论文《宗法社会与近代民族主义——以严复、章太炎对〈社会通诠〉探讨为中心》（载《学术论坛》2002年第2期）中指出，严译

《社会通诠》出现在甲午战争到戊戌变法前后，而当时的社会主流思潮是西学，社会舆论倾向于社会改良，因此严译《社会通诠》是符合当时社会潮流的。而章太炎的《〈社会通诠〉商兑》则发表于戊戌变法失败之后至辛亥革命爆发前的酝酿时期。为了推翻满族的统治，章太炎所倡导的国粹派便理所当然地推崇民族主义，主张以暴力方式推翻统治皇朝。因此，从某种程度上看，严复与章太炎对于甄克思《社会通诠》的理解，都是应时代要求及其自身的政治理想而产生的。

清故资政大夫海军
协都统严君墓志铭①

陈宝琛

君讳复,初名宗光,字又陵,一字几道,姓严氏。福建侯官人也。曾祖讳焕然,嘉庆庚午举人,松溪训导。祖讳秉符,嗣祖讳秉忠。父讳振先,以医名州里。君早慧,词采富逸,师事同里黄宗彝,治经有家法,饫闻宋元明儒先学行。

沈文肃初创船政,招试英少,储海军将才,得君文奇之,用冠其曹,则年十四也。既卒业,从军舰练习,周历南洋、黄海。日本窥台湾,文肃奉命筹边,挈君东渡诇敌,勘量各海口。

光绪二年,派赴英国海军学校,肄战术及炮台建筑诸学;是时日本亦始遣人留学西洋,君试辄最。郭侍郎嵩焘方使英,时引与论析中西学同异,穷日夕弗休。比学成归,文肃已薨。李文忠伟其能,辟教授北洋水师学堂。

君慨夫朝野玩愒,而日本同学归者皆用事图强,径翦琉球,则大戚。常语人:"不三十年藩属且尽,缳我如老牸牛耳!"闻者弗省,文忠亦患其激烈,不之近也。法越事裂,文忠为德璀琳辈所绐,皇遽定约。綦言者摘发,疑忌及君,君亦愤而自疏。及文忠大治海军,以君总办学堂,不预机要,奉职而已。

景庙愍于甲午之衄,特诏急人才,君被荐,召对称旨。谕缮所拟万言书以进,未及用而政局猝变。后二年,拳匪祸作,君自是避地居沪上者七年。

---

① 本篇选自《学衡》1923 年第 20 期。

君初以学不见用，殚心著述。所译书以瓌辞达奥旨，风行海内，学者称为侯官严先生。至是人士渐渐倾向西人学说。君以为自由、平等、权利诸说，由之未尝无利，脱靡所折中，则流荡放佚，害且不可胜言，常于广众中陈之。君既以海军积劳叙副将矣，尽弃去，入资为同知，洊擢道员。宣统元年，海军部立，特授协都统，寻赐文科进士出身，充学部名词馆总纂，以硕学通儒征为资政院议员。三年，授海军一等参谋官。

袁世凯与君雅故，其督直隶，招君不至以为憾；及罢政归，诋者蜂起，君抗言非之，则又感君。国体既变，聘君掌大学，充顾问参政及约法议员。君恒昌言，国人识度不适于共和，而戴袁者欲资之以称制，窜其名筹安会中，君始终不莅会，袁又讽君为文辞异议者，则辞以疾，自是亦稀接宾客矣。

近五年中，肺疾时作，辄南归避冬。今秋，自觉病深，手书遗后人。大旨谓中国必不灭，旧法可损益，而必不可叛。人生宜励业、益知，轻己、重群，语至警切。以辛酉九月二十七日考终里第。春秋六十有九。

余交君逾四十年，比岁京居，尤密洽。君归经年，秋初，犹以鼓山诗寄余，而交遂毕于此耶！悲夫！

君于学所译《天演论》、《原富》、《群学肄言》、《穆勒名学》、《法意》、《群己权界论》、《社会通诠》，皆行于世。杂文散见，不自留副，仅存诗三百余首。其为学，一主于诚，事无大小无所苟。虽小诗短札，皆精美，为世宝贵。而其战术、炮台、建筑诸学，则反为文学掩矣。

三代以君贵，赠资政大夫，妣皆夫人。配王夫人，端淑有阃德，前君二十九年卒。继室朱夫人，箑江淑人。子五：璿，二品衔，军机处存记道，外务部郎中，四品卿衔福建财政正监理官；瓛，殇；琥；珑；玷。女四。孙一：以侨。将以是年十二月二十日合葬君于阳崎鳌头山之阳。以余知君深，乞为铭。铭曰：

旗山龙渡岐江东，玉屏耸张灵所钟。绎新籀古折以中，方言扬云论谭充。千辟弗试干越锋，昔梦登天悲回风。飞火怒扇销金铜，鲸呿鼍跋陆变江。

氏见犹阅世君非矇，咽理归此万年官，文章光气长垂虹。

附一：

侯官严先生行状①

王允晰

近数十年，吾国人士倡言治西学，然能会中西之通以心得标独见者，恒难其人，吾所见则唯侯官严几道先生而已。余与哲嗣伯玉参事雅契，因得亲炙先生承其论议，比年客都尤多就请益，先生于古今学术无所弗明，老乃归趣于禅悦，余间以所见取证，幸不謷于玄旨，先生亦乐与开发之。今年，余归自北，适先生养疴里居，貌加癯而神益清，语次意理邃澈，盖所得于中者深有超然于毁誉死生之外，《维摩诘经》所谓前后际俱断时者疑近之焉。今先生已矣，余辱深知窃自附于能知先生者状先生行以质于海内之契，先生者有不能已焉也。

按先生讳复，原名宗光，字又陵，一字几道，姓严氏，晚乃自号瘉懋老人，福建侯官人也。曾祖讳焕然，嘉庆庚午举人，松溪县学训导。祖讳秉符，嗣祖讳秉忠，考讳振先，三世皆以先生贵，赠资政大夫，赠翁弃儒为医，以仁心精术有声州里间，闽垣夏秋多疾疫，无贫富悉与医治，即阽获苏活人无算。

先生早慧，迈常童，十二岁从黄少岩先生宗彝受经，黄为郡名宿，说经一准汉人家法，余暇益取宋元明学案，循次讲论，故先生为学明汉宋源委，所诣日异。年十四丁赠翁艰时。侯官沈文肃公主船政，招考生童以为海军将才之储，得先生应试文大喜，掇冠一军。卒业后登建威、扬武两练船，周历南洋、黄海各处，风潮沙线目与心

① 此据苏中立、涂光久主编：《百年严复：严复研究资料精选》，福建人民出版社 2011 年版，第 37~38 页。原文选自闵尔昌纂：《碑传集补》卷末《集外文》，燕京大学国学研究所印行。

习。同治甲戌，日人乘隙窥台东，文肃被命渡台调偕行，测量台东各海口，寻派赴英伦格林尼次海军学校益习所未，至每试皆最，彼邦共学者怵焉。湘阴郭侍郎嵩焘奉使驻英，时延先生至使署，析中西学异同，穷日夕弗休。居英四载，撷其艺术之精微者而归，总船政后学堂教习。于时北洋方经营海军，立水师学堂于天津，合肥李文忠公督直隶，知先生才，特调主讲席继充会办兼其他要差。

戊戌直督长白荣文忠公派充随办洋务，是年德宗下诏求才，黄县王詹事锡蕃以先生应诏召见，询为治之要，先生具以对称旨谕缮所拟上万言书呈览，未几政变遂作，后二年拳匪肇祸，先生避地海上居七年，著述风行海内，想望风采而名言奥论，沾溉于国人者实多。宣统纪元，学部宪政编查馆度支部相踵礼聘，遂更北居。综在闽二年、北洋二十年，成就海军人才众多，或勋绩炳焕，或学术湛深，闽如前海军总长刘公冠雄，今海军总长李公鼎新；北洋如前大总统黎公元洪，前上海镇守使郑公汝成，新会伍君光建，天津王君劭廉、陈君杜蘅，今海军总司令蒋君拯，前海军总司令饶君怀文，其尤著者也。初先生由副将改文职，得同知涛保道员，至海军部立特授海军协都统，学部亦请给予文科进士出身。

国变后退居津沽，项城袁前总统与先生有旧，聘为北京大学校长、充顾问参政及约法会议议员。洪宪之将发难也，有时彦就问政见，先生曰：方今国人识度未尽合于共和固也。问者退，竞藉先生名于其会中。先生既为盛名所累，性又疏简，听之而已。

迩年，患痰喘，辄南归避冬。今年九月初旬，自觉病深，手书遗训以贻后人，大旨谓中国必不灭，旧法可损益，而必不可叛，人生宜励业、益知、轻己重群，其言至警以切，即于是月二十七日癸巳考终于里第，春秋六十有九，以年月日与德配王夫人合葬于阳崎乡鹅头山之阳。

先生早岁读书，经名师指授，学有渊源，即淹博无涯涘而脉络常分明不紊，其于中外哲理无不赅贯，其为学一主于诚，尝谓为学之要，中庸一言足以蔽之，曰：不诚无物是也。诗存者仅二三百篇，文字散见各报，多不留稿，所著《天演论》、《原富》、《群学肄言》、《穆勒名学》、《法意》、《群己权界论》、《社会通诠》各书皆行于世。

元配王夫人，闽县王布衣道亮公次女，端淑有阃德，前先生二十九年卒；继配朱夫人，箧室江淑人。子五，璩，王夫人出；瓛、琥，江淑人出，瓛，幼殇；璿、玷，朱夫人出。女四；孙一，以侨。

长乐王允晰谨状。

附二：

告严几道文①

林 纾

呜呼！君才之大，实北冥之鹏，其振翼也，若垂天之云，水击三千里。顾乃无厚风之积，虽未即于夭阏，然亦不复逍遥矣。图南之不终，其责在风，宁复在鹏之翼耶！呜呼！彼东人之所谓元勋者，勒崇垂鸿，视吾神州如部娄焉。恃其慓锐，肆彼残龁，君实与此辈同学。前四十年，已痛哭陈述于枢近之臣，发其悖计。顾乃居积薪之上而不知。君虽欲渝剟抉摩，求毕其议而莫可。呜呼！此宜君之抱疴伏息，恢恢于乡里间也。呜呼！当涂篡窃神器之时，乃笼槛及君，君翛然却其千金，不署劝进之表。顾乃以中国不宜共和一语，竟窜名入党籍中，使君抑抑，无可自伸。一腔之冤，不能敌万众之口。而吾独知君者，以君假吾柳州之文，手加丹铅，知君之属意于柳州，盖自方也。柳州君子人也，昌黎永贞之行，意属梦得，于子厚无与。至为之志墓，为之碑罗池，无一语及于叔文，盖知柳州深矣。吾文去昌黎万里，宁足雪君之冤，然君之心，柳州之心也。吾恒谓屈平之骚谷风也，柳州之骚氓也，谷风之怨，响抗而长；氓之怨，声咽而悲。读柳州之骚，其沉忧凄黯，泪与声俱，而君丹铅其上，吾未尝不以悲柳州者悲君也。呜呼！君今已矣，临命之前一月，尚以诗寿予七十，有佩

---

① 此据苏中立、涂光久主编：《百年严复：严复研究资料精选》，福建人民出版社 2011 年版，第 39~40 页。原文选自王蘧常：《严几道年谱》，商务印书馆 1936 年版。

玉利于走趋一语，盖用昌黎之文以况予。呜呼！予长安卖画翁耳，宁自期为君子之玉，至所谓利于走趋者，或时流怜予老悖无能恕之。游行于长安人海之中，亦苟延残喘而已，转不如君脱然尘埃之表之为得也。君著述满天下，而生平不能一试其长，此至可哀也。既沥酒于墀，复为悲歌以降神曰：望仙宸之汰寥兮，披瑶草于绛霄。骖龙鸾而上徂兮，托巫阳而虽招。神下盼而长吁兮，知龙乱钩裂之不可以终朝。毒燎备衅兮，天半绛其芒煓。四海渗涸兮，杂犬祸与诗妖。哀穰至之无期兮，后死者胡以自聊。略董道而仗正兮，世方目为儒枭。类麘麚之弗息兮，寤骇怠于夜昼。幸夫君之萧间兮，居帝所而腾啸。扬桂旗于灵风兮，亦罗池之降庙。请再拜而伸奠兮，冷翠辉乎夕照。尚飨。

【评介】

陈宝琛《清故资政大夫海军协都统严君墓志铭》撰于 1921 年，原载于《学衡》杂志 1923 年第 20 期。后收入闵尔昌所纂《碑传集补》卷末《集外文》，由燕京大学国学研究所印行。

陈宝琛(1848—1935 年)，字伯潜，号弢庵、陶庵，福建闽县(今福州市)人。历任翰林院侍讲、起居注官、内阁学士兼礼部侍郎等职。中法战争之后因受牵累而置闲居家达 25 年之久。赋闲期间，为家乡的基础教育、高等师范教育以及女子教育的建设作出重大贡献，被视为开拓福建现代教育的功臣。辛亥革命后任末代皇帝溥仪的老师。1935 年卒于北京家中，得"文忠"特谥及"太师"觐赠。

陈宝琛与严复是同乡人，年岁相近，在京都任职时曾密切来往，相知甚深。1921 年严复逝世，陈宝琛受托为严复墓碑撰写铭文，文曰："旗山龙渡岐江东，玉屏耸张灵所钟。绎新籀古折以中，方言扬云论谭充。千辟弗试干越锋，昔梦登天悲回风。飞火怒扇销金铜，鲸呿鼍跋陆变江。 氏见犹阅世君非曚，咽理归此万年宫，文章光气长垂虹。"这一碑铭以"飞火怒扇销金铜，鲸呿鼍跋陆变江"以及"文章光气长垂虹"来定位严复著述对中国思想界的影响，可见陈宝琛对严复的评价之高，以及对严复逝世所感到的悲痛之情。至于两人的交往，正如陈氏在本篇选文所言："余交君逾四十年，比岁京居，尤密洽。

君归经年，秋初，犹以鼓山诗寄余，而交遂毕于此耶！悲夫！"

本篇选文主要介绍了严复的家族传承与生平经历，包括早年学从海军与在英国留学的经历、主要的译述情况、职务、被盗名筹安会的情况、学术研究以及与作者交往情况，并且对严复一生作了简短而又饱含感情的评价。由此综观严复一生，他在官职方面升至"海军协都统"，并"赐文科进士出身，充学部名词馆总纂，以硕学通儒征为资政院议员"；在翻译著作、学术研究中则"无所不窥，举中外治术学理，靡不究极原委，抉其失得，证明而会通之"，其成就，则是"六十年来治西学者，无其比也"。因而陈宝琛在为严复撰写墓志铭时评价其"文章光气长垂虹"。

学者苏中立、涂光久在其主编文选《百年严复：严复研究资料精选》中指出，陈氏此文与王允晰的《侯官严先生行状》（1921年）、林纾的《告严几道文》（1922年）是严复去世后第一批评论他的专门性文章，并使得严复成为"历史人物"。王氏与林氏的两篇文章如上所示，已附在陈氏文章之后。直到1927年柯劭忞为严复独开篇章，将严复生平事迹纂入《清史稿·文苑传》，严复才终于成为正史中的人物。

这三篇专门评价严复的文章各有侧重，但都无一例外地提到了严复列名筹安会事件。兹将三者对严复列名筹安会的叙述作一比较：

陈宝琛一文言："袁世凯与君雅故，其督直隶，招君不至以为憾；及罢政归，诋者蜂起，君抗言非之，则又感君。国体既变，聘君掌大学，充顾问参政及约法议员。君恒昌言，国人识度不适于共和，而戴袁者欲资之以称制，窜其名筹安会中，君始终不莅会，袁又讽君为文辟异议者，则辞以疾，自是亦稀接宾客矣。"

王允晰一文言："洪宪之将发难也，有时彦就问政见，先生曰：方今国人识度未尽合于共和固也。问者退，竟藉先生名于其会中。先生既为盛名所累，性又疏简，听之而已。"

林纾一文言："当涂篡窃神器之时，乃笼槛及君，君翛然却其千金，不署劝进之表。顾乃以中国不宜共和一语，竟窜名入党籍中，使君抑抑，无可自伸。一腔之冤，不能敌万众之口。"

由上可知，严复去世后，人们对其参与筹安会的事件原委有比较清楚的了解，认识到严复并不是主动参加到筹安会中的。严复虽然认为凭当时国人的素质，国家还不能够实行共和制，但对于袁世凯的复辟君主专制也还是有诸多担忧的，因而并不愿意贸然加入筹安会。只是"戴袁者"不顾严复的思虑，擅自盗其名而将之列入筹安会。事后人们虽然了解到严复的冤屈，可是这在当时的确给严复带来一系列恶名声，而晚年的严复，"性又疏简"，于是"听之而已"。

对于严复的学识、人品，陈氏一文仅略略带过。这里不妨结合王允晰和林纾的点评来作考察，以更全面地展现同时代知识分子对严复的评价。

王允晰在《侯官严先生行状》中高度称赞了严复在培养海军人才与学术人才上的卓越贡献："综在闽二年、北洋二十年，成就海军人才众多，或勋绩炳焕，或学术湛深，闽如前海军总长刘公冠雄，今海军总长李公鼎新；北洋如前大总统黎公元洪，前上海镇守使郑公汝成，新会伍君光建，天津王君劭廉、陈君杜蘅，今海军总司令蒋君拯，前海军总司令饶君怀文，其尤著者也。"对于严复的学养以及学术态度，王允晰则评价道："先生早岁读书，经名师指授，学有渊源，即淹博无涯涘而脉络常分明不紊，其于中外哲理无不赅贯，其为学一主于诚，尝谓为学之要，中庸一言足以蔽之，曰：不诚无物是也。"可见，王氏十分敬佩严复在中西学术上融会贯通的精神，并且认为"诚"是严复治学的核心价值。

相较于上述两篇文章，林纾的《告严几道文》则展现了更强烈的感情色彩。他对严复的评价更高，开篇便将严复比为北冥之鹏："呜呼！君才之大，实北冥之鹏，其振翼也，若垂天之云，水击三千里。顾乃无厚风之积，虽未即于夭阏，然亦不复逍遥矣。图南之不终，其责在风，宁复在鹏之翼耶！呜呼！彼东人之所谓元勋者，勒崇垂鸿，视吾神州如部娄焉。恃其慓锐，肆彼残龁，君实与此辈同学。"对于两人最后的交往岁月，林纾也颇有感慨："君今已矣，临命之前一月，尚以诗寿予七十，有佩玉利于走趋一语，盖用昌黎之文以况予。呜呼！予长安卖画翁耳，宁自期为君子之玉，至所谓利于走趋者，或时流怜予老悖无能恕之。游行于长安人海之中，亦苟延残喘而已，转不如君脱然尘埃之表之为得也。君著述满天下，而生平不能一试其长，此至可哀也。"

　　总的来说，陈宝琛、王允晰与林纾的文章作为第一批研究严复的专门性文章，有重要的意义。虽然它们大体是为缅怀严复而作，而且在一些历史事件的细节上有着相似处，但是在对严复作总体评述的时候，又各自表达了或强烈、或沉着的情感，初步塑造了严复作为一位历史性人物的形象。特别是陈宝琛这篇文章，短小精悍，公正客观，信息也比较丰富，为后代研究者所经常引述。总之，作为最早的一批严复研究的文章之一，陈氏一文的确给予后世研究者以诸多启发。

五十年来中国之文学①（节选）

胡 适

一、这五十年在中国文学史上可以算是一个很重要的时期。综括起来，这五十年的重要有几点：

（1）五十年前，《申报》出世的一年（1872年），便是曾国藩死的一年，曾国藩是桐城派古文的中兴第一大将。但是他的中兴事业，虽然是很光荣灿烂的，可惜都没有稳固的基础，故都不能有长久的寿命。清朝的命运到了太平天国之乱，一切病状一切弱点都现出来了，曾国藩一班人居然能打平太平天国，平定各处匪乱，做到他们的中兴事业。但曾左的中兴事业，虽然延长了五六十年的满清国运，究竟救不了满清帝国的腐败，究竟救不了满清帝室的灭亡。他的文学上的中兴事业，也是如此。古文到了道光、咸丰的时代，空疏的方、姚派，怪僻的龚自珍派，都出来了，曾国藩一班人居然能使桐城派的古文忽然得一支生力军，忽然做到中兴的地位。但"桐城＝湘乡派"的中兴，也是暂时的，也不能持久的。曾国藩的魄力与经验确然可算是桐城派古文的中兴大将。但曾国藩一死之后，古文的运命又渐渐衰微下去了。曾派的文人，郭嵩焘、薛福成、黎庶昌、俞樾、吴汝纶……都不能继续这个中兴事业。再下一代，更成了"强弩之末"了。这一度的古文中兴，只可算是痨病将死的人的"回光返照"，仍旧救不了古文的衰亡。这一段古文末运史，是这五十年的一个很明显的趋势。

（2）古文学的末期，受了时势的逼迫，也不能不翻个新花样了。这五十年的下半便是古文学逐渐变化的历史。这段古文学的变化史又

---

① 本篇选自欧阳哲生主编：《胡适文集》，北京大学出版社1998年版。

可分作几个小段落：

(一)严复、林纾的翻译的文章。

(二)谭嗣同、梁启超一派的议论的文章。

(三)章炳麟的述学的文章。

(四)章士钊一派的政论的文章。

这四个运动，在这二十多年的文学史上，都该占一个重要的地位。他们的渊源和主张虽然很多不相同的地方，但我们从历史上看起来，这四派都是应用的古文。当这个危急的过渡时期，种种的需要使语言文字不能不朝着"应用"的方向变去。故这四派都可以叫做"古文范围以内的革新运动"。但他们都不肯从根本上做一番改革的工夫，都不知道古文只配做一种奢侈品，只配做一种装饰品，却不配做应用的工具。故章炳麟的古文，在四派之中自然是最古雅的了，只落得个及身而绝，没有传人。严复、林纾的翻译文章，在当时虽然勉强供应了一时的要求，究竟不能支持下去。周作人兄弟的《域外小说集》便是这一派的最高作品，但在适用一方面他们都大失败了。失败之后，他们便成了白话文学运动的健将。谭嗣同、梁启超一派的文章，应用的程度要算很高了，在社会上的影响也要算很大了，但这一派的末流，不免有浮浅的铺张，无谓的堆砌，往往惹人生厌。章士钊一派是从严复、章炳麟两派变化出来的，他们注重论理，注重文法，既能谨严，又颇能委婉，颇可以补救梁派的缺点。甲寅派的政论文在民国初年几乎成一个重要文派。但这一派的文字，既不容易做，又不能通俗，在实用的方面，仍旧不能不归于失败。因此，这一派的健将，如高一涵、李大钊、李剑农等，后来也都成了白话散文的作者。

这一段古文学勉强求应用的历史，乃是新旧文学过渡时代不能免的一个阶段。古文学幸亏有这一个时期，勉强支持了二三十年的运命。

…… ……

四、自从 1840 年鸦片之战以来，中间经过 1860 年英法联军破天津入北京火烧圆明园的战事，中兴的战争又很得了西洋人的帮助，中国明白事理的人渐渐承认西洋各国的重要。1861 年，清廷设总理各国事务衙门；1867 年，设同文馆。后来又有派学生留学外国的政策。

当时的顽固社会还极力反对这种政策，故同文馆收不到好学生，派出洋的更不得人。但 19 世纪的末年，翻译的事业渐渐发达。传教士之中，如李提摩太等，得着中国文士的帮助，译了不少的书。太平天国的文人王韬，在这种事业上，要算一个重要的先锋了。

但当时的译书事业的范围并不甚广。第一类是宗教的书，最重要的是《旧约全书》的各种译本。第二类为科学和应用科学的书，当时称为格致的书。第三类为历史、政治、法制的书，如《泰西新史揽要》、《万国公法》等书。这是很自然的。宗教书是传教士自动的事业。格致书是当日认为枪炮兵船的基础的。历史、法制的书是要使中国人士了解西洋国情的。此外的书籍，如文学的书，如哲学的书，在当时还没有人注意。这也是很自然的。当日的中国学者总想西洋的枪炮固然利害，但文艺哲理自然远不如我们这五千年的文明古国了。

严复与林纾的大功劳在于补救这两个大缺陷。严复是介绍西洋近世思想的第一人，林纾是介绍西洋近世文学的第一人。严复译赫胥黎的《天演论》在光绪丙申（1896 年），在中、日战争之后，戊戌变法之前。他自序说：

> ……风气渐通，士知弇陋为耻；西学之事，问涂日多。然亦有一二巨子，讪然谓彼之所精，不外象数形下之末；彼之所务，不越功利之间，逞臆为谈，不咨其实。讨论国闻，审敌自镜之道，又断断乎不如是也……

这是他的卓识。自从《天演论》出版（1898 年）以后，中国学者方才渐渐知道西洋除了枪炮兵船之外，还有精到的哲学思想可以供我们的采用。但这是思想史上的事，我们可以不谈。

我们在这里应该讨论的是严复译书的文体。《天演论》有《例言》几条，中有云：

> 译事三难：信、达、雅。求其信已大难矣。顾信矣，不达，虽译犹不译也。则达尚焉……今是书所言本五十年西人新得之学，又为作者晚出之书，译文取明深义，故词句之间时有所颠倒

附益，不斤斤于字比句次，而意义则不倍本文。题曰达旨，不云
笔译；取便发挥，实非正法……凡此经营，皆以为达；为达即所
以为信也……信达而外，求其尔雅。此不仅期以行远已耳，实则
精理微言，用汉以前字法句法则为达易，用近世利俗文字则求达
雅，往往抑义就词，毫厘千里。审择于斯二者之间，夫固有所不
得已也……

这些话都是当日的实情。当时自然不便用白话；若用白话，便没有人
读了。八股式的文章更不适用。所以严复译书的文体，是当日不得已
的办法。我们看吴汝纶的《〈天演论〉序》，更可以明白这种情形：

……今西书虽多新学，顾吾之士以其时文公牍说部之词译而
传之，有识者方鄙夷而不知顾，民智之沦何由？此无他，文不足
焉故也。文如几道，可与言译书矣……今赫胥黎之道……严子一
文之，而其书乃骎骎与晚周诸子相上下。然则文顾不重耶……

严复用古文译书，正如前清官僚戴着红顶子演说，很能抬高译书的身
价，故能使当日的古文大家认为"骎骎与晚周诸子相上下"。
严复自己说他的译书方法道："什法师有云，'学我者病'。来者
方多，幸勿以是书为口实也。"（《天演论·译例言》）这话也不错。严
复的英文与古中文的程度都很高，他又很用心，不肯苟且，故虽用一
种死文字，还能勉强做到一个"达"字。他对于译书的用心与郑重，
真可佩服，真可做我们的模范。他曾举"导言"一个名词作例，他先
译"卮言"，夏曾佑改为"悬谈"，吴汝纶又不赞成；最后他自己又改
为"导言"。他说，"一名之立，旬月踟蹰（应为踟蹰，编者注，下
同）；我罪我知，是存明哲"。严译的书，所以能成功，大部分是靠
着这"一名之立，旬月踟蹰"的精神。有了这种精神，无论用古文白
话，都可以成功。后人既无他的工力，又无他的精神；用半通不通的
古文，译他一知半解的西书，自然要失败了。
严复译的书，有几种——《天演论》、《群己权界论》、《群学肄
言》——在原文本有文学的价值，他的译本在古文学史也应该占一个

很高的地位。我们且引一节做例：

> 望舒东睎，一碧无烟。独立湖塘，延赏水月；见自彼月之下，至于目前，一道光芒，溷漾闪烁。谛而察之，皆细浪沦漪，受月光映发而为此也。徘徊数武，是光景者乃若随人。颇有明理士夫，谓此光景为实有物，故能相随，且亦有时以此自诩；不悟是光景者从人而有；使无见者，则亦无光，更无光景与人相逐。盖全湖水面受月映发，一切平等；特人目与水对待不同，明暗遂别——不得以所未见，遂指为无——是故虽所见者为一道光芒，他所不尔，又人目易位，前之暗者，乃今更明，然此种种，无非妄见。以言其实，则由人目与月作二线入水，成角等者，皆当见光；其不等者，则全成暗（成角等与不等，稍有可议，原文亦不如此说）。唯人之察群事也，亦然：往往以见所及者为有，以所不及者为无。执见否以定有无，则其思之所不赅者众矣。"（《群学肄言》三版页七二——七三。原书页八三）

这种文字，以文章论，自然是古文的好作品；以内容论，又远胜那无数"言之无物"的古文；怪不得严译的书风行二十年了。

林纾译小仲马的《茶花女》，用古文叙事写情，也可以算是一种尝试。自有古文以来，从不曾有这样长篇的叙事写情的文章。《茶花女》的成绩，遂替古文开辟一个新殖民地。林纾早年译的小说，如《茶花女》、《黑奴吁天录》、《滑铁卢及利俾瑟战血余腥记》……恰不在手头，不能引来作例。我且随便引几个例。《拊掌录》（页一九以下），写村中先生有一个学唱歌的女学生，名凯脱里纳，为村中大户之孤生女，

> 其肥如竹鸡，双颊之红鲜如其父圃中之桃实，貌既丰腴，产尤饶沃……先生每对女郎辄心醉，今见绝色丽姝，安能不加颠倒？且经行其家，目其巨产矣。女郎之父曰包而忒司……屋居黑逞河次，依山傍树而构，青绿照眼。屋顶出大树，荫满其堂室，阳光所不能烁，树根有山泉潈然仰出，尽日弗穷。老农引水赴沟

渠中，渠广而柳树四合，竟似伏流，汩汩出树而逝。去室咫尺，即其仓庾，粮积拥肿，几欲溃窗而出。老农所积如是，而打稻之声尚不断于耳。屋檐群燕飞鸣；尚有白鸽无数——有侧目视空者，亦有纳首于翼，企单足而立者，或上下其颈呼雌者——咸仰阳集于屋顶。而肥腯之猪，伸足笠中，作喘声，似自鸣其足食；而笠中忽逐队出小暇，仰鼻于天，承取空气。池中白鹅，横亘如水师大队之战舰排樯而进，而群鸭游弋，则猎舰也。火鸡亦作联队，杂他鸡鸣于稻畦中，如饶舌之村妪长日詈人者。仓庾之前，数雄鸡高冠长纬，鼓翼而前，颈羽皆竖，以斗其侣；有时以爪爬沙得小虫，则抗声引其所据有之母鸡啄食，己则侧目旁视；他雄稍前，贝立拒之。先生触目见其丰饶，涎出诸吻。见猪奔窜，则先生目中已现一炙髀；闻稻香，则心中亦畜一布丁；见鸽子，则思切而苞为蒸饼之馅；见乳鸭与鹅游流水中，先生馋吻则思荡之以沸油。又观田中大小二麦及珍珠米，园中已熟之果，红实垂垂，尤极动人。先生观状，益延盼于女郎，以为得女郎者，则万物俱奁中有矣。

《滑稽外史》第四十一章写尼古拉司在白老地家中和白老地夫妇畅谈时，司圭尔先生和他的女儿番尼，儿子瓦克福，忽然闯进来。白老地的妻子与番尼口角不休，

　　方二女争时，小瓦克福见案上陈食物无数，馋不可忍，徐徐近案前，引指染盘上腥腻，入指口中，力吮之；更折面包之角，窃蘸牛油嚼之；复取小方糖纳之囊中，则引首仰屋，如有所思，而手已就糖盂累取可数方矣。及见无人顾视，则胆力立壮，引刀切肉食之。

　　此状司圭尔先生均历历见之，然见他人无觉，则亦伪为未见，窃以其子能自图食，亦复佳事。此时番尼语止，司圭尔知其子所为将为人见，则伪为大怒状，力抵其颊，曰："汝乃甘食仇人之食！彼将投毒鸩尔矣。尔私产之儿，何无耻耶！"约翰（白老地）曰，"无伤，恣彼食之。但愿先生高徒能合众食我之食令饱，

我即罄囊，亦非所惜"。（页百十一）

能读原书的自然总觉得这种译法不很满意。但平心而论，林译的小说往往有他自己的风味；他对于原书的诙谐风趣，往往有一种深刻的领会，故他对于这种地方，往往更用气力，更见精采。他的大缺陷在于不能读原文；但他究竟是一个有点文学天才的人，故他若有了好助手，他了解原书的文学趣味往往比现在许多粗能读原文的人高的多。现在有许多人对于原书，既不能完全了解；他们运用白话的能力又远不如林纾运用古文的能力，他们也要批评林译的书，那就未免太冤枉他了。

平心而论，林纾用古文做翻译小说的试验，总算是很有成绩的了。古文不曾做过长篇的小说，林纾居然用古文译了一百多种长篇小说，还使许多学他的人也用古文译了许多长篇小说，古文里很少滑稽的风味，林纾居然用古文译了欧文与迭更司的作品。古文不长于写情，林纾居然用古文译了《茶花女》与《迦茵小传》等书。古文的应用，自司马迁以来，从没有这种大的成绩。

但这种成绩终归于失败！这实在不是林纾一般人的错处，乃是古文本身的毛病。古文是可以译小说的，我是用古文译过小说的人，故敢说这话。但古文究竟是已死的文字，无论你怎样做得好，究竟只够供少数人的赏玩，不能行远，不能普及。我且举一个最明显的例。十几年前，周作人同他的哥哥也曾用古文来译小说。他们的古文工夫既是很高的，又都能直接了解西文，故他们译的《域外小说集》比林译的小说确是高的多。我且引《安乐王子》的一部分作例：

> 一夜，有小燕翻飞入城。四十日前，其伴已往埃及，彼爱一苇，独留不去。一日春时，方逐黄色巨蠹，飞经水次，与苇邂逅，爱其纤腰，止与问讯，便曰，吾爱君可乎？苇无语，惟一折腰。燕随绕苇而飞，以翼击水，涟起作银色，以相温存，尽此长夏。
>
> 他燕啁哳相语曰，"是良可笑。女绝无资，且亲属众也"。燕言殊当，川中固皆苇也。

未几秋至，众各飞去。燕失伴，渐觉孤寂，且倦于爱，曰，"女不能言，且吾惧彼佻巧，恒与风酬对也"。是诚然，每当风起，苇辄宛转顶礼。燕又曰，"女或宜家，第吾喜行旅，则吾妻亦必喜此，乃可耳"。遂问之曰，"若能偕吾行乎?"苇摇首，殊爱其故园也。燕曰，"若负我矣。今吾行趣埃及古塔，别矣!"遂飞而去。

这种文字，以译书论，以文章论，都可算是好作品。但周氏兄弟辛辛苦苦译的这部书，十年之中，只销了二十一册! 这一件故事应该使我们觉悟了。用古文译小说，固然也可以做到"信，达，雅"三个字——如周氏兄弟的小说——但所得终不偿所失，究竟免不了最后的失败。

【评介】

胡适所作《五十年来中国之文学》，原载于《最近之五十年》(《申报馆五十周年纪念 1872—1922》)，上海《申报》馆 1923 年编辑出版。1922 年《申报》创刊 50 周年，《申报》馆特别邀请孙文、胡适、梁启超、任鸿隽等各界名人纵论最近五十年中国及世界发生的变化，并由张謇、章炳麟等为之作序，其中蔡元培的《五十年来中国之哲学》、梁启超的《最近五十年中国进化概论》、胡适的《五十年来中国之文学》都有关于严复的讨论。欧阳哲生主编的《胡适文集》(北京大学出版社 1998 年版)亦收录此文。

胡适(1891—1962 年)，字适之，安徽绩溪人。原名嗣穈，学名洪骍，字希疆，笔名天风、藏晖等。胡适这个名字，据说是取自"适者生存"的典故。胡适，新文化运动的领袖之一，曾担任北京大学校长、"中央研究院"院长等职，抗战时期出任中华民国驻美国大使。胡适在文学、哲学、史学、教育学、伦理学、红学等诸多领域都有深入的研究，著有《文学改良刍议》(载《新青年》第 2 卷第 5 号，1917年 1 月 1 日)、《多研究些问题，少谈些主义》(载《每周评论》1919 年7 月 20 日)、《中国哲学史大纲·卷上》、《尝试集》、《白话文学史·上卷》、《我们走那条路》、《藏晖室札记》等，胡适在近代中国文学、哲学、历史学、教育学等方面均有开创之功，"胡适"不仅仅是一个人的名字，它也是中国近代学术发展的一个符号。1939 年，胡适获得诺贝尔文学奖的提名。

1906 年，年仅 15 岁的胡适考取中国公学。1910 年，胡适考取庚子赔款第二期官费生，得以赴美国留学。他先在康奈尔大学攻读农科，后改读文科。1914 年，胡适前往哥伦比亚大学攻读哲学，师从美国著名哲学家约翰·杜威（John Dewey）。1917 年，完成哲学博士学位的考试，回国后在北京大学任教。同年，胡适在《新青年》上发表了《文学改良刍议》一文，主张以白话文代替文言文。从 1919 年至 1932 年，胡适先后创办或参与创办《努力周报》、《现代评论》、《新月》、《独立评论》等报纸杂志，并积极发表文章，商榷问题，畅谈对于时局的主张。抗日战争初期，出任国民党"国防参议会"参议员，1938 年被国民政府任命为驻美国大使，积极为抗战奔走。1949 年旅居美国，与张爱玲相识，并结下了深厚友谊。1957 年，出任台湾"中央研究院"院长。1962 年 2 月 24 日，于"中央研究院"开酒会时猝发心脏病，逝于台湾南港。对于胡适一生的评价，褒贬各异，但总体上赞扬的成分是主要方面，他在学术上的成就以及心系国家的爱国之情，是无论谁都无法否认的。也许蒋介石在胡适逝世后写作的挽联，最能概括他的一生：新文化中旧道德的楷模，旧伦理中新思想的师表。

胡适的《五十年来中国之文学》，作为《最近之五十年》的一部分，是"最近五十年"文学发展的总结。作者认为，这五十年（指 1872—1922 年）是中国文学发展史的一个重要时期，大概有几个特点：一、古文逐渐衰亡，是这五十年的一个趋势；二、顺势而变，在新旧文学过渡的阶段，古文学发生了勉强求应用的变化；三、五十年中，势力最大，流行最广的不是梁启超的文章，也不是林纾的小说，而是许多白话的小说；四、民国六年的"文学革命"改变了以往白话小说使用白话作文无意、随便的一大缺点，近五年有意地提倡和使用白话文，是文学革命运动能够取得成功最大的原因。作者紧紧围绕这四个变化趋势叙述了"最近五十年"的文学发展历程，文章第四部分讨论了古文学末期的变化情况，论及严复译书在文学史上的作用和地位。

"严复是介绍西洋近世思想的第一人，林纾是介绍西洋近世文学的第一人"，这是胡适对于严复和林纾译文的整体性评价，切实妥帖。在胡适看来，自从1840年鸦片战争以来，随着西洋各国对清廷影响的加深，无论是战争的破坏、条约的侵夺，还是协助镇压太平天国，总之，越来越多明事理的中国人认识到西洋各国的重要性。从官方到民间，都开始向那些自己曾经一无所知而又有些偏见的国度学习，朝廷设立总理各国事务衙门，兴办京师同文馆，派遣留学生出国深造。从这时起，翻译外国书籍的事业也逐渐兴旺，但出于实用的目的，翻译的范围仅仅局限在传教类和格致类，文艺类和哲学类书籍因我们对于自己五千年文化的自信而不受关注。这是缺憾，也是深入学习所缺乏的，而严复和林纾的翻译工作恰恰弥补了这个不足。

严复译作，胡适最为看重的还是他的第一部作品《天演论》。胡适认为，严复能够觉察到"有一二巨子，诡然谓彼之所精，不外象数形下之末；彼之所务，不越功利之间，逞臆为谈，不咨其实。讨论国闻，审敌自镜之道，又断断乎不如是也"，这是他的卓识，并且毅然决然地奋而为之，这是他的远见。《天演论》译出之后，中国学者才逐渐意识到，西方不仅只有坚船利炮，而且还有精妙的思想。胡适虽然仅仅点到严复译书所传达的思想状态，但却带给我们不同于以往的更深层次的诠释，这样的出发点与严复一直以来提倡的兴教育、开民智正相契合，可谓身体力行、孜孜以求。当然，胡适着重讨论的仍是严复的译著，他着眼于严复译书的文体。胡适认为，严复以古文译书是"不得已"，当时之情状，若用白话、八股，恐怕很少有人会去阅读，俨然达不到译介初衷。所以作者坚信严复文言的选择是出于无奈，是有苦衷的，如果可以的话，严复或许会选择白话。但转念一想，胡适的立论逻辑有待商榷。白话的使用趋势，是逐步呈现的，并且正如作者所说，更多的是"有意"的行为。白话文的提倡是伴随新文化运动而展开的，确切地说"文学革命"也是一场运动，虽然白话逐步占据优势，但我们无法否认古文仍有它的优点，依然有嗜好文言作文的学者。所以我们不能用后来的发展方向和结果，而断定严复古文译书是"不得已"的行为。但作者对严复翻译的努力却是看得很真切，"他又很用心，不肯苟且，故虽用一种死文字，还能勉强做到一个'达'字"。胡适更是夸赞严复"真可做我们的模范",作为一向极为看重白话文的胡适,能够给出这般评语,足可见严复翻译水平的高超。当然,之所以能得到这样的赞誉,严复在翻译工作上所下的功夫也是非一般人可比的。胡适觉得只要凭借严复"一名之立,旬月踟蹰"的精神,无论是古文还是白话文,都可以获得成功。严复的译作《天演论》、《原富》、《群学肆言》、《群己权界论》、《社会通诠》、《法意》、《名学浅说》、《穆勒名学》,除了传播西方社会学、政治学的思想之外,因其译著文字的典雅精致,在古文学史上也有很高的地位。胡适认为,严复的作品之所以能够畅销二十余年而不衰,"以文章论,自然是古文的好作品;以内容论,又远胜那无数'言之无物'的古文"。

严复之外,作者紧接着谈到了同一时期的另一位翻译大家林纾。作者认为,林纾用古文叙事写情,算是一种新鲜的尝试,因为古文还不曾有过这样长篇叙事写情的文章。胡适引用了林纾作品中的几段文字借以说明,林纾虽然不能阅读原文,但他的译书往往具有旁人所缺乏的风味。作者平心而论,林纾此种翻译小说的试验,总体说来,还是有成绩的,他毕竟用古文译作了一百多篇国外小说。胡适甚至以为,自司马迁以来,古文的应用还没有这样大的成绩。但是,行文至此,胡适仍旧强调,这所有的成绩将归于失败,古文毕竟是已死的文字。作者以周氏兄弟的《域外小说集》为例,说明无论是谁古文做得再好,终究只是少数人的"赏玩",不能普及,无法持久。

胡适《五十年来中国之文学》是应上海《申报》馆邀请而作,以总结1872年至1922年文学发展的历史。作者行文流畅,论史有据,特别是以其独到的文学史观感,大体厘清了这五十年文学"进化"的脉络。鲁迅读完原稿后,更是大加称赞。其中关于严复的章节,选取了他译作的文字和思想进行叙述与剖析,既平实不夸耀又深刻不落俗套,对后来的研究者无疑有重要的借鉴意义。

介绍西洋哲学要推严复为第一①

蔡元培

中国哲学，可以指目的，止有三时期：

一是周季，道家、儒家、墨家等，都用自由的思想，建设有系统哲学，等于西洋哲学史中的希腊时代。

二是汉季至唐，用固有的老庄思想，迎合印度宗教。译了许多经论，发生各种宗派。就中如华严宗、三论宗、禅宗、天台宗等，都可算宗教哲学。

三是宋至明，采用禅宗的理想，来发展儒家的古义。就中如陆王派，虽敢公然谈禅，胜似程朱派的拘泥，但终不敢不借儒家作门面。所以这一时期的哲学，等于欧洲中古时代的烦琐哲学。

从此以后，学者觉得宋明烦琐哲学，空疏可厌。或又从西方教士，得到数学、名学的新法。转而考证古书，不肯再治烦琐的哲学，乃专治更为烦琐之古语学、古物学等。不直接治哲学，而专为后来研究古代哲学者的预备。就中利用此种预备，而稍稍着手于哲学的，唯有戴震，他曾著《孟子字义疏证》与《原善》两书，颇能改正宋明学者的误处。戴震的弟子焦循著《孟子正义》、《论语通释》等书，阮元著《性命古训》、《论语论仁论》等篇，能演戴震家法，但均不很精深。这都是五十年以前的人物。

最近五十年，虽然渐渐输入欧洲的哲学，但是还没有独创的哲学。所以严格讲起来，"五十年来中国之哲学"一语，实在不能成立。

---

① 本篇选自苏中立、涂光久主编：《百年严复：严复研究资料精选》，福建人民出版社 2011 年版。

现在只能讲讲这五十年中，中国人与哲学的关系，可分为西洋哲学的介绍与古代哲学的整理两方面。

五十年来，介绍西洋哲学的，要推侯官严复为第一。严氏本到英国学海军，但是最擅长的是数学。他又治伦理学、进化论兼涉社会、法律、经济等学。严氏所译的书，大约是平日间研究过的。译的时候，又旁引别的书，或他所目见的事实，作为案语，来证明他。他的译文，又都是很雅驯，给那时候的学者，都很读得下去。所以他所译的书，在今日看起来，或嫌稍旧；他的译笔，也或者不是普通人所易解。但他在那时候选书的标准，同译书的方法，至今还觉得很可佩服的。他译的最早，而且在社会上最有影响的，是赫胥黎的《天演论》（Huxley：*Evolution and Ethics and other Essays*）。自此书出以后，"物竞"、"争存"、"优胜劣败"等词，成为人人的口头禅。严氏在案语里面引了"人各自由，而以他人之自由为界"、"大利所在，必其两利"等格言。又也引了斯宾塞尔最乐观的学说。大家都不很注意。

严氏于《天演论》外，最注意的是名学。彼所以译 Logic 作为名学，因周季名家辨坚白异同与这种学理相近。那时候墨子的《大取》、《小取》、《经》、《经说》几篇，荀子的《正名》篇也是此类。后来从印度输入《因明学》，也是此类。但自词章盛行，名学就没有人注意了。严氏觉得名学是革新中国学术最要的关键。所以他在《天演论》自序及其他杂文中，常常详说内籀外籀的方法。他译穆勒的《名学》（John Stuart Mill：*System of Logic*），可惜只译了半部。后来又译了耶芳斯《名学浅说》（W. S. Jevons：*Logic*），自序道："不佞于庚子、辛丑、壬寅间曾译《名学》半部，经金粟斋刻于金陵，思欲赓续其后半，乃人事卒卒，又老来精神茶短，惮用脑力。而穆勒书，深博广大，非澄思渺虑，无以将事，所以尚未逮也。戊申孟秋，浪迹津沽。有女学生旌德吕氏谆求授以此学。因取耶芳斯浅说，排日译示讲解，数月成书。"可以见严氏译穆勒书时，是很审慎的，可惜后来终没有译完。

严氏所最佩服的，是斯宾塞尔的群学。在民国纪元前十四年，已开译斯氏的《群学肄言》（H. Spencer：*Study of Sociology*），但到前十年才译成。他的《自序》说："其书……饬戒学者以诚意正心之不易，既已深切著明。而于操枋者一建白措注之间，辄为之穷事变，极末流，使功名之徒，失步变色，俛焉知格物致知之不容已。乃窃念近者吾国以世变之殷凡，吾民前者所造因皆将于此食其报，而浅谀剽疾之士，不悟其从来如是之大且久也。辄攘臂疾走，谓以旦暮之更张，将可以起衰，而以与胜我抗也。不能得。又搪撞号呼，欲率一世之人，与盲进以为破坏之事。顾破坏宜矣，而所建设者，又未必其果有合也，则何如稍审重而先咨于学之为愈乎。"盖严氏译这部书，重在纠当时政客的不学。同时又译斯密的《原富》(A. Smith：Inquiry into the Nature and Causes of the Wealth of Nations)，以传布经济哲学，译孟德斯鸠的《法意》(C. D. S. Montesquieu：Spirit of Law)，以传播法律哲学。彼在《原富》的凡例说："计学以近代为精密，乃不佞独有取于是书，而以为先事者：盖温故知新之义，一也。其中所指斥当轴之迷谬，多吾国言财政者之所同然，所谓从其后而鞭之，二也。其书于欧亚二洲始通之情势，英法诸国旧日所用之典章，多所纂引，足资考镜，三也。标一公理，则必有事实为之证喻，不若他书，勃窣理窟洁净精微，不便浅学，四也。"可以见他的选定译本，不是随便的。

严氏译《天演论》的时候，本来算激进派，听说他常常说"尊民叛君，尊今叛古"八个字的主义。后来他看得激进的多了，反有点偏于保守的样子。他在民国纪元前九年，把他四年前旧译穆勒的 On Liberty 特避去"自由"二字，名作《群己权界论》。又为表示他不赞成汉人排满的主张，译了一部甄克思的《社会通诠》(E. Tenks：History of Politics)，自序中说"中国社会，犹然一宗法之民而已"。

严氏介绍西洋哲学的旨趣，虽然不很彻底，但是他每译一书，必有一番用意。译得很慎重，常常加入纠正的或证明的案语，都是很难得的。

《天演论》出版后，"物竞"、"争存"等语，喧传一时，很引起一种"有强权无公理"的主张。同时有一种根据进化论，而纠正强权论的学说，从法国方面输进来，这是高阳李煜瀛发起的。李氏本在法国学农学，由农学而研究生物学，由生物学而研究拉马尔克的动物哲学，又由动物哲学而引到克鲁巴金的互助论。他的信仰互助论，几与宗教家相象。民国纪元前六年，他同几个朋友，在巴黎发行一种《新世纪》的革命报，不但提倡政治革命，也提倡社会革命。学理上是以互助论为根据的。卢骚与伏尔泰等反对强权反对宗教的哲学，纪约的自由道德论，也介绍一点。李氏译了拉马尔克与克鲁巴金的著作，在《新世纪》发表。虽然没有译完，但是影响很大。李氏的同志如吴敬恒、张继、汪精卫等等，到处唱自由，唱互助，至今不息，都可用《新世纪》作为起点。

严、李两家所译的，是英、法两国的哲学，（唯克鲁巴金是俄国人，但他的《互助论》，是在英国出版的。）同时有介绍德国哲学的，是海宁王国维。王氏关于哲学的文词，在《静庵集》中。

【评介】

本文节选自蔡元培《五十年来中国之哲学》，原收录于申报馆编《最近之五十年》（1923 年）。此据苏中立、涂光久主编：《百年严复：严复研究资料精选》，福建人民出版社 2011 年版。此标题为该书编者拟定。

蔡元培（1868—1940 年），字鹤卿，号子民，浙江绍兴山阴人，原籍诸暨。革命家、教育家、政治家，中华民国首任教育总长。蔡元培少年时在绍兴古越藏书楼校书，因而得以博览群书。光绪十五年（1889 年）中举人，十八年（1892 年）中进士，授翰林院庶吉士，二十年（1894 年）补翰林院编修。甲午战争后开始接触西学，在 1898 年返回绍兴后开始提倡新学。1904 年赴德意志帝国留学，次年加入同盟会。1916 年至 1927 年任北京大学校长。在任期间，提倡学术研究，提出"思想自由，兼容并包"的治校理念，这对于革新北京大学学术风气、开创"学术"与"自由"之风作了巨大的贡献。在五四新文化运动期间，蔡元培支持学生的爱国行动，多次帮助营救被捕学生。1920年至 1930 年，他兼任中法大学（北京理工大学前身）校长。蔡元培曾两度游学西欧，考察了西方哲学、文学、美学、心理学和文化史，并将这些学科与其改革封建教育体制的教育理念结合起来。他提倡民权和女权，重视公民道德教育，致力于废除高校中"读书为官"的陈旧观念，开创了科学研究的风气。1937 年抗日战争爆发，蔡元培从上海转移到香港。1940 年在香港逝世，葬于香港仔永远坟场，享年 72岁。后人根据他的著作，编成多部文集，其中重要的包括《蔡元培自述》(传记文学出版社 1967 年版)、《中国伦理学史》(上海书店 1984年版)、《蔡元培教育论著选》(人民教育出版社 1991 年版)等。

蔡元培在哲学研究领域有卓越的贡献，特别是对于西方哲学的翻译与引入，更是功不可没。在西方哲学方面，他的主要译著包括《哲学要领》(1903 年译成，原书为德国的科培尔所著)、《伦理学原理》(1909 年译成，原书为德国泡尔生所著)、《哲学大纲》(1915 年编译，以德国厉希脱尔的《哲学导言》为底本，兼采泡尔生与冯德的《哲学入门》)等。1923 年，蔡元培撰成《五十年来中国之哲学》，以大量的篇幅叙述了严复、李煜瀛、王国维、胡适、梁漱溟等人介绍英、法、德、美以及印度诸国的哲学情况，展示出中国近现代思想文化转型期的哲学发展路径。本选文节选自《五十年来中国之哲学》中关于严复的翻译与引介哲学思想的情况部分。

蔡元培开篇便提出，到 20 世纪初为止，中国的哲学只能够分为三个时期，即周代的由系统转向自由的哲学体系、汉唐的宗教哲学以及宋明时期颇为繁琐的理学。至于从 19 世纪中后期到 20 世纪前期的"最近的五十年"中，中国其实并没有真正独创的哲学，有的只是对西方哲学体系的大量引介，因此《五十年来中国之哲学》其实是在讨论这五十年来中国人与西方哲学的关系。蔡元培紧接着提出，在这五十年中，"介绍西洋哲学的，要推侯官严复为第一"。其后，通过讲述严复选择所译书籍的标准、译书的方法、《天演论》的影响以及严复思想由早年的激进转变成晚年的保守等，对严复介绍西方哲学的贡献以及严复思想的变化作了简明、系统的概述。蔡元培的这些概述成为严复去世后系统地研究严复思想的最早、最重要的材料之一。这其中有三个观点特别值得注意。

第一，严复的译文十分讲究"雅"，而其在选择所译书籍的时候又非常谨慎。"严氏所译的书，大约是平日间研究过的。译的时候，又旁引别的书，或他所目见的事实，作为案语，来证明他。他的译文，又都是很雅驯，给那时候的学者，都很读得下去。所以他所译的书，在今日看起来，或嫌稍旧；他的译笔，也或者不是普通人所易解。但他在那时候选书的标准，同译书的方法，至今还觉得很可佩服的。"虽然严复强调"信达雅"兼备的翻译原则，但是他自己的翻译用语却更偏向于"雅"和"达"，以至于在"信"方面略有不足。蔡元培所说的"给那时候的学者，都很读得下去"，以及"他的译笔，也或者不是普通人所易解"都说明了这一点。根据蔡元培的这一观点，学者王佐良在 1982 年的论文《严复的用心》中提出，严复之所以使用这种"雅"的翻译语言，就是以通晓古代文言文的知识分子为读者群的。为了获得这些旧式知识分子的关注，减少他们对于西方思想的排斥，严复便偏向于"雅"而略失于"信"，以此来实现使西方经济、政治、文化思想为中国传统思想接受的目的。

第二，严复最为佩服的是斯宾塞的群学。蔡元培指出，严复前后经历了十多年才译完斯宾塞的《群学肄言》(原名为 *The Study of Sociology*)，可见其对待该书是十分审慎的。可惜，关于严复对斯宾塞群学的哪些方面最为佩服，蔡元培却没有再作进一步的探讨。但是蔡元培的这一判断应当是准确的。后来的大多数学者认为，严复对于斯宾塞似乎更加倾心。在他翻译《天演论》的时候，就已经开始着意于将斯宾塞的群学思想贯穿其中。由于赫胥黎显然更重视自然社会中的天演进化现象而忽视了天演进化思想在人类社会中的运用，严复于是在《天演论》的前言、案语中又补充了斯宾塞的"群的意志与力量"的理念，鼓动中国人通过发挥主观能动性来争取天演竞争中的胜利，以摆脱西方列强国家的控制。这一想法在美国学者本杰明·史华兹看来，便是对西方社会的普罗米修斯式的积极能动的国民精神的推崇。

第三，严复思想在早年时期算是激进的，而到了晚年却偏向保守了。蔡元培认为："严氏译《天演论》的时候，本来算激进派，听说他常常说'尊民叛君，尊今叛古'八个字的主义。后来他看得激进的多了，反有点偏于保守的样子。"而这一判断的证据，就在于他在翻译 *On Liberty* 的时候，特意将"自由"的名称去掉，而改以"群己权界论"作为题目；此外，他的"中国社会，犹然一宗法之民而已"也成为他思想保守的表征。以现在再回望蔡元培的论证，可以发现蔡元培给出的理由不仅不够全面，而且不够严谨，因为无论是严复的翻译目的，还是对于严复的"中国仍处于宗法社会"的批判，都应该与当时的社会背景以及严复的忧患之心结合起来考虑，而不能说严复早年与晚年的思想倾向截然分离。但是，蔡元培指出了严复晚年思想的保守特点，这无疑是准确的。他所说的严复思想"早年激进，晚年保守"，影响了后来数十年的学者对严复思想的定位，如周振甫、王栻、李泽厚等就是持这一观点的典型代表。

本文虽然只是蔡元培论述当时中国思想者与西方哲学之关系的文章之一部分，却将严复放在首位，推其为"介绍西洋哲学的第一人"，肯定了严复对于中国近代思想吸纳西方哲学，并逐渐自成体系的贡献，可见蔡元培认识到严复思想在中国近代哲学思想史上的奠基性地位。本文提出的问题或者遗留的困惑，也促使了后来研究者的深入探索，因而这篇文章在严复思想研究领域有着重要的地位。

严复的翻译①

贺 麟

　　此节乃拙著《翻译西籍小史》第四章中之一节。原书共分五章。除第一章绪论，论研究翻译史之旨趣及我国翻译外籍之起源外，其余四章分论翻译西籍史上的四个时期：一、翻译西籍发轫时期——明末清初之翻译；二、翻译西籍复兴时期——江南制造局及同文馆之翻译；三、林纾严复时期之翻译；四、新文化运动以来之翻译。全书尚未脱稿，兹先发表此节于此。

作者识

　　严复字几道，又字又陵，生于咸丰三年（1853），卒于民国十年（1921），比林纾迟生一年，早死三年，享年六十九岁。他幼即聪慧，词采富逸，师事同里黄宗彝，治经有家法。十四岁时（1866）考上沈文肃葆所创设的船政学校。光绪二年（1876）派赴英国海军学校，肄战术及炮台诸学，每试辄冠其曹。最擅长数学，又治伦理学进化论，兼涉社会法律经济等学。这就是他在中国学术界和翻译界贡献的出发点。归国后，在北洋海军学堂当教授。庚子义和拳起义后，避居上海七年，他重要的译著，多半都成于这个时期。民国初，曾任京师大学堂（即现在北京大学）校长。晚年似为老病纠缠，无甚建白。

　　他回国后，曾就当时桐城大师吴汝纶学古文，造就很深。陈宝琛作的《严君墓志铭》谓："君邃于文学，虽小诗短札皆精美，为世宝贵。而其战术炮台建筑诸学，反为文学掩矣。"（见《学衡》第20期）他译的书所以能几与"晋、隋、唐、明诸译书相颉颃"（柳诒征语），所以"能与本国思想界发生影响者"（梁启超语）实基于此。

　　严复所译的重要的书，共有九种。如下表：

---

①　本篇选自商务印书馆编辑部：《论严复与严译名著》，商务印书馆1982年版。

类别	哲学	经济	法律	论理	社会学	哲学	政治	伦理	教育
中文名	天演论	原富	法意	穆勒名学	群学肄言	群己权界论	社会通诠	名学浅说	中国教育议
西文名	Evolution and Ethics	Inquiry into the Nature and Cause of the Wealth of Nations	Spirit of Law	System of Logic	Study of Sociology	On Liberty	History of Politics	Elementary Lessons in Logic	
原作者名	T. H. Huxley	A. Smith	C. D. S. Montesquieu	J. S. Mill	H. Spencer	J. S. Mill	E. Jenks	W. S. Jevons	Dr. A. Westharp
原出版国	英	英	法	英	英	英	英	英	
原出版年	1894	1776	1743	1843	1873	1859	1900	1870	
汉译出版处	商务印书馆	南洋公学译书院	商务印书馆	同左	文明编译书局	商务印书馆	同左	同左	文明书局
出版年	1905	1901—1902	1904—1909	1912	1903	1903	1904	1909	1914
版次	1921年20版	1921年20版	1913年4版	1921年新版	商务印书馆 1919年10版	1920年7版	1915年7版	1921年11版	
页数	99页	978页	808页	三册共484页	365页	134页	151页	170页	46页
备注	有吴序、译序、译例言，湖北沔阳慎始基斋木刻于1898	有吴序、斯密、亚丹传、译事例言、中西年表等	有孟德斯鸠列传、初版本只有十五卷	只译了半部，金栗斋高木刻于1905	四年方译成，有译余赘语、订正群学肄言本有高凤谦序	原名自由论，1903年改今名。有译序、译凡例	有夏序、译者序	有自序	书前有译者按

严氏所译九种中，只有《原富》，《法意》，《群学肄言》，《社会通诠》四书是取原书全译的。《群己权界论》及《中国教育议》，都不过是较长篇的论文，不能算是整本的西书。《天演论》也只是赫胥黎全集(共十二册)第九册《进化与伦理》中的序论与本论两篇。至于《穆勒名学》尚不及原书之半。故严氏的译品，质的方面，很少有人訾誶；量的方面，却嫌其太少。

严氏何以仅译有薄薄的八九种，近不足以比林纾，远不足以比隋唐的大师呢？第一，因为他慎重翻译，"一名之立，旬月踟蹰"，不似林纾"耳受手追，声已笔止"那样笔记式的对译属文之速。第二，柳诒征所论似亦确当："隋、唐译经，规模宏大，主译者外，襄助孔多。严氏则惟凭一人之力售稿于贾竖。作辍不恒，故所出者，亦至有限。"(见柳著《中国文化史》第五册 137 页，东大讲义本)但严氏究竟也译了八九种名著，比近来等着译稿费买米下锅，或者只是课余抽暇从事的翻译家的译品，质与量的方面，都强多了。

讲严复的翻译，最重要的就是他选择原书的精审。兹分四层说明：

一、严复选择原书之卓识。他处在中学为体，西学为用的空气中，人人只知道西洋的声、光、电化、船坚炮利；且他自己又是海军人才，他不介绍造船制炮的技艺，和其他格致的书，乃能根本认定西洋各国之强盛，在于学术思想，认定中国当时之需要，也在学术思想。《天演论》序说："风气渐通，士知僿陋为耻，而西学之事，问途日多。然亦有一二巨子，讪然谓彼之所精，不外象数形下之末；彼之所务，不越功利之间，逞臆为谈，不咨其实。讨论国闻，审敌自镜之道，又断断乎不如是也。"又如他《原强》一文谓："……其鸷悍长大，既胜我矣，而德慧术知，又为吾民所远不及……其为事也，一一皆本诸学术；其为学术也，一一皆本于即物实测，层累阶级，以造于至精至大之涂……苟求其故，则彼以自由为体，以民主为用。"这是他对于西洋文化的观察，也是他所以要介绍西洋学术思想的卓识。

二、严氏选择原书，是认定先后缓急和时势之需要而翻译，故每译一书都含有极深远的用意。译斯密氏《原富》例言，最足表明此点："计学以近代为精密，乃不候独有取于是书，而以为先事者，盖温故知新之义，一也；其中所指斥当轴之迷谬，多吾国言财政者之所同然，所谓从其后而鞭之，二也；其书于欧亚二洲始通之情势，英法诸国旧日所用之典章，多所纂引，足资考镜，三也；标一公理，则必有事实为之证喻，不若他书，勃窣理窟，洁净精微，不便浅学，四也。"又据蔡元培氏说，严氏译《天演论》时，本甚激进；常说"尊民叛君，尊今叛古"八个字的主义。后来，激进的多了，他乃反趋于保守。于民国纪元前九年，把四年前旧译穆勒的 *On Liberty*，特避去自由二字，改作《群己权界论》。又为表示不赞成汉人排满的主张，特译一部《社会通诠》，自序中说，"中国社会犹然一宗法之民而已"。不管他译书的旨趣对不对，但总足见他每译一书必有一番深远的用意。这也是严译的一种特色。

三、严氏所选译的书都是他精心研究过的。凡与原书有关系的书，他都涉猎过的。不然，他作的案语，必不能旁征博引，解说详明，且有时加以纠正或批评了。此点，试一阅严书的序言，小注，或案语便知，恕不具引。

四、严氏所选译的书，他均能了悉该书与中国固有文化的关系，和与中国古代学者思想的异同。如《天演论》序："及观西人名学，则见其于格物致知之事，有内籀之术焉，有外籀之术焉……乃推卷两起曰，有是哉，是固吾《易》《春秋》之学也。迁所谓本隐之显者外籀也，所谓推见至隐者内籀也。"又说："夫西学之最为切实，而执其例可以御蕃变者，名、数、质、力四者之学是已。而吾《易》则名数以为经，质力以为纬。"又《群学肄言》《译余赘语》云："窃谓其书(指《群学肄言》)实兼《大学》《中庸》精义，而出之以翔实。以格致诚正为治平根本矣。"又《原富》例言："谓计学创于斯密，此阿好之言也……中国自三古以还，若《大学》，若《周官》，若《管子》《孟子》，若《史记》之《平准书》，《货殖列传》，《汉书》之《食货志》，桓宽之《盐铁论》，降至唐之杜佑，宋之王安石，虽未立本干，循条发叶，不得谓于理财之义无所发明。"严氏类似此种之论调甚多，究竟有无附会之处，姑且勿论，但至少可知其并无数典忘祖之弊。一面介绍西学，一面仍不忘发挥国故。这也是严氏译书的特点。

通观翻译史上，关于选择原书一层，处处顾到，如象严复的，实未之见。

严复在翻译史上第二个大影响，就是翻译标准的厘定。他于《天演论》例言里发表他的信雅达三条标准，原文谓：

> 译事三难：信，雅，达。求其信已大难矣，顾信矣不达，虽译犹不译也，则达尚焉。
>
> ……此在译者将全文神理，融会于心。则下笔抒词，自然互备。至原文词理本深，难于共喻，则当前后引衬，以显其意。凡此经营，皆以为达了，为达即所以为信也。
>
> 《易》曰："修辞立诚。"子曰："辞达而已。"又曰："言之无文，行之不远。"三者乃文章正轨，亦即为译事楷模。故信、达而外，求其尔雅……

他这三个标准，虽少有人办到，但影响却很大。在翻译西籍史上的意义，尤为重大；因为在他以前，翻译西书的人都没有讨论到这个问题。严复既首先提出三个标准，后来译书的人，总难免不受他这三个标准支配。

但是，严复自己的译品，究竟是不是信达雅兼备呢？他每译一书是否极忠实地遵守他自定的标准呢？我们且看后人对他的批评吧：

傅斯年说："严几道先生译的书中，《天演论》和《法意》最糟……这都是因为他不曾对于原作者负责任，他只对自己负责任。"又说："严先生那种达旨的办法，实在不可为训；势必至于改旨而后已。"（见《新潮》一卷三号 532 及 539 页）

蔡元培说："……他(指严复)的译文，又很雅驯，给那时候的学者，都很读得下去。所以他所译的书在今日看起来或嫌稍旧，他的译笔也或者不是普通人所易解。"（见《五十年来中国之哲学》第 1 页）

傅氏责严译失之信，蔡氏说严译在当时雅而且达，但或非今日普通人所易解。

胡适说："严复的英文与古中文程度都很高，他又很用心不肯苟且……故能勉强做到一个达字。"又说："严复的译书，有几种——《天演论》，《群己权界论》，《群学肄言》，——在原文本有文学价值，他的译本，在古文学史也应该占一个很高的地位。"(《五十年来之中国文学》56 页)前段说严译达，后段说严译雅。

不过他们几位的批评，都失之笼统。比较有切实批评的是张君劢氏。张氏对阅严译后的批评，谓严氏"以古今习用之说，译西方科学中之义理。故文学虽美，而义转歧"。又说："总之，严氏译文，好以中国旧观念，译西洋新思想，故失科学家字义明确之精神。"张氏还是称其文之美，而责其义之不信。(见申报馆《最近之五十年》)

至于说严译三善皆备者，也还是有人：胡先骕说："严氏译文之佳处，在其殚思竭虑，一字不苟，'一名之立，旬月踟蹰'。故其译笔信雅达三善俱备。吾尝取《群己权界论》，《社会通诠》，与原文对观，见其义无不达……要为从事翻译者永久之模范也。"

傅斯年和张君劢所指责的是《天演论》，《法意》，《穆勒名学》三书，而胡先骕所称赞的是《群己权界论》及《社会通诠》。他们三人的意见，其实并无冲突。

平心而论，严氏初期所译各书如《天演论》(1898)《法意》(1902)《穆勒名学》(1902)等书，一则因为他欲力求旧文人看懂，不能多造新名词，使人费解，故免不了用中国旧观念译西洋新科学名词的毛病；二则恐因他译术尚未成熟，且无意直译，只求达旨，故于信字，似略有亏。他中期各译品，实在可谓三善俱备：如《群学肄言》，虽成于壬寅(1902)岁暮，但书凡三易稿；如《原富》几可算是直译，他于例言里说："虽于全节文理，不能不融会贯通为之，然于辞义之间，无所颠倒附益。"又如《群己权界论》虽于1899年译成，但于1903年加以改削后才出版的。《社会通诠》亦成于1903年。这四种都算是严复中期的译品，比前后两期的都译得好些。到了1908年译《名学浅说》，他更自由意译了。序里说："中间义旨，则承用原书，而所引喻举例，则多用己意更易，盖吾之为书取足喻人而已，谨合原文与否，所不论也。"他这种"引喻举例多用己意更易"的译法，实在为中国翻译界创一新方法。我们可称之曰"换例译法"。若能用得恰当，也是译外国书极适用的方法。近年如费培杰所译《辩论术之实习与理论》(1921，商务印书馆出版)，廖世承译的《教育之科学的研究》(1923，商务印书馆出版)都是采用这种更易例子的译法。至1914年所译之《中国教育议》，乃系用报章文学体，译得更为随便。此两种代表他末期的译品。

总结起来，我们可以下三个判断：

一、严复的译文很尔雅，有文学价值，是人人所公认无有异议的。

二、严译虽非今日普通人所易解，但能使旧文人看明了，合于达的标准，这也是无人否认的。严氏自己对于此点也很有自信心。他说："不佞此译，颇贻艰深文陋之讥，实则刻意求显，不过如是。"（《天演论》例言）又说："海内读吾译者，往往以不可猝解，訾其艰深，不知原书之难，且实过之。理本奥衍，与不佞文字固无涉也。"（《群己权界论》例言）而且他附加的案语小注等，也可促读者对于原文的了解。

三、讲到信的方面，第一期的三种，似乎偏重意译，略亏于信；第二期的译品则略近直译，少可讥议。第三期所译《名学浅说》，《中国教育议》，不甚重要，且所用译法也与前两期不同，我们可以不必深究。

他在《天演论》例言里曾经声明过："词句之间，时有所颠倒附益，不斤斤于字比句次。"又承认他那种译法，不可为训，劝人勿学道："题曰达旨，不云笔译，取便发挥，实非正法。"这种真实态度，也值得称他一个"信"字。

以上讨论严译信雅达三方面，现在让我从他三期译品中各举出几条来作实例。

他第一期的译品当首推《天演论》，我觉得天演论中第一段最好。

赫胥黎独处一室之中，在英伦之南，背山而面野。槛外诸境，历历如在几下。乃悬想二千年前，当罗马大将恺彻未到时，此间有何景物。计惟有天造草昧，人功未施，其借征人境者，不过几处荒坟，散见坡陀起伏间。而灌木丛林，蒙茸山麓，未经删治如今日者，则无疑也。怒生之草，交加之藤，势如争长相雄，各据一抔壤土。夏与畏日争，冬与严霜争，四时之内，飘风怒吹，或西发西洋，或东起北海，旁午交扇，无时而息。上有鸟兽之践啄，下有蚁蟓之啮伤。憔悴孤虚，旋生旋灭。菀枯顷刻，莫可究详。是离离者亦各尽天能，以自存种族而已。数亩之内，战事炽然，强者后亡，弱者先绝。年年岁岁，循有遗留。未知始自何年，更不知止于何代。苟人事不施于其间，则莽莽榛榛，长此互相吞并，混逐蔓延而已，而诘之者谁耶？（《天演论》第1页，英文原本1~20页）

我们读此段，俨有读先秦子书的风味。（此段特别似《庄子》）吴汝纶称其"骎骎与晚周诸子相上下"，实非阿好之言。他的第二期的译品中，我们可以从《群学肆言》里抄两段来作代表。原书第四章论群学之难云：

何言乎所治之难耶？夫天学高矣远矣，悠矣久矣。顾其所揆候推算，如日星之躔，逆伏出入之变，皆目力所可以径加，有璇玑之察，有谷刻之纪。而群学之所揆候推算者不然；力学之所治者，统热电声光以为纬，分流凝动静以为经；质学之所治者，自金石之原行，逮动龙之官品，号繁赜矣，然亦皆耳目所径治，程验所得用，其品可以类分，其量可以度别，而群学之品物权度，又不若是之易为；生学之理虽玄，然可得以微察也；心学之变虽隐，然可得以内照也。而群学所有事者，其为物互著，其为事间有。必汇其情境，而详审之，而并观之，其变象又一一焉皆繁而不简，散处于大宇长宙之间，势不可以遽集。故虽有至大之经例，至明之人理，若斯密《原富》所表而出之分功，皆迟之又久而后见。夫群进而民任职不同，此其通例，固易见也。顾知是之经纶，非天创，非人设，非帝王之所诏教，非黔首之所利图，皆出于自然，而莫为之所。故欲见其会通，立之公例，必取无数群之人事，而详审并观之，又必于群演浅深，得其精粗疏密之致，而后通例见焉。夫分功，理之易明，例之易立者耳，乃其事若此，知此则群学所治之难，可共喻矣。（译本50~60页，原本65页）

此段有两点可注意：第一，将原书说治群学之难之意，透彻译出，而无颠倒删削。第二，增加了许多原文所无之词句，不惟未变原意，且使原文更显明透达，译文更美丽流畅。《群学肄言》第五章还有一段，说明目妄之理，吾人读之，觉其理甚达，而其文反较斯氏原文为美。译文如下：

> 望舒东睇，一碧无烟，独立湖塘，延赏水月，见自彼月之下，至于目前，一道光芒，浟漾闪烁，谛而察之，皆细浪沦漪，受月光映发、而为此也。徘徊数武，是光景者乃若随人。颇有明理士夫，谓是光景为实有物，故能相随，且亦有时以此自诩。不悟是光景者，从人而有，使无见者，则亦无光，更无光景，与人相逐。盖全湖水面，受月映发，一切平等，特人目与水对待不同，明暗遂别。不得以所未见，即指为无。是放虽所见者为一道光芒，他所不尔。又人目易位，前之暗者，乃今更明。然此种种，无非妄见。以言其实，则由人目与月作二线入水，成角等者，皆当见光。其不等者，则全成暗。惟人之察群事也亦然，往往以见所及者为有，以所不及者为无。执见否以定有无，则其思之所赅者众矣。（译本 73 页，原本 83 页）

严氏最后所译卫西琴《中国教育议》（1914）中有一段云：

> 早稻田大学校教员……尝著论告少年人曰："吾国之多少年人，皆处可哀之境，大抵谓之学校奴隶可耳……每年三数百六十五日所昼夜矻矻者，以考试也。科目过繁，过其留驻力之所堪任，而心赏神会之能，则丝毫无所发展。不但其无所发展也，且重因之。是以学成如木鸡然，常识且丧，而推籀之心力全无。其为学既少优游之趣，自无自得之欣，黾勉何为，凡为考耳。问彼何为而伫苦停辛若此，无他，求毕业之文凭也。无此文凭，寒士一入人间，计且无从得食……是以吾辈之论此事，宜悬两端于心目中，一是虚糜精力，一是将以谋生。但试问不必虚糜精力，而可以省费且资生者，夫岂无法。"此鄙人之所欲入后详发，以就

正诸公者也。(《现代十大家文钞》第三册 7 页，上海进步书局本。)

一读此段，便知与前两期的译文大有区别。前两期所译的是学术文字，刻意求其工雅。而此篇不过是报章文字，故未经雕琢，取足喻人而已。

虽然，只举了上面几个例子，严氏各期译文的特色，已了如指掌，以上所引，都是散文，从《天演论》里，我们还可以找出严氏零星的译诗。兹抄在下面，以见一斑：

(一)译自赫胥黎所引朴柏(Pope)《原人篇》长诗(*Essay on Man*)中的几句：

> 元宰有秘机，斯人特未悟；
>
> 世事岂偶然，彼苍审措注；
>
> 乍疑乐律乖，庸如各得所；
>
> 虽有偏沴灾，终则其利溥；
>
> 寄语傲慢徒，慎勿轻毁诅；
>
> 一理今分明，造化原无过。

(《天演论》下卷论十二 35 页，商务印书馆本)

附原文

> All nature is but art, unknown to thee；
>
> All chance, direction which thou canst not see；
>
> All discord, harmony not understood；
>
> All partial evil, universal good；
>
> And spite of pride, in erring reason's spite,
>
> One truth is clear: whatever is, is right.
>
> Huxley：Collected Essays, Vol. IX, p. 72

(二)译自丁尼生 *Ulyssess* 长诗中的几句：

挂帆沧海，风波茫茫；

或沦无底，或达仙乡；

二者何择，将然未然；

时乎时乎，吾奋吾力；

不竦不懅，丈夫之必。

(《天演论》下卷论十七，51页)

附原文

············Strong in will

To Strive, to seek, to find, and not to yield,

It may be that the gulfs will wash us down,

It may be we shall touch the Happy Isles,

······but Something ere the end,

Some work of noble note may yet be done.

Huxley: Collected Essays, Vol. IX, p. 86

以上二首译诗，虽然是几句碎锦，但英国诗之被译为中文者，恐要以此为最早。

严复译品的各方面，都已略略说到了。兹试再进而研究严氏翻译西籍之副产。因为他的译品的本身固值得我们研究，而他的译品的副产也值得我们研究；他的翻译于中国学术思想有很大的影响，而他翻译的副产于中国学术思想也有很大的影响。兹分四层来说：

(一)附带介绍之学说。如达尔文之《物种起源》，期宾塞之《综合哲学》，马尔萨斯之《人口论》，均于天演论案语中提出其大意；且上溯希腊各大哲如泰勒斯(Thales)，苏格拉底，柏拉图，亚里士多德，伊壁鸠鲁之学说，《天演论》案语中，亦有极简略之介绍。又如于《民约平议》一文中，于卢梭《民约论》之利弊；及欧洲政治思想变迁之源流，亦均论之甚详。此外类似此样附带介绍之学说也很不少。

(二)旧史式的列传。如译《原富》，则并作《斯密亚丹传》，译

《法意》则并作《孟德斯鸠传》。这两篇传，都是仿《史记》的作法，起以"某某者某某地人也，"而以"译史氏曰……"一短论作结。简述二氏生平，而加以论评，感想，取材精审，文亦甚美。(胡君复所选之《当代八大家文钞》，上海进步书局出版之《现代十大家文钞》，均选有此两篇。)惜严氏所作此类文字并不多。

(三)旧思想习惯之攻击。关于此项材料，以《法意》案语中为最多。其斥中国人之无公德及国家观念云："……而最病者，则通国之民，不知公德为底物，爱国为何语，遂使泰西诸邦，群呼支那为苦力国。何则？终身勤勤，其所恤者，舍一私而外，无余物也。"又攻击泥古之病，提倡自由思想云："呜呼，不自用其思想，而徒则古称先，而以同于古人者为是非，抑异于古人者为是非，则不幸往往而妄，即幸而有时偶合而不妄；亦不足贵也。"又他对于旧婚姻制度和贞操观念，攻击最力，如云："……己则不义，而责事己者以贞。己之媵妾，列屋闲居。而女子其夫既亡，虽恩不足恋，贫不足存，而其身犹不可以再嫁。夫曰，事夫不可以二固也，而幽居不答，终风且暴者，又岂理之平者哉？……独夫妇之际，以他人之制，为终身之偿，稍一违之，罪大恶极。呜呼，是亦可谓束于礼而失其和矣……他如嫡庶姑妇，前子后母之间，则以类相从，为人道之至苦。过三十年而不大变者，虽抉吾眼，拔吾舌可也。"凡此所说，此时看来，虽觉平常，但在当时却系新奇过激之论，于改变旧思想，旧习惯，至为有力。

(四)对于政治社会的主张。他对于政治社会的主张，几尽可于译《法意》的案语里寻出。如他主张晚婚云："……吾谓东方婚嫁太早之俗，必不可以不更。男子三十，女子二十，实至当之礼法，当以令复之。不独有以不救前弊也，亦稍已过庶之祸。"他当时主张君主立宪甚力，曾反复鼓吹。如云："立宪之国，最重造律之权。所有变更垂创，必经救十百人之详议，议定而后呈之国主，而准驳之。比其法之所以无苟且，而下令当如流水之源也。"又如："……是以今世之国，以非立宪与立宪者角，即以大莅小，以众莅寡，将万万无胜理。"又如："盖立宪之国，虽有朝进夕退之官吏，而办有国存与存之主人，主人非他，民权是已。民权非他，即为此全局之团长久之计者耳。"此类言论，在当时颇耸人听闻，影响政治很大。以翻译的副产而影响及政治，则其翻译效力之大，也就可想见了。

末了我们试看一看严复的翻译事业在中国的功绩和影响：

梁启超说：

> 西洋留学生与本国思想界发生影响者，复其首也。
>
> （见《清代学术概论》）

张嘉森说：

> ……侯官严复以我之古文家言，译西人哲理之书，名词句调皆出独创。译名如"物竞""天择""名学""逻辑"，已为我国文字中不可离之部分。其于学术界有不刊之功，无俟深论。
>
> （《最近之五十年》，张氏论文第1页）

蔡元培说：

> 五十年来介绍西洋哲学的，要推侯官严复为第一。
>
> （见申报馆《最近之五十年》）

胡适说：

> 严复是介绍近世思想的第一人。（同上）

言严复之功绩及影响较详者，当推日人稻叶君山所著之《清朝全史》一书。其论清朝之革命与革新一章云：

> 此时(指清革新时代)重要之著作，如康有为之孔教论，严复所译之《天演论》，当首屈一指。自曾国藩时代所创始之译书事业，虽有化学、物理、法律各种类，然不足以唤起当时之人心。至此二书出而思想界一变。《天演论》发挥适种生存，弱肉强食之说，四方读书之子，争购此新著。却当1896年中日战争

之后，人人胸中，抱一眇者不忘视，跛者不忘履之观念。若以近代之革新，为起端于1895之候，则《天演论》者，正溯此思潮之源头，而注以活水者也。(《清代全史》卷下，第四章第30页，中华书局。)

综上各说，则严复的翻译于中国学术思想之影响与功绩，不难概见了。

【评介】

贺麟(1902—1992年)，四川省金堂县(位于成都市东北部)五凤乡(今五凤镇)人，字自昭。幼年曾入私塾读书，后转到镇上读小学，当时对宋明理学虽只是一知半解，却格外感兴趣。贺麟自己曾说，他"从小深受儒家熏陶"，"特别感兴趣的是宋明理学"。18岁时，贺麟以优异的成绩考入北京清华学堂(后更名为"清华学校"，清华大学的前身)。在清华期间，思想上受到梁启超(1873—1929年)、梁漱溟(1893—1988年)、吴宓(1894—1978年)等人的影响。24岁时，与张荫麟(1905—1942年)、陈铨(1905—1969年)一同选修吴宓的"翻译"(外文翻译)课，学习翻译的原理和技巧，并进行翻译练习。贺麟、张荫麟和陈铨是选修此课最为认真的学生，因此被后人称为"吴门三杰"。正是在这个时期，贺麟开始翻译英文诗歌和散文，阅读严复的译作，并在吴宓的悉心指导下，撰成《严复的翻译》一文，发表在《东方杂志》第22卷第21期(1925年11月)上。1926年从清华大学毕业后，贺麟进入美国俄亥俄州的奥柏林(Oberlin)大学哲学系学习，他希望通过学习西方古典哲学，把它介绍到中国，从而帮助解决"当时大多数中国人没有真正的学问"的根本问题。贺麟后转入哈佛大学，获得哲学硕士学位。1930年转赴德国柏林大学攻读德国古典哲学。回国后长期任教于北京大学哲学系，并在清华大学兼课。贺麟早年曾研究宋明理学，认为以宋明理学为代表的儒学是中国文化的优良传统。同时，贺麟在西方哲学方面又有很深的造诣，提倡中国传统文化应当积极吸收西方思想文化的长处，以谋求"儒家思想的新开展"。贺麟年轻的时候在国外学校学习多年，外语功底扎实，回国后为翻译、引进西方哲学名著作出了重大的贡献。而他的翻译基础，是在清华大学师从吴宓时打下的，当时他写的《严复的翻译》，不仅成为对严复早期翻译思想研究的经典作品，而且为他自己未来的事业作了铺垫。

贺麟《严复的翻译》完成于 1925 年，正是严复去世四周年之际。前辈仙逝不久，相关研究的作品并不多，并且主要集中在墓志铭及其他缅怀性的文章中。当时关于严复的翻译思想的研究，大多以只字片语的点评散见于一些文章，比较集中的研究几乎是没有的。通观国内关于"严复的翻译"领域的研究成果发现，1950 年以前仅有贺麟这篇《严复的翻译》。1950 年至 1980 年，这一领域的研究不仅毫无进展，而且整个"严复研究"领域几乎停滞了。1980 年后，随着王栻《严复集》(全五册) 的出版，"严复研究"以及"严复翻译的研究"又渐渐得到学术界的关注。比如，1982 年王栻的《严复与严译名著》(收录于商务印书馆出版的《论严复与严译名著》) 就对严复的翻译成果、翻译思想作了概括性的介绍，该文的创新点即是以贺麟这篇文章的一些基本观点为基础的。1989 年，王克非发表了论文《从中村正直和严复的翻译看日中两国对西方思想的摄取》(载《外语教学与研究》1989 年第 4 期)，这篇论文将严复的翻译同 19 世纪日本启蒙学者中村正直的翻译作比较，内容和题材的广度都比以前有更大进步。20 世纪 90 年代至今，关于严复翻译的研究受到更多的关注，许多新的想法被补充到这一领域中，从当前的形势看，将有更多的更深入、更有突破性的研究成果出现。从上述学术研究的历程来看，贺麟《严复的翻译》可以被视为研究严复的翻译总体情况的先驱之作。

本篇选文主要介绍了严复生平翻译著作的基本信息，严复翻译诗文的特色，严复翻译作品的副产品的影响，并对严复翻译的功绩作了评价。其内容大致可以总结为以下五个方面：

(一) 严复的生平简介及所译著作的基本信息。贺麟提到，严复从英国留学回来后曾跟从桐城派大师吴汝纶学习古文，再加上他幼年曾随黄宗彝学习传统文化知识，因此古文造诣极深，这也就是后来严复的翻译著作能够"与本国思想界发生影响"的原因。对于严复译著的基本信息，贺麟以表格的形式展现，其中包含了严复译著在中国的出版版次以及书的页数,对每本译著的序、译例言等的信息也有简要的介绍,使人一目了然。贺麟分析了严氏译书量比较少的原因,主要为:一、"一名之立,旬月踟蹰",这说明严复在翻译的时候十分严谨认真,没有为了追求数量而放弃质量。二、严复仅凭一人之力翻译著述,还经常在翻译作品后面附上案语、相关信息介绍等等,翻译的速度必然不会太快。又考虑到严复的翻译绝大部分是以警醒愚昧的国人、使国家走向富强为目的,那么在翻译的时候则必须尤为慎重了。总结起来,便是严复的翻译量虽然少,却保证了译书的质量。王栻在他的文章《严复与严译名著》中也提到,严复对自己的翻译态度是非常自许的。严复曾很自信地说:"有数部要书,非仆为之,可决三十年中无人为此者。"就是说,严复对于自己的中西学术和中西文字水平非常自信,认为在三十年内没有人会超过他。如果没有非常审慎的翻译态度和较强的翻译能力,恐怕严复是不会这样自许的。

(二)严复在翻译史上的两大重要影响。贺麟在文中总结了严复在翻译史上的两个最为重要的影响。第一个重要的影响是严复的选书原则。该选书原则可以从四个方面来概括。首先,贺麟认为严复具有选书的卓识。这正是将严复与其他比较功利的或者没有远见的翻译者区别开来的重要特点。甲午战争以前,中国的知识分子已在很大程度上对洋务派的"中学为体,西学为用"的方针表示认可。然而甲午战争的失败迫使他们思考这一方针是否确实有效。严复也曾在他著名的四篇政论《论世变之亟》、《原强》、《救亡决论》和《辟韩》中阐述过,如果不根本地改变君主专制制度,不赋予人民群众以自由民主的权利,中国不可能重生。后来在《天演论》译序中,严复更加明确地指出,"西学之事,问涂多日。然亦有一二巨子,佁然谓彼之所精,不外象数形下之末;彼之所务,不越功利之间,逞臆为谈,不咨其实"。严复不赞成以"中学"或"西学"为"体用",而认为应以"自由为体,民主为用"。由于认定西方各国的强盛在于它们的学术思想,他认定中国当时的需要也在于西方的学术思想,于是在选书的时候,严复所选都是介绍西方先进的思想、宣扬民主自由的著作,其中涉及政治、经济、社会文化等方面的内容。其次,贺麟认为,严复选书时,是根据"先后缓急和时事之需要"而定,所以"每译一书都含有极深远的用意"。比如说，翻译亚当·斯密的《原富》，是因为严复确信这本书所探讨的西方经济财政方面的问题对于当时缺乏严格财政管理与财政规划的中国能够起到积极的作用。至于翻译《社会通诠》，是因为他要借此书对汉人"排满"的主张表达不满。关于这个问题，美国汉学家本杰明·史华兹在他的著作《寻求富强：严复与西方》中则认为，严复翻译的用意在于通过将这些先进的西方思想引入中国，促使中国改变陈旧的体制，以挽救这个摇摇欲坠的国家，实现国家的富强。史华兹还指出，尽管严复思想在不同时期体现出"全盘西化"、"由西转中"、"推崇复古"的特点，但是，严复对西方先进的政治经济思想一直念念不忘。特别是英国政制一直是他的理想国的范本。严复的"引入西方思想"、"鼓民力、开民智、新民德"、"回归老庄思想"等做法，其实一直以"寻求富强"为中心。再次，贺麟提到，严复所选的书都是他自己精心选过的。而这一点其实也证明了严复在选书时的态度严谨的说法。最后，贺麟还认为，严复能够清楚地了解自己选书与中国传统文化的关系，并能将翻译对象所表达的思想与中国古代传统思想结合起来作对比分析。从某种程度上来说，这一个特点既是严复的优点，有时候又成为严复受到指责的把柄。其作为优点的原因在于，严复的博古通今、对中西文化的融会贯通成功地使其翻译作品在中国产生了重大影响。尤为重要的是，严复的翻译使旧派的士大夫也愿意去阅读，甚至接受其作品。王佐良先生在《严复的用心》中指出，严复在翻译中包含了较多的中国传统文化内容是有目的的，即要"吸引士大夫们的注意"。这些保守的士大夫们在晚清知识分子的群体中所占比例不可忽视，同时他们大部分人又势力强大甚至可以左右政局。王佐良还认为，这些士大夫们之所以曾接受"洋务运动"，也不过是因为惧怕了西方国家的船坚炮利，而寻求一种"足以立刻解决中国的某些实际困难的速效方法而已"。其作为严复受到指责的把柄的原因在于，20世纪八九十年代，学术界对严复思想的发展轨迹作了简单的划分，认为严复的思想观念在早年是先进的，但是到了晚年却退向了保守，这些学者的论据，就是严复的这些夹杂着对中国传统思想的赞许的翻译案语。他们认为，严复翻译作品中提到中国传统文化思想的部分与严复早期的激进思想格格不入，暗示了严复在中晚年时期逐渐转向了保守。

严复在翻译史上的第二个重要的影响是翻译标准的厘定，即著名的"信、雅、达"标准。在严复以前，翻译西方书籍的人几乎没有提过这个问题。中国翻译西方书籍有悠久的历史，早在隋唐时期，来自中南亚的佛教经典大量传入，中国国内随之兴起了大规模的译书活动。在明清时代，西方传教士将关于西方天主教的书籍和一些简单的科学书籍带到中国并翻译出来。到了晚清，封闭落后的清王朝不得不开始洋务运动，选拔人才来翻译有关西方先进科技的书籍。但是，尽管有翻译者提出过模糊的翻译"原则"，总的来说，在这漫长的翻译历程中，几乎没有人对"翻译"工作进行归纳总结，或者提出提纲挈领的要旨。由此可见，严复的"信、雅、达"对于中国的翻译历史具有极重要的作用。至于严复自己是否能够遵守"信、雅、达"，贺麟认为早期新儒家的代表之一张君劢先生的评价比较中肯，即认为严复之文为美，而其义失信。贺麟还特别提到严复的"换例译法"，就是在翻译原书的过程中，遇到一些引喻举例的地方，就换用自己所理解的比较通俗易懂的表述方式来代替，虽然很有可能失信于原书，但是，如果能够运用得当，也不失为一种好的办法，可以说，"换例译法"实在是中国翻译界的创举。由此，贺麟作了一个总判断：第一，严复译文十分尔雅。第二，严译作品虽然于普通人艰涩难懂，但能够使旧文人看得通透。第三，在严复翻译的作品中，前期作品偏重于意译，而略亏于信，中期作品近乎直译，而最后的《名学浅说》与《中国教育议》则可以不必深究讨论。由于时代问题，在资料收集方面不可避免地会受到限制，同时又缺乏前人的相关研究的参考，因而贺麟的分析并不全面，但是他在当时就能有条理地分析出严复翻译的特色和影响等主要方面，的确为后来的研究奠定了基础。

（三）通过选取并分析严复译著的片段来考察他的"信、雅、达"的运用情况。在这一部分中，贺麟选取了严复翻译的《天演论》、《群学肄言》中的片段，认为严复的翻译语言有"先秦之风"，而且能够做到"通达优雅"。此外，贺麟还挑选了严复其他译诗的中英文版本，包括 Pope 长诗（*Essay on Man*）、丁尼生 *Ulyssess* 长诗中的片段。可惜的是，贺麟只是将这些中英文翻译片段呈现在读者面前，留给读者自己体悟，而没有根据其中翻译的具体情况再做分析。但从另一个方面说，贺麟作此篇的原旨并不是进行翻译读本的对比，而是要把握住严复翻译思想的主要纲领，所以不必画蛇添足。而贺麟在这里留下的空白，也给后来的研究者提供了深入研究的方向。如台湾地区的中国近代思想史研究者黄克武就以其书《自由的所以然：严复对约翰弥尔自由主义思想的认识与批判》弥补了这个空白。黄克武将约翰弥尔（穆勒）的 On Liberty 与严复的译本《群己权界论》作了对照性的研究。他通过逐字逐句地并列两个文本来分析两者的差异，以探索出严复翻译 On Liberty 并且建立起自己的自由观的过程。

（四）严复译作的副产品对中国学术思想的影响。在这一部分，贺麟主要通过四个方面来阐述他的观点。第一，严复的翻译附带了介绍性的学说。第二，严复在翻译的时候会对一些中国人不熟悉的西方人物作旧史式的列传。一直以来，"列传"都是为臣子作的传，并且应当放在"正史"里。同时，在风雨飘摇的晚清，国内民众对西方人的惧与恨又逐渐达到高潮，因此严复用传统的方式为西方人作"列传"，并在结尾处模仿《史记》以"译史氏曰……"给出评语，恐怕是遭到了不少反对，但是这一举措对于那些急切地渴望推翻旧制度、建立新制度的年轻士人来说，既是一大创举，又是一大激励。第三，严复在案语中夹杂着对旧思想习惯的攻击。他不仅斥责中国人没有国家观念及公德，还猛烈抨击旧的婚姻制度和节操观念，这种思想无疑撞击着当时中国人懒惰封闭的内心。第四，在政治社会主张方面，严复极力鼓吹君主立宪制度。这方面的言论主要见于《法意》案语中。虽然贺麟认为上述第三和第四个影响都只是严复翻译的副产品的影响，但其实把它们视为严复翻译的直接影响也不为过。因为从总体上说，严复一生始终坚持要发扬西方的民主自由等有利于国家进步、人民素质提高的思想。严复在翻译案语中对批判旧思想、抨击君主专制制度、提倡君主立宪，都可以说是他进行翻译活动的目的，而并不仅仅是副产品。

（五）结论。最后，贺麟通过引用梁启超、张嘉森、蔡元培、胡适和日本学者稻叶君山的评语来总结严复的翻译事业在中国的功绩和影响。一言以蔽之，严复的翻译对于中国学术思想的影响和功绩极大极远。

作为较早的一篇专门研究严复翻译的整体情况的文章，贺麟《严复的翻译》有它的成功之处。一方面，这篇文章较全面地介绍了严复翻译作品的特色和社会意义、严复对中国翻译史的贡献以及严复的译著对后世人的影响。这篇文章并不是简单地平铺直叙，而是结合严复具体的译著来作分析，这对以后文本分析的研究方法提供了借鉴。另一方面，贺麟总结的"严复翻译作品的副产品的影响力"也别有深意。这引导了后来的研究者在诸如此类的"副产品"方面继续作出有意义的研究。

贺麟在文章中简要介绍了严复对西方政治、经济、社会等方面思想的译介，为后来的研究者提供了值得努力的方向。近年来，随着学科的划分愈加细化、严复的研究渐渐得到学术界的关注，对于严复翻译的研究也愈加细化和专业化，涉及的领域包括语言学、政治经济学、法学、社会学等。但同时，随着这一研究更加专业化，学者们又注意到，以完全独立的方式来研究严复思想和事迹是难以有长远的可行性的。因此越来越多的学者呼吁，应当加强跨专业、跨地域的学术合作，这样才能促进严复研究的发展。

严　复　传①

柯劭忞

　　严复，初名宗光，字又陵，一字几道，侯官人。早慧，嗜为文。闽督沈葆桢初创船政，招试英俊，储海军将才，得复文，奇之，用冠其曹，则年十四也。既卒业，从军舰练习，周历南洋、黄海。日本窥台湾，葆桢奉命筹防，挈之东渡诇敌，勘测各海口。光绪二年，派赴英国海军学校肄战术及炮台建筑诸学，每试辄最。侍郎郭嵩焘使英，赏其才，时引与论析中西学术同异。学成归，北洋大臣李鸿章方大治海军，以复总学堂。二十四年，诏求人才，复被荐，召对称旨。谕缮所拟万言书以进，未及用，而政局猝变。越二年，避拳乱南归。

　　是时人士渐倾向西人学说，复以为自由、平等、权利诸说，由之未尝无利，脱靡所折衷，则流荡放佚，害且不可胜言，常于广众中陈之。复久以海军积劳叙副将，尽弃去，入赀为同知，累保道员。宣统元年，海军部立，特授协都统，寻赐文科进士，充学部名词馆总纂。以硕学通儒征为资政院议员。三年，授海军一等参谋官。复殚心著述，于学无所不窥，举中外治术学理，靡不究极原委，抉其失得，证明而会通之。精欧西文字，所译书以揭辞达奥旨。

　　其《〈天演论〉自序》有曰："仲尼之于六艺也，《易》、《春秋》最严。司马迁曰：'易本隐而之显，春秋推见至隐。'此天下至精之言也。始吾以为本隐之显者，观象系辞，以定吉凶而已；推见至隐者，诛意褒贬而已。及观西人名学，则见其格物致知之事，有内籀之术

---

　　① 本篇选自赵尔巽、柯劭忞总撰：《清史稿·文苑传》卷 486，中华书局 1976 年版。

焉，有外籀之术焉。内籀云者，察其曲而知其全者也，执其微以会其通者也。外籀云者，援公理以断众事者也，设定数以逆未然者也。是固吾《易》、《春秋》之学也。迁所谓'本隐之显'者外籀也，所谓'推见至隐'者内籀也，二者即物穷理之要术也。夫西学之最为切实，而执其例可以御蕃变者，名、数、质、力四者之学而已。而吾《易》则名、数以为经，质、力以为律，而合而名之曰'易'。大宇之内，质、力相推，非质无以见力，非力无以呈质。凡力皆干也，凡质皆坤也。奈端动之例三，其一曰：'静者不自动，动者不自止，动路必直，速率必均。'而《易》则曰：'干，其静也专，其动也直。'有斯宾塞尔者，以天演自然言化，其为天演界说曰：'翕以合质，辟以出力，始简易而终杂糅。'而《易》则曰：'坤，其静也翕，其动也辟。'至于全力不增减之说，则有自强不息为之先；凡动必复之说，则有消息之义居其始。而'易不可见，乾坤或几乎息'之旨，尤与热力平均、天地乃毁之言相发明也。大抵古书难读，中国为尤。二千年来，士徇利禄，守缺残，无独辟之虑，是以生今日者，乃转于西学得识古之用焉。"凡复所译著，独得精微皆类此。

世谓纾以中文沟通西文，复以西文沟通中文，并称"林严"。辛酉秋，卒，年六十有九。著有文集及译《天演论》、《原富》、《群学肄言》、《穆勒名学》、《法意》、《群己权界论》、《社会通诠》等。

【评介】

该文出自赵尔巽、柯劭忞总撰的《清史稿·文苑传》卷486《林纾严复辜鸿铭列传》。1914年，时任中华民国大总统的袁世凯下令设立清史馆，开始撰修清史，历经十四年，方得完成。《清史稿》的体例沿袭以往官修正史，分为本纪、志、表、列传四个部分，共五百二十九卷。选文列《清史稿》列传二百七十三文苑三，主要介绍了林纾、严复、辜鸿铭三位翻译大家的生平事迹。《文苑传》所收清代文学家仅一百余位，严复能够名列其中，足见其在清代文学界的地位。

柯劭忞(1850—1933年)，字凤荪、凤笙，号蓼园，山东胶州人。柯劭忞是清末民初著名历史学家、文学家，曾任清史馆馆长，总纂《清史稿》，并且独立完成《新元史》的编著。柯劭忞出身于书香门第，祖父柯培元是清朝抗英名将，通晓天文、兵法，有多部著述传世，父亲柯蘅是清末名儒，虽未取得功名，但对史学、文学、音韵学等多有研究，著有《汉书七表校补》、《旧雨草堂诗集》。柯劭忞自小聪慧过人，16 岁入县学为生员，后应召入济南尚志书院，师从匡源，但中途辍学。清同治九年（1870 年），19 岁的柯劭忞得中乡试，此后数年，他六次参加会试，皆未考取，直到光绪十二年（1886 年）中进士，并且入翰林院为庶吉士，不久任编修。

光绪二十七年（1901 年），柯劭忞出任湖南省学政。光绪三十年（1904 年），回到京城，先后担任国子监司业、贵胄学堂总教司和翰林院日讲起居注官等职。宣统二年（1910 年），清政府成立资政院，柯劭忞为钦选各部院议员之一。次年 10 月，受资政院委派，出任山东宣慰使兼督办山东团练大臣，不久被调回京城，担任典礼院学士，赐紫禁城骑马，陪伴宣统皇帝溥仪读书。此时的柯劭忞达到了他仕途的顶点。中华民国成立后，柯劭忞隐居山林，潜心著述。1914 年，中华民国成立清史馆，柯劭忞继赵尔巽之后，任代馆长、总纂，并撰写了天文、时宪、灾异三志和部分传稿、总纂纪稿。与此同时，柯劭忞又花费大量精力着力重修《元史》。当时虽有明代宋濂等人编修的《元史》，但由于仓促成书，疏漏较多，不尽如人意。柯劭忞在前人基础上，从《永乐大典》和相关史籍中广征博采，去伪存真，又吸取了邵远平《元史类编》、魏源《元史新编》、洪钧《元史译文征补》等成果，最终在 1922 年纂成 257 卷、150 多万字的《新元史》。

柯劭忞作的《严复传》，虽仅有千余字，却字字珠玑，生动传神，对严复的译介工作概述得尤为精妙。柯文主要叙述了严复的为学、任教以及他的译著。

"严复，初名宗光，字又陵，一字几道，侯官人。早慧，嗜为文"，这是柯劭忞在开篇对严复少年时代的简单概括。严复 14 岁时，投考福州船政学堂，这应是严复接触西学的起点。关于这次考试，史籍中还有一段掌故：考试时，考卷中有以"大孝终身慕父母"为题作文一篇，刚刚丧父的严复，悲痛之情本就难以抑制，恰逢这道题目，于是便将感情化作文字，作文虽仅有数百字，却将时任船政大臣的沈葆桢感动了，严复最终以第一名被录取。

"光绪二年，派赴英国海军学校肄战术及炮台建筑诸学，每试辄最。侍郎郭嵩焘使英，赏其才，时引与论析中西学术同异。学成归，北洋大臣李鸿章方大治海军，以复总学堂。二十四年，诏求人才，复被荐，召对称旨。谕缮所拟万言书以进，未及用，而政局猝变"，柯劭忞用简洁的文字，将严复所经历的几件大事一一作了交代：1877年到1879年，严复被公派到英国留学，入格林威治海军学院学习；与中国第一任外交官郭嵩焘相识相知；1879年，严复毕业回国，初到福州船政学堂任教习，翌年任天津北洋水师学堂总教习，1890年升任总办；1898年，光绪皇帝命严复来京觐见，严复撰写《上皇帝万言书》阐述变法主张，呈递光绪帝。1898年，严复45岁，年近半百。柯劭忞所述几事，对严复后半段生命的影响极为巨大。英国留学，开启了严复的西学之路，也为其以后的译介工作打下基础，甚至可以说，严复这段留学经历初步塑造了他政治思想的特质，即保守自由主义。回国教学、任职，使严复接近现实政治，不再仅是一腔热情，而更有了现实的考虑。改革、变法、新政，其本质仍然是政治较量，是政治、经济利益的重新整合和再分配。积极为变法建言献策，希冀清政府能够在光绪皇帝的带领下实现自我蜕变，这是严复的初衷，也是他一直努力的方向。只是变法的失败，以及1900年的义和团运动，打乱了严复的思绪，矛盾、焦躁占据了这一时期严复的主要情绪，严复的思想经历转折之后逐渐成熟。

简介严复的主要事迹之后，柯劭忞集中讨论了严复的翻译以及思想走向。"是时人士渐倾向西人学说，复以为自由、平等、权利诸说，由之未尝无利，脱靡所折衷，则流荡放佚，害且不可胜言，常于广众中陈之"，柯劭忞所论述的严复对于"自由、平等、权利诸说"的态度已经较此前有很大不同，应该是严复政治思想成熟定型后的观感。注重实际、渐进改革是严复此后一贯坚持的信念，单纯激进、夸大地强调西学在中国复兴道路上的功用有害而无益，中国传统文化应该获得足够重视。严复对于西学的这种态度，直接影响到严复毕生从事的教育和翻译事业。中文为体，西学为用，以翻译西方政治、社会学名著来推动教育；振兴教育，中西并进，以提升国民素质来革新政治。这是严复至死不渝的追求。

　　柯劭忞对严复的译介工作甚是激赏,在《严复传》中指出:"复殚心著述,于学无所不窥,举中外治术学理,靡不究极原委,抉其失得,证明而会通之。精欧西文字,所译书以遏辞(有力的言语,编者注)达奥旨。"柯劭忞的评价不可谓不高,不过倒也是实情。柯劭忞直接引用严复《天演论》自序中的大段文字,用以说明严复对翻译所下的功夫,并且认为"凡复所译著,独得精微皆类此"。似乎只有严复自己的文字最能概括他对于翻译的理解,以至于旁人无从置喙,所以柯劭忞才直接借来一用。最后,柯劭忞对严复和林纾作了简单比较,"世谓纾以中文沟通西文,复以西文沟通中文,并称'林严'",并且列举了严复一些著作作为结语。

　　柯劭忞所纂《清史稿》中的《严复传》,简洁明了,用词考究、精妙,对严复的一生作了较为完整的概述,在所有关于严复的传、集中具有一定代表性。文中所选严复经历的事件,基本上对严复思想和行为产生了重大影响,这说明作者眼光独到且犀利。严复一生,译介西方社会学名著以及渐进式革新政治的诉求,是世人所熟知和较为关注的方面。柯劭忞以严复生平贯穿全文,着重叙述严复的翻译工作,对严复政治思想和行为则较少触及,只是在评点时零星提到。或许在作者看来,严复最重大的贡献应该是他的译著和翻译笔法,这是留给后人最宝贵的财富。毕竟严复改革时弊的想法,思考远大于行动,而且翻译的过程也算是宣传的过程。也许这是时代的局限,也许是时代的需求。

严复生平事略①

林耀华

严几道先生，世居福建侯官，民国肇造，以侯官并入闽县，改称闽侯县。先生先世河南光州人，唐末，与十八姓同时随王审知入闽。即家于侯官之阳崎乡。自此累世，皆以书香相传，有以科举成名者，有举业不得意，而中途弃儒为医者。其祖其父俱以医为业，颇名于时。

清咸丰三年癸丑（1853年）十二月十日，先生生于闽垣之南台。先生幼名体干，入马江船政学堂时，改为宗光字又陵。后名复字几道，晚年自号愈野老人。他如尊疑尺盦二号，世罕知之。成名后，人称之为严侯官或侯官严先生。

兹将先生一生事略，分为四大时期，详述如下：

一、幼年时期（1853—1866年）

先生幼时随父母居南台（其父在南台行医），丁外艰后，奉母返里，阳崎乡是也。乡有上下崎之分，中隔一河，通以石桥。先生家于上崎河畔，岸旁森林，远近田野，时而小舟竞渡，时而众鸟嘤鸣；南国四时，风光明媚；如此环境，宜乎出思想界泰斗耶！（先生故居，著者尝至焉）四五岁时，有凿井者设架高丈余，先生顾旁无人，窃登架，俯视井底，大呼圆哉！圆哉！其母闻而出视，大警，然又不敢斥之，盖恐其惧而下坠。遂佯为悦状而言曰："儿真本领过人，如能凭梯下降，则更能干矣。"及下，始答责之。此亦其母氏教子之一斑

---

① 本篇选自林耀华：《从书斋到田野》，中央民族大学出版社2000年版。

也。1859 年，先生年七岁，父命就外傅。其父为人忠厚，虽为名医，而家无积蓄，是以衣食平常，然对于儿女教育，最为关心。1863 年特聘同邑黄少岩设馆于家。黄为闽之宿儒，其为学汉宋并重，著有《闽方言》一书。课经之余，好与先生讲述明代东林党故。是时，与他人合赁一屋，楼上下分居。每逢楼下演戏，师辄命就寝；戏息，挑灯更读。此其师之严，又若是也。越三年，其师逝世，先生哀恸不已。后黄子孟修继其父馆，无何而解。

二、求学时期(1866—1879 年)

1866 年，先生十四龄，父卒，家贫不再从师。此其最困难之时期，(注：《严几道诗钞·篝灯纺织图》内云："我生十四龄，阿父即见背；家贫剩筴券，赙钱不充债；陟冈兄则无，同谷歌有妹；慈母于此时，十指作耕耒；上掩先人骨，下抚儿女大；富贵生死间，饱阅亲知态；门户支已难，往往遭无赖；五更寡妇哭，闻者隳心肺。")且尝泣告唁者曰："肩不能挑，手不能执，奈何？奈何？"是岁娶王氏女为妻，盖父在日之所聘者也。当是时侯官沈文肃公(葆桢)方为清廷船政大臣，招考子弟入马江船政学堂肄习海军，先生不得已而应试，题为："大孝终身慕父母。"先生正丁外艰，成论数百言以进，文肃奇之，遂录取第一。

(一)马江船政学堂肄业

翌年，先生入马江海军学堂，所习课目有：英文、算术、几何、代数、解析几何、割锥、平三角、弧三角、代积微、动静重学、水重学、电磁学、光学、音学、热学、化学、地质学、天文学、航海术等。(注：参阅严璩著《侯官严先生年谱》第二页)。此时所习，皆自然科学，故其后来所著政治社会论说，多以自然界之事物为比譬者，盖其根源固在此也。

(二)海上练习

先生在马江船政学堂肄业五年，卒业考试，名列最优等。无何，派为建威帆船练习生，游历各海岸，嗣后改派扬武军舰，盖是舰乃船政局之所新造者也。巡历黄海及日本各口岸，至长崎、横滨各处，观者如堵，颇显一时之壮威。是时日本正步武中华开办海军，不意二十年后，甲午之役，竟一战而倾我舰队，噫！

扬武舰长德勒塞氏（Commander Tracey）在华服务三年，归老，临行赠言先生曰："君今日于海军学术，已卒业矣。不佞即将西归，彼此相处积年，临别惘然，不能无一言为赠。盖学问一事，并不以卒业为终点；学子虽已入世治事，此后自行求学之日方长。君如不自足自封，则新知无尽，望诸君共勉之，此不第海军一业为然也。"（注：参阅严璩著《侯官严先生年谱》第二、三页）先生闻之大动于中。自是益自勉励；每公务毕，辄退而自修。其后日之成就，未始不得力于德氏之言也。

1874年有日本渔船多艘，路过台东洋面，遇风失事，为牡丹社生番所鱼肉。日本政府诘责清廷。朝命提督唐定奎率所部淮军渡台增防，并谕船政大臣沈文肃赴台查办。沈公饬扬武军舰前往，并委先生随往测量台东、旗来各海口，并调查当时肇事情形。计月余日竣事，缮具说贴呈报，沈公据以入奏，后经我国认给恤款了结。当时随入台湾有英人名好博逊（Hobson）者，一日昼寝，有一生番，见欧人异之，而欲行凶。适为先生所见，急招通事带一熟番至，向彼有所言。生番去，好氏始免于难。

（三）英国留学

1875年先生（年二十三岁）被派赴英留学，入格林尼次海军大学（Greenish Naval Academy），所学课程有：高等算学、格致、海军战术、海战公法及建筑海军炮堡诸艺术。是时先生深窥中西文化之异同，胸中已有成竹。适湘阴郭侍郎嵩焘为出使英国大臣，见先生奇之，引为忘年交，每逢假日，先生辄至使署与郭君谈论中西学术及政制，郭君甚钦佩之。致函清廷某大臣尝有"出使名兹邦，唯严君能胜其任，如某者不识西文，不知世界大势，何足以当此？"等语。大臣目以为狂，置之而已。是故先生早年之知己，郭公是也。郭公之卒，先生感怆殊甚，有挽句曰："平生蒙国士之知，而今鹤翅鶈鶈，激赏深惭羊叔子；唯公负独醒之累，在昔蛾眉谣诼，离忧岂仅屈灵均"
（注：参阅严璩著《侯官严先生年谱》第五页）。

在英与先生同级有日本贵族子弟名伊藤博文者，性颇聪慧，而勤于学，然先生每试辄最，伊不及也。（注：陈宝琛《严君墓志铭》内云："光绪二年派赴英国海军学校肄战术及炮台建筑诸学，是时日本亦始遣人留学西洋，君试辄最。"）二人各抱救国之志，学毕归国，伊氏卒以出身贵族，得位以所学致用。而先生则以出身寒微，虽抱经世之纶，终不获用。

［注：先生之才，吴挚父知之，故其致书侯官，尝曰："独执事博涉，兼能文章，学问奄有东西数万里之长，子云笔札之功，充国四夷之学，美具虽并，钟于一手，求之往古，殆邈马罕俦，窃以为国家长此因循不用贤则已耳，如翻然求贤而登进之，舍执事其将谁属。"《桐城吴先生全书》尺牍一，一百三十六页答严幼陵，丙申（1896 年）七月十八日。］

迨日剪琉球则大戚，尝语闽县陈宝琛韬庵曰："不三十年，藩属且尽，环我如老牸牛耳。"（注：参阅陈宝琛《严君墓志铭》。）观此等语，可见当日之不得志；致愤而不重其躯，任意摧毁，至于啜吸鸦片。先生于此细节，虽为不善自谋，抑亦国家不知用才之所致耳。

三、任事及著述时期（1879—1916 年）

（一）办　学

先生二十七岁（1879 年）自英毕业归国，充教席于马江船政学堂。翌年，直隶总督李鸿章经营北洋海军，特调先生为水师学堂总教习，盖即今之教务长也。吴观察仲翔名为该校总办，而一切组织及教授法，皆先生主之。当时官场习惯，不得不以一道员为一局所之长，而先生仅积资保都司武阶。1889 年承李鸿章之劝，报捐同知，款由李公代向某处筹借，海军保案免选同知以知府选用，先生遂升为水师学堂总办。十数年极力办学，成绩卓著，其中弟子之特出者有黎元洪、刘冠雄、李鼎新、谢葆璋、邓汝成、饶怀文、伍光建、王劭廉辈。

（注：唯先生最夸奖王、伍二人，参见《学衡》十八期《严几道与熊纯如书节录》（五十七）内有："复管理十余年北洋学堂，质实言之，其中弟子，无得意者。伍光建昭有学识，而性情乖张，王劭廉少泉笃实，而过于拘谨，二者之外，余虽名位煊赫，皆庸材也。"）

（二）社会政治工作及活动

当时欲进仕途，不得不取径于科举；言欲动听，亦必须有举人进士出身。先生怀抱虽大，然亦不得不拘于当时之习尚，累次赴试，孰如其终不第何？李鸿章尝喜先生，其不获重用，盖闽人罗某，嫉妒特甚，尝于李公之前，谗言先生之非也。

［注：中国官场，黑幕重重，群小用事，贤者被摈，意中事耳。吴先生挚甫致书侯官，其言曰："以执事兼总中西二学，而不获大展才用，而诸部妄校尉，皆取封侯，此最古今不平之事，岂亦天演学中之所谓天行者乎？然则执事故自有其所谓人治者在也。"（《桐城吴先生全书》尺牍一，一百六十页《答严幼陵》，丁酉二月初七日）］

甲午败后，先生遂无心于宦途，日唯潜心学术，于是所译《天演论》行世，而名大噪。未出版之先，梁任公尝借抄读之。故梁氏之思想，或亦尝受先生此书之影响也。

［注：《天演论》最初木版（沔阳《慎始基斋丛书》）例言末段云："一，是编之译，本以理学西书，翻转不易，故取此书，日与同学诸子相课，迨书成，吴丈挚甫见而好之，斧落徽（应为征，编者注）引，匡益实多，顾唯探赜叩寂之学，非当务之所亟，不愿问世也。而稿经新会梁任父、沔阳卢木斋诸君借钞，皆劝早付梓，木斋邮示介弟慎之于鄂，亦谓宜公海内，遂灾枣梨，犹非不佞意也。刻讫，寄津覆斠，乃为发例言。并识缘起如是云。"此段于以后各版，皆未列入。］

先生又屡发表文章，提倡民权，启发民智，并与定海王修植、钱唐（应为塘，编者注）夏曾佑创办《国闻报》于天津。是时清廷惩于甲午之衄，诏急人才，先生被荐（王锡藩荐）。召对之际，德宗云："尔在天津办报，攻击政府，吾早已有所闻，今则已往不咎，其有文章可进览者否？"答以近有拟《上皇帝万言书》，德宗命缮写进呈。

（注：参阅严璩《侯官严先生年谱》第六页，又陈宝琛《严君墓志

铭》，吴挚甫尝赞先生《上皇帝万言书》曰："前读尊拟万言书，以为王荆文公上仁宗书后，仅见斯文而已，虽苏子瞻尚当放出一头地，况余子耶。"《桐城吴先生全书》尺牍一，一百九十二页《答严几道》，戊戌年八月二十八日。）

先生于召对时，即上一书，《论世界海军形势》，力请振兴海军，盖戊戌维新之际，先生实以振兴吾国海军为己任也。出遇清大学士王文韶，王尝继李鸿章督直隶，素重先生，密示以意，嘱无事勿久留京师。先生即行出京，而难遂作，德宗称疾，太后复垂帘，六君子被害，康梁逃于海外，而先生仅幸免焉，彼时先生有句曰："求治翻为罪，明时误爱才，伏尸名士贱，称疾诏书哀，燕市天如晦，宣南雨又来，临河鸣犊欢，莫遣寸心灰。"可见当时惨淡之情况也。（注：《严几道诗钞·戊戌八月感事》）

戊戌之后先生宦途多舛，尝对荣禄鸣其不平。禄答言：意谓戊戌政变之际，太后盛怒尔曹提倡维新之子，微我为尔解围，即今尚能食禄兹土乎？须知自是以后，太后尝手书当时维新党之姓名，张诸座右，以志其恨，而君与焉。然则当时君得幸免于诛，以延性命于今日，于意亦宜足矣，遑暇多求。

庚子义和团事起，先生避地居上海。是时德宗奉西太后出都西狩，江鄂两总督与各国订东南互保之约。海上人士开政治大会于味莼园，到者二三千人，举南海容闳君为会长，先生为副会长，讨论政治方针。时先生在沪，开名学会讲演名学，一时学者闻所未闻，吾国政论之根据名学理论者自此始也。

（注：吴汝纶致书先生曰："……乱后不知我公消息，近阅中外日报。知先生近开名学会，可见达人善己，兼怀济物之盛心，企佩无量……"语见严氏家存《吴氏信钞》，全集不录。）

1902年，先生被聘为编译馆总纂，时吴汝纶为京师大学堂总教习，同处京师，过从甚密，吴深知中国之不可不谋新，而每忧旧学消灭。先生对曰："新学愈进，则旧学愈益昌明，盖他山之石可以攻玉也。"（注：见严璩《侯官严先生年谱》第七页）先生以为旧学可与新学并存，其自信之深可于《英文汉诂卮言》中一段所云见之："果为国粹，固将长存。西学不兴，其为存也隐，西学大兴，其为存也章，盖中学之真之发现，与西学之新之输入，有比例为消长者焉，不佞斯言，所以俟百世而不惑者也。百年以往，将以有我为知言矣。"先生与吴汝纶论此点，吴之复书，亦曾及之，"来示谓新旧二学，尝并存具列，且将假自他之耀，以祛蔽揭翳，最为卓识。"（注：参阅《桐城吴先生全书》尺牍二，五十六页《答严几道》，二月二十三日。）先生之言，验于今矣。翌年吴卒，先生哀悼，集玉溪剑南诗句为挽曰："平生风义兼师友，天下英雄唯使君。"（注：见严璩《侯官严先生年谱》第八页。）盖彼尝言召国人中旧学淹贯而不鄙夷新知者，湘阴郭侍郎后，吴京卿一人而已。后辞编译馆出都，知交觞先生于陶然亭，有《江亭饯别图》纪其事，题咏者甚多。

初先生应潞河张学士禹之招，在津主开平矿务局事，至是因本局讼事与张君同赴伦敦，时中国革命首领孙中山适在英国，特来访，谈话中先生屡发伟论，以中国民品之劣，民智之卑，欲图改革，应从事于教育之根本问题。孙氏应曰："俟河之清，人寿几何，君为思想家，鄙人乃执行家也。"（注：见严璩《侯官严先生年谱》第八页。）后至法兰西、瑞士、罗马各处游览，从意大利稽诺亚（Genoa）登德国邮船东归。

1908年，学部新设尚书荣庆聘先生为审定名词馆总纂，供职三年，直到国体改革。宣统立，新设海军部，朝旨授先生为海军协都统。至是先生名闻海内，远近咸知，清廷加恩，又赐文科进士出身，是时科举已废，清廷连年考试留学，给予进士举人出身，第二次考欧美留学生，唐绍仪以外务部尚书任总裁，先生为出题阅卷之同考官之一，是年录取各生，后多成才，前二名即陈锦涛与颜惠庆也。资政院成立，先生又以硕学通儒，征为议员。戊申年（1908年）在津教一女弟子，即后来文名鼎鼎，周游寰瀛之吕碧城氏也。（注：《名学浅说》译者自序："戊申孟秋，浪迹津沽，有女学生旌德吕氏，谆求授以此学，因取耶芳斯浅说，排日译示，讲解经两月成书。"）

民国成立，袁世凯器重先生，聘为北京大学校长，充顾问，参政，又被推为约法议员。后袁逞野心，欲改民主为帝国，以中华河山，为袁氏之所私有。肇议之始，使杨度探先生意见，挽为筹安会发起人，先生拒之。翌日，先生名已列诸报端。案此事人不知其真相，往往以为先生病。袁氏败后，有谈及当时黑幕者，始知先生芳名之被盗也。(注:无锡侯疑始著《洪宪旧闻》一书,内《筹安盗名记》,述及此事甚详,他如墓志铭、年谱及先生寄友人书亦可见之。)即当时之《顺天时报》亦刊有筹安会借重侯官记事一则谓:"侯官为良知所督责,始终缄默,无一言为筹安推波助澜云。"(注:侯疑始《洪宪旧闻》第七页。)著者读先生与友遗札,提此事,深信其心之皎如自日,兹录一段,以资参考:

"夫仆之不满意于洹上,而料其终凶,非一朝夕事,不独乙已(应为巳,编者注)季廉之函可以为证;即自庚子以后,十余年间,袁氏炙手可热之时,数四相邀,而仆则萧然自远者,可以见矣。辛亥改步以还,沧海横流,瞻乌谁屋,其窃糈政界者,所谓援止而止;援止而止者,不屑去也。至于去秋长沙杨皙子以筹安名义,强拉发起。初合之顷,仆即告以共和君宪二体,孰宜吾国,此议不移晷可决。而所难者,孰为之君,此在今日,虽为圣者,莫知适从。武断主张,危象立见。于是请与会而勿为发起,顾杨不待吾辞之毕,飘然竟去。次日报纸已列吾名。至杨以书来谢,谓极峰闻吾与会,极深欢悦云云;则灼然早知其事之必不轨于正矣。由是筹安开会,以至请愿继续劝进庆贺,仆身未尝一与其中。任公论出,洹上谋所以抵制之者,令内史夏寿田誂诿发言,主张帝制。仆终嘿嘿未赞一辞。然则区区私旨,可以见矣。不幸年老气衰,深畏机阱,当机不决,虚与委蛇。由是严复之名,日见于介绍,虚声为累,列在第三。此则无勇怯懦,有愧古贤而已。过是以往,犹皎然也。且事之初起也,仆固泊然;而攀龙附凤者,势不可挡,不独主帝制者,几于通国一致;即谓皇帝非洹上莫属者,亦繁有徒。威胁利诱者,固未尝无;而发于本心,唯恐不得与赞成之数者,亦接迹而踵起。"(注:《学衡》第十期《严几道与熊纯如书札节钞》,二十)所可惜者,先生彼时已老病侵寻,不能如蔡松坡之远遁,而致坠入袁氏掌握之中,门前有卫士看守,行动不得自由;(注:侯疑始《洪宪旧闻》内《筹安盗名记》云:"……而侯官门首晨间即有荷枪壮士二人鹄立其间,询之则谓长官恐匪党或相扰遣来守护也。")至于文字剖白,更无发表之可能。先生知无可奈何,遂以自疏,其蒙垢亦冤也已。(注:先生芳名被盗,幸当时革命党首领皆知,故事后无缉治先生之明令。侯疑始《洪宪旧闻》内《筹安盗名记》

载有："洪宪失败，项城抑郁以死；黄陂合肥廉知侯官始终未尝阿附洪宪，征之清议，亦殊为然；故缉治筹安祸首，侯官不与焉。"先生致冯国璋书中亦云："当筹安会发起之时，孙杨二子，实操动机，其列用贱名，原不待鄙人之诺，夕来相商，晨已发布，我公试思，当此之时，岂复有鄙人反抗之地耶？近者国会要求惩办祸首，尚幸芝老知其真实，得及宽政，不然，复纵百口，岂能自辩。"）

（三）著 述

先生之名著，起自甲午战后，因中国割地丧师，大受刺激，是以专致力于翻译著述，冀借他山之力，唤醒国魂。其最著名之作厥为赫胥黎《天演论》，桐城吴汝纶见而奇之，为序劝付剞劂行世，此书出后，声名大振一时。西译思想之达于吾国士大夫，盖自此始。其后续译八种，皆西欧名著，最能代表当时各派主要思潮，兹将其译书列表如上，俾观览焉。

项目 译著名	原著者	西文名	原出 版国	原出 版年	严始 译年	出版 年	出版处
《天演论》	赫胥黎 T. H. Huxley	*Evolution and Ethics*	英国	1893— 1894	1895	1898	沔阳慎始 基斋木刻
《穆勒名学》	穆勒 J. S. mill	*System of Logic*	英国	1843	1900		蒯光典（号金粟 斋）木刻
《群学肄言》	斯宾塞 H. Spencer	*Study of Sociology*	英国	1873	1897		文明书局
《群己权界论》	穆勒 J. S. mill	*On liberty*	英国	1859	1899		商务印书馆
《原富》	亚丹密斯 Adam Smith	*Wealth of Nations*	英国	1776	1897	1902	南洋公学译书院
《法意》	孟德斯鸠 C. D. S. Montesquieu	*L'esprit des Lois*	法国			1904	商务印书馆

续表

项目 / 译著名	原著者	西文名	原出版国	原出版年	严始译年	出版年	出版处
《社会通诠》	甄克思 E. Jenks	*History of Politics*	英国			1903	商务印书馆
《名学浅说》	耶芳斯 W. S. Jenks	*Primer of Logic*	英国			1909	商务印书馆
《中国教育议》	卫西琴 Aefoed Westharp					1941	庸言报馆 《庸言》第一卷第三至四号

先生译书九种，《天演论》、《原富》、《社会通诠》、《群己权界论》、《孟德斯鸠法意》、《群学肄言》、《名学浅说》、《中国教育议》，皆取原书全译者，唯《穆勒名学》，仅求半部，为可惜耳。

[注：贺昌群于《教育大辞书》中之严复篇尝云："严氏所译九种中，唯《原富》、《法意》、《群学肄言》、《社会通诠》四书为取原书而全译者；《群己权界论》及《中国教育议》仅长篇之论文，《天演论》亦为赫胥黎(Huxley)全集第九册《演化与伦理》(*Evolution and Ethics*)中之序论与本论两篇。"此与事实不符，何则？《中国教育议》，固为一篇论文，且不甚重要；而《天演论》、《名学浅说》与《群己权界论》三者皆全书而又全译也，以《群己权界论》为长篇之论文，则知贺氏不深悉西洋出书习惯，盖当时著书者往往称"essay"也。J. S. Mill on Liberty 原书实分五章，(Five Chapters) 故英文"Essay"一字不得谓论文。《天演论》为"*Evolution and Ethics*"之全部译文，非赫氏全集第九册之译本也，该册名"Evolution and Ethics and Other Essays"，所译者"Evolution and Ethics"所未译者"Other Essays"耳，且所谓"Other Essays"有三："Science and Morals"，"Capital-themather of Labour"，"Social Disease sand worse Remedies"。皆与《天演论》无涉；实为赫氏其他论著，作在"*Evolution and Ethics*"之前者也；特刊行全集时，统归入第九册已耳，贺君何不一阅该册自序与目录，而竟谓《天演论》

亦为赫胥黎(Huxley)全集第九册《演化与伦理》(*Evolution and Ethics*)
中之序论与本论两篇也哉？然侯官此译名为达旨，不曰翻译，益于
"词句之间，时有所侦（应为颠，编者注）到附益，不斤斤于字比句
次"者也。（见《天演论》译例言）《名学浅说》，性质稍近编纂，大旨
根据英人耶芳斯(W. S. Jeuons)所著"*Primer of Iogic*"一书，设譬引喻
则多出自己意，请观先生之言曰："中间义旨则承用原书，而所引喻
设譬，则多用己意更易，盖吾之为书，取足喻人而已，谨合原文与
否，所不论也。"（见《名学浅说》译者自序。然此乃各人译法不同，贺
君固不得以此谓其非译全书也。）]

　　九种中除《中国教育议》外，其他八种，商务印书馆于民国二十
年（1931 年），合订出版，总题为《严译名著丛刊》。

　　译《天演论》之前，先生曾译斯宾塞《群谊篇》与拍捷特格《政治评
议》。当时先生积极关心国事，著有《论世变之亟》、《原强》、《救亡
决论》、《辟韩》诸文刊于天津《直报》，翌年转载上海梁卓如、汪穰卿
新创办之《时务报》。鄂督张之洞见而深恶之，谓为洪水猛兽，遂命
屠仁守作《〈辟韩〉驳议》，且欲逮先生，先生几濒于危，后经郑孝胥
等解围，始免。是后因友人之荐，得与张公往还，张始知其才而钦
佩之。

　　[注：李鸿章不能重用侯官，先生颇欲南下，投张之洞，期有所
任事，其致四弟书曰："兄北洋当差，味同嚼蜡，张香帅（之洞）于兄
颇有知己之言，近想舍北就南，冀或乘时建树耳，然须明年方可举动
也。此语吾弟中心藏之，不必告人，或致招摇之谤也。"（《严几道致
四弟书》，甲午十月二十）先生一生抑郁，不能得志，读者定能于言
外得之矣。]

　　先生极注意教育，故于 1902 年致书上海《外交报》主人，长五千
言，具论中国教育方针，并条拟新教育行政办法。

　　民国十一年（1922 年）蒋贞金、贡少芹编辑《严几道诗文钞》全六
册，中华书局出版，此等文章，皆已录入。其哲嗣璿亦为先生征集平
生所作之诗三百余首，号为《愈野堂诗集》，付印刊行。先生之政治
言论有戊戌年（1898 年）《上皇帝万言书》等十数篇，及 1906 年在上海
演讲政治学八篇，名曰《政治讲义》，自序刊行。《立宪》演说一文，

亦已登载报端，手编《计学浅说》一本，未曾付印，熊季廉(侯官弟子)编《英文汉诂》(*English Grammar Explained in Chinese*)一书，以为初学英文之用，商务印书馆刊行，至今已二十余版矣。而《名学浅说》一书，则为女弟子吕碧城而作者也。此外杂文，散见报章亦复不少。又尝于暇间，手批《老子》(1905 年，南昌熊季廉为之刊于日本东京)、《庄子》(曾两度批《庄子》，先批之本，为马通伯借去不肯还；续批则视前批为简略矣)、《王临川全集》、《古文辞类纂》……除《老子》外，其余皆未发表。

(注：《学衡》第二十期《严几道致熊纯如书札真迹》内云："平生喜读《庄子》，于其道理，唯唯否否，每一开卷有所见，则随下丹黄；马通伯借去不肯还，乃以新帙见与。已意亦颇鞅鞅，今即欲更拟，进退不可知，又须费一番思索。老来精力日短，恐不能更钻故纸矣。")

先生主张吾国学校教育，应注重西国科学，其所著《英文汉诂卮言》有句云："夫开学堂，固云植人才，铸国民也……果有人才，而得为国民之秀桀者，必不出于不通西语，不治西学之庸众，而出于明习西语，深通西学之流，则今日之厘然可决者矣。"盖近人所谓"科学救国"，先生于三十余年前，早见之矣。

四、老年时期(1916—1921 年)

先生自拒绝筹安会之后，闭门谢客，不闻政事。洪宪失败，袁氏抑郁而死。先生作《哭项城归榇》三律，诗云：

"近代求才杰，如公亦大难，六州悲铸错，末路困筹安，四海犹群盗，弥天戬一棺，人间存信史，好为辨贤奸。"

"霸气中原歇，吾生百六丁，党人争约法，舆论惜精灵，雨洒蛟龙匣，风微燕雀厅。苍苍嵩室暮，极眼望云軿。"

"凤承推奖分，及我未衰时。积毁能销骨，遗荣屡拂衣。颠持终有负，垂老欲畴依，化鹤归来日，人民认是非。"(注：《愈野堂诗集》卷下第十七页《哭项城归榇》。)

细玩此诗，知其颇讽袁氏野心之害。此后先生老病缠绵，不能著作，暇时常吟诗临池自娱，冬至辄喘咳不绝，屡入医院，求治无效。

1918 年回闽避冬，作病中述怀，一绝云："投老还乡卧小楼，身随残梦两悠悠，病瘥稍喜安眠食，语少从教减献酬，壮志消沉看剑鼻，老怀回复意壶头，遗踪处处成怅触，依旧城南水乱流。"（注：《愈野堂诗集》卷下第三十九页《病中述怀》。）此诗幽邃凄恻，先生老年心中抑郁，可于言外得之矣。

1921 年夏到鼓山避暑，入秋气喘非常，自觉病深，遂手书遗后人，大旨谓：

> 1921 年，岁次辛酉，7 月 3 日，愈野老人，谕家人诸儿女知悉，吾自戊戌以来，肺疾日甚，虽复带病延年，而揆之人理，恐不能久，是以及今尚有精力，勉为身后传家遗嘱如下："非曰无此汝曹或致于争，但有此一纸亲笔书，他日有所率循而已，汝务知此意。吾毕生不贵苟得，故晚年积储，固已无几，然，不无可分，今为汝曹分表如下（中略）。嗟嗟吾受生严氏，天秉至高，徒以中年悠忽，一误再误，致所成就，不过如此。其负天地父母生成之德，至矣。耳顺以后生老病死，倏然相随而来，故本身阅历，赠言汝等，其谛听之。
>
> 一、须知中国不灭，旧法可损益，心不可叛。
> 一、须知人要乐生，以身体健康，为第一义。
> 一、须勤于所业，知光阴、时日、机会之不复更来。
> 一、须谨畏，而加以条理。
> 一、须学问，增益知能，知做人分量，不易圆满。
> 一、事遇群己对峙之时，须念己轻群重，更切毋造孽。
>
> 审能如是，自能安平度世，即不富贵，亦当不贫贱，贫贱诚苦，吾亦不欲汝曹傲之也。余则前哲嘉言懿行，载在典策，可自择之，吾不能觊缕尔。"

9 月 27 日卒于闽垣，12 月葬于阳崎鳌头山之阳，享寿六十九岁，先生一生，为国担忧，蓄意唤起人心，以图自强。待尽之年，犹无时不以国为怀，所作《元旦觐祖生》（觐祖为其孙之名）一律后四句曰："震旦方沉陆，何年得解旋，太平如有象，莫忘告重泉。"又有一律末两句曰："神州须健者，勿止大吾门。"（注：《愈野堂诗集》卷下第三十六页《元旦觐祖生》。）

【评介】

《严复生平事略》，收录在林耀华的《从书斋到田野》（中央民族大学出版社 2000 年版）一书中。《严复生平事略》是林耀华 1932 年撰写的学士毕业论文《严复研究》的第二章。1933 年 6 月，林耀华又以"严复社会思想"为题，将文章大部分内容发表在《社会学界》第 7 卷。

林耀华（1910—2000 年），福建古田县人。我国著名的人类学家、历史学家、社会学家和民族学家。1932 年毕业于燕京大学社会学系，获学士学位；1935 年获燕京大学硕士学位；1940 年在美国哈佛大学人类学系修读，获哲学博士学位。1941 年回国任教，在云南大学担任社会学系教授，历任燕京大学社会学系主任、中央民族学院历史系主任、民族学研究所所长等职，同时兼任国务院学位委员会法学评议组成员。林耀华一生都致力于社会史、人类学和民族学的研究与教学，培养了一大批相关领域的科研人才。林耀华著作等身，他的一些作品甚至可以说是学界的开山之作，特别是其代表作《金翼》更是享誉海外。《金翼》是林耀华根据 1936 年、1937 年两次开展田野调查的结果，并结合自己在家乡的经历而写成。《金翼》一书将历史学和人类学进行跨学科综合研究，既重视史料的资料性，又重视田野调查的实践性，以文学的笔法写出，开创了宗族研究的新模式。

林耀华《严复生平事略》一文主要介绍了严复的生平事迹，详略得当，评点精辟。《严复生平事略》大致分为四个部分：一、幼年时期：1853—1866 年，主要讲述严复儿时的读书经历；二、求学时期：1866—1879 年，记述了严复在马江船政学堂学习和实习的情况以及留学英国的经历；三、任事及著述时期：1879—1916 年，叙述了严复的政治生涯和主要著述情况，着重介绍了严复在戊戌变法中的行为态度以及对教育救国的期待；四、老年时期：1916—1921 年，从严复拒绝筹安会说起，讲到严复临死之前所立的遗嘱。

在文章的第一个部分，林耀华为读者娓娓道来关于严复的一件小事：四五岁时，有人凿井，架起了高丈余的支架。调皮的严复在四旁无人时，偷偷登上了架子，看到井底，大呼："圆哉！圆哉！"严母听到声音，赶忙出来，见到如此情景不禁一惊，怕他跌入井中又不敢训斥，所以就假装很高兴地对严复说："儿真本领过人，如能凭梯下降，则更能干矣。"严复听到母亲的话，从高架上慢慢下来，严母则狠狠斥责了严复。林耀华选择这个小故事，用意在于说明严复小时候的成长环境，以及严母的教育严厉而又得当。应该说，严家对于小严复的教育还是很重视的，对严复的老师的选取也很谨慎。林耀华通过严复告诉我们，幼时的教育对一个人的成才有着至关重要的作用。

在文章的第二个部分，林耀华讲述的仍是严复的教育问题。严复14岁时不幸丧父，家贫不能求学，只好报考马江船政学堂（又称福州船政学堂）。严复以"大孝终身慕父母"为题作文一篇，深得时任船政大臣沈葆桢的青睐，遂以第一名的成绩录取。对于严复来说，船政学堂的求学以及在英国的留学经历，不但开启了他的西学之路，而且在一定程度上改变了他过去一以贯之的思想倾向。他逐渐脱离了保守士大夫原有的为政心态。这段经历对严复的巨大影响显然已被学界所认同，柯劭忞《清史稿》中的《严复传》、欧阳哲生的《严复评传》、皮后锋的《严复大传》以及不少学人所写的关于严复的传记类文章，对此都着墨较多。在介绍严复英国留学经历时，林耀华特别摆出与其同样学习海军的同学伊藤博文作比较，"在英与先生同级有日本贵族子弟名伊藤博文者，性颇聪慧，而勤于学，然先生每试辄最，伊不及也"，虽然严复的学识在伊藤博文之上，然而"二人各抱救国之志，学毕归国，伊氏卒以出身贵族，得位以所学致用。而先生终以出身寒微，虽抱经世之纶，终不获用"。之后中日两国的历史发展，正如他二人的仕途一般，一高一低，一强一弱。只是伊藤博文得以上位可以一展胸中所学，固然和他贵族子弟的身份有些关联，但根本来讲，还是中日两国当时政治环境的差异所致。假使伊氏生在中国，或许他就是另一个严复。可惜历史不存在假如，严复仍是那个以译名著、兴西学而闻名的严复。

在文章的第三个部分"任事及著述时期"，林耀华主要介绍了严复求学归来后的工作生活，包括：办学、社会政治活动、著述。1879

年，严复学成回国，初到船政学堂任教习，次年转任天津北洋水师学堂总教习，之后又升为总办。在严复这十年的办学生涯中，兢兢业业，尽心尽力，严复用切身行动实践着他一直以来所信奉的"教育救国"的理念。在严复的学生中，不乏像黎元洪、刘冠雄、李鼎新、邓汝成、伍光建等出类拔萃之人。虽然在教育方面的工作风生水起，但若想要更大的舞台以展现胸中抱负，严复又不得不去参加科举，屡试不第，又让他心灰意冷。甲午战败后，严复也就无心于仕途，而开始潜心著述。林耀华在叙述严复报捐同知、参加科举等事时，明显抱有一种替严复无奈的慨叹。捐买同知一衔，是出于李鸿章的规劝；屡试科举，是出于报国的考虑，林耀华的刻画使我们更加感受到，严复虽为旧人，却一心向新，不为旧气沾染。可是，依笔者看来，严复的身上有太多无法抹去的旧的痕迹。强调古文传统、坚信民智未开和渐进式的改革，这些使他和"激进"撇开关系。报捐同知、参加科举考试等，毕竟是严复自己的行为，无论出于何种打算，都代表了严复的行事态度。但同时，严复报捐同知、屡试科举等举动，也不会让我们认为他就是一个落后的人，保守仅仅是一种为政、为人的态度，何况严复身上除旧布新的光点还那么耀眼。一定的时代背景总会在历史人物身上留下属于那个时代的烙印，或浅或深而已。我们不必以今日的观感，过分褒贬历史人物的取舍得失。

林耀华认为，甲午之战可以说是严复政治和学术思想的一个转折点。在这一时期，严复虽然不专注仕途，但是很关心时政，积极参与有关变法的讨论。他先后在天津《直报》上发表了《论世变之亟》、《原强》、《辟韩》、《救亡决论》等文章，鼓吹变法维新、武装反抗外国侵略。同时，严复和王修植、夏曾佑等在天津创办《国闻报》和《国闻汇编》，宣传维新。新政初始，光绪皇帝召见严复，严复将《上皇帝万言书》进呈，主张振兴海军，变法图强。林耀华以为，严复在戊戌维新之际以振兴清政府海军为己任。严复的满腔参政热情，终究随着百日新政的失败而消散，之后他用心于学术与译著。及至清朝崩塌，民国肇建，袁世凯极为看重严复，聘其为北京大学校长，推为约法议员。严复一直模棱两可，对袁世凯不赞成亦不表示反对，直到袁世凯妄图称帝，想以严复为首，借其威望发起鼓吹帝制的筹安会，严复坚辞不就，与袁世凯分道扬镳。林耀华在文章第三部分的最后，主要介绍了严复的译著工作。甲午战败后，严复为唤醒国人斗志，译介赫胥黎的 *Evolution and Ethics* 一书，命名为《天演论》，这是严复的第一部译作。其后又陆续翻译了八部西方名著，代表了当时学习西方的主要潮流。林耀华认为，严复的译介实质上代表了他的学术和政治取向，通过介绍西方社会学名著，来推动西学的普及化，以利于教育而开启民智。"科学救国"，严复早在三十年前就已实践。

文章最后，林耀华简单记述了严复老年时期的两件事，一件是袁世凯因洪宪帝制失败，抑郁而死，严复闻知，作了《哭项城归榇》三律。林耀华以为，其中的词句暗含着严复讥讽袁世凯称帝之意。另一件是严复知道自己"恐不能久"，遂手书遗嘱于后人。遗嘱中主要有六点期许："一、须知中国不灭，旧法可损益，心不可叛。一、须知人要乐生，以身体健康，为第一义。一、须勤于所业，知光阴、时日、机会之不复更来。一、须谨畏，而加以条理；一、须学问，增益知能，知做人分量，不易圆满。一、事遇群己对峙之时，须念己轻群重，更切毋造孽。"林耀华从严复晚年的诗词中看出，垂垂老矣的严复并无太多俗事挂念，只是心中抑郁难解，似乎充满遗憾之意。严复一生，为国忧患，希冀以教育开民智，兴西学而促教育，终究心系国家。

林耀华的《严复生平事略》，以时间为线索，所记叙的事项，详略得当，具有典型性。文章把严复的生平划分为四个部分叙述，每一个部分都各有特点，并且将严复一生为国忧患的心态贯穿其中。对严复一生的叙述虽然简略，但大事、要事不放过，语言平实却又简洁有力。作者将对严复的赞誉和敬重化作文字，无论是严复翻译的才还是爱国的情都给人留下了深刻的印象。严复思想的影响不会随着时间的流逝而消失，他对于西方社会学、政治学名著的引进以及强调西学和中学调和的见解会不断给予后学以启迪。《严复生平事略》以事写人，通过一个个鲜活而生动的事件，书写严复的成长历程，既真实又活泼。林文对严复思想的把握和对文章的驾驭都很值得我们借鉴。

严复先生评传①（存目）

王森然

【评介】

　　王森然的《严复先生评传》收录于他的名著《近代二十家评传》中。该书最初由杏岩书屋在 1934 年印行，因为其中多有共产党人的评传，受当时政治环境所约束，由王森然自费出版，而后多次再版重印。该书以时间排序，内收王闿运、吴昌硕、王国维、胡适、严复、康有为等近代 20 位名家评传，钱玄同题签。严复的评传位列第七，其后为康有为。

　　王森然（1895—1984 年），原名王樾，号杏岩，河北定县人。我国著名的教育家、艺术家、社会活动家、史学家和文学家，在国画上有很深的造诣，代表作品有《松鹤朝阳》、《群鹰图》、《长寿图》等。1900 年，因八国联军侵入北京，举家逃到唐县清虚山。1906 年，年仅 12 岁的王森然便写下了"振衣帕米尔，濯足太平洋"的豪言对联。1907 年，王森然更是以第一名的成绩考取定州县立高等学校。1919 年春，王森然考入直隶高等师范国文专修科，同年在五四运动中，结识了邓中夏、李大钊。1927 年，在邓中夏的帮助下，王森然在校内组织了"新文化协进会"、"新教育协进会"等团体，并担任会长。1923 年，王森然应邀前往冀州，在极端恶劣的境况下，创办了直隶省立第六师范学校。1927 年，李大钊被害，王森然以大无畏的精神写下并发表了《李大钊先生评传》。从 20 世纪 20 年代中期起，王森然便开始不断发表一些诗文和传记类的文章。新中国成立前夕，王森

---

　　①　本篇选自王森然：《近代二十家评传》，书目文献出版社 1987 年版。

然曾积极参与当时的文教组织工作，1951 年，担任中央美术学院教授，同时从事美术史和美术理论的研究。"文革"中，受到迫害，被迫停止学术研究。改革开放之后，王森然恢复荣誉，并被增选为第五届全国政协委员。1984 年，于北京溘然长逝，享年九十岁。王森然一生从教 70 年，桃李满天下，并且从事美术学、教育学、传记文学的研究不辍，是一位赢得广泛尊重的国画大师。

王森然所著《近代二十家评传》选取了二十位对近代中国有重大影响的学人作传，作者不但考据史实，力求完整、准确地书写传主生平，而且较为客观公正地评价其优缺得失。《严复先生评传》便是作者为严复所作的传记，全文以严复生平为叙述中心，以时间为序，兼有评断，虽然某些品论有待商榷，但整体来看不失公允。传记以文言作文，优美典雅，可谓将严复一生娓娓道来。

《严复先生评传》开篇，作者就用简洁的文字叙述了严复的一生，从"十四岁时(一八六六)考入沈文肃葆桢所创办之船政学校"一直到"晚年，似为老病纠缠，无甚建白也"，其中王森然把叙述的重点放在了严复的教育、为政经历以及译介西方社会学名著上。福建籍的硕学中，作者认为只有严复和辜鸿铭可以算是"著闻当世"，他们又拥有诸多共同点，二人都接受新思潮，又都属于保守派。当然，作者所称的"保守"是指一种国粹主义，既看到西方文明的缺陷，又能发现东方文明的优点，是与激进相对的一种态度。接着，作者笔锋一转论到严复的译书之事。庚子之变而后，清室衰微，青年学子多求学于海外，而以日本尤多。日本每出一新书，便有很多译者争先恐后地译介，但却一直没有好的作品问世。直到严复译出《天演论》、《群学肄言》、《群己权界论》等名著之后，情况才有所改观。王森然所谓"西洋留学生与本国思想界发生关系者，先生之力也"，诚然如此。就此作者继续讨论，他认为"晚清西洋思想之运动，最大不幸者一事焉。盖西洋留学生殆全体未尝参加于此运动，运动之原动力及其中坚，乃在不通西洋语言文字之人，彼辈为能力所限，而稗贩、破碎、笼统、肤浅、错误、诸弊，皆不能免"，正是这个缘故才使思想运动无法获得一个坚实的基础，以致为社会所轻视。归结起来，根源即是"不以学问为目的，而以手段"。而作者指出，严复作为"新学家之巨子"

是真正做到了"正其谊不谋其利，明其道不计其功"，可是此种人毕竟为数不多。

王森然抓住了体现严复政治和文学思想的一个重要方面，诗文写生。在作者之后的论述中多引用时人与严复的往来诗文，以说明严复的思想走向。作者从《费鉴清家传》着笔，道出严复思想的"健正"，又读《篝灯纺读图》，始知严复思想的来源，是对中华文化传统"孝"的坚守。此论尤其令人耳目一新。作者通过一系列诗文剖析，得出结论：严复不仅是新学的开山祖师，而且诗文上的造诣亦是如此精奥。这些诗文除了凸显严复的文艺才能之外，更彰显了严复贤德的品格，"先生以大贤君子之德，包孕百家，甄剔醇驳，以维系斯文于嬗化绝续之交，而先贤高文之蕴，赖以绵延于不坠，其功颇不休乎伟哉。日月出而爝火熄，雷霆震而万物昭，先生立身行道勤苦译著之本旨，其在斯乎"。作者在论及严复政治理念时，更是大为慨叹，严复看待时局的眼光很是独到，在新旧两派之间自能保持冷静的观察，"有鸿哲如先生者，静立乎社会之奥陬，而冥冥中左右之，并为深沉之思，理察之论，因而开一代之治"，只是"惜乎蠢蠢之氓，不可理喻，言之谆谆，而听者藐藐"。王森然与严复一样，同样认为民智未开，宜多加教化，王森然甚至更为激烈一些。

关于严复的译著，作者用了大量篇幅叙述。作者依据贺麟《严复的翻译》总结出严复的译作共有九种，其中最为作者称道的是《天演论》的译出。王森然借用胡适和吴汝纶的讨论与评点，说明严复《天演论》的翻译水平足以称得上卓然。作者进而指出严复在翻译史上的贡献与地位："一、为西洋留学生于翻译史上有贡献之第一人；二、介绍西洋哲学至中国之第一人；三、发明翻译西籍必遵照'信、达、雅三个标准'之第一人；四、其翻译之书籍，于中国政治社会学术思想，皆有极大之影响。"作者连用三个第一，可见其对严复译书的价值是极为认同与赞赏的。同时，作者就此讨论严复译介原著的选择也很慎重、精密，大概有四点：选择介绍西方学术思想的卓识；适应时局需要，从长远出发；严复所选之书，都经过仔细研究，不是流于表面的泛泛而谈；宣传西学的同时，亦与传统文化保持联系。王森然的观察与思考不可谓不细致，对严复在翻译界地位的认定和选择译著的精深之处，都论述得相当精辟。对于严复所定翻译三原则"信、达、雅"，作者更是认为这是严复在翻译史上的最大影响之所在。梁启超、张嘉森、蔡元培、胡适的评论都被作者引用，以说明严复翻译事业在近代中国的影响力。接着，作者又提到与严复齐名的林纾，"自一八九五至一九一九，二十四年中，从事翻译事业者虽多，但最主要而且贡献较大者，第一当推严复，第二为林纾"，并且还认为林纾由于不通西文，译书的方式仍然局限于"明末清初之译天文历算学及江南制造局之译声、光、电、化书籍之办法"，所以就方法论而言，严复远在林纾之上。从严复译书之后中国翻译事业的发展来看，作者总结道，自从严复译书以来，翻译工作质的方面、量的方面以及题材与方法，都较从前大为精进，而且严复译著中传播的西方政治社会学术思想，影响所及更是深远。作者甚至假设，如果没有严复，"中国自一八九五至一九一九年中间之政治史与学术史一定减色不少"。最后，作者重提严复参加筹安会之事。经过一番考证，王森然以为，筹安会事宜是杨度强邀，严复并未积极参与，更谈不到为袁世凯称帝摇旗呐喊，只是"弄巧成拙"而已。严复虽然主张君主立宪，但其出发点是基于中国现实的考量，他既不赞成清廷复辟，也不赞成袁世凯称帝，被当作筹安会发起人，实在有些不妥。作者最后以一句话结尾："无易由言，逝者已矣，未来贤者，当知其慎于自处也。"其中寓意当值得我们三思。

王森然的《严复先生评传》作为其著作《近代二十家评传》其中之一，与以往关于严复生平的论著相比，大致有以下几个特点：其一，作者的叙述始终伴随评论，可以说有叙必有论，评点又不偏不倚，虽不时会有作者好恶与价值取向掺杂其中，但总体而言仍称公允。其二，作者充分运用严复的诗文意涵，来把握严复思想的脉络，这是之前很多学者所忽略的。其三，作者学识渊博，论述时旁征博引，充分说明观点，特别是时人对严复的评论，选取精当，作者又不断提及，使议论不至于成一家之言。总之，作为严复的传记文章，《严复先生评传》是一篇值得肯定与褒扬的作品。

严复的三期思想的批判①（存目）

周振甫

【评介】

周振甫（1911—2000 年），浙江平湖人，原名麟瑞，笔名振甫，后以笔名行。曾任中华书局编审，为著名学者，古典诗词、文论专家。1931 年进入无锡国学专修学校学习，师从国学家钱基博先生。在学术研究方面的代表作有《严复思想述评》等。

本篇选自周振甫著《严复思想述评》的最后一编，原题为"三期思想的批判"，该书于 1940 年由中华书局出版，是 20 世纪 50 年代以前国内较为完整、系统的研究严复思想的著作，其目次编设与叙述模式对后来的严复思想研究产生了重大的影响。周振甫提出，严复是近代中国民主与自由思想的先驱者，是倡导教化民众以实现社会进步的教育家，是心系国家政局的思想伟人，因此，有必要结合近代中国时事来详细叙述和检讨严复思想中的先进性与复杂性。

作者在书中将严复生平思想划分为三个时期："全盘西化时期"、"中西折衷时期"和"反本复古时期"。系统的"三期思想划分"不仅在严复思想研究历史上有开创意义，而且这种划分方式一直到 20 世纪 80 年代都在学界有着极大的影响。

《严复思想述评》共有四编。第一编为"全盘西化时期"，概说严复早年经历对其思想上的倾心西学所产生的重大影响。严复通过在西

---

① 本篇选自周振甫的著作《严复思想述评》的第四编，原题为"三期思想的批判"，中华书局 1940 年版。本编题目为本书编撰者修改。

方的学习，对比中西文化的优劣异同，分析这些因素所形成的内在原因，提出了要向西方学习政治、经济、教育、法律等方面的制度。第二编为"中西折衷论"，概说在社会动荡和生活流转的现实下，严复的政治、经济、教育、法制等方面的思想出现了向中国古代文化回归的倾向。第三编为"反本复古时期"，概说晚年严复的思想逐渐向中国传统文化回归。这一时期，国内外政治局势都发生着大动荡：国内政治紊乱、国外欧洲大战等都践踏着严复所心仪的民主自由制度。在经历了袁世凯做大总统、复辟失败以及筹安会风波之后，严复的思想逐渐消极，转而向中国儒家传统文化寻求改良方案。第四编为"三期思想的批判"。作者通过回顾在前述三个时期内严复的实证论、"不可思议"的思想、关于中国的"道"的理解、演化论、物竞天择说、世运说和功利论、有关民族主义和民约评议的观点等，对严复的思想内涵作了细致入微、客观合理的批判。

　　本篇选自该书第四编，包括六个章节，以批判的态度审视了严复思想在三个时期中的矛盾与进展，对全书主要内容进行了总结，深化了对严复思想的探讨。具体地看，在第一章"批判的态度中"，作者首先表明他是以客观的态度来写三期思想批判的。相较而言，他在严复作品中却发现，严复的批判态度常常带有主观色彩。但是，鉴于严复的批判对象是近现代中国迂腐落后的精神文化风气，其为国家富强而有选择性地进行批判也就可以理解了。在第二章"三期思想的哲学体系"中，作者回顾了严复庞大的哲学思想体系，指出他的这些思想在三个时期中逐渐改变。同时，这些哲学思想体系的内容之间也有逻辑联系：由对实证论的推崇演变至对不可思议论的探讨，再演变至对中国的道的肯定；以实证论为理论支撑的演化论思想，强化至更加重视社会化的人在竞争中取得进步的物竞天择说，再发展至发现实证论与演化论之间的矛盾，最后倒向世运说和功利主义批判。总体来看，严复的哲学思想体系以实证论和演化论来解释宇宙，以功利论来指南人生，以逻辑来彰显方法，随着社会环境以及这些思想内涵的变化而不断改变。在第三章"民族主义的争议"中，作者详细对比、评论了严复与章炳麟关于民族主义的争论。作者认为,就严复而言,中国恰好处于"宗法占七分,军国占三分"的宗法社会里,而宗法社会又是以民族主义为主导。所以他反对民族主义,认为只有革除民族主义才能推动社会进步。可是,作者又指出,严复对于宗法与民族主义的概念并没有清楚的认识,所以他的阐释并不稳固。相反,作者赞同章炳麟的看法,认为民族主义不仅不同于宗法,而且足以促进宗法;民族并不是以血缘为基础的聚集,而是以共同的生活地域、生活习惯、语言风俗、宗教信仰为基础的集体;民族主义能够团结全社会的力量,打破狭隘的血缘宗法的集体观念。尽管严复与章炳麟在这个问题上有分歧,但他们在反对当时盲目的"排满"运动上却又是一致的。在第四章"民约评议的异议"中,作者主要论述了章士钊对严复晚年《民约平议》的批判。在第五章和第六章中,作者综述了严复思想在三个时期的交融与演变,指出了严复思想的矛盾和不足。首先,严复在全盘西化时期的思想是矛盾的:在中西方思想文化对比上,他一方面认为中国的治化、学术和政教陷入一片混乱,名学薄弱,甚至连儒家学说的核心观念都不如西方思想;另一方面又称赞孔子思想中不变的道蕴含着真理。在看待西方人上,他一方面感觉到西方希望中国社会富强起来,以实现互利互惠;另一方面又感觉到西方欲操纵中国的经济命脉,害怕中国的独立自强。其实这种危机感并不是严复杞人忧天,它恰好反映了那个时代中国人陷入发展的两难处境的矛盾心理。在看待君主制度上,一方面他反对君主制,另一方面他又反对在民力未鼓、民智未开、民德未兴的情况下废除君主制。其次,严复的"中西折衷时期"和"反本复古时期"并没有严格的界限。严复的思想在这两个时期中有以下特点:一、以崇古代替全盘西化的思想。二、原本反对中国愚民的旧道德、提倡新道德,现在反过来提倡旧道德中的文化因素,而反对西方文化中的竞争与功利思想。三、以提倡为集体牺牲的个性自由代替原来号召的彰显个人主义的自由。对于这一点,美国学者本杰明·史华兹则认为,严复始终主张以凭借个人自由来实现"集体的能力"。四、原来认为君主制度和封建制度阻碍了中国社会各方面的发展，现在则认为西方政治制度缺点重重，有违人性，因而应当回归中国传统制度。最后，作者提出，严复思想的变化，随着时局的变化而越来越具有现实性，而其中的矛盾事实上也是有其价值的。

可以说，周振甫的这部著作以其宏观地把握主旨、精确地分析细节，以及对严复思想系统地分类剖析而取得巨大的成功，成为后来研究者学习、讨论的典范。

严复思想批判①

侯外庐

一、严复改良主义的梦想

严复是中国近代"向西方国家寻找真理的先进人物"之一，字几道，又字又陵，福建侯官人（民国以后并入闽县，改名闽侯），生于清咸丰三年，公元 1853 年，卒于民国十年，公元 1921 年。他与康有为是同时代的人，都是自由资产阶级的改良主义者，但是他的生平和思想渊源却与康有为两路。康氏的思想一方面是根据中国公羊家法的经今文学托古改制，另一方面又是企图宗教改革与重商主义的再版。严氏的旧学根柢（应为底，编者注）虽有传统，但他自十四岁（1866年）起即已入沈葆桢所创办的马江学堂，学习新式的航海术，并学习几何、代数、解析几何、割锥、平三角、弧三角、微积分、动静重学、水重学、光学、音学、电磁学，地质学等。1876 年他到英国留学，他的兴趣更转移于西方的资本主义政制和哲学，反而把他的本行（海军）置在一旁，因此他对于资产阶级社会的理解，比康有为仅靠间接的介绍或租界所见的政制是大不同的。郭嵩焘、吴汝纶、梁启超等都交口称其"中西兼通"，这在当时说来，是颇有理由的。

自甲午战争之后，严复便从事于西方资产阶级的学术的介绍，借此寄托，以发抒他的自己的思想。他于 1896 年首先翻译了赫胥黎的

① 本篇选自商务印书馆编辑部编：《论严复与严译名著》，商务印书馆 1982 年版。

《天演论》。吴汝纶序曰："盖谓赫胥黎氏以人持天，以人治之日新，卫其种族之说，其义富，其辞危，使读焉者怵焉知变，于国论殆有助乎!"此书一出，曾震动了当时古老的中国思想界。"物竞天择，适者生存"的学说，无异于宣告腐败的满清封建王朝的死刑；暗示中国如不及时"竞争"，走资本主义之路，则必至"亡国灭种"。其后继译亚当·斯密《原富》；约翰·穆勒《名学》；斯宾塞《群学肄言》、《群己权界论》；甄克思《社会通诠》；孟德斯鸠《法意》；耶芳斯《名学浅说》。他的每部译著都具有"警世"（王蘧常：《严几道年谱》）之意。同时，我们知道，他所介绍的书是一系列的资产阶级的世界观与方法论，尤其对于资产阶级的革命有其进步作用的《原富》与《法意》。倘使用严复自己的话，这些思想是西方资本主义社会的"命脉之所在"。他在1894年最早的《论世变之亟》一文中说：

> 今之称西人者，曰彼善会计而已，又曰彼擅机巧而已。不知吾今兹之所见所闻，如汽机兵械之伦，皆其形下之粗迹，即所谓天算格致之最精，亦其能事之见端，而非命脉之所在。其命脉云何？苟扼要而谈，不外于学术则黜伪而崇真，于刑政则屈私以为公而已。斯二者与中国理道初无异也。顾彼行之而常通，吾行之而常病者，则自由与不自由异耳。

于此可见严复翻译的目的，决不在"汽机兵械"及"天算格致"，而是要直探资本主义社会的命脉所在。换言之，就是他所讴歌的"于学术则黜伪而崇真，于刑政则屈私以为公"的本源。前者就是他介绍的逻辑学（名学）等，后者就是政治学经济学，如亚当·斯密、孟德斯鸠的著作等。有人说，前者就是"五四"运动时所提倡的"赛先生"（科学），后者就是"德先生"（民主），严格讲来，并不妥当的，严复的民主与科学的思想传播仅为思想潮流作了准备而已，因为资产阶级在严复时代还在孕育时期。

其次，我们应该注意，严复的翻译还同时具有更现实的历史意义。这就是对于咸同以来的"洋务运动"的批判。严复学习新式海军并出洋留学，即是由洋务派之一的沈葆桢所培植的，但是他学成之后，却感"英雄无用武之地"，于是背洋务而用民主科学。甲午之战，堂堂大国却败于蕞尔日本，朝野上下一部分开明的士大夫不得不别求富强的原因了。这在他的《〈译天演论〉自序》上好象谢本师，他说：

> 风气渐通，士知弇陋为耻。西学之事，问涂日多。然亦有一二巨子，诡然谓彼之所精，不外象数形下之末；彼之所务，不越功利之间，逞臆为谈，不咨其实，讨论国闻，审敌自镜之道，又断断乎不如是也。

此"一二巨子"显然指张之洞之流。彼时"洋务运动"虽在事实上已告失败，但思想上却仍有许多人顽固地抱住"中学为体，西学为用"的思想。他曾斥牛之体不可以为马之用。因此，除了机械，天算之外，不能不更有西洋"形而上"的学术的介绍，这在追寻外国"新发明"的过程中，比康有为进了一步。严复批评"中学为体，西学为用"的思想，最为明晰有力，特引于下：

> 善夫金匮裘可桴孝廉之言曰："体用者，即一物而言之也。有牛之体则有负重之用；有马之体则有致远之用，未闻以牛为体以马为用者也。"中西学之为异也，如其种人之面目然，不可强谓似也。故中学有中学之体用，西学有西学之体用。分之则两立，合之则两亡……
> 其曰政本而艺末也，滋所谓颠倒错乱者矣。且其所谓艺者，非指科学乎？名、数、质、力四者，昔科学也。其公例通理，经纬万端，而西政之善者本斯而起。故赫胥黎氏有言："西国之政，尚未能悉准科学而出之也；使其能之，其政治且不止此。"中国之政所以日形其绌不足争存者，亦坐不本科学，而与公例通理违行故耳。是故以科学为艺，则西艺实西政之本。设谓艺非科学，则政艺二者乃并出于科学。若左右手，然未闻左右之相为本末也。（《与〈外交报〉主人论教育书》）

严复自光绪二十一年到二十五年止，论者谓是其思想全盘西化时期，其后到清末民初，乃渐趋于中西折衷，民国以后则更趋于复古。这本来是改良主义者必然要走的道路，亦是中国自由资产阶级软弱性的必然表现。在他的青春时代，时间虽短促，但他向西方寻找"真理"——资本主义的理想，不论是早期进步的，或后期庸俗的，他都一概用赞美的语气介绍过来。这颇表现出昙花一现的勇气，然而又表现了中国资产阶级"一身而二任焉"的萌芽形态：从乐观的思想至于怀疑，失望的过程是很短的。今特以其起了进步作用的早期思想为主，略为评述如次：

严复早期非常醉心于西方资产阶级的民主政治。甲午战争之后一年(光绪二十一年)，他连续发表了《论世变之亟》，《原强》，《救亡决论》，《辟韩》等有一定的历史价值的政治论文。"其大旨在'尊民叛君'，尊今叛古"(蔡元培：《五十年来之中国哲学》)。而尤以《辟韩》一篇，影响最大。因为他首先批判了韩愈的君主起源理论。该文说：

> 且韩子亦知君臣之伦之出于不得已乎？有其相欺，有其相夺，有其强梗，有其患害，而民既为是粟米麻丝作器皿通货财，与凡相生相养之事矣。今又使之操其刑焉以锄，主其斗斛权衡焉以信，造为城郭甲兵焉以守，则其势不能。于是通功易事，择其公且贤者立而为之君。其意固曰："吾耕矣织矣，工矣贾矣，又使吾自卫其性命财产焉，则废吾事，何若使子独专之于所以为卫者，而吾分其所得于耕织工贾者，以食子给子之为利广而事治乎？"此天下立君之本旨也。是故君也，臣也，刑也，兵也，皆缘卫民之事而后有也。而民之有待于卫者，以其有强梗欺夺患害也；其有强梗欺夺患害也者，化未进而民未尽善也。是故君也者与天下之不善而同存，不与天下之善而对待也……故曰：君臣之伦，盖出于不得已也。

案(应为按，编者注，下同)韩愈的意思是认为上古之时祸害很多，如蛇虫禽兽，加以饥寒的压迫，人就很难生存。直至圣人(即君主)出来发明了衣食住，于是人的生存才有保障，"故君者出令者也，臣者行君之令而致之民者也，民者出粟米麻丝作器皿通货财以事其上者也"。这显然肯定了君主专制的神圣不可侵犯性，但在严复看来，这是不合乎科学的进化的法则，因为假如真的是这样，则"圣人必皆有爪牙而后可"，否则他又何能独存？又立君的本旨，严复采用卢梭的"契约论"，认为乃出于"不得已"。盖社会上不可免的有强梗欺夺患害等，同时人们既为耕织工贾，就不可能再来担任"卫民之事"，于是遂推举一"公且贤者立而为之君"。此乃出于不得已的自愿的"契约"。这契约并不是平等的，"君也者与天下之不善而同存"。《原道》是中国封建社会人人熟读而奉为"圣经"的东西，所以《辟韩》之出给当时的封建社会以极严重的打击。据说张之洞见了此文，谓为洪水猛兽；命屠守仁(应为屠仁守，编者注)作《辟韩驳议》。严氏的性命也几乎因此遭到不测，由此可见其影响之大。

君主皆"与天下之不善而同存，不与天下之善而对待"，则应更有善者。因此严复认为中西文化的差异在"自由"的有无，如上面所引《论世变之亟》中便说："斯二者(指'于学术则黜伪而崇真，于刑政则屈私以为公')与中国理道初无异也。顾彼行之而常通，吾行之而常病者，则自由与不自由异耳。"其下，他又接着说：

> 夫自由一言贯中国历古圣贤之所深畏，而从未尝立以为教者也……自由既异。于是群异丛然以生，粗举一二言之：则如中国最重三纲，而西人首明平等。中国亲亲，而西人尚贤。中国以孝治天下，而西人以公治天下。中国尊主，而西人隆民；中国贵一道而同风，而西人喜党居而州处；中国多忌讳，而西人众讥评。其于财用也，中国重节流，而西人重开源；中国追淳朴，而西人求欢虞。其接物也，中国美谦屈，而西人务发舒；中国尚节文，而西人乐简易。其于为学也，中国夸多识，而西人尊新知。其于祸灾也，中国委天数，而西人恃人力。若此之伦，举有与中国之理相抗以并存于两间，而吾实未敢遽分其优绌也。

案此所谓"未敢遽分其优绌"实在是一句避炎威的话，在《原强》篇里他已公开地说："彼西洋者，无法与有法并用，而皆有以胜我也。"严氏以"自由不自由"来区别中西社会之差异，这自然并非根本之论，但是我们若以"自由"与"竞争"作为资本主义政治的、经济的活动形式而言，恰是符合于严复的理想的。严氏于 1899 年译约翰·穆勒的《自繇论》(即他所用的译名《群己权界论》)，其"译例"力正自繇之名，与中文放诞、恣睢、无忌惮诸劣义无关，并特书"由"为"繇"以示区别。此均可见严氏对于西方资本主义社会自由形式之倾羡。相反的，他对"君主专制"(案严氏反对的是"君主专制"，对于"君主立宪"他还感满意)很多责备，如在《原强》中说：

> 盖自秦以降，为治虽有宽苛之异，而大抵皆以奴虏待吾民……夫上既以奴虏待民，则民亦以奴虏自待。夫奴虏之于主人，特形劫势禁，无可如何已耳；非心悦诚服，有爱于其国与主，而共保持之也。

他反对了封建主义之后，就把资产阶级的专政美化了。他以西方人民知道政府为人民办事，所以"出赋以庀工，无异自营其田宅"；"趋死以杀敌，无异自卫其室家"；"是民各奉其所自主之约，而非率上之制"；"言其所生之国土，闻其名字，若吾曹闻其父母之名"。(上文均引自《原强》)

在经济学方面，严复翻译了资本主义正统派经济学家亚当·斯密的《原富》(初译名《计学》)，其"译事例言"说："夫计学者，切而言之，则关于中国之贫富，远而论之，则系乎黄种之盛衰，故不佞每见斯密之言，于时事有关合者，或于己意有所怅触，辄为案论，丁宁反复，不自觉其言之长而辞之激也。"可见严氏亦是以翻译《天演论》之目的而翻译此书的。他对于中国经济改造，大致从全盘接受资本主义并发展工商业着手，如《原富》部戊篇二里，他主张流通竞争以追求利润，说：

> 中国近世士大夫，亦闻国之财赋原本于农之说矣……彼见各省荒地之多，游手之众，则未尝不大声疾呼以移民实地为救贫上策……夫地之荒也，必有其所以荒之故；民之贫也，必有其所以贫之由。不然则求利之事，彼岂待劝而后知为之耶？惟其为而无

利，故智尽能索，委而去耳。

在工业方面，最重要的是"大生财能事"，就是拿最少的工力生产最大的物品，但这决不是减低"庸率"（案指工资）来求工力的减少，而是应该讲求采用新机器，如在《原富》部甲篇八里他说：

> 案大生财能事者，计学（经济学）最要之旨，故工力之廉费，必不可于庸率贵贱中求之。有时庸率虽大，其工实廉。有时虽少实费，亦其生财能事异耳。能事大者，庸率虽大何伤乎？由来一货之成，其中必有最费之功，制作之家所欲代以机器者，亦于此为最急。此机成则物价之减者常无算。他国之民，其所以能操天下利权，而非旦暮所可夺者，亦在此耳。

案注重工商业，使追求其利润，以及采用机器，以节省工力，这确是西方资本主义发展起来的路径，但是当时的中国能否也如此呢？在严复乐观的思想里认为决无问题的。例如他主张中国和外国通商，不但可以调节物价，并且还可以调剂双方的人力和物力。因为外国的人力贵而物力贱，工钱就较优越，而利息薄。中国呢？则人力有余而物力不足，工钱就较廉，利息就较重，故中西交通以后，便得互相调剂之益。《原富》部甲篇九里他说：

> 今之英美诸国，皆庸优赢劣，而中国反此。彼之通我，最为得利。此所以海禁既开，自西徂东，日盛月炽，虽铁牡汤池，不能距也；而我出力求庸之众，亦航海适彼，如新旧金山者，势亦日多。

又如《原富》部乙篇五里他主张遣使居于外国。采访商情说：

> 国家于东西各国，既遣使臣各居其国矣，及其闲暇，访求其国所可销售之华货，数年之后，自置轮舟，运销各国……祛他族之垄断，开无穷之利源，不能不有望于后之人也。

这样天真乐观的商业资本主义的想法，在中国半殖民地化日益显著之后，就要在严复的身上幻灭。但当时他深信资本主义是最高理想的制度。他看到西洋各国资本的利用，不但可以富国，而且可以富"民"。对于西洋公司制度和银行制度的建立，严复亦作了生动的描写，于此可见他对资本主义金钱的魔力之羡慕与拜倒。这与他晚年之信奉老庄的"归朴返真"势隔两世。

在社会问题上，严复崇拜西洋风俗、礼教，也是很明显的。如他认为解决人口过剩的办法，就是(1)移民并提高民智；(2)改革家庭及婚姻制度，如中国的多妻制，早婚和媒妁的婚姻等。对于西洋的基督教，他认为是最好的德育教育，而独恨中国没有这样的宗教。诸如此类，从西方找寻真理，自然只能是资本主义的形式，而不是资产阶级革命的本质。

这里，值得特别提及的则是他对于西洋逻辑(名学)的介绍；这就是他所谓"于学术则黜伪而存真"的科学方法。他除了翻译约翰·穆勒《名学》(未译毕)及耶芳斯的《名学浅说》两书外，在义和团起义之后，避地上海，曾因友人之邀请开名学会讲演名学，王蘧常的《年谱》说："一时风靡，学者闻所未闻，吾国政论之根柢名学理论者，自此始也。"他以《易》、《春秋》之旨比附逻辑，他说：

> 内籀云者(归纳法)，察其曲而知其全者也，执其微以会其通者也；外籀云者(演绎法)，据公理以断众事者也，设定数以逆未然者也……是固吾《易》、《春秋》之学也。(司马)迁所谓本隐之显者，外籀也，所谓推见至隐者，内籀也……二者即物穷理之最要途术也。(《译〈天演论〉自序》)

严复亦会应用实证的方法来批评中国哲学，对于陆王的空谈性心，用逻辑法则大加反对，他说：

> 夫陆王之学，质而言之，则直师心自用而已。自以为不出户可以知天下，而天下事与其所谓知者，果相合否？不径庭否？不

复问也；自以为闭门造车出而合辙，而门外之辙与其所造之车，果相合否？不龃龉否？又不察也。向壁虚造，顺非而泽，持之似有故，言之若成理，其甚也，如骊山博士说瓜，不问瓜之有无，议论先行蜂起，秦皇坑之，未为过也。盖陆氏于孟子独取良知不学，万物皆备之言，而忘言性求故。既竭耳目之事，惟其自视太高，所以强物就我。后世学者，乐其径易，便于惰窳傲慢之情，遂群然趋之，莫之自反，其为祸也，始于学术，终于国家。故其于己也，则认地大民众为富强，而果富强否，未尝验也。其于人也，则神州而外皆夷狄，其果夷狄否，未尝考也。抵死虚骄，未或稍屈；然而天下事所不可逃者，实而已矣，非虚词饰说所得自欺，又非威气高言所可持劫也，迨及之而知，履之而艰，而天下之祸，固无救矣。(《救亡决论》)

这批判是颇为锋利的。其后，他接着论述西人为学与此适相反，谓"一理之明，一法之立，必验之物物事事而皆然，而后定之为不易"。在《原强》里，他又说中西治学的对象也不同，中国以书本为主，因此只知墨守故训，替古人说话，而西方则以研究自然为主，研究书本不过用来作为研究自然而参证，所以其教学方式重在启发与创造。

严复以为学术的发展都由混合而分析，这是对资本主义分工的赞扬。他认为中国的学术尚在混合的阶段，如中国的经学，就包括有哲学、政治、文学、社会风俗等，此在西方古来本亦如是，但如今哲学已与神学相离，心理学已与哲学相分。在学术用语，中国往往袭用旧名，故每同名而异义。西方则常常自创新名新义，不能不"一名之立，旬月踟蹰"了。

综合以上所述，严复以"西学之最为切实而执其例可以御蕃变者，名、数、质、力四者之学是已"。他把这四方面的西学都介绍过来，批判了洋务，同时开启了介绍资本主义文明的一个新阶段。他的主张，亦从天演(进化)方面出发，以自然法则来套论社会法则，故别号自署"天演哲学家"。他的思想成分包含着"力今胜古"，"黜伪崇真"，"更革心思"的新锐精神，亦包括着提倡民主自由以反对君主的改革精神，"黄种之所以衰，虽千因万缘，皆可归狱于君主"。"西洋之民既尊且贵也"，西方与中国异者"在自由与不自由而已"。"通下情尤以通外情为急"。然而，他一开始亦就以改良主义者自居，以"物竞天择，储能效实"为渐变的张本，不但不赞成革命派的行动，亦不赞成变法派的政变。他虽然批判洋务派"大抵皆务增其新，而未尝一言变旧"，但他只以天演为"时进之义"，"惟急从教育上着手，庶几逐渐更新"，因此，他的怯弱性亦早已潜伏在他的思想之中了。

二、严复思想的历史批判

以上我们对于严复的思想各方面已作了概括性的介绍，现在我们检查一下他的实践活动吧。

严复是很关心于政治的，在留英期间，他即与洋务派中的郭嵩焘有了交往，郭氏也很赏识他。回国以后，不料原来所以谋"富国强兵"的海军却并不能得到社会的重视。这时他"自维出身不由科第，所言多不见重，欲博一第，以与当事周旋，乃发愤治八股文，纳粟为监生，应试"。由此可见他对政治妥协之热衷。其后他从事翻译也是在这目的下进行的。他正式从事政治实践，却应该从1897年(光绪三十三年)在天津创办《国闻报》开始。在这里他陆续发表了他的译著，其"上今上皇帝万言书"是他首次系统地提出来的变法主张。次年秋，他就以王锡藩之荐，见了光绪。光绪命他抄万言书以上，嗣为大臣所嫉格不得上。这样他与康梁的变法行径真可谓"殊途而同归"了。

今案严氏万言书所陈的变法主张分为治标治本两方面。治标方面，第一是"联合各国之欢"。他献议光绪巡游各国，考察他们的政治风俗，并和他们的领袖联欢，宣示中国的维新主张，这样使列强的耳目一新，一切野心都可戢止了；第二是"结百姓之心"，从各国联欢归来之后，他献议光绪又到国内各地去巡游慰劳，让百姓纵观，一破过去主尊于上民贱于下的弊病，引起他们爱国爱主的热情来；第三是"破把持之局"，因为当变法的时候，自然有许多新进的人想侥幸于谋得功名富贵的，或者以新政妨碍一些人的出路而有所把持的，这两种情形必须预先防止。以上三策，是严复认为未变法之前所宜亟行的。

其次，治本方面他分做四策。原书因未写毕，兹据《原强》及吴汝纶的信来推测，第一策是"鼓民力"，他以为国家是人民所组成的，那末要国家富强，先要人民的体力强健，才可以和外族竞争。因为一切兵战学术都需要强健的体魄来争胜。第二策是"开民智"，这主要是学习西方科学方法。他认为中国人让六七岁童子就读高深的哲理，对于开发智慧是毫无用处。就是科举、考据、词章、义理、心性之学也非真知识，因此他主张应以研究自然、注重实验为主。第三策是"新民德"，中国的教育只限于少数士人享受，其他的农工商贾都没有受良好的教育的机会，所以德育根本谈不到，因此他主张推行宗教（当然是基督教了）教育。第四策是"立宪政治"，据吴汝纶致严氏的书信说："……即乡举里选，亦难免贿赂请托，党援倾轧之弊；而土著为吏，善则人地相习，不善则亲故把持，此皆得半之道，非万全之策。"已可约略推知其内容。乡举里选就是由民间选出代表来设立议院，使一切人材的登用，法制的废立都由民意为标准。土著为吏就是地方自治，使一地方的人自己推举代表来办理一地方的政治，养成百姓自治的能力。

根据上面所述，可知严复的变法论实在是很温和的改良主义，就是与康梁比较，我们也看不出他有什么特别进步的地方。

按改良主义的思想，在他早期有光辉的战斗性的《辟韩》里已经有了解答。他说："然则及今而弃吾君臣可乎，曰：是大不可。何则？其时未至，其俗未成，其民不足以自治也。彼西洋之善国且不能，而况中国乎？"这就是说，在理论上虽然"民主自由"是不可侵犯的权利，但是目前只能暂时仍以君主为主，让他来领导人民和培养人民的自治能力。这样的理由，就完全表明了中国自由资产阶级的软弱性。严复以西方资本主义国家的范本拟具了一套美丽的理想方案，自然是为了新兴的资产阶级作请愿式的要求的。他采取的极温和的改良主义的手段与康梁比较，显然更缺乏实践的能力与勇气，故在当时曾有这样的批评："先生（指严复）之为人，但能坐而言而不能起行者也"（王蘧常：《年谱》42 页）。又孙中山 1905 年（？）在伦敦与严氏相晤，亦有"君为思想家，鄙人乃执行家"的评语（同上 75 页）。

我们知道，改良主义的特点是惧怕流血的革命，严复亦不能例外。他在《主客评议》里坦率表白了他内心的痛苦。

> 夫牺牲何足辞？独是天之生先觉也不易，而种之有志士也尤难，奈何以一二人倡说举事之不详，遂牵连流血以灌自由之树乎？是公等（指客）为己谋之不臧，而又使吾国受大损也，其亦重可悲矣。且其效于群又何如？昔英之革命也，实当胜代之季；法之革命也，近在乾嘉之间，至今考其国史，其酝酿之也皆百余年，而事后之创夷，国之念呻呻吟者又百余岁，夫而后文明之终福获焉，则其难有如此者！

这就是说，革命是要有牺牲的，但牺牲的代价太大。这岂不等于因噎而废食吗？

其次，严氏所以惧怕革命的理由是认为社会的进步是渐进的，要是依革命者的主张，把旧的一切扫荡完了，再拿西方的新的一切来代替，这姑无论其是否可能，但所谓把旧有的一切扫荡完了，那个社会还能安定的生活下去吗？势必要造成很大的扰乱了。要避免这种危机只有让旧的保存着，一点一滴地从事改革。这正是严氏错误地应用了进化论的庸俗性的一面。在《政治讲义》序里他说：

> 夫人类之力求进步固也，而颠济瞀乱，乃即在为进之时。其进弥骤，其涂弥险，新者未已，旧者已亡，怅之无归，或以灭绝！

因为严氏既惧怕革命，所以他不得不希望阶级的调和了。在上引《主客评议》里他对当权的统治者加以劝告说：

> 今开关以与五洲之人类相见，则本屈伸相酬，无往不复之理……公等（指统治者）惧其（指革命者）过而烈欤？则莫若利导之，其次整齐之，最下与之争。争之犹可，若乃据一时之国柄，而逞其禁锢剿绝之淫威，则无异持丸泥以塞孟津，势将处于必不

胜，而后此流血滔天之祸，其有尸亡者矣，咎不必在新者徒也。

又说：

> 窃谓国之进也，新旧二党皆其所不可无，而其论亦不可偏废，非新无以为进，非旧无以为守；且守且进，此其国之所以骏发而又治安也。

这是何等新旧相安的阶级调和论。

抑又有进者，严复当时向西方找寻"真理"，自然只能是资本主义的形式，而他又无所抉择地一起搬到中国来。如以他翻译的西方著作而论，其属于前期的思想家（如亚当·斯密、孟德斯鸠）在反对封建主义的一点上是进步的，而中晚期的思想家，他们则只是歌颂资本主义欺骗性的文明（如约翰·穆勒之歌颂自由）；至于用来分析中国社会及作为社会变革的理论指导，必然要为历史所反批判的，因此我们认为严氏的软弱性，固然由于其阶级性所致，而同时也是当时接受西方资本主义思想所不可免的结果。如他应用甄克斯等人的社会阶段说，在《法意》第十九卷第十九章，他说：

> 民之生也，有蛮夷之社会，有宗法之社会，有军国之社会。此其阶级，循乎天演之浅深，而五洲诸种之所同也。而当为宗法社会之时，其必取所以治家者以治其国，理所必至，势有固然。民处其时，虽有圣人要皆囿于所习。故其心知有宗法，而不知有他级之社会，且为王纤至悉之礼制，于以磅礴弥纶，经故千年共治遂若一成而不可复变也者，何则？其体干至完，而官用相为撑拄。譬如，动植生物，其形体长成充足之后，虽外缘既迁，其自力不能更为体合，此群学之大例，斯宾塞尔论之详矣。

案在某一社会阶段即有某一社会之体制与之适应，"外缘"既变，其自力便不能更为体合，此说近是。但试问这个社会到了这样时候不是"僵化"了吗？严复没有社会的法则以为依据，不强调母胎中的新的革命阶级的因素，就成了机械论了。这当然是资产阶级的"社会学"所不能问答的、严复于是遂创一储能说，谓中国现在虽束缚于宗法封建的形制和精神，但是这种形制和精神仍有许多地方适宜于做现代富强国家的条件，这为什么呢？就是中国尚蕴藏着一种尚未发挥出来的储能。这所以暂时不能与外缘适合，也不足为忧。在《社会通诠》国制不同分第十四里，他说：

> 且吾民之智德力，经四千年之治化，虽至今日，其短日彰，不可为讳。顾使深而求之，其中实有可为强族大国之储能，虽摧斫而不可灭者。

他虽然以天演论的学说，确信"变"的需要，但把它作为分析社会的根据就犯了很大的误解，如在《法意》第四卷第三章里，他说：

> 夫一国之制，其公且善，不可以为一人之功；故其恶且虐也，亦不可以为一人之罪：虽有桀纣，徒亦承其制之末流，以行其暴，顾与其国上下同游于天演之中，所不克以自拔者，则一而已！

案桀纣之暴，固然也是"承其制之末流"，但是如果说"其国上下同游于天演之中所不克自拔者，则一而已"，则严复的变法思想跟统治者的死不变法不是一样吗？社会如此还能有进步与倒退的分别吗？

严复对于民族问题也有重大的误解，他之翻译《社会通诠》，据蔡元培说，就是为了反对革命党人的排满革命。在该书国家的议制权分第十二里，他说：

> 是以今日党派，虽有新旧之殊，至于民族主义则不谋而皆合。今日言合群，明日言排外，甚或言排满。至于言军国主义（指资本主义），期人人自立者，则几无人焉。盖民族主义乃吾人种智之所固有者，而无待于外铄，特遇事而显耳。虽然，民族主义遂足以强吾种乎？愚有以决其必不能者矣。

《社会通诠》印行之后，章太炎就有一篇反对严复的《〈社会通诠〉商兑》，虽两方所争的理由未必都对，但当时的民族革命是合乎人民的要求的，严复正表示了投降主义的范例。

因此，严复晚年的思想就显然更落在时代之后了。如前所述，他对革命派的行动向来是不赞成的，其后南北分裂，他却依附在袁世凯之下做一个"闲官"，嗣袁世凯阴谋称帝，严复被列为筹安会组织人之一，此虽非出于严复积极自愿，但他当时对于现实政治早已失去了批判的能力与斗争的方向了。

欧美资本主义此时已到帝国主义阶段，资本主义的繁荣已经过去了，世界上殖民地已分割殆尽。第一次世界大战，把严复早年所幻想的资本主义的美梦已打得粉碎。如在《法意》第十八卷第十七章里，他说：

> 欧美之民，其今日贫富之局，盖生民以来所未有也。富人一人所操之金钱以兆亿计，有时至于万亿，而贫者旦暮之饔飧有不能以自立。往者民生差贫，或且谓机器与铁轨行，人人将皆有生事之可操，生业将皆有倍称之获，衣食足而民欢虞，此户可封之俗，刑背不用之风，非难致也。乃不谓文明程度愈远，贫数之差愈遥，而民之为奸有万世所未尝梦见者。

这已经表示其对资本主义的希望之肯定性并不太够，到了欧战时候，他的思想梦境就更幻灭了。因此，"爱国"亦加以否定，这时他空虚到了极点之时，遂不得不以老庄哲学安慰自己了。《学衡》第十二期与熊纯如书札节钞第二十六里，他说：

> 平生于庄子累读不厌，因其说理论打破后壁，往往至今不能出其范围。其言曰："名，公器也，不可以多取仁义，先王之遽庐也，止可以一宿而不平以久处。"庄生在古则言仁义，使生今日，则当言平等、自由、博爱、民权诸学说矣。庄生言"儒以诗书发众"，而罗兰夫人亦云"自由！自由！几多罪恶假汝而行"，

甚至爱国二字，其于今世最为神圣矣，然英儒约翰生有言："爱国二字有时为穷凶极恶之铁炮台！"可知谈理论，一入死法，便无是处。

因此他明白地讲："中国……不知何日始有向明之机。此时仁苦停辛，所受痛楚，要皆必循之阶级……此固无可如何者也！"（《年谱》118 页）

他从前以《天演论》为最高原理，可以得出中国资本主义社会的结论，到了这时，他亦"因天演之利用，则所存在皆劣，顾劣者终亦不存，而亡国灭种之终效至矣"（《学衡》六期）。可见资产阶级观点方法的矛盾，同一原理，可以或而天国，或而地狱，答出不同的结论。

我们读了他这时的文字，几乎觉得他和康有为晚年的思想同出一辙，这就是改良主义者在近代中国史的归宿。他的倒退反动的言论很多，尤以反对十月革命的澜调更使人读了作呕。他把早期他所讴歌的资本主义文明，反规定为利己杀人，寡廉鲜耻八个大字。而前途黑暗，复古求真了，因此他不得不"回观孔孟之道，真量同天地，泽被寰区"了。"窃尝究观哲理，以为耐久无弊，尚是孔子之书，四书五经"了。

毛主席在论《人民民主专政》中说："自从一八四〇年鸦片战争失败那时起，先进的中国人，经过千辛万苦，向西方国家寻找真理。洪秀全、康有为、严复和孙中山，代表了在中国共产党出世以前向西方寻找真理的一派人物。"严复所走的道路固然失败了，但批判地说来，他毕竟不失为一个近代向西方寻找真理的人物，至于严复思想总结，毛主席已经在《新民主主义论》中特地举出来了，就是：

那时的所谓学校、新学、西学，基本上都是资产阶级的自然科学与社会科学（说基本上，是说那中间还夹杂了许多中国的封建余毒在内）。以严复输入的达尔文的进化论，亚丹斯密斯的古典经济学，穆勒的形式逻辑与法国启蒙学者孟德斯鸠辈的社会论为代表，加上那时的自然科学，是"五四"以前所谓新学的统治思想。在当时，这种思想，有同中国封建思想作斗争的革命作用，是替旧时期的中国资产阶级民主革命服务的。可是因为中国资产阶级的无力与世界已经进到帝国主义时代，这种资产阶级思想只能上阵打几个回合，就被外国帝国主义的奴化思想与中国封建主义的复古思想的反动同盟所打退了，被这个思想上的反动同盟军稍稍一反攻，所谓新学就偃旗息鼓，宣告退却，失了灵魂，而只剩下它的躯壳了。旧的资产阶级民主主义文化，在帝国主义时代，已经腐化，已经无力了，它的失败是必然的。

【评介】

　　侯外庐的《严复思想批判》原载于《新建设》杂志 1952 年第 3 期，不少关于严复著作的书籍收录了这篇文章。本篇选取商务印书馆编辑部编著的《论严复与严译名著》(商务印书馆 1982 年版)中收录的文本。整篇文章大致分两个部分，紧紧围绕严复的改良主义思想和社会实践活动来展开论述。

　　侯外庐(1903—1987 年)，山西平遥人，原名兆麟，又名玉枢，是中国著名的历史学家和教育家。侯外庐出身书香门第，自小熟读"四书五经"，1923 年，20 岁的侯外庐到北京求学，分别考入北京法政大学和北京师范大学，同时攻读法律和历史专业。读书期间，经高君宇介绍结识了李大钊，并且从李大钊处接触到了很多关于马克思主义的书籍，开始受到马列主义影响。1927 年，侯外庐奔赴法国留学，经成仿吾介绍加入中国共产党。1930 年，辗转经莫斯科回到祖国，先后在北京大学、北京师范大学等校任教。全面抗战爆发后，侯外庐在重庆不但专心学术研究，出版了《中国古代思想学说史》和《中国近世思想学说史》等重要著作，而且积极参加抗日救亡运动，从事统一战线工作。新中国成立后，侯外庐曾经担任中央人民政府文教委员会委员、北京大学教授、北京师范大学历史系主任、西北大学校长、中国科学院社会科学哲学部委员、中国哲学史学会名誉会长等职务。侯外庐主要从事思想史、社会史的研究，一生笔耕不辍，著作等身，并且亲身执教，为国家培养了一大批有用之才。侯外庐坚持使用马克思主义理论研究中国历史问题，特别是在思想史方面作出了卓有成效的贡献，突破了以往的框架，形成了一套独特的研究体系。他的代表作主要有《中国古代社会史论》、《中国封建社会史论》、《中国思想史纲》、《宋明理学史》等。

《严复思想批判》一文，侯外庐首先从严复的求学经历写起，进而论到严复的翻译工作，从严复的经历来看，对于郭嵩焘、吴汝纶、梁启超等人评价严复的"中西兼通"，作者认为不无道理。严复的翻译工作，大致起于甲午之后，侯外庐以为翻译不仅是严复介绍西方资产阶级学说的一种方式，实质上也是他借以表达自己思想倾向和对现实社会观感的方式。从严复翻译《天演论》开始，到之后的《原富》、《社会通诠》、《法意》，这种意图都相伴始终，用王蘧常在《严几道年谱》中的话来讲，他的译著"警世"意味明显。作者也指出，严复翻译的目的，绝不是简单的介绍物理或是数学原理，而是要探究"资本主义社会的命脉所在"。同时，作者认为，严复的翻译对于当时的社会现实还具有很强的历史意义。作者以严复批判"洋务运动"为例，论述了严复对"中学为体，西学为用"思想的批评，揭示了严复对西方社会科学的推崇，从这一点来看，严复的确比康有为等人在利用西学上要进步。而这一时期严复对西方学说的热情介绍，集中反映了他早期思想中对西方资产阶级民主政治和学术文化的醉心，甚至是一种不加批判的接受和传播。

紧接着，作者以政治分析为契机，结合严复论著，从经济学和社会问题两个方面展开，探究了严复的资产阶级改良主义梦想。经济方面，作者仍然以严复译著为切入点。通过对《原富》的解析，作者看到严复对于中国经济改造的期许，是从发展资本主义工商业着手的，这是前提。但是，作者认为依据当时中国半殖民地半封建的现实状况，运用西方资本主义经济的一套模式，是行不通的，严复这种天真乐观的想法，最终要在他身上幻灭。而在中国社会问题的解决上，作者认为，严复崇尚西方的风俗和礼教也是显而易见的，严复甚至把基督教当做最好的德性教育手段。这种向西方寻找真理的方式，侯外庐以为注定只能学到资本主义的形式，并不能触及"资产阶级革命的本质"。除此之外，作者尤其提到了严复对西方逻辑学的介绍，这正是严复一直所追求的"于学术则黜伪而存真"的科学方法，严复也会用实证方法来批评中国哲学，这和他对"中学为体，西学为用"的批评是一脉相承的。作者认为，严复的哲学思想归结起来就是天演哲学，强调进化，突出革新。严复对西方资本主义政治、经济、学术的推崇，鲜明地反映了他在处理中国发展问题上的资本主义改良思想。

《严复思想批判》的第二部分，侯外庐着重从严复的实践活动出发，分析他对资产阶级改良主义的坚守与调试。严复对政治的关心，从他留学英国就已经开始，而他正式从事政治实践应该是以 1897 年创办《国闻报》为开端。他主张变法图强，却与康有为等人的路径不甚相同。作者通过对严复《上皇帝万言书》的梳理，提出严复的变法主张实际上可以分为治标和治本两个方面。治标的层面，主要是三点，"联合各国之欢"，"结百姓之心"，"破把持之局"，而这三策，严复以为变法之前就应该着力推行。至于治本的层面，作者认为共有四点，分别是"鼓民力"、"开民智"、"新民德"和"立宪政治"，综合来看，严复在政治上的诉求仍然是温和的改良主义，简单来讲，他惧怕流血的革命途径。其中的缘由，作者认为要归结于严复关于社会进步的渐进性观点。作者接着对这种渐进式的改良主张进行了批判：严复忽略了社会中孕育新的革命阶级的因素，最终只会限于机械论的泥沼。他同时指出这种固化的社会变革的理论模式，既是严复的阶级局限性所致，也是当时接受西方资本主义思想不可避免的结果。因此，侯外庐认为，严复对革命派行动的贬斥，使他晚年的思想明显落在时代之后。而当第一次世界大战袭来时，严复早年所坚守的西方资本主义的理想终至幻灭，他的思想重心转而回归到中国古典哲学中去，用老庄的理论为他疗伤治病。作者指出，严复的思想路径正是中国改良主义者的归途，从希望到困惑再到失望。最后，侯外庐借用了毛泽东在《论人民民主专政》中的一段话作了总结。

侯外庐的《严复思想批判》行文流畅，论析透彻，评价中肯。其中有几点很值得我们借鉴，其一，论述有据，作者的剖析通常会以严复书中的文字为依据，论有所出。其二，作者虽专注于严复思想层面的批判，但丝毫没有放松对严复实践活动的考察，两方面相互分析、佐证，才能更加全面。其三，对严复思想转变的过程进行了较为细致的论述，而不是简单地以落后或进步来划分，原因的分析也为作者所重视。总的来说，这篇文章对严复思想的剖析很是深刻，其中不少观点对后来者研究严复思想具有启发性。

《寻求富强：严复与西方》序言①

[美]路易斯·哈茨著，叶凤美译

外国评论家的本事在于能够揭示出所研究国家的社会生活中蕴含着的思想方面的东西。因为这些评论家往往通过母国文化提供的对照，使异国社会生活中蕴含着的思想显得清晰可见。阿累维之所以令英国人感兴趣，托克维尔之所以令美国人感兴趣，就是因为英国人和美国人通过这两位分别大吃一惊地发现了自己。在这本书中，史华兹教授为我们介绍了又一位西方总体思想的外国观察家严复。尽管严复主要注目于英国古典自由主义，但他从上世纪末至本世纪初在中国译介了一系列欧洲著作。严复站在尚未经历近代化变化的中国文化的立场上，一下子就发现并抓住了这些欧洲著作中阐述的"集体的能力"这一主题。严复认为，除开西方作者们所说的诸多的"个人主义"或"放任主义"而外，"集体的能力"这一主题体现了欧洲走向近代化的运动。而这一主题所以尚未为西方评论家特别关注，显然是因为它常常是被通过其他观念加以表达的。但今天，西方已在不知不觉中进入一种新的境况，卷入了许多明显在经历"近代历史"的国家的事务中，这必将使处在新境况中的西方对自己思想史上的这些问题作一回顾。严复的看法，在极大程度上，很可能最终会成为我们的看法，

严复是怎样逐步发展他对欧洲理论家的看法的呢？这要归功于史华兹教授的潜心研究，他设法从这位中国评论家的译著中找出他的看

---

① 本篇选自美国学者本杰明·史华兹（Benjamin I. Schwartz）著，叶凤美译：《寻求富强：严复与西方》（*In Search of Wealth and Power：Yen Fu and the West*）的序言部分，江苏人民出版社 1989 年版。

法，而这一看法，在西方人看来，几乎是永远难以理解的。严复在欧洲思想中至少发现了两方面秘密，并认为这两方面都是使中国摆脱落后所必不可少的。一方面是必须充分发挥人的全部能力，另一方面则是必须培育把能力导向为集体目标服务的公益精神。显然，通过欧洲思想家的明确表述，这些思想被十分均匀地分布、记载并且实际上深深珍藏在每一部专著中。个人主义伦理中包含有能力的观念，并且，显然因为个人主义伦理居于中心地位，因此，公共利益的观念被推置一边，成为一种自由竞争所趋向的含糊的、慈善的目的。严复所做的工作是极其微妙而难以描述的，他充分地发挥了关于能力的概念，并在使个人主义作力发挥能力的手段之后，把公心置于自由思想的中心位置。结果，用西方的话来说，那些通常被认为象原子论者一样赞同自然和谐观念的作者们，却作为一种巨大的文化动力的理论家出现，这种动力能够带来集体的力量，即史华兹教授所谓"浮士德式的力量"。

我们不要以为这种说法本身是一种歪曲。当一种思想体系的潜在的内容被揭示出来时，表面上总要引起一些骚动或一些重新组合，要是严复没有以这种方式把我们搞糊涂了，那么，他对于我们也就没有独到的意义了。而另一方面，这位中国评论家对富强所抱的热情，常常导致他产生实际上的错误。史华兹教授以其对东西方资料的自由驾驭（必须说明，这在学术界并不多见），指出了这些错误。在此，我不涉及严复的嗜好，即根据西方的自由伦理中最珍贵的方面所产生的文化力量来解释这些方面，就象他在赞扬孟德斯鸠的平等权利观念或穆勒的思想自由观念对于增强西方的国民能力所起的作用时所做的那样。可以说，严复以他的观点为前提，完全有权用这种方法来论证。但是，根据西方原著来看，严复出自对军事力量和经济力量的共同关注，而将斯宾塞理论中的工业阶段等同于斯宾塞理论中可能已宣布终结了的军事阶段，这是不能成立的。严复还出于对自由主义具有增进国家力量的效能的关注，而将持自由主义观点的作者所起的作用与他们企图消除的重商主义思想所起的作用等同起来，这也是没有理由的。这都是对西方思想的明显歪曲，这些歪曲的存在当然使思想史得不到清楚明白的阐述。

　　然而，我们不必担心西方学者会被这些歪曲严重影响，尽管他们一直以西方思想的特征为生活信念，而严复使这些特征变得模糊不清了。实际上，严复的这些歪曲是为获得一种新的洞察力而付出的无害的代价。这样说，并不意味着我暗示，西方编史工作本身无论何时都未曾关注过表现在近代社会精神气质中的自然状态的能力要素，或者未曾关注过充满在近代社会精神气质中的公心。事实上，能力问题所引起的争议是研究文艺复兴的中心论题之一，既然严复所处的中国正在经历的时期非常相似于西方的文艺复兴时期，那么当近代化在传统主义的背景中向前推进时，对能力问题所引起的争议进行研究，也就不足为怪了。但是在西方，正是这种能力的胜利，正是这种中世纪沉寂的被打破，对能力问题的关注似乎没有必要继续下去了。到亚当·斯密出现的时候，布克哈特所关注的事看来就不实用了，当时所出现的关注范畴是个人主义、重商主义或集体主义等范畴。所有这些范畴，都被预先假定为近代西方生活中的动力和活力。这里有一种奇妙的"联合发展"的原则，严复在此原则中看到西方近代精神的最新表现局限于它的原义，感到十分惊讶。对此，我们与严复有同感。严复提出的西方精神与思想的表现问题，是我们曾经提出过而在当前已不再提的问题。这不是因为问题已有答案，而是因为使这些问题鲜明生动地反映出来的中世纪参照物已退居为遥远的背景了。

　　西方国家本身发展的不平衡，使严复不可能自始至终确切阐明他关于自由思想的观点。确实，有许多地方提示了严复所以不可能确切阐明的原因乃是以下这一事实，即西方国家不是同等先进的，在富强这一特殊优点上，所有国家都"落后于"英国。法国崇拜英国的资本主义活力和公民精神，尽管法国本身给予亚当·斯密以重农主义的灵感。德国否认古典经济学的竞争的个人主义，在极大程度上只是因为它需要李斯特的"国民经济"来补偿它的落后。美国与德国有同样的需要，因此也需要李斯特。在南北战争后，美国产生了一个斯宾塞主义团体，这个团体在赞扬斯宾塞方面与严复怀着一样的热情。然而，这些态度中没有一种发展成史华兹教授在此阐发的反应模式，无论在与文化力本论的联系方面，还是在与集体目标的联系方面。所以这样，不仅因为西方国家有一个共同的文化背景，而且因为各国成长和发展的不平衡在某种程度上随着历史的前进已被消除了。所有这些国家都寻求过近代化的道路，这一事实的确反映在严复的观点中，而这一事实已在我们的记忆中消失，严复使之明晰地显示出来了。因为严复似乎不关心干扰与打搅西方的国家间的差别，并不费力地从讨论英国进而推向对整个欧洲的讨论。在欧洲，人们哪儿能发现类似严复的这种欧洲国家采取共同近代化道路的看法呢？其实，为了发现"西方"，人们不得不到东方的思想中去寻找，至少也得到俄国去寻找。

在英国，即严复心目中大多数杰出人物生活的这块土地上，他提出的看法最不可能与之相符。因为英国在经济能力和自由思想两个领域里，可说是"头等"的，也即最远离文艺复兴时期的参照物，并且不存在任何比它更先进的国家可以给它提供关于近代化的成就就是起因于能力和集体这两方面的看法。确实，当英国对斯密和斯宾塞的刺激发生反应时，它是带着一种托利党的传统重负的，这是英国近代史上的奇迹。事实上，正是这种托利党的传统和残存的伯克思想，对于严复甚或法国人从英国的自由主义者中寻找到的公心，作出了大部分说明。勉强的集体协调观念，无论在斯密的自然法则中，还是在斯宾塞的达尔文主义中，如缺少了当时尚未全部消失的中世纪精神中比较有组织的协调观念的实际补充，就不可能在英国工业革命时代得到体现。在某些方面，正是这种中世纪精神与英国近代社会的结合，缓和了两者间形成的对比，这种结合也许产生了类似史华兹教授研究过的英国观点。纯粹的活力并没有作为中世纪沉寂的对立面出现，因为中世纪精神中自相矛盾地包含了这种活力，如当资产阶级成为英国贵族政治中的稳固成员时那样。而集体主义的社会精神气质并没有如法国的情况那样，作为任性表演的利己主义的对立面出现，不管在中国怎样，这显然是因为一定程度的伯克精神充满在旧秩序中，并被含蓄地表现在新秩序中。这里有一种嘲讽的意味，英国的全部文化经历以实例说明了严复曲解特殊的自由思想流派要达到的目的，因为正是英国产生了严复所喜爱的富强理论家，而又是英国在它的传统主义的框架内实现了富强。那么，如史华兹教授尖锐指出的，这是否就是严复本人无能力区分英国与斯宾塞，以及英国与英国思想家的原因所在呢？

这个问题不是斯密、穆勒和斯宾塞他们那个时代的全部问题。当严复在中国译介这些作者们的著作时，新的斗争已在英国掀起，它们替代了19世纪早期与中期的那些斗争。在新的斗争过程中，英国古典思想家受到了重新估价。斯密和斯宾塞越发不作为旧的托利主义的反对者出现，而作为反对社会主义和改革的"反动分子"出现，他们也的确被吸收进了英国保守党的精神气质中。但是，社会主义观点的出现，没有从它本身的角度给予我们如同史华兹教授在此给予我们的那种如此强烈的感觉，史华兹教授是从中国的历史经历中得出这种感觉的。无疑，马克思主义根据它的阶级斗争的教义，对中产阶级在取代旧封建贵族中显示出的能力，表示了奇怪的和生硬的赞扬。马克思对资产阶级力量的赞扬，一点不少于严复。但是，用集体主义者的话来说，当持自由主义观点的作者成为舞台主要角色时，当哈罗德·拉斯基起来批评他们时，这样一套观察问题的方法还没有盛行起来。因为马克思主义者或社会主义者对资本主义活力的赞扬，乃是一种事后的历史评论，而不是当时争论的中心问题。实际上当时争论的问题，是斯密、穆勒和斯宾塞是否通过个人主义阻碍了努力进行有组织的生产。因为这种个人主义不但不为集体的目的服务，反而使人对达到集体的目的感到沮丧，结果，以严复的两个标准来衡量，严复的资产阶级英雄们，都不成其为英雄了。按严复的标准，就会认为真正发挥了生产能力的是社会主义，真正发扬了公心的也是社会主义。这虽不完全是，但几乎是托利党问题的另一面。在较早的时期里，英国的自由主义并没有清楚阐明这种"严复的标准"，因为中世纪精神气质准备与自由主义合作；尔后一个时期里，社会主义与自由主义合作得如此默契、以至于自由主义已不再是这种标准的出色得胜者。从斯密到拉斯基，由于英国和西方在思想发展上富有连续性，因此，在研究英国思想时，严复的这种看法就暂时被搁置一边了。

然而，严复所采用的对能力和公心的衡量尺度始终存在。或许可以说，文艺复兴时代早已逝去；西方国家已通过他们的现代化进程埋葬了过去；英国以其历史发展的特征遮盖了有争议的问题。但是，西方思想所表达的有组织的力本论精神仍是西方的特点和冲击力中的关键所在。那种精神革新了西方生活：建造起工厂，改造其地貌，变革其法律。除了世界事务以外，这一事情也值得知道。但是，当然正是世界大事的压力，即我们这个时代里一种类似于资产阶级思想背后的欧洲中产阶级的压力这一"客观力量"，使得我们去关注严复采取的看问题的角度。象史华兹教授注意到的那样，这一角度非常象其他非西方国家必然采取的角度。可以说，不仅仅是这一重要的事实，还有外国观察家队伍的扩大，使我们确信有必要关注。还可以说明问题的事实是，西方本身已卷进了严复阐述的世界，因此西方根据它自己的经历不可能回避严复提出的看法。通常在历史上进行不同国度之间的比较时，总有片面性，就象严复赞扬英国或卢梭赞扬印度人时那样，被赞美的一方即优点之所在的一方，没有必要使自己感到不安。但西方国家在今天的情况下，包括象在工业上赶上了英国的美国等国在内，他们的现代化与不太现代化的国家决非没有牵连。正是这种牵连，使东西方在感觉到现代欧洲思想体系中包含着集体能力的思想时，突然产生了感情上的共鸣。

这并不意味着我们将绝对坚持严复提出的看法。注视过西方思想家歪曲达尔文的生物学决定论而使之纳入他们的思想渠道的评论家，不能不以厌倦的笑容，注意到远在中国的严复也在以同样的方式进行研究：中国为什么落后？因为那里的生存竞争不知怎么被抑止了。但问题不是进化的反常，而是进化可能对所有应用它的社会思想体系都一视同仁这样一条原则。真正的问题就在这里。具有重要意义的事实是，象史华兹教授在他很有影响的结尾评语中指出的那样，斯宾塞主义的个人主义并非严复崇拜的能力和国力的本质属性。我们可以发现，现代原子论者的伦理原则，在极大程度上是可不依赖于他们的伦理本身而独立存在并起作用的。社会主义运动，当它从自由主义借来生产力的概念时，已经考虑到了存在着上述原则的可能性，并且肯定揭示了严复所不知道的生产力将带来的威胁。但是，西方社会主义并不强迫我们就范于这种观察的生硬结局，因为西方社会主义借来生产力概念的同时，还借来一点旧的个人主义的观点。所以，甚至斯宾塞能以某种方式与韦伯或拉斯基同居一室。但在其他的集体主义中，两者就不那么容易共处。这种集体主义的确富有生气，这是那个包括英国和所有的西方国家在内的世界里的集体主义。

如果这一观念应该成为中心的观念，那么，严复的看法对我们的冲击，最后将产生意想不到的转变。也许在我们吸取了他对能力和集体力量的阐述之后，我们将在更大的程度上赏识个人主义的道德方案。在现代思想中，个人主义包含着，实际上也隐藏着能力和集体的力量。当斯宾塞的浮士德式的能力被从他的个人权利的伦理中分离出来，并且按照它自己的意志进展时，斯宾塞的伦理必然会以新的可贵的面目出现。这是历史性的事情，不仅对东方来说是如此，即使对西方本身来说也一样。严复似乎预示中国在驰向近代化的道路上将"绕过"一个确定的自由阶段。但在西方，自由阶段是必经的阶段，并且自由的价值观念先于所有其他与近代化有关的观念而产生，随后才有自由阶段的到来。个人主义的规范并不与古典经济学家一起产生，甚至也不与文艺复兴一起产生，它产生于古希腊斯多噶派时代，被罗马法和基督教所吸收，并在中世纪时代兴旺了几个世纪。它的伦理是一种个人精神的伦理，这种个人精神超脱了一切，超脱了沉寂与活力，也超脱了国家的贫困与强盛。假如严复在热情寻找西方富强的秘密的过程中所表现出的对这件伦理的冷漠，迫使我们回到它纯洁的原始意义的话，那么，严复的洞察也许就得到了最有意义的结果。

无论如何，结论也许会是这样，史华兹教授毫无疑问使我们重新发现了一位迷人的近代西方思想评论家，严复不是唯一的评论近代西方思想的中国评论员，他也没有象阿累维那样的西方学者的严密性，使其所阐述的内容较接近于他所考察的事情的经过。史华兹教授的看法是不偏不倚的。但是，严复仍然是一位有极特殊影响的人物，并且即使因东西方相距遥远而使他研究的严密性减色，但他洞察事物的视角却因此而拓宽。西方思想的西方评论家告诉我们的较多的是我们已知的事情；而严复进一步告诉了我们一些我们所不知道的事情。假如史华兹教授仅仅展示了一块异国土地对一个人的明显影响，仅仅尽职地记录这种远距离的思想交流；那么，效果也许不会是这样。本书不是对"影响"的研究，"影响"这块墓地里已埋葬了需要我们研究的一些最重要的历史问题。本书是一本真正的比较史学的著作，并且是在最大范围内进行的比较。我已说过，历史发展已把英国和西方带进对严复说明的观点的讨论中，这不仅仅涉及社会的或经济的问题，也涉及编史工作的问题，最终必然会产生一种关于所有西方国家的发展的

看法，这一看法要比我们已有的看法更宽更广。史华兹教授是朝这个
方向努力的先驱者，他对严复的研究是对严复本身的工作所作的卓越
的历史补充，西方读者将感激史华兹教授和严复，因为他们向西方思
想中一些为人熟悉的观点提出了挑战。

【评介】

本文作于 1963 年，是美国学者路易斯·哈茨为史华兹的《寻求富
强：严复与西方》一书作的序言。这篇文章主要站在沟通中西方学者
的立场，讨论了严复译介西方自由主义理论著作的特点与意义，以及
严复对欧洲理论家的看法，并对史华兹的《寻求富强：严复与西方》
一书作出中肯的评价，认为其中的观点是"不偏不倚"的。

路易斯·哈茨(1919—1986 年)出生在美国俄亥俄州一个俄裔犹
太人家庭，先后在哈佛大学获得政治学学士与博士学位。他在政治学
研究领域，特别是在关于自由主义的研究领域有卓越的成就。哈茨的
代表作有：*Economic Policy and Democratic Thought：Pennsylvania 1776-
1860*(1948 年出版)；*The Liberal Tradition in America：An Interpretation
of American Political Thought since the Revolution*(1955 年出版)；*The
Founding of New Society：Studies in the History of the United States，Latin
America，South Africa，Canada，and Australia*(1964 年出版)；*A
Synthesis of World History*(1984 年出版)；以及 *The Necessity of Choice：
Nineteenth-Century Political Thought*(1990 年出版)。其中，作为哈茨
最具影响力的著作，*The Liberal Tradition in America：An Interpretation of
American Political Thought since the Revolution* 一书包含了其关于自由主
义最重要的主张。哈茨认为，近代美国之所以能够成功地获得自由主
义的胜利，就在于它不像欧洲国家那样有"封建"过往的束缚，因此
它也无需耗费巨大精力去克服保守的国家内在秩序，以及代表欧洲社
会中产阶级原有的自由价值观。哈茨对于西方自由主义传统的持久研
究与精到见解使他在阅读史华兹《寻求富强：严复与西方》时能发现
书中所呈现的严复译介欧洲自由主义理论著作的特点。在哈茨看来，
严复译著无疑有诸多不符合原文内容的地方，但是严复特有的改造符
合了当时中国的需要。与此同时，从更高的层面看，哈茨认为严复是

欧洲论著的"中国评论家",而严复之所以令西方学者感兴趣,则因为正像法国的阿累维研究英国历史、法国的托克维尔研究美国民主一样,来自中国的关于欧洲理论著作的阐释让西方学者发现了自己思想中的不同的侧面。在某种程度上,作为一位西方自由主义传统的外国评论者,严复能准确地发现西方自由主义学说中"个人能力的全部发挥"与"为集体服务的公益精神",给西方思想家反省其自身思想文化提供了有益的借鉴。

虽然本文是史华兹《寻求富强:严复与西方》一书的序言,但哈茨在该书观点的基础上,对一些具体问题作了补充。史华兹一书提出,严复在译介西方理论著作时看到,要使中国摆脱落后局面,应当在中国倡导"普罗米修斯式"的进取精神和以集体主义为核心的"公心"精神。但哈茨补充道,严复在传达上述理想时,实际上曲解了它们为西方社会(主要是英国社会)带来富强的独有条件。一方面,进取精神并不是作为中世纪的对立面而突然出现在英国工业革命中的,它本身其实也包含在中世纪精神中,作为一种西方文化的传承而对英国革命起作用。因此倡导"能力"并非与传统完全隔绝。另一方面,集体主义精神也并非近代英国的最新产物,事实上,正是通过补充中世纪的有组织的协调观念,近代英国的集体主义精神才稳固地确定下来。总的说来,近代英国实现富强是在继承了中世纪的精神文化遗产的基础上实现的,而严复所喜爱的富强理论家也是在这样的背景下著书的,这些却是严复所忽略的。同时,哈茨认为,严复在译介这些富强论著的时候似乎没有注意到西方国家内部发展的差别以及继承传统上的差别。

此外,哈茨还指出,严复对斯密、穆勒和斯宾塞等人思想的理解及期望有所偏差。在严复译介这些西方著作时,这些著作在西方世界其实早已多次受过批判。当时西方社会所关注的问题,其实是斯密、穆勒和斯宾塞"是否通过个人主义阻碍了努力进行有组织的生产"。因为他们所倡导的个人主义不仅并非如严复设想的那样为集体的目的服务,而且会削弱人们实现集体的目的的能力。而按照严复的标准,这种个人主义应当是为"集体主义"的公心服务的。

从整体上来看,哈茨这篇序言是从西方学者反省自我文化精神的角度出发来考察严复的富强思想的。在哈茨看来，严复译介的意义，不仅在于敲响了中国人民危机意识的警钟，为中国输入了西方近代先进的观念以及富强理论，更重要的在于它为西方学者考察自身文化提供了不可多得的东方观点，不过这种来自异国的考察的重要性倒不在于对西方理论的改变。严复所理解的西方自由主义、个人主义精神包括了"能力"和"集体力量"的内涵，而这种理解将有利于西方学者重新检视、赏析西方个人主义的道德方案。其后，哈茨提出，严复虽然不是唯一一个评论近代西方思想的中国评论者，行文上也不具备其他评论者那样的严密性，但他依然是一位有巨大影响力的人物。尽管东西方之间遥远的距离使他研究的严密性有所不及，但是他洞察事物的角度却更加宽广。这无疑能够为西方学者提供更多值得参考借鉴的内容。最后，哈茨认为，西方学者对西方思想的评论可能更多的是在于补充原已熟悉的知识，可使非西方学者对西方思想的评论，包括经济、社会、文化等问题的评论能够在最大范围内使西方认识到原本所忽视的问题。进一步说，这种关于一切对西方国家发展状况的看法的研究将有助于西方人深入地了解自己，甚至有助于编史工作。那么，从这一意义来看，史华兹对严复思想的研究无疑是有先驱意义的，而哈茨的总结也有助于为西方学者研究外国思想者探索新的研究方向。

严复的原则宣言①

[美]本杰明·史华兹著，叶凤美译

中国在 1895 年的失败，使文人学士对国事的看法发生了几乎是创巨痛深的变化。这次惨败，连那些深知中国并不富强的人甚至也料所未及。对中国积弱的泛泛了解与积弱的具体表现这两者，仍然没有被衔接起来。中国败于法国不是未料到的，甲午战争前，人们对中国和西方列强在军事力量上的差距一般已有所了解。但是，对中国和"东洋鬼子"日本之间在自强努力方面的不同，却没有一个总体的认识。战后所有那些把"保国"和"保教"看得同等重要的文人学士无疑感到了这种情况的惨重后果，感到了一种突如其来的紧迫性，感到了中国可能最终会被世界强国所瓜分的深深恐惧。当时，具有这种认识的是多数人。在这种气候下，先前的万马齐喑的局面被打破了；也正是在这种气候下，严复这个看来本不是很有公民勇气的人，终于用文章来呐喊了。

1895 年至 1898 年间，严复发表了一系列论文，其中有《论世变之亟》、《原强》、《救亡决论》、《辟韩》等。这几篇写于 1895 年一年间的论文，极其清楚地表明了严复当时对世界的整个看法。这些文章也清楚地表明了严复的全部基本观点，这些观点正是他在以后几年里致力于翻译的基础。严复后来在翻译赫胥黎、亚当·斯密、孟德斯鸠、穆勒的著作时，曾加了大量按语。参照严复的论文阅读这些按

---

① 本篇选自美国学者本杰明·史华兹著，叶凤美译：《寻求富强：严复与西方》(*In Search of Wealth and Power*：*Yen Fu and the West*)的第二章，原章题目为"原则宣言"，江苏人民出版社 1989 年版。本篇题目为本书编撰者修改。

语，就会发现两者差不多是一脉相承的。这几篇论文，不仅实际上构成了严复全部译著的绪论，而且还洋溢着一种久所欲言一吐为快的强烈感情。

一　思　想　领　域

他振聋发聩地宣布一个基本观点：西方强大的根本原因，即造成东西方不同的根本原因，绝不仅仅在于武器和技术，也不仅仅在于经济、政治组织或任何制度设施，而在于对现实的完全不同的体察。因此，应该在思想和价值观的领域里去寻找。

人们在这里看到了对于"思想"在人类历史上的作用的极度强调。我们在前面已注意到，严复对斯宾塞的高度宿命论体系加以为我所用的曲解。他在其中发现的是一个"改变世界"的纲领，而不仅是一个描述世界的理论。对"运会"与有意识地指导人类行动间的关系，他并非全然不知。但实际上，在《论世变之亟》一文中，他甚至一度倾向宿命论。他说，历史变化的根本原因归根结底是"运会"："运会既成，虽圣人无所为力。盖圣人亦运会中之一物。既为其中之一物，谓能取运会而转移之，无是理也。彼圣人者，待知运会之所由趋，而逆睹其流极……于是裁成辅相，而置天下于至安。后之人从而观其成功，遂若圣人真能转移运会也者。"①

这一段文字确乎含有一种信奉历史宿命论的意味。对严复使用的"运会"这一古老表达法，人们也许能够理解是指"进化的过程"。然而同时，我们又看到他处处声言西方思想是导致中国和现代西方不同的首要因素："尝谓中西事理，其最不同而断乎不可合者，莫大于中之人好古而忽今，西之人力今以胜古。中之人以一治一乱，一盛一衰为天行人事之自然，西之人以日进无疆，既盛不可复衰，既治不可复乱，为学术政化之极则。"②当然，人们可能坚持认为，正象古代圣人知"运会之所由趋"的能力是运会本身的结果那样，西方的这种情况

---

① 《论世变之亟》，《严复集》第 1 册，第 1 页。
② 《论世变之亟》，《严复巢》第 1 册．第 1 页。

本身也是进化的结果。不过，严复在这里立即开始面对一个以后经常缠绕着他的难题：达尔文和斯宾塞所描述的不具人格的进化动力是无所不在的。那么，为什么这种力只在西方才得以发挥作用，而在中国却陷于泥淖呢？很明显，这是因为近代西方的智者清楚地懂得了进化的过程。正如中国古代圣人抓住了自然的静态和循环的表象，因而得出社会几乎不变的看法那样，近代西方的圣人抓住了"运会之听由趋"，因而能使进化动力不受限制地转化为近代社会发展的决定性困索。由于同样的原因，中国的圣人们，也可以一般地说中国文化，从未真正了解进化的作用过程。人们可能会说，虽然圣人们不能"转移运会"，但不知何故，他们似乎还是有能力通过抑制的手段阻碍进化。思想就是一种酶，它对进化动力不是解放就是束缚。

并不是近代西方思想作为一个整体都已理解了进化论思想，具体阐述进化论思想的，显然是达尔文和斯宾塞的著作。严复说："《物种探源》，自其书出，欧美二洲几乎家有其书，而泰西之学术政教，一时斐变。论者谓达氏之学，其一新耳目，更革心思，甚于奈端氏①之格致天算，殆非虚言。"②在严复的眼中，达尔文的理论不只是描述了现实，而且还规定了价值观念和行动准则。这个理论才是真正的"力量的源泉"。严复在对达尔文主义的主要原理的初步解说中，用语就已经是社会达尔文主义的了："'物竞'者，物争自存也；'天择'者，存其宜种也，意谓民物于世，樊然并生，同食天地自然之利矣，然与接为构，民民物物，各争有以自存，其始也种与种争，群与群争，弱者常为强肉，愚者常为智役。"③在这里，达尔文的生物进化作为一门科学的价值并未使严复产生多大的兴趣，尽管这门科学有宝贵的价值。很明显，严复强调的是竞争(一种确定无疑的活力)的价值观，强调的是在竞争形势下，潜在能力的充分发挥。因此，"爪牙用而杀伐行"的形象描绘非但并未使他沮丧，反而使他兴奋。

于是，严复在向达尔文谦恭致礼后，随即转向更与自己接近的斯

---

① 这里指牛顿。
② 《原强》，《严复集》第 1 册，第 16 页。
③ 《原强》，《严复集》第 1 册，第 16 页。

宾塞，就不是偶然的了，因为斯宾塞（以严复的看法）将达尔文的真理在人类事务中作了极为重要的运用。"斯宾塞尔者，亦英产也，与达氏同时，其书于达氏之《物种探源》为早出，则宗天演之术，以大阐人伦治化之事，号其学曰群学，犹荀卿言人之贵于禽兽者，以其能群也，故曰群学。"①通过斯宾塞，达尔文主义中那些引人注目的话语立即与严复先前的基本思想联系起来了。我们的目的不是为了自己国家的富强吗？那我们就必须懂得阐明为什么某一些国家强而另一些国家弱的社会法则。而斯宾塞揭示的正是不仅支配着整个社会各阶段的进化，并且支配着特定社会中各个个人进化的法则。

的确，严复在这些论文中，也谈到了其他次一级的伟大人物。现代西方工业的全部技术基础产生于牛顿揭示的事实。西方车船的动力基于瓦特的发现。至于前已提到的亚当·斯密，更因"冶生理财之多术"而完全值得信赖。但我们发现，所有这些大神、小神对世界某一部分片断的洞察，都被严复毫不费力地纳进了斯宾塞创建的宏大体系中。

20世纪里，斯宾塞的声望下降了。然而，我感到，不能仅仅用他的思想平淡无奇且已过时来解释人们不再去读他的书这一事实。因为，尽管斯宾塞体系似乎已对常见的有代表性的19世纪的诸多观点作了概述，但在这些观点中，有许多至今仍是构成当代未被阐明的信条的一部分②。由于斯宾塞的诸多见解得到了极其广泛的承认，于是这些见解似乎也就平淡无奇了。当然，对严复来说，这些见解决非老生常谈，而是新鲜的创造性思想，它们被包容在一个巨大的令人满意的体系中，这一体系区分开了近代的西方和停滞不前的东方。

在进一步仔细考察严复所感觉到的东西方之间的主要差异之前，我们先停下来问个问题：严复对斯宾塞的赞赏是否表明了他与全部中

---

① 《原强》，《严复集》第1册，第16页。

② 斯宾塞的经济自由放任主义和他的反中央集权下的经济统制很不受欢迎。但这只是他的体系的一小部分。这个体系的其他部分当然很有活力，甚至也许比19世纪比较解放的思想家的思想还更有活力，例如他关于工业文明具有内在和解性的概念。

国传统的决裂？用一位《严复传》的作者周振甫的话来说，他是否已成为类似"五四"时期青年人那样的"全盘西化论者"即"反传统主义者"了？对于具有与中国人的价值观截然相反的思想和价值观的西方思想家的赞赏，不啻是对中国人的傲慢自大这个最大弱点的当头棒喝，而中国在世界上超群绝伦这一观念是极端保守派抵制"洋务"学堂，甚至对抗戊戌时期改良派的最后堡垒。

康有为的弟子梁启超，在这一时斯深受严复论文和译作的影响。虽然他和他的老师康有为一样继续坚持"保教"，但是他所保的教的性质究竟是什么，已大有疑问了。康有为的把孔子为我所用地尊为救世主的儒家今文经学，即掺和着《公羊传》含义模糊的学说与西方的发展思想的综合物，对占压倒多数的受尊敬的儒者来说，完全是一种异国情调的"教"。这是一种缺乏特定教义的儒教。因此，事实上，这种儒教能够容纳整个近代民族主义和经严复仔细考虑过的新价值观念。我们发现在严复与梁启超1897年的一次很有意义的通信中①，严复曾毫不含糊地断言："教不可保，而亦不必保，又曰保教而进，则又非所保之本教矣。"②梁启超对这一极为大胆的断言的回答足以说明他自己倾向于严复而背离了他的老师康有为。他用高度实用主义的措词解释了他的"保教"。假如国家的强盛有赖于民众，那么，必须把民众的力量集结起来，在中国人目前的状况下，只有一个独裁主义的政府才能把民众联合起来。"譬犹民主，固救时之善图也。然今日民义未讲，则毋宁先借君权以转移之，彼（康）言教者其意亦若是而已"③。换句话说，在这里，"教"为君主政体的合法性提供了准宗教的依据。这再一次体现了政治家的"为民之教"。康有为这时是否用这些冷静的、深思熟虑的政治术语来思考烙有他的印记的儒教是很值得怀疑的。

---

① 丁文江、赵丰田编：《梁启超年谱长编》，上海人民出版社，1983年版，第76、77页。
② 见湖南儒者叶德辉对康有为的有代表性的评论："其貌则孔也，其心则夷也"。叶德辉：《翼教丛编》卷六，第17页。
③ 丁文江、赵丰田编：《梁启超年谱长编》，上海人民出版社，1983年版，第76、77页。

　　然而，在这一点上，严复拒绝对儒教作任何肯定，即使是最微不足道的形式上的肯定。作为一个政治家，他当然接受了梁启超关于君主政体暂时是正当的意见。事实上，梁启超信中的一系列理由很可能来自严复的文章。但是，在这一点上，严复回避谈及君主政体合法性的传统基础这一实质性问题。他更多地谈到了君主政体目前必须承担起改良的任务，他也不感到有必要说服自己相信只有康记儒教才确实是正宗。

　　严复的基本观点十分简洁地表达在他写于五年之后的《与〈外交报〉主人书》中。"今吾国之所最患者，非愚乎？非贫乎？非弱乎？则径而言之，凡事之可以愈此愚、疗此贫、起此弱者皆可为。而三者之中，尤以愈愚为最急。何则？所以使吾日由贫弱之道而不自知者，徒以愚耳。继自今，凡可以愈愚者，将竭力尽气敕手茧足以求之，惟求之为得，不暇问其中若西也，不必计其新若故也。有一道于此，致吾于愚矣，且由愚而得贫弱，虽出于父祖之亲，君师之严，犹将弃之，等而下焉者无论已；有一道于此，足以愈愚矣，且由是疗贫起弱焉，虽出于夷狄禽兽，犹将师之，等而上焉者无论已。"然后他列举了日本明治天皇、普鲁士国王徘特列大帝及俄国彼得大帝的改革，说："方其发愤图自强，其弃数百千年之旧制国俗，若土苴然。"①这里的思想无疑发生了基本转变。对于价值观、制度、风俗、思想这些文化包含的所有内容，必须用一个尺度来衡量，即它是否维护和加强民族的国家，凡是阻碍达到这一目标的传统，没有什么会是神圣的。更进一步说，在这一点上，严复倾向于认为，在"保教"这一警句中包含的几乎整个儒家思潮是与维护和加强民族国家这一目标水火不容的。

　　那么，为什么人们不能断然地把严复定为一个"全盘西化论者"，或一个"反传统主义者"呢？首先，这是因为"传统主义"的整个概念对严复来说并不存在，只是到了后来，19世纪的西方词汇"传统主义"才被译成中文。"中国传统"作为一个无所不包的抽象的范畴还没有成为他攻击的目标。其次，传统本身是否已使严复认为它是一个完整的体系，这一点还值得怀疑。如果在老子、佛教、《易》、荀子那

---

①　《与〈外交报〉主人书》，《严复集》第3册，第560页。

里能找到支持他观点的论述，他就去找。当然，这引导我们把他与19进纪七八十年代盛行的整个诡辩倾向相联系。这种诡辩倾向企图证明西方文明中的所有新事物全都是东来的，即源于中国的。这一做法显然表现了拯救文化自豪感或后来的民族自豪感的努力。这种争辩方式往往被极端保守主义分子用来证实西方新事物的虚妄，证实中国文化早已具有产生西方技术和制度的相当的能力，只是无意朝那个方向努力罢了。但更普遍的是，这种争辩被用来作为证明变革有理的策略。实际上，严复极明确地反对西方文明借自中国这一浅薄看法①。诚然，人们会在严复为《天演论》作的序中发现这样的说法：人们能够在中国古代思想中，看到构成惊人的西方科学发展基础的逻辑学和物理学的基本范畴。司马迁旳"《易》本隐而之显，《春秋》推见至隐"的说法实质上包含着一种类似演绎和归纳的概念，而"名数质力"的基本范畴则都包含在《易》中。不过，这里的要害是"古人发其端，而后人莫能竟其绪"②。

在此，我们不考虑这种说法的正确与否。事实上，这种关于逻辑学和科学的独特说法远远比不上后来所谓中西哲学思想之间有着相似的特定气质这一说法更近乎有理。我们的兴趣在于，严复为什么要这样说。首先，是胆怯促使他将新思想包裹在旧外套中发表，以免遭迫害吗？从当时的环境来看，的确要求几分慎重，但是，我们前已看到了他的"教不可保"的大胆声言，我们还将看到他的毫无保留地抨击中国特定传统的详细而精确的言论。其次，也许他只是在使用一种教学手段，旨在以熟悉的词汇解释人们尚不熟悉的事物，以可敬的古代经典来解释可疑的新颖。最后，如果"民族主义者"一词能够用于严复的话，那么，对本民族的才智感到自豪——这看来在所有民族主义中都是不可缺少的，我们难道不认为这是理所当然的吗？

所有这些因素无疑都存在。不过，我还提请人们应当看到另一种

---

① 有些人走得更远，"必谓彼之所明，皆吾中土所前有，甚者或谓其学皆得于东来，则又不关事实适用自蔽之说也。"见《天演论自序》，《严复集》第5册，第1320页。

② 《天演论自序》，《严复集》第5册，第1320页。

可能性，即严复确实感觉到了两种文化的相同之处。严复毕竟不是那种认为各种文化是全封闭的独立单子的文化相对主义者；也不是那种依据演绎推理而否认对思想观念可以进行跨时代比较的历史循环论者。他在传统中生活得够久了，洞知传统不是铁板一块的，他发现传统中有使他感兴趣的、也有使他厌恶的东西。他并未过分惊讶地接受了这一看法，即中西思想所涉及的有疑问的领域是相似的。他也许真正认为自己觉察到中西思想要素之间的密切关系，这种觉察或对或错。总而言之，严复不再赞同传统中任何阻碍寻求富强的东西了。不过，他不是教条主义的"反传统主义者"。他与构成中国传统的全部思想流派的关系仍是个悬而未决的问题。

这样，严复欣喜若狂地拥护斯宾塞决不意味着他与中国传统思想各个方面的全面决裂。很奇怪的是，我们清楚地看到在"深一层"的抽象的宇宙论方面，斯宾塞对于天地万物的想象与中国某些根深蒂固的思想模式非常明显地相吻合。在斯宾塞的含糊的、泛神论的、自然主义的、内在论的一元论中，各种现实现象都"脱胎"于唯心论的"绝对实在"，并通过空间、物质、时间、运动、力这些饶有趣味的范畴发生联系。斯宾塞的这个一元论，严复准备用从《易传》、《老子》，或宋明理学派生出来的语言加以解释。斯宾塞的自"同质单一"演进而来的"有多种成份组合的"世界，很容易被转化成典雅的中国古文："翕以合质，辟以出力，始简易而终杂糅"①。

于是，我们有了从无而生的千姿百态的"万物"。毫无疑问，这种特殊的形而上学的模式，在中国经常表现为"万物"的充分演变只是再回到无的宇宙循环论，表现为对周而复始的循环的特别强调，而不是对"从同种单一向多种多样"的不可逆转的发展的强调。同时也毫无疑问，"万物"未必都含有任何明确的19世纪意义的进化论。②

---

① 《天演论自序》，《严复集》第 5 册，第 1320 页。

② 李约瑟把这叫做"循环背景中的进化的自然主义"，参阅《中国科学技术史》卷二，1956 年版，第 485 页。实际上，没有任何迹象表明他列举的任何一个宋代思想家相信从旧品种产生新品种的进化。这样的同质变异中并不包含 19 世纪意义上的进化论。

然而，它们的共同特征是显而易见的。我们将不得不考虑严复对唯心的"绝对实在"论在感情上的态度是否与斯宾塞的相同。不管情况如何，斯宾塞形而上学的赤裸裸的本体论结构与严复的思想并不相悖。斯宾塞的"一元论迷信"和"宇宙整体"，使无疑是多元论的个人主义的威廉·詹姆士感到愤怒，而且同整个犹太基督教传统的某些主要倾向相背，然而对严复的最传统的思想却毫无妨碍。李约瑟也许说得很对：有几种 17 世纪以来就在西方流行的一元论的形而上学与所谓的中国的永恒哲学的关系，比与古代中世纪的西方思想的某些主要倾向的关系更为密切(至少在严格的形而上学方面)。可是，是否应该像李约瑟宣称的那样，按怀特海的意思把这种类型的思想叫做"有机哲学"，还很值得怀疑。斯宾塞的天衣无缝的一元论与中国的莫测高深的永恒哲学的关系，较之它同把庞大的多元论的重点放在现实和特殊"实体"的价值上的怀特海体系的关系，看起来似乎要密切得多。

如果斯宾塞基本的形而上学的概念与严复十分熟悉的概念相近，那么，引起严复火一样热情的肯定不是这种相近关系，而实在是嵌在这个熟悉的形而上学框架中的事实，即严复所看到的像一条鸿沟把斯宾塞和中国分开的自然界和人类社会的现实景象。因此，引起严复极大注意的毕竟不是同一而是差异①。在他所有文章的最意味深长的一节中，他说："中国圣人之意，以为吾非不知宇宙之无尽藏，而人心之灵，苟日开沦焉，其机巧智能，可以驯致于不测也。而吾独置之而不以为务者，盖生民之道，期于相安相养而已。"②这种对无畏地运用人类智能开发宇宙的无穷资源的背离，某种程度上是受早在荀子的文章中就能找到的那种准马尔萨斯的考虑的左右。"夫天地之物产有限，而生民之嗜欲无穷，孳乳寝多，镌锐日广，此终不足之势也。物不足则必争，而争者人道之大患也。故宁以止足为教，使各安于扑鄙颛蒙，耕凿焉以事其长上。"③

---

① 然而，他抨击基督教时，继续以中国哲学与西方的泛神论及自然主义的共同特征为武器。
② 《论世变之亟》，《严复集》第 1 册，第 1 页。
③ 《论世变之亟》，《严复集》第 1 册，第 1 页。

作为中国文化的象征的圣人们，可以说已做出了深思熟虑的抉择。他们并非没有意识到宇宙中有着无穷的资源，也并非尚未意识到人类从宇宙获得财富的建设性能力的无限力量，我们将在后面看到严复不仅强调智力，而且强调斯宾塞著名的体、智、德三结合的能力。有些圣人甚至懂得人口过剩在宇宙经济中所起的作用。不过，在达尔文体系中，人口过剩扮演了一个正面的、原动力的角色。人口的大量增加，导致生存竞争；生存竞争导致自然选择和适者生存；并且因此在人类王国中，导致了人类能力的最大展现。然而在中国的圣人们看来，这种以生存和优势为目的的孜孜追求，这种竞争和较量的前景，简直是恶魔般的最大的灾难。于是他们退缩了，不提倡发挥人类的潜力，而主张在人类成就的低水平上建立和平、协调和秩序。

总之，中国人之所以"好古忽今"，西方人之所以期望无休止的进步而中国人却接受人类历史循环论，归根结底就是基于上述这一重要的不同。中国圣人们使进化过程停滞在一个特定的社会均衡阶段的企图成功了。而道家甚至渴望在虚无中逃避现实并使进化过程逆转。人们好古，是因为古中包含着宁静、协调、简朴的价值观念，以及安定的社会秩序。"嗟乎！此真圣人牢笼天下，平争泯乱之至术，而民智因之以日窳，民力因之以日衰。"①只要中国依然孤守独处，就不会遭受因未完成进化过程赋予的任务而招致的后果的痛苦。然而，现在中国正在收获失败的苦果。

这样，我们在此发现了东西方不同的关键所在。一方面，我们看到了这样的现实景象，即充分强调在宇宙整体中力的无比强大，和在生物界及人类世界中能力的锐不可当。关键项是活力、精力、斗争、坚持自己的权利，以及在前所未有的成就水平上大胆地发挥所有的人类潜力。宣称力的范畴是宇宙方面的"终极的终极"的斯宾塞，把"才能"作为人类方面的关键之项②；另一方面，我们看到了另一种景象，即赞扬忍受、宁静、回避斗争和冲突，以及绝对地害怕维护人类生命的活力。两幅景象的这些不同点给予严复思想观点的影响，比他发现

① 《论世变之亟》，《严复集》第 1 册，第 2 页。

② 斯宾塞：《第一原理》，纽约，1900 年版，第 151 页。

的斯宾塞形而上学的结构与中国哲学的主流间形式上的一致性所给予他的影响要深得多，这看来似乎有点荒谬。当然，我们很容易理解，西方的景象与严复对富强的急切关注的关系太直接了。在西方，进化过程不受约束地进行，这正是西方富强的原因，而进化过程受阻，又正是中国贫弱的根源。

斯宾塞不仅提供了一幅新的宇宙整体的生气勃勃的景象，也提供了极其兴奋骚动的、灿烂辉煌的"社会有机体"的景象。他不仅指出了拯救的道路，而且明确解释了要拯救的是什么。对于正在摸索把中国作为一个社会、国家，而不是一种文化来理解的严复来说，几乎完全类似于生物有机体的"社会有机体"这一概念(斯宾塞在《社会学原理》中对这一概念有极为详尽的阐述)，为他提供了对于国家的尽可能生动的想象，这就是：一个有机体与其他有机体共处在达尔文主义的环境中，为生存、为发展、为优胜而斗争。"一群之成，其体用功能，无异生物之一体。小大虽异，官治相准，知吾身之所以生，则知群之所以立矣；知寿命之所以弥永，则知国脉之所以灵长矣。一身之内，形神相资，一群之中，力德相备。身贵自由，国贵自主。"①斯宾塞的另一个与社会有机体的生理学概念紧密相联的概念是，社会"群体"的质量有赖于"各个单位"或各个细胞的质量。"社会有机体"的概念和强调各个个体的质量两者间的逻辑关系，象通常已指出的那样，尽管表面看来似乎有理，实际上却是经不起推敲的②。然而，两个概念都与严复最最关注的事直接有关，他也就无意深究两者的关系了。

严复在斯宾塞那里发现的主要之点，乃是关于国家—社会的最栩栩如生的形象，如最纯粹的民族主义所想象的。作为中国这个有机体的一个细胞，每个中国人的责任不在于恪守任何一套固定的、普遍的价值观念或任何一套固定的信念，而应把对自己所在的社会有机体的生存和发展负责放在首位。

---

① 《原强》，《严复集》第 1 册，第 17 页。
② 假设《社会学原理》中预先假定了社会历史宿命论的地位，那么，个体的质量就会几乎完全由社会有机体的质量来决定，并且也不是一个独立的可变物。

　　把社会和生物有机体加以类比，这在严复看来是很新鲜的。对于那些强调"社会有机体"的人来说，强调中国文化的做法看来也许有点奇怪。在"个人主义的"西方，我们知道这种类比可上溯到远至古希腊时期，而到了霍布斯时代，肯定已是平常话题了。可以说，斯宾塞在这种类比中加进了具有原动力的"进化"因素，但是基本的想象本身绝对是古代就有的。不能说在中国浩瀚的文集中找不到这种类比的迹象，如偶尔把皇帝和大臣的关系比喻成首和翼的关系①。不过，更为普遍的，是存在于"不可思议"的道教和中国医术之中的一种相反的类比，这种类比把人体想象成一种由各部门、各司局组成的政府。在所有这类著作中，着重点不在于政府或社会，而在于人体的不可思议的卫生学的统治方式②。

　　当然，在儒家传统中，个人是从属于"社会的"。不过在这儿，这个"社会的"是一张把个人卷裹在内的社会关系之网。这张网涉及的是社会结构，而不是在某些意义上被想象成有机体的整个社会。在中文里，"天下"一词的全部含义肯定不是指一个封闭的有机体，从"天下"一词，看不出有什么生物学的直接类比。因此，斯宾塞的生物学比喻，以一种令人眼花缭乱的革命的全部力量撞击着严复。

　　到此，还没有提到自由主义问题。多数中国教科书述及严复这个时期的思想时，说他无疑是一个"西方自由主义"的鼓吹者③。当然，斯宾塞被普遍认为几乎是一个标准的19世纪英国自由主义的代表。

---

　　① 例如《管子·君臣篇下》(《诸子集成》卷五，第177页)，在这篇文章里，京城里的君王被比作人体的心脏。

　　② 李约瑟说，在中国，"国的类比"是建立在《抱朴子》一段话的基础上的。但是，总的来看，这段话显然不是把"国"比作"身体"，而是把"身体"比作"国"。其中有句被李约瑟译成"Thus we see that he who can govern his body can control a kingdom."("这样，我们能看到治其身者亦能治其国。")实际上(在我看来)应该这样翻译："The superior man can govern his body just as the enlightened ruler governs his state."("至人能治其身，亦如明主能治其国。")(《诸子集成》卷八，第232页)忽略了连词"如"，意思就大不相同了。在这一段里，抱朴子关心的显然不是治理国家，而是个人之善于"养生"。见李约瑟的《中国科学技术史》卷二，第300~301页。

　　③ 或用马克思主义的说法"资产阶级自由主义"。

理查德·霍夫施塔特所以能讨论斯宾塞对于美国的冲击，几乎完全根据斯宾塞作为一个"放任的个人主义"和具有古典经济正统观念的哲学家所起的作用①。斯宾塞本人无疑早在详尽地阐述他的综合哲学之前，就已是个放任的个人主义者了。②

然而，在讨论斯宾塞对严复的冲击中，我不认为把严格的"自由的"方面留到最后，会搅乱论题的适当秩序。在这里，首先必须阐明严复对活力、斗争与最大限度地发挥全部生命力，以及对社会有机体这一生物学想象的崇拜。正是在这些思想的背景中，我们才可能讨论严复对斯宾塞观点中严格的"自由的"方面的看法。

如前文已指出的，斯宾塞认为社会群体的质量奠基于组成这个群体的个人质量之上。各个个人本身又被想象为具有潜在活力的单位，即著名的体力、智力和道德的三结合体。使这些活力运动起来的强有力的原则是追求个人的幸福。但是，斯宾塞明显地把他的人类幸福的概念即他自己的幸福伦理，和他认为的边沁主义者的功利主义的消极享乐主义区分开来了。斯宾塞认为能使人获得幸福的环境，就是能使全部健康生命的能力得以充分发挥的环境。幸福只赋予那些"自身各项功能能得以充分发挥的人……痛苦是与损害机体的行为相联的，而欢乐是与为最终获得幸福的行为相联的"③。这当然"必须以不考虑特

---

① 理查德·霍夫施塔特《美国人思想中的社会达尔文主义》，波士顿，1955 年版。

② 欧内斯特·巴克：《英国政治思想——从赫伯特·斯宾塞到现代》，纽约，1915 年版，第 84~88 页〈后文只注巴克〉。

③ 《伦理学的资料》，见《斯宾塞选集》，纽约，1886 年版，第 499 页。斯宾塞在别处这样描写幸福的人："一觉醒来，跳下床，一面穿衣一面哼着曲子或吹着口哨；面带微笑地讥诮微不足道的小事；精力充沛，身体健康；既意识到过去的成功，又凭自己的能力、敏捷、智谋而对未来充满希望；不是以厌恶而是以欢乐开始一天的工作，且工作效率高，时时对自己感到满意；下班回家仍有相当的剩余精力去消遣、娱乐。"（同上，第 536 页）从这段话里，我们看到了一个证明自己是适应生存的人。斯宾塞在他的《社会静力学》（纽约，1913 年版）中曾指出："幸福表明一种各方面的才能都令人满意的状态。令人满意的才能要通过训练获得，而训练必然与才能成正比……每个人都有充分的自由训练自己的才能，但应以不损害他人为条件。"

殊的眼前的欢乐与痛苦，而考虑长远的普遍的欢乐与痛苦”为前提①。幸福总是与“才能”的充分发挥相伴随。严复认为，斯宾塞鼓吹的“利己主义”完全不同于当时中国社会里的为他所熟知并使他感到痛苦的消费“利己主义”，必须把斯宾塞的“个人主义”首先与无限追求情感和想象的“罗曼蒂克的”个人主义，然后与追求眼前欢乐的消极的享乐主义严格区分开来。这是一种对自身利益有节制的追求，结果将积极推进人的“建设性的”能力、体力和智力。这些能力发挥出来，结果将出现达尔文的生存竞争，在这种生存竞争中，活动着的个人“相磨砻……始于相忌，终于相成”②。

在上述内容中，自由意味着无约束地发挥人的全部才能，意味着创造一个解放和促进人的建设性能力，以及使人的能力得以充分发挥的环境。但中国圣人们所做的每件事都在限制和禁锢个人的潜在能力，而近代西方则创造和培育了旨在解放这些能力的制度和思想。调动这些能力的动力在于近代文明意义上的利己。在上述内容中，我们还看到了自由意志论、古典经济学思想和构成斯宾塞自由主义的达尔文主义概念之间的关系。严复从斯宾塞那里得到的牢固信念是：使西方社会有机体最终达到富强的能力是蕴藏于个人中的能力，这些能力可以说是通过驾驭文明的利己来加强的，自由、平等、民主创造了使文明的利己得以实现的环境，在这样的环境中，人的体、智、德的潜在能力将得到充分的展现。

这样，个人自由不可避免地要抛弃正统的儒家伦理的基本原则——追求利己(即“言利”)是罪恶的根源。在这一点上，严复必须鲜明地站在传统的对立面上。在他翻译的亚当·斯密的《原富》中，我们发现他公正地面对这种价值观念之间的不可调和的冲突。

然而还应补充的是，斯宾塞以毫不费力的理由使严复避免了与传统的完全对抗。事实是，个人方面坚持自我权利的合法性，在达尔文环境中无限追求利己的正当性，似乎如同它生来就与儒家伦理不相容一样，也同为实现所有人的普遍自由这一概念不相容。欧内斯特·巴

---

① 《伦理学的资料》，第499页。
② 《原强》，《严复集》第1册，第23页。

克指出：斯宾塞的许多自相矛盾的概念之一，就是认为达尔文主义的个性概念，即一种完全肯定个人的盲目坚持自我权利的个性概念，能同制止个人忽视他人自由的先天道德感的概念重新调和。承认必须尊重他人自由，当然就是维护"天赋人权"论，这是达尔文思想体系中已不存在的斯宾塞早期自由主义的残余。在达尔文思想体系中，生物实体只具有那些它能维护的"权利"①。用巴克的话来说："人不得要求(但斯宾塞没有讲人不能要求的理由)任何妨碍他同伴行动的权利。"②假如人类社会实际上是完全取决于达尔文机械论的个人行为的行动场所，那么，尊重他人自由的概念完全是无根据的，至少在乌托邦的均衡最终到来之前的进化阶段里是这样。

然而，严复不准备探讨"天赋人权"论与达尔文主义的关系。他欢迎斯宾塞的"利己主义"和"利他主义"。这里有两个领域，一个是个人在其中能得以充分地、天性不受任何抑制地坚持自己的权利的领域；另一个是个人为了他人的利益而抑制自己的领域。在西方，这两个领域中的个人行为有助于增进社会有机体的最高利益。斯宾塞努力给尊重他人的美德留下一席之地，实际上帮助缓和了儒家伦理同"利己主义"的绝对抵触，及其同斯宾塞对过分利己的充分肯定之间的尖锐对立。这甚至使严复有可能发现了西方的自由概念与儒家"恕道"之间的共同特征。"其杀人伤人及盗蚀人财物，皆侵人自由之极致也"③。只有不侵犯他人的自由，个人的自由才可以得到保护。

然而，严复在对自由的价值表示了一定程度的尊重之后，随即开始强调中西间的主要不同，因为显然是不同的方面吸引了他。中国的恕道和西方的自由两者，"谓之真同，则大不可也"④。中国的伦理只是通过降低所有人的能力，即通过各方面的消减，去达到目的；而斯宾塞理解的自由却是通过促进所有人的利益，也就是提高整个社会

---

① 前引巴克著作，第 121 页。

② 前引巴克著作，第 122 页。

③ 严复在别处还坦率地说："自由一言，真中国历古圣贤之所深畏。"《论世变之亟》，《严复集》第 1 册，第 2、3 页。

④ 《严复集》第 1 册，第 3 页。

的能力来达到目标。

这样，我们就看到了否定自由与否认人的普罗米修斯能力之间的密不可分的联系。现代西方社会的引人注目的"力本论"中所阐明的能力，就好像是存在于社会中的，只有通过自由创造的条件才能使之处于无拘束状态的各个原子里的能力。

这里，自由是关键之项。平等和民主的原则，它们也是受赞美的，可以说是自由原则的必然结果。就这一点严复运用了中国古老的体用两分说来描述自由和民主的关系："以自由为体，以民主为用。"①中西"自由既异，于是群异丛然以生。粗举一二言之。则如中国最重三纲，而西人首明平等；中国亲亲，而西人尚贤；中国以孝治天下，而西人以公冶天下；中国尊主，而西人隆民。"②

平等的原则所包含的仅仅是对人人都享有同等自由的认可。这里所谈的平等主要是"机会均等"，因为只有在机会均等的地方，真正的人的能力和潜力才能充分发挥。人类社会里的生存竞争应该完全在真正的能力之间而不应在被"人为"的不平等扭曲了的能力之间进行。那么，严复的"自由主义"里究竟渗透有多少达尔文主义的成份呢？这可以从严复对西方社会经济不平等问题的观察来说明。事实是，严复完全清楚经济不平等的存在，并且甚至熟悉西方思想中的社会主义倾向（"均贫富之党"）③。西方的经济不平等远远胜过中国，虽然富者异乎寻常地富，但贫者恰如穷国的贫民一样，作奸犯科，流离颠沛，命运多蹇④。

但是，这种观察绝未降低严复对西方的热情，也未使他倾向于像孙中山那样，宣称中国传统对"民生"的关心优于现代西方资本主义的残忍。"非西洋言理财讲群学者之所不知也……盖欲救当前之弊，其事存于人心风俗之间。夫欲贵贱贫富之均平，必其民皆贤而少不肖。皆智而无甚愚而后可。否则，虽今日取一国之财产均悉之，而明

---

① 《原强》，《严复集》第 1 册，第 23 页。
② 《论世变之亟》，《严复集》第 1 册，第 3 页。
③ 《原强》，《严复集》第 1 册，第 23 页。
④ 《原强》，《严复集》第 1 册，第 23 页。

日之不齐又见矣。何则？乐于惰者，不能使之为勤，乐于奢者，不能使之为俭也。"①不过在西方，增进人民的智力、道德和体力的条件显而易见已经创立了，那些最终生存下来的人将享受自由与平等。然而，这种平等一旦实现，就不会是通过削弱人们的能力而达到的虚弱和节俭的平等，如中国理想的"太平"所期望的那样，这将是一种基于施展能力和艰苦斗争之上的平等，是那些值得生存的人们间的平等。

民主，当然是政府为实现个人自由提供理想环境的制度，我们将发现，民主也是最有效地唤起人民的爱国忠诚，以及将人民的能力导向为国家积聚财富和力量服务的政体形式。

在严复的《辟韩》一文中，可以看到他极其激昂地表明了自己对民主的高度赞同。著名的唐代文人韩愈在《原道》一文中叙述了中国文化的起源。这种叙述在中国的文学作品中是司空见惯的。虽然韩愈的叙述比许多公式化的叙述似乎更过激些，但并没有实质性的不同。他说："古之时，人之害多矣。有圣人者立，然后教之以相生相养之道，为之君，为之师。驱其虫铊禽兽，而处之中土，寒，然后为之衣；饥，然后为之食；木处而颠，土处而病也，然后为之宫室。为之工以赡其器用，为之贾以通其有无，为之医药以济其夭死，为之葬埋祭祀以长其恩爱，为之礼以次其先后……"②总之，要是没有圣人，人种早就绝灭了。为什么？因为人们"无羽毛、鳞介以居寒热也，无爪牙以争食也。"③

上述这种人类文化起源的说法激怒了严复。这种说明不仅将圣人的形象抬高到了超人的地步④，更糟糕的是它将众人描述成一个个完全呆滞的无头脑的肉体，在人类活动的任何领域里毫无主动能力。像这样把民众想象为圣人教育活动的被动对象的，决不是只有韩愈，这

---

① 《原强》，《严复集》第 1 册，第 23 页。
② 引自《辟韩》，《严复集》第 1 册，第 32~33 页。
③ 《辟韩》，《严复集》第 1 册，第 33 页。
④ "如韩子之言，则彼圣人者，其身与其先祖父必皆非人焉。"《辟韩》，《严复集》第 1 册，第 33 页。

一点必须再一次强调。这种想象贯穿于中国的政治思想之中，而它决不与统治者的主要任务是为人民提供福利这一观念不相容，也不与首脑人物也许产生于民众这一观念不相容。但是，它与"愚民"创造了文化这一观念是相抵触的。

前已谈到，严复曾抨击圣人不去发展民众的能力，以及把社会和谐置于一个低水平上。而这里的谴责则有所不同，严复谴责统治阶级在做尽了一切抑制人民生命活力和工作能力的事以后，却反过来以为人民原无创造能力。他们从高高的城楼上俯视在田间劳作的呆板的农民，发现要使他们具有创造能力太困难了。严复在抨击韩愈的明显谬误之处时问道：难道圣人们是带着羽毛、麟介或爪牙降临世间的吗？难道他们没有受到寒冷、疾病以及凡人的其他一切沉浮变迁之苦吗？倘若他们是与其他人同样的人，那他们是从哪儿获得特殊智慧的呢？倘若人们真是不得不等待圣人们教给他们最起码的入门文化，那么，在圣人到来之前，他们不早就已经绝灭了吗？①

严复认为，事实上，政府的出现本身就是文化和经济长期发展的结果。政府的建立是为了执行一种特殊的强制性功能，即镇压社会内部的暴乱和抵御外来敌人以保卫社会。民"出什一之赋，而置之君，使之作为刑政、甲兵"②这种说法，当然清楚地反映了斯宾塞的政府作为社会治安武器的概念，也把统治者从文化创造者的地位降低到社会警察的地位③。并且，严复更进一步认为，中国统治者总的来说起了坏的作用，至少从秦建立以来是如此。关于这一点，严复研究了在他那时代的更激进的青年人，如梁启超、谭嗣同中很流行的一个论题，即中国政府真正实施暴政始于秦始皇④。他认为，韩愈对于圣人

① 《辟韩》，《严复集》第1册，第33页。
② 《辟韩》，《严复集》第1册，第33页。
③ 看来严复从抨击韩愈回到了接受斯宾塞的极力限制政府作用的概念。但是，我们其实会发现，他完全赞同近代西方国家的巨大权力，这种权力显然归于这一事实，即在西方，人民可能参加政府。
④ 秦以后的状况表明了夏、商、周三代"封建乌托邦"的衰落，这一看法曾是历史上儒家一直论述的问题。19世纪末，这一看法在民族主义者寻找古代中国民主表现的迹象中又充当了新的角色。

统治者作用的荒诞无稽的夸张，反映了自公元前3世纪秦帝国建立直至他所生活的时期，这几个世纪里高傲的权力主义。如果说圣人们在培育民众的能力方面没有做过什么，那么秦以后的统治者则是尽力去压制民众。而在西方却是另一种天地，国家被认为是人民的公产，而统治者则是人民的仆役。

这里我们看到了严复十分激烈地以民主主义抗议以往的权力主义压制。然而，在谈论《辟韩》这篇文章的"激进主义"同他后来一些文章的"保守主义"之间的鲜明对比之前，我们必须更仔细地推敲这篇文章。首先，我们立即注意到严复绝没有忘记对国家富强的极大关注。韩愈文章中反映出来的对民众体力、脑力和道德的严重低估，本身就是中国可悲地衰弱的一个主要原因。统治阶级没有做过任何鼓励人民的创造力的事情，就断言这种创造力根本不存在。事实上，因为没有做过培育人民创造力的事情，这些能力确实是萎缩了，并且就现在而言还只是潜在的而不是实在旳。目前，民众确实"弗能自治"①。他们的"才未逮，力未长，德未和也"②。假如象斯宾塞所坚持的，社会作为一个群体的质量(因此，严复的观点就是国家的质量)，来自于它的各个单位的质量，那么，中国衰弱的原因就十分清楚了。现在中国如有一个新的圣主出现，他会说："吾'今将早夜以孳孳求所以进吾民之才、德、力者，去其所以困吾民之才、德、力者，使其无相欺、相夺而相害也，吾将悉听其自由。民之自由，天之所畀也，吾又乌得而靳之！如是，幸而民至于能自治也，吾将悉复而与之矣。唯一国之日进富强，余一人与吾子孙，尚亦有利焉，吾曷贵私天下哉！'诚如是，三十年而民不大和，治不大进，六十年而中国有不克与欧洲各国方富而比强者，正吾莠言乱政之罪可也。"③自由就这样被想象为对"才能"的解放，而国家的富强则是运用这种才能的进一步目标。

在强调严复对国家富强的坚持不懈的关注时，我决不打算暗示他

---

① 《辟韩》，《严复集》第1册，第35页。
② 《辟韩》，《严复集》第1册，第35页。
③ 《辟韩》，《严复集》第1册，第35页。

对科学、自由、平等和民主一类的价值观念的肯定是不足为信的。人们甚至可以假定这些观念最终会被严复认为是价值观念的，也可以假定严复具有人类幸福的基本想象力，然而，在严复的关注中，占突出地位的仍然是对国家存亡的极大忧虑。如果假定普遍性的最终希望比这个眼前目标在决定严复的思想方面更重要，将是一个可悲的误解。相反，严复的所有信奉必须都放在由国家危机造成的背景中来看。假如在严复看来，科学、自由、平等和民主与他所关注的事没有直接关系，那么人们大可怀疑，他对"自由主义"的信仰是否会如此热忱。这些原则可能有他们自己抽象的内在价值，但是，引起严复最强烈反响的，却是它们能作为达到富强的手段这一直接价值。

与评价《辟韩》的"激进主义"更为有关的是这样一个事实，即严复在这里对于民主的信仰不是随机的，而是最终的。斯宾塞向严复灌输的 19 世纪的渐进主义的进化论，使他有效地反对了任何 18 世纪的认为理想政体能立即在一个特定的社会历史背景中实现的观念。严复认为，民主的实现只有等到为它存在的历史条件已经成熟的时候。虽然中国民众的情况是以往权力主义压制造成的，但不能幻想这种情况是不存在的。无知、体弱、缺乏"公心"等等，是与自治不相容的，而这种情况的改变，只有在一个对此抱有积极性的英明伟人的引导下才能实现。① "然则及今而弃吾君臣可乎？曰：是大不可。何则？其时未至，其俗未成，其民不足以自治也"②。与古代的圣君不同，现在的明君将承认民众的潜在能力。他们将教育民众，并使民众能够走向自治。因此，最近的将来所需要的是一个为民主奠定基础的英明伟人。这样，正是这篇包含着严复最激进的"民主主义"声明的文章，也包含着他的"保守主义"前提。

至此，我们发现严复的所有观点都与斯宾塞体系的一些组成部分相关联：一元论的准泛神论的自然主义；把宇宙想象成"取之不尽的"复杂多样的千变万化的力和能力的"仓库"；斯宾塞所解释的达尔

---

① 在《原强》中，严复引用斯宾塞的话说："民之可化，至于无穷，惟不可期之以骤。"见《严复集》第 1 册。

② 《辟韩》，《严复集》第 1 册，第 34~35 页。

文的机械进化论；对社会机体作生物学类比；对自由主义观的特殊解释；所有这一切都带有斯宾塞主义的灵感。然而，严复对真理的看法，却是斯宾塞的观点和严复自己对斯宾塞所在的英国的亲身观察相结合的产物，这样说也许将更为确切。他是根据英国看斯宾塞的；又是根据斯宾塞观察英国的。如果斯宾塞对他来说是维多利亚时代英国的哲学家，那么说他是根据在英见闻理解斯宾塞的也是正确的。如果他完全了解斯宾塞非常不赞成英国在 19 世纪最后几十年里的许多发展，即斯宾塞认为国家对社会内部事务的越来越多的干涉和对外发展起来的帝国主义是一种"倒退"①，那么这种了解并没有渗入到他意识的更深层次。斯宾塞和维多利亚的英国通过严复对富强的关注被反映出来时，不知怎的竟混合成和谐的整体了。

有一个论题贯穿于严复的所有著作，这个论题无法明确地归于斯宾塞主义的任何部分，而可能是建立在他自己对英国生活的公正观察之上的，这就是对西方"公心"的赞美。他不仅已对自由、增长着的机会均等和自治有了深刻的印象，而且也对一种包括并混合了上述内容的价值，即公心的价值，有了深刻的印象，他在谈"民德"时首先提到了这一价值。西方的特别是英国的奇迹在于它有能力促进个人的建设性的自我利益，以及解放个人的能力并利用这些能力去达到集体的目的。事实上，正是这种使个人可以在和平与安全中追求私利的自由、平等和民主的制度，引导个人认识自己的利益与整个社会机体利益的一致性。西方的妙论是自我利益与社会机体的利益是相互加强的，通过孜孜不倦地创造有利于个人利益的环境，人民被引向认识个人利益与公共利益的一致，即与民族和国家利益旳一致。

对于那些已被灌输了有关中国的"社会美德"的西方人来说，看到严复把资本主义英国的"公心"与儒家中国的狭隘自私进行比较，也许会再一次感到惊讶。在某种程度上，严复对中国的控诉包含着这样的指责，即在他所深知的社会里，传统的价值观念已不再起作用了。然而基本上，他的观点是西方的公心和中国的社会道德之间有着质的区别。严复认为，中国的个人社会感充其量表现在有限的"特殊

---

① 例子请看《社会学原理》卷 1，纽约，1844 年版，第 600~607 页。

的"关系之中，即与其他个人的关系和同很小的团体的关系之中。用明显地深受严复这一论题的影响的梁启超的话来说："在中国，只有个人对个人的责任，没有个人对社会的责任。"①当中国人追求他自己的或其家庭的利益时，这肯定是在损害国家的情况下进行的。再有，他追求的这种自我利益是一种只能削弱整个社会机体的恶性的消费性的自我利益，而不是西方创业者建设性的自我利益。忠君，即忠于应是民族主义"公心"之核心的君，已不复存在，因为没有自我利益与民族利益一致的观念。就最近的中日战争而论，绝无一国犹如一身的观念，并非"击其头，则四肢皆应；刺其腹，则举体知亡"。相反地，保卫国家的整个重担落在了"北洋一隅"。为帝王尽"忠"的这一古老美德完全不能与西方的公心相比。

然而，表明西方"民德"特性的，不只是自我利益与民族利益的一致性，西方民德的"利他主义"对实现共同的目标来说，也比中国民德更具有活力和效益。基督教，特别是英国的清教派，本身已证明了它是公共美德的杰出教员，不过它的神学内容是错误的。严复在这里论及了我们先前遇到的一个论题，即甚至那些穷人，虽然可能根本觉察不到他们自己的物质利益与民族、国家的利益有什么具体的联系，但他们也被引导去认识"赴公战如私仇"②。首先，这是因为基督教帮助培养起一种道德感。在安息日，人们从亲王到贫民都涌向教堂，在那里他们感受到了上帝的存在，并聆听了永生的许诺；在那里他们懂得了从宗教观点来讲他们都是上帝之子。这一事实加强了他们的道德和自我尊重的观念③。此外，他们所受的宗教教育使他们充满一种感觉，即"上帝正在注视着他们，甚至他们的内心世界"，所以，即使普通人也被引导着对无政府主义的反社会倾向进行一种内心的"反省"。

严复以政治家的眼光根据基督教对社会的影响，看到了基督教较

---

① 梁启超：《新民说》，《饮冰室文集》，上海，1916 年。未查到相对应的原文——原书译者注。

② 《原强》，《严复集》第 1 册，第 31 页。

③ 《原强》，《严复集》第 1 册，第 30 页。

之中国传统所具有的真正优势。这种优势不仅在于基督教的平等问题，而且在于这样一个事实，即西方在向民众灌输基督教伦理方面，作出了真正的、成功的努力；而中国在向民众宣传儒教的价值观念方面，没有做过有意识的努力。"至于吾民，则姑亦无论学校已废久矣，即使尚存如初，亦不过择凡民之俊秀而教之(妇女除外，这种思想在古代中国就已被贯彻——史华兹注)，至于穷檐之子，编户之氓，则自襁褓以至成人，未尝闻有孰教之者也。"①即使传统的忠孝观可能已为树立"公心"提供了基础，然而，这样的观念对群众来说也是不存在的。最后，严复回到原先的控诉上：中国的圣人和统治阶级不赞成发展人民的潜力即德、智、体的能力，也不相信这些潜力的存在，因此，中国完全缺乏组成民族公心的成份。

总结严复思想体系中自由主义的突出特点，人们也许会说，严复从斯宾塞的解放个人"才能"的观点中找到了人类自由的概念。民众的德、智、体能力在一个由自由制度及无拘束的经济领域内的生存竞争所构成的环境中苗壮成长。同时，所有这些被解放了的能力组织起来、融合到一起了，他们"合志"为社会机体即民族、国家的富强服务，而民族、国家也必须进行社会机体一级的生存竞争。更具体地说，正是英国信奉自由，才使英国成了世界强国。

当然，对上述问题，有些人也许开始觉察到这好象是对整个斯宾塞观点的根本的、荒唐的歪曲。斯宾塞本人把综合哲学看成是奉献给个人自由这一上帝的"大教堂"。民族、国家本身及其目的不是他想象的好社会的组成部分。好社会将是这样的一个社会，即在这个社会中，个人幸福将是最高的唯一的目的；并且在这个社会中，个人将不会遭受外来的限制和强迫。尽管斯宾塞偶尔显示出一种本能的英国沙文主义②，但民族主义仍与斯宾塞不相容。而且再没有比个人自由的价值建立在增进民族一国家的富强与力量上这一概念，对于斯宾塞来说更为异己的了。因为他毕竟把人类的进化划分成了两个截然不同的

---

① 《原强》，《严复集》第 1 册，第 30 页——原书译者。

② 特别要看一看《社会学研究》中关于"爱国主义倾向"的一章，这一章大部分是抨击马修·阿诺德的反爱国("反英国的市侩")倾向的。

阶段——"军事阶段"和"工业阶段"。而民族—国家是人类进化的军事阶段的遗物。在这个阶段里，人们为相互防御而各自聚集成大规模的民族—国家，这样的民族、国家需要一个极端强制性的军事机构，以便对外同其他社会进行竞争以及在社会机体内部造成严格的社会纪律。这样的国家是权力主义的、等级森严的，并且企图控制人类社会的每一个方面。"这使一个社会适应以联合运动反对其他社会的结构，是与这样的信仰相关联的，即社会成员为社会整体的利益而存在，而不是社会整体为其成员的利益而存在。"①

然而，当工业结构逐步占据优势时，在社会内部，自愿合作就取代了强迫，自由契约开始治理内部生活，有代表性的政府出现了，好战精神衰退了。纪律不再需要以"强制性的"方法来实施了。社会通过由工业组织创造的社会纪律的自发习惯团结起来了。生存竞争在个人之间健康的经济竞争范围内继续兴盛不衰，但是国与国之间的集体竞争会逐步减弱以至消失。斯宾塞属于 19 世纪那个包括卡尔·马克思和其他正统的经济学家在内的相当大的思想家群体。这个群体的成员在 19 世纪的最后几十年前，设法使他们自己相信：民族—国家是过去的遗物，民族主义即将从历史舞台上消失。可以说到 70 年代，斯宾塞被迫面对许多无法解释的"向军事阶段逆转"的现象，那时，在欧洲大陆上有不祥的权力之争，在英国有迪斯累里保守党的帝国主义。斯宾塞只能这样来给自己解释这些发展，说这是故意损害社会进化的正常过程，像一种不可解释的返祖现象一样。

我们从严复后来的著作中知道，他并非不了解斯宾塞的阶段论体系，也不是不知道君主政体社会和工业—民主政体社会之间的区别②。然而，斯宾塞所描述的国家处于"军事阶段"时的好战性和侵略性的竞争，与处于"工业阶段"时的和平和非侵略性的本质形成的鲜明对照，并没有给严复留下什么印象。他的注意力被他自己关注的事和他那时在西方的所见所闻引向别处了。他一刻也没有忘却英国仍

---

① 《社会学原理》卷 1，第 583 页。

② 特别是他翻译的甄克思的著作和他著的《政治讲义》，《严复集》第 5 册，第 1241~1288 页。

然是世界最强国。如果说斯宾塞是怀着沮丧情绪看待英国增长着的帝国力量的话，那么严复则是极敏锐地意识到了英国的富强意味着什么。严复所看到的不是一种对立，而是一种功能关系，英国所以富强，显然是因为她培育了解放个人的能力并使之与国家的利益结合起来的观念和制度；英国所以能在世界列强竞争中保持霸主地位，显然是因为她正处于"工业阶段"；个人自由和国家力量是相辅相成的，因此，没有什么能使严复相信国家力量有任何"衰退"的可能。

　　无疑，严复在这里歪曲了斯宾塞最深奥的主观感觉的价值观念。无疑，斯宾塞的美国解释者，如把他的思想解释为经济个人主义和反中央集权下的经济统制的哲学家萨姆纳·尤曼斯，他对斯宾塞心中意图的推测，比中国的这个念念不忘以国家力量为目的的不在位政治家的推测要准确得多。然而，这里有个严肃的问题：斯宾塞的形而上学和社会学的基本前提本身，从逻辑学的角度来看，对他自己的结论真的比对严复的结论更有利吗？斯宾塞主义体系，给予斯宾塞"无政府主义的"个人主义的猛然一击，比给予严复的以个人主义作为实现将来的国家目标的手段这一观点的打击是否更无情些？

　　首先必须指出，个人的本体论的地位在斯宾塞的形而上学中是最微不足道的。个人只是一颗颗微粒，通过它们，宇宙的抽象的非人格力量——力、群与进化被表现了出来。"抽象的"个人，用黑格尔的话来说，在斯宾塞的体系里不比在黑格尔的体系里起更有意义的作用，因为个人受到过多的奴役。在人感觉到每时每刻使自己成为人的体质的和生物的力之外，能被感觉到作为人还具有的任何东西都完全被社会的"超有机体"所控制。当然，斯宾塞从不厌倦鼓吹整个社会群体的质量是个体质量的产物。但是十分清楚，个体只是社会有机体的一个细胞，并且个体的质量本身是整个社会有机体进化的结果。"工业的"人所以比"军事的"人优越，绝对不是因为个人创造性的努力，而是用马克思的话来说，因为"人进入了"一种不以人的意志为转移的社会历史进程。

　　当然，有一个问题会有争议，即尽管个人在斯宾塞体系中不起创造性的作用，尽管这个体系也几乎不把个人在任何方面当作目的，但是，斯宾塞确信个人是整个进程的最终受益人。不过也十分清楚，斯宾塞所指的个人，不是任何作为个人的个人，而是只有那些具有最高的德、智、体能力的个人，才将受到尊重。在他的信条中，决不尊重不称职者和失败者。他愿意看到任何一群"次级"个人献身于创造一代优等个人，即那些具有能力的从而也将是整个进程最终受益者的个人。而自由、政治平等、自治是达到这一目标的根本手段。

　　除了所有这些之外，当然，斯宾塞的整个社会生物学比拟，本质上是一个庞大的没有前提的推理。斯宾塞的《社会学原理》一书，极为详尽地阐述了社会有机体与生物有机体之间的相似之处，书中将神经系统的进化、神经节的进化、最后是脑本身的进化这一切都比作了一个国家的日益巩固，但在完成此书的全部章节之后，斯宾塞突然被迫采取一个急速的退却。在生物界，脑的高度发展、脑的协作和控制能力的极大增长，几乎成为整个进化进程的目标。整个机体进化的趋向是不断强化局部服从整体的利益。显然，这一比拟是指国家的不断扩大着的作用，以及社会所有下属机构对于国家目标的服从。然而，斯宾塞必须尽一切可能回避这一明显的结论，这一点是很清楚的。我们突然被告知："排除成员的利益而考虑群体的利益不是我们追求的目的……社会为其成员的利益而存在，而不是其成员要为社会的利益而存在。国家的要求本身并没有什么，只有当它们包含了其成员的要求时才有意义。"①所有这些都是建立在没有社会感觉中枢这一断言之上的。就是说，虽然社会有机体看起来在所有其他方面与生物有机体类似，但是它并不具有知觉，知觉当然存在于细胞之中。人们在这里不禁感到斯宾塞在这个例子中的观点，是受他个人的偏见而不是受他社会学的内在逻辑所支配的。那么，有没有什么逻辑的理由，为什么即使社会有机体在个人看来并无知觉，在进化过程中也不应为社会有机体的目标而牺牲有知觉的"社会的细胞"呢？为什么人们一定要假设进化对知觉有什么特殊的偏爱呢？按照法国社会学家涂尔干的说法，人们不应该假定有一种更高的知觉存在于社会机体，这是否确实有道理呢？

　　大概在人类社会里，由"脑"支配的阶段属于早期未成熟社会的

---

　　① 《社会学原理》卷1，第479~480页。

"军事阶段"，而"脑"在"高一级"的工业社会里就逐步萎缩并退化了。在斯宾塞的比拟中，工业系统被比作自我调节的消化系统。这样，就像欧内斯特·巴克评述的："动物的进化趋向于神经系统的完善，而社会有机体的进化则趋向于营养系统的完善……毕竟是社会有机体进化的目的。"①

那么，严复因为深受原有的生物学比拟的影响，对斯宾塞最终的退却，或对引起这种退却的反中央集权下的经济统制看来没有特殊的敏感，就毫不令人惊讶了。严复思想本身的逻辑和他对当时欧洲情况无偏见的观察这两者，使他自然而然地得出这样的观点，即国家是整个社会进化过程的最主要的受益者。而这并不排除在长长的进化过程中，个人也成为受益者的可能性。但严复本人更深深地关切国家眼前的要求。

在严复的任何著作中，没有什么迹象说明他真正承认过"强制的"合作即标志军事阶段的由外部加强的组织形式，同建立在标志工业阶段的社会纪律已成内在化了的习惯之上的"自愿的"合作之间存在着尖锐对立。他没有意识到为"求富"设计的方法与为"求强"设计的方法有明显的质的区别。在《原强》中，严复谈到了西方"政府的、工业的、军事的、商业的和法律的制度"之完备，他用了一组中国惯用的词语(官、兵、工、商、法制)，以强烈暗示中国人正面对同样复杂的问题。中国古代法家把系统的求富方法与求强方法联系起来的做法，使严复有可能超越斯宾塞而得出类似马克斯·韦伯的社会合理化的观点。国家的官僚机构、现代军事机器的机构、法律的合理化和工业系统，在韦伯看来，也都是现代社会中全部合理化过程的方面，属于同一个综合体系。在所有这些方面，西方把个人的德、智、体的能力都运用于"公共的"目标。职业官僚、军事技术员、工程师、工业企业家都代表了科学、自由和公心之间的愉快合作。工业公司就像政府和军事机构的各部门一样，显示了组织能力和眼前利益服从长远利益的个人美德。

另一方面，个人在政府机构和军队里愿意接受的"强制或自愿"

---

① 前引巴克著作，第 117 页。

的纪律，比他在经济领域里所接受的，看来既不多也不少①。在所有
这些情况下，严复承认私人利益与公共利益的一致性。从国家的观点
来看，"私营的"铁路、轮船以及无数个体经济活动为国家的富强所
作的贡献，与政府各级机构或陆、海军所作的贡献是同样多的。例如
日本明治时期的许多政治家，他们深深地懂得即使创造"资本主义经
济"也需要来自上面的有意识的指导，因此，过分渲染的经济增长的
非人格的自发性与政治和军事机构的有意识的自觉性之间的差别，就
是没有被他们接受。大规模的私营企业里，"企业家的能力"显示在
他将理性的组织活动加强于原先不存在这种理性组织的经济生活领
域，他的个人能力转化成了理性组织的扩大和社会纪律的加强。在军
事、政治、经济和教育所有这些方面，西方把个人积极性和社会组织
的积极性、个人利益和社会利益，令人满意地而且相互加强地结合起
来了，而中国在社会机体的任何领域里却都没有实现这种结合。

　　严复没有觉察到 19 世纪末欧洲列强间发展着的"生存竞争"中有
什么倒退或返祖现象。他认为，这种竞争不是一种不可理解地向着可
能已过时的历史上的军事阶段的倒退，而是人类能力的解放和这些能
力在国家—社会内结合起来的合逻辑的结果。斯宾塞描述的社会达尔
文主义的两个方面——整个社会为社会的生存而竞争，以及社会内个
人为个人的生存而竞争，并不必然分属人类发展的不同时期。确实，
不怀偏见地看一看欧洲、美国和日本，就可以看到这两个方面的竞争
是同时存在并相互加强的。英国所以能在国际竞争中处于优胜地位，
的确是因为个人间的卓有成效的竞争能在英国得以自由进行。那么就
这一点而言，人们真能说生活在西方中心的维多利亚中期的睿智者，
比从外部来观察的中国学者更强有力地抓住了现实吗？

　　总之，严复思想的绝大部分要素来自斯宾塞，但在吸收过程中发
生了微妙的变化。通过严复所关切的事而反映出来的原体系的要素，

――――――――――――

　　①　那些强调斯宾塞的"无政府主义式的个人主义"的人，忽略了这一事实，
即斯宾塞的乌托邦里的公民是极"社会化的"，以至于不需要任何"外部"的强
制，社会纪律已被工业化的过程内在化了。人们也许可以把他的乌托邦描述为
一种和谐的极权主义，在其中，谁都不去"干预"社会结构的非人格化力量。

已被用会使英国睿智者震惊的新方式展现出来。但是，人们能说这是一种简单的歪曲吗？或者，严复的出人意料的观点，是否可能实际上揭示了这位大师教导中的一些他的西方门徒还并不清楚的异常特征呢？

二　行　动　领　域

严复 1895 年的几篇论文所表达的基本思想的"激进"本质是无可否认的。它们打击了儒家文化的根基，改变了对属于儒家文化核心的价值观念的评价，并且展示了一幅宇宙和人类世界的新画面，而且更进一步，这些思想还被当作西方思想大胆地加以介绍。严复的杰出的同代人康有为肯定接受了人类社会必然进步的观念，但却企图从儒家学说受压制的一派（今文经学派）中引申出这一观念。严复则认为没有必要为自己心目中的新观念找一件中国外衣。西方的力本论观念、坚持自我权利的观念，以及表现人的能力的观念，即自由、民主、科学的观念，同中国麻木不仁的自豪、乏味的社会和谐以及抑制中国人体力和智力的消极的权力主义之间，形成了尖锐的对立。传记著者周振甫把严复作为这一时期"全盘西化"的主要代表并非完全出于误解。但如已指出的，必须立即对这种意见加以补充，即这种西化不排除他的中国哲学与西方思想在某些方面有雷同之处的观念。这是一种不需要任何教条的"全盘反传统"的西化。

但是，当我们转向行动领域时就会发现，总的来说，严复的具体实行方案并未超出改革者们 1898 年提出的主张，并且，伟大的改革之年发生的一系列事件表明，严复是站在政治行动之外的。对此人们或许应该区分两种因素，一是他在变法运动中个性的相对不活跃，二是他在策略上的相对谨慎。但纵观严复一生，人们只能认为他不是一个"组织者"，因为在实际的政治责任面前，他甚至带有某种恐惧。然而，坐而论道不如起而实行，这句中国的老话在严复的脑海中始终占有很大的份量，因此，他一生都在痛苦地抱怨没有被"重用"。但是，人们不能不感到，他在政治领域之所以没有成功，部分原因是由于不去寻找机会，以及他基本上不愿意去搏击政治风云。

　　1895 年到 1898 年间，严复继续担任令他灰心丧气的天津水师学堂总办。1896 年，与李鸿章所签订的中俄密约相配合，严复在天津协助创办了一所俄语学校①。此外，他还在张元济新设于北京的一所西学学堂(通艺学堂)中讲学②。1897 年，他与其他人一起在天津创办了一份新中文日报即著名的《国闻报》，以及一份周刊《国闻汇编》。当然也是在这几年间，他开始了自己的翻译事业，并且完成了最著名的译作即赫胥黎的《进化论与伦理学》(严译本名为《天演论》)一书的按语。这些就是严复作为教育家和宣传家在这几年里进行的重要而有成效的活动。人们确实可以说，严复在这方面的活动最合乎逻辑地反映了他关于中国急务的思想。中国的士大夫们在能够担起开民智的重任之前，还不得不首先开启自己，而严复正是承担了教育士大夫的任务。

　　然而，严复对各方来说事实上都是外人，对于极端保守分子来说，严复当然是该诅咒的人；对于谨慎的改革者，如仍极注重"保教"的张之洞来说，严复对保教公开表示冷漠是极其令人恼怒的，我们知道，张之洞对《辟韩》一文深恶痛绝，并确实指使屠守仁写了一篇辩驳文章③。甚至对康有为及其同伙来说，严复在许多方面也与他们不合。他们中较年轻的成员，如梁启超和谭嗣同，肯定深受严复文章的激励。有一点是十分清楚的，即严复对于梁启超后来发展的影响远比他的老师康有为对他的影响深刻。但是，康有为和他的追随者们毕竟是通过科举上来的，并十分注重把他们自己的思想置于传统的参照系中。他们构成了一个不折不扣的学术派系。严复则不属于这个圈子，他仍是个未能通过官方考试的人。

　　当人们再把前面提及的缺乏自信和胆怯补充到这些因素中去时，就能理解为什么严复只是在局外旁观 1898 年夏季发生的激动人心的

---

①　见林耀华的《严复社会思想》，载《社会学界》第 7 卷，1933 年 6 月出版。

②　1898 年政变后，该校隶属于京师大学堂。

③　这篇文章的标题是《辨〈辟韩〉书》，发表在梁启超的《时务报》上。也可见叶德辉的《异教丛编》卷 3、王栻的《严复传》，第 32 页。

事件。当时有些做法是合严复心意的。贵州的一个改良主义者严修，建议为未经科举上来的有才干者如严复等开设一种政治经济特科考试。皇帝批准了这个建议，但未及实施，结果著名的百日维新的政变就发生了①。虽然《国闻报》总的来说支持了1898年的全部改良努力，但严复直接参与的只是一份《拟上皇帝书》和一次觐见。他的《拟上皇帝书》从未被进呈御览，因为召见后一星期（八月），政变就发生了。他作为思想家之大胆和在实际行动上的消极并非没有被注意到，在某些方面他被指责为"能坐言而不能起行者"②。

不管使严复没有投入政治改革大旋流的原因是什么，不管是个人气质造成的还是客观情况造成的，他关于现行策略问题的看法在逻辑上的一贯性是无懈可击的。在这方面，我们必须清楚区分两组常被混淆的对立面，即传统主义与西方化的对立、保守主义与激进主义的对立。即使严复的相对保守和谨慎可能有气质上的根源，它们也是以最严格的逻辑出自他所信奉的西方特有的思想，而不只是出自中国的"信而好古"。斯宾塞描述进化是一个令人厌烦的缓慢的渐进过程，一小步一小步地前进，从无跳跃，而中国还完全不具备条件，它在从君主政体向民主政体的过渡中还没有走出很远。正如我们已知道的，甚至在严复最激烈地发出对韩愈轻视人民力量的谴责中，他仍承认人民目前不能依靠自己的力量站起来。斯宾塞已使严复永远也不会受革命魅力的激发与影响。他在孟德斯鸠、亚当·斯密、赫胥黎、穆勒那里也不会找到什么东西可消除对突变的怀疑。既不能在一天里变愚为智、变弱为强，也不能在一天里以"公心"鼓舞起缺乏道德的自私的人③。

严复关于改革的具体建议散见于他这些年写的文章中，特别集中在他的《拟上皇帝书》中，该万言书于1898年头几个月分期刊登在

① 王栻：《严复传》，第57~58页。
② 严复的庇护人吴汝纶驳斥对严复的这种指责，并说如果受到重用，他将为国效劳。《答几道书》1898年1月28日，见《桐城吴先生全书》，北京，1905年，《吴挚甫尺牍》卷1。
③ 当然，斯宾塞的书使严复反对杰斐逊的人的天生"良感"即刻见效的信仰，而认为人的潜在智力只能通过长期而辛劳的教育过程才能得到开发。

《国闻报》上。如前所述，万言书从未被进呈御览。

虽然，严复确以某种优越的气度面对改革集团，但他的大多数具体建议并无独创性。他关于改革的观点可以说是"科学的"，因为它们建立在一种任务先后有序的清晰的意识之上，这种意识来自斯宾塞对于社会历史"法则"的说明。在1897年写给梁启超的信中，严复曾告诫梁"一思变甲即须变乙"①。在严复看来，年轻的梁启超在其论改革的文章中，简直是乱七八糟地罗列了一大串迫切需要进行的事，根本没有从时间上、从与中国实际的社会—历史形势的关系上考虑先后次序的概念，的确，梁启超与他的老师康有为就是以这种态度来推进著名的"百日维新"的。中国的形势是危急的，他们认为需要从四面八方发起进攻，需要一场"革命"，也可以说是包罗万象的改革。应顺便注意到的是，就在这封信中，严复否定了"教可保"，这实在具有讽刺意味。康有为和梁启超从他们的特殊的儒教形式中得出了一个简洁的信念："制可改"；而严复从他的新斯宾塞主义中却得出了一个牢固的观念：变革难，即制度的变革必须建立在对于客观形势提供的可能性作出谨慎分析的基础之上。

严复在《拟上皇帝书》中提到两类改革——治"本"与治"标"。治标包括经武、理财、择交、善邻。治本则包括立政②、养才、风俗、人心。这样，治本中包含了著名的鼓民力、开民智、新民德三项变革，即作为国家力量基础的人体三要素的变革③。在此，严复使我们想起了那些竭力鼓吹"变法"不如"变人心"的保守主义者。不过，在"变人心"方面的这种相似只是表面的，严复希望的是一种全新方位的"变人心"，即彻底地改变价值观念。此外，他决不否认治标的迫切性。"势亟，则不能不先事其标。"④然而这种治标不会有持久的效果，除非在治本方面作出一些努力。

虽然没有理由认为严复反对1898年夏季的任何治标改革，但他

---

① 丁文江、赵丰田编：《梁启超年谱长编》，第76页。

② 这一项为原书译者所加。

③ 关于这几项的详细讨论，请看《原强》。

④ 《拟上皇帝书》，《严复集》第1册，第65页。

所牵挂并反复思考的是那些他认为与治本最为有关的特殊的治标改革。他不厌其烦地告诫，旧的不革除，新的不能得到贯彻，富强也不能达到。他的大多数建议自始至终都可被归结为"鼓民力、开民智、新民德"。在鼓民力一项中，他详述了使中国摆脱鸦片祸害和缠足恶习的必要性，以及有必要扭转中国人对身体健康的价值的看法。他认为这是与心理上的勇气和耐力的价值观念紧密相联的。在某种程度上，肯定人的体力和体格之美将会最引人注目地显示出价值观念的新变化。更为惊人的是，严复甚至为女子体育作辩，特别以母健而后儿肥为理由①。

但是，激起严复最富生气的反响的是"智"这一项。因为"智"毕竟如拱门的拱顶石，没有士大夫对世界看法的改变，人们几乎不可能指望有多少其他改变。在这个领域里，什么需要最先注意是毫无疑问的。这就是必须搬走头号梦魇般的精神压力——科举制度。1895年，严复发表措词十分强硬的《救亡决论》，就主要是直接反对科举制度的。"中国不变法则必亡是已。然则变将何先？曰，莫亟于废八股。"②科举使天下之士心灵受害、道德堕落。严复以斯宾塞和赫胥黎反对纯文学和纯书本教育的全部理由来猛烈反对科举教育，影响极大。此外，他还反对文人们施教的全部内容和方法，即他实际上反对传统思想的所有派别。在中国有不少怀着传统心理的文人，他们反对空洞的形式主义的考试制度，并且举起了儒家思想这一派或那一派的旗帜，如宋明理学派、考据学派、康有为的今文经学派、王阳明学派等等。严复回顾了所有这些被假充教育基础的内容，认为它们都是不够格的："一言以蔽之，曰：无用。"它们不能为中国的富强作贡献。"非今日救弱救贫之切用"。不管它们可能包含着怎样的真理，这些真理与手头的任务无直接的关系，"皆宜且束高阁也"③。那么，需要什么呢？十分清楚，就是西方的科学教育。这种教育迫使人们直接面对实际，通过严格归纳从实际中得出与富强最直接有关的不可动摇

---

① 《原强》，《严复集》第1册，第27~29页。

② 《救亡决论》，《严复集》第1册，第40页。

③ 参阅《救亡决论》，《严复集》第1册，第44页。

的真理。当然，所需要的还应该加上斯宾塞在他的心理学和社会学中解释的社会达尔文主义的基本原则、古典经济学的基本原理等等，这些都属于西方归纳对实际的直接观察而得来的科学真理。在最后这一特殊方面，全然不考虑传统研究在新的教育课程中的作用。在教育领域里，严复酝酿着一场革命。

他对中国教育效果持否定态度的必然结论是，他坚信政府职位被那些完全由科举制塑造的人"垄断"的局面必须打破。在此，人们还能觉察出一种含有个人因素的语气。他的《拟上皇帝书》的主要建议之一，用赫胥黎的话说就是防范"劣者遗传"①。他强烈要求必须将此作为先于一般改革的实施措施之一。这个国家里的保守党，虽然其中不乏"绅士"，但他们仍是改革的主要障碍。严复在此举王安石变法的例子，说他的改革就是由于保守派把持了政府而完全受阻的。

在"新民德"一项中，我们看到了他为创立国家观念，即"公心"观念而建议采取的措施。说来也奇怪，就是在这个标题下，严复1895年建议设议院。他说，如何使吾民以中国私之为己有？"曰：设议院于京师，而令天下郡县各公举其守宰。是道也，欲民之忠爱（中国）必由此。"②作为一种通过引导个人认识自己的利益与国家利益的一致性进而创立忠于国家的风气的手段，议会制这一概念当然是与严复的民主概念相一致的，这不禁使我们想起明治初期日本"自由党党员"中普遍存在的一种争论。而实际上，在以后几年里，严复退却了，理由是根据中国的发展阶段，设议院的条件还不成熟。在《拟上皇帝书》中，他还提出一条虽然更为谨慎却更引人注目的建议，就是皇帝通过巡视天下，与臣民建立密切关系，而使自己成为天下忠爱的偶像。用这样的方法，唤起人民已陷入休眠状态的忠心，以创造一个全新的氛围，使其他改革得以在其中进行。

另一个古怪的但有意思的建议是，要皇帝出访世界，目的是使世

---

① 即"破把持之局"——原书译者。

② 严复没有告诉我们这个议院是否由选举产生，也没有告诉我们这个议院具有何种权力。他后来对这个问题的解释表明他只是期待一个没有多少代表性的"舆论"咨询团。

界强国相信，通过一项共同确保中国安全的条约，列强自己的利益将会得到最好的保证。严复认为，中国积弱是世界不安全的因素之一。英、法、俄与日本都不断地担忧他们的领导人可能会在一个衰败的中华帝国内赢得某种优势地位。这使他得出一个有希望的前提，即"所有这些国家都深深愿意看到中国强盛"，而皇帝出访世界，将大有希望使欧洲各国的大臣们确信要为中国提供进行必要改革的一段喘息时间。

这个建议也许是凭空设想出来的，但它的确说明了严复的观点同中国的病情应由"帝国主义"负主要责任这一看法之间的距离有多远。他说得十分明确，中国的困难70%来自"内弊"。他的社会达尔文主义使他不可能对西方帝国主义国家作出明辨是非的判断。他认为中国在生存斗争中的衰败肇始于它自己不能适应这种环境，那些能适应的国家为获得优势而相互竞争，这是完全不可避免的，而中国必然要由自己来忍受不能适应的奇耻大辱。

总的来说，严复在1895至1898这几年里，基本关注的是最广义上的教育，而首先是教育士大夫。只有当士大夫有了新的眼光和新的知识时，才能进行"开民智"的工作。中国自19世纪60年代以来的全部经验已提供了充分的证据，即没有这种新眼光，治标是站不住脚的。把教育本身作为信条，这不是从斯宾塞那里得到的。斯宾塞并没有讲教育或思想观念具有什么作为动力本源、能起到促进进化过程的特殊作用。相反，推进人类文化各个独立方面发展的，恰恰是作为一个总体过程的进化。然而，严复生活在一个进化过程被延缓了的社会里，他不禁希望进化思想本身会产生那些进化过程至今令人不解的还未带来的效果。

【评介】

本篇选自美国学者本杰明·史华兹的著作《寻求富强：严复与西方》（*In Search of Wealth and Power：Yen Fu and the West*）的第三章《原则宣言》。该著作于1964年在美国首次出版。

本杰明·史华兹（1916—1999年）是美国当代著名汉学家、人类文明比较研究专家，曾任哈佛大学费正清东亚研究中心教授。其研究领域包括近现代中国史、中国思想史和人类文明比较研究,《寻求富强:严复与西方》是其代表著作。

《寻求富强:严复与西方》是一部比较系统地研究严复思想的西方著作。史华兹通过研究大量的中英文资料,梳理了作为中国近代向西方学习的先进人物——严复的思想发展脉络,特别将严复思想与以斯宾塞、赫胥黎、亚当·斯密、孟德斯鸠等为代表的西方思想进行比较,从而展现了19世纪西方思想对处于文化转型期的中国思想界的影响。史华兹认为,严复是近代中国开眼看世界的第一批先进人物之一,他的教育背景与生活经历使他认识到,中国要实现富强不能仅依靠传统思想文化的积累,还必须从西方先进思想中获得力量。作为较早的系统研究严复思想的西方著作,《寻求富强:严复与西方》不仅提出了诸多新观点,而且给后来的研究者以许多有益的启发。

该书共包括十二章。第一章:背景。这一章首先介绍了严复在从出生、成长、成年一直到晚年的过程中,中国社会所面临的内忧外患。在这样的背景下,便出现了以儒家正统为主线,以西方民主自由观为辅线的社会思潮。严复虽然更倾向于西方的自由民主思想,但是他无法摆脱传统儒家思想的影响,这在他的晚年表现得尤为明显。在这种传统文化价值观处于剧烈变幻的背景下,严复开始了他发现西方富强、为中国寻求富强的探索。

第二章:早年时代。这一章介绍了严复从童年到青少年的求学经历。严复选择进入用英文教学的船政学堂决定了他一生的道路。英文是他汲取西方思想的媒介,英国成为他理想国的范本,英国人的思想支配了他青年时代思想的发展。此外,他的学习经历、个人仕途的暗淡、国家的内忧外患等,不仅对他的整个思想发展产生影响,而且成为他后来推崇自由主义、强调追求富强的动机。

第三章:原则宣言。这一章主要论述了严复1895年至1898年的思想状况,强调其思想在极大程度上受到西方学者,特别是达尔文和斯宾塞的影响。本章包括两个小节:思想领域和行动领域。

(一)思想领域:严复认为,造成东西方不同的根本原因,更多的在于东西方思想和价值观的差异。中国之所以落后于西方,是因为中国人"厚古薄今",懒于进取。国家正患于愚、贫、弱,人民却缺乏奋发自强的上进心。相反，西方人"以今胜古"，对生活有更强的进取心。由于达尔文的"物竞天择"思想在西方社会有普遍的影响力，人们崇尚竞争的价值观，因此由竞争激发出来的潜能的发挥促使西方社会优胜发展。但是，严复对达尔文的自然界生存法则的诠释是融合了斯宾塞的社会群体的进化法则的。事实上，虽然斯宾塞思想中有与中国传统思想大相径庭的一面，但其也有共同之处——他的"一元论迷信"和"宇宙整体思想"与黄老哲学的"宇宙循环论"有异曲同工之妙。因此，在某种程度上，这使得严复能够保持西方思想与自己所接受的传统教育和谐相处。然而，严复更关注的是差异。儒家思想中的生民养民之道、相安相养之道与西方的竞争观念产生了巨大冲突。在这里，严复对西方的倾向也是非常明显的。他坚定地信仰斯宾塞的观念：使西方社会有机体达到富强的能力是蕴藏在个人中的能力，而民主、自由为这些能力的培养提供了条件。要说明的是，斯宾塞始终最为强调的是个人自由的充分发展，即社会为其成员的利益而存在，而不是其成员为社会的利益而存在。但是又必须看到，严复的所有信仰必须放在国家现实状况的背景中来看，因此，严复坚持，在国内实行民主制度之前，必须先从教育着手，"鼓民力、开民智、新民德"。同时，个人的能力应当被组织起来，为整个社会机体而服务。总之，史华兹认为，严复的思想大部分来自于斯宾塞，但是在吸收的过程中发生了微妙的变化。

周振甫在《严复思想评述》中将1895年至1898年的严复评为一个"全盘西化论者"，但史华兹认为这种判断过于绝对化。其实周振甫在其书中也承认，所谓的三个时期的分段法并不是绝对的，三个时期的思想互相交融，而且传统文化思想在严复思想中一直起着作用。史华兹在此处对"全盘西化论者"的批判包括以下两点：一、"传统主义"作为一个新概念在当时的中国还没有出现，更不可能成为严复攻击的目标。二、中国传统文化尚未形成一个完整的体系，因此也不存在攻击中国传统文化的问题。其实，严复在为《天演论》作序的时候就指出，人们在中国古代思想中，能够发现构成西方科学发展基础的逻辑学和物理学的雏形。这说明严复并不反对中西文化之间的共同之处，也不完全排斥中国的传统文化。

(二)行动领域。虽然严复在思想领域是走在时代尖端的人物，但是史华兹指出，严复在行动领域却是置身其外的。一方面是因为他在变法运动中的个性相对不活跃，另一方面是因为他在策略上相对谨慎。对保守派，严复不赞同他们因循守旧的思想，而极力倡导西方先进思想；对变法运动中比较激进的变革派，又认为他们欲速则不达。所以总结严复的观点，就是要废除科举制度，行西方教育制度，"鼓民力、开民智、新民德"。

第四章：西方智慧的源泉。既然以教育作为改造社会、寻求富强的手段，严复开始通过翻译西方著作来实现教化人民的目标。翻译西方思想政治名著无疑给严复带来了荣誉，但他在翻译著作中附加的评论与他所翻译的作品一样引起人们的注意。本章分为"媒介"和《天演论》"两个部分，分别从严复的翻译和评述两方面作分析。在第一节"媒介"中，史华兹认为，严复的翻译作品基本上采用意译的方式，这使得翻译的表达有些含糊，而且使翻译的语言比较微妙，甚至出现曲解。但是，这种曲解也许是故意的，是严复因对国家兴亡富强的担忧而采取的翻译计策。在第二节《天演论》中，史华兹再次强调严复根据国家所面临的情况而有意地进行意译，在这一过程中，天演进化、物竞天择是严复强调的主题。

第五章：《原富》。这一章探讨了严复翻译的该书的过程中所展现的经济学思想。严复赞成斯密的利己主义，认为利己主义的活力带动了工业企业的活力，从而促进社会富强。相较而言，儒家传统却将"商"置于末端，阻碍了中国经济的发展。但严复的翻译对原著思想也有所歪曲。斯密认为团体的普遍利益只是文明的个人利益的补充，个人利益应该得到最高的强调。但是到了严复笔下，斯密的"社会"、"民族"的集体利益变成国家利益而受到最大推崇，尽管严复也承认必须通过解放社会群体中个人的活力与能力才能实现集体目标，达到国家富强。严复还认为，利己主义虽然是有活力的，但是它应当是有限度的，不能与"义"相割裂。因此，严复又回归到他最初的教育主张，认为经济利己主义应当以"开民智"为前提。

第六章：《群己权界论》。这一章探讨了严复在翻译约翰·穆勒的《论自由》中所构建起来的自由思想。穆勒所关注的，是保护个人身上最独特的价值不受社会干涉，他所捍卫的，不仅是那种使工商业者或富有群体在社会中施展的自由，还包括处于社会底层的、不具有竞争力的人的保持自己存在方式的自由，而这些关于人类个性自由的阐述大多被严复过滤掉了。严复在乎的是如何通过翻译这些西方作品解决中国社会的现实性问题。因此严复倾向于将这种自由表述为思想自由和思想表达自由，并且将之作为促进"民智民德"和国家进步的手段。

第七章：《法意》。这一章探讨了严复翻译的孟德斯鸠《论法的精神》中所表达的民主政治思想。严复翻译此书时，正是清政府在国内外压力下开始法律的近代化并力图创建一个宪法框架的时代，所以严复格外关注西方法律制度与观念。史华兹通过比较孟德斯鸠的法律政制思想——对君主政体和专制政体作出严格划分，和严复在译述中所表达的思想——政体类型应当只分为君主政体和共和政体两种，说明了两人在政治制度、权力行使、自由民主等方面的不同观点，并在最后指出，严复拥护与传统儒家思想截然相反的法家思想，从而反对任何形式的"圣贤之治"。

第八章：《社会通诠》。这一章主要探讨了严复翻译的甄克思《政治史》中所体现的社会进化论思想。严复认为，进化始于图腾，继之于宗法，而成之于国家。当西方已经迈入国家状态时，中国仍处于宗法社会阶段。史华兹对比了中西方社会进化的差异，指出严复将中国社会进化迟缓的原因归咎于中国文化精神的影响，即中国推崇圣贤的思想使社会思想的发展长久停滞。此外，中国人消极忍耐的性格使社会缺乏动力。矛盾的是，尽管严复有坚定的进化信念，但他又反对革命，主张通过培育良好的德、智、体的能力来增强社会的竞争力。

第九章：《穆勒名学》。这一章讨论了严复在其译著《穆勒名学》中构建的综合思想体系。史华兹认为，严复与穆勒都反对一切先天观念、先验的主观思想范畴和直觉知识的概念。然而在翻译的过程中，严复抛弃了更为穆勒重视的实证主义，而不断地强调归纳法。这与他抵制中国传统思想对先验主义的推崇有关。

第十章：对道家学说的沉思。在这一章中，史华兹首先指出，严复认为万物应当是严格地服从达尔文和斯宾塞的物理学和机械学论的规律的。其次，关于自由的问题，严复力图在他所感兴趣的黄老思想中建立起与西方自由民主思想相互融通的联系。最后，严复认为，能够从老子的"道"的思想中探索万物的终极，找到与斯宾塞的"不可知之物"的契合点。

第十一章：晚年时代。史华兹在这一章重点讨论了严复在1895—1908年的思想变化状况。根据周振甫的看法，严复在这个时期从支持全盘西化逐步倒退至"反动的传统主义"。史华兹反对这一观点，他认为，这一时期严复的内在思想与前期保持一致，尽管在一定程度上背离西方思想，但这种背离绝不是突然的。首先，在袁世凯事件中，严复最初的确比较敬重袁世凯，甚至对袁世凯给予道义上的支持——他认为袁世凯是唯一能够扭转无政府状态的强人。但是他的这些信念在筹安会事件以及袁世凯复辟活动失败后就隐匿消息了。其次，第一次世界大战爆发后，严复对西方国家的自由民主的核心价值观念产生了疑惑。正当中、俄等国开始信奉自由民主理念的时候，这些理念的诞生地却开始背离它们。然而严复并没有完全抛弃西方思想，而是有选择性地离弃。

第十二章：结语。史华兹在这一章分析了导致中西方民族性格差异的原因：西方的浮士德式的不断克服障碍、超越自我的进取性格使西方社会内部的政治力量获得了极大的增长；中国则一方面埋怨本民族文化中缺乏这种精神，另一方面又埋怨西方仗着这种精神对本民族进行羞辱，而这也是中国发展缓慢、缺乏竞争力的原因。最后，史华兹客观地反省了自由、平等和民主思想在工业社会所遇到的偏离初衷的问题。无限追求财富的浮士德精神与传统的社会政治价值观念的冲突应该如何解决，仍然有待探讨。

总体来说，史华兹通过对相关西方政治经济著作与严复译著、评论的客观比较研究，发现严复思想的中心，即为中国寻求富强之路。他在书中一再强调，"富强"是严复思想的一贯主题，教育以及"鼓民力、开民智、新民德"则是实现富强的手段。尽管在翻译过程中存在违背原作者主旨的情况，但这完全是与严复所处时代的形势，以及严复自身忧心国是的责任感有关。

论 严 复①

李泽厚

一、在中国近代史上的地位

(一)是"法家"吗？

严复是"在中国共产党出世以前向西方寻找真理的一派人物"
(《论人民民主专政》)的四大代表之一。对这一点，我们研究得还很
不够。解放前不必说，"译才并世数严林"，人们把严复看作与林纾
一样的著名翻译家。实际上，严与林无论在思想上、学术上和贡献
上，总之在中国近代史上的地位，是完全不能并列的。1949 年，毛
主席总结中国民主革命数十年经验时，提出严复是与洪秀全、康有
为、孙中山并列的代表人物，曾使好些人出乎意外。对洪、康、孙三
人在中国近代先进代表地位是没人怀疑的，他们不但代表了中国近代
三大先进思潮，而且本人也都是当时站在时代前列，叱咤风云指挥斗
争的政治活动家和领导者。严复显然不具有这种著名作用和显赫身
份，他何以能与上述三人并列呢？不是谭嗣同，不是章太炎，不是其
他当时更有声势和名望的人物，而偏偏是严复？这个问题，始终没有
很好研究。解放后有关严复的论著仍寥寥无几，在好些论及中国近代
思想界先进人物的文章中，也经常看不到严复的名字。前数年，由于
毛主席再次提及严复，情况有所改变，有关严复的文章大大增多了。

---

① 本篇选自李泽厚：《中国近代思想史论》，人民出版社 1979 年版。

但是，"四人帮"又趁机捣乱，用儒法斗争来编纂中国近代历史，把严复说成是什么"法家"。毛主席明明说，"在'五四'以前，中国文化战线上的斗争，是资产阶级的新文化和封建阶级的旧文化的斗争。在'五四'以前，学校与科举之争，新学与旧学之争，西学与中学之争，都带着这种性质"（《新民主主义论》）。到梁效、罗思鼎的笔下，却变成了"法家"和"儒家"，法家思想与儒家思想的斗争。于是，一些奇怪的现象都出来了，讲资产阶级革命派，不提孙中山，只大讲所谓"法家"章太炎；代表资产阶级改良派的，也不能是"儒家"康有为，而成了"法家"严复……如此等等，造成了理论上、思想上和学术上的极大混乱。现在应该澄清这种混乱，彻底批判"四人帮"，并且在"百家争鸣"的方针下，把我们的学术研究工作向前推进一步。

一般地说，作为先秦特定思想政治派别的儒法两家，不应作为一种超阶级超时代的抽象框架，用于全部中国史或思想史哲学史；特殊地说，更不能把它们作为近代中国史或思想史哲学史的斗争线索。当然也不能用于严复。关于儒法论争以及严复批儒尊法思想并不是什么新发现或新问题，早有人作过论述，国外也有人特别强调过这点。①关键在于必须把它们放在具体历史条件下，作出马克思主义的阶级分析。严复的确有一些推崇、赞扬中国古代法家或具有某些法家思想的人的议论。前期有，后期也有，它们便有着大不相同的具体内容。

在前期，严复是西方资产阶级新文化的热心的倡导者，他在热情宣传、介绍、翻译这种新文化的时候，也不断援引中国古代各家各派的思想学说加以比较、对照、印证和发表议论。其中就有一些赞美申、商、荀况、王安石和不满或批评孔孟程朱陆王的话，例如：

　　　　尚贤则近墨，课名实则近于申商，故其为术，在中国中古以

① 如本杰明·许华兹（Benjamin Schwartz）：《寻求富强：严复与西方》，（伦敦，1964年）第一章，其中便认为，"十九世纪以前所发展的中国传统思想在可称作政治—经济的哲学领域内提供两种基本选择，一是儒家正统的主线，另一就其根源是常与法家相一致的……"（第10页），点出了《商君书》、《韩非子》、《管子》、《盐铁论》、汉武帝、诸葛亮、朱元璋、张居正等，"有生气活力的皇帝和宰相……似乎本能地即是法家"（第13页），以及严复反儒尊法等等。

· 197 ·

来，罕有用者，而用者乃在今日之西国……(《天演论》卷上导言十七善群按语)

(斯宾塞)大阐人伦之事，帜其学曰群学。群学者何？荀卿子有言：人之所以异于禽兽者，以其能群也。(《原强》，据《直报》原文)

千古相臣，知财计为国之大命……荆公一人而已……不容后人轻易排击也。(《原富》按语)王荆公变法，欲士大夫读律，此与理财，皆为知治之要者。蜀党群起攻之，皆似是实非之谈。至今千年，独蒙其害，呜呼酷矣。(《法意》卷六按语)

吾国自三代至今……至于政法，非所得力者也。孔子谓观于乡，而知王道之易行，使此老而生于今，所言当稍异耳。(《法意》卷十九按语)

严复批评孟轲、韩愈、宋儒特别是陆王的言论是更加突出和明确的。因此，援引中国古人以印证西方新说时，严复也确有将商鞅、荀况、刘(禹锡)柳(宗元)、王安石与孟轲、宋儒等对立起来，并肯定前者反对后者的地方。例如，在《天演论》中，当严复不同意赫胥黎认为人性中"有其精且贵者，如哀乐羞恶，所与禽兽异然者"等等，从而"人惟具有是性而后有以超万有而独尊"即先验的人性善时，便"按"曰："此篇之说与宋儒之言性同……朱子主理居气先之说，然无气又何从见理？"(卷下论十三论性按语)而当严复同意赫胥黎"与天争胜"的思想时，却"按"曰："此其说与唐刘柳诸家天论之言合，而与宋以来儒者以理属天以欲属人者，致相反矣。"(《天演论》卷下论十六群治按语)但是，所有这些，并不是用古代儒法来衡量和介绍西学，恰恰相反，严复是为了介绍西学，而用霍布斯、洛克、亚当·斯密、斯宾塞等人的观点来援引、评点、估量和议论中国古人。他认为人并不是由于天生"性善"，而是由于各为"私""利""安全"争斗，终于"积私以为公"，"明两利为利，独利为不利"，才结成社会和有近代资本主义经济的大发展。他之所以称引荀况、刘柳、王安石，批评孟轲、程朱、"蜀党"，是因为前者更接近、后者更远离这一观点。召唤亡灵是为了当前需要。因为要提倡资产阶级的法制和宣传社会必然变化进步，所以才赞扬法家和变法①；才强调"中西之异在于法制"（《原富》按语）。因为主张"功利何足病""理财计学为近世最有功生民之学"（《天演论》卷下论十六群治按语），所以才反对"何必曰利"的"孟子"和称赞"理财读律"的"荆公"。而当"荆公"的"理财"并不符合近代资产阶级的经济原则（如自由主义、个人主义、放任主义）时，也就立即予以批评：

> 读王介甫度支付使厅壁题名记……是名理财，实以禁天下之发财，既禁发财而又望天下之给足而安吾政，所谓多所抵牾者也。（《法意》卷二十一按语）

可见，严复对中国古代各家学说的评论取舍，都完全服从于、从属于他当时提倡资产阶级新学、西学的需要，都具有这个特定的时代内容。从议论"六经且有不可用者"②到横扫宋学、汉学、科举词章、金石书法种种封建文化（见《救亡决论》等论文），都是为了替资本主义新文化鸣锣开道。它鲜明地表现了当时资产阶级的西学、新学和封建阶级的中学、旧学的斗争。这里根本不是什么"儒法斗争"，儒、法都是前资本主义的东西。严复也根本不是什么"法家"，法家属于封建地主阶级。如果看到严复有几句推崇、赞同法家人物的话，就把他说成法家或"继承法家传统"，那么，严复也有好些推崇老子的话

---

① 所以《法意》、《社会通诠》等书按语中，多提及法家。如"夫井田之制，至于春秋定哀之间，有存盖寡，至孟子时，扫地尽矣。故其所陈说于齐梁诸君者，常存复古之意，江河趋下，其势必不可挽。商君李悝因而毁之，以收一时之利……唐宋诸儒想望太平，皆太息于先王经制之破坏，而归狱商君，虽然，商君不任咎也。试思当日即无商君，井田之制尚克存乎？"（《法意》卷二十七按语）。"物穷则必变，商君始皇帝李斯起而郡县封域阡陌土地""乃悟商君李斯，其造福于中国之无穷也"（《社会通诠》序、按语）。这是近几年人们常引用的几段，其实，当时主张改革而赞扬商鞅王安石，并不是特别稀罕的事。例如，连主张极其温和后代也不甚知名的钟天纬（1840—1900），便专门写过肯定商、王的《商鞅论》、《王安石论》以及《汉武帝论》等（见钟著《刖足集》）。

② 《原强》直报原文，后严复将"六经"二字改为"古人之书"。

(其评价远超过任何法家理论或人物)①，也有多处赞同墨翟反对孟轲的话②，是否因之就可以说严复是"道家"、"墨家"或"继承"道家、墨家传统呢？

并且，有意思的是，严复的"尊法"思想，是在辛亥革命后变得最为鲜明、确定和突出的。在这一时期，严复反复这样说：

> 齐之强，以管仲，秦之起，以商公，其他若申不害、赵奢、李悝、吴起，降而诸葛武侯、王景略，唐之姚崇，明之张太岳，凡有强效，大抵皆任法者也。(《与熊纯如书》第15函，1915年)③

> 是故居今而言救亡学，惟申、韩庶几可用。除却综名核实，岂有他途可行？贤者试观历史，无论中外古今，其稍获强效者，何一非法任者耶？管商尚矣，他若赵奢、吴起、王猛、诸葛、汉宣、唐太，皆略知法意而效亦随之，至其他亡弱之君，大抵皆良儒者……(同上，第16函，1915年)

> 然今日最难问题，即在何术脱离共和……自吾观之，则今日中国须有秦政、魏武、管仲、商君及类乎此之政治家，庶几有济……所用方法，皆在其次。(同上，第32函，1916年)

> 其能闳济艰难，拨乱世而反之正者……能得汉光武、唐太宗，上之上者也。即不然，曹操、刘裕、桓宣武、赵匡胤，亦所欢迎。(同上，第36函，1916年)

这不是很接近近几年艳称的"法家名单"么？看来，严复这时倒真有点"继承法家传统"的样子了。但是，它的具体的历史阶级内容又是什么呢？

---

①　见《老子评点》，如"太史公六家要旨注重道家，意正如是。今夫儒墨名法所以穷者，欲以多言求不穷也，而不知其终穷"，等等。

②　如"夫孟子非至仁者欤？而毁墨，墨何可毁也？……吾所至今而不通其说者也"(《法意》卷二十四按语)。"兼爱之说，必不可攻，兼爱者不二本，孟轲氏之说，乃真二本耳……夫孟子固圣贤人，而以云其学说，则未安者众矣。程朱又安能尽护之？"(同上卷二十一按语)等等。

③　次序及年代依南京大学历史系编严复书信油印本。下同。

本来，严复就是坚决反对革命和资产阶级革命派的。辛亥以后，他更认为现实证明他原有主张的正确。所以他一再说："天下仍需定于专制。"（同上，第 1 函，1912 年）"终觉共和政体，非吾种所宜。"（第 6 函，1913 年）也正是在这样一种思想基础上，他终于被列名参与了袁世凯称帝的筹安会丑剧。袁垮台后，严复仍然顽固坚持己见。他又一再说："项城之失……因别有在，非帝制也……夫共和之万万无当于中国，中外人士同此言。"（第 26 函，1916 年）"吾国形势、程度、习惯，于共和实无一合。"（第 40 函，1916 年）"现在一线生机，存于复辟。"（第 41 函，1917 年）"总之，鄙人自始至终，终不以共和为中华宜采之治体。"（第 68 函，1920 年）上述"尊法"言论，正是与这些思想、言论紧密交织在一起的，是与他极力支持袁世凯（只恨铁不成钢，嫌其才识不够），主张复辟，是与他大骂孙（中山）、黄（兴），抨击辛亥革命，是与他反对白话文，反对五四运动等一切新鲜事物紧密地联系在一起的。反对民主共和，主张帝制复辟，提倡马基雅弗利（Machiavelli）①，幻想强人政治，希望出现一两个强有力的统治人物，以铁腕方式，"恢复秩序"、"拨乱反正"、"综名核实"、"脱离共和"、镇压革命、统一中国，这就是严复这个时期占主导地位的政治思想，也就是他这个时期"尊法"的具体含义和阶级内容。因之，不难理解，严复在抒发"尊法"思想的同时，何以愈来愈赞扬封建旧文化。"尊法"并不与批儒批孔而是与尊儒尊孔同时并举。例如，他提出："将大学经文两科合并为一，以为完全讲治旧学之区，用以保持吾国四五千载圣圣相传之纲纪彝伦道德文章于不坠……此真吾国古圣贤之所有待，而四百兆黄人之所托命也。"（《与熊纯如书》第 2 函，1912 年）这种思想、言论、活动很多②。

---

① 《君主论》作者，主张强有力的专制君主的统治，不管用何种手段、阴谋均可。

② 如"1913 年，孔教会成立……以严复领首。同时，他又在中央教育会发表《读经当积极提倡》的演说，亦旨在尊孔读经。在此以后，他又写了《导扬中华民国立国精神议》，竭力提倡忠孝节义等封建道德。1914 年，他看到卫西琴（A. Westharp）所著《中国教育议》中有赞美孔丘的话，就引为同道，将全书翻译过来。第一次世界大战爆发后……更笃信代表中国封建时代的孔丘思想，以为这就是救中国救世界的丹方……严复又歌颂起孔孟以来的道统了。"（王栻：《严复传》，上海人民出版社 1976 年版，第 132~133 页。）

很清楚，同是讲申商，说法家，时间、条件不同，在严复便有大不相同，乃至完全相反的意义。在前期是与"专制之治所以百无一可"(《法意》卷五按语)的观点相连，在后者则与"仍须定于专制"的主张一致，前是为资本主义初兴服务，后是为封建阶级复辟效劳。那么，为什么要避开具体的阶级分析，把它们糅在一起混为一谈呢？为什么要把儒法作为一种无往而不适的万用公式，到处套用，只要看见"尊法"的词句字眼，就如获至宝，不分青红皂白，截头去尾，断章取义，摘引出来胡吹一气呢？把严复吹成"法家"，原意是想高抬，结果不正好露了自己借"法家"的千年旧货来搞封建法西斯"新"专政的马脚吗？

(二) 在于代表改良派吗？

也是由于"四人帮"的捣乱破坏，只许讲"儒家"康有为的尊孔与复辟，于是颇有让"法家"严复来充当戊戌变法运动的改良派的主要代表之意。这一点，在近几年好些文章、小册子中，或明或暗不同程度地浮现出来。

这本是个一直没有说清楚的问题。多年以来讲严复，几乎很少例外，都把他当做资产阶级改良派的代表来论述，都是大谈或者重谈他在戊戌时期要求变法维新，代表了当时的改良派，等等。当然，就广义说，即严复的政治思想和阶级立场属于当时资产阶级改良派，这是事实，这个方面是存在的。但我以为，它并不是严复历史作用的主要方面。这个时期，严复写过几篇重要文章，《天演论》的译稿也在被极少数人阅读称赞，而且严复提出的具体主张和变法方案，也比康梁要右得多，落后得多①。并且，当变法维新运动日益走向高潮，参加和赞同的人越来越多的时候，严复刚好相反，却日益退下阵来，对它抱着怀疑以至反对的态度。1898 年的《上皇帝万言书》就比前两三年的那些文章还要保守。实际上，他并不很赞成康有为等人掀起的政治

_____

① 《原强》文中最"急进"的政治主张，不过是"设议院于京师，而令天下郡县各公举其首宰"这么含糊笼统的一句，这一句也是应付梁启超而增写的，《直报》原文并无此句。可参考王栻《严复传》第47~48 页。

改革运动，他强调的是搞教育，办报纸，"开民智"，认为这才是救国之"本"。一个在理论上思想上并不很赞成，在行动上也并不很热心和积极于戊戌变法的政治运动的人，硬要他来充当它的主要代表，岂不有点冤枉？如果严复在中国近代史上的地位，只是代表了戊戌变法运动的改良派，那改良派又何必要两个主要代表？有康有为不足够吗？显然，严复作为能与农民革命领袖洪秀全、资产阶级改良派领袖康有为、资产阶级革命派领袖孙中山齐名并列的中国近代大人物，其客观的历史地位和代表意义，并不在这里。

本文认为，严复在中国近代史上的地位不是什么"法家"，也不在于代表了资产阶级改良派，而在于他是中国资产阶级主要的启蒙思想家。他代表了近代中国向西方资本主义寻找真理所走到的崭新阶段，他带给中国人以一种新的资产阶级世界观，起了空前的广泛影响和长远作用，这种启蒙影响和作用不只是在戊戌时期和对改良派，更主要更突出的是对后几代的年轻的爱国者和革命家。所以，尽管严复本人在基本政治倾向上属于戊戌时期的改良派，但把他的客观历史地位、意义和作用框限在改良派或戊戌时期，又是不符合实际的。

从林则徐主纂《四洲志》、《华事夷言》，魏源编写大部头《海国图志》开始，先进的中国人踏上了寻求救国真理的千辛万苦的艰难道路，到五四运动马克思主义输入中国之前，历时八十年。中间经历了好几个重要阶段。象十九世纪七八十年代以郑观应《易言》(即《盛世危言》)为代表，提出向西方学经济学政治，主张"藏富于民"，"开议院以通下情"等等，是一个阶段。象九十年代，以康有为、谭嗣同为代表，创造性地提出一套资产阶级哲学思想，作为变法运动的理论基础，又是一个阶段。它们标志着向西方寻找真理由感性到理性、由具体到抽象、由形式到内容、由现象到本质这条"天路历程"中不断上升的几个界碑。但是，郑观应等人提出的，只是些具体的政策措施，至于这些政策措施的理论依据是甚么，亦即西方资本主义种种经济政治制度的根本实质是甚么，人们还是茫然。当时所能读到的西学译书，不过是些《汽机问答》、《格致汇编》、《万国公法》之类，从这些译作中得不到上述问题的解答。康有为、谭嗣同正由于迫切感到现实斗争需要理论的指导，才"于此种学问饥荒之环境中，冥思枯索，欲以构成一种不中不西即中即西之新学派"（梁启超《清代学术概论》），写了一些理论著作。这些著作，混合着一大堆从孔孟、陆王到唯识、华严的封建杂烩，"盖固有之旧思想既深根固蒂，而外来之新思想又来源浅觳，汲而易竭；其支绌灭裂，固宜然矣"（同上）。无论是装在"公羊三世"套子里的庸俗进化论，或者是《仁学》里人权平等的政治呼号，都半是荒唐，半嫌肤浅，"拉杂失伦，几同梦寐"，没有多少科学性和说服力，不能适应和满足愈来愈多的爱国人士特别是年青一代的要求。需要从根本上了解西方，中国往何处去，是与世界发展的普遍趋向相联系的。需要了解这种规律，已经日益成为当时的迫切课题。不是别人，正是严复，自觉地担负起时代提出的这个历史重任，通过《天演论》、《原富》、《法意》、《穆勒名学》（这是严译中最重要的四部）等翻译，把进化论、唯物论的经验论、资产阶级古典经济学和政治理论，一整套系统地搬了进来，严复是将西方资产阶级古典政治经济学说和自然科学、哲学的理论知识介绍过来的第一人。从而严复在中国近代思想史上开创了一个新纪元，使广大的中国知识分子第一次真正打开了眼界，看到了知识的广阔图景：除了中国的封建经典的道理以外，世界上还有着多么丰富深刻新颖可喜的思想宝藏。严复对西方资产阶级学术思想的系统介绍，及时满足了当时人们进一步寻找真理、学习西方的迫切要求。从此，人们就不必再去从那些《汽机问答》、《格致汇编》等自然科学或工艺技术的课本中，也不必再去从那些《泰西新史揽要》、《政法类典》之类的单纯的政法史地的记述译作中，来费尽心思地学习研究、揣摩推测西方资本主义的道理和情况了。（在这以前，许多人正是这样去学习和了解的，如康、谭等人建立自己的思想体系也只得如此。）这样，中国近代先进人士向西方寻求真理的行程便踏进了一个崭新的深入的阶段。这一事实是极为重要的，它从根本上打开了人们的思想眼界，启蒙和教育大批的中国人，特别是爱国青年。从严复同代或稍晚一些的人，到鲁迅的一代，到比鲁迅更年青的一代①，无不身受其赐。他们一开始都是用严复搬来的这些思想武器进行反帝反封建的斗争，构成他们思想历程中所必然经

① 这里所谓"一代"，非二三十年一代的严格时间概念，下同。

过的一环，并对其中一些人留下了不可磨灭的深远痕迹。其后，资产阶级革命派和其他人介绍卢梭和各家各派西方资产阶级理论学说，尽管政治路线可以有所不同①，翻译形式可以大有发展，但就介绍西学、新学的整个理论水平说，却并没有超过严复。严复于是成了近代中国学习和传播西方资本主义新文化的总代表，成了中国资产阶级最主要的启蒙思想家。不能低估严复的这种作用和影响。鲁迅就是很尊重严复的②。在接受马克思主义阶级论以前，鲁迅一直是相信严复介绍过来的达尔文进化论的。毛泽东同志青年时代十分重视阅读严复的译作，更是大家熟知的事情。所以，在某种意义上，也可以说，与其说是严复本人的主观思想，不如说是受严复译作重要影响的后人的思想作为，使严复在中国近代史上取得如此光荣的一席。

严复在《天演论》出版后一年说："有数部要书，非仆为之，可决三十年中无人为此者。"（致张元济函）后来的事实证实了这个颇为傲慢自大的说法。中国资产阶级在介绍、翻译和积累资料方面，也没能作出多少更重要的贡献。包括严复翻译的资本主义古典名著《原富》、《法意》，数十年便没出过新译本。所以，从最简单的"船坚炮利"的《海国图志》前进到"藏富于民"和"开议院以通下情"的《筹洋刍议》、《盛世危言》，再前进到有着朴素简单的资产阶级民权平等理论思想的《大同书》、《仁学》，而最后进到真正系统复杂的资产阶级古典经济政治的资产阶级科学理论的《原富》、《法意》等，这就是中国近代先进者不断向西方寻求真理的几十年艰辛的整个历史过程。

然而，严复带给人们的又不只是某些资产阶级的理论学说而已，

---

① 正如林则徐、魏源与洪秀全向西方寻找真理，代表了两种不同的政治路线一样，严复与革命派对西学的介绍，也存在着政治路线的对立。革命派所推崇的卢梭和天赋人权、民主共和等理论，是严复始终加以反对的。他用十九世纪的进化论观点，指摘、批评卢梭和天赋人权说是非历史的，认为并非生有人权或天生平等，平等、人权、民主都是历史进化的产物，等等。好些论著把严复说成天赋人权说的倡导者，误。

② 鲁迅曾多次提到严复的翻译，"据我所记得，译得最费力，也令人看起来最吃力的是《穆勒名学》和《群己权界论》的一篇作者自序，其次《社会通诠》……"（《二心集·关于翻译的通信》），可见鲁迅对严复的译作都认真读过并有印象的。

更重要的是，他结合这些介绍、翻译，创造性地给予了当时中国人以一种新鲜的资产阶级世界观，从思想根基上突破了封建主义的意识形态。这主要表现在《天演论》的译作中。要准确估计严复在中国近代史上的地位，的确不能与《天演论》分开。

二、《天演论》的独创性

不但在严复所有译著中，而且在马克思主义传播以前的所有译作中，《天演论》是影响最大的。为什么会这样？它到底给了人们甚么？值得进一步研究。

反动文痞姚文元专搞阴谋，什么学问也没有，却要来大讲天演论的白话新译本比严复译的好懂得多。其实，严复《天演论》的特点恰恰在于它不是赫胥黎原书的忠实译本，而是有选择、有取舍、有评论、有改造，根据现实，"取便发挥"的"达旨"（《天演论》译例言）。这本书所以能起巨大影响，原因也在这里，它对外国思想的介绍翻译没有生搬硬套，而是力求服务于当时中国的需要。鲁迅称赞严复是"感觉锐敏的人"（《热风》），他"做"过《天演论》。严复"做"的《天演论》确乎已不同于赫胥黎的原书《进化论与伦理学》了。

书名只用了原名的一半，正好表明译述者不同意原作者把自然规律（进化论）与人类关系（伦理学）分割、对立起来的观点。赫胥黎是达尔文主义的勇敢捍卫者。但他认为人类的社会伦理关系不同于自然法则和生命过程。自然界没有甚么道德标准，优胜劣败，弱肉强食，竞争进化，适者生存。人类社会则不同，赫胥黎认为，人类具有高于动物的先天"本性"，能够相亲相爱，互助互敬，不同于上述自然竞争，"社会进展意味着对宇宙过程每一步的抑制，并代之以另一种可称为伦理的过程。"（赫胥黎：《进化论与伦理学》科学出版社 1973 年版，第 57 页）由于这种人性，人类不同于动物，社会不同于自然，伦理学不能等同于进化论。这是赫胥黎本书一个基本观点。严复是不同意这种唯心论的先验论的。在《天演论》中，他不断通过按语加以批评。例如，在译述赫胥黎"人心常德，皆本之能相感通而后有，于是心之中常有物焉以为之宰，字曰天良。天良者，保群之主……"

（卷上导言十三制私）这段话后，就"按"："赫胥黎保群之论可谓辨矣。然其谓群道由人心善相感而立，则有倒果为因之病，又不可不知也。盖人之由散入群，原为安利，其始正与禽兽下生等耳，初非由感通而立也。夫既以群为安利，则天演之事，将使能群者存，不群者灭，善群者存，不善群者灭。善群者何？善相感通者是。然则善相感通之德，乃天择以后之事，非其始之即如是也……赫胥黎执其末以齐其本，此其言群理所以不若斯宾塞之密也。"（同上按语）

这就是说，所谓人类有"善相感通"的同情心、"天良"而相爱互助，团结"保群"，也只是"天演"的结果和产物，而不是原因，是"末"而非"本"。人本与禽兽下生一样，之所以"由散入群"，形成社会，完全由于彼此为了自己的安全利益，并不是由于一开始人就有与动物不同的同情心、"天良"、"善相感通"。因此，生物竞争，优胜劣败，适者生存的自然进化规律，同样适用于人类种族和社会。在讲社会学原理上，严复指出，赫胥黎的上述观点不及斯宾塞。①

斯宾塞并非达尔文的信徒，却是社会达尔文主义的倡导者。他在达尔文《物种起源》出版前便提倡一种普遍进化的观念。这种观念是经由柯律立芝（Coleridge）接受德国古典哲学（主要是谢林）后庸俗化的产物，其中也混杂着生物学中的拉马克主义。斯宾塞的哲学和进化论思想充满了种种矛盾、含混不清和前后变异②，但在当时，却是具

---

① 又如，严复坚持感觉论的道德论，反对赫的先验论，"有叩于复者曰：人道以苦乐为究竟乎，以善恶为究竟乎？应之曰：以苦乐为究竟……乐者为善，苦者为恶。苦乐者，所视以定善恶者也……赫胥氏是篇所称屈己为群为无可乐，而其效之美不止可乐之语，于理荒矣。且吾不知可乐之外，所谓美者果何状也"（《天演论》卷上导言十八新反按语），等等。即认为苦乐是根本的，善恶（道德）是派生的。这与康有为的观点一致，而不同于章太炎。严复反对割裂"天理""人欲"，认为"生民有欲"也是"天"所给予的。严复的这些观点与康有为、梁启超等人大体上是一致的。

② 如一面力主极端自由主义、个人主义，另面又以社会有如生物机体。前一面要求保护个人求生存的自然竞争权利，不应受任何干涉限制，因而反对政府或国家的任何干预。后一面因视政府为生物体的中枢，从而个人作为社会机体的部分，又并不能享有无限制的自由而影响整体，但社会机体的进步又首先有赖于个体细胞的更新、发展，等等。把社会比拟于生物体，本就是反科学的庸俗理论。斯宾塞的一些基本概念，如所谓"力"、"生命"等等，也是非常含混模糊的。可参阅巴克尔（E. Barker），《英国政治思想：从斯宾塞到今天》第四章。

有所谓完备体系，风行一时，"主宰这世纪最后三十年左右英国哲学界"①的著名哲学家。

严复留学英国，正当其时，深受影响，把它当作了科学真理。在《原强》中，严复介绍达尔文之后，紧接便介绍斯宾塞，并对之作了极高评价："美矣备矣，自生民以来未有若斯之懿也，虽文(文王)周(周公)生今，未能舍其道而言治也。"②在《天演论》中，严复也一开始就在按语中介绍斯宾塞的著作，说"呜呼，欧洲自有生民以来，无此作也"(卷上导言一察变按语)。全书更多处用斯宾塞来反驳赫胥黎，特别是用斯宾塞的普遍进化观念来强调"天演"是任何事物也不能避免的普遍客观规律，完全适用于人类种族与社会。他说，"万类之所以底于如是者，咸其自己而已，无所谓创造者也"(《天演论》卷上导言一按语)。严复非常欣赏老子所讲的"天地不仁，以万物为刍狗"，认为王弼解释为"地不为兽生刍而兽食刍，不为人生狗而人食狗"，符合进化论观点，即并不是某种神秘的宗教目的论支配着世界，天地或上帝也并不特别对人或物有什么恩惠，人所以成为"万物之灵"，并不是上帝的赐予，完全是自己奋斗的结果，包括人的聪明才智，也是在进化中大脑容量和皱纹不断加大加多的结果。自己努力奋斗，不断进化，就能生存、发展，否则就要被淘汰而归于灭亡。严复举例说："澳洲土蜂无针，自窝蜂有针者入境，无针者不数年灭。"(《天演论》卷上导言四人为按语)植物也如此。"嗟乎，岂惟是动植而已，使必土著最宜，则彼美洲之红人，澳洲之黑种，何由自交通以来，岁有耗减?"(同上)在《原强》中，严复也说："达尔文曰，物各竞存，最宜者立，动植如是，政教亦如是也。"这些都是接受斯宾塞学说的表现。③

但是，斯宾塞终究是当年所谓日不落国的大资产阶级利益的代

---

① 罗道夫·梅兹(Rudef Metz)：《英国哲学百年》，伦敦，1950年，第98页。

② 据《直报》原文。后严复改为"呜呼，此真大人之学矣"。

③ 达尔文虽从马尔萨斯人口论得到启发，但他并未认为自己所发现的生物界生存竞争规律适用于人类社会。

表，他那套强调个体之间、种族之间的所谓自由竞争、优胜劣败，甚至主张政府不办教育，不搞福利，不管人民健康等等，以任其自然淘汰、适者生存的社会达尔文主义，是欺压、剥削广大人民和殖民地民族的强权逻辑和反动理论，它本质上与严复要求救亡图存的爱国思想处于很不协调和实际对立的地位。所以，尽管评价很高，严复对斯宾塞这样一些基本主张却并未着重介绍。相反，严复倒是选择翻译了反对斯宾塞社会达尔文主义理论的赫胥黎。如严复在《天演论》自序中所点明，"赫胥黎此书之旨，本以救斯宾塞任天为治之末流……且于自强保种之事，反复三致意焉。"所谓"任天为治"，指的就是任凭"物竞天择"的自然规律起作用，而不去积极干预它。严复不满意这种思想，认为这是斯宾塞"末流之失"，从而要用赫胥黎"与天争胜"的观点来纠正"补救"它。赫胥黎在这本书里宣传的便是"我们要断然理解，社会的伦理进展并不依靠模仿宇宙过程，更不在于逃避它，而是在于同它作斗争"（《进化论与伦理学》第58页）。主要是由于这一点，而不是别的甚么理由①，使严复对这本新出（1894年版）的通俗书大感兴趣。并立即翻译了过来。总之，一方面虽不同意赫胥黎人性本善、社会伦理不同于自然进化的观点，另一方面又赞成赫胥黎主张人不能被动地接受自然进化，而应该与自然斗争，奋力图强。一方面虽然同意斯宾塞认为自然进化是普遍规律，也适用于人类；另一方面又不满意斯宾塞那种"任天为治"弱肉强食的思想。

这一态度完全是当时中国的现实所决定的。严复是在中日甲午战争失败的巨大刺激下着手翻译《天演论》的。② 甲午战后，帝国主义列强看到日本如此得手，都眼红心急起来，纷纷各划势力范围，要求"瓜分中国"。当时中国首次面临帝国主义各国大规模入侵宰割的危亡局面。但当权的封建顽固派却依然故我，不肯改革，顶着"天朝上

---

① 不是如许华兹提出的那些理由：文字简洁，诗意盎然等等。

② "和议始成，府君大受刺激，自是专力于翻译著，先从事于赫胥黎之《天演论》，未数月而脱稿。"（严璩《侯官严先生年谱》）一般均说《天演论》于1896年译出，但王栻《严复传》考证认为，《天演论》"至迟在光绪二十一年（即1895年）译成。"（该书第41页）

国”的纸帽子不放。封建知识界的士大夫们也仍然抱残守缺，夜郎自大，愚昧无知，空谈夷夏，还认为中国作为“圣圣相传”的“礼仪之邦”，优越得很，特殊得很。严复所以要大声疾呼地介绍达尔文、斯宾塞，就是针对这种现实情况，强调进化是一种不可抗拒的客观普遍规律，是中国与外国、人与自然万事万物均如此，“虽圣人无所为力”的“运会”。严复要突出进化规律的普遍有效性，要宣传、介绍事物共同遵循这个普遍观念，要指出中国并不特殊，并不例外。因此不能再麻木不仁，自以为了不起，自以为历史悠久，人口众多，便不会亡国灭种。他举出上述动植物和美洲红人、澳洲黑人等作为例证来警告。这也就是他接受、推崇、宣传斯宾塞和用以驳难赫胥黎的地方。

但与此同时，也是更重要的，是严复要人们认识这种规律后，不应自甘作劣等民族坐待灭亡，而应该赶快起来进行奋斗。只要依靠自己的力量，团结一致，奋发图强，命运还是操在我们自己手里。这就是他选择翻译赫胥黎这本书，要用赫胥黎来“补救”斯宾塞的原故，也是他在提倡西学的文章中，对比中西时特意提出：“其于祸灾也，中国委天数，西人恃人力”①，以及称颂欣赏荀况、刘、柳“制天命而用之”、“天人相分”思想的原故。严复要人们重视的是：自强、自力、自立、自主……这才是严复宣传“物竞天择，适者生存”的“天演”思想的真正动机和核心。严复在各种著译中再三说：“万类之所以底于如是者，咸其自己而已，无所谓创造者也。”（《天演论》卷上导言一察变按语）“要当强立不反，出与力争，庶几磨厉玉成，有以自立，至于自立，则彼之来，皆为吾利，吾何畏哉！”（《有如三保》）“国之兴也，必其一群之人……人人皆求所以强而不自甘于弱。”（《国闻报缘起》）严复具有强烈的民族自尊心和自信心，对中国的前途，如对人类的前途一样，抱着资产阶级上升时期的乐观态度②。

---

① 《论世变之亟》。《救亡决论》也说：“故凡遇中土旱干水溢，饥馑流亡，在吾人以为天灾流行，何关人事，而自彼（指西方）而论，则事事皆我人谋之不臧”。

② 如“吾民……实有可为强族大国之储能，虽摧斯而不可灭者……尽去腐秽，惟强之求，真五洲无此国也。何贫弱奴隶之足忧哉，世有深思之士，其将有感于吾言”。（《社会通诠》按语）此种言论思想多见。

可见，强调自然进化的普遍规律和人们应该适应这一规律而团结起来，自强、自力、自主、进步，以与外物斗争，不再受别人的欺侮、主宰和控制，这就既不是斯宾塞的一般进化观念，也不同于赫胥黎的人性本善的伦理学说，表面看来，严复折中赫胥黎和斯宾塞，似乎是矛盾，实际却是一种合情合理的"创造"。①

《天演论》用自然科学的许多事实，论证了生物界物竞天择、进化无已的客观规律，以达尔文主义的科学性和说服力，给了当时中国人以振聋发聩的启蒙影响和难以忘怀的深刻印象，立即作了当时正涌现的资产阶级小资产阶级知识分子和革命派的重要的精神食粮，煽起他们救亡图存的爱国热情，走上革命道路。固然这主要由于社会阶级斗争形势所决定，而《天演论》在思想上所起的作用也不容忽视。正如当时革命派所公正指出："自严氏之书出，而物竞天择之理，厘然当于人心，中国民气为之一变。即所谓言合群言排外言排满者，固为风潮所激发者多，而严氏之功，盖亦匪细。"(《民报》第 2 号《述侯官严氏最近政见》)②

然而，《天演论》的作用还不止此。人们读《天演论》，不只是获得了一些新鲜知识，尽管例如破天荒第一遭儿知道西方也有并不亚于中国古圣贤的哲人，"苏格拉第、柏拉图也出来了"(鲁迅)，的确使人倍感兴趣；也不只是获得对某些问题甚至是救国之类的大问题的具

---

① 许华兹只大讲严复用斯宾塞批评赫胥黎，说严完全站在斯的一方，似片面。

② 严氏的译作大都出版在戊戌以后(《天演论》正式出版于戊戌年，而大量风行则在戊戌以后)，与其说是为改良派变法运动服务，实际上还不如说，它不管作者主观意图如何，而已作了正兴起的资产阶级小资产阶级革命派的思想食粮。而革命派虽对严氏某些反动译作如斯宾塞的《社会通诠》有反对意见(参看章太炎《社会通诠商兑》)，但与对康、梁不同，基本上仍采取了尊重的态度，并且还认为严氏"未尝以排满为非"，"其对于民族国民主义，实表同情"，"严氏民族主义至译《法意》而益披露"，"……故知排满革命为吾民族今日体合之必要，严氏征据历史而衡以群学之进化之公例，其意盖有可识者""皮相严氏者……以为严氏主张平和""或者不学，不察严氏之意……而疑其拥政府而非民族主义""严氏既以所学重于世，世亦受严氏学说之影响，而自吾人观之，皆足以征其鼓吹民族之精神而鲜立于反对者之地位"(均《民报》2 号)，这是把严复并不具有的排满革命思想也强加给他，为了斗争需要，硬把严说成自己的同道。

体解答，尽管这种解答的确掀起了上述救亡图存的爱国热情。更独特的是，人们通过读《天演论》，获得了一种观察一切事物和指导自己如何生活、行动和斗争的观点、方法和态度，《天演论》给人们带来了一种对自然、生物、人类、社会以及个人等万事万物的总观点总态度，亦即新的资产阶级世界观和人生态度。晚清末年以来，中国封建社会和封建家庭加速度地瓦解崩溃。一批又一批、一代又一代的不同于封建士大夫的新式青年学生和知识分子在迅速涌现，严复介绍过来的这种斗争、进化、自强、自立……的资产阶级世界观，正好符合他们踢开封建羁绊，蔑视传统权威，锻炼身体与自然界斗争（封建社会是根本不讲体育的），走进人生战场，依靠自己力量去闯出道路来的需要。而这种观点和态度，又是以所谓"科学"为依据和基础，更增强了信奉它的人们的自信心和冲破封建意识形态的力量。自《天演论》出版后，数十年间，"自强"、"自力"、"自立"、"自存"、"自治"、"自主"以及"竞存"、"适存"、"演存"、"进化"、"进步"……之类的词汇盛行不已，并不断地广泛地被人们取作自己或子弟的名字和学校名称。今日老人中，此类名号恐还有不少。这就深刻地反映了严复给好几代中国人特别是知识分子，以一种非常合乎他们需要的发奋自强的资产阶级世界观。这是《天演论》独创性之所在，也是这本书及其思想长久风行、获得巨大成功的主要原因。

当然，用"物竞天择"的生物学规律来解释社会发展和历史进化，是并不科学的。如恩格斯所指出："想把历史的发展和错综性的全部多种多样的内容都总括在贫乏而片面的公式'生存斗争'中，这是十足的童稚之见。"（《马克思恩格斯选集》第 3 卷，人民出版社 1972 年版，第 572 页）社会生产方式和阶级斗争，才是人类历史发展的科学规律。《天演论》和进化论在马克思主义广泛传播后，其社会影响也就消失。马克思主义在中国取代和远远超过了《天演论》的影响、作用和地位。

三、经验论及其归宿

如果说，《天演论》带给人们一种资产阶级世界观，对严复本人来说，并不一定是很自觉的事；那么，用培根、洛克和穆勒等英国资产阶级的经验论作为认识论和方法论，来武装中国人的头脑，就是他非常重视、十分自觉的工作了。许多文章也都讲到，严复用唯物论的经验论批判以陆王心学为主要代表的中国封建唯心论的先验论，这里不再重复。本文认为，更重要的是，严复从一开头就非常重视哲学认识论。他提到哲学路线斗争的高度来考察向西方寻找真理的整个问题，并明确认定认识论是关键所在，这才是严复思想一个很突出的地方。

严复驳斥那种认为"中国之智虑运于虚，西洋之聪明寄于实"，即西方只讲求所谓实学的肤浅看法，指出问题不在虚实，"中国虚矣，彼西洋尤虚"（《原强》）。西方所以船坚炮利，国力富强，经济政治制度所以比封建中国精良优越，正在于它们有各种近代基本理论科学（包括自然科学和社会科学）作为基础和依据，而所以有这种种科学，又正在于它们都以新的认识论——逻辑学为指导。这种认识论——逻辑学就是培根开其端的经验论和归纳法。他说，"而有用之效征之富强，富强之基本诸格致，不本格致，将所无往而不荒虚"。（《救亡决论》）"是以制器之备，可求其本于奈端；舟车之神，可推其原于瓦德；用灵之利，则法拉第之功也；民生之寿，则哈尔斐之业也（指哈维发现血液循环，在医学上的重大贡献）。而二百年学运昌明，则又不得不以柏庚（即培根）氏之摧陷廓清之功为称首"（《原强》）。严复把富强之基归于科技，科技之本在于方法，即培根提出的哲学经验论和归纳法。严复称之为"实测内籀之学"。所谓"实测"，是指一切科学认识必需从观察事物的实际经验出发，"其为学术也，一一皆本于即物实测"（《原强》）。"古人所标之例，所以见破于后人者，正坐阙于印证之故。而三百年来科学公例，所由在见极不可复摇者，非必理想之妙过古人也，亦以严于印证之故"（《穆勒名学》部丙按语）。不是书本，而是实际经验，才足是认识的出发点和检验的标准。因之，"吾人为学穷理，志求益峰造极，第一要知读无字之书"（《西学门径功用说》）。"故赫胥黎曰，读书得智是第二手事，唯能以宇宙为我简编，民物为我文字者，斯真学耳。此西洋教民要术也。"（《原强》）"夫理之诚妄，不可以口舌争也，其证存乎事实。"（《原富》译事例言)所谓"内籀",是相对于"外籀"(演绎)而言的归纳,它是上述认识论所具体采用的逻辑方法。严复认为,一切科学真理必需通过归纳法而设立,"内籀者,观化察变,见其会通,立为公例者也",(《原富》译事例言)"西学格致……一理之明,一法之立,必验之物物事事而皆然,而后定之为不易"。(《救亡决论》)

严复大力提倡逻辑归纳法,是针对中国封建社会的"旧学"而发的。严复将"西学"与"中学"作了一番比较。他列举出中国封建社会的科举八股、汉学考据、宋学义理,以及辞章、书法、金石等等"旧学""中学","一言以蔽之,曰无用","曰无实"(《救亡决论》),"其为祸也,始于学术,终于国家"(同上)。

严复认为,中国封建主义的文化学术根本问题在于不从客观事实的观察、归纳出发,也不用客观事实去验证。演绎的前提来自主观臆造或古旧陈说,是"师心自用"的先验产物。"旧学之所以多无补者,其外籀(演绎)非不为也,为之又未尝不如法也,第其所本者,大抵心成之说"(《穆勒名学》部乙按语)。"不实验于事物,而师心自用,抑笃信其古人之说者"(同上,部甲按语)。"何尝取其公例,而一考其所推概者之诚妄乎?"(同上,部乙按语)因此,讲起来似乎很有道理,实际上脱离现实,墨守陈说,推论过程即使不错,但前提完全错了:"原之既非,虽不畔外籀终术无益也"(同上,部乙按语)。原因仍在于前提不是来自实际经验的归纳,而是主观臆造的,"无他,其例之立,根于臆造,而非实测之所会通也"(同上)。

与康有为等人欣赏陆九渊、王阳明不同,严复用唯物主义经验论,着重批判了以陆王心学为代表的唯心主义先验论。严复在《穆勒名学》中一再提到"良知良能诸说,皆洛克、穆勒之所屏"(部丙按语),认为一切真理都由归纳经验而来,没有甚么"良知""公例无往不由内籀……无所谓良知者矣"(部乙按语)。严复还明确指出:

西语阿菩黎诃黎(即先验的,a priori),凡不察事实,执因言果,先为一说以概余论者,皆名此种。若以中学言之,则古书成训,十九皆然,而宋代以后,陆王二氏心成之说尤多。(《穆

勒名学》部乙按语)

　　夫陆王之学，质而言之，则直师心自用而已。自以为不出户可以知天下，而天下事与其所谓知者，果相合否? 不径庭否? 不复问也。(《救亡决论》)

严复对陆王心学的批判，把由培根到穆勒的英国哲学经验论，即严复所谓"西学"，是与中国封建主义的先验论，即严复所谓"中学"，从方法论认识论的哲学高度上对立了起来。这就比康有为、谭嗣同等人对西方自然科学的认识要远远深刻。

　　总之，只从传统的"古训"、教条出发，"不实验于事物"，"不察事实，执因言果，先为一说，以概余论"。(《穆勒名学》部甲、部乙按语)这才是中学不如西学的问题所在。"中土之学，必求古训，古人之非，既不能明，即古人之是，亦不知其所以是，记诵词章既已误，训诂注疏又甚拘……"(《原强》)这种教条主义和唯心论的先验论，必需予以打倒和废除。必需"即物实测"，从实际经验出发，观察、归纳、综合，才能得到"无往而不信"的科学"公例"，即普遍原理、原则。"科学所明者公例，公例必无时而不诚。"(《原富》译事例言)掌握了这种"公例"，就可以普遍应用，驾御各种繁复变化，是"执其例可以御蕃变者"(《天演论》自序)。从实际经验出发，通过归纳，得出原则"公例"，然后再普遍运用，这就是严复所要大力提倡的哲学认识论。他所以不惜花费最大的精力和时间去翻译《穆勒名学》，这部书所以能与《原富》、《法意》两部资产阶级上升时期的古典名著，同成为他所着意译出的"数部要书"之一，原因就在这里。约翰·穆勒(John Stuart Mill)时负盛名，被认为英国经验论的最大代表，其《名学》一书被看作集归纳法大成的名著。严复翻译它，实际是想把从培根、洛克开创的英国经验论搬过来，所以在《穆勒名学》按语中经常提到培根、洛克，在一开始"正名"时，便指出"本学之所以称逻辑者，以如贝根(培根)言，是学为一切法之法，一切学之学，明其为体之尊，为用之广"(《穆勒名学》部甲按语)，并一再指出，"西学之所以翔实，天函日启，民智滋开，而一切皆归于有用者，正以此耳"(同上，部乙按语)。总之他认为，由于培根等人"倡为实测内籀之学"，牛顿、伽利略、哈维"踵用其术，因之大有发明"（《天演论》卷下论十一学派按语）。正因为如此，才取得近代自然科学的巨大成就，严复认为，这才是中国所应学习的根本。

严复这样高度重视认识论和逻辑学①，自觉介绍经验论②和归纳法，就眼光和水平说，在七八十年前确是凤毛麟角，极为难得。这一点就使他超过了前前后后许多人，是在提倡资产阶级新学反对封建旧学中，他的一个独特标志。不但在当时是先进的，而且无疑对后人（如对毛泽东同志）起了重要影响。这也表明，他在中国近代史上所占有的代表地位，并非偶然。

但是，唯物论的经验论最终必然要走进主观唯心主义和不可知论去。培根、洛克之后，有巴克莱和休谟。约翰·穆勒是继承巴克莱、休谟追随孔德（Comte）的不可知论者和实证主义者。人的认识不能超出感觉，物质不过是"感觉的持久可能性"，是穆勒的哲学名言。英国经验论的归宿是这样，他们的中国学生严复也没有例外。由于片面强调感觉经验，轻视理论思辨，迷信归纳万能，严复终于完全投入实

---

① 严复是在近代中国最早讲逻辑学的人。1900 年，"开名学会，讲演名学，一时风靡，学者闻所未闻"（王蘧常：《严几道年谱》）。1908 年给女学生某讲授逻辑学，其教本和讲义即《名学浅说》（1909 年出版）。严复开其端后，逻辑学在晚清曾风行一阵，王国维、章士钊均有译著。严复通过讲述形式逻辑一再指出，中国传统哲学概念极不严密精确，例如"气"之一词就如此，中国常用"元气"、"邪气"、"厉气"、"淫气"、"正气"、"余气"等等，但"今试问先生所云气者究竟是何名物？可界说乎？吾知彼必茫然不知所对也。然则凡先生所一无所知者，皆谓之气而已，指物说理如是，与梦呓又何以异乎？""出言用字如此，欲将冶精深严确之科学哲学，庸有当乎？……他若'心'字、'天'字、'道'字、'仁'字、'义'字，如此等等……意义歧混百出"（《名学浅说》），这种澄清含混的语义批判，在中国至今犹堪借鉴。

② 严复之后，对西方哲学的介绍更多是当时流行的资产阶级反理性主义、浪漫主义思潮，如叔本华、尼采、柏格森之类，对古典哲学认识论相当冷淡。法国唯物论很少被翻译介绍，德国古典哲学也直到解放后才有象样的翻译。严复倒早在 1906 年专文介绍过黑格尔（《述黑格儿惟心论》，《寰球中国学生报》第 2 期）。

证主义，并涂上一层实用主义的色彩①。在探讨哲学根本问题时，他不断把笛卡尔（"我思故我在"）、巴克莱、斯宾塞与庄周、孟轲、周易以及佛、老拉在一起，认为事物的最终本质、实体是"不可思议"即不可知的，而且也无需去认识，因为它们于国计民生没有甚么干系，没有甚么用处，可以不去管它，可以不去研究议论。对一切涉及哲学根本课题以及宗教迷信等等，均认为既不能肯定，也不能否定，既不去提倡，也不应反对。严复说：

> 窃尝谓万物本体，虽不可知，而可知者止于感觉……（时空中）有其井然不纷秩然不紊者……为自然之律令……亦尽于对待之域而已。是域而外，因无从学，即学之，亦于人事殆无涉也。（《穆勒名学》部甲按语）
>
> 朱子谓非言无极，无以明体，非言太极，无以达用，其说似胜。虽然，仆往尝谓理至见极，必将不可思议。（同上）

严复认为，所谓"不可思议"，不是"不可名言"，也不是"不能思议"。例如看见某种"奇境怪物"或"深喜极悲""得心应手之巧"等等，都难以语言表达，这叫"不可名言""不可言喻"。例如热带的人没见过冰，听说水变冰后，冰上可以行走，觉得不好理解，这叫"不能思议"。"不可思议"与这些都不同："谈理见极时，乃必至不可思议之一境，既不可谓谬，而理又难知……不可思议一言，专为此设者

---

① 正如前述中国近代许多人一样，严复的哲学思想也不是单纯的。他的思想主流是英国经验论，所以，说他为机械唯物论是不对的。但在这个英国经验论中，则既有培根、洛克的唯物论，也有穆勒、斯宾塞的不可知论和唯心论，后者毋宁占主导地位。在严复的意识中，却并未将两者明确、严格分开。并且，同是不可知论，赫胥黎毕竟不同于斯宾塞，尽管《天演论》按语大肆推崇斯宾塞，但此书毕竟不能算为实证主义的译作。他的《原富》《法意》，就更如此，他译的半部《穆勒名学》，主要也仍是介绍逻辑科学。所以，严复的译作和他在中国近代所起的历史作用和客观地位，就不是"中国第一代实证主义者"（陈元晖：《严复和近代实证主义哲学》，载《哲学研究》1978 年第 4 期）所能概括和代表，说严复主要是把实证主义搬进了中国，似片面。

也。"(《天演论》卷下论十佛法)这是说，一些哲学问题推到最后时，便不知真谬，不可思议了。例如"天地元始"(世界来源)"造化主宰"(上帝存在)"万物本体"，佛说"涅槃"，以及时空、精神、力等等，便都是这种"不可思议"，"虽在圣智，皆不能言"(同上)。追求一切事物的最最终极的原因，就必然会遇到这种"不可思议"。哲学本体论的种种问题，就正是这种"不可思议"。

> 大抵宇宙究竟，与其元始，同于不可思议，不可思议者，谓不可以名理论说也。

> 老谓之道，周易谓之太极，佛谓之自在，西哲谓之第一因，佛又谓之不二法门，万化所由起迄而学问之归墟也，"不生灭，无增减，万物皆对待而此独立，万物皆迁流而此不改，其物本不可思议，人谓之道"，"常道常名，无对待故，无有文字言说故，不可思议故"。(《老子评点》)是以不二法门，文字言语道断，而为不可思议者也(《穆勒名学》部甲按语)，问上帝有无，实问宇宙第一原因……虽不设，可也(同上)。

严复认为，这种世界的本体既是不可认识的，也就不必去讲求这种"心性之学"，实际是反对思辨理论，认为这种学问没有实用，"不必亟求其通"，感知对待之域而外，"固无从学……吾闻食肉不食马肝，不为不知味……不必亟求其通也"(《穆勒名学》部甲按语)。

本体论如是，认识论也同样。严复认为，"心物之接，由官觉相，而所觉相，是意非物，意物之际，常隔一尘。物因意本，不得径同，故此一生，纯为意境"(《天演论》卷下论九真幻按语)，他举例说，圆红色的石头的圆、红、坚，都只是我们主观的感觉，并不属于物体自身，"是三德者(指圆、红、坚)皆由我起"，"则石之本体，必不可知；我所知者，不逾意识"，因之，"人之知识，止于意验相符，如是所为，已足生事，更骛高远，真无当也"(同上)，主张不必去追根究底，好些问题可处之于一种非信非疑的态度。"迷信者，言其必如是，固差；不迷信者，言其必不如是，亦无证据。故哲学大师如赫胥黎、斯宾塞诸公皆于此事谓之 Unknowable(不可知)，而自称为

Agnostic（不可知论者）。盖人生知识至此而穷，不得不置其事于不论不议之列，而各行心之所安而已。"（严复家书见《严几道先生遗著》，新加坡 1959 年版）

在严复看来，万物本体既不可知，"可知者止于感觉"。因之尽管严复承认自然规律有其普遍必然性质，（"不同地而皆然，不同时而皆合"）认识、科学赖此而立，但这也只是感觉现象的所谓"对待之域"，"对待为心知止境"，这就是认识的有限范围。尽管严复认为外物是认识的原因，我的认识是外物作用的结果，但所认识的究否外物，还是不能肯定的，这种离开认识的外物存在也没有意义，"必有外因，始生内果。然因同果否，必不可知"（《天演论》卷下论九真幻按语）。"我而外无物也。非无物也，虽有而无异于无也。然知其备于我矣。乃从此而黜即物穷理之说，又不可也。盖我虽意立，而物为意因，不即因而言果，则其意必不诚"（《穆勒名学》部甲按语），承认有外因才能生内果，但同时又认为离开果（我）也就谈不上什么因（物），即使有这种独立于我之外的物，也是不可知的，等于没有一样。于是，"积意成我，意自在，故我自在"。只有"意""我思"才是唯一无可怀疑的。"我"（思维的我）是积"意"而成，"是实非幻者，唯意而已"（均《天演论》卷下论九按语）。严复的不可知论与主观唯心论终于混同在一处了，巴克莱、笛卡儿、穆勒……被严复一古脑混合起来了。

严复这种哲学认识论不能不影响其政治思想，表现出一种主观主义的随意性。在政治思想上，严复原来就存在着一个思想的内在矛盾和理论的恶性循环，即一方面认为要国家富强，首先有赖于组成国家的无数细胞即国民个体的"德""智""体"三方面的基本素质，着重个人在经济上、思想上、言论上的自由、竞争和发展。这当然与他接受斯宾塞的社会机体论有关，是斯宾塞的这种理论的具体应用。而斯宾塞理论的哲学基础，又正是英国经验论已走进主观唯心主义和不可知论的产物。"斯宾塞非正式建立而是暗中以之为前提的现象主义，是从巴克莱到穆勒的思维经验方式的共同财产，是斯宾塞精神生活在其中成长发展的那个传统的一部分。"（梅兹：《英国哲学百年》第 105 页）这其实也是严复的精神生活在其中受到熏陶培育的"传统"。这个

"传统"已是英国经验论的没落之流的实证主义，斯宾塞便是著名的实证主义者。严复虽然提倡"即物实测"，但他自己并未做到。相反，由于他严重脱离群众和群众运动，甚至当年改良派所掀起的变法活动，他也是相当脱离的①，关在书房里，纯从自己主观片面的感觉经验出发，认为中国人民的德智体基本素质都很落后，因此没有实行政治变革的基础，这与认识论上的这种主观唯心主义是有关系的。

另一方面，迫切的救亡局面，把国家富强问题推到当务之急的首位，使严复愈来愈痛感"小己自由非今日之所急，而以合力图强……为自存之至计"（《法意》卷十八按语）。这样，国家富强又比个体的德智体，比个人思想言论上经济上的自由和发展要紧得多，急迫得多，应该摆在前面。这是近代先进思想家包括严复在内所实际着重的首要主题。但由于严复愈益站向封建反动阶级的立场，并仍然从自己主观的感受经验出发，不满革命和革命后的现实，从而把这个摆在首位的国家富强问题，先是寄托于腐朽不堪的清朝政府，后是幻想在反动封建统治者中出现一两个强有力的法家人物进行复辟，只要达此目的，手段方法均属次要。这当然不能实现，却更明白地暴露了他思想中的主观唯心论和实用主义的成份。到暮年，严复每况愈下，不但完全抛弃经验论，而且最后（第一次世界大战中）又终于放弃了他一直坚决信奉的进化论，连法家人物也不再指望，完全回到孔孟，并且在极端悲观中，沉浸在庄周的虚无主义的哲学中，以麻痹自己。"槁木死灰，惟不死而已……以此却是心志恬然，委心任化。"（《与熊纯如书》第 74 函，1921 年）

严复的悲剧归宿就是这样。②

然而，当严复日益成为历史的无情淘汰者和向隅而泣的可怜虫的时候，他的前期译作却还在起着作用。一代接一代的革命者仍在继续

---

① 可参考王栻《严复传》，描写这个时期，"严复当日声望虽高，却常闭门寡合，郁郁不欢"（第 52 页），与康有为意气风发地积极从事组织、鼓吹变法运动，成了对照。

② "羸病余生，且暮入地，睹兹世运，惟有伤心无穷而已。"（《与熊纯如书》第 65 函，1920 年）"惟是对于时局，终是悲观。"（第 66 函，1920 年）

寻找救国的道理，他们在图书馆里认真阅读严复的翻译，接受严复的世界观和方法论的教导，并由怀疑和否定资产阶级新学西学，而迈上追求马克思主义的全新道路。

四、"以自由为体，以民主为用"

如果说，严复在介绍西学中客观上起了最大效果的，是世界观（"天演"）和方法论（逻辑），对后人影响甚巨的话；那么，严复主观上想搬到中国来的更为现实的救国之道——以英国为榜样的欧洲资产阶级的经济和政治，却非常遗憾地毫无反响。在广大农村小生产的社会基础和农民革命为实质的中国近代，这种微弱的资产阶级自由主义的理想和要求，根本得不到任何力量的支持，只好消失在漫漫长夜中了，连思想领域内的影响也微不足道。真正信奉和要求实行《原富》《法意》以及以洛克为代表的英国民主政治体系的人，不过是少数知识分子，没有任何可以称道的社会力量作依靠。戊戌以后中国近代日益处在封建军阀法西斯专政与农民革命这样尖锐激烈的斗争之中，"第三条道路"始终走不通。严复以英国为榜样的社会改革主张，成了无用的高调。然而，它却并非历史的陈迹。把严的这一部分思想放在全文的结尾，注意历史的经验教训，应该不是多余的赘物。

严复翻译《天演论》，介绍"物竞天择"思想，翻译《穆勒名学》，介绍逻辑科学特别是归纳法，以及翻译介绍《原富》《法意》等等资本主义经济、政治基本理论，都是为了要说明西方资本主义的"强盛"，并不在于"船坚炮利"之类"形下之迹"，也不在于"善会计""善机巧"之类的注重功利事务，真正的关键在于"学术则黜伪而崇真，于刑政则屈私以为公"（《论世变之亟》）。也就是说，"黜伪而崇真"的自然科学方法和"屈私以为公"的民主政治制度，才是西方资本主义国家的根本。这其实也就是"五四"提出来的赛先生与德先生——科学与民主。

科学与民主不可分割。企图用西方科技来保卫中国封建的"中体西用"理论，自然成了严复批判对象。严复《天演论》的译序说："西学之事，问涂日多，然亦有一二巨子，诡然谓彼之所精，不外象数形下之末；彼之所务，不越功利之间，逞臆为谈，不咨其实"。这就是针对"中体西用"而言。严复随后明确指出，"体""用"不可分割，一个国家的"政教学术"好象具备各种器官的生物，它的各个组成部分是完整的统一物。它们的功能（"用"）与其存在（"体"）不能分开，不能把马的四个蹄子加在牛的身上，"有牛之体则有负重之用，有马之体则有致远之用，未闻以牛为体以马为用者也"（《与外交报主人论教育书》）。"故中学有中学之体用，西学有西学之体用"，如果要"合而为一物"，连道理名义都讲不通，更不要说能够行得通了。严复举例说，中国以前没有枪炮，现在买来了枪炮；中国城市以前没有甚么警察，现在设立了警察，凡此种种，就能解决问题，使国家富强吗？严复指出，"挽近世言变法者，大抵不揣其本，而欲支节为之"（同上），当然不能成功。

中国近代曾经经历过学习西方"船坚炮利"工艺技术的阶段，没有解决问题，原因就在不明体用不可割裂，科技与政教不可分开，科学与民主不可分开。严复较早从理论上注意了这个问题。

那么，什么是西方社会的"体"呢？当时大多数先进分子，甚至后来的人，都把民主政治作为这个"体"。严复也是主张资本主义的民权或民主的，所以他才猛烈抨击韩愈的君主专制、君权至上论，指出"君也，臣也，刑也，兵也，皆缘卫民之事而后有也"（《辟韩》），因为人民中间有各种纠纷欺夺祸害，自己又忙于"耕织工贾"，所以才设立"君"、"臣"等等来保护自己，"故曰：君臣之伦，盖出于不得已也。惟其不得已，故不足以为道之原"（同上）。封建专制统治，不是应该如此或必然如此的天经地义，韩愈主张的君主专制的原道，不过是窃国大盗的道理罢了。"国谁窃？转相窃之于民而已"，"斯民也，固斯天下之真主也"。严复认为，这才是西方资本主义社会政治的命脉："是故西洋之言治者，曰：国者斯民之公产也，王侯将相者，通国之公仆隶也。"（同上）

但是，严复比当时其他许多人更深刻，在他看来，"民主"还不是西方资本主义的根本。"民主"不过是"自由"在政治上的一种表现，"自由"才是"体"，"民主"不过仍是"用"。"自由"才是资本主义的实质，严复认为，这正是中国封建社会所最为害怕和反对的。他说：

　　夫自由一言，真中国历古圣贤之所深畏，而从未尝立以为教者也。彼西人之言曰：唯天生民，各具赋畀，得自由者，乃为全受。故人人各得自由，国国各得自由……而其刑禁章条，要皆为此设耳。(《论世变之亟》)

　　夫所谓富强云者，质而言之，不外利民云尔。然政欲利民，必自民各能自利始。民各能自利，又必自皆得自由始。(《原强》)

　　严复把斯宾塞的社会机体论竟一改而为反洋务派"中体西用"论的武器："一群之成，其体用功能无异生物之一体"(《原强》)。"身贵自由，国贵自主，生之于群，相似如此"(同上)。国家为生物，个人为细胞，都要有自由。自由才是根本。甚至到较晚时期，严也仍在理论上认为：

　　故今日之治，莫贵乎崇尚自由，自由则物各得其自致，而天择之用存其最宜，太平之盛，可不期而自至。(《老子评点》)

　　严复对资本主义社会的了解比改良派任何其他人更为深入，他站在资产阶级立场上，把个人自由、自由竞争，以个人为社会单位，等等，看作资本主义的本质，从政治、经济以及所谓"物竞天择"的生存竞争进行了论证。并且指出，民主政治也只是"自由"的产物。这是典型的英国派自由主义政治思想，与强调平等的法国派民主主义政治思想有所不同。在中国，前者为改良派所主张，后者为革命派所信奉。然而，以"自由贸易"为旗号的英国资本主义，数百年来的确建立了比其他资本主义国家(如法国)更为稳定、巩固和适应性强的政治体系和制度。其优越性在今天也仍是一个值得研究的课题。严复当年的眼光是锐利的。

　　严复的"自由"、谭嗣同的"平等"、康有为的"博爱"，完整地构成了当时反封建的启蒙强音。

　　严在理论上比改良派其他人物要坚实，并且他的《辟韩》也的确

是《仁学》的前驱，他的《原强》是梁启超《时务报》《清议报》好些文章
的先导。严复提出了一些带有普遍规律性的问题，并采取了真正近代
科学的形态。严复强调的是社会发展的必然趋向。所以章太炎说他是
"知总相而不知别相"（《菿汉微言》）。所谓"总相"，就是这种包括中
国在内全世界各国向前发展的普遍规律。这种规律（走向资本主义）
是主张中国走特殊道路的章太炎所当然不赞成的（详《中国近代思想
史论》论章太炎文）。严、章二人的分歧对立，实际代表中国近代两
种不同要求和两种思潮倾向。但它们又同属于反对帝国主义侵略这一
共同主题之下。所以，即是主张"自由为体"的严复也仍然把国家的
自由（即独立）、把富强、"救亡"远远放在个人自由之上，这就构成
严复的理论思想（"自由为体"）与实际主张的一个重大的内在矛盾。

严复尽管在理论上是先进和彻底的，但在现实政治主张中，却比
康、谭要慎重和保守，他尽管在理论论文《辟韩》中反对君主专制，
但同时便认为，"然则及今而弃吾君臣可乎？曰是大不可。何则？其
时未至，其俗未成，其民不足以自治也"。又坚决反对立即实行资产
阶级民主政治。他认为，根本问题在于进行教育，只有每个人都能够
自强自治，然后才可能实行资本主义的民主政治，国家也才会繁荣富
强。所以，严复才提出"鼓民力"、"开民智"、"新民德"三项以作为
变法改革的根本。"欲听其皆得自由，尤必自其各能自治始"（《原
强》），但总的观点和方案是，强调制度由教育决定，变法改革首先
在于对人民进行资产阶级教育。这就比康有为、谭嗣同、梁启超要求
立即改革政治制度要远为落后了。他说：

> 生民之大要三，而强弱存亡莫不视此。一曰血气体力之强，
> 二曰聪明智虑之强，三曰德行仁义之强。是以西洋观化言治之
> 家，莫不以民力民智民德三者断民种之高下……至于发政施令之
> 间，要其所归，皆以其民之力智德三者为准的。（《原强》）

严复这种观点正是与他的"物竞天择"的生物学的社会观点，与
他的所谓"以自由为体"的资产阶级个人主义的社会观点，密切相连
系的。将政治民主归结为个人自由，把社会进化归结为人各自强，从

而也就把尖锐的政治斗争归结为一般的教育任务，严复终于把自己一生完全献身于译著、教育事业，成为中国近代教育救国的先驱。"为今之计，惟急从教育上着手"（在伦敦答孙中山语，引自王蘧常《严几道年谱》）。他把"瘳愚"当作拯救中国的"要道"。

由于持有这种观点，严复在政治上便越来越保守，越来越倒退。他在《原强》等论文写后一、二年，在戊戌变法走向高潮时，便表现出倒退。他嫌康有为、梁启超太急进了，他反对"减君权，兴议院"，认为"君权之轻重，与民智之深浅成正比例……以今日民智未开之中国，而欲效泰西君民并主之美治，实大乱之道也"①。（《中俄交谊论》）随着改良派的彻底失败，严复更加向封建主义靠拢。当资产阶级革命派在《民报》大登华盛顿、卢梭这些西方资产阶级代表人物照片以示推崇时，这位在中国宣传介绍西方资产阶级"新学""西学"的权威，却大唱其倒退的调子了。他曾翻译穆勒的《论自由》，出版时却改名为《群己权界论》，连"自由"一词也不愿提，与以前成了鲜明对照（翻译是在戊戌后，出版则在 1903 年）。1903 年出版斯宾塞的《群学肄言》时，严说："窃以为其书实兼《大学》、《中庸》精义……于近世新旧两家学者，尤为对病之药"（《译余赘语》），企图把斯宾塞的社会学与中国封建儒家学说调和结合起来。接着他又翻译出版了甄克思的《社会通诠》，反对资产阶级民族民主革命，遭到了章太炎的驳斥②。但是严复坚持这一立场，并越来越赞扬和推崇"孔孟之道"，甚至用西学来辩护"民可使由之，不可使知之"的孔学教义（《平报》1913 年 9 月），更后，他说："中国目前危难，全由人心之非，而异日一线命根，仍是数千年来先王教化之泽"（《与熊纯如书札》第 53 函，1917 年），甚么自由、民主，当然完全置于脑后。整个向西方学

---

① 严对帝俄是颇为反感的，这不仅因其英国派的教养，而且帝俄对中国的侵略，均使他憎恶这个亚洲式的欧俄。但在个人政治关系上，他与亲俄派李鸿章以及荣禄等等或密切或有交往。此《交谊论》看来是在某种压力下写的，但此观点为严所本有。

② 与当时革命发展、两条政治路线划分界限等总形势完全适应，1903 年也是严复思想消极苦闷而急剧转变的时间。严的重要译著大都完成在 1903 年前。此后严竟积极捣起实业投资等活动来了，而仍以失败告终。

习也大可怀疑和否定了。"觉彼族(指西方资本主义民族)三百年来之进化，只做到利己杀人寡廉鲜耻八个字，回观孔孟之道，真量同天地，泽被寰区"(同上，第59函，1918年)，"窃尝究观哲理，以为耐久无弊，尚是孔子之书"(同上，第45函，1917年)，"欧洲三百年科学，尽作驱禽食肉看"(《瘉㟁堂诗集》)。严复已经背弃了他早年曾热情相信过、宣传介绍过的"新学""西学"，而完全回到封建主义怀抱中去了。数千年中国封建主义经常把好些"向西方学习"的先进分子又逐渐吞噬、消化进去了。严复不过是一个典型例子。其后有更多的人走的都是这条路。中国封建主义意识形态的顽强力量和极大影响，本不是数年数十年所能清除，特别是小生产社会基础没有彻底改变之前，资本主义的东西不一定能生根，封建主义的东西倒驾轻就熟，可以改头换面地一再出现，并把人们从思想到行动，从灵魂到肉体都吃掉，这是不可轻视低估的。严复介绍西学、新学的失败，应在这方面提醒我们的注意。

【评介】

李泽厚，湖南长沙人，1930年生，1954年毕业于北京大学哲学系，后进入中国社会科学院工作。1983年当选为巴黎国际哲学院院士，1998年获美国科罗拉多学院荣誉人文学博士学位，曾任德国图宾根大学和美国密西根大学、威斯康星大学等多所大学客座教授。李泽厚主要从事中国近代思想史和哲学、美学研究，尤其对中国美学学科的建构作了重要贡献。他在美学方面的代表作包括《美的历程》(文物出版社1981年版)、《美学四讲》(三联书店1989年版)等。此外，李泽厚在哲学研究方面也有突出的成就，其代表作包括《中国近代思想史论》(人民出版社1979年版)、《中国古代思想史论》(人民出版社1985年版)和《中国现代思想史论》(东方出版社1987年版)。2010年2月，美国最权威的世界性古今文艺理论选集《诺顿理论与批评文选》第二版收录了李泽厚《美学四讲》"艺术"篇中的第二章"形式层与原始积淀"。这套选集由柏拉图的论著选起，一直选到当代人文论著，长期以来是一套由西方理论家统治的文论选，李泽厚是进入这套选集的第一位中国学人。

　　《论严复》写成于 1977 年，1979 年收入李泽厚的著作《中国近代思想史论》，是其研究中国近代哲学思想体系的一部分。该文开篇即言，新中国成立之后一直到 20 世纪 70 年代末，有关严复的论著寥寥无几，就算在一些介绍中国近代先进人物的文章中，严复也未被纳入其中。虽然毛主席曾提倡重视对严复思想的研究，但是"四人帮"为了其政治目的，又随意将严复宣传成"法家"的代言人，抑制了严复思想的研究，因此，当时国内对严复思想的研究是既片面又很不充分的。李泽厚的这篇文章则为严复思想研究带来一股新鲜空气。尽管文章中的部分语言无法避免"文革"时期意识形态的束缚，且比较强调阶级性的问题，但是已经为严复研究开辟了一条新道路，使之大大不同于前十数年死气沉沉的状况。总的来说，《论严复》从三个方面来论述严复对中国人的影响：世界观、方法论和救国道路。在详细分析这三个方面的影响的同时，李泽厚也对严复思想发展的进步与落后之处作了深入评价。

　　文章主要由四个部分组成：

　　（一）严复在中国近代史上的地位。李泽厚写《论严复》，有一点为严复"正名"的意思。1949 年，毛主席曾经明确地将严复与洪秀全、康有为、孙中山并称为中国近现代革命的代表人物。而"文革"时期，"四人帮"为了用儒法斗争来窜改中国近代历史，又把严复描述为"法家"的代表。事实上，长期以来人们对严复的身份都没有一个准确的定位。在李泽厚以前，曾有人认为严复是筹安会的代表，有人则认为严复是资产阶级改良派，还有人认为严复是资产阶级革命派，而"四人帮"直接将严复定为"法家"的代表。与这些观点不同，李泽厚指出，严复是"资产阶级启蒙思想家"，给中国人带来了"一种新的资产阶级世界观"，并深深影响了后来的"年轻的爱国者和革命家"。严复的思想并不属于法家，因为尽管严复也会引用、称赞法家思想家如荀况、刘（禹锡）柳（宗元）和王安石的言论主张，但是，当这些法家代表的某些言论不符合近代资产阶级的经济政治原则时，严复也会加以批判。因此，严复的评论是与他的写作动机、写作目的密切相关的。进一步说，严复不仅是"资产阶级启蒙思想家"，他的贡献还代表着近代中国在追求西方资本主义国家的富强奥秘与真理过程中的最高阶段："从最简单的'船坚炮利'的《海国图志》前进到'藏富于民'和'开议院以通下情'的《筹洋刍议》、《盛世危言》，再前进到有着朴素简单的资产阶级民权平等理论思想的《大同书》、《仁学》，而最后进到真正系统复杂的资产阶级古典经济政治的资产阶级科学理论的《原富》、《法意》等，这就是中国近代先进者不断向西方寻求真理的几十年艰辛的整个历史过程。"

在李泽厚之后，学术界对于严复的总体评价渐渐改变，原来那种带有强烈阶级色彩与政治意味的评判则渐渐淡出学者的笔端。现在，人们对严复的定位首先就是"中国近代资产阶级启蒙思想家"，其后才是翻译家和教育家。可见，李泽厚的客观严谨的分析，对于国内学术界产生了重要的影响，该影响至今仍起着作用。

（二）严译《天演论》的独创性。根据李泽厚的观点，严译《天演论》的独创性在于它对中国人世界观的巨大改造。严复翻译的这本书虽然是由19世纪的英国科学家赫胥黎所作，但是严复只吸收了赫胥黎的部分思想。他同意赫胥黎认为自然界中存在着"竞争"和"优胜劣汰"的现象，但他不同意赫胥黎所说的人类的道德高于自然界残酷的"竞争本性"，而是认为人类社会同样需要经过"竞争"来"优胜劣汰"，能够发挥主动性的人才能在激烈的自然竞争和社会竞争中生存下来。于是，严复又在译本中宣传了19世纪英国"社会达尔文主义之父"斯宾塞的思想。可是，严复对于斯宾塞也并不完全赞同。他认可斯宾塞的普遍进化主义，但是由于斯宾塞的进化主义强调追求个体的自由，而严复在当时所极力宣扬的是"集体"的自由，即个人自由必须服从国家富强的需要，因此，斯宾塞的自由观又与严复的为了国家救亡图存的目的相抵触了。总之，严译《天演论》是严复根据自己的想法以及国家的需要，而选择性地将赫胥黎与斯宾塞的观点结合了起来。如李泽厚所言："一方面虽不同意赫胥黎人性本善、社会伦理不同于自然进化的观点，另一方面又赞成赫胥黎主张人不能被动地接受自然进化，而应该与自然斗争，奋力图强。一方面虽然同意斯宾塞认为自然进化是普遍规律，也适用于人类；另一方面又不满意斯宾塞那种'任天为治'弱肉强食的思想。"

关于严复更倾向于赫胥黎还是斯宾塞的思想的问题，美国学者史华兹在其著作《寻求富强：严复与西方》中表达了与李泽厚不同的观点。史华兹认为，严复的倾向几乎完全偏于斯宾塞。他从斯宾塞那里得到了巩固的信念，就是使西方社会有机体走向富强的能力是蕴藏在个人中的能力，而民主、自由为这些能力的培养提供了条件。但是，在这一点上，严复是不能赞成的。因为严复的出发点是整个国家的兴盛与富强，其社会成员的利益就必须为了整体社会的利益而存在。李泽厚将严复的这一特点理解为，严复并没有完全地吸收斯宾塞的主张，而是将他所认可的斯宾塞与赫胥黎思想的部分结合起来，译成了有独创性的《天演论》。史华兹则将这一点解释为，严复的思想大部分来自于斯宾塞，只是在吸收的过程中发生了微妙的变化。应该如何理解这个问题，在最近几年也得到一些学者的关注，但是还没有一个比较明确的说法，因此这一问题还值得深入研究。

《天演论》对中国社会产生的影响一直以来是学者们比较重视的问题，且大多数学者对这一问题持褒扬态度，但是他们在做具体分析的时候却有不同。根据李泽厚的分析，《天演论》之所以能够对中国社会产生深远持久的影响是在于：第一，《天演论》的出版应时事所需，激发了知识分子救亡图存的爱国情怀。第二，人们读了《天演论》之后，"获得了一种观察一切事物和指导自己如何生活、行动和斗争的观点、方法和态度，《天演论》给人们带来了一种对自然、生物、人类、社会以及个人等万事万物的总观点总态度，亦即新的资产阶级世界观和人生态度"。总而言之，《天演论》给予当时的中国人以"非常合乎他们需要的发奋自强的资产阶级世界观"，因而能够长久地风行于世。李泽厚的这一"世界观的影响力"的观点是十分独特的，他从当时人们对世界的认知和观感这方面来谈一本书的影响力，看到了在政治形势背后的人的意志因素。我们可以对比在李泽厚前后的研究者是如何评价《天演论》的意义的。1957年，历史学家王汝丰在论文《严复思想试探——严复之翻译及其思想之初步试探》中提到，《天演论》之所以有巨大的影响力，一方面在于它向当时的中国人提出了一种警告，起到了动摇清王朝的统治的作用；另一方面在于"物竞天择，适者生存"激发了人们的民族意识。王汝丰的观点虽然也表明《天演论》激发了中国人的反抗、改变意识，但他的结论还没有上升到如李泽厚的哲学高度。1961 年，哲学家冯友兰在文章《从赫胥黎到严复》中从另一个角度讨论了这个问题。他认为，从赫胥黎到严复，《天演论》发生了从消极到积极的转换。赫胥黎的社会达尔文主义运用在殖民地的时候，可能会麻痹被殖民者，使他们相信，既然他们被统治，他们就是弱者，就应该服从于强者——也就是殖民者。而中国当时正处于反抗帝国主义侵略的高潮时期，民心愤慨，再加上严复是根据本国的情况以及自己的意见来进行翻译并添加案语的，因此严译《天演论》在中国就产生了促使人民渴望通过行动改变国家受欺压的状态的积极影响。1982 年，王栻在文章《严复与严译名著》中则采用了比较传统的解释，认为当时严重的社会形势使得人们对《天演论》介绍的理论大有好感，而中国身陷封建专制思想与民主主义革命的斗争之中多年，《天演论》的主要精神也就一直鼓励着年轻的革命者为国家奋斗。

（三）严复的经验论及其归宿。李泽厚认为，严复思想的一个突出的特点是，他从哲学的高度出发来考察向西方寻找真理的整个问题，并明确认定认识论是这个寻找真理过程的关键。而史华兹认为，严复寻找真理的关键与目的，都是为了改变国家落后受欺的现状，实现国家的富强。可见，史华兹强调的是严复寻求真理的目的性，而李泽厚则着眼于严复寻求真理的手段和方法论。

李泽厚认为，严复改变中国人世界观的方法论包括经验论和逻辑归纳法。因为中国封建社会提倡旧学，即科举八股、考据、宋明义理等"无用之学"，因此其理论常常是主观臆造的。这一缺点直接影响了中国科学进步的进程，以至于缺乏经验总结的中国封建旧学不能使中国制造出坚船利炮，也不能使中国国力富强。相反，西方国家注重经验论，并且以逻辑归纳法为指导，能够有理有据地进行科学发明与创造。但是英国经验论有一个弊端，就是容易走向主观唯心主义和不可知论。经验论者固然强调经验的重要性——这在实用的发明创造方面十分有效，但是他们在哲学上却认为，人的一切知识来自于经验或感觉。人没有感觉到的东西是不存在的，这便导致了不可知论，即认为人不可能真正认识和理解所有事物。而严复最终也不可避免地受到这一观点的影响，于是便出现了有趣的矛盾：在一开始，严复由于提倡西方经验论而对王阳明的"心即是理"、"良知学"进行猛烈的批判。但由于他坚持西方经验论的不可知论，认为感觉才是"知识"的来源，于是他慢慢地倒向了主观唯心主义，在哲学上走向了与王阳明相似的道路。他甚至还将笛卡儿、巴克莱、斯宾塞等人与庄周、孟轲等人混淆起来谈论。李泽厚还认为，严复的思想向主观唯心主义转变，导致其晚年越加地支持封建复古，并且在他这时期的书信文章中还流露出极度悲观的情绪。

（四）"以自由为体，以民主为用"。在这一部分，李泽厚总结道，严氏著作对改造当时中国人的"世界观"（天演进化思想）和"方法论"（经验论和逻辑归纳法）都产生了深远持久的影响，然而在救国之道的建议方面，严复的民主自由思想却没有得到应有的反响。尽管如此，严复的救国之道还是有意义的。李泽厚将之归纳为"以自由为体，以民主为用"。19世纪末，洋务派的"中体西用"的思想还在中国士大夫阶层中占有比较重要的地位，然而甲午战争的清朝战败，使社会开始重新思量"中体西用"的作用。严复则开始直接批判，提出"中学"和"西学"无所谓"体"和"用"，若真的需要用"体用"的框架来实践某种思想，那么"自由"应当是"体"，而"民主"不过是"用"。虽然如此，严复的自由民主思想依然有矛盾之处。一方面，严复强调要赋予民众以个人自由，但是另一方面，严复更倾向于"把国家的自由、把富强、'救亡'远远放在个人自由之上"，这样一来，个人的自由就被迫牺牲了。严复的另一个矛盾是，尽管他在理论上是先进和彻底的，但在现实政治主张中，他却非常保守。他一再强调，以当时国人的综合素质来说，并不适合进行激烈的政治经济改革。因此他提出必须首先提高国民素质，具体的办法是"鼓民力、开民智、新民德"。可这样一来，他在政治上就"越来越保守，越来越倒退"，直到最后，"背弃"了早年的信仰，完全回到"封建主义的怀抱"。虽然，李泽厚《论严复》的原意是为严复"辩护"，即论述严复并不代表法家，也不代表儒家，而是一位代表资产阶级的启蒙思想家，可是，到最后，李泽厚批判了严复思想的从"先进"到"保守"的变化，认为严复思想到了晚期便完全不再有先进性可言。

关于这个问题，李泽厚所持的观点，继承了20世纪30年代的周振甫,且与其同时代的大部分学者的想法一致,是具有时代特征的。学者刘桂生提出,20世纪90年代以前,国内学者在研究严复思想的发展轨迹时,几乎直接承袭了周振甫的观点,即认为严复的思想发展经历了由"全盘西化"到"中西折中",最后到"反本复古"的"S"形演变过程。这个问题的视角转向直到20世纪80年代末张恒寿先生的《严复对于当代道学家和王阳明学说的评论》才出现。张氏一文提出,传统文化思想在严复心中的地位是一以贯之的,并不是说严复早年就完全"全盘西化"而抛弃了一切传统文化。1994年,学者欧阳哲生在著作《严复评传》中尝试用"交融互释"的眼光来研究和阐释严复的中西文化观,认为严复思想中的"中学"与"西学"在他一生中交互影响,而并未出现过完全的断裂或者某一部分的空缺。这一说法又为该领域的研究带来新气息。此后,特别是进入21世纪,"交融互释说"逐渐成为学术界关于严复思想发展轨迹问题的主流方向,学者们也在以更包容的思维方式、更多的视角来研究严复,促进了严复研究的发展。但是从上述学术方向的演变过程来看,有一个问题值得深思,从20世纪30年代到90年代,学术界何以经历了一个如此漫长的过程才在这一问题上有了进展和突破?也许李泽厚在文中提到的政治动乱是最主要的原因。在一个学者缺乏思想自由、百姓缺乏通向高等教育的正常途径的环境中,学术是难以有所突破的。这恐怕也是严复当年极力提倡自由精神、提倡民权和教育的原因所在。总之,李泽厚一文有重要意义,它在当时的比较拘束的学术氛围中提出了诸多新观点,驳斥了一些旧主张,为严复研究的进展作出了有益的贡献。

严复与严译名著①（存目）

王 栻

【评介】

　　王栻的《严复与严译名著》写于 1982 年。是年，商务印书馆为了纪念立馆八十五周年，特别重印出版了严译名著八种。为了帮助当时的读者更好地理解严译名著，商务印书馆编辑部专门编选当时为数不多的研究严复翻译著作的文章，出版了《论严复与严译名著》文集。王栻的《严复与严译名著》就是为文集出版而专门撰写的。

　　王栻（1912—1983 年），原名王载栻，字抱冲，浙江平阳（今属温州市）人，毕业于清华大学历史系，在校时专攻清史。毕业后，曾在温州师范学校（今温州大学）任教。1952 年后，任南京大学历史系教授。1962 年，应中华书局之约，王栻组织成立南京大学历史系《严复集》编辑小组，开始校订所能接触到的严复的所有作品，并拟将校订成果编为《严复集》。然而"文革"爆发，耽误了这项工作的进程，直到 20 世纪 80 年代中期《严复集》才出版。《严复集》较为全面地收集、校订了当时所能接触到的严复著作，并增添了许多新的研究资料，为 20 世纪 80 年代较为空白的严复研究带来新指南。王栻一生致力于维新运动史和严复研究，而他对严复研究的贡献是尤为巨大的。《严复与严译名著》虽然只选取了"严复翻译著作"这一个小角度来探讨严复的思想和贡献，却显示出王栻对严复生平、著作情况、思想情况游刃有余的把握度，可谓厚积薄发。王栻其他的代表性著作还包括 1957

---

　　① 本篇选自商务印书馆编辑部：《论严复与严译名著》，商务印书馆 1982 年版。

年上海人民出版社出版的《严复传》，以及 1986 年上海人民出版社出版的《维新运动》。

在严复为数不多的翻译著作之中，王栻敏锐地抓住了严复译著的一个核心，就是教育救国论。王栻认为，严复从事翻译工作的目的是教育救国。在《论世变之亟》、《救亡决论》、《原强》以及《辟韩》这四篇"惊世之文"中，严复激烈地批判了专制制度，提出了自己的民主思想。在《天演论》中，严复概要地介绍了赫胥黎的进化论思想，警告当时的国人，中国备受欺压却不敢反抗、制度僵硬却不肯变革的状态必使本民族灭亡。但是，严复又以社会进化论的理念激励国人，称只要通过努力，是可以"与天争胜而终胜天"的。这一系列颠覆性的思想无疑对中国社会产生了巨大的影响。但王栻又指出，严复思想的焦点还不在于此。他注意到，严复在很长的时期内一直强调，中国的情况还不适宜直接施行西方的民主制度。相反，"为今之计，惟急从教育上着手"，即应当先"鼓民力"、"开民智"、"新民德"，待国民素质上去了，才可以开始政治制度的改革。因此，对严复而言，教育是改变政治经济的基础，是革命的基础。与王栻的观点不同，美国汉学家本杰明·史华兹在他研究严复的代表作《寻求富强：严复与西方》中指出，严复所有介绍西方思想的作品，包括其译著与其他文论在内，都旨在突出一个中心：追寻中国走向富强的道路。而这种实现"富强"的方法，是通过建立在"集体主义"基础上的民主自由来实现的。尽管目前学术界认为史华兹在书中的部分观点不一定恰当，但是"寻求富强"的主旨以及"集体主义"的手段的观点确实影响了大多数学者。然而，仍然不可否认的是，王栻的"教育救国中心论"也有合理之处，作为 20 世纪 80 年代初极少数的研究严复的作品之一，《严复与严译名著》在这方面给后来研究者提供了启示。

《严复与严译名著》主要包括四个部分：

（一）严复生平大略。文章一开始简要介绍了严复生平事迹，将严复生平分为三个部分：甲午战争以前的发展与成熟期、甲午战争到维新运动之间的进步时期、戊戌政变之后的保守时期。关于严复思想发展变化的时期划分问题，刘桂生教授在 1999 年出版的论文集《严复思想新论》的序中提到，在 20 世纪 90 年代中期以前，绝大部分严复思想研究者沿用了周振甫在《严复思想述评》中的"S"形划分法，而王栻则是这个观点在 80 年代的最重要的代表之一。周振甫和王栻其实并没有因此认为严复的思想在前后时期毫无连续性，但是这种划分法被一些学者简单化了，以至于有的研究不仅给严复每一次的思想变化定了清晰的界限，还认为严复早期思想几乎没有保守之处，而其思想的先进性在晚期则荡然无存。1989 年张恒寿先生的文章《严复对于当代道学家和王阳明学说的评论》则提出，严复的思想发展并不是僵硬地遵循"S"形轨迹的。事实上，严复在早期并不曾"尽弃儒学"，相反，儒家思想并无断裂地贯穿了他的思想发展脉络。20 世纪 90 年代以后，随着严复研究层次的深入与角度的扩展，学术界开始向张恒寿先生的观点转变。越来越多的学者在研究中指出，严复的"中学思想"是自始至终地贯穿在其一生的，而在后期，他的进化思想、西方民主自由思想也并没有消失，而是潜伏于他的思想之下。从今天学术界的角度回望传统的观点，不能说周振甫、王栻先生的观点就没有价值，相反，他们过去的研究是当今学术界研究的重要基石。

（二）严复译书概览。王栻在文中详细地列举出严译名著八种的相关信息，包括原书名、原著者、在西方出版的年份、在中国出版的年份等，给读者提供了严译名著的宏观图像。除了文字叙述以外，王栻还以表格的形式将严译名著八种的详细情况展示出来，使相关资料一目了然，给研究者们很大的方便。在这一部分中，王栻尤其强调《天演论》的出版对中国的意义。他认为，严复翻译《天演论》有政治意义，即运用进化论的"物竞天择，适者生存"的原理，反对当时顽固派和洋务派的保守思想，向全国人民敲响祖国危亡的警钟。而这本书在出版之后能够风行一时，也是因为当时的政治形势严峻。在当时，"每一个爱国的中国人，都要发出这么一个问题：中国真的要亡国吗？还是依旧可以奋发图强呢？《天演论》就是回答这个问题的"。由此可见，相较于其他译著，《天演论》对于中国民间产生的影响规模最大，时间也最久。

（三）严复译书的主导思想。王栻认为，严复在早期和中期译书的主导思想，就是教育救国论。严复曾怀疑自己，翻译这么多书籍，究竟能对社会有什么用处？他在戊戌变法时期就提倡"尊民叛君"的思想，同时又提倡"尊今反古"的西学。王栻指出，尽管严复依然认为民主与西学应当并重，但是他的先谈西学、后谈民主，先谈教育、后谈政治的倾向更加明显了。另一个可以印证严复此时期"以教育救国为重"的例子是严复与孙中山的会谈。1905 年，严复与孙中山在伦敦见面，严复提出，"为今之计，惟急从教育上着手"，而孙中山则说，"君为思想家，鄙人乃实行家也"。由此两人的分歧点就很明显了，孙中山期望把西方自由民主的制度以革命而贯彻施行，而严复则稍显保守，期望先打好教育的根基，再谈革命。在严复的政治思想方面，王栻总体上认可了严复批判清政府的腐朽制度、反对专制、提倡民权的精神，但是，他又认为，"由于世界观的局限性，严复又逐渐成为一个保守人物"。尽管如此，此时期在这方面的研究还不够充分，并没有有力的证据证明这一点，王栻也没有再根据这个命题作深入的分析。当然，这方面的遗憾在十几年后被慢慢兴盛的严复研究所弥补，使人们对严复早期思想与晚期思想的转化情况有了更加深入的理解。如 1989 年张恒寿的《严复对于当代道学家和王阳明学说的评论》、1999 年林启彦的《严复论中西文化》等文章就在这个问题上作了不同于传统的分析。

（四）严复自己所撰写的文字。在这一部分中，王栻主要提到严复的案语、文论和诗歌等。其中，案语是严复自己撰写的文字中数量最多，也最有影响力的部分。关于案语的性质，可分为三种：一是对外来名词的解释。二是对原书意见的补充或者是指出书中的缺点，这说明严复在翻译的时候是非常严肃认真的。三是在翻译过程中提及的对国内外特别是当时国内实际问题的意见，可见严复关心国家之心切。尽管如此，还是必须承认，严复的部分翻译著作非常艰涩难懂，以至于他的翻译成果在中国近代启蒙运动史上并没有那么"蓬勃而有魔力"。最后，王栻在总结中谈到，严复的翻译的确有缺点，但是后人不应当苛求于前人。毕竟严复的翻译对随之而来的革命运动产生了巨大的影响，然而维新运动、辛亥革命运动的相继失败，又促使人思考严复思想中的局限性。在"文革"刚刚结束的时代，重新研究这些问题，对于探索中国未来发展的道路有重要的意义。而严复对于教育和文化的重视，应当被重新提及，以免再犯"文革"期间忽视教育文化的正常建设的错误。

《严复与严译名著》是 20 世纪 80 年代初极少的研究严复翻译情况的作品之一，作为这方面研究的早期代表性作品，其优长之处主要表现在以下几个方面：

首先，叙述方式比较公正客观。尽管这篇文章在严复思想发展轨迹的问题上认为它遵循传统"S"形的模式，在某些语言表述上也还带有时代的气息（比如对阶级性的强调），但总体上说，这篇文章能以客观的态度叙述严复生平、主导思想以及翻译成就等，文字简洁干净，还运用数据、列表的方式使相关信息一目了然，有助于读者的理解。

其次，这篇文章并不单纯地研究严复的翻译情况，还带有一定的社会意义。整篇文章强调了严复的"教育救国论"的中心思想，并将这一主旨与"文革"结束的时代背景相联系，警醒中国人要看到教育对于改变国家、使国家走向富强的重要性。

最后，王栻高度概括了严复翻译著作的情况，提供了自己独到的见解，从而写成一篇短小精悍而又内涵丰富的文章。王栻的这种对严复研究的倾心投入的热情以及相关学识的积累，被简洁流畅地表达出来，值得历史研究者们学习。

严复的翻译①

汪荣祖

　　钱锺书先生早有《林纾的翻译》一文问世，迄今一再重刊，脍炙人口②。严、林既然并称，我猜想钱先生一定有写一篇《严复的翻译》的意思。去年我曾向他请教严复与曾纪泽互诋事，接到他一九九二年三月廿八日覆函，说是"未病前，本欲撰《严复的翻译》一文，与《林纾的翻译》为姊妹篇，涉及此段姻缘。今衰疾不能为文，便以相授、供足下采撷可也"。钱先生果然有意要写《严复的翻译》，因病未执笔，今更鼓励我来写。长者的美意，令我有续貂的勇气，草写此篇。

　　严林并称，严林两位都不会乐意。钱先生已提到，当康有为以"译才并世数严林"赠林纾时，林纾固嫌严上林下，严复亦嫌林不通外文，不屑地说："天下哪有一个外国字不认识的译才?!"然而严林齐名，其来有自，至少可追溯到光绪廿八年间的孙宝瑄，孙氏《忘山庐日记》于该年十月十九日记道："今人长于译学者有二人，一严又陵、一林琴南。严长于论理，林长于叙事，皆驰名海内者也。"③此实已成为民国以来国人的共识，更何况严与林都是闽人，又同以古文着(应为著，编者注)称，坊间亦印有严林合集出售。林纾虽不通外文，

---

① 本篇选自汪荣祖：《严复的翻译》，载《中国文化》1994 年第 1 期。
② 此文初发表于 1963 年出版的《文学研究集刊》，收入《旧文四篇》(上海古籍出版社 1979 年版)，第 62~95 页；《林纾的翻译》(北京商务印书馆 1981 年版)，第 18~52 页；《七缀集》(上海古籍出版社 1985 年版)，第 67~100 页；罗新璋编：《翻译论集》(北京商务印书馆 1984 年版)，第 696~725 页。
③ 孙宝瑄：《忘山庐日记》上册(上海古籍出版社 1983 年版)，第 593 页。

但其译笔流畅、有时十分传神；早年用心之作，尤具艺术价值，钱先生于《林纾的翻译》一文中已经具言。总之，严林同为近代中国翻译界的先驱，都占有一定的历史地位。

钱锺书先生说得好，翻译是将一种文字"化"为另一种文字，化不好，即成"讹"。译文成讹，早已成为中外学者丑诋与嘲笑的对象。在翻译的过程中，之所以会损失原意，误解原意，以及"如翻转花毯，仅得其背"，主要由于二层障碍，一是文字上的隔阂，中西文字间差异甚大；二是概念上的鸿沟，中西间宇宙观的差距亦大。是以西书中译的优劣成败，端视克服此双重障碍的成果。严复能提出译事三难，信、达、雅，足见他深知点化维艰，颇得个中三昧，难怪被译家奉为圭臬，传诵与引用不衰。但是论者常常将此"三难"分开来说，例如赵元任认为"信"才是翻译的基本条件，陈西滢更说"宁信而不顺"，朱光潜也认为信最难，傅斯年、瞿秋白等则视"雅"有碍"信"与"达"。其实信、达、雅应是三位一体的。据钱锺书的考证，三难出自佛典的信、达、严（释为饰、即雅），并揭示"译事之信，当包达、雅；达正以尽信，而雅非为饰达"，和盘托出三难的微意，洵数不易之论①。我们可据此进一步说：求信，莫若直译，但直译很难渡越文字上以及概念上的隔阂。张贵永于其《西洋通史》中译"Lion's Share"为"狮的一份"，不能说不"信"，但却不能充分表达原文的意思，不懂洋文的中文读者便无从领会其意，直如严复所说"顾信矣不达，虽译犹不译也"，亦即钱先生所说，"译文达而不信者有之矣，未有不达而能信者也"。"信"不能舍"达"，谁能说不？

所谓"雅非为饰达"，乃指"雅"并不是润色加藻，徒逞华丽，而实有助于信、达。可举的例子很多。如译"God Knows"，为"上帝知道"，已可称信、达；若译为"天晓得"，则更得一雅字。因为此一简

---

① 钱锺书：《管锥编》第三册（北京中华书局 1919 年版），第 1101 页。钱先生又曾指出 20 世纪 30 年代商务印书馆出版的周越然编英语读本提及严复信达雅三字诀受到英人泰勒（Alexander Tytler）《翻译原理》（*Essays on the Principls of Translation*）一书的启示，见刘靖之主编：《翻译新论集——香港翻译学会二十周年纪念文集》（台湾"商务印书馆"1993 年版），第 159 页。严复翻译可以受到英人著作与佛典的启示，自不必非"杨"即"墨"。

单的翻译，实已牵涉到复杂的中西宗教观之异。中国的宗教观向来不倾向于"一神论"(Monotheism)，所以即使将英文中大写的"神"(God)译作上帝，亦不比中文概念中的天大，故译作"天晓得!"不仅更为妥贴，而且更能够传神，那就是雅①。又如英文中"to drink like a fish"，译作"鱼饮"，虽对原文的文字忠实，但译文的意义并未能在中文中畅达，故必须译作"牛饮"；将"鱼"易为"牛"，并不是不信实，而是更能沟通两种不同语文的语义与境界，这也就是雅，是以十八世纪施塔儿(Mme de Stael)有名言说，"畅达始足满人意"(Tout Compredre rend tres indulgent)。要畅达，则必须掌握不同语文的结构与文法，及其文化背景，才能将超越语文的共通"思议"，用一种语文化及另一种语文来表达。这就是金岳霖所说的"意译"②，也就是严复所说的"达旨"。希腊文中"翻译"(Metaphrasis)一字，亦具"意译"(Paraphrase)之意。

严复刻意求古，人所共知③。他极力想从中华古典中寻觅陈词雅句，以表达西文的思议，不免一名之立，"旬月踟蹰"。有时即使踟蹰旬月，亦无法找到适当的古辞，只好别创新辞，如"物竞"、"天择"、倒亦不失典雅，可谓不朽。但有时自认为已找到适当的语词，如"计学"、"名学"，终不敌通俗的"经济"、"逻辑"，曲高和寡，只好说是"劣币驱逐良币了"④。

严复以典雅的古文译笔，阐释近代西方玄理，把外国新酿，包装

---

① 赵元任提出一个问题：如果原文不雅，译文也一定要雅吗？见赵氏撰《论翻译中信达雅中的信的幅度》，《翻译论集》，第726页。雅不能作字面上解，原文不雅，译成雅文，不仅不信，而且不雅。雅须畅达而具韵味，周密妥帖而恰到好处。画虎类犬固然不雅，画犬似虎亦大不雅。

② 金氏说："所谓译意，就是把字句底意念上的意义，用不同种的语言文字表示出来。"以别于"译味"或用不同文字表示感情上的意味。参阅金氏著《知识论》(北京商务印书馆1983年版)，第811页。

③ 严复致梁启超函中说得很清楚，"若徒为近俗之辞，以取便市井乡僻之不学，此于文界，乃所谓凌迟，非革命也。且不佞之所从事者，学理邃赜之书也，非以饷学僮而望其受益也，吾译正以待多读中国古书之人"。见王栻主编：《严复集》第三册(北京中华书局1986年版)，第516~517页。

④ 黄遵宪曾劝严复"造新字"，见《严复集》第五册，第1572页。

在古色古香的旧酒瓶中。此种雅兴，对五四之后白话文通行后的新知识分子而言，不仅不雅观，而且不伦不类，难以索解。译者虽已达旨，若读者看不懂，则对这些读者而言，犹是未达。鲁迅曾说，严式翻译只有"放进博物馆去欣赏"。但严译的过时，并不能抹杀它在艺术上的价值，更不应忽视它对时代的影响与意义。严复之前，早已有不少译书，但由于文不"雅驯"，不被晚清的士大夫所重视，而严译一出，内容清新，文字古雅，"骎骎与晚周诸子相上下"，自然会震动士林，连目中无人的康有为亦不得不另眼相看①。严译不过八九部，与林纾所译的一百七十余种，在数量上远远不能相比，然而在思想界的影响力，殊非林译可以企及。

严复的第一部译作《天演论》，译自英人赫胥黎（T. H. Huxley）所撰《演化与理》（Evolution and Ethics）一文，于一八九八年四月正式出版，顿时洛阳纸贵，最负盛名。美国学者史华兹（Benjamin Schwartz），曾对严译作了颇有系统的研究，出版了《寻求富强：严复与西方》（In Search of Wealth and Power: Yen Fu and the West）一书②。史氏视《天演论》为"赫文意译"与"以斯宾塞（Herbert Spencer）驳赫胥黎"二部分的合璧。他指出斯氏将达尔文（Charles Darwin）的生物进化论演为"社会进化论"（Social Darwinism），重在天演，而赫胥黎则强调以"伦理"来对抗"天演"，并说严译略去"伦理"，可见严氏崇斯拙赫的趋向。其实严复何尝不可译赫文为"天演与人伦"，然则又何异于当时《时务报》的译文？正见严氏刻意求古，精译"天演论"，略去"人伦"；译《国富论》（Wealth of Nations）为《原富》，将"国"略去以窥微言大义，西方汉学家不通古文义法，以致有此陋见。然而居然有人附和此一陋见，并添蛇足："著作只用了原名的一半，正好表明译述者不同意原作者把自然规律（进化论）与人类关系（伦理学）分割、对立起来的观点"③。事实上，"古文义法"亦可见之于西方，钱氏《管

---

① 梁启超告诉严复，"南海先生读大著后，亦谓眼中未见此等人"。见同书同册，第 1570 页。

② 美国哈佛大学出版社，1964 年出版。

③ 李泽厚：《中国近代思想史论》，广东人民出版社 1979 年版，第 261 页。

锥编》卷五指出："十八世纪德国阐解学祖师沃尔夫（Frederich August Wolf）谓人必有以古希腊语、拉丁语作文之长技，庶能于古希腊、罗马典籍领会亲切，方许阐释"①。

史华兹既认为严复以斯攻赫，必然要大费周章解释何以还要翻译赫文。其实，严氏固然不完全赞同赫说，亦非全盘否定，自非只因其简短而译之。《天演论》自序中明确指出，赫胥黎之书可以"救斯宾塞任天为治之末流"，并在按语中一则曰，"赫胥黎氏以此所指为最宜者"，二则曰，"赫胥黎氏保群之论，可谓辩矣"，三则曰，"赫胥黎氏是篇，所谓去其所传者，最为有国者所难能；能则其国无不强，其群无不进者"，四则曰，"赫、斯二氏之言，殆无以易也"，五则曰，"（赫氏）此篇及前篇所诠观物之理，最为精微"，足见绝非一心以斯攻赫。我们不必视严氏按语，尽是在发表他本人的意见；他同时也在作注释，把别人的说法，特别是斯宾塞与达尔文的意见，引入按语，不仅订正赫说，而且补充说明，以获致他认为较为平衡的观点。他将按语与原文分开，一方面保存了赫氏原文的风貌，另一方面对进化论作了更进一步的说明。实在毋须采取非杨即墨的观点，把严氏定位于斯宾塞。严复一心要把他所理解的天演论说清楚，是十分显而易见的，实在没有必要囿于一家之说，吴汝纶序言中，所谓"天行人治，同归天演"，实已道出译者汇合赫、斯二说的微意②。

严复为了充分说明西方进化论的玄理，借重佛、道以及宋明理学的概念和词汇，是毫不足为奇的，因在中国的传统文化里，佛道理学中的抽象资源最为丰富。史华兹对此颇有误会，以至于认为严复有"神秘主义"（mysticism）的倾向。事实上，严氏在《天演论》的"论十佛法"后的按语中，一再解释"不可思议"，有谓"谈理见极时，乃必至不可思议之一境，既不可谓谬，而理又难知，此真佛书所谓不可思议"③，很明显地可以等同斯宾塞所说的"不可知"（unknowable），而不是什么神秘主义。至于史华兹说，严复于追求西方式富强的同时，

---

① 钱锺书：《管锥编》第三册，第 1052 页。

② 参阅《严复集》第五册，第 1317~1476 页。

③ 见同书同册，第 1379~1380 页。

从神秘主义中得到精神上的慰藉，更不免令人有捕风捉影之感①。

　　严复虽不完全是斯宾塞的"信徒"或赫胥黎的"叛徒"，但他信服进化论则绝无可疑，可以称之为"天演宗哲学家"。他认定进化论是十分科学的学理，没有警觉到达尔文的生物进化说，不仅有破绽，而且进化过程仍有太多的空白，难以衔接，而斯宾塞的社会达尔文主义更是哲学性远远超过科学性。他遂以生物进化论为放诸四海皆准的科学，亦以社会进化论为普遍的公理，与章太炎的"俱份进化论"，截然异趣，很明显地表示了二氏不同的文化观点。严氏显然倾向文化一元论的观点，难怪于一九零四年译甄克思(Edward Jenks)(《政治史》)(*History of Politics*)时，颇为赞同甄氏所提出的一种单元的人类社会发展观，从图腾社会到宗法社会，再进化到军国社会，以为是全人类政治发展的共同模式。是以他相信中西文化之间，"总相"可以涵盖"殊相"，二者之间不仅没有冲突，而且可以互相发明。关于这一点，史华慈看得不错，严复确是认为"研究近代西方思想实可烛照古代中国思想之幽"(The study of modern Western thought actually throws light on ancient Chinese thought)②。不过他同时亦以中国古典之烛来照洋典之幽，例如赫胥黎原文中有这样一句神来之笔："总之，白鸽欲自为施伯来爵士"(The pigeons, in short, are to be their own Sir John Sebright)③。能读英文者，固知施爵士乃善于养鸽之人，但中文读者多般(应为半，编者注)不会知道施某何人，所以严复乃将此洋典易为汉典："何异上林之羊，欲自为卜式；湃渭之马，欲自为其伯翳。"卜式乃汉朝人，以养羊致富，伯翳为皋陶之子，似与马无关，或系识千里马的伯乐之误。严复看到施伯来之鸽，想到卜式之羊，伯乐之马，可谓通古识"西"，使略读古书的国人，立即达旨，怡然领悟。然而时代变了，对不读古书的中国人而言，严氏之易洋典为汉典，不

---

　　① 见 Schwastg. *In Search of wealth and power*：104。

　　② 同书，第99页。王国维曾谓："执近世之哲学以述古人之说，谓之弥缝古人之说则可；谓之忠于古人则恐未也。"可资参照。

　　③ Thomas H. Huxley. *Evolution and ethics and Other Essays*. London：Macmillan 2 Co., 1894：22。

但不必要，反而增加理解上的困难，还不如径译为"白鸽欲自为善于养鸽的施伯来"。由此又牵涉到另一问题，那就是当今中国所面临的翻译工作，不仅要把有价值的外国书译成中文，且须将有价值的古籍译成白话文。

《天演论》刊布后的轰动，并不难理解，吴序实已预见。除了文辞优美，赢得士大夫们的青睐之外，则因"赫胥黎氏以人持天，以人治之日新，卫其种族之说，其义富，其辞危，使读焉者怵为知变，于国论殆有助乎"？在甲午丧师之后，以及列强瓜分之势日益迫切的情况下，《天演论》中"弱肉强食"、"优胜劣败"、"适者生存"等警语，自然会产生一种怵然心惊的危机感，以及祈求救亡图存的使命感。危机与使命的交集，导至（应为致，编者注）知变，以至于求变。由于危机感的深切，求变的意愿亦特别强烈，很可说明近代中国迅速从变法趋向革命的过程。强烈的革命决心显然来自急切的危机意识，非采激烈手段不足以救亡。果如此，则以严复反对革命的坚决态度，则强烈危机意识所产生的后果，殊出其本人意料之外，至少非其乐见。社会达尔文主义经由严复的译介，在中国思想界所产生的影响，反映了当时中国遭遇列强侵略的特殊环境。美国史家何夫斯达（Richard Hofstadter），于《美国思想中的社会达尔文主义》（Social Darwinism in American Thought）一书中，指出斯宾塞的学说在美国比在其本国，更受到欢迎，而当时美国资本主义起飞，保守色彩甚浓，"适者生存"适足以使大资本家与帝国主义者自认为适者，提供了理论根据。同一社会达尔文学说，在同一历史时期中，在中美两地由于环境的不同，产生了绝不相同的影响，相映成趣，饶具兴味。

严译《天演论》一炮而红，必然鼓励他继续译书。史华慈说严复一意追求富强，其实富强只是他所追求的表象，他最重视的根本应是"民智"、"民力"、"民德"的提升，如果这三项追求不到，富强永无可能，仅仅是一场春梦而已①。他的翻译受到欢迎，至少使他感到于增"民智"一项，可以有所作为，故于致张元济函中说："民智不开，

---

① 民智、民力、民德，其词其意一再出现于严复的诗文，以及私人书信中，可称之为严氏"三民主义"。

则守旧维新两无一可。即使朝廷今日不行一事，抑所为皆非，但令在野之人与夫后生英俊洞识中西实情者日多一日，则炎黄种类未必遂至沦胥；即不幸暂被羁縻，亦将有复苏之一日也。所以屏弃万缘，惟以译书自课。"①严复有官俸，自称"译书原非计利"；然而由于他的译名大炽，稿酬甚高，如《原富》一稿，张元济"许以两千金购稿"，而北洋译书局"估价乃三千两百两"②。此后上海商务馆刊行严译丛刻，销行颇畅，对其晚年的生计，应该不无小补。

他虽曾誓言，"此后正可不问他事，专心译书以飨一世人"，他的生平事业亦以译书最为著称，但当时的士大夫总以笔耕为退而求其次的余事，严复亦不能免俗，如谓"自叹身游宦海，不能与人竞进热场，乃为冷淡生活，不独为时贤所窃笑，家人所怨咨，而掷笔四顾，亦自觉其无谓"③。可以想见他不得已而为之的心情。

不过，严复确是难得的译才，就选书而言，就颇有眼光，天演进化论固然是十九世纪的显学，接着翻译的亚丹斯密(Adam Smith)《原富》(*An Inquiry into the Nature and Causes of the Wealth of Nations*)、孟德斯鸠(Baron de Montesquieu)《法意》(*De Esprit des Lois*)、穆勒(John Stuart Mill)《群己权界论》(*On Liberty*)和《名学》(*Logic*)，都是当代巨著。甄克思的《社会通诠》亦有为而译之。比诸五四时代的许多新学之徒，在西潮冲击下，分不清巨流与点滴，自然要高明得多。

严复选择意译，乃有鉴于中英两种语文的文法，极不相同，故必须将原文"神理、融会于心"之后，再用译文的语法来表达，自不可能逐字逐句翻译，而必须时而颠倒原来的字句与段落。再由于用文言翻译，势必简洁，不宜冗赘，英文中的许多语助词，自然须略去。还有一些图表数，以及无关宏旨的繁文赘句，或删置，或概括节要，总之严译固非将原文全部照搬；不过有时由于汉文语法结构所需，为了意义更加明晰，亦有增添原文所无的文句。他的译文好像有时吃了泻药，有时吃了补品，庶使原义脱胎换骨之余，不增一分，不损一毫。

---

① 函见《严复集》第三册，第 525 页。
② 见同书同册，第 534 页。
③ 见同书同册，第 537 页。

其实他再进而增饰打扮，更像道地的土产。在此可举《天演论》卷首第一段为例。若不加修饰，则原文可译为：

> 吾人可安心设想，二千年前凯萨涉足英南之前，仆书窗所见，整片田野风貌，乃呈原始景色，可能除今日犹可见之几处荒坟，截断山岗相连之地平线外，皆未经人手雕琢之际也。

经过严复的加工改造之后，则读如：

> 赫胥黎独处一室之中，在英伦之南，背山而面野。槛外诸境，历历如在几下。乃悬想二千年前，当罗马大将凯萨未到时，此间有何景物。计惟天造草昧，人功未施，其借征入境者，不过几处荒坟，散见坡陀起伏间。而灌木丛林，蒙茸山麓，未经删治如今日者，则无疑也。

确是铿锵有声，"骎骎与晚周诸子相上下"。然而严复为了达到此一目的，笔则笔，削则削，并大事踵华，删节了一些，也增添了不少形容词。原文中的"吾人可安心设想"（It may be safely assumed），以及"可能除"（Except, it may be）等等，都是洋味颇重的语助词，用之有碍观瞻，舍之不足以害意。而于此段主旨，即"未经人手雕琢"（Man's hands had made no mark upon it）的自然景象，则一再描述；"未经删治"之外，凭添"天造草昧，人工未施"之句。凯撒之前增"罗马大将"一语，以便读者。原文中虽无"赫胥黎独处一室之中"，但作者自称书窗所见，则其人其地已呼之欲出。严复不过是据实刻画，求其显活，而非向壁虚构，很可以想见他经营的苦心。

严复翻译时的苦心经营可以说是一以贯之，正也说明何以严译速度甚慢，产品较少之故。试看《原富》的内容涉及经济理财诸事，辞义虽难以瑰玮，译者仍将原文文理，"融会贯通为之"。如开卷首章"论分功之效"，原文题目仅仅是"论分功"（on the Division of Labour），然而内容确是述论分功的效力，译名反而更能画龙点睛。又如第六章的第一段，严复的译文是：

民始合群，无占田亦无积聚，交易之事，舍功力则差率无由见。譬诸游猎之部，其杀一䶄鼠，方之杀一鹿者，其难倍之，则一䶄鼠应易两鹿，事之资二日作苦而后成者，其值倍于一日作苦之所成者，自然之势也①。

亚当·斯密的原文是：

In that early and rude state of society which precedes both the accumulation of stock and the appropriation of land, the proportion between the quantities of labour necessary for acquiring different objects seems to be the only circumstance which can afford any rule for exchanging them for one another. If among a nation of hunters, for example, it usually costs twice the labour to kill a beaver which it does to kill a deer one beaver should naturally exchange for or be worth two deer. It is natural that what is usually the produce of two days or two hours labour should be worth double of what is usually the produce of one day's or one hour's labour. ②

译文较原文更为简洁，而意思包含殆尽，并无重要的遗漏，文句亦未多颠倒，也不觉得有翻译的斧凿痕迹。其余严译诸书虽详略有异，大概如是。时而且有佳句美词，足可朗朗上口，如《群学肄言》中的，"望舒东睐，一碧无烟，独立湖塘，延赏水月，见自彼月之下，至于目前，一道光芒，淏漾闪烁，谛而察之，皆细浪沦漪，受月光映发而为此也"。又如《群己权界论》"引论"中有："夫弱肉强食，一群之内，民之所患无穷，不得已则奉一最强者以弹压无穷之猛势。不幸是最强者，时乃自啄其群，为虐无异所驱之残贼，则长嘴锯牙，

① 严复译：《斯密亚丹原富》第一卷，南洋公学印本，第25页。

② Adam Smith. *An Inquiry into the Nature and Cause of the Wealth of Nations.* New York：Random House，1937：47.

为其民所大畏者，固其所耳。"严复在"译凡例"中指出，原书较为艰深，把原文转化译文自然更加困难，然而严译读来仍是优美的文言，文从字顺，文义明畅，亦无翻译的斧凿之痕。再如《法意》译有关英国宪政一段有："夫天下之事虽极理想之精，而施之人事有不必皆利者矣，故人类往往计得于用中，而功隳于极点。然则不佞之所指画者，意可知矣。"（I who think that even the highest refinement of reason is not always desirable and that mankind generally find their account better in mediums than in extremes）①文句虽略有颠倒与增饰，但义无不达，句无胜意，仍然没有翻译的斧凿痕迹。

这些例子可以概见，严译无论在文字上或内容上，都很能将外文转化为道地的中文，使很多人读赫胥黎、斯宾塞尔，犹如读老子、庄子。可是译文太地道也会与人有"失真"之感，好像是洋鬼子穿上长袍马褂，反而看不顺眼。对此的矫枉过正便是直译、硬译，傅斯年就说过严译不可为训的话，甚至说："直译便真，意译便伪。"②但是直译的结果，欧化的字句以及欧化的思维表达，便绝难避免。翻译既然主要是为不懂外文的人服务，沟通不良的服务，自然不能算是称职③。更具讽刺性的是，直译有时比意译更难达旨，欧化的白话往往比文言更难懂。

傅斯年又曾说，严复的"达旨"，"势必至于改旨而后已"。这亦就是一般人所认为的：严复翻译别人的书，而在发表自己的观点。李泽厚就说过"严复做的《天演论》确乎已不同于赫胥黎的原书《进化论与伦理学》了"。严复的确在翻译时有自己的感想与看法，但是所有的己见都是放在"按语"中发挥的，《天演论》固然如此，《原富》有关国计民生，所发的议论尤多，自谓："不佞每见斯密之言，于时事有关合者，或于己意有所怅触，辄为案论，丁宁反复，不自觉其言之

---

① Baron de Montesquieu. *The Spirit of Laws*. The Great Books Edition, 1952: 75.

② 参阅傅斯年：《译书感言》，原刊 1919 年《新潮》，收入《翻译论集》，第 366~68 页。

③ 参阅黄邦杰：《也谈癏三译文》，收入《译艺谈》，香港"三联书店"1985 年版，第 10~11 页。

长，而辞之激也"①。按语当然是严复的话，严译的正文是否也掺杂严复的话呢？甚至有喧宾夺主之嫌呢？史华慈认为严译颇能传达原著的要旨，但由于强烈的主见，时而加诸原著；而其主见则来自寻求富强的最终关怀，以至于仰慕西力，崇拜浮士德性格的西方近代文明（the Fustian character of western civilization），因而有意或无意地将国家的富强放在个人的价值之上，例如将有关全民福祉的语句，译为国家富强的语句。译《原富》一再强调致富的动力，视亚丹斯密为重商主义的创造者以及经济智慧的泉源，以至于将斯密氏由社会与个人组成的国富，演绎成以政府为主体的国富。译《法意》亦特别要显示法制乃求富强的工具，一心一意想要以国家法制来提升政经与教育的发展。译《自繇论》（后改称《群己权界论》），则从斯宾塞的观点来看穆勒的思想，且将穆勒所强调的个人与社会福祉，译为政府与国家利益，竟令穆勒最宝贵的"个人自由"，在严复的译笔下几无踪影。穆勒以个人自由为终极目标，而严复仅以自由为提升民智、民德以及国力的凭借。

史华慈这些评论，似乎再度将严复的按语与译文混为一谈。然而《群己权界论》并无按语，若果如史氏所说，则严译不仅未能达旨，而且严重曲解原书。果真如此吗？让我们赶快翻开《群己权界论》看看。严复提到，"原书文理颇深，意繁句重"，不能"依文作译"，"不得不略为颠倒"。这原是他意译达旨的一贯译法，并不允许他任意将己意写入译文，或译文中出现原文所无的要旨，他亦无此意。事实上，严复的译文并未把个人、社会，与国家相混淆，亦不会以国家的利益含盖一切；恰恰相反，他照穆勒的原意，把个人与群体（社会与国家）的关系译得很清楚，并以"群己权界"为书名，以特别标出此义。引论译文首见的自由定义："所谓自繇，乃裁抑治权之暴横"（By liberty，was meant Protection against the tyranny of the Political ruler）②，与原文原义固相妥贴。引论述及"统治者须认同人民的利益，人民的

---

① 《原富》第一卷，第4页。
② John S. Mill. *On Liberty*. Chicago & New York：Belford，Clarke & Co.，1952：4. 参阅《群己权界论》（台湾"商务印书馆"1966年版）。

利益与意志就是整个国家的利益与意志"，严译是"君受命于国人……彼之权力威福，国人之权力威福也"，完全可以达旨，并没有曲解。穆勒最重个人自由，不仅不能被少数人剥夺，亦不能被多数人剥夺，并警告所谓人民的意愿往往是大多数人的意愿，也不能允许"大多数人的暴虐"（the tyranny of the majority），严复译为："民以一身受治于群，凡权之所集，即不可以无限，无问其权之出于一人，抑出于其民之大半。不然，则大半之豪暴，且无异于专制之一人"，亦甚称职。穆勒的警句："个人反抗社会的权利是基于深广的原则之上，而社会对异己者施加权威，则须公然驳斥"（the right of the individual against society have been asserted on broad grounds of Principle，and the claim of society to exercise authority over dissentients，openly controverted）。① 严氏译作："小己得以抗社会，而社会不得侵小己之自繇。所奉为天经地义之不刊，与天下人共质其理者，历史中独此事耳。"很明快而正确地传达了穆勒的自由义谛，甚至还加增饰以强调之。根据这些抽样，怎能说严复把个人的利益，译作国家的利益？又怎能说在严译中见不到个人自由的影子呢？难道竟不知"小己"就是"个人"吗？

除了不能将译文与按语混为一谈外，亦不应于译文中见到"弱肉强食"和"物竞"之语，便遂下定论，以为严复以斯宾塞来解读穆勒与斯密诸书。就像严译中时而出现中国传统经典中的话，也不能据此就说严复是以旧观念来译西洋新思想。他不过是借旧语陈词，作为叙述上的方便。至于说严复把《自繇论》书名改为《群己权界论》，乃是他的思想由激进转为保守的重要例证，尤属可笑，好像连在书名上译者也要表达一下自己的思想趋向。徐高阮说，"改动的用意显然是要著（应为着，编者注）重对个人自由的限制"②。既然是群己权界，何以显然是对"己"的限制，而不是对"群"的限制呢？显然的倒是个人与社会间的权限，例如个人的自由不能侵犯到别人的自由，正是穆勒所

① Mill. *On Liberty*：18，另参阅《群己权界论》。
② 见徐高阮：《严复型的权威主义及同时代人升此型思想之批评》，载《故宫文献》第1卷第3期，第15页。

要谈的问题，《群己权界论》亦正可视为原著内容的一种意译。李泽厚认为改名之后，"连自由一词也不愿提，与以前成了鲜明对照"①。他如翻阅一下《群己权界论》，应到处可见"自繇"（即自由）一词。书名改了，内容并没改呀！同样的内容何从由激进趋向保守呢？鲜明的对照又在哪里呢？

有太多的人喜欢凭主观思维，想替严复塑像，什么斯宾塞型哩！危机型哩！权威型哩！似乎都忘了严复是翻译家。这位翻译家固然很有意见，一边翻译一边评头论足，但是到底他所翻译的内容重要呢？还是他的评论重要？他所译介的东西，诸如社会达尔文主义、自由与民主、经济发展、法制建设，都是在当时惊世振俗的西洋新学，影响很大。他的评论，旁出于按语之中，并不是想要淡化或改造原著。只因他不仅是书斋中的学者，而且是象牙塔外的知识分子，所以意见甚多。对于他的意见，亦不宜遽下定论。他主强君主立宪、反对革命、强调权威与秩序，莫不是针对当时局势的权宜，不能断然说他保守，或对民主自由的信念有所动摇。譬如严大厨子烧了一碗美味的红烧肉，劝一位过于肥胖的顾客暂时不要吃，并不能证明大厨对红烧肉的美味，失去了信心。

严复的翻译，实开了近代中国翻译西洋思想性、学术性著作之先河。屈指算来，已近百年。这一百年中，中国的翻译事业，无论质与量，都不够理想，学术著作的翻译尤差，远远落后于东邻日本。严复的古文笔法，虽早已随五四风潮，与浪涛俱尽，然而他读通原著后的意译手法，仍然值得借镜参考。尤其是学术著作，主要在传达思想与观点，也即是严复所谓的达旨，实不必斤斤计较字句。反观坊间许多译书，虽逐字逐句地翻译，但只译了字句，传达不了意思，好像要读者先通西洋语法而后阅之。能读洋书的人，又何必一定要看译书呢？如此翻译，又何必多此一举呢！？

【评介】

汪荣祖的《严复的翻译》这篇文章发表在 1994 年第 1 期的《中国

---

① 见李泽厚：《中国近代思想史论》，第 283 页。

文化》期刊，同时收录在《从传统中求变——晚清思想史研究》（百花洲文艺出版社 2002 年版）一书中。

汪荣祖(1940—)，中国近代史史学家。安徽旌德人，1940 年 3 月出生于上海。1961 年获台湾大学历史学学士学位，1964 年获美国俄勒冈大学史学硕士学位，1971 年，在美国西雅图华盛顿大学研修，获哲学博士学位。汪荣祖曾经在复旦大学、台湾师范大学以及台湾政治大学做过客座教授，现任台湾"中央研究院"研究员及咨询委员、厦门大学人文学院终身讲座教授等职。汪荣祖不但专于中国近代史的研究，而且在史学理论、思想史、历史人物评价等领域亦有丰硕成果。主要著作有《康章合论》、《史家陈寅恪传》、《史传通说》、《走向世界的挫折：郭嵩焘与道咸同光时代》、《章太炎研究》、《从传统中求变：晚清思想史研究》等。

汪文《严复的翻译》，在一定程度上算是钱锺书先生《林纾的翻译》的姊妹篇，汪荣祖在开篇便已点明。汪文以讨论严复的翻译为中心而展开，述及严复在民国翻译学界的地位、严复翻译的方法与技巧、文字翻译之中的思想内涵等，评点精妙，所论有据。

汪荣祖认为，严复与林纾是近代中国译书界的两位先驱，翻译手法各有特点。严复擅长论理，文字雅致，意蕴深长，而林纾善于叙事，生动传神，饱满含情。虽说"严林并称，严林两位都不会乐意"，但将他们二人作为近代中国翻译界难有的译才，已是学界共识。

关于严复所论的翻译三原则信、达、雅，汪荣祖也有一番独到的评述。在文中，作者列举了几个典型的翻译案例，将信、达、雅三者之间的关系作了很好的概括。汪荣祖认为，信、达、雅之间并不相互矛盾，更无妨碍之说，三位一体才最为妥帖。"译事之信，当包达、雅；达正以尽信，而雅非为饰达"，只有真正使翻译的文字既信且达且雅，才算得上好的翻译，传情达意的目的才能达到。而对严复所提出的翻译三原则，历来学界的看法便众说纷纭。持肯定或否定意见的学人各有道理，基于每个人理解翻译文字的出发点不同，求同自然很难达到。但无论如何，"信、达、雅"作为翻译外国著作的三个典型原则，它的提出还是具有开创意义的。标准的制定毕竟是实践经验的凝练总结，检验它的好坏、得失，理应回到翻译工作中去体会，空谈的结果永远只能流于表面，读者的选择与肯定便可以很好地说明问题。在汪荣祖看来，相比于信和达，雅致才是严复最终所追求的目标，"故信达之外，求其尔雅"。理所当然，"译事三难"中雅也是最难达到的。严复的翻译文字，讲求以中华古典的雅句来转译西方经典，虽颇费功夫，以至"一名之立，旬月踟蹰"，但取得的效果却是显而易见的，"物竞"、"天择"等词汇的翻译更是堪称不朽。

字面之外，严复通过翻译西方经典名著所流露的思想、情怀亦是汪荣祖主要关注的方面。汪文以严复的第一部翻译著作《天演论》为切入点，与美国学者本杰明·史华兹在《寻求富强：严复与西方》中的某些分析论证进行了商榷。汪荣祖认为，严复翻译《天演论》并非如史华兹所说，是以斯宾塞的学说攻击赫胥黎，否则又何必苦心译介赫氏的《进化与伦理》呢？按照严复自己的说法，翻译达尔文的《物种起源》或是斯宾塞的《第一原理》这类专著，限于时间和精力，恐"繁衍奥博，不可足译"，最后乃折中选择翻译赫胥黎的《进化与伦理》一书。针对史华兹指出的严复以"天演"作为书名，而不是使用赫氏原意的"天演与人伦"，是因为严复推崇斯宾塞的"社会达尔文主义"，"社会进化论"重天演，而赫胥黎强调伦理，所以严复意欲突出"社会达尔文主义"，就必然要略去"人伦"二字。汪文认为，将书名译作"天演"只是翻译的技术问题，翻作《天演论》正是符合古文传统的微言大义，并不涉及史华兹所论的如此讳深的思想倾向，西方史学家因为不通古文，所以才会产生这样的想法。确切地说，史华兹之所以会产生这种想法，是他理解出现了偏差。接着，汪荣祖更是指出，史华兹以严复翻译《天演论》时使用佛、道以及宋明理学的词汇而认为严复具有神秘主义思想，完全是史华兹想当然地揣测，是不懂古文文法的又一错误。

汪荣祖认为，严复是否笃信斯宾塞抑或否定赫胥黎都不可确知，但严复信服进化论则是确无可疑的。严复认定进化论乃是放之四海而皆准的定理，是十分科学的"金科玉律"，以至于进化理论显见的缺陷，严复都不曾察觉。但品人、论事总要放在一定的历史环境之下，不必过分苛求责备。甲午之后的清廷政局，危如累卵，求新、求变、求强的思想不断在朝野上下涌动。《天演论》顺时而出，提出了"弱肉

强食"、"适者生存"等警语，正符合当时境况，不但激发了世人的爱
国热情，也为开创新政以图谋民族生存提供了理论支撑。在汪荣祖看
来，严复翻译《天演论》一炮而红，正是社会需要和个人努力的结合。
汪文接着论到，严复的富强思想，其实质并非简单的富国强兵，更重
要的是"民智"、"民力"、"民德"的提升，"民智不开，则守旧维新
两无一可。即使朝廷今日不行一事，抑所为皆非，但令在野之人与夫
后生英俊洞识中西实情者日多一日，则炎黄种类未必遂至沦胥，即不
幸暂被羁縻，亦将有复苏之一日也"，严复译书的着眼点也正在
于此。

汪文最后，根据严复其他著名译作，略谈了严复翻译的意译笔
法。汪荣祖行文虽不拘一格，随性而至，但评点却深刻、透彻。汪荣
祖认为，严复之所以选择意译，是基于中英两种语文的不同文法，以
至于无法逐字逐句地翻译，有时增添，有时削减，甚至前后颠倒语
序。这样处理之后，不但原意可以保留，而且更加符合国人的阅读习
惯，表情达意也愈加顺畅。但是，意译或是所谓"达旨"的译书手法，
终究要面对是否忠实原书的责难。傅斯年对此，就曾经说过："严先
生那种达旨的办法，实在不可为训，势必至于改旨而后已。"①很多人
认为严复在借用翻译书籍的机会，表达自己的想法。汪荣祖同样指
出，在译书过程中，难免会有自我感情的流露和展现自我认同的观
点，这本无可厚非。何况严复也在尽量避免，书中多用案语表达自己
的看法。史华兹更是认为严译的本质在于"托译言志"，虽然严复的
翻译能够基本转述原著的要义，但由于严复个人观念太过强烈，致使
译书中常常渗透着严复的思想。对于史华兹的批评，汪荣祖并不赞
同。汪文指出，"史华兹这些评论，似乎再度将严复的按语与译文混
为一谈"，严复的译著固然会存在有别于原著的字词修改现象，但这
些纯粹是为了读者方便阅读之用。就像不能因为一些书中有"物竞天
择"和"弱肉强食"等词句，就断然下结论认为，严复是以斯宾塞的学
说来解读穆勒和亚当·斯密的著作。

---

① 傅斯年：《译书感言》，载《翻译研究论文集》（1894—1948 年），外语教
学与研究出版社 1984 年版，第 60 页。

对于严复的翻译历来就有很大的争议，正如黄克武在《严复的翻译：近百年来中西学者的评论》中所说："整体来看近百年来对严复翻译事业的讨论形成了一个非常复杂的评估传统。"①所谓众说纷纭，亦是影响广泛的另一种说法。"严复的翻译，实开了近代中国翻译西洋思想性、学术性著作之先河"，这是汪荣祖最后对严复译作所作的总体性评价。

汪荣祖这篇《严复的翻译》，行文不拘一格，评点透彻，特别是对于史华兹在《寻求富强：严复与西方》中对严复翻译的某些解读，汪文都作了较为细致的探讨，有理有据，颇具参考价值。总的来说，汪荣祖认为直译并不是最好的翻译方法，严复所采用的"达旨"笔法，不但可以比较本真地重现原著，而且更具可读性，更加符合国人的阅读习惯。桐城派古文的优雅精致，在严复的翻译中也发挥了很大作用。在汪荣祖看来，信、达、雅的标准，严复都已达到。

---

① 黄克武：《严复的翻译：近百年来中西学者的评论》，载《东南学术》1998 年第 4 期，第 94 页。

严复理想社会中的个人自由与
个人尊严①

黄克武

英国学者柏林(Isaiah Berlin)曾区分两种不同的"自由"的概念：一种为消极自由(negative freedom)，一种为"积极自由"(positive freedom)，前者指免于某种形式的约束压迫的自由；后者则指个人追寻自我，努力成为更佳之个体的期望。② 从柏林的区别来看，严复对自由的看法虽然不完全忽略消极自由，却明显地倾向积极自由，以下叙述他对个人自由的一个比较巧妙的看法。

甲、强调个人自由与尊严

严复了解并肯定弥尔有关个人自由与尊严的许多想法。弥尔在

---

① 本篇选自黄克武《自由的所以然：严复对约翰弥尔自由思想的认识与批判》中的第四章第三节，原题为《严复理想社会中的个人自由与个人尊严》。该书于 2000 年 5 月由上海书店出版社出版。

② Isaiah Berlin. *Two Concepts of Liberty*. Four Essays on Liberty：118-172. 柏林批评"威权政治结构"(authoritarian structures)追求积极自由(第 171 页)，但是他也认识到对于积极自由的追求是不应被抹煞的。所以他说"我们强迫孩子接受教育"(第 169 页)。这样一来，他和严复一样，将目标设定为消极自由与积极自由的结合。然而他的结合强调消极自由，严复的结合却强调积极自由。再者，柏林认为积极自由的追求隐含着专制的危险，严复却没有这样的想法。张佛泉有一个类似的区别。他说人们所说的自由有两种指称：一是指政治方面的保障，此一指称的自由又称为权利；一种是指人类内心的某种状态，凡是自发的、主动的、内心的自由生活或理论，都包括于其中。张佛泉：《自由与人权》，第 11～12 页。张氏所说的前者即消极自由，后者则为积极自由。

On Liberty 中，讨论自由之条目时，强调三种自由，即思想言论自由、行为自由（严复译为"行己自繇"），以及个人自相结合的自由（liberty of combination among individuals，即结社自由，严复译为"气类自繇"），并说这三种自由"设不为社会政府所同认者，则其国非自繇之国"，"设认矣而其义缺不完，则其民亦未享完全自繇之幸福"。① 严复对于前两项思想、言论自由和行为自由有相当充分的了解与肯定。②

在《法意》的案语中严复清楚地指陈他同意孟德斯鸠的想法，以为法律所针对的应为人们具体的行为，而非思想与言论：

> 国法之所加，必在其人所实行者，此法家至精扼要之言也，为思想、为言论，皆非刑章所当治之域，思想言论修己者之所严也，而非治人者之所当问也，问则其治沦于专制，而国民之自繇无所矣！③

他更以戊戌变法时期某位主张变法的侍御《疏论礼部尚书许应骙腹谤新政》一事为例，说明思想自由的意义。他认为主张变法者批语"腹谤"的做法是"由法度之君主，是为无法之专制"，而非"从君主之末流，蕲得自繇之幸福"。因为"腹谤"是指不公开地说，但心里反对，属于思想自由的领域，不应疏论求刑。④

在这方面还有另外一个例子，对于当时热烈讨论的守旧与维新的论题，严复也从思想自由、言论自由的角度指出双方应相互容忍，不强迫对方一定要接受自己的看法：

---

① 严复译：《群己权界论》（1903），第12~13页。
② 严复对于个人自相结合的自由则不完全了解与肯定，下文对此将有所讨论。关键在于"气类"是指"同气相求，方以类聚"，即气味相投之人聚合在一起。然而西方民间社会中的结社自由并不只是指气味相投者之结合，而是强调基于类似的观念与利益（ideas and interests）的结合，以及群体间的辩论。
③ 严复译：《法意》（1904—1909），12:13。
④ 同上注。按严复所指的是山东道监察御史宋伯鲁与杨深秀两人于光绪二十四年五月四日上奏的"参许应骙阻扰新政折"。

旧者曰：非循故无以存我。新者曰：非从今无以及人。虽所执有是非明暗之不同，要之其心皆于国有深爱。惟新旧各无得以相强，则自由精义之所存也。①

严复对于言论自由尤其是大力提倡的，他认为其精神是尊重真理，不为古人所欺，也不为权势所屈：

须知言论自繇，只是平实地说话求真理，一不为古人所欺，二不为权势所屈而已。使理真事实，虽出之仇敌，不可废也；使理谬事诬，虽以君父，不可从也，此之谓自繇。②

严复并以中国历史上的例子说明此种精神存在于吾国学界，换言之，他认为弥尔所谓言论自由的观念与儒家坚持真理的理想非常接近：

吾观韩退之《伯夷颂》，美其特立独行，虽天下非之不顾。王介甫亦谓圣贤必不徇流俗，此亦可谓自繇之至者矣。至朱晦翁谓虽孔子所言，亦须明白讨个是非，则尤为卓荦俊伟之言。谁谓吾学界中无言论自繇乎！③

严复以上的主张与弥尔在 *On Liberty* 的第二章"释思想言论自繇"中所

---

① 严复：《主客评议》(1902)，载王栻编：《严复集》，第119页。从这一句亦可见严复思想中的思想、言论自由是以爱国为前提，换言之，爱国是一个真理，所以人们没有不爱国而从道的自由。

② 严复：《译凡例》，《群己权界论》(1903)，第4页。这样的看法与《荀子·臣道》和《荀子·子道》所谓的"从道不从君，从义不从父"非常类似。

③ 严复：《译凡例》，《群己权界论》(1903)，第4页。朱熹以为"事间事是还是，非还非，黑还黑，白还白。通天通地，贯古贯今，决不可易。若使孔子之言有未是处，也只还他未是，如何硬穿凿说？"见《朱子语类》(台北华世出版社1987年版)，卷122，第2952页。在王阳明、李贽的思想中，这种看法更是强烈，参考黄克武：《一个被放弃的选择：梁启超调适思想之研究》，第96~97页。

阐释的看法有类似的方面。上面的例子似乎反映严复具有一种儒家式对自由的看法，即是以乐观认识论为基础的自由观。

然而严复也感觉到完全依靠他人所决定的行为标准是有危险的，他没有完全忽略消极自由，也没有完全不注意悲观主义的认识论。严复认为个人行为如果"无涉于人事"，则国家、社会不应干涉，这主要是因为人类的行为在只涉及一个人的时候，善与恶的区别常常不是那么清楚的，"往往人所谓恶，乃实吾善，人所谓善，反为吾恶。此干涉所以必不可行，非任自繇不可也"。① 因此他认为，对于例如入庙烧香，以及个人怪异的发型、服饰等行为，"虽不必善"，但都应该归诸个人的抉择，并加以容忍，而与聚赌、诈欺等罪行有所不同：

> 盖民所不得自繇者，必其事之出乎己，而及乎社会者也，至于小己之所为，苟无涉于人事，虽不必善，固可自繇。法律之所禁，皆其事之害人者，而风俗之成，其事常关于小己，此如妇女入庙烧香，又如浮薄少年，垂发覆额，至种种衣饰好尚，凡此皆关风俗，皆关小己。为民上者，必不宜与聚赌讹诈之类，等量齐观，施以法典之禁。何则？烧香束发，人人皆有行己之自繇也。②

这与弥尔所说的也是很类似的。③

------

① 严复：《译凡例》，《群己权界论》(1903)，第4~5页。

② 严复译：《法意》(1904—1909)，19:14-5。

③ 弥尔说"行己自繇，凡其人所喜好嗜欲，与其所追趋而勤求者，内省其才，外制为行，祸福荣辱，彼自当之，此亦非他人所得与也。使我无所贻累致损于人，则虽以我为愚，以我为不肖，甚至为举国天下之所非，有所不顾"，见《群己权界论》，第12页。但是对弥尔来说，个人发型或服饰方面的自由，不但是因为这些事"皆关小己"，"无涉于人事"，更是因为它们属于个人的品味与自我追寻(tastes and pursuits)的一部分，所以它们是那么珍贵而值得尊敬。严复在上文中显然没有将个人品味与追寻所代表的正面意涵表达出来，只说"虽不必善，固可自繇"。换言之，严复对行己自繇虽然肯定，但所推崇程度并不及弥尔。再者，弥尔对私下的赌博，甚至男女私通(fornication)等行为，是较为容忍的，这样一来弥尔所容许个人自由的范围要比严复所构想的来得广。弥尔对赌博与通奸的看法见 J. S. Mill. *On Liberty and Other Writings*：99.

　　其实，严复不但以为由他人来决定好坏标准是有危险的，他也承认人不但有行"善"的自繇，也有为"恶"的自由，只是为恶会受到法律的制裁。"必善恶由我主张，而后为善有其可赏，为恶有其可诛"；所以只有当人类行为是出于自我的抉择，我们才能进一步从道德或法律角度谈赏罚，这样个人自由的范围才算完整。①

　　如上所述严复清楚地肯定个人思想、言论与行为等方面的自由，但是对他来说个人自由是否如弥尔所构想的，为一终极价值呢？还是小己自由只不过是达成国群利益的一个方法？在这方面严复有明晰的表述，他的看法显示个人自由与个性发展有本质上的意义，而个人的权利是"应有必不可夺"的。②

　　严复在评点《古文辞类纂》一书中对于王安石（1021—1086）《上仁宗皇帝言事书》（1059）所谈到人才培养一事有不同的看法。他认为王安石谈论"陶冶人才"时，着眼点是要使人才"为国家之用而已"；而"今世诸文明国"的教育则是让每一个人能够充分地发展，"完为人之量"：

　　　　执此篇之言以勘令世诸文明国之所为，则其用意、操术之异众矣。盖此篇所谓陶冶人才者，凡以为国家之用而已、凡以为人主之所取任而已。而今世文明国之所为不然。彼谓人道有宜完之分量，而人群以相生养而存。非教则无以合群，非学则无以完为人之量；是故教育者，欲人人知职分之所当为、性分之所固有已耳，非必拔植其躬以为人才、以为国家所官使，而修政临人也。③

由此可见严复以为教育的目的在使个人发挥本身的潜能，而成就自我，不一定要完全将目标定为为国家效力；换言之，个人发展的价值

---

① 严复：《译凡例》，《群己权界论》（1903），第 4 页。
② 严复译：《社会通诠》（1904），第 126 页。
③ 王栻编：《严复集》，第 1210 页。《古文辞类纂》评语作于 1911 年至 1917 年之间。

是超越国家利益的。

此种对个人终极价值的肯定也可以从严复译《法意》一书中的案语部分反映出来。在正文中孟德斯鸠说：

> 议者或曰，小己之利益，宜牺牲之以为国群之利益，此真诐辞，不知所谓国群利益，即合小己之自繇幸福而为之，舍小己性命之长保，言行之自繇，二者而外，无可言也……故为政有大法，凡遇公益问题，必不宜毁小己个人之产业，以为一群之利益，亦不宜另立国律，使有侵损，如巧立名目者之所为。①

对于这一段话严复加上了重点性的圈号，并在案语中仔细讨论到底小己应否毁家以纾国难：

> 夫谓爱国之民，宁毁家以纾难，不惜身膏草野，以求其国之安全，此其说是也。然是说也，出于爱国者之发心，以之自任，则为许国之忠，而为吾后人所敬爱顶礼，至于无穷。独至主治当国之人，谓以谋一国之安全，乃可以牺牲一无罪个人之身家性命以求之，则为违天蔑理之言，此言一兴，将假民贼以利资，而元元无所措其手足，是真千里毫厘，不可不辨者耳。②

在此严复清楚地区别了两种爱国主义，他所肯定的是个人自发性"宁毁家以纾难"的情操，而强烈反对上位者藉群体之名来要求个人牺牲身家性命。简言之，严复了解国群的利益就是在促进每一个个体的幸福；而国家的价值在于保障国民的生命财产与言行自由。

民国以后严复对个人自由作为一终极价值的观念有没有改变呢？没有。在1913年所发表的《天演进化论》一文，他对重视个人价值的观念有更清楚的说明。他的观点显示，群与己都有其重要性，但最后的基础还是个人，"国家社会文明福利，全(舍)其人民之文明福利，

---

① 严复译：《法意》(1904—1909)，26:21。
② 严复译：《法意》(1904—1909)，26:22。

即无可言"，而且主治者不应以国家之名，要求小己为国牺牲。由此可见在严复的思想之中个体具有终极的价值，而群体的存在是为此一价值服务。这样的想法与西方个人主义思想中将个人视为具有本体论上之意义，"所有形式的社会生活是个人的创造物""只能被视为是达成个人目标的方法"的观点完全一致：①

> 国家社会无别具独具知觉性，而必以人民之觉性为觉性。其所谓国家社会文明福利，全（舍）其人民之文明福利，即无可言……斯宾塞曰：生物么匿无觉性，而全体有觉性。至于社会则么匿有觉性，两全体无别具觉性。是故治国是者，必不能以国利之故，而使小己为之牺牲。盖以小己之利而后立群，而非以群而有小己，小己无所利，则群无所为立……子云民生所以为国固矣，然子所谓国省，恐非有抽象悬寓之一物，以为吾民牺牲一切之归墟。而察古今历史之事实，乃往往毁无数众之权利安乐，为一姓一家之权利安乐，使之衣租食税，安富尊荣而已，此其说之所以不足存也。②

总之，这些看法显示严复一贯地对于统治者借国家之名来要求小己牺牲的看法深表疑惧。对他而言，个人的性命、财产与上述其他诸种自由、权利，是具有终极价值的，国家的存在是为了保障这些价值。由此可见严复思想之中个人自由与个人尊严的重要性。

乙、西方自由观念有其独特性

严复偏向积极自由的想法非常类似于儒家传统的乐观主义的认识论与强调个人自主的观点，亦即认为人心能够"知道"，并且应该"从道"，因而表现出与传统的连续性。虽然如此，严复还是认识到西方自由观念有其独特性。这与他对中西学术、政治之分际的体会有关，

---

① Steven Lukes. *Individualism*:74.
② 严复:《天演进化论》(1913)，王栻编:《严复集》，第314~315页。

他说"中西政教之各立，盖自炎黄尧舜以来，其为道莫有同者"。①
严复更借用当时流行的体用语汇指出："中西学之为异也，如其种人
之面目然，不可强谓似也。故中学有中学之体用，西学有西学之体
用"。② 在这种观念之下，严复很清楚地理解到西方自由学说是中国
以前的思想界所没有的新概念：

> 政界自由之义，原为我国所不谈。即自唐虞三代，至于今
> 时，中国言治之书，浩如烟海，亦未闻有持民得自由，即为治道
> 之盛者。③

前文曾谈到他说西人自由强调"存我"和儒家的恕与絜矩重视"待人及
物"是相似，而非真同：

> 夫自由一言，真中国历古圣贤之所深畏，而从未尝立以为教
> 者也……中国道理与西法最相似者，曰恕，曰絜矩。然谓之相似
> 则可，谓之真同则大不可。何则？中国恕与絜矩，专以待人及物
> 而言。而西人自由，则于及物之中，而实寓所以存我者也。④

严复不但了解西方政治自由的独特性，也认识到西方世界中个人
在经济方面的自由与国人的看法不同。这涉及他所说西方人"开明自
营"（enlightened self-assertion）的概念，亦即肯定个人可以追求自身利
益，而严复认为此一追求不会与道义与公利发生冲突。在《天演论》
的案语中，严复首先辨明东西方固有的价值大抵上都强调"以功利为
与道义相反，若薰莸之必不可同器"，但是西方近代以来由于"生学"

---

① 严复译：《社会通诠》(1904)，第 126 页。
② 严复：《与外交报主人书》(1902)，王栻编：《严复集》，第 559 页。
③ 严复：《政治讲义》(1906)，王栻编：《严复集》，第 1279 页。"自由"
为中国固有的语汇，意指由自己作主而不受限制约束，有时被视为具有负面意
义。19 世纪下半叶这个词在中国与日本被用来翻译 freedom 与 liberty，因而变得
非常普遍。Lydia H. Liu. *Translingual Practice*：317.
④ 严复：《论世变之亟》(1895)，王栻编：《严复集》，第 2~3 页。

和"计学"的发展，一方面了解到"自营"是生存的基础，另一方面随着民智的提高更产生了"开明自营"的想法：

> 今人则谓生学之理，舍自营无以自存。民智既开之后，则知非明道则无以计功，非正谊则无以谋利，功利何足病，问所以致之之道何如耳，故西人谓此为开明自营，开明自营于道义必不背。复所以谓理财计学，为近世最有功生民之学者，以其明两利为利，独利必不利故耳。①

后来严复翻译《原富》一书与此看法有非常密切的关系。许多人都注意到严译此书是为了破除儒家"讳言利"、"分义利为二"之习，他说西方旧有的看法与儒家类似，其"用意至美"，结果却是"于化于道皆浅，几率天下祸仁义矣"。但是在"天演学"与"计学"兴起之后，西方人有一突破，了解到利与义能够相互配合：

> 计学者首于亚丹斯密氏者也。其中亦有最大公例焉。日大利所存，必其两益，损人利己非也，损己利人亦非；损下益上非也，损上益下亦非。其书五卷数十篇，大抵反复明此义耳。②
> 泰东西之旧教，莫不分义利为二涂，此其用意至美，然而于化于道皆浅，凡率天下祸仁义矣。自天演学兴，而后非谊不利非道无功之理，洞若观火，而计学之论，为之先声焉，而斯密之言，其一事耳……庶几义利合，民乐从善，而治化之进不远欤。呜呼，此计学家最伟之功也。③

借着引介西方开明自营的观念，严复其实在表述一个自己所肯定

---

① 严复译：《天演论》(1898)下，第47页。
② 严复译：《天演论》(1898)上，第34页。
③ 严复译：《原富》(1901—1902)，第91页。严复认为只有西方人发现利与义能相配合，这样一来他似乎不认为明清以来中国已有此一主张。如果这一个分析是正确的，那么严复并不属于余英时所说的"新基调"，下文还会更深入地讨论此一课题。

的想法，强调自我可以追求一种与道义配合的个人利益，这样的想法
与西方自由主义者所谓追求 legitimate self-interest 的想法非常类似。
但是两者之间还有一些十分细腻的区别，严复所肯定的"自营"是以
道义为前提，并且奠基在群己平衡，两者可以携手并进、不相冲突的
观念之上；而西方自由主义者所肯定的民间社会中，既合法又合理的
self-interest 的追寻是"个人从宗教、伦理以及强制性的政治限制之中
解放出来"，具有自我与他人，或自我与群体之间有利益冲突的预
设。① 这样一来严复虽然肯定开明自营，他还是无法欣赏与肯定超越
公与义的私与利，更谈不上以 self-interests 作为政治理论的起点。这
样的想法与下文将谈到的严复认为民主是合私以为公，以及他对政党
追求私利的批判，都联系在一起。

严复甚至认识到对斯密、弥尔等西方十八十九世纪的自由主义者
来说，他们追求的自由体制是让个人自由的范围尽可能地广，当然这
一观点也是中国传统所没有，而且严复也避免下一断语，完全肯定这
一想法：

> 入十八世纪，当吾康、雍之世，至于乾隆，而西士始群然以
> 国家权界为太宽。其愿望过奢，转无益于社会。卢梭政论，为革
> 命先声，亦以政府所问过烦，人民受治太过为说，当此之时，若
> 宗教、若教育、若商政、若政治，诸家之说，往往多同，于是群
> 主因任自然无扰无为之义 laissez faire、laissez passer。盖其意以
> 为伦有君臣，其事由不得己。受治本人道苦趣，而非可乐之端。
> 故其权力，即不能去，亦宜删缩至于无可复减之地位。反言之，
> 即斯民宜令得享最大自由是已。夫此语为是为非，关于人道最
> 巨，今不侫且不为定论，但云至今其说尚为欧洲多数之所持。而

---

① David Held. *Models of Democracy*:116. 严复似乎了解赫胥黎较为肯定与
克己相对的"自营"，在《天演论》译文中他说赫胥黎认为"治化进而自营减，顾
自营减之至尽，则人与物为竞之权力，又未尝不因之俱衰……故克己太深，自
营尽泯者，其群又未尝不败也"；严复则在案语中反对赫胥黎，认为"赫胥黎之
为此言，意欲明保群自存之道，不宜尽去自营也，然而其义隘矣……大利所存，
必其两益"，严复译：《天演论》(1898)上，第33~34页。

十九世纪前半，欧洲现象，大抵成于此说。①

上文中所谓"斯民宜令得享最大自由"，不但表现出西方自由观念的独特性，也反映严复对弥尔自由理念有非常深入的认识。下面我将会谈到严复虽然了解，但并不肯定此一观念。

丙、自由即庄子的在宥与杨朱的为我

严复虽然了解到西方自由观念有其特殊之处，但是在一个更高的层次，他也强调中西观念有会通的可能。这个看法一方面有矛盾之嫌，另一方面也隐含了一种批判性与创造性的结合，亦即企图"披沙见金"而将东西文化的精华会通起来。中西差异与中西会通的想法似乎一直并存于严复内心，在上述《与外交报主人书》中他一方面谈到中西学各有其体用，另一方面又说国人不宜"尽去吾国之旧，以谋西人之新"，而应"阔视远想，统新故而视其通，苞中外而计其全"。②"统新故"与"苞中外"的想法至严复晚年似乎变得更为强烈。在1917年的一封信之中，他不但肯定西学(尤其是西方格致之学)的重要性，更强调中国文化是具有崇高价值、能开创新机的宝藏，而西学可以帮助我们开发传统矿藏，以"见其会通"：

> 古人陈义……其中有历古不变者焉，有因时利用者焉，使读书者自具法眼，披沙见金，则新陈递嬗之间，转足为原则公例之铁证，此《易》所谓见其会通，行其典礼者也。鄙人行年将近古稀，窃尝究观哲理，以为耐久无弊，尚是孔子之书。四书五经，故(固)是最富矿藏，惟须改用新式机器发掘淘炼而已；其次莫如读史，当留心细查古今社会异同之点。③

---

① 严复：《政治讲义》(1906)，王栻编：《严复集》，第 1295~1296 页。
② 严复：《与外交报主人书》(1902)，王栻编：《严复集》，第 560 页。
③ 严复：《与熊纯如书五十一》(1917)，王栻编：《严复集》，第 667~668 页。引文见《易·系辞》，"圣人有以见天下之动，而观其会通，以行其典礼"。

从会通的角度来看，严复认为西方的自由即是庄子的"在宥"与杨朱的"为我"。严复在写给熊纯如的一封信中谈到：

> 平生于《庄子》累读不厌，因其说理，语语打破后壁，往往至今不能出其范围……庄生在古，则言仁义，使生今日，则当言平等、自由、博爱、民权诸学矣。①

在评点《庄子》（时间约是 1916 年）时严复也明言，"挽近欧西平等自由之旨，庄生往往发之，详玩其说，皆可见也"。② 他在《庄子》之中所看到的"自由"精神，用庄子自己的话来说即是"在宥"，③ 或是与"有待"相反的一种无所依赖的精神。④

严复在庄子之中所发现的自由之旨，一方面固然包含了大家所熟知的道家那种的不受束缚、超脱物我对立的精神自由；另一方面他也赋予一些新意，把道家无为的主张和自由放任的政治经济政策结合在一起。他认为道家所主张的"自由"也包括上位者采取自由放任的统治方法，凡是可以放任人民自由之处，即应给予自由；下位者则利用此一自由的空间自我发展，自立自强，成为尽责任与重义务的"国民"。这样一来，严复好像是用庄子的精神来描写一种将柏林所谓的

---

① 严复：《与熊纯如书三十九》(1916)，王栻编：《严复集》，第 648 页。

② 严复：《〈庄子〉评语》(1916)，王栻编：《严复集》，第 1146 页。

③ "在宥"是《庄子》外篇第十一的篇名，意旨在于宽宥。严复早在《天演论》的按语中就以"在宥"一词来说明斯宾塞的观点，"斯宾塞之言治也，大旨存于任天，而人事为之辅，尤黄老之明自然，而不忘在宥是已"，《天演论》，第 15 页。此处之"在宥"是指相对于天演，个人所具有自主之努力创造的能力。谭嗣同在 1897 年所作的《仁学》之中也将庄子"在宥"与西方自由观念相提并论，"庄曰：'闻在宥天下，不闻治天下'，治者，有国之义也；在宥者，无国之义也。□□□曰：'在宥，盖自由之音转'。旨哉言乎，人人能自由，势必为吾国之民"，见谭嗣同著，蔡尚思、方行编：《谭嗣同全集》（北京：中华书局 1990 年版），第 367 页。康有为也说"庄周言在宥天下，大发自由之旨"，《论语注》（台北：宏业书局 1976 年版），5:6 下。

④ 严复将"有待"称为"自由之反"，同上注。"有待"见《庄子·齐物论》与《庄子·寓言》，严复的评语在后者。

积极自由与消极自由整合在一起的理想。严复认为，以此为基础，人们就可以期望整个社会能逐渐地达到民生进化的目标。例如在《应帝王》篇的评语中，他说：

> 此篇言治国宜听民之自由、自化……郭注云，夫无心而任忽自化者，应为帝王也。此解与挽近欧西言治者所主张合。凡国无论其为君主，为民主，其主治行政者，应一听其自为自由，而后国民得各尽其天职，各自奋于义务，而民生始有进化之可期。①

在《天下篇》严复也有类似的看法，以为在一个理想的国家之中，上位者要给予国民自由，而国民则应在此自由的环境中，尽其天职与义务：

> 上必无为而用天下者，凡一切可以听民自为者，皆宜任其自由也。下必有为为天下用者，凡属国民宜各尽其天职，各自奋于其应尽之义务也。②

严复不但认为庄子"在宥"与自由观念可以会通，对他来说杨朱"为我"的主张与个人主义也是一致的。他甚至因为庄、杨两人思想倾向颇为类似，以及其他的原因，因而怀疑庄周即为杨朱。③

严复十分推崇杨朱，由于他对杨朱的推崇，使他对于孟子将杨朱视为洪水猛兽的批评感到不满。他指出这样的说法是很不恰当的，带有对杨朱思想的一种偏颇与肤浅的认识，因为孟子只看到"拔一毛利天下而不为"的一面，却没有看到"悉天下奉一生不取"的一面。严复强调，如果每个人能像杨朱所说的做到为己、自修自治，则天下

---

① 严复：《〈庄子〉评语》(1916)，王栻编，《严复集》，第 1118 页。

② 严复：《〈庄子〉评语》(1916)，王栻编，《严复集》，第 1128~1129 页。

③ 严复说"尝谓庄子与孟子世当相及，乃二氏从无一言，互为评骘，何耶？颇疑庄与杨为叠韵，周与朱为双声，庄周即《孟子》七篇之杨朱"。严复：《〈庄子〉评语》(1916)，王栻编：《严复集》，第 1125 页。后来他补充说"庄周即不为杨朱，而其学说，则真杨氏为我者也"，同上，第 1138 页。

可治：

> 为我之学，固原于老。孟子谓其拔一毛利天下而不为，固标
> 其粗，与世俗不相知之语，以为诟厉，未必杨朱之真也。①

> 郭注云，人皆自修而不治天下，则天下治矣！故善之也。此
> 解深得庄旨，盖杨朱学说之精义也。何则？夫自修为己者也，为
> 己学说既行，则人人皆自修自治，无劳他人之庖代。世人有为人
> 学说也，以人类不知自修自治也。使人人皆知自修自治，则人人
> 各得其所，各安其性命之情。孟子抵杨，其义浅矣。②

严复在将杨朱思想作重新评估之时，必须要对传统观念中将杨朱
说成是自私自利的说法加以驳斥。所以他提出，杨朱的说法虽然强调
"为我"，但这并不等于"私"，而是为了针对儒家仁义之说，无法压
制人们追求"利"的热诚，却又助长了伪善的风气，所提出的解救
之道：

> 杨之为道、虽极于为我，而不可訾以为私。彼盖亲见人心之
> 愤骄，而民于利之勤，虽以千年之礼法，只以长伪而益乱，则莫
> 若清静无为，翛往侗来，使万物自炊累也。③

上述的看法显示严复藉着对庄子/杨朱思想的重新评估，而肯定

---

① 严复：《〈庄子〉评语》(1916)，王栻编：《严复集》，第 1147 页。
② 严复：《〈庄子〉评语》(1916)，王栻编：《严复集》，第 1125 页。此种
同情杨朱、批判孟子的看法在较早所撰的《除杨墨辩》一文中即有，严复说："孟
子无父禽兽之论，非情实矣。杨与墨反，大旨任天齐物，略同庄列，故本书亡
而与多散见于二子，亦有可破小儒报泥孟子之冤者。"见《严几道文钞》，第 150
页(《严复集》的编者怀疑此文非严复所作，见第 441 页，但我觉得就思想内容来
看与严复的看法是一致的，应属严氏的作品)；亦见，《民约平议》(1914)，"往
尝谓杨墨所存，不过二家之学说，且至今观之，其于治道人心，亦未尝无一曙
之用"，王栻编：《严复集》，第 333 页。
③ 严复：《〈庄子〉评语》(1916)，王栻编：《严复集》，第 1138 页。

自我的价值，亦即一个人可以一方面"为我"，而另一方面在追求自我发展与自身利益之时又能避免自私自利。将"我"与"私"的分别化，显示在严复思想中，自我追寻是有终极价值的。这样的想法与上述严复批评传统义利二分，提倡"非谊不利，非道无功"，以及提出"开明自营于道义必不背"的说法，是完全一致的。①

上述肯定杨朱、批评孟子的观点与清中叶以诸子学的兴起有关系，亦即随着学者对诸子思想的研究，儒家传统受到动摇，从前受儒者批判的杨朱(以及下面会谈到的墨子)，被重新挖掘出来，而赋予了新的意义。② 总之，对严复来说，庄子在宥精神与西方自由学说是相通的，而杨朱为我的学说即是西方的"个人主义"。③

严复将西方自由观念与道家思想会通为一的做法虽然表现出对个人积极自由的肯定，但同时也忽略了西方自由主义、个人主义之中受到德国浪漫主义影响的一面。以弥尔来说，他对个人价值的理解即深受德国浪漫主义者，如 Wihelm von Humboldt(1767—1835)的影响。德国浪漫主义的个人观，相对于启蒙运动对人类一致性的理性的尊重，带有更强烈对个人多样性与创造性的推崇。弥尔 *On Liberty* 的开端即引用 Humboldt 的话，"在这些文字中所有的论证所直接凝聚出的最重要、最根本的原则，是对于人类发展中所呈现丰富的多样性赋予绝对的、本质上的重要意义"，此一浪漫主义色彩的个人观或许与道家对个人精神自由的追求有相近之处，但是前者似乎更重视个人在宇宙中独特的创造性，④ 后者则突显天人合一、超越生死、无我无物，而不受束缚的精神。这样一来两者之间还是有不小的差距。而且值得

---

① 《原富》，第 91 页；《天演论》下，第 47 页。

② 有关朱子学的兴起及其对儒家传统的冲击见拙著，《梁启超的学术思想：以墨子学为中心之分析》，第 46~52 页。

③ "庄周吾意即孟子所谓杨朱，其论道终极，皆为我而任物，此在今世政治哲学，谓之个人主义 Individualism。至于墨道，则所谓社会主义 Socialism。"严复：《〈庄子〉评语》(1916)，王栻编：《严复集》，第 1126 页。

④ 有关西方十九世纪浪漫主义对个人多样性与创造性的肯定，及其与个人主义的关系可参考 Steven Lukes：*Individualism*：17-18. 当然不能忽略的是德国浪漫主义与国家主义也有非常密切的关系，此一转变见上书第 20~22 页。

注意的是严复没有翻译这一段弥尔置于卷首，来表彰全书精神的引文，① 他在讨论道家与自由主义会通时也不特别注意到浪漫主义个人观的一面，这似乎表示严复并不充分地认识与欣赏弥尔思想中浪漫主义的面向。

丁、西方自由观念与儒家、墨家理想的会通

严复不但将自由与庄子、杨朱思想会通为一，也认为自由与儒家、墨家的道德理想是相通的。这涉及在严复的思想之中，自由的积极性不但指自我发展，而且也指利他的规范，亦即应尊重他人，克己兼爱，以建立合适的群己关系，甚至在某些情况之下个人应"杀身成仁"、"舍生取义"。前文曾谈到严复认为自由即是儒家的恕与絜矩之道，"自入群而后，我自繇者人亦自繇，使无限制约束，便入强权世界，而相冲突。故曰人得自繇，而必以他人之自繇为界，此则《大学》絜矩之道，君子所恃以平天下者矣"。他又说人们表现出推己及人的"恕"与"絜矩之道"，就能够实现西方自治、自由、自利等理想，也就能达成富强的目标，换言之"恕"、"絜矩"、"自治"、"自由"、"利民"、"富强"六者贯通在严复的理想之下：

---

① 奇怪的是目前 *On Liberty* 一书的四个流行的中译本，严复译本、1959 年郑学稼译本（收入氏著《自由主义》，台北：帕米尔书店 1976 年版）、1961 年郭志嵩的译本（《论自由及论代议政治》，台北：协志工业丛书出版股份有限公司 1987 年版）以及陈崇华的译本（《论自由》，北京：唐山出版社 1986 年版）都没有译出这一段话。反而是日人中村正直在 1872 年所翻译的日译本《自由之理》，却以汉文将此段话译为"人世之大道理，何为最要，曰宜使人人得自由发展其才性，自抉手眼，另开生面，千殊万异，各呈其美，则交相资益者日够而福祉日崇矣。人人有自己性灵，万意而万不同，各发达其独有者，特异者，人生之景象，所以日进而不已也，若乃以一定之规矩教道，强同兆民之心思言行，禁新异非常之事，则人智不复牖，世道不复上，归于固陋顽愚而已矣"，该书收入《明治文化全集》第二卷"自由民权篇"（东京：日本评论新社 1955 年版），引文见《自由之理》，第 1 页。中村的译文不但表达了此段文字的意义，还进一步做了些发展。

是故富强者，不外利民之政也，而必自民之能自利始；能自
利自能自由始；能自由自能自治始，能自治者，必其能恕、能用
絜矩之道者也。①

严复并进一步地认为人类之所以为"万物之灵"就是因为个人可
以为一些道德理想而牺牲生命，这其实就是《孟子·告子上》所说的
"所好有甚于生者"、"所恶有甚于死者"，这样的精神当然也是上述
儒家式"自由以从道"之信念的展现：

顾吾闻之，人之生于世也，挽仰上下，所受于天地父母至
多，非人类而莫与。则所以为万物之灵者，固必有其应尽之天
职，由是而杀身成仁，舍生取义之事兴焉。②

严复到底如何看待西方自由与儒家道德理想的关系呢？我认为在
严复的思想之中两者的接驳点主要表现在三方面：一、严复(至少在
1902年之后)强调自由不是天赋的本质，而是与个人的知识追求与道
德修养密切相关的一种情操。③ 因此自由之人必须具有克己的精神，

① 严复：《原强》(1895)，王栻编：《严复集》，第14页。然而在《原强修
订稿》严复却删除掉"必其能恕、能用絜矩之道者也"一句，见《严复集》，第27
页。由此可见严复对絜矩与自由之关系有所彷徨，有时见其会通，有时见其差
异。

② 严复：《〈庄子〉评语》(1916)，王栻编：《严复集》，第1109页。

③ 严复对于天赋自由的批判大约是1902年他阅读赫胥黎对卢梭"民生而
自由"的驳斥后才确立的。在1903年《群己权界论》的《译凡例》他说"卢梭民约，
其开宗明义，谓斯民生而自繇，此语大为后贤所呵。亦谓初生小儿，法同禽兽，
生死饥饱，权非己操，断断乎不得以自繇论也"。在此之前他似乎同意自由是天
赋的，但是他也说只有具有自治力的人，才能充分发挥此一禀赋，这样一来即
使在1902年之前他对天赋人权也有所保留。在1895年的《论世变之亟》严复说
"彼西人之言曰：唯天生民，各具赋畀，得自由者乃为全受。故人人各得自由，
国国各得自由，第务令毋相侵损而已。侵人自由者，斯为逆天理，贼人道"，
《严复集》，第3页。在《辟韩》(1895)一文严复又说"民之自由，天之所畀也，
吾又乌得而靳之！如是，幸而民至于能自治也，吾将悉复而与之矣"，《严复
集》，第35页。

或说具有能够克制"气禀嗜欲"的"自治力"，这样一来自由的前提是克己与自治。① 这一点亦涉及下文会谈到的自由与教育的关系。二、在追求个人自由的同时要尊重他人自由，亦即以他人自由为界，而表现出"己所不欲，勿施于人"的宽恕精神。三、自由之人不但要尊重他人，更应具有入世之念，发挥个人对群体的责任感，亦即是要能推己及人，实现儒家公恕正直的理想，这也是个人要有"爱国心"与"国家思想"，了解到自身的"义务"与"天职"，甚至能杀身成仁、舍生取义。② 这样一来自由可以与《大学》之道会通，并能为君子所用，而达成"平天下"的理想。

其中第三点将自由与社会责任联系在一起的体认在严复自由思想之中有重要的意义。诚如第三章所述，严复并不就个体来谈自由，而是把自由放在群己密切相关的架构之中来思索其意义，这一方面是对弥尔思想的误解，另一方面则隐含了对弥尔思想的批判。将自由与个人对社会的责任、义务相贯通的观念和严复一方面批判道家末流重视个人、忽略群体，另一方面又肯定墨子兼爱的观念有直接的关系。

严复认为道家思想所产生的流弊是只重视个人"乘物而游"，却不负担社会责任，而更严重的另一个缺陷则是自私自利。③ 严复对道家式"个人主义"之流弊的批评与他对墨子思想的赞扬是息息相关的，他认为要医治这种偏颇的个人主义，不能只依靠儒家思想，而要依靠墨教，因为上述自私自利的疾病：

> 至今已如寒疾之四体皆冰，真火不绝如缕，苟欲起死回生，固非参苓中和之儒教所能，必得乌头姜桂之墨教。④

此处所说墨教的精神主要指其兼爱、利他之说。其中将中国喻为得"寒疾"，儒家是"参苓"，墨家则为"乌头姜桂"，似乎显示严复认

---

① 严复译：《群己权界论》，《译凡例》(1902)，第 2 页。
② 严复：《宪法大义》(1906)，王栻编：《严复集》，第 245~246 页。
③ 下文将有较详细的说明。
④ 严复：《除杨墨辩》(1898)，《严几道文钞》，第 152 页。

为在身体健康之时，可以以儒家来补身，在得寒疾的特殊情况之下，则要依靠墨家来治病。严复在翻译孟德斯鸠《法意》一书时，也对墨子思想有类似的看法。在有关斯多噶派（Stoics）所谓"人生之当为，在为生民所利赖，其所皇皇者，以拯救社会为惟一天职已耳"一段后，严复有如下的案语：

> 吾译此章，不觉心怦怦然，汗浃背下霑衣也。夫孟子非至仁者钦，而毁墨，墨何可毁耶，且以其兼爱为无父，又以施由亲始为二本，皆吾所至今而不通其说者也。夫天下当腐败否塞，穷极无可复之之时，非得多数人焉，如吾墨，如彼斯多噶者之用心、则熙熙攘攘者，夫孰从而救之。今之人，嚣嚣然自谓被文明教育，以转移中国为己任者，亦至众矣，顾吾从旁徐察其所为，则一命之得失，一财之有无、虽其实至琐屑不足道，皆不惜重研胁习以争之，不能得，则挟其众势，号曰团体，阴险巨测，名曰运动，但己之有获乎，虽置人于至危所不顾。呜乎，亡国之民，莫不如此。①

这是严复在清末对所谓革命志士假借"团体运动"之名而追求私利的针砭，他大声呼吁以墨家（和斯多噶）的兼爱精神来拯救此风。②

值得注意的是严复在推崇墨子的同时并没有意识到墨子思想之中有集体主义的倾向，强调群体而泯灭个性，他所关注的是以墨子精神来凝聚国人的爱国心，解决梁启超所谓"知有小己而不知有国群"的毛病。这样的想法与梁启超的墨学形成很有意义的对比。梁启超在清末时也是提倡墨子的兼爱、利他，但是在肯定墨学的同时，任公也批

---

① 见严复译：《法意》(1904—1909)，24:11。

② 这与梁启超从美国回来之后对革命志士的批评很类似，任公在《新民说》的《论私德》之中即说，"今日满街皆是志士，而酒色财气之外，更加以阴险反复奸黠凉薄，而视为英雄所当然……今日所以猖狂者，则窃通行之爱国忘身自由平等诸口头禅以为护符也。故有耻为君子者，无耻为小人者，明目张胆以作小人，然且天下莫得而非之，且相率以互相崇拜，以为天所赋与我之权当如是也"，《新民说》，第140页。

判墨子教义抛弃了"自己"与"所有权"的观念,是知有群而不知有己。至20世纪20年代,任公受到1917年俄国革命的刺激,又更进一步地批判墨子思想之中过度重视群体的倾向。就此而言梁启超要比严复更为意识到墨子思想之中集体主义的危险。①

综上所述,严复将西方自由观念一方面与庄子、杨朱思想会通为一,肯定自我发展,另外一方面又和儒、墨的推己及人与兼爱的道德理想结合在一起,表现出己群并重的特色。

戊、自由与教育密切相关

上文谈到严复认为自由不是天赋,而是与个人道德、知识理想的追求密切相关,因此透过教育才能培养具有自治力的自由之民。

在这方面我们必须深入了解严复对于教育的看法。严氏将教育分为体育、智育、德育三个部分,这与他所揭橥的鼓民力、开民智、新民德的理想相呼应。他认为三者之中以德育最为重要,其次是智育,再其次是体育。他说体育的基础是"卫生之理","是以言智育而体育之事固已举矣",所以智育比体育来得重要;而科学的成果可以为善人所用,亦可以为恶人所用,如为恶人所用,则贻害匪浅,所以德育又比智育来得重要。严复强调:社会、国家的基础是"天理"、"人伦","未有国民好义,君不暴虐,吏不贪污,而其国以亡,而为他族所奴隶者⋯⋯故曰德育尤重智育也"。②

就内容而言,严复指出体育与智育,随时代有所进步而产生变化,尤其是智育方面,西人有重要的进步,应努力学习。③ 但是德育方面,西人"进于古者"非常有限,所以德育要以固有的"经常之道"

---

① 请参考拙著《梁启超的学术思想:以墨子学为中心之分析》,第61、76~77页。

② 严复:《论教育与国家之关系》(1906),王栻编:《严复集》,第167~169页。这是严复在环球中国学生会的演说稿。

③ 严复:《论今日教育应以物理科学为当务之急》(1901),王栻编:《严复集》,第278~286页。物理科学除了物理之外,还包括化学、动植、天文、地质、生理、心理等学科。

为基础，再配合其他的方面。严复说德育要教导儒家的"忠信廉贞，公恕正直，本之修己以为及人"：

> 德育之事，虽古今用术不同，而其著为科律，所以诏学者，身体而力行者，上下数千年，东西数万里，风尚不齐，举其大经，则一而已。忠信廉贞，公恕正直，本之修己以为及人，秉彝之好，黄白棕黑之民不大异也。不大异，故可著诸简编，以为经常之道耳。①

更具体地说，严复认为德育的基础是儒家的"五伦"：

> 至于名教是非之地……则不如一切守其旧者，以为行己与人之大法，五伦之中，孔孟所言，无一可背……事君必不可以不忠……为人子者，必不可以不孝……男女匹合之别，必不可以不严……同气连枝之兄弟，其用爱固必先于众人。若夫信之一言，则真交友接物之通例。②

当然，以上严复强调儒家伦理的例子并非写于19世纪90年代，然而他对儒家伦理的基本条目，如絜矩之道、恕，与《大学》八纲目等的肯定显然是不曾改变。不容讳言，严复德育思想的焦点在前后期有所不同，早年较重视"新民德"，亦即是强调公民资格的建立，1906年以后则较为提倡以传统德目为中心的"德育"。③

严复对传统道德条目的肯定至晚年变得更为强烈，而至死不变，1921年他在死前曾将一生经历总结为以下的遗言，供后代子孙参考，由此可见他在修身方面秉持的各项基本原则，包括肯定传统、重视合

---

① 严复：《论小学教科书亟宜审定》(1906)，王栻编：《严复集》，第168页。

② 严复：《论教育与国家之关系》(1906)，王栻编：《严复集》，第168页。

③ 值得注意的是严复在谈"德育"时较强调传统的道德原则；但是在谈"新民德"时则特别突出公民资格的一面。因此在严复思想之中较广义的德育应该同时包括这两个面向。

群、追求知识、锻炼身体、安平度世等，和他一贯对德、智、体诸育的看法是配合的：

> 须知中国不灭，旧法可损益，必不可叛。须知人要乐生，以身体健康为第一要义。须勤于所业，知光阴时日机会之不复更来。须勤思，而加条理。须学问，增知能，知做人分量，不易圆满。事遇群己对峙之时，须念己轻群重，更切毋造孽。审能如是，自能安平度世。即不富贵，亦当不贫贱。①

严复对教育的态度直接影响到他对于教学的看法。他认为针对不同的学生与学科，有不同的教学方式。在教科书方面，就学科来说，严复认为"教科书于智育不必有，于德育则不可无"；就学生而言，则是"高等之学校不必有"，"中学以下，不仅德育，即智育亦不可无教科书也"。由此可见严复认为国人在智育方面，可发明创新，有较多的自由；德育方面则应固守规范；而大学、高中生有较多的自由；中、小学生有较少的自由。

再者，智德二育的教学方法也有所不同。智育要让学生明白其"所以然"，德育方面则要先使学生遵循纪律、实行道德条目，等到年岁增长，再慢慢地启发其所以然之故：

> 夫智育之为教也，贵求其所以然……必为之原始要终，而能言其所以然之故。否则，虽知犹不知也。若夫德育之事则不然。德育修身诸要道，固未尝无其所以然，第其为言也深，其取义也远，虽言之，非成童者之所能喻也。而其为用又至切，使必待知其所以然，而后守而行之，则其害已众矣。则不如先着其公例，教其由之，而所以然之故，俟年识臻焉，至后徐及之之为

---

① 王蘧常：《严几道年谱》，第 134 页；王栻编：《严复集》，第 360 页。两者文字略有出入。

得也。①

其中对于德育的看法与前文曾谈到《论语》中所谓"民可使由之，不可使知之"的观点是一致的。②

严复所秉持的教育原则和他的政治原则一样，都是"自由秩序二者"并重；③ 同时在体育、智育方面要吸收西学之长，德育方面则要固守传统的经常之道，而学科与学生程度也影响到教育的实施方式。总之，严复的教育理念是以一套结合了中学与西学的正确理论为原则，换言之，他的教育理念是奠基在乐观主义认识论之上。这样的想法又和严复思想中精英主义结合在一起，他认为有一些先知先觉者已了解这些有关道德与知识的正确理论，一般人民应相信并接受先知先觉者的教导。

严复对教育的看法也反映出他具有林毓生所说的"藉思想文化以解决问题"（the cultural-intellectualistic approach）的倾向，他的看法显示作为教育之基础的正确理论决定了社会发展的方向，这样一来，正确理论的建立就具有更重要的意义。④

己、由以上教育方式所塑造的公民会展现出民力、民智、民德兼备的特点

严复教育的目的是为了造就"民智日开、民力日奋，民德日和"的新国民，他明确地指出"彼民之能自治而自由者，皆其力、其智、其德诚优者也"。

---

① 严复：《论小学教科书亟宜审定》（1906），王栻编：《严复集》，第200~201页。

② 严复：《民可使由之不可使知之讲义：癸丑仲秋丁祭在国子监演讲》（1913），王栻编：《严复集》，第326~329页。

③ 严复：《论小学教科书亟宜审定》（1906），王栻编：《严复集》，第201页。

④ Yu-sheng Lin. *The Crisis of Chinese Consciousness：Radical Antitraditionalism in the May Fourth Era*. Madison：University of Wisconsin Press，1978：30-31.

严复早在 1895 年所作的《原强》一文即强调国民的三大条件是：
"一曰血气体力之强，二曰聪明智虑之强，三曰德性仁义之强"，具
体地说，他认为鼓民力要破除吸食鸦片与女子缠足的恶习，并重视习
武，以培养健康的身体。开民智要废科举，讲求西学、实学。新民德
则是培养人民使之不但具有传统美德，更具备现代公民的素养。严复
并说"未有三者备而民生不优，亦未有三者备而国威不奋者也"。①

严复同意"三者并重"，但若斟酌时势而议其缓急，在这三者之
中，严复认为最困难、也最重要的是新民德，其次是开民智，再其次
是鼓民力。② 而民德的内容，如上所述是以固有道德条目为最重要的
组成要素，再加上热心参与公众事务、为群服务等民主社会中的公民
情操与爱国心。③

严复提升国民素质的想法显然受到传统道德理想的影响，是要把
老百姓都变成德智力兼备的"君子"，是企求人的道德上较高水准的
平等，其背后的人性观是儒家对人性的信心。这样的想法与弥尔的观
点有所差距。弥尔对教育的看法是把一个具有原罪并很容易犯错的
人，变成一个公民。相较之下，严复虽然没有忽略公民教育的一面，
也企图将君子与公民结合在一起，但是他思想的焦点和梁启超一样，
是如何"新民"，以具备实施自由制度的资格；弥尔却担心：即使所
有(具有像严复所说的君子性格的)新民结合在一起，并实施自由制
度，人们还可能会犯错，因而压制个人的成长，限制个人的自由。所
以弥尔主义与严复思想相同之处是两者都强调教育与道德，然而前者
却更为突出思想自由、结社自由与民间社会的发展。

庚、由自由之民组成的国家是物竞天择原则下的适者

诚如本书第三章所指出的，严复对弥尔自由观念的认识与社会达

① 严复：《原强修订稿》(1895)，王栻编：《严复集》，第 18 页。
② 严复：《原强修订稿》(1895)，王栻编：《严复集》，第 30 页。
③ 这就是严复在《原强修订稿》所说的合私以为公，以及在《宪法大义》
(1906)所说的"立宪之民者，各有国家思想，知爱国为天职之最隆，又济之以普
通之知识"，《严复集》，第 246 页。

尔文主义联系在一起，而这样的联系为弥尔自由思想所无。严复怎么
看待天演与自由的关系呢？简单地说他认为人类有自由可以与天争
胜，而以自由之民实施自由制度，则可以充分发挥这方面的能力，使
个人与国家得以适应天演竞争，达致太平盛世。

从严复著作来看，他同意斯宾塞所谓物竞天择适用于人类社会，
但是他似乎觉得斯宾塞太强调自然的力量（即所谓"任天为治"）、而
不够重视个人自由。① 他接受赫胥黎对斯宾塞的修正，以为人的能力
虽源于天，个人的自由与努力实际上扮演着更重要的角色，可以突破
自然的限制，与天争胜，而创造新局，因此天人之间是相互冲突的。
换言之，严复同意天行与人治一方面"相反相毁"，另一方面则出于
同原，所以"天行人治，同归天演"。这样的想法在吴汝纶为《天演
论》所写的《序》有清楚的表达：

> 赫胥黎氏起而尽变故说，以为天不可独任，要贵以人持天，
> 以人持天，必究极乎天赋之能，使人治日即乎新，而后其国永
> 存，而种族赖以不坠，是之谓与天争胜，而人之争天而胜天者，
> 又皆天事之所苞，是故天行人治，同归天演……严子之译是
> 书……盖谓赫胥黎氏以人持天，以人治之日新，卫其种族之说，
> 其义富，其辞危，使读者怵焉知变，于国论殆有助乎？②

但是另一方面严复也批评赫胥黎的一些想法，在"群理"方面他
较接受斯宾塞的观点，以为"赫胥黎保群之论，可谓辨矣。然其谓群
道由人心善相感而立，则有倒果为因之病……赫胥黎执其末以齐其
本，此其言群理，所以不若斯宾塞氏之密也"。③ 在讨论群己关系时，
严复则说赫氏认为"克己太深，自营尽泯者，其群又未尝不败"，所
以"保群自存之道，不宜尽去自营也"；严复认为"其义隘矣"，他较

---

① 严复译：《天演论》(1898)上，第15页。
② 吴汝纶：《序》，严复译：《天演论》(1898)，第1页。
③ 严复译：《天演论》(1898)上，第31~32页。

接受斯宾塞与斯密关于"开明自营"的说法，以为群己可以携手并进。①

以上是从理论的层面看严复思想中个人自由与天演进化的关系。在实践方面严复则认为只有在自由的制度之下，个人与天争胜的能力能充分地发挥出来，所以自由之人是适者、存者，由他们组成的国家与社会可达致太平盛世：

> 今日之治，莫贵乎崇尚自由。自由则物各得其所自致，而天择之用最存其宜，太平之盛可不期而自至。②

总而言之，严复一方面接受赫胥黎对斯宾塞的修正，在残酷的天演过程中加重了个人自由的角色，而另一方面又肯定斯宾塞、反对赫胥黎，以为己群之间是相辅相成，可以并进，这开启了自由观念、救亡图存与儒家絜矩、墨家兼爱相结合的可能性。或许是因为这个原因，严复在《天演论·自序》之中才说"赫胥黎氏此书之旨，本以救斯宾塞任天为治之末流，其中所论，与吾古人有甚合者"。③

辛、消极自由的若干方面受到忽略

从以上严复对自由的各种构想可见，他所强调的主要是柏林所说的积极自由的一面，亦即如何使个人能自我发展，在身体、知识、道德方面成就一个更佳之个体，以适应天演竞争。在这样的想法之中，严复虽然没有忽略柏林所说的消极自由，但是在消极自由之中十分重要的一些条目，如保障个人隐私以及保障个人追求生活品味，与追寻自我利益，尤其是追求以个人为中心，超越公理与道义的 self-interest 等概念，没有受到严复充分的注意。同时，严复比弥尔更强调公民教育与伦理道德，而忽略结社自由与民间社会的形成。严复对消极自由

---

① 严复译：《天演论》(1898)上，第34页。
② 严复：《〈老子〉评语》(1905)，王栻编：《严复集》，第1082页。
③ 严复：《〈老子〉评语》(1905)，王栻编：《严复集》，第1082页。

方面的忽略也牵涉到他对社会责任与自强保种等议题的关怀，他不断地从群己关系的角度来阐明自由的价值，企图将自由主义、儒家道德理想与社会达尔文主义等思想因素结合在一起。这样一来严复自由思想与上一章所讨论他对弥尔思想的翻译，表现出相同的特色。

壬、自由与权界的问题

以上的讨论都涉及自由与权界的课题，这是人类政治生活中永恒的难题，到底个人自由与社会管制孰轻孰重？严复的自由思想显示他特别突出"群己权界"的观点，强调自由与管制之间的平衡，以保障个人自由之范围，并维系群体福祉。上文所谈到严复调整传统的义利、公私观念，提出开明自营以及合私以为公的看法，其背后都预设了群己平衡的观念以及"权界"的问题。

严复了解弥尔强调"斯民宜令得享最大自由"，但是他却不将此一看法视为定论，他提出管理与自由"相剂而不相妨"的观念，此即追求群己之间互动与平衡：

> 管理与自由，义本反对，自由者，惟个人之所欲为。管理者，个人必屈其所欲为，以为社会之公益，所谓舍己为群是也。是故自由诚最高之幸福。但人既入群，而欲享幸福之实，所谓使最多数人民得最大幸福者，其物须与治理并施。纯乎治理而无自由，其社会无从发达，即自由而无治理，其社会且不得安居。而斟酌二者之间，使相剂而不相妨者，此政治家之事业，而即我辈今日之问题也。①

在此我们看到严复自由观念与弥尔自由主义的一个重要差异，弥尔主张给予个人尽可能广的自由的范围，严复则强调自由与管理的平衡，而此一差异似乎是严复自觉地提出来的。

在此要说明的是严复与弥尔之间的差异不是绝对性的，因为弥尔

---

① 严复：《自序》(1896)，《天演论》，第3页。

也有重视群体的一面(类似今日社群主义的主张),而严复亦肯定个人自由与个性发展。同时,在任何一个社会之中己与群都有千丝万缕的关联,个人不但是社会教育的产物,每一个人使用的语言、文字等文化遗产也都是公有的,这样一来,己群之间常常无法分割,但是弥尔思想似乎较环绕着己的发展,严复则较着重于群己的平衡。

另一个不容忽略的事情是权界问题与上述国家情势和国民程度等条件之关系,严复认为在情势危急与程度不足的情况之下,应配合开明专制,提倡己轻群重;在一个健全的自由体制之下才应采取群己平衡。

严复的群己平衡的观念,许多人或许同意是受斯宾塞的"社会有机体论"之影响,① 但是我们不应忽略的另一个西方渊源是边沁(Jeremy Bentham,1748—1832)的"功利主义"(Utilitarianism),严复在以上的引文中即谈到为了"使最多数人民得最大幸福",自由与治理一定要"并施"。在《天演论》的案语中他更仔细地介绍边沁以苦乐作为善恶标准的伦理原则:

> 有叩于复者曰:人道以苦乐为究竟乎? 以善恶为究竟乎?曰:以苦乐为究竟,而善恶则以苦乐之广狭为分。乐者为善,苦者为恶,苦乐者所视以定善恶者也……曰:然则禹墨之胼胝非,而桀跖之恣横是矣? 曰:论人道务通其全而观之,不得以一曲论也。人度量相越远,所谓苦乐、至为不齐……为人之士,摩顶放踵以利天下,亦谓苦者吾身,而天下缘此而乐者众也……人道所为,皆背苦而趋乐,必有所乐,始名为善,彰彰明矣。②

---

① 严复:《政治讲义》(1906),王栻编:《严复集》,第 1279 页。

② 例如严复说"一群一国之成之立也,其间体用功能,实无异于生物之一体,大小虽殊,而官治相准",《原强》(1898),王栻编:《严复集》,第 7 页。史华慈指出严复受斯宾塞"社会有机体论"之影响,认为"社会'集体'的品质有赖于'单位'或个体细胞之品质",然而严复接受此一概念,却不深究两者之间的逻辑关系其实是经不起推敲的。见 Benjamin Schwartz. *In Search of Wealth and Power*:56-57.

严复和后来的梁启超一样，将边沁的理论用来说明个人可以追求乐利，而且"公益与私益常相和合，是一非二者也"，① 这样一来严复思想中"开明自营"，即所谓"明两利为真利"的观念，得到功利主义在理论上的支持：

> 宜知一群之中，必彼苦而后此乐，抑己苦而后人乐者，皆非极盛之世。极盛之世，人量各足，无取挹注。于斯之时，乐即为善，苦即为恶。故曰善恶视苦乐也。前吾谓西国计学为亘古精义、人理极则者，亦以其明两利为真利耳。②

"开明自营"更与斯密的经济学理论完全配合。难怪严复在《原富》"彼所谓利本国者，非真利也……盖真利者公利，公私固不两立也"一段之下有如下的案语：

> 案斯密此论，实能窥天道之全。盖未有不自损而能损人者，亦未有徒益人而无益于己者，此人道绝大公例也…… 嗟乎！使公而后利之例不行，则人类灭久，而天演终于至治之说，举无当矣。斯密氏之论，岂止为商务一端发哉！③

上文所说的"两利"与"真利"就是指个人一方面追求政治、经济之权益的私益，另一方面也不会与最大多数之最大幸福的公益产生矛盾。

更重要的是，严复认为西方学者的看法配合中国传统的观点。换言之，严复认为他所理解的斯宾塞、弥尔、斯密、边沁等人的理论和他从《大学》、《中庸》等书所了解的道理有一贯之处。这方面则牵涉到他对弥尔自由观念的误会。前文已经谈到严复将弥尔自由与絜矩之道的会通。严复在《原强》一文中又表示斯宾塞的想法深入发挥了《大

---

① 梁启超：《乐利主义泰斗边沁之学说》，《新民丛报》第 15 号（1902），第 1、2 页。

② 严复译：《天演论》（1898）上，第 48 页。

③ 严复译：《原富》（1901—1902），第 585～586 页。

学》八纲目的理想：

> 锡彭塞（Herbert Spencer）者，亦英产也，宗其（指达尔文）理
> 而大阐人伦之事，帜其学曰"群学"……约其所论，其节目支条，
> 与吾《大学》所谓诚正修齐治平之事有不期而合者，第《大学》引
> 而未发，语而不详。至锡彭塞之书，则精深微妙，繁富奥衍。其
> 持一理论一事也，必根柢物理，征引人事，推其端于至真之源，
> 究其极于不遁之效而后已。于一国盛衰强弱之故，民德醇漓翕散
> 之由，尤为三致意焉。①

严复所谓斯宾塞与《大学》相通之理主要在于以"格致"作为"修齐治
平"的根本。他了解到西方格致的范围有很大的拓展，包括数学、名
学、力学、质学、生学、心学等新的学问，但是以格致而求治平的根
本原则却是不变的：

> 格致之学不先，褊僻之情未去，束教拘虚，生心害政，固无
> 往而不误人家国者也……夫唯此数学者明，而后有以事群学，群
> 学治，而后能修齐治平，用以持世保民以日进于郅治馨香之极盛
> 也。呜呼！美矣！备矣！自生民以来，未有苦斯之懿也。虽文、
> 周生今，未能舍其道而言治也。②

在《群学肄言·译余赘语》严复也很清楚地说明：斯宾塞《群学肄
言》的优点在于"其书实兼《大学》、《中庸》精义，而出之以翔实，以
格致诚正为治平根本矣。每持一义，又必使之无过不及之差，于近世
新旧两家学者，尤为对病之药"。③
　　以上的观点显示严复认为斯宾塞、弥尔对群己的看法就是在阐明

---

① 严复：《原强》（1895），王栻编：《严复集》，第6页。
② 严复：《原强》（1895），王栻编：《严复集》，第6~7页。
③ 严复：《译余赘语》（1903），斯宾塞著，严复译：《群学肄言》，第2~3
页。

《大学》格致诚正修齐治平的永恒真理，以及在此过程之中"所恶于上，毋以使下；所恶于下，毋以事上"（第十章）的絜矩之道，是在群体与个体紧密关联之中，彰显个人知识与道德的价值。这样的观点是把《大学》、《中庸》的想法投射到斯宾塞、弥尔的思想之上。

对严复来说，群己平衡不但是儒家的理想，在中国其他思想的遗产之中也有类似的看法。严复谈到司马迁的观点。严氏的观点显示太史公"小己之得失，其流及上"的看法与斯宾塞也是一样的：

> 东学以一民而对于社会者称个人，社会有社会之天职，个人有个人之天职。或谓个人名义不经见，可知中国言治之偏于国家，而不恤人人之私利，此其言似矣。然仆观太史公言"小雅讥小己之得失，其流及上"。所谓小己即个人也。大诋万物莫不有总有分，总曰"拓都"，译言"全体"；分曰"么匿"，译言"单位"。笔，拓都也；毫，么匿也。国，拓都也；民，么匿也。社会之变相无穷，而一一基于小己之品质。①

严复非常清楚地提倡他认为中西圣哲所共同赞许的群己平衡之理想。此一主张在他评点老庄，以及讨论杨朱与墨子思想之中也反映出来。严复认为群己平衡是道家的真精神，也是杨朱与墨子思想互补之后所呈现出的理想境界。严复在总评《庄子·内篇》的思想时开宗明义地表示，庄子并非"出世之学"，而是讲求"群己之道交亨"，能养生也能治世：

> 人间不可弃也，有无所逃于大地之间者焉，是又不可以不讲，故命曰《人间世》。一命一义，而寓诸不得已，是故庄子者，非出世之学。由是群己之道交亨，则有德充之符焉。处则为大宗师，《周易》见龙之在田也。出则应帝王，九王（五）飞龙之在天

---

① 严复：《译余赘语》（1903），斯宾塞著，严复译：《群学肄言》，第2页。太史公的话见《史记·司马相如列传》。

也，而道之能事尽矣。①

至于他对杨、墨思想的批判与综合，上文已有讨论，兹不赘述。总之，以上的看法再次地显示，在群己关系的课题上，严复群己平衡的思想与他的传统背景密切相关，而与弥尔以个人主义为中心的自由观是不同的；严复一方面意识到两者的差异，另一方面又似乎不自觉地将固有理想投射到弥尔、斯宾塞的思想之上。

【评介】

黄克武，1957 年生，台湾师范大学历史系学士、牛津大学东方系硕士、斯坦福大学历史系博士，现任台湾"中央研究院"近代史研究所研究员兼所长、台湾师范大学历史学系兼职教授。黄克武的研究兴趣主要集中在两个领域，一个是中国近代思想史，包括明末清初至鸦片战争以前的经世思想史和清末民初政治思想史；另一个是结合了思想史与社会史的文化史研究，即以人类学的"文化"观念为基础，观察在"近代中国文化"的主题下人类行为的生理基础与文化创造的互动关系。此外，黄克武在中国近代翻译史与中西文化交流史方面也有丰硕的学术成果。已出版的中英文专著包括《一个被放弃的选择：梁启超调适思想之研究》（台湾"中央研究院"近代史研究所 1994 年版；北京新星出版社 2006 年版）、《自由的所以然：严复对约翰弥尔自由思想的认识与批判》（允晨文化出版社 1998 年版；上海书店 2000 年版）、*The Meaning of Freedom：Yan Fu and the Origins of Chinese Liberalism*（Hong Kong：The Chinese University Press，2008）、《惟适之安：严复与近代中国的文化转型》（联经出版公司 2010 年版；社会科

---

① 严复：《〈庄子〉评语》（1916），王栻编：《严复集》，第 1104 页。此处是综合内篇的《人世间》、《德充符》、《大宗师》与《应帝王》等四篇的主旨，来彰显各篇名称的意涵与前后秩序，此即所谓"一命一义"的寓意。曾克耑在《侯官严氏评点庄子》的《序》中也重复这些话，认为这是严复注《庄子》的中心思想，他说"庄非出世之学也"，"庄知义命之不可违，则述人间之世，待群己之已得，则有德充之符，处则为大宗师。《周易》见龙之在田也，达则为应帝王，《周易》飞龙之在天也"，见王栻编：《严复集》，第 1148 页。

学文献出版社 2012 年版）。著有学术论文数十篇，发表于国内外重要学术期刊。

《严复理想社会中的个人自由与个人尊严》选自黄克武的著作《自由的所以然：严复对约翰弥尔自由思想的认识与批判》。该著作对严复在其译著《群己权界论》中所表达的对约翰弥尔（穆勒）的自由思想的理解与认识进行了全新的解读。作者的研究工作始于 1994 年，当时作者在美国斯坦福大学与墨子刻（Thomas A. Metzger）教授一起着手研读、比较约翰弥尔的 On Liberty 与严译《群己权界论》，两人在这个过程中发现了许多以往研究所轻视或未能发现的问题。作者在一年后回台湾"中央研究院"近代史研究所任职，并继续其关于严复自由思想的研究工作。1998 年，作者的研究成果以"自由的所以然：严复对约翰弥尔自由思想的认识与批判"为名在台湾出版。事实上，作者研究中国近代思想史应该始于 1994 年以前其对梁启超的研究。他的第一本专著《一个被放弃的选择：梁启超调适思想之研究》所遗留的一些问题引导他转向对严复的研究。《自由的所以然：严复对约翰弥尔自由思想的认识与批判》的一个特别之处在于，它是作者将思想史研究与翻译史研究结合起来的产物，这在过去其他的研究中几乎是没有的。

在这本书中，作者以自由主义为核心，探讨了严复在把自由主义翻译、引介到中国时所应对的挑战、获得的成就和受到的限制。关于严复的"群己"观念问题，以前的学者在不同层面上都有过讨论。比较有代表性的，同时也是启发了作者撰写本书的是美国学者本杰明·史华兹。史华兹在其著作《寻求富强：严复与西方》中指出，严复苦心翻译西方政治经济等领域的著作，是为了寻找一种能够使中国走向国家富强的道路，而严复引进的学说体系在很大程度上又促进了中国的现代化。史华兹还强调，严复的这种寻求富强是以"集体主义"为前提的。从严复的自由观来看，"集体主义"表现在，一方面，个人自由应该被提倡。通过"鼓民力"、"开民智"、"新民德"来提高个人素质、增强个人的自由意识以及行使自由权利的能力，是严复所期望的。但是另一方面，中国的实际情况让严复意识到，"救亡图存"有着更为现实的需要，让国家走出当时的困境是保障个人自由的前提，因此，在当时的社会情况下，个人自由或个人利益应当让位于集体自由或国家利益。所以，在严复的自由观中，"群"的地位比"己"的地位更高。严复在其遗嘱中的一条增加了这种说法的说服力："事遇群己对峙之时，须念己轻群重。"而长期以来这种认为严复的"己轻群重"的观点也受到大多数学者的认可。另外一个比较有代表性的观点是李泽厚在《论严复》中归纳的"以自由为体，以民主为用"。李泽厚认为，严复意识到"自由"才是西方资本主义发展的根本，而"民主"不过是"自由"在政治上的表现。这一归纳方式也得到大多数学者的认可。

作者认可李泽厚的归纳，却不赞同史华兹的分析。作者在本书开篇便提出，本专著的主要目的之一是针对史华兹的这种观点而提出修正性的意见。他认为，严复的自由观体现的不是"己轻群重"，而应当是"群己平衡"。作者在书中指出："严复对个人价值的肯定是建立在群己平衡的基础之上，亦即他所说的'克己自繇二义不可偏废'。他既没有将个人置于群体之上，也没有将群体置于个人之上，而是秉持了一种植根于中国传统中'成己成物'、'明德新民'之观念而有的第三种选择：个人与群体一样重要。对他来说，个人自由与社会利益（即传统语汇中的群己、公私、利义）可携手并进而不相冲突。"这一观点在本篇选文中也有充分的表述。作者的理解与史华兹之不同，或许就说明了严复对自由主义的理解和翻译本身就是有歧义的。

作者在这个问题上更进了一步。前面已提到，作者发现严复的翻译理解出现了偏差。因此作者关注的，是严复自己的理解及其所致力于的在中国构建起来的自由主义学说与弥尔的自由主义有没有真正的结合。在这里，作者提出了"调适"的问题。作者认为，在辛亥革命前期的中国思想界，有两种倾向。一种是主张以革命手段来彻底改造现状的"转化思想"，另一种是主张通过比较温和的方式来逐步改革社会的"调适思想"，而放弃革命走向改良的梁启超和严复就是"调适思想"的代表。作者认为，"调适思想"与弥尔的自由主义没有结合在一起的一个原因，是当时中国的思想界逐渐放弃了自由主义和改良，而走向了彰显"转化思想"的激烈的革命。卢梭、黑格尔和马克思就是"转化思想"的代表。作者在书中指出，卢梭和黑格尔"将集体的意志和与公众的参与理想化"，并且总结出具有单一观念的"国家精神"或"国家意识"。到了马克思那里，无产阶级专政的人民民主成了社会所主张的民主形式。这些理念胜过了弥尔的自由主义，在20世纪的中国成为救亡图存的指导思想。另一个原因，与严复的翻译有关。作者在此处提出一对概念：悲观主义的认识论和乐观主义的认识论。这对概念最初由欧洲思想家卡尔·波普尔提出，后由墨子刻教授进一步地运用在对中国思想的研究中。"悲观主义的认识论"认为人们要获得客观知识是非常困难的，而"乐观主义的认识论"则认为人们有能力获得客观的知识。作者指出，虽然弥尔的思想中有乐观主义的成分，但他主要继承了西方思想界的悲观主义认识论之传统，并且在其著作 *On Liberty* 中显著地表现为注重个人隐私权利的保障、承认人类有容易犯错误的本性等等。而严复则主要继承了中国思想中的乐观主义的传统，使得他自觉地从乐观主义的角度来理解弥尔，所以忽略了弥尔思想中的悲观主义的成分。如作者在书中所举的"多数专制"这一例子。根据弥尔的阐释，造成"多数专制"的原因是人们有容易犯错误的倾向，从而使整个社会本身就变成一位暴君。严复却把"多数专制"与"公民程度"的不足联系起来，这一解释的差异可以造成理解上的巨大不同。此外，严复对西方自由主义的理解也是有所保留和批判的，有时候他甚至是主动将"群己平衡"的观念投射到弥尔、斯宾塞等人的思想上，因此无法传达正确的含义。

作者在书中总结了他关于严复自由思想的两个主要观点。首先"严复对个人的看法并不完全是由'国家主义'的理念观念所主导的"，在严复的译著中，"个人并没有沦为国家富强的工具"，"群"与"己"处于平衡的关系之中。其次，严复对弥尔的自由主义的理解出现了偏差，这表现在：第一，他"无法充分地了解其中的一部分"，并且倾向于用乐观主义认识论中对"真理"的乐观想法来翻译弥尔的著作，结果使他只看到弥尔思想中乐观的一面，而忽略了弥尔思想中悲观的一面。第二，严复"对他所理解的西方自由观念有所保留和批评"。第三，严复对"群己关系"的构想与弥尔不同。严复从儒家传统的立场出发对个人自由与权利表示了肯定，但同时也强调集体利益的重要性。这样的观点与弥尔的以个人为中心而"反抗群体(国家或社会)之压迫"的自由观是不一样的。第四，当时国家形势危急，这使严复必须关注个人与群体的关系，甚至认为在这样的情况下"群"比"己"重要。他在遗嘱中也表达了这样的想法："事遇群己对峙之时，须念己轻群重。"即在需要特别考虑群己利益的情况下（如国家危亡），"群"应当在"己"之上。于是，由于国家的需要，严复在翻译的时候自然选择弥尔自由主义思想中能够帮助当时的中国有效地走出困境的方式，而忽略了其他在本质上很重要却于中国无紧迫需要的条目。总之，严复没有完全正确地传达弥尔自由思想的内涵，所以他的"调适思想"没有与弥尔的自由主义结合到一起，并且弥尔的自由主义在中国也没有能够长久地走下去。

本篇选文是作者对严复所理解、翻译的《群己权界论》进行的全面的、分门别类的剖析，它解构了严复的自由主义思想中的"弥尔主义式与非弥尔主义式的各种成分"，观点新颖并且深入透彻。本选文一共包括九个部分，具体内容为：

（一）强调个人自由与尊严。作者认为，严复"了解并且肯定弥尔关于个人自由与尊严的许多想法"，其中最重要的是"言论自由"、"行为自由"和"结社自由"。虽然严复对于"结社自由"并不非常了解，但是他对于前两者却有充分的肯定。同时，严复非常肯定个人自由的充分发挥，认为个人发展的价值应当是超越国家利益的。严复还特别对"爱国主义"作了评论：在国家危亡的时候，个人自发性的"毁家纾难"的爱国情操是值得肯定的；但是统治者以群体的名义来要求个人牺牲生命则是不应当的。这些思想在他翻译的《群己权界论》、《法意》等的序或者案语中都有体现。

（二）西方自由观念有其独特性。作者认为，严复心中一直有关于中西差异与中西会通的概念，且严复也不断强调中西会通具有可能性。尽管如此，严复也承认西方的自由观念有其独特性。这种独特性表现在：第一，西方自由学说在中国以前的思想界从未被提及。第二，西方世界中的个人在经济自由的问题上主张"开明自营"，即肯定个人可以追求自身利益，而中国的传统价值观则"以功利与道义为反"，可见两者之价值观的不同。第三，严复同样提倡"开明自营"的自由经济，但是他的观点是以"群己平衡"为前提的，即个人与社会在经济问题上可以避免冲突，然而"开明自营"的思想在弥尔那里却完全是从个人出发的。作者提到，弥尔的这种完全超越公义的私利观念不能得到严复的认可，而这也是造成严复没有完全正确传达弥尔思想的原因之一。

（三）自由即庄子的"在宥"与杨朱的"为我"。前面提到，严复一直在尝试会通中西思想，并且经常从中国传统思想的角度出发阐释其所翻译的西方著作。于《群己权界论》而言，严复选取了庄子的"在宥"思想和杨朱的"为我"思想。严复认为，庄子的"在宥"是一种与"有待"相反的无所依赖的精神。杨朱的"为我"并不是自私自利的表现，而是对儒家学说助长的伪善风气的一种批判。只要做到自修自治，在追求自我发展与自身利益的时候又能避免自私自利，就是"为我"的真谛，是有价值的。作者也指出，严复将西方自由思想与中国道家思想的会通在某种程度上也阻碍了他对受德国浪漫主义影响的西方自由主义的认识。德国浪漫主义在个人观上推崇个人的多样性与创造性，而严复的"庄子在宥"和"杨朱为我"都缺乏这样的特点。

（四）西方自由观念与儒家、墨家理想的会通。严复不仅将西方的自由主义与庄子、杨朱的思想会通起来，还与儒家、墨家的思想会通起来。作者认为，严复在翻译西方自由主义思想的时候，强调了其与儒家的"克己"、"己所不欲，勿施于人"，甚至"杀生取义"的思想的通融性。但是，严复并不赞成西方自由主义以及庄子、杨朱思想中的对于个人主义的过分强调，作者认为这里隐含着严复对弥尔的批判。此外，正是对道家的个人主义的流弊的不满，严复又转向提倡墨家的兼爱精神。

（五）自由与教育密切相关。关于自由与教育的关系，作者总结了严复的观点，"自由不是天赋，而是与个人道德、知识理想的追求密切相关，因此透过教育才能培养具有自治力的自由之民"。严复对近代中国教育的体制改革作出过重大的贡献，他不仅提出了具有现代意义的教育理念，还成功帮助中国建立起新的学科体系。这里说的教育理念，指的是他将教育分为德、智、体育三个部分。其中德育最为重要，其次是智育，最后才是体育。这三个部分被程度不同地贯彻在小学、中学、大学的教育里，与他的"鼓民力、开民智、新民德"的主张相互呼应。作者在这里还强调，严复的"德育思想"在其人生的不同时期表现出不同的特点。早年他更加强调"新民德"，主张改善公民道德心，并培养他们的公民能力。1906 年后，他却更加主张以传统德目(如"五伦")来作为"德育"的基础。

(六)由以上教育方式所塑造的公民会展现出民力、民智、民德兼备的特点。严复坚信，通过以上"德育、智育、体育"的教育方式，中国能够培养出"民智日开、民力日奋、民德日和"的新国民，即"彼民之能自治而自由者，皆其力、其智、其德诚优者也"。严复在做这些设想的时候表现了他的"乐观主义"的心态，以及对人性的信心，他所谓的"提升国民素质"是要把普通民众"变成德智力兼备的君子"，变成道德层面上有较高水平的人。可是，弥尔所谓的教育，却是要把"一个具有原罪并容易犯错的人"变成一个公民，体现了比较强的消极色彩。此外，弥尔的自由主义更加突出思想自由、结社自由和民间社会的发展的重要性，而这些是中国文化传统所缺乏的，也是严复没有考虑到的。

(七)由自由之民组成的国家是物竞天择原则下的适者。作者提出，严复认为"人类有自由可以与天争胜，而以自由之民实施自由制度，则可以充分发挥这方面的能力，使个人与国家得以适应天演竞争，达致太平盛世"。至于严复在天演观上是偏向于赫胥黎还是斯宾塞，作者认为，严复选择的是将两者的思想相会通，即既肯定赫胥黎的天演进化过程中的个人自由的重要性，又肯定斯宾塞的"群己观"——认为群己之间相辅相成、携手并进。

(八)消极自由的若干方面受到忽略。前面已经讨论过，严复的乐观主义认识论使他在翻译弥尔的作品的时候着重于其中积极的部分，而忽略了消极的部分。这不仅是因为严复不能够正确地理解西方的自由主义精神，也是因为严复对他所理解的西方的自由有所保留和批判。这使得严复在翻译的过程中不能正确地传达弥尔的思想，形成了"严复心中的弥尔主义"与"弥尔主义"的差别。作者认为，严复所忽略的消极自由权益包括保障个人隐私、"保障个人追求生活品味"、寻求自我利益等。同时，严复更加侧重于对公民教育与伦理道德的强调，而忽视了弥尔非常重视的结社自由与民间社会的形成。

（九）自由与权界的问题。在探讨了严复所理解、建构的西方自由主义的具体内涵之后，作者转而讨论他最为关注的问题之一，那就是在严复翻译《群己权界论》的时候，"自由"与"权界"的关系如何。首先，不同于弥尔对个人绝对自由的强调，严复提出了"自由"与"管制"的平衡，即通过两者的互相制衡既保障个人的自由的界限不受侵蚀，又维系群体的共同利益。严复在《政治讲义》中写过："管理与自由，义本反对，自由者，惟个人之所欲为。管理者，个人必屈其所欲为，以为社会之公益，所谓舍己为群是也。"又说："而斟酌二者之间，使相剂而不相妨者，此政治家之事业，而即我辈今日之问题也。"可见，严复认为个人自由与政府管理可以相剂而不相妨，因此不同于弥尔所倾向的尽可能地给予个人更加广阔的自由空间。当然，在自由权界与国家情势、国民程度的条件的关系问题上，严复比弥尔考虑得更多——个人的自由主义在一般情况下不应该占据最高地位，当国家情势危急或者国民程度不足时，应该采取开明专制，提倡己轻群重。而当一个社会的自由体制比较健全的时候，则应该提倡群己平衡。严复还从《大学》、《中庸》等书中找到与斯宾塞、弥尔、边沁等人理论的相通之处。他认为，斯宾塞宣称的"格致"可以作为《大学》中"修身齐家治国平天下"的根本。在《群学肄言·译余赘语》中他说，《群学肄言》"实兼《大学》、《中庸》精义，而出之以翔实，以格致诚正为治平根本矣"。换言之，他虽然意识到中西方思想文化有其差异处，但他又不自觉地把自己固有的传统文化观念"投射"到斯宾塞、弥尔等人的思想上了。

由上可知，"严复心目中的弥尔的自由主义"所包含的内容既有与"弥尔的自由主义"相交合的部分，又有与之不同的部分。严复肯定了弥尔思想中尊重个人自由和尊严的思想，并且承认西方的自由思想有其独特的历史渊源与现实依据。同时，严复对弥尔的思想又进行了较大的改造，在其中融入了儒、道、墨思想，又根据中国的实际情形提出"鼓民力、开民智、新民德"的教育自由之民的方针。在他所构筑的自由主义思想体系中，个人的自由与群体利益结合了起来，两者的重要性受到同等的强调，"群"与"己"处于一种平衡的状态。

本选文在文章结构和思想内容方面都有其优长之处。作者从文本细读的方式出发，对严译《群己权界论》与它的英文原著 *On Liberty* 作出对比，联系严复在其他著述中所表达的关于自由主义的看法，对严复的自由主义思想的组成内容作了逐条分析。文章布局清晰明了，论述有条不紊，分析深刻。特别是关于严复是如何"误译"弥尔的原著的问题，作者以"消极自由"和"积极自由"为理论支撑，提出严复文化观中固有的"乐观主义认识论"使他翻译出"积极自由"的内涵而忽略了"消极自由"的部分。作者的研究方式和理论观点在以前的严复思想研究中都是没有的，为严复思想研究创造出一个新的探索方向。

局外人的观察与思考①

马 勇

晚年的严复经过袁世凯帝制复辟的折腾，可以说有点心灰意冷了。正是在这种情况下，他虽然对西方学术思想有充分的理解和体认，实际上也不能不和中国传统社会的知识分子一样，"达则兼济天下"，而"穷则独善其身"。只好在孤寂的环境中，从老、庄之道中寻求自我安慰；暇时回顾一下自己走过的道路，评骘那些和自己共过事的友人和敌人；偶尔耐不住寂寞，也只能向自己最亲近的弟子门生议论一下时政。

点 评 老 庄

严复对老庄的喜爱由来已久。早在光绪二十九年（1903），严复在帮助熊季廉（元锷）审读其研究《老子》一书的书稿时，就对《老子》进行了点评。据熊元锷记载："癸卯，余在京师，出所评《老子》，就吾师侯官先生諟正。先生为芟薙十九，而以己意列其眉。久之，丹黄殆遍，以王辅嗣妙得虚无之旨，其说亦间有取焉。受而读之，大喜过望，南旋，持示义宁陈子。陈子亦绝叹，以为得未曾有，促余刊行，后复请先生附益千数百言。顷来东瀛，遂钞付活版公于世，并为之叙曰：老子者，阅世久而富于经验之人也。其所言，悉得于天道、人事、物理之会通，吾国哲学之滥觞也。"②由此可知，熊元锷在将严复所评的《老子》交给义宁陈三立后，深得陈的赏识，于是熊元锷又于

---

① 本篇选自马勇：《严复学术思想评传》，北京图书馆出版社 2001 年版。
② 熊元锷：《侯官严氏评点老子》序。

光绪三十一年（1905），敦请严复增加了另外一些文字，并在日本东京刊行《侯官严氏评点老子》一书。1931年，商务印书馆以《严复评点〈老子道德经〉》二卷，重新排印出版。

如果说严复的《老子》点评有什么更多的价值的话，那么就是他在中国人中应该说是第一次将老子的学说与西方的思想文化作了比较。根据夏曾佑的分析："老子既着书之二千四百余年，吾友严几道读之，以为其说独与达尔文、孟德斯鸠、斯宾塞相通。尝为熊季廉说之，季廉以为是。曾佑闻之，亦以为是也。"其要点有："老子生古代之季，古之世，称天以为治。主宰前定之义，原于宗教，而达于政治，凡在皆然也。周之制，凡天下之学，能为语言文字所持载者，无不集于史。老子既居其极备以观其全，复值其将弊而得其隙，沉思积验，而恍然有得于其所以然之故。其所言者，皆其古来政教之会通也。斯宾塞等生基督宗教之季，基督之教，称天以为治，主宰前定之义，源于宗教，而达于政治，均与老子之时同。而英、法之制，凡为语言文字所能持载者，与为非语言文字所能持载者，皆备于学，则又过于周之史。斯宾塞等既居其极备以观其全，复值其将弊而得其隙，沉思积验，而恍然有得于其所以然之故，其所言者，亦其古来政教之会通也。几道既学于西方，而尽其说。而中国之局，又适为秦汉以后一大变革之时，其所观感者与老子、斯宾塞同。故吾以为即无斯宾塞，而几道读《老子》亦能作如是解。而况乎有斯宾塞等以为之证哉！故几道之谈《老子》之所以能独是者，天人适相合也。"①

在点评《老子》第五章"天地不仁，以万物为刍狗"一句时，严复明白无误地指出老子的这种说法与赫胥黎的《天演论》的开篇极为相似："天演开宗语。"

对于《老子》中所表现的反战思想倾向，严复将之与孟德斯鸠的政治主张联系起来。《老子》第四十六章写道："天下有道，却走马以粪；天下无道，戎马生于郊。"严复在此评论说："纯是民主主义。读法儒孟德斯鸠《法意》一书，有以征吾言之不妄也。"

对于中国传统知识分子的影响，与《老子》的作用比较相近的是

---

① 夏曾佑：《侯官严氏评点老子》序。

《庄子》。严复对《庄子》喜爱也是由来已久，并不断地在自己所藏的一部《庄子》上圈圈点点，先后留下一些比较有价值的评阅文字。据他 1912 年 12 月 28 日写给熊纯如的信说："予生平喜读《庄子》，于其道理唯唯否否，每一开卷，有所见，则随下丹黄。马通伯借之去不肯还，乃以新帙见与，已意亦颇鞅鞅，今即欲更拟，进退不可知，又须费一番思索，老来精力日短，恐不能更钻故纸矣。"

然而或许正是因为他那部已经圈点不少的《庄子》被马通伯一借不还，于是在洪宪帝制结束之后不久，不愿再"钻故纸"的严复却又着手重批《庄子》。

作为中国古典文学的一部代表作，自魏晋以来，历代注释《庄子》的书很多。严复的点评之所以别具一格，独具特色，其原因依然和他的知识背景有关。他不仅从《庄子》中看到中国传统知识分子所喜爱的消极避世思想，更是独具慧眼地看出《庄子》一书中所蕴含的近代观念。他曾明白地指出："平生于《庄子》累读不厌，因其说理，语语打破后壁，往往至今不能出其范围。其言曰：'名，公器也，不可以多取；仁义，先王之蘧庐也，止可以一宿，而不可以久处。'庄生在古，则言仁义，使生今日，则当言平等、自由、博爱、民权诸学说矣。庄生言：'儒者以诗书发冢。'而罗兰夫人亦云：'自由，自由，几多罪恶假汝而行。'甚至爱国二字，其于今性最为神圣矣。然英儒约翰孙有言：'爱国二字有时为穷凶极恶之铁炮台。'可知谈理伦人，一入死法，便无是处。是故孔子绝四，而释迦亦云：'如筏喻者，法尚应舍，何况非法'。"① 依然是利用自己的知识积累去观察《庄子》的思想价值。

在为《庄子》内篇第七《应帝王》作总评时，严复写道："此篇言治国宜听民之自由、自化，故狂接舆以日中始之言为欺德。无名人之告殷阳曰，顺物自然，而无容私焉，而天下治矣。老聃告阳子居曰，明王之治，功盖天下，而似不自已，化贷万物，而民弗恃。郭（象）注云，夫无心而任乎自化者，应为帝王也。此解与晚近欧西言治者所主张合。凡国无论其为君主，为民主，其主治行政者，即帝王也。为帝王者，其主治行政，凡可以听民自为自由者，应一切听其自为自由，

---

① 严复：《与熊纯如书》第 39，《严复集》，第 648 页。

而后国民得各尽其天职，各自奋于义务，而民生始有进化之可期。"
显然是以西方近代观念去反观中国传统。

评骘康梁

晚年的严复，闲来无事，不免时常想到一生中所接触过人物。在
那几年中，他通过不同的方式评过许多与他共过事的人物，如康有
为、梁启超、袁世凯、黎元洪等等，似乎都被严复用不同的方式点评
过。而其中点评最多、评价也最为苛刻的当数梁启超。

梁启超在近代中国历史上的地位的真正确立，主要的不是由于他
在思想见解上的贡献，而是由于他捕捉时代信息的敏锐嗅觉、笔端常
带激情的宣传性文字以及他作为一个不完全的政治家的活动。特别是
他那些宣传鼓动性的文字，不仅在一定程度上促进了近代中国的急剧
变化，而且深深地影响了整整一代中国人。不论这些人后来的政治倾
向如何，他们无不敬佩梁启超的文字。后来成为中国共产党领袖的毛
泽东承认他在青年时代曾一度以梁启超为"楷模"，对梁启超主编的
《新民丛报》"读了又读，直到可以背出"。[①] 郭沫若也认为："平心而
论，梁任公地位在当时确实不失为一个革命家的代表。他是生在中国
的封建制度被资本主义冲破了的时候，他负戴着时代的使命，标榜自
由思想而与封建的残垒作战。在他那新兴气锐的言论之前，差不多所
有的旧思想、旧风气都好象狂风中的败叶，完全失掉了它的精彩。二
十年前的青少年——换句话说，就是当时有产阶级的子弟——无论是
赞成或反对，可以说没有一个没有受过他的思想或文字的洗礼的。他
是资产阶级革命时代的有力的代言者，他的功绩实不在章太炎辈之
下。"[②]这个评价大体符合历史真相。

毛泽东、郭沫若的回忆，无疑更多地强调了梁启超思想影响的积
极方面，而且侧重于梁启超一生中最辉煌的那些年代。事实上，梁启
超的影响是多方面的，只是由于接受者的不同需要而产生不同的感

---

① 斯诺：《西行漫记》，三联书店 1979 年版，第 113~121 页。

② 郭沫若：《少年时代》。

受。向来被视为颇为自负的"文化保守主义"学者梁漱溟回忆道："《新民丛报》一开头有任公先生著的《新民说》，他自署曰'中国之新民'。这是一面提示了新人生观，又一面指出中国社会应该如何改造的；恰恰关系到人生问题、中国问题的双方，切合我的需要，得益甚大。任公先生同时在报上有许多介绍外国某家学说的著作，使我得以领会近代西洋思想不少。他还有关于古时周秦诸子以至近世明清大儒的许多论述，意趣新而笔调健，皆足以感发人。此外有《德育鉴》一书，以立志、省察、克己、涵养等分门别类，辑录先儒格言(以宋明为多)，而任公先生自加按语跋识。我对于中国古人学问之最初接触，实资于此。虽然现在看来，这书是无足取的，然而在当年却给我的助益很大。这助益，是在生活上，不徒在思想上。"①梁漱溟在充分肯定梁启超思想影响的同时，也多少流露出点并不满足的情绪。这种不满足，或者说不满意，在深受梁启超影响的后辈学子中并不是孤立的现象。胡适在《四十自述》中回忆说："我在澄衷一年半，看了一些课外的书籍。严复译的《群己权界论》，像是在这时代读的。严先生的文字太古稚，所以少年人受他的影响没有梁启超的影响大。梁先生的文章，明白晓畅之中，带着浓挚的热情，使读的人不能不跟他走，不能不跟着他想。有时候，我们跟他走到一点上，还想往前走，他倒打住了，或者换了方向走了。在这种时候，我们不免感觉一点失望。"②很显然，胡适的失望主要是由于梁启超有的时候裹足不前，有的时候却又变化多端。

对于梁启超的影响，当事人基于自己的政治倾向和生活经历可以有不同的反应及感受，但从上述代表各种倾向的典型回忆中不难看出，他们虽然一致承认梁启超的思想具有极大的影响力，但出于对中国未来发展的不同思考，他们对梁启超思想的前后变化并没有放到梁启超所处的急剧变动的近代中国的实际背景中来观察，而更多地是以自己的理想去苛求梁启超。换言之，他们对梁启超缺乏起码的同情与理解，因而他们无法认识梁启超的真实形象，更不要说准确地解释梁

---

① 梁漱溟:《我的努力与反省》,漓江出版社 1987 年版,第 30 页。
② 《胡适自传》,黄山书社 1986 年版,第 47 页。

启超毕生变化的真实心迹了。

梁启超多次变化的真实心迹及其变化给中国带来的实际后果，我们已无从复原，但透过与梁启超有一定的联系，而在大部分时间又与梁启超保持一段距离、冷眼旁观的严复眼里，我们或许能够获得另外一种较新的感受。

严复承认，在近代中国的历史上，梁启超确实拥有巨大的影响力，但是，这种影响并不是将中国导向发展繁荣的道路。而恰恰相反，在某种程度上说，正是这种影响将中国推向灾难沉重的深渊。严复写道："吾国自甲午、戊戌以来，变故为不少矣。而海内所奉为导师，以为趋向标准者，首屈康、梁师弟。顾众人视之，则以为福首，而自仆视之，则以为祸魁。何则？政治变革之事，蕃变至多，往往见其是矣，而其效或非；群谓善矣，而收果转恶，是故深识远览之士，愀然恒以为难，不敢轻心掉之，而无予智之习，而彼康、梁则何如，于道徒见其一偏，而由言甚易。南海高年，已成固性。至于任公，妙才下笔，不能自休，自《时务报》发生以来，前后所主任杂志，几十余种，而所持宗旨，则前后易观者甚众，然此犹有良知进行之说，为之护符。顾而至于主暗杀、主破坏，其笔端又有魔力，足以动人。主暗杀，则人因之而偭然暗杀矣；主破坏，则人又群然争为破坏矣。敢为非常可喜之论，而不知其种祸无穷，往者唐伯虎诗云：'闲来写得青山卖，不使人间造业钱。'以仆观之，梁任公所得于杂志者，大抵皆造业钱耳。今夫亡有清二百六十年社稷者，非他，康、梁也。何以言之？德宗固有意向之人君，向使无康、梁，其母子固未必生衅，西太后天年易尽，俟其百年，政权独揽，徐起更张，此不独其祖宗之所式凭，而亦四百兆人民之洪福。而康乃踵商君故智，卒然得君，不察其所处之地位为何如，所当之沮力为何等，卤莽灭裂，轻易猖狂，驯至于幽其君而杀其友，己则逍遥海外，立名目以敛人财，恬然不以为耻。夫曰'保皇'，试问其所保者今安在耶？必谓其有意误君，固为太过，而狂谬妄发，自许太过，祸人家国而不自知非，则虽百仪、秦不能为南海作辩护也。"①

---

① 严复：《与熊纯如书》第30，《严复集》，第631~632页。

将清朝的灭亡统统归因于康、梁，未免过于夸大了个人在历史上的作用，大有英雄史观之嫌。但严复的本意，无疑是在说明梁启超的主张一变再变给中国带来的并不都是积极后果，而是扰乱了社会发展演变的中国传统文化秩序，超越了社会的实际承受力，"不知其种祸无穷"，遂引发了此后一连串本不该发生的那些重大政治变故。

至于梁启超一变再变的根本原因何在，是否如梁氏经常自诩的那样，是以今之我难昨之我，今日为是，昨日为非，是紧跟时代潮流呢？对此，严复予以彻底的否定。他认为，梁启超一变再变的根本原因不在于他追随时代潮流改变原来某些不合理的想法，恰好相反，梁启超几乎从来没有一个坚定的正确立场，即使某些主张可能并非错误，却也往往因其多变而被淹没。"大抵任公操笔为文时，其实心救国之意浅，而俗谚所谓出风头之意多。庄生谓：'蒯聩知人之过，而不知其所以过'；法文豪虎哥（Victor Hugo）谓：'革命风潮起时，人人爱走直线，当者立靡'；德文豪葛尔第（Goethe）戏曲中有鲍斯特（Dr Fawst）者，无学不窥，最后学符咒神秘术，一夜召地球神，而地球神至，阴森狞恶，六种震动，问欲何为，鲍大恐屈伏，然而无术退之。嗟呼！任公既以笔端搅动社会至如此矣。然借无术再使吾国社会清明，则于救亡本旨又何济耶？"①这就从根本上否定了梁启超一变再变的合理性。在近代中国的历史上，虽然像梁启超那样"以笔端搅动社会"，使中国一变再变的人毕竟为数不多，但这些人操笔为文时究竟有多少爱国心，又有多少出风头的潜意识，确实是值得我们重新思考的。在急剧变革的那些年代里，洋务、维新、新政、革命等等不断变换花样的主张与口号，哪一个没有看到中国问题的症结呢？然而，哪一个又持之以恒地坚持下去了呢？如果从这个意义上来反思近代中国的历史，我们感到不无遗憾的是，近代国人不是没有找到解救中国的根本出路，而是社会中坚如梁启超这些知识分子们太不甘于寂寞，爱出风头的花样太多。从而使近代中国一个又一个实验都没有得到结果而中断。

梁启超和近代中国一大批知识分子何以如此？严复承认，如果仅

---

① 严复：《与熊纯如书》第38，《严复集》，第646页。

仅如前从个人人格上加以说明未免过于肤浅和庸俗。他认为，梁启超之所以一变再变，除了个人心理素质方面的原因外，更多地还应从中西文化冲突的广阔背景中来寻找。"康、梁生长粤东，为中国沾染欧风最早之地，粤人赴美者多，赴欧者少，其所捆载而归者，大抵皆十七、八世纪革命独立之旧义，其中如洛克、米勒登、卢梭诸公学说，骤然观之，而不细勘以东西历史、人群结合开化之事实，则未有不熏醉颠冥，以其说为人道惟一共遵之途径，仿而行之，有百利而无一害者也。而孰意其大谬不然乎？（此说甚长，留为后论）任公文笔，原自畅遂，其自甲午以后，于报章文字，成绩为多，一纸风行海内，观听为之一耸。又其时赴东学子，盈万累千，名为求学，而大抵皆为日本之所利用。当上海《时务报》之初出也，复尝寓书戒之，劝其无易由言，致成他日之海。闻当日得书，颇为意动，而转念乃云：'吾将凭随时之良知行之。'（任公宋学主陆王，此极危险。）由是所言，皆偏宕之谈，惊奇可喜之论。至学识稍增，自知当过，则曰：'吾不惜与自己前言宣战。'然而革命、暗杀、破坏诸主张，并不为悔艾者留余地也。至挽近中国士大夫，其于旧学，除以为门面语外，本无心得，本国伦理政治之根源盛大处，彼亦无有真知，故其对于新说也，不为无理偏执之顽固，则为逢迎变化之随波。何则？以其中本无所主故也。"①

作为对中西学术文化都有深刻理解的严复，对梁启超的评价可能相当接近历史真相。当西方文化潮水般地涌进中国的时候，梁启超这样的人确实走在时代的前列，每每较为敏锐地追随西方思潮。当然西方文化也不是铁板一块，其内部诸种流派的分歧也甚为明显，因此，在严复看来，梁启超等人对西方的理解不仅相当浅薄，而且差不多停留在西方十七、八世纪的水平上，对西方最新的思想动态、学术贡献则不甚了了。同时，由于近代以来，中国传统文化每每受到责难，故而梁启超这班新人物对中国的旧学也缺乏真切的感受。正是这样两个方面的原因，才最终导致梁启超往往"逢迎变化之随波"，而没有也不可能有一以贯之的宗旨和主张。

---

① 严复：《与熊纯如书》第39，《严复集》，第648页。

在严复晚年的心目中，梁启超一变再变的实在意义除了给中国带来无穷的灾难外，似乎没有任何值得肯定的地方。严复的这种评价，一方面或许有助于认识梁启超思想的真实面目，另一方面显然取决于严复此时的悲观主义情绪。

辛亥革命爆发之后，严复的反应相当复杂，他既对清王朝的灭亡感到痛心与惋惜，以为在国人共和程度不够的情况下强行共和，除了导致灾难性的后果之外，不会有多少积极意义。"往者不佞以革命为深忧，身未尝一日与朝列为常参官，夫非有爱于觉罗氏，亦已明矣。所以哓哓者，即以亿兆程度必不可以强为，即自谓有程度者，其程度乃真不足，目不见睫，常苦不自知耳。"①换言之，在严复看来，不是革命本身值得反对，而是革命的条件尚不充分具备。但是，既然革命已经发生，严复在某种程度上也不得不接受这个既成事实，并期望由这一事实所演化的后果尽可能地向好的方面转化，"自革命破坏以还，一跃而开所谓共和文明之治，其摧剥老物，盖百倍于往时"。②虽然现状不甚令人满意，但严复期望不久的将来有强人出来收拾残局，或可望使中国尽快恢复秩序与和平。

严复带着这种沉重的心情度过了辛亥革命之后的最初日子，待到袁世凯接替孙中山出任中华民国临时大总统时，严复觉得中国可能重建秩序，虽然对袁世凯的能力表示一定程度的怀疑，但仍对袁世凯寄予厚望，"外交团向以项城为中国一人，文足定倾，武足戡乱，即项城亦以自期；乃今乱者即其最为信倚之军，故外人感情，大非往昔，即项城亦有悔怯之萌。威令不出都门，统一殆无可望，使其早见及此，其前事必不尔为。以不佞私见言之，天下仍须定于专制，不然，则秩序恢复之不能，尚何富强之可跂乎？旧清政府，去如刍狗，不足重陈，而应运之才，不知生于何地，以云隐忧，真可忧耳！"③期望袁世凯拿出真本事，收拾残局，重建秩序。

实在说来，严复对袁世凯的期望，与梁启超当时的想法并无二

① 严复：《与熊纯如书》第 10，《严复集》，第 610 页。
② 严复：《论中国救贫宜重何等之业》，《严复集》，第 295 页。
③ 严复：《与熊纯如书》第 1，《严复集》，第 603 页。

致。当袁世凯刚刚就任临时大总统的时候，梁启超就为袁世凯出谋划策，建议袁世凯在遵循共和原则的前提下，参用开明专制。他说："政党之论，今腾喧于国中。以今日民智之稚，民德之漓，其果能产生出健全之政党与否，此当别论。要之，既以共和为政体，则非有多数舆论之拥护，不能成为有力之政治家，此殆不烦言而解也。善为政者，必暗中为舆论之主，而表面自居舆论之仆，夫是矣能有成。今后之中国，非参用开明专制与服从舆论，为道若大相反，然在共和国非居服从舆论之名，不能举开明专制之实。"①除了语言上比严复的主张更为露骨外，在实质上，二人的思想倾向并无差别。而且，他们二人都参加了袁世凯的政府，确曾真诚地期望帮着袁世凯使中国政治走上"轨道"，"替国家做些建设事业"。②

按理说，严复在与梁启超基本政治倾向比较一致的情况下，对梁启超的评价应该褒多于贬。然而，实际情况则不然。我们看到，严复此时心目中的梁启超，似乎依然一钱不值。他写道："至于今日，事已往矣。（康、梁）师弟翩然返国，复睹乡枌，强健长存，仍享大名，而为海内之巨子，一词一令，依然左右群伦，而有清之社，则已屋矣，中国已革命而共和矣。徐佛苏之妖言，大虑终无可忏。黄台瓜辞曰：'种瓜黄台下，瓜熟子离离，一摘使瓜好，再摘使瓜稀，三摘犹为可，四摘抱蔓归。'康、梁之于中国，已再摘而三摘矣。耿耿隐忧，窃愿其慎勿四摘耳。"③对康、梁评价之低，恐怕无过于此了。严复此处对梁启超的责难，主要是指梁氏在辛亥革命之后，尤其是在反对袁世凯帝制复辟过程中的作为。严复认为，袁世凯帝制固然为一大罪责，但揆诸事实与情理，似乎也有可以原谅之处，尤其重要者，帝制事件之所以发生，也未尝没有梁启超的责任。他说："平情而论，即任公本身即为其证，好为可喜新说，尝自诡可为内阁总理，然在前清

① 丁文江、赵丰田：《梁启超年谱长编》，上海人民出版社 1983 年版，第 617 页。

② 梁启超：《护国之役回顾谈》，《饮冰室合集》文集之 39，中华书局 1989 年版，第 88 页。

③ 严复：《与熊纯如书》第 30，《严复集》，第 633 页。

时不论，其入民国，一长司法，再任币制，皆不能本坐言以为起朽，至为凤凰草大政方针，种种皆成纸上谈兵，于时世毫无裨补，佗儌去位，此虽洹上在位，志不得行，然使出身谋国，上不知元首之非其人，下不知国民程度之不及，则其人之非实行家，而毕生学问皆为纸的，不灼灼彰明较著也哉！虽然，任公自是当世贤者，吾徒惜其以口舌得名，所持言论，往往投鼠不知忌器，使捣乱者得借为资，己又无术能持其后，所为重可叹也！"言下之意，梁启超辛亥后的种种主张与设想不仅不合乎中国国情，而且徒然添乱，于社会无补。①

即使以梁启超一生最为后人所称道的反对袁世凯帝制复辟的护国战争而言，严复也持一种否定态度。他认为："盖当国运飘摇，干犯名义是一事，而功成治定，能以芟夷顽梗，使大多数苍生环堵有一日之安，又是一事。"②事实上，当君主共和之争初起时，"此曹所争，不外权利，至于共和君主，不过所一时利用之口头禅。醉翁之意，固不在酒"。③主张帝制，与反对帝制，虽然从表面上看阵线分明，其实质并没有根本性的差异，"两家宗旨，皆非绝对主张共和，反抗君宪，而皆谓变体时机为未成熟"。④因此，在严复的心目中，梁启超"挥泪反袁"，与其说是为了共和理想，不如说是为了再次争风头，争权利，"揭开窗户说亮话，人人争权利耳"！⑤

严复认为，袁世凯帝制自为固不可取，但当其被迫取消帝制之后，聪明的政治家应当以此为契机，为中国的未来发展重新规划，而不应矫枉过正，或乘机争权夺利。他说："夫袁氏自受委托组织共利以还，迹其所行，其不足令人满意者何限！顾以平情冷脑，分别观之，其中亦有不可恕者，有可恕者，何则？国民程度如此，人才消乏，而物力单微，又益之以外患，但以目前之利害存亡言，力去袁氏，则与前之力亡满清正同，将又铸一大错耳。愚以谓使国有人，而

① 严复：《与熊纯如书》第48，《严复集》，第661页。
② 严复：《与熊纯如书》第42，《严复集》，第652页。
③ 严复：《与熊纯如书》第57，《严复集》，第673页。
④ 严复：《与熊纯如书》第26，《严复集》，第627页。
⑤ 严复：《与熊纯如书》第35，《严复集》，第641页。

以存国为第一义者，值此袁氏孤危戒惧之时，正可与之为约，公选稳健之人，修约法，损其政权，以为立宪之基础，使他日国势奠安，国民进化，进则可终于共和，退则可为其复辟（此时亦不相宜），似较之阳争法理，阴攫利权，或起于个人嫌隙之私，似有间也。"①不管严复在帝制复辟中起过怎样的作用，恐怕他这一分析未尝不击中梁启超等所谓反帝制派的要害。

在严复看来，反对袁世凯帝制复辟无疑是正义之举，但更重要的是后来者应当汲取袁世凯的教训，尽快恢复秩序，重建和平。否则，乱始乱终，实祸天下，主观意识与客观效果实际背离，正义之举并不一定都获得良好的结果。"任公、松坡与唐、任辈倡议西南，以责洹上之背约，名正言顺，虽圣人无以非之。所不解者，袁氏自亡后，不急出以把持国柄，除苛解娆，以建设共和不倾之国体，尔乃陁然隤然，一听元二乱党所欲为，以成此麻痹不能进行之政局。然则当日起事，固未尝原始要终，自诡作如何之收束，而只以感情意气，或有所不便于己，而反抗之，名为义首，实祸天下。嗟乎！若今日之政局，真《诗》所谓'譬彼舟流，不知所届'者矣。此非不佞私言也，试观西文各报，半年数月以来，于民党固无怨辞，而亦有只字片词赞颂梁、蔡所为者乎？则旁观心理可以见矣。"②严复对梁启超、蔡锷的指责，原则上说并不一定能够成立，但这毕竟于传统的评价之外向我们提供另外一种思考的路线，即帝制的反对者是否真正深切理解中国国情，中国的未来前途是否只能在共和、君主这两个极端上？凡此种种，恐怕都值得我们重新研究和探讨。甚至连严复所提供的那种折衷方案，恐怕也未必就是中国未来发展的最佳选择。比如他说："故吾辈于其国体，一时尚难断定，大抵独裁新倾之际，一时舆论潮热，自是趋向极端，而以共和为职志；数时之后，见不可行，然后折中，定为立宪之君主。此是鄙意，由其历史国情推测如此，不敢谓便成事实也。"③后来中国历史发展的事实已充分表明，这一主观愿望亦并不合乎中国

---

① 严复：《与熊纯如书》第 30，《严复集》，第 633 页。
② 严复：《与熊纯如书》第 42，《严复集》，第 652~653 页。
③ 严复：《与熊纯如书》第 51，《严复集》，第 665 页。

国情。

透过严复对梁启超理论与实践两个方面的评论，梁启超在近代中国历史上似乎一钱不值，除了爱出风头，自诩太过之外，并无实际本领和对中西社会文化的真切理解。很显然，这个评价并不合乎历史事实。"梁启超现象"在近代中国之所以发生和持久地存在，固然有梁启超个人素质与品格方面的原因，但更重要的是，近代中国社会的过渡性质和急剧变化着的政局需要梁启超这样的人。而且，严复在其晚年对梁启超的评价，虽然否定大于肯定，但其真实用意并不在于指责梁启超一个人，而是透过对梁启超个案的分析，揭示知识分子在急剧变动的社会中所应采取的态度和做法，其真实本意在于责备那些居于社会主导地位的知识分子和政治活动家寡廉鲜耻，私利熏心，不是以国家利益为最高原则，而是以一己之私利、一党之目的为追逐目标。他说："时事至此，吾于小人匪类，本无可责备，所责备乃贤者耳。松坡、任公皆此例也。当洹上灭亡之顷，合肥不出以组织内阁则已，出则必取志同道合之人，庶几于国有济尔，乃贸贸一任旧约之恢复；二为国会之招；三成调和之内阁。如此盖不待今日之纷纭，吾已决其必召乱矣。年愈耳顺，读遍中西历史，以谓天下最危险者，无过良善暗懦人。下为一家之长，将不足以庇其家；出为一国之长，必不足以保其国。古之以暴戾豪纵亡国者，桀、纣而外，惟杨广耳。至于其余，则皆煦煦姝姝，善柔谨葸者也，老弟前语谓：'天下惟忘机者，可以息机。'此语大须斟酌。纷纷势利之场，谓以忘机者当其冲，则明火暗潮，将以即息。呜呼！使人性而皆如是，则治术何难之有乎？"①严复这里所讲的一些事实，未必皆是，但他对人心的揭示，对强人政治的呼唤，尤其是对"贤者"的责备，恐怕还不能说没有一点道理。

在民国最初的那些年里，党争纷起，乱象不已，这里除了政治见解的差异外，不可否认有严复所揭示的"人心"的原因。"中国目前危难，全由人心之非。"②这种观感虽有江河日下、人心不古、今不如昔

---

① 严复：《与熊纯如书》第46，《严复集》，第657页。

② 严复：《与熊纯如书》第62，《严复集》，第678页。

等"九斤老太"式的庸俗抱怨，但实在说来确也在某种程度上看到了当时中国问题之所在。由此反省，他对梁启超的责备就不单是针对梁启超个人，甚至在某种程度上包括了他自己在内的一代知识分子。他写道："时局至此，当日维新之徒，大抵无所逃责。仆虽心知其危，故《天演论》既出之后，即以《群学肄言》继之，意欲锋气者稍为持重，不幸风会已成，而朝宁举措乖谬，洹上逢君之恶，以济其私，贿赂奔竞，跰步公卿，举国饮醒，不知四维为何事。至于今，不但国家无可信之爪牙，即私人亦无不渝之徒党，郑苏戡五十自寿长句有云：'读尽旧史不称意，意由新世容吾侪。'嗟呼！新则新矣，而试问此为何如世耶？横览宇内，率皆地丑德齐，莫能相尚，求一盗魁不能，长此相攻相感，不相得而已。"①人心皆如此，中国前途何在？这既是严复晚年忧心忡忡的现实原因，也是他对梁启超求全责备之真意。

出于求全责备的考虑，严复一方面承认梁启超思想言论在一定意义上的合理性和存在价值，另一方面也对梁启超的自诩之辞和政治主张的现实可能性深表怀疑。他说："梁任公素日言论，固有可观，惟其人稍患多欲，自诩于财政乃有特长，姑无论其政策如何，而处此中央号令不行之日，又将于何处期成绩乎？"②从主观目的上说，梁启超或许是真诚地要为国家做些事情，但他不顾及现实的可能性，虽然在辛亥革命后由学者而从政，一任司法总长，再任币制局总裁，"但是他除了充当袁世凯的俘虏外，对司法界的黑暗究竟有什么改变？对币制的紊乱究竟有什么整理"？③ 当整个社会秩序尚没有真正恢复的时候，个人的努力毕竟有限。近代中国的全部历史往往总是陷入个人的努力促进社会的变化，社会的现状左右个人的发展这种尴尬的境地之中。

通观严复晚年私人信札对梁启超的评价，一方面或许有助于对梁启超其人的重新认识，另一方面则引发我们对知识分子在社会中的作用与地位的重新思考。知识分子既要有积极用世的爱国热情，也应时

---

① 严复：《与熊纯如书》第 63，《严复集》，第 678 页。
② 严复：《与熊纯如书》第 58，《严复集》，第 675 页。
③ 《陈旭麓学术文存》，上海人民出版社 1990 年版，第 835 页。

常地反省自身的缺点，不要以极端功利主义的"经世致用"传统蒙骗了自己的眼睛，而应时常以淡泊的心情，学理的态度去面对一切。或许正是基于这种思考，严复对他的门生说："吾人不善读书，往往为书所误，是以难进易退为君子，以隐沦高尚为贤人，不知荣利固不必慕，而生为此国之人，即各有为国尽力之天职。往者孔子固未尝以此教人，故公山、佛肸之召，皆欲往矣。而于沮溺之讥，则云：'天下有道，某不与易。'孔子何尝以消极为主义耶？夫陶渊明可谓与世相遗极矣，然读黄山谷《宿彭泽有怀陶令》一首，乃知贤者用心，固非时俗所能妄测耳。须知世局国事，所以至于不可收拾如今日者，正坐此辈人纯用消极主义，一听无数纤儿撞破家居之故，使吾国继此果亡，他年信史平分功过，知亦必有归狱也。"①于此，我们看到晚年的严复并非超然物外，两耳不闻窗外事，恰恰相反，他正以其特有的手段和智能点评人物，批评时政。只是贤者用心，非时俗之辈所能妄测，以为时人不能真正理解他的思想与用心，而期望将来历史学家能够给他一个公正的评价。然而，正像他无法真正理解梁启超一样，人们又怎能对他晚年的见解予以准确的阐释与把握呢？

评 论 时 局

晚年的严复从表面上看是已经"出局"的人物，但从其内心深处去观察，他几乎从未停止过观察与思考，对于当时所发生的每一件大事，严复似乎都曾给予高度的关注，并极坦率地提出自己的看法。只是限于当年的条件，他这些坦率的看法并没有公之于众，而只在几个亲朋好友中传播。

洪宪帝制的失败和袁世凯的突然死亡，并没有给中国带来和平和希望。相反，中国却在更加混乱的道路上一步一步地爬行。最突出的表现便是北洋政府内部黎元洪的总统府与段祺瑞的国务院之间的所谓"府院之争"。

"府院之争"的焦点主要表现在"参战"问题上。段祺瑞主张参战，

---

① 严复：《与熊纯如书》第 39，《严复集》，第 649 页。

黎元洪反对参战。应该承认，黎元洪与段祺瑞站在各自的立场上看问题，参战与反参战都有自己的理由。如果他们能在法律许可的范围内去讨论解决，相信这种分歧并不至于导致怎样的恶果。无奈那时的民主制度毕竟刚刚在中国建立，中国的政治领导人大都是军人出身，更习惯于"用实力说话"。于是双方的矛盾愈演愈烈，几致不可调解。先是，段祺瑞用政治压力迫使国会投票表决与德国绝交。接着，段祺瑞召集各省督军会议，给黎元洪施加压力。随后竟然指使"公民请愿团"扰乱国会，请求通过"参战案"，遂引起议员愤怒，决议缓议"参战案"。在这种情况下，段祺瑞却唆使"督军军团"电请解散国，改订宪法。

对于这一幕幕戏剧性的政坛闹剧，严复忧心忡忡，自有看法，据严复一封未刊信稿说："思缄兄道席：前日荣发，未克饯行为歉。计此时已到达矣。总座已去津，盖与河间、合肥二老商议我国参战之事，大约三五日即返。我国共和尚未数年，突遭此变，利欤否耶？将来不致如何结局也。各省督军近将有电到京，表示意见，俟总座归来，一切当可分晓。宪法条文增删之事，尚未道及，情形如何，容再奉陈可耳。此颂，旅祺。弟复再拜。七日。"①他明白地告诉友人："报载某某五督军请解散参、众两院，此事如演为事实，恐酿成第四次革命。此事结果，殆难预言，即知之，亦不忍言也。解铃系铃，亦惟即在参、众两院而已！"②显然，严复担心双方如果继续闹下去，恐怕会演变成一场新的国内战争。

果不其然，在段祺瑞的步步紧逼下，黎元洪开始组织反攻，下令免掉段祺瑞的职务。接着，皖、冀、鲁、豫、陕、奉、浙、闽八省督军宣布独立，与北京政府脱离关系。黎元洪被迫下令解散国会。"府院之争"越闹越凶。

对于以黎元洪和段祺瑞为代表的两种政治势力政治主张及矛盾，严复虽然身处局外，但却洞若观火。他认为："国事如病痨瘵，人人知其不久，但不识决疣溃痈之日，究竟作何情状？目下如内务孙洪伊

---

① 严复：《与庄思缄函》，未刊稿。
② 严复：《与熊纯如书》第39，《严复集》，第649页。

之被控受判后，抵死不肯辞职；又中交兑现问题，外交唐绍仪被逐，内阁提出陆、汪，民党于国会作梗，坚持不为通过，郑家屯之案未平，天津老西开又告法人逐警风潮；徐州会议表示意见之后，偃旗息鼓，张、倪辈不闻何等进行，未必非合肥弹压之力，乃党人百计摇撼，必欲去之，以遂唯我欲为之画。府院亦意见日深，黄陂良愿有余，于政体、国是、民情、外势，皆无分晓，以傀儡性质兼负乘之讥，覆𫗧偾车，殆可前决；段氏坚确，政见较黎为高，然爱惜羽毛，无为国牺牲一切之观念。参、众两院数百人，什九皆为下驷，党人饭碗是其唯一问题，即诘旦国亡，今日所争，依然党利，甚矣！会众愚不能成一智，聚群不肖不能成一贤，所言之无以易也。总之，此局必不可长，内溃外侵，迟速必见乱，且与共和相终始，今乃叹孙、黄、洹上流毒之无穷也。"①

对于北洋系内部矛盾的症结，严复也有一番分析。他认为，"时局胶扰，固由进步党之放弃赵趄，而其最大原因，则由黄陂之旗帜不明，政策首鼠，宣言责任内阁，又不肯自处无为之地，左右政客，多系国党，欲利用之以攫政权，朝进一谇，暮献一策，危词诐论，怂恿百端，而府院种种之龃龉见矣。此数月来，政界所由无一佳象也。以复策之，此人一日在位，吾国前路必无曙光。"

1917年初，中国国内政局稍有变化，复辟暗潮、中德绝交、改组内阁成为政局的三大焦点。严复对此分析道"时事羌无佳耗，而政界及国会之惟利是视，摧斩民生，殆吾国有历史来所未有。旧有风宪之官，言西法者皆以为非善制，今则以其权畀国会矣。由是明目张胆，植党营私，当路之人，只须有钱以豢养国会中之党众，便可以诸善勿作，诸恶奉行，而身名仍复俱泰。呜呼！真不图我辈以垂死之年，乃见如此世界也（例如：中行兑现及交通部之收买车辆是）。前清庆、那等，固已极其贪污，袁氏爪牙亦已加厉，然尚不如今日之悍然不顾也。间尝深思世变，以为物必待极而后反。前者举国暗于政理，为共和幸福种种美言夸辞所炫，故不措破坏旧法从之；今之民国已六年矣，而时事如此，更复数年，势必令人人亲受苦痛，而恶共和

①　严复：《与熊纯如书》第40，《严复集》，第649~650页。

与一切自由平等之论如蛇蝎，而后起反古之思，至于其时，又未必不太过，此社会钟摆原例，无可奈何者也。"①他甚至更明白地指出："日来京师以府院相持，时氛甚恶。合肥业已去职，徐东海、王聘卿皆不肯继任，闻将以李仲轩提出，不识能成事实与否，大抵一、两日当见分晓耳。宣战一事，转成不急之务，从此作为罢论，亦未可知。但吾国内乱，恐得日滋。滇、蜀两军交哄，已开其端，此事中央为滇则全蜀牙蘖，为蜀则为分裂之媒，真不知何以善其后。自项城去后，中央权威本自有限，此左右之所知也，益以此次之冲突，督军辈群怀私愤，用人行政，事事皆成难端，号令不出国门，殆成必至之势。国事危岌，诚如吾弟所云：'一线生机，仅存复辟。'但舆论以谓时机总未成熟，即皇室中稳健亲贵，亦以此事为忧。但鄙意则谓：时机之已未成熟，不系于宣统之长少，而系于总理之有无。今试遍观全国之中，欲觅一堪为立宪总理，有其资格势力者，此时实在尚未出现也。项城才地资力均足当之，释此不图，妄于非分以死，则真中国之不幸耳。此局若在古昔，经数十百年竞争之后，自有长雄起而为群伦所归命，如六朝之终于隋、唐，五季之定于周、宋。无奈今世一切牵涉外交，则他日变幻百出，非吾辈眼光所能预见矣；中外历史之中，亦无成例也。"②显然，严复为"府院之争"的后果深感不安，于是他在某种程度上又赞成由宣统皇帝复辟，以建立一个强势的中央政权，恢复秩序，重建和平。

严复的预见在某些方面得到了证明。"府院之争"的进一步发展终于导致了张勋带辫子军入京，推戴宣统复辟。张勋的"复辟通电，其历指共和流弊，乃言人人之所欲言，因于同谋诸将，深信不疑"。③但对张勋、康有为等人的一系列做法，严复则又持相当的保留态度。以为"此曹所争，不外权利，至于共和君主，不过所一时利用之口头禅。醉翁之意，固不在酒"。④

---

① 严复：《与熊纯如书》第49，《严复集》，第662~669页。
② 严复：《与熊纯如书》第53，《严复集》，第668~669页。
③ 严复：《与熊纯如书》第55，《严复集》，第671页。
④ 严复：《与熊纯如书》第57，《严复集》，第673页。

张勋的帝制复辟很快就被粉碎，段祺瑞重新主导中国的政治，于是 1917 年 8 月 14 日，北京政府正式对德宣战。国际形势的变化一度又成为严复最为关注的热点。

严复对第一次世界大战进程的关注由来已久。他不仅高度关注战争的进程，更注意战后世界的发展趋势。他认为应该利用第一次世界大战带来的机会，乘机收回被各国列强所攫取的权利。他指出："欧洲战事日烈，德自协约国拒其和议后，乃以潜水艇为最后图穷之匕首。事近忿兵，殆难以济，春夏间将必有最剧烈之战事，届时孰为长雄，当较易决。但兵事一解之后，国土世局，必将大异于前，而远东诸国，亦必大受影响。此时中国，如有能者把舵，乘机利用，虽不称霸，可以长存；假其时机坐失，则受人处分之后，能否成国，正未可知。不成国则奥区地产，将必为他人所利用，而长为牛马，望印度且不可得，况其余乎？"①

对于第一次世界大战可能给中国国内带来的问题，严复似乎也有比较清醒的认识。他指出："时局诚如君论，所谓中枢权力日微，各省权力日大，一言尽之，除非豪杰特起，摧陷廓清，终无统一之望。统一不能，则所谓法令，格而不行；所设治理，人自为政，长此终古，其鱼烂而亡，殆可决也。尝谓中国此日外交，自与德宣战以来，可谓得未曾有，假使能者在上，而群伦辅之，则转弱为强，此真千载一时之嘉会也。顾不幸而各省分裂之形如此，此真阳九百六之会，虽有圣者，莫如何也。梁任公素日言论，固自可观，惟其人稍患多欲，自诡于财政乃有特长，姑无论其政策如何，而处此中央号令不行之日，又将于何处期成绩乎？南北意见，日趋日歧。南人以段政府为非法；而北人以民党为捣乱。复处于北，故不见中央之甚非；足下处南，故稍为时说之所囿。其实我辈超然于此两系，固无所取于左右袒也。复虽在京，不入政界，于当路无由进言；即言亦未必见听，补救殆无其事。足下谓在次可稍为国论之所折衷，恐尚未明此中真际也。"②显然，在严复看来，南北如一丘之貉，中国在第一次世界大战

---

① 严复：《与熊纯如书》第 49，《严复集》，第 663~664 页。

② 严复：《与熊纯如书》第 58，《严复集》，第 675 页。

中可能获得的一点胜利极有可能断送在这些官僚政客及无知无识的军阀手里。他不无忧伤地指出:“中央国会组织,尚无定议,目前已成少数军人政局。而南方别立政府,浮图基广,何日合尖?况其人才,皆不为国人所倾向者,其无成事,殆可决也。滇、蜀之争,黑白是非,莫定谁属,政府日望调和,而两家不平如故,此又必不可然之事。嗟乎!统一且难,更无论治平进步者矣。”①

官僚政客和无知无识的军阀不可能给中国带来新的希望,那么是否意味着严复赞同新知识分子的力量将中国导向一个新的历史航向呢?答案显然也是令人失望的。感觉敏锐的严复虽然看到了新知识分子的力量,虽然知道在第一次世界大战之后所诞生的苏维埃政权可能代表着人类历史前进的方向。但他在本能上又似乎对这种方向不以为然:“自阳三月二十二日以来,欧西决战,乃从来未曾有之激烈。德人倾国以从,英、法先见挫衄,至其结果何如,尚复不敢轻道,所可知者,此役解决之余,乃成新式世界。俄之社会主义,能否自成风气,正未可知。而吾国居此渤流之中,受东西迫拶,当成何局,虽有圣者,莫能睹其终也。”②

严复看到十月社会主义革命可能带给中国的影响,但他似乎并没有料到这个影响来得这样迅猛,这样激烈。于是当五四爱国运动如火如荼地在中华大地展开的时候,躺在医院病房里的严复确乎难以理解,困惑异常。他不无忧虑地对友人说:世事纷纭已极。和会散后,又益以青岛问题,集矢曹、章,纵火伤人,继以罢学,牵率罢市,政府俯殉群情,已将三金刚罢职,似可作一停顿矣。迩乃沪市有东人行毒之谣,三人市虎,往往聚殴致命,点心食物小本营生无过问者,而小民滋苦已。苏、浙、鲁、鄂相继响应之后,最晚继之以闽。他所学商界合,而闽则学商界分。昨报言:督军捕捉学生六千余人,而加以惨无人道之苛待,读之令人失笑;又云:被商会会员黄某毒打,几于毙命。商会人极寥寥,又皆畏事,以数千学生乃任一二人毒打,信乎?咄咄学生,救国良苦,顾中国之可教与否不可知,而他日决非此

---

① 严复:《与熊纯如书》第56,《严复集》,第673页。

② 严复:《与熊纯如书》第68,《严复集》,第684页。

种学生所能济事者，则可决也。中央政界岌岌，日有破产之忧。安福系势力似成弩末，而苦于骑虎难下。①

对于学生爱国运动所要求的拒签和约，严复也有自己的看法。一方面他认为学生干政自古以来就没有什么好的结果，除了破坏既成的秩序外，就是学生自身受到损伤；另一方面，严复觉得如果从中国的国家利益进行总体的考量，中国政府在巴黎和约上签字是利大于弊。他说："各埠市景经此番风潮后，损失必多。福州尤不堪问，破家荡产，比户可封，而于胶济问题，诚否有补，真不可知之事。""从古学生干预国政，自东汉太学，南宋陈东，皆无良好效果，况今日耶？"②至于中国政府在巴黎"和约不签字，恐是有害无利。盖拒绝后，于胶济除排阁日货外，羌无办法，而和约中可得利益，从而抛弃(姜汉卿反对是也)，所伤实多。此事陆专使及中央政府莫不知之，然终不肯牺牲一己，受国不祥，为国家行一两害择轻之事。此自南宋以来，士大夫所以自为谋者，较诸秦缪丑诸人，为巧多矣。嗟呼！事真不可一端论也"。③

与"五四"爱国政治运动相伴而兴起的是五四新文化运动。对于这一运动，暮年的严复似乎无论如何都难以理解，而他这种不理解似乎也有理由，不可一概视为了无价值。他认为："北京大学陈(独秀)、胡(适)诸教员主张文白合一，在京久已闻之，彼之为此，意谓西国然也。不知西国为此，乃以语言合之文字，而彼则反是，以文字合之语言。今夫文字语言之所以为优美者，以其名辞富有，着之手口，有以导达要妙精深之理想，状写奇异美丽之物态耳。如刘勰云'情在词外曰隐，状溢目前曰秀'；梅圣俞云：'含不尽之意，见于言外，状难写之景，如在目前'；又沈隐候云：'相如工为形似之言，二班长于情理之说。'今试问欲为此者，将于文言求之乎？抑于白话求之乎？诗之善述情者，无若杜子美之《北征》；能状物者，无若韩吏部之《南山》。设用白活，则高者不过《水浒》、《红楼》；下者将同

---

① 严复：《与熊纯如书》第 79，《严复集》，第 694~695 页。
② 严复：《与熊纯如书》第 80，《严复集》，第 696 页。
③ 严复：《与熊纯如书》第 81，《严复集》，第 697 页。

戏曲中簧皮之脚本。就令以此教育，易于普及，而斡弃周鼎，宝此康瓠，正无如退化何耳。须知此事，全属天演，革命时代，学说万千，然而施之人间，优者自存，劣者自败，虽千陈独秀，万胡适、钱玄同，岂能劫持其柄，则亦如春鸟秋虫，听其自鸣自止可耳。林琴南辈与之较论，亦可笑也。"可见，严复既赞成林纾那样为古文辩护，也对陈独秀、胡适等人关于文学改良的主张持一定的保留态度。

反省传统

作为近代中国最著名的启蒙思想家之一，严复的思想贡献向来受到学术界的重视。只是由于近代中国急剧的政治变动，导致社会发展的实际进程并没有按照严复的预想前进，甚至在某些方面与严复的设计刚好相反。社会发展出乎思想家的预料，思想家的理论贡献在实用价值上便不能不引起人们的怀疑。特别是由于严复在其晚年并不愿追随与自己的思想见解不相吻合的"新潮流"，从而使学术界对其晚年思想演变的意义评估甚低，或以为"严复宣传的西学打了败仗"；①或以为严复一生的心理路程由早年的"全盘西化"逐渐过渡到"中西折衷"，并最终演化成"反本复古"，"以发扬光大中国儒家哲学的孔孟为主，对于西方的文化几乎完全否定"；② 更由于严复晚年提倡尊孔，提倡读经，甚至倡言帝制复辟之必要，所有这些莫名其妙的言辞，都增加了人们对其晚年思想演变真实意义的理解困难，于是便有学者断定严复已由先进的启蒙思想家蜕化为"顽固反动的瘝野老人"。③

如果结合严复之后中国历史发展的实际背景看，也就是说如果以成败论英雄的话，严复晚年的思想演变诚如前列诸家所分析的那样，在相当程度上背离了自己早年的辉煌历史，而沦为近代中国具有典型意义的守旧人物。但是，如果结合严复所处的特殊社会条件，特别是他思想演变的内在理路，我们便不难发现晚年的严复并不能以"顽固

---

① 侯外庐主编：《中国近代哲学史》，人民出版社 1978 年版，第 257 页。
② 周振甫：《严复思想述评》，中华书局 1930 年版，第 270 页。
③ 王栻：《严复传》，上海人民出版社 1957 年版，第 87 页。

反动”的概念简单评定，其思想见解虽不免有一定程度上的守旧、"复归"之嫌，但从总体上看既合乎其思想发展的内在逻辑，又与当时的社会背景、近代以来中国问题的根本症结密切相关，具有相当的参考价值和启迪意义。

传统的评论在谈到严复晚年的时候，一个最大的困惑就是严复对西方文化态度的变化，即严复先前不遗余力地介绍西方文化，在短短的十几年里译了那么多西方名著，何以到了晚年一反常态，鼓吹中国文化，而对西方文化的价值则持一种保留和怀疑态度？

在一定程度上说，这种现象确实存在。严复在其早年的译作以及那些充满激情的政论文章中，确曾对西方文化表示过相当的尊重和欢呼，确曾认为救中国之道别无他途，唯有恭恭敬敬地学习西方才是明智的选择。用他自己的话说，那就是："盖谋国之方，莫善于转祸而为福，而人臣之罪，莫大于苟利而自私。夫士生今日，不睹西洋富强之效者，无目者也。谓不讲富强，而中国自可以安；谓不用西洋之术，而富强自可致；谓用西洋之术，无俟于通达时务之真人才，皆非狂易失心之人不为此。"①中国人只有切实把握、运用了西方文化，才能真正拯中国于水火之中，才能真正恢复中华民族在世界民族之林中应有的地位。

不过，即使在严复对西方文化最倾心、最渴慕的那些岁月里，他也几乎从来没有相信过西方文化是放之四海而皆准的真理，是解决中国问题的唯一良药，具有万能钥匙的意义。因此，从一开始，严复就不是无条件地鼓吹西方文化救中国，更没有真正主张过"全盘西化"。恰恰相反，他在一定程度上意识到西方文化价值的有限性。据他自己回忆："犹忆不佞初游欧时，尝入法廷，观其听狱，归邸数日，如有所失。尝语湘阴郭(嵩焘)先生，谓英国与诸欧之所以富强，公理日伸，其端在此一事。先生深以为然，见谓卓识。夫中国刑狱之平，至于虞廷之皋陶极矣。然皆以贵治贱。以贵治贱，故仁可以为民父母，而暴亦可为豺狼。若夫公听平观，其被刑也，如其法而正，民终不可以是为天直，以责其上，使虽欲不如是而不能也。是故天下虽极治，

----
① 严复：《论世变之亟》，《严复集》，第4页。

其刑罚终不能以必中，而侥幸之人，或可与法相遁。"①只是在这个意义上说，中国以贵治贱的人治，远不如西方人"在平等之地位"更有利于"公理日伸"。

严复在介绍西方思想文化时的侧重点，自始至终一直放在如何建构中国未来的合理社会。也就是说，如何取西方之长，补中国之短这一关键问题上。他指出："彼西洋者，无法与法并用而皆有以胜我者也。自其自由平等观之，则捐忌讳，去烦苛，决壅蔽，人人得以行其意，申其言，上下之势不相悬，君不甚尊，民不甚贱，而联若一体者，是无法之胜也……且其为事也，又一一皆本之学术；其为学术也，又一一求之实事实理，层累阶级，以造于至大至精之域，盖寡一事焉可坐论而不可起行者也。推求其故，盖彼以自由为体，以民主为用。"②自由、民主是一个合理社会的必备条件，西方国家具备了这些条件，因而强盛；中国尚不具备这些条件，因而衰落。

这样说，是否意味着严复主张"全盘西化"，尽弃其学而学焉？回答只能是否定的。因为，即使在严复最热心地介绍西方文化的时候，他也并未对中国文化持全盘否定的态度。他认为，以自由、平等为标志的西方文化，"苟扼要而谈，不外于学术则黜伪而崇真，于刑政则屈私以为公而已。斯二者，与中国理道初无异也。顾彼行之而常通，吾行之而常病者，则自由不自由异耳"。换言之，西方学术文化在根本点上与中国自古以来圣圣相传的道理并无本质差别，只是由于中国向来不具备"真自由"的内外在条件，而使中国古来的那些道理没有能够得到有效的贯彻执行，但这决不意味着中国道理劣于西方。更不意味着中国道理应当全盘抛弃。严复写道："中国理道与西法自由最相似者，曰恕，曰絜矩。然谓之相似则可，谓之真同则大不可也。何则？中国恕与絜矩，专以待人及物而言。而西人自由，则于及物之中，而实寓所以存我者也。自由既异，于是群异丛然以生。粗举一二言之：则如中国最重三纲，而西人首明平等；中国亲亲，西人尚贤；中国以孝治天下，而西人以公治天下；中国尊主，而西人隆民；

①　严复：《法意》按语，《严复集》，第 969 页。
②　严复：《原强》，《严复集》，第 11 页。

中国贵一道而同风，而西人喜党居而州处；中国多忌讳，而西人众讥评。其于财用也，中国重节流，而西人重开源；中国追淳朴，而西人求欢虞。其接物也，中国美谦屈，而西人务发舒；中国尚节文；而西人乐简易。其于为学也，中国夸多识，而西人尊新知。其于祸灾也，中国委天数，而西人恃人力。若斯之伦，举有与中国之理相抗，以并存于两间，而吾实未敢遽分其优绌也。"岂止优绌未敢遽分，这段平实的描述文字中实际上也多少透露出严复对中西文化的根本态度，那就是寸有所长，尺有所短。中国人在接受西方文化的同时，不应完全无视中国数千年所形成所积聚的历史文化遗产。

正是出于对中西社会与学术文化的这种深沉理解，严复在向国人介绍西方文化时从未忘记结合中国国情有条件地吸收与接纳。即使是他最向往的自由、平等之说，他也不认为应当无条件地接受。他强调："乃至即英、法诸先进之国言之，而其中持平等民权之政论者，亦仅居其大半。卢梭氏之《民约》，洛克氏之《政书》，驳其说以为徒长乱阶者，岂止一二人哉！夫泰西之民，人怀国家思想，文明程度若甚高矣，其行民权之说，尚迟而且难如此，公等试思，是四万万者为何如民乎？而期其朝倡而夕喻也。嗟呼！傲旧俗之余劲，与沮文明之潮力，二者贤不肖异，而皆不祥之金也。以其皆长杀机而拂天演之自然故也。"[1]

在严复看来，西方的学术文化固然有许多优长之处，但当社会发展的某一阶段尚不具备运用这种"优长"学说的条件时而强行运用，并不能获得积极的结果，往往会"徒长乱阶"。反观中国社会，严复并不认为已经成熟到全盘承受西方文化的阶段。因此，他在向国人介绍那些令人耳目一新的西方学说时，一是侧重于介绍那些足以使中国能够承受得了的内容，一是在介绍某项新学说时，及时提出这种学说可能产生的负面效应。如他在译介《天演论》之后，就担忧国人可能会群起而效之，产生某种不必要的副作用，于是又着手翻译《群学肄言》，以弥补《天演论》某些理论上的不足或不妥贴。因此，可以说，这种有拣择、有条件地吸收西方文化的主张，并不是严复晚年的新发

---

① 严复：《主客评议》，《严复集》，第 120 页。

现，而是其早年一以贯之的基本主张。

不过，由于戊戌维新运动之后中国政治局势的急剧变动，历史发展的实际进程已远远出乎严复的预料，甚至在许多方面与严复的期望刚好相反。正是在这样一种特殊的历史背景下，我们看到，严复的晚年虽然对西方文化的根本态度并没有改变，但他毕竟更多地强调了西方文化可能给中国带来的消极后果。

实在说来，晚年严复对西方文化的进步内容依然一往情深，依然认为有许多东西值得中国人效法，即使仅从救国保种的立场言之，也当如此。他指出："倭乘群虎竞命之时，将于吾国求所大欲，若竟遂其画，吾国诚破碎。顾从其终效而观之，倭亦未必长享胜利，如此谋国，其眼光可谓短矣。倭虽岛国，卅年以来，师资西法，顾所步趋，专在独逸。甲午已还，一战克我，再役胜俄，民之自雄，不可复遏，国中虽有明智，然在少数，不敌众力；又国诚贫，见我席腴履丰，廓然无备，野心乃愈勃然，此我所以为最险也。雪耻吐气，固亦有日，然非痛除权习不能，盖雪耻必出于战，战必资器，器必资学，又必资财，吾人学术既不能发达，而于公中之财，人人皆有巧偷豪夺之私，如是而增国民负担，谁复甘之？"①

中国学术既不发达，日本既资西法而强盛，言下之意，严复并不反对向西方学习，并没有从倾心于西方学术文化而转变到反对西方文化的立场上。因此当辜鸿铭无条件地反对西方文化时，严复在肯定其合理的一面的同时，也指出其明显的不足。严复说："辜鸿铭议论稍有惊俗，然亦不无理想，不可抹杀，渠生平极恨西学，以为专言功利，致人类涂炭，鄙意深以为然。至其訾天演学说，则坐不能平情以听达尔文诸家学说，又不悟如今日，德人所言天演。以攻战为利器之说，其义刚与原书相反。西人如沙立佩等，已详辨之，以此訾达尔文、赫胥黎诸公，诸公所不受也。"②于此可见，严复对西方文化的价值并没有完全抹杀，而是以公平的心态给予其合理的地位。

至于严复晚年对西方文化的批判，特别是最受人们责难的那篇

---

① 严复：《与熊纯如书》第 21，《严复集》，第 620 页。
② 严复：《与熊纯如书》第 23，《严复集》，第 622 页。

《民约平议》，虽然对西方文化特别是卢梭的思想持一种极为严厉的批评态度，但这并不意味着严复从西学的立场上有丝毫倒退，更不意味着他所宣传的西学打了败仗。因为第一，严复从未倾心于卢梭，他精神上的任何一个西方导师如斯宾塞、赫胥黎、穆勒和甄克思也从未无条件地赞成过卢梭。① 第二，如前所述，严复对西方文化从来没有主张过全盘承受，他虽然承认中国人素来缺乏自由、平等的思想观念，认为解决中国问题的根本道路至少应当包括引进、吸收自由、平等、民权的思想，但从一开始，严复似乎就对"庸俗的卢梭主义"表示反感，证据之一便是他在介绍《天演论》之后紧接着介绍《群学肄言》和《群己权界论》，以期"学者必明乎己与群之权界，而后自繇（由）之说乃可用耳"。② 换言之，严复从未承认自由、平等的绝对意义与价值，只是在肯定秩序与理性的前提下强调自由、平等的合理意义。

而且，如果从《民约平议》的文本来观察，严复对自由、平等概念的辨析与重新阐释，其真实本意并不在于否认自由、平等在中国进一步发展的意义，而是基于当时中国社会现实的思考，是"以药社会之迷信"，③ 在某种程度上说，带有纠偏补正的意义。他所思考的重心，不在于反对自由与平等，而是如何使自由、平等与秩序、理性能处于一个适当的地位，"夫言自由而日趋于放恣，言平等而在在反于事实之发生，此真无益，而智者之所不事也。自不佞言，今之所急者，非自由也，而在人人减损自由，而以利国善群为职志。至于平等，本法律而言之，诚为平国要素，而见于出占投票之时。然须知国有疑问，以多数定其从违，要亦出于法之不得已。福利与否，必视公民之程度为何如。往往一众之专横，其危险压制，更甚于独夫，而亦未必遂为专者之利"。④

---

① ［美］本杰明·史华兹：《寻求富强：严复与西方》，江苏人民出版社1989年版，第209页。
② 严复：《译〈群己权界论〉自序》，《严复集》，第132页。
③ 严复：《与熊纯如书》，《严复集》，第614页。
④ 严复：《民约平议》，《严复集》，第337页。

确实，在一定意义上说，民主、自由、平等并不是人类历史上最好的东西，如果运用不当，它所导致的多数人专制、社会失序等现象给人类带来的灾难可能更甚于独夫。当中国人经历了自由、民主、平等等欧风美雨的熏染之后，冷静地思考秩序、理性与强权等旧有问题，不是顺理成章的结果吗？尤其值得指出的是，严复晚年对西方文化的重新思考，不仅更坚定了他早年有条件地吸收西方文化的主张，而且在一定程度上对"五四"一代思想家对这些问题的思考，乃至中国马克思主义的诞生及其组织方式，都具有相当重要的启迪意义。李大钊对精英政治的追求，陈独秀对民主有限性的阐述，① 以及青年毛泽东的胸襟与抱负，都或多或少与严复晚年的思考有相同或相似之处。

严复晚年对西方文化的态度已如前述，那么，与此相关的对中国文化的态度又怎样呢？严复是否如传统的评论所说的那样，已义无反顾地投入到中国传统文化的怀抱了呢？由于这一问题本身的复杂性，回答显然不能是非此即彼地如此简单。

原则上说，晚年的严复对中国传统文化的评析与其早年相比，并没有发生根本性的变化，或许由于其前后期的思考重点不同，因而从表面上看似乎给人一种过于肯定中国传统文化现代价值的错觉。比如他说："鄙人行年将近古稀，窃尝究观哲理，以为耐久无弊，尚是孔子之书。四书五经，故（固）是最富矿藏，惟须改用新式机器发掘淘炼而已；其次则莫如读史，当留心细察古今社会异同之点。古人好读前四史，亦以其文字耳。若研究人心政俗之变，则赵宋一代历史，最宜究心。中国所以成于今日现象者，为善为恶，姑不具论，而为宋人之所造就什八九，可断言也。"②这里虽然对中国文化特别是儒家思想给予较高的评价，但其以新式机器发掘淘炼以及对赵宋历史观感的言

---

① 陈独秀说："我以为在社会的进化上，物质的自然趋向底势力很大，留心社会改造的人万万不可漠视这种客观趋向，万万不能够妄想拿主观的理想来自由改造；因为有机体的复杂社会不是一个面粉团子能够让我们自由改造的，近代空想的社会主义和科学的社会主义之重要的区别就在此一点。"《答郑贤宗》，《独秀文存》，安徽人民出版社1987年版，第809页。

② 严复：《与熊纯如书》第52，《严复集》，第668页。

外之意，不都正足以表明他对中国传统文化并没有主张无条件地承继，而需持一种分析、批评的态度吗？

传统的评论强调严复晚年投入传统文化的怀抱，论据之一是他积极提倡尊孔读经，反对新文化运动，尤其是陈独秀、胡适等人倡言的白话文运动。确实，严复出于对中西文化的深刻理解，在某种程度上对全盘西化的思想倾向甚为反感，他既不认为西方文化是解救人类当前面临的困境的唯一灵丹妙药，固然也不会主张落后的民族在规划自己的未来蓝图时采取民族虚无主义的态度，全部抛弃自己的民族文化。他明确期望中国新一代青年学子出洋留学，"学得一宗科学，回来正及壮年，正好为国兴业。然甚愿其勿沾太重之洋气，而将中国旧有教化文明概行抹杀也"。因为他从自己的生命历程中深切地认识到："不佞垂老，亲见脂那七年之民国与欧罗巴四年亘古未有之血战，觉彼族三百年之进化，只做到'利己杀人，寡廉鲜耻'八个字。回观孔孟之道，真量同天地，泽被寰区。此不独吾言为然，即泰西有思想人亦渐觉其为如此矣。"①

如此概括西方文化的全部价值，自然是一种过于偏激的态度，然而当我们结合中国普遍存在着的对西方文化的盲目崇拜，特别是当我们冷静分析严复对中西文化的全部态度时，我们也不能不承认严复晚年对中国传统文化现代价值的认识有其合理的一面。诚如他自己所说的那样："往闻吾国腐儒议论谓：'孔子之道必有大行人类之时。'心窃以为妄语，乃今听欧美通人议论，渐复同此，彼中研究中土文化之学者，亦日益加众，学会书楼不一而足，其宝贵中国美术者，蚁聚蜂屯，价值千百往时，即此可知天下潮流之所趋矣。"②既然连西方人都在重新估价中国传统文化的现代意义，那么作为中国人对中国传统文化的意义还有什么值得怀疑的呢？

正是基于这样一种思考，严复才积极提倡"尊孔读经"，也只有从这样一种文化背景中来考察，才能真正明了严复所提倡的尊孔读经的真实意义。他说："我辈生为中国人民，不可荒经蔑古，周不待深

① 严复：《与熊纯如书》第75，《严复集》，第692页。
② 严复：《与熊纯如书》第73，《严复集》，第690页。

言而可知。盖不独教化道德，中国之所以为中国者，以经为之本原。乃至世变大异，革故鼎新之秋，似可以尽反古昔矣；然其宗旨大义，亦必求之于经而有所合，而后反之人心而安，始有以号召天下。即如辛壬以来之事，岂非《易传》汤武顺天应人与《礼运》大同、《孟子》民重君轻诸大义为之依据，而后有民国之发现者耶！顾此犹自大者言之，至于民生风俗日用常行事，其中彝训格言，尤关至要。举凡五洲宗教，所称天而行之教诫哲学，征诸历史，深权利害之所折中，吾人求诸《六经》，则大抵皆圣人所早发者。显而征之，则有如君子喻义，小人喻利，欲立立人，欲达达人，见义不为无勇，终身可为惟恕。又如孟子之称性善，严义利，与所以为大丈夫之必要，凡皆服膺一言，即为人最贵。今之科学，自是以诚成物之事，吾国欲求进步，固属不可抛荒。至于人之所以成人，国之所以为国，天下之所以为天下，则舍求群经之中，莫有合者。彼西人之成俗为国，固不必则吾之古，称吾之先，然其意事必与吾之经法暗合，而后可以利行，可以久大。"①

在严复看来，西方的科学技术固为中国传统文化中的弱项，中国向西方积极学习科学技术并没有值得怀疑之处。但平心而论，中国文化也有西方文化所不及之点，特别是中国文化对人类的终极关怀、对人格的理想追求等人文主义思想，虽不能说已经涵盖了西方文化的全部内容，然至少西方文化中所提出的这些人文主义思想的命题，在中国文化特别是儒家传统经典中已有类似的表述。因此，严复认为，中国人在向西方学习的同时，不应该实际上也不可能数典忘祖，完全抛弃自己的文化传统，而应该给中国传统文化予以现代性的阐释，使之完成现代化的转化。

传统文化作为历史上的存在，它对现代人的生活有着深且远的影响力。如何给传统文化赋予现代意义，确实是发展中国家走向现代化过程中必须正视的一个课题。发达国家已经成功的经验显示，它们在实现现代化的过程中并没有忘记自己的传统文化，相反，它们一个最为突出的特征是通过长期不懈地张扬自己的传统文化和文化传统，强化自己民族的凝聚力，从而较为顺利地完成由传统社会向现代社会的

---

① 严复：《读经当积极提倡》，《严复集》，第330~331页。

转变。严复晚年对中国传统文化的思考，无疑是看到了西方国家的成功经验以及文化传统的多元性、可塑性，因而更多地强调了传统文化的分析与继承。从这个意义上来理解，严复晚年对中国文化的认知就不仅仅具有现实意义，"愈趋愈接近现实"，① 而且具有相当的理论价值，有助于从理论上彻底辨明传统与现代之间的内在联系。

但是，必须指出的是，严复的这种认识在当时，在他个人的思想深处，尚处于一种不明晰、不自觉的水平上。换言之，他的这种认识主要不是基于对传统文化内在价位的深沉思考，而是基于西方文化中的"唯科学主义"及工具主义所遭遇到的一系列失败与困境的残酷现实。正是这些失败与困境促使他重新思考传统文化的意义，并最终导致他认定传统文化有部分值得继承与弘扬的内容。然而由于他的这种思考尚处在不明晰的阶段，因此他并没有断然否认学习西方的必要性，更没有断然肯定中国文化的全部。实际上，他的思想仍于传统与现代的两难困境之中。他虽然强调中国传统文化的现代价值，但并未敢遽然认定全盘承继这份精神遗产，犹豫彷徨中所透露出的依然是有拣择的批评的态度。

严复既不敢遽然认定中国传统文化的全部价值，因而我们看到，他所提倡的尊孔读经，所倡言的"用以保持吾国四五千载圣圣相传之纲纪彝伦道德文章于不坠"等等，② 除了表面上具有一种浓厚的复古主义倾向外，在实质上则与当时甚为流行的复古主义情绪有着原则区别，正所谓中国知识分子"以复古为革新"的文化传统在新的历史条件下的运用。③ 他主张："寒家子女少时，皆在家塾，先治中文，经传古文，亦无不读，非不知辞奥义深，非小学生所能了解，然如祖父容颜，总须令其见过，至其人之性情学识，自然须俟年长，乃能相喻。四子、五经亦然。以皆上流人不可不读之书，此时不妨先教讽诵，能解则解，不能解置之，俟年长学问深时，再行理会，有何不

---

① 周振甫：《严复思想述评》，第 351 页。
② 严复：《与熊纯如书》第 3，《严复集》，第 605 页。
③ 参见梁启超：《清代学术概论》二，《梁启超论清学史二种》，复旦大学出版社 1985 年版，第 3 页。

可。且幼年讽诵，亦是研练记性；研练记性，亦教育中最要事也。（若少时不肯盲读一过，则终身与之枘凿，徐而理之，殆无其事。）至于从事西文西学，极早须十五六方始，此后中文，则听子弟随地自修可耳。惟如是办法，子弟须天分稍佳，教师亦须稍勤，方能收效，否则，于旧学终嫌浅薄，其须改良与否，正不敢言也。"①这里与其说严复读经的主张是一种文化复古，不如说他是为了"用吾古以翕收之以诚成吾大"，因为他清楚地意识到："古不能以徒存也，使古而徒存，则其效将至于不之存。"②如果不能与时变化，任何复古的努力以及文化保守主义的想法都是注定要失败的。

通观严复晚年的中西文化观，我们看到，他一方面依然主张向西方学习，另一方面又较为深刻地认识到西方文化的内在弱点，期望中国在吸收、引进西方文化的部分积极因素之后，批判性继承中国人过去赖以安身立命的终极根据，重建中国文化的价值系统、意义结构和自我意识，通过对中国传统文化的创造性转化，发掘其现代意义，并由此寻求中西文化的结合点，不徒为中国寻找出一条解救危机的道路，而且期望在某种程度上弥补西方文化之不足，为人类的进一步发展作出中国人应有的贡献。

基于对中西文化的认知，严复在政治上固然一以贯之地反对全盘西化，反对按照西方的政治模式机械地运用。他认为，中国的政治体制、政治结构固然有许许多多不尽人意的地方，西方的政治模式固然有其优良之处，但中西政制差异之所在，主要的不是基于人为的涉及，而是千百年来中西国民依其固有而不可更易的国情而自然形成的。因此，他反复强调："改革之倾，破坏非难也，号召新力亦非难也，难在乎平亭古法旧俗，知何者之当革，不革则进步难图；又知何者之当因，不因则由变得乱。一善制之立，一美俗之称，动千百年而后有，奈之何弃其所故有，而昧昧于来者之不可知耶！"③平情而论，这种稳健的变革态度在风云急剧变幻的近代中国不失为一种难能可贵

---

① 严复：《与熊纯如书》第81，《严复集》，第697页。
② 严复：《普通百科新大词典序》，《严复集》，第276~277页。
③ 严复：《宪法大义》，《严复集》，第246页。

的主张。

于是，在辛亥革命之前，严复虽然热情地宣传天演哲学，倡导变法图强，对中国旧有的君主专制政体以及中国传统文化不尽人意的地方也进行过深刻的揭露与批判，但从根本点上，严复并不认为中国的未来发展应该导向西方的道路。他在译介孟德斯鸠《法意》一书时指出："夫一国之制，其公且善，不可以为一人治功，故其恶且虐也，亦不可以为一人之罪，虽有桀纣，彼亦承其制之末流，以行其暴，顾与其国上下同游天演之中，所不克以自拔者则一而已矣。贤者睹其危亡，思有以变之，则彼为上者之难，与在下者之难，又不能以寸也，必有至圣之德，辅之以高世之才，因缘际会，幸乃有成。不然，且无所为而可矣，吾观孟氏此书，不独可以警专制之君也，亦有以戒霸朝之民。呜呼！法固不可以不变，而变法岂易言哉！岂易言哉！"①换言之，严复不反对中国变法革新的必要性，只是对这种变法革新持谨慎稳重的态度，尤当民族危机日趋沉重的当口，他更反对一味走极端去模仿西方。因为经验告诉他："将亡之国，处处皆走极端，波兰前史，可为殷鉴，人人自诡救国，实人人皆抱薪厝火之夫，他日及之后知，履之后艰，虽痛哭流涕，戟指呵詈其所崇拜盲从之人，亦已晚矣。"②

然而，历史发展的实际进程并没有按照严复的设计而前进，甚至恰好与严复的期望相反，1911年的辛亥革命将严复的幻想化为泡影。因此，他必须面对现实，重新思索中国的未来前途。

当辛亥革命爆发之初，严复确曾一度感到困惑与不安，并对自己先前的主张产生过某种程度上的怀疑。但为时不久，他就明确地意识到清王朝只能成为历史的记忆，中国的未来发展只能另觅新的道路。"收拾人心之事，此时在皇室行之已晚，在内阁行之未迟。"③于是，他期望内阁大臣袁世凯出来收拾残局，恢复秩序，重建和平。为此，他不避险危，于炮火纷飞中只身前往武昌会见黎元洪，显然负有重要

---

① 严复：《孟德斯鸠〈法意〉》上册，商务印书馆1981年版，第50页按语。
② 严复：《与熊纯如书》第35，《严复集》，第641~642页。
③ 严复1911年日记，《严复集》，第1513页。

的调解使命。

尽管辛亥革命所导致的民生共和并不是严复的理想，但在中华民国最初的日子里，他并没有过于反对这次革命。他甚至期望中国能以这次革命为转机，重新规划未来蓝图。然而不幸的是，由于这次革命来势之迅猛，加上领导层的不成熟，致使秩序迟迟难以恢复，中国的前途依然无望。只是到了这个时候，严复又逐渐地开始重新认定自己原来的政治主张，"以不佞私见言之，天下仍须定于专制，不然，则秩序恢复之不能，尚何富强之可跂乎？旧清政府，去如刍狗，不足重陈，而应运之才，不知生于何地，以云隐忧，真可忧耳！"①他指出："中国前途，诚未可知，顾其大患在士习凡猥，而上无循名责实之政。齐之强以管仲，秦之起以商公，其他若申不害、赵奢、李悝、吴起，降而诸葛武侯、王景略，唐之姚崇，明之张太岳，凡为强效，大抵皆任法者也。而中国乃以情胜，驯是不改，岂有豸乎？"②期望中国有真正的强人出来，并依法恢复秩序。

到了宋案及二次革命之后，严复逐渐感到这种期望仍然难以成为事实，于是他开始从根本上怀疑中国实行民主共和的可能性，并由此认定民主共和并不合乎中国国情。"诸公所以醉心于他族者，约而言之，什八九皆其物质文明已耳。不知畴国种之阶级，要必以国性民质为之先，而形而下者非所重也。中国之国性民质，根源盛大，岂可厚诬……其国性民质所受成于先圣先王数千年之陶熔渐渍者，有以为之基也。须知四万万黄人，要为天壤一大物，故其始动也，其为进必缓，其呈形甚微，至于成行，乃不可御。而亦以是故，其结果也，数十百年之牵变，必不敌数千载之遗传。使吾民所受于古者而无可言，则吾国虽有百华盛顿，千拿破仑，万亿卢梭以为之革命巨子，犹将无益于存亡之数。"③怀疑由于"国性民质"的根本不合，在民主政体下的强人政治并不能从根本上解决中国问题。

---

① 严复：《与熊纯如书》第1，《严复集》，第603页。
② 严复：《与熊纯如书》第20，《严复集》，第619页。
③ 严复：《思古谈》，《严复集》，第324页。

　　在严复看来，既然"共和国体，非吾种所宜"，① 既然"吾国形势程度习惯，于共和实无一合"，② 那么知错必改，由共和改回到君主政体也就在情理之中了。不过，他也清楚地知道，帝制复辟事关重大，虽然从理论上说，君主制较共和制更合乎当时的中国国情，但当时机尚不成熟时贸然实行，也不可能起到什么积极效果，他指出："复辟之议甚佳，而为民党、洋学生所反对。辛亥尚可行，今持此议，非外交中有绝大助力，不敢必也。"③虽然，"现在一线生机，存于复辟，然其事又极危险，使此而败，后来只有内讧瓜分，为必至之结果，大抵历史极重大事，其为此为彼，皆有天意存焉，诚非吾辈所能预论者耳"。④ 于此可见聪明如严复者也陷入进退两难的境地。

　　从理论上，严复不疑帝制复辟的必然性与合理性，但从实践上，严复又深知或预感到帝制复辟难以成功。正是这种矛盾的心理状态导致严复既不愿主动参与筹安会的活动，又不愿主动公开申明与筹安会的真实关系。当此时，他把一切希望寄托在不可知的"天意"上，寄托在一种侥幸的机会上。"故吾辈于其国体，一时尚难断定。大抵独裁新倾之际，一时舆论潮热，自是趋向极端，而以共和为职志；数时之后，见不可行，然后折中，定为立宪之君主。此是鄙意，由其历史国情推测如此，不敢谓便成事实也。"⑤

　　可惜的是，严复的这种愿望又未能变成事实，不仅袁世凯的帝制复辟以失败告终，而且张勋拥立的宣统复辟更为短命。经过此番痛苦的经历，严复似乎更加认定他的渐进的改良主义主张，"始知世间一切法，举皆有弊，而福利多寡，仍以民德民智高下为归。使其德、智果高，将不徒新法可行，即旧者亦何尝遂病，想吾国经此番苦痛之后，当亦废然而群知所致力矣"。⑥ 回顾往事，"老境侵寻"的严复愈加感到中国的未来是应当糅合中西之长，即使人物，也应当是"虽皆

① 严复：《与熊纯如书》第 11，《严复集》，第 611 页。
② 严复：《与熊纯如书》第 47，《严复集》，第 660 页。
③ 严复：《与熊纯如书》第 33，《严复集》，第 639 页。
④ 严复：《与熊纯如书》第 48，《严复集》，第 662 页。
⑤ 严复：《与熊纯如书》第 51，《严复集》，第 665 页。
⑥ 严复：《与熊纯如书》第 65，《严复集》，第 680 页。

各具新识，然皆游于旧法之中，行检一无可议"之人。"百方思量，总觉二三十年中，无太平希望。羸病余生，且暮入地，睹兹世运，惟有伤心无穷而已"。① "总之，鄙人自始泊终，终不以共和为中华宜采之治体，尝以主张其制者，为四万万众之罪人，九幽十八重，不足容其魂魄。然今之所苦，在虽欲不为共和民主而不可能，则亦如来谕所云，惟有坐视迁流，任其所之而已。"②

当回顾这些年已经发生的事实的责任时，严复认为："吾国原是极好清平世界，外交失败，其过亦不尽在兵。自光、宣间，当路目光不远，亦不悟中西情势大殊，倜然主张练兵，提倡尚武，而当日所集合者，依然是'以不义之夫，执杀人之器'，此吾国今日所由赜赜大乱，而万劫不复也。"③基于此种思考，严复不禁想起当年翻译《群学肄言》等书的动机，更加相信"社会进化则有分功易事，相待为存之局"。④ 任何不顾及社会后果的一揽子解决主张都不是中国未来发展的正常道路，因此，在他生命的最后时刻，仍然不忘叮嘱国人："须知中国不灭，旧法可损益，必不可叛。"⑤愈加坚信有选择地损益旧法才是中国发展的正常道路。遗憾的是，严复积毕生经验而获得的这一认识如同他一生中的一系列主张一样，并没有引起国人的应有重视，中国之船仍在急风暴雨中颠簸前进。

【评介】

本篇选自马勇著作《严复学术思想评传》中的第十一章，原章题目为"局外人的观察与思考"，主要分析和评价严复晚年的思想状况。《严复学术思想评传》由北京图书馆出版社于 2001 年出版，是一部全面研究严复生平事迹与思想的著作。

马勇，1956 年生，安徽濉溪县人。1979 年考入安徽大学历史系。

① 严复：《与熊纯如书》第 97，《严复集》，第 708 页。
② 严复：《与熊纯如书》第 101，《严复集》，第 711~712 页。
③ 严复：《与熊纯如书》第 108，《严复集》，第 714 页。
④ 严复：《天演论》，《严复集》，第 314 页。
⑤ 严复：《遗嘱》，《严复集》，第 360 页。

1983 年考入复旦大学历史系，1986 年毕业，获硕士学位。后至中国
社会科学院近代史研究所工作，现为中国社会科学院近代史研究所研
究员，社会科学院研究生院教授、博士生导师，兼任中国社会科学院
世界文明研究中心研究员等。马勇的学术研究方向主要包括：中国学
术史及儒家经学、近代中国文化、中国近代史、中国现代化史、中国
文明史。其中，人物研究是马勇的研究重点之一，他先后为李斯、董
仲舒、公孙弘、慈禧太后、黄遵宪、孙中山、黄兴、严复、袁世凯、
章炳麟、康有为、梁启超等人立传或立论，其作品有重要的影响。
《严复学术思想评传》是马勇人物研究的成果之一，在继承前人研究
成果的基础上，该书根据当时最新的资料及研究动向写成，有诸多创
新点。

　　该书出版以前，学术界对于严复学术思想的研究往往集中在对严
复的"思想贡献"，特别是他的"中西文化观"的讨论上。该书则侧重
于探讨严复生平事迹的具体细节对他的影响，用作者的话来说，就是
关注"细微"的"历史"。该书详尽地介绍了严复的生平及学术思想，
特别是在严复的翻译事业、实业救国思想、教育理念、政治经济思想
与中西文化观等方面作了深入剖析。《局外人的观察与思考》一文对
已迈入晚年并居于政治中心之外的严复的活动与思想状况作了分析与
总结。严复晚年的思想特点的问题，一直以来是学者比较关注的对
象。考虑到严复所处的时代动乱不止，严复思想的发展本身也包含各
种复杂的因素。然而应当如何理解严复思想的复杂性，特别是应当如
何阐释严复晚年明显的"保守"与"复古"倾向，不同的学者各有解释。
马勇在该文中大量引用严复晚年的论文与书信，试图还原严复晚期的
思想状况。可贵的是，作者倾向于通过运用原始资料来从尽可能多的
方面作分析与评判，不同于以往学者仅根据严复生平事迹的发展趋向
而作出简单化的价值判断。

　　本文从严复评老庄、严复评康梁与同时代知识分子以及严复自身
的反省这几个方面来开展论述：

　　（一）点评老庄。作者提到，早在光绪二十九年（1903 年），严复
就开始点评《老子》。传统评论认为，严复在其思想的后期（戊戌政变
之后）朝着"称赞老庄思想"的转变是突然的，也预示着他的思想将越

来越保守。而作者认为，严复点评《老子》是中国人第一次将"老子的学说与西方的思想文化作了比较"。严复在全面观察老子思想的同时，也体会到老子思想与西方思想的相通之处。天津《国闻报》的创刊人夏曾佑曾在《侯官严氏评点老子》序中表达了这样的看法，认为如果严复在青壮年的时候并没有接触到斯宾塞等近代西方思想家的著作，他很有可能会以老子思想为基础，对中国形势做出同样的判断，并且提出相近的主张："几道既学于西方，而尽其说。而中国之局，又适为秦汉以后一大变革之时，其所观感者与老子、斯宾塞同。故吾以为即无斯宾塞，而几道读《老子》亦能作如是解。而况乎有斯宾塞等以为之证哉！"

作者认为，严复同时也在《庄子》中看到了近代观念。如严复在《与熊纯如书》中说："庄生言：'儒者以诗书发冢。'而罗兰夫人亦云：'自由，自由，几多罪恶假汝而行。'"在为《庄子》内篇第七《应帝王》作总评时，严复说："此篇言治国宜听民之自由、自化，故狂接舆以日中始之言为欺德。"这些言论与西方近代思想家、评论家的自由民主主张多有类似之处，但是，说它们代表了严复在"中学"中找到"近代西学"的观念也许不妥当。细读严复点评《庄子》的评语可以发现，庄子思想不过是与近代西学的自由民主主张在表现方式上有相似之处，如讽刺儒生"口是心非、行为不一"，认为帝王治国应当"听民之自由、自化"，但前者并不意味着儒生假借"自由"而行恶，后者也并不表明庄子认为帝王应为国家建立起自由民主的制度。也就是说，庄子思想可能带有朴素的民主的特色，但是以庄子的"民主"来类比近代西方比较成熟的民主思想，从而驳斥传统中国的"专制制度"，也许还是比较弱的。但总的来说，正如作者所言，严复点评的目的是："用西方近代观念反观中国传统"。

（二）评骘康梁。康有为、梁启超无疑受严复思想的影响较深，但他们在政治、革命等方面的主张又走得比严复远。作者在这一部分中重点分析了严复晚年对梁启超的态度与评价。首先，根据作者的总结，严复认为梁启超一变再变的根本原因不在于他追随时代潮流而改变原来某些不合理的想法，恰好相反，"梁启超几乎从来没有一个坚定的正确立场，即使某些主张可能并非错误，却也往往因其多变而被淹没"，几乎是在戊戌政变之后，严复对梁启超的评价贬多于褒。关于梁启超提倡"主暗杀、主破坏"，严复认为这是"扰乱了社会发展演变的中国传统文化秩序，超越了社会的实际承受力"。关于梁启超的思想，严复则认为，他们那一派的人对西方的理解不仅"相当浅薄"，而且"差不多停留在西方十七、八世纪的水平上，对西方最新的思想动态、学术贡献则不甚了了"。即使是梁启超在身后最为人称道的反对袁世凯复辟的护国战争，严复也予以否定。严复认为，"聪明的政治家应当以此为契机，为中国的未来发展重新规划"，而梁启超的"挥泪反袁"，"与其说是为了共和理想，不如说是为了再次争风头，争权利"。可见严复对梁启超的评价是非常苛刻的。但是，作者之所以认为严复在晚年的时候并不是完全走向了"保守"，部分原因在于，他认为严复的苛刻点评包含了自省，也就是说，他点评的对象，"在某种程度上包括了他自己在内的一代知识分子"。因此，严复不是因自己的思想蜕化而批判梁启超的"激进"，他是在做自我反省，以寻找使中国国力强盛起来的有效方式。

作者在这一部分最后的总结也发人深省："我们看到晚年的严复并非超然物外，两耳不闻窗外事，恰恰相反，他正以其特有的手段和智能点评人物，批评时政。只是贤者用心，非时俗之辈所能妄测，以为时人不能真正理解他的思想与用心，而期望将来历史学家能够给他一个公正的评价。"作者坚定地对传统评价严复思想的套路进行批驳，由此可见一斑。

（三）评论时局。在这一部分，作者通过回顾"府院之争"的来龙去脉来梳理严复对于第一次世界大战的看法与主张。在洪宪帝制失败与袁世凯突然去世之后，北洋政府内部开始了黎元洪的总统府与段祺瑞的国务院之间的"府院之争"，其争执的焦点在于是否参与第一次世界大战。作为旁观者的严复一直密切关注着这场争执的整个过程，并在他的私人书信中表达了自己的看法。作者分析道，严复认为"应该利用第一次世界大战带来的机会，乘机收回被各国列强所攫取的权利"。同时，严复也非常担忧，恐"中国在第一次世界大战中可能获得的一点胜利极有可能断送在这些官僚政客及无知无识的军阀手里"。但是随之而来的一系列政治、文化运动使严复有些措手不及，其激烈的程度大大违反了严复的"循序渐进"的主张，从而引起严复的排斥。例如，在学生要求中国拒签巴黎和约的问题上，严复认为，一方面，"学生干政自古以来就没有什么好的结果，除了破坏既成的秩序外，就是学生自身受到损伤"；另一方面，"如果从中国的国家利益进行总体的考量，中国政府在巴黎和约上签字是利大于弊"。对于五四新文化运动提倡写"白话文"，严复也表达了不满。由此看来，晚年的严复的确与当时中国年轻人的思想以及中国社会的发展方向脱节了，而这也成为他后来备受指责的"落后保守"、"故步自封"的表现。但是，作者强调，严复的这些言行也是有其理由的，不可一概视为无价值。

（四）反省传统。晚年的严复，真的如以前的评论者所认为的，由先进的启蒙思想家蜕化为"顽固反动的瘾野老人"了吗？在这一部分，作者从严复对待西方文化和中国传统文化的态度两个方面反驳了上述说法。从严复对待西方文化的态度来看，严复并没有真正地"全盘西化"，从而也就不存在所谓的对西方文化的完全背离。首先，作者提出，即使是在严复的思想最激进的岁月里，他也没有把西方学说当成"放之四海而皆准的真理"。其次，严复介绍西方先进思想，为的是能够借用它来构建"中国未来的合理的社会"，也就是说，是为了取西方之长而补中国之短，这样说来，就更加不应该是"全盘西化"了。这一观点与史华兹的观点相近，即认为严复对西方思想的引进实际上是为了实现中国的富强。再次，即使到了晚年，严复对西方先进文化也依然"一往情深"，认为西方文化有许多内容值得中国人学习。最后，值得注意的是作者对严复《民约平议》的内容的解释。一直以来，人们认为严复在这篇论文中对卢梭的严厉批判，意味着严复与西学的"诀别"，但是作者却不赞成。因为，第一，"严复从未倾心于卢梭，他精神上的任何一个西方导师如斯宾塞、赫胥黎、穆勒和甄克思也从未无条件地赞成过卢梭"，那么也就谈不上什么"诀别"了；第二，严复对西方文化从来没有主张过全盘接受，他也"从未承认自由、平等的绝对意义与价值，只是在肯定秩序与理性的前提下强调自由、平等的合理意义"。然而，作者的这些观点虽然能够说明严复从未全盘地接受了西方文化，但是欲论证"严复在晚年并没有完全告别西方文化"似乎还不够有力。

从严复对待中国传统文化的态度来看，作者认为严复在早年并没有完全摒弃传统文化，在晚年也没有完全投入传统文化的怀抱。首先，严复明确希望中国新一代青年学子出洋留学，他在《与熊纯如书》中曾这样表示："学得一宗科学，回来正及壮年，正好为国兴业。"其次，严复晚年对西方文化的批判，并非基于"对传统文化内在价位的深沉思考"，而是基于"西方文化中的'唯科学主义'及工具主义所遭遇到的一系列失败与困境的残酷现实"。这就是说，是"西学"本身与西方现实社会的冲突促使了严复对"西学"的意义的重新思考，而严复也并没有在这其中暗示传统文化在各方面都能弥补"西学"的不足。另一个重要的例子，是严复的教育思想。作者认为，人们只看到严复提倡"尊孔读经"，却没有看到严复此阶段的教育理念仍然与复古情绪有本质的区别。他主张："寒家了女少时，皆在家塾，先治中文，经传古文，亦无不读。"又认为："至于从事西文西学，极早须十五六方始，此后中文，则听子弟随地自修可耳。惟如是办法，子弟须天分稍佳，教师亦须稍勤，方能收效，否则，于旧学终嫌浅薄，其须改良与否，正不敢言也。"由此可见，严复不仅主张贫寒子弟应该受到教育，并且男孩女孩都应当受到教育，还主张子弟兼学中西学问，才能有所收获。

回顾戊戌政变之后严复的思想变化，的确会发现其中有较多的保守、落后的因素。但是作者并不因此就认为，严复晚年"完全投入了传统的怀抱"。作者通过大量引用严复书信，展现了严复在当时多面的思想，揭示出严复在应对不同问题的时候所有的不同的态度。作者还认为，在不同时期，严复思想应当包含复杂的多样性。所以作者在本文结尾处作了引人深思的论述："在他（严复）生命的最后时刻，仍然不忘叮嘱国人：'须知中国不灭，旧法可损益，必不可叛。'愈加坚信有选择地损益旧法才是中国发展的正常道路。"由此可见，直到晚年，严复都没有完全投向任何一个阵营，而是主张根据实际情况有选择地"损益"而获得所需。

本文作为马勇《严复学术思想评传》其中的一个章节，与全书有较好的衔接。在讨论严复晚年思想的变化的时候，作者对相关问题的传统模式提出质疑，以丰富的资料作了详细深入的研究。作为一部人物研究型著作，《严复学术思想评传》注重从历史细节中发现证据，试图从较广阔的范围来探讨严复思想在不同领域的表现，比较公正、客观地总结了人物思想。

民族主义与现代化

——对严复《社会通诠》中关于民族主义论述的辨析①

苏中立

　　严复是批判民族主义，还是赞同民族主义，百年来一直成为人们心中的一种困惑，以致一些专论近代民族主义的论著，都很少甚至没有提及严复的民族思想。本文试图以民族主义与现代化为中心，对严复所译《社会通诠》中关于民族主义的论述进行辨析。这里所指民族主义，是指传统民族主义，主要是宗法性的民族主义；所谓现代化，是指以工业化、机械化、城市化为标志的早期现代化，一般称为近代化；所说的民族主义与现代化，包含两层意思，一是民族主义本身的近代转型，二是传统民族主义与现代化的关系。文章只是就这些问题作一简要的分析．以求教于学界同仁。

一、问题的缘由

　　严复在 1903—1904 年翻译出版的《社会通诠》一书中，集中论述了传统民族主义与现代化的关系，它包括严复为《社会通诠》写的译者序、案语和读后感。在为《社会通诠》写的"译者序"中，主要讲了

---

　　①　本篇原载于《福建论坛》(人文社会科学版) 2008 年第 4 期。原文摘要如下：本文从百年前严复所译《社会通诠》一书引起的风波开始，就严复关于民族主义与现代化的论述进行剖析。全文从"问题的缘由"说起，下分翻译问题、思维模式、排外与文明、民族主义与军国主义等四个部分进行论述，并得出结论：严复是批判封闭式的传统民族主义，赞同开放式的近代民族主义，认为中国民族要挽救危亡，走向富强，光讲民族主义还不行，最根本的是要走出中世纪，实现现代化，融入以近代文明为主导的世界潮流之中。

中西社会发展的共同规律，中西社会发展的迟速和差异；在所译《社会通诠》及严复所加之"案语"中，主要是批判宗法社会及其民族主义；在严复所撰《社会通诠》之"读后感"中，主要是强调要脱离宗法社会，进入近代军国社会，即实现现代化。三者之中，以《社会通诠》中的一段"案语"最引人注目："中国社会，宗法而兼军国者也，故其言法也，亦以种不以国。观满人得国几三百年，而满、汉种界，厘然犹在；东西人之居吾土者，则听其有治外之法权；而寄籍外国之华人，则自为风气，而不与他种相入，可以见矣。故周、孔者，宗法社会之圣人也，其经法义言，所渐渍于民者最久，其入于人心者亦最深，是以今日党派，虽有新旧之殊，至于民族主义，则不谋而皆合。今日言合群，明日言排外，甚或言排满，至于言军国主义，期人人自立者，则几无焉。盖民族主义，乃吾人种智之所固有者，而无待于外铄，特遇事而显耳。虽然，民族主义，将遂足以强吾种乎？愚有以决其必不能者矣。"①这段话的意思是：中国当时的社会性质是宗法而兼军国也，其主导方面是宗法；宗法社会以种不以国，种严，难与他种相入；自古以来，宗法思想、种族思想深入人心，直至清末，满、汉种界犹在，新、旧两党虽有区别，但同讲民族主义，因而言合群，言排外，甚或言排满者多；民族主义为吾人种智之所固有，无待于外铄，必不能强吾种；清末，言军国主义的人很少，甚至没有，而军国主义是期人人自立的。

上述严复批判民族主义的话语，从 1905 年开始，即引起革命党人的非难与批驳。1905 年 10 月 20 日，同盟会机关刊物《民报》在日本东京创刊，创刊号上的许多文章都论及民族主义，其中汪精卫在《民报》创刊号上发表的《民族的国民》一文，更是宣传民族主义的代表作，他在引了上述严复在《社会通诠》中那段关于民族主义的"案语"后，说："然几道案语言外之意，则有至可诧者……几道此言，遂若民族主义为不必重，而满为不必排者，此可云信公例矣，而未可云能审我民族公例上之位置也。"两年之后，章太炎在 1907 年 3 月 5 日《民报》第 20 号发表《〈社会通诠〉商兑》一文，更是直接对严复及其

---

① [英]甄克思著，严复译：《社会通诠》，商务印书馆 1981 年版，第 115 页。

所译《社会通诠》进行驳斥，甚至进行人身攻击。他在引了上述严复那段关于民族主义的"案语"后说："斯言则谬误之甚也。民族主义者，与政治相系而成此名，非脱离于政治之外，别有所谓民族主义者。""若吾党之言民族主义，所挟持者异是。惟曰以异民族而覆我国家、攘我主权，则吾欲与之分……若是而曰此民族主义者，即是宗法社会，则何异见人之国旗商标，而曰此有徽章者，犹未离于图腾社会也。"可见，汪精卫、章太炎等人与严复分歧的主要之点在于，是否排外与排满的问题。

对于汪精卫、章太炎等人的非难与驳斥，严复没有回复，因而谈不上是一场论战。关于他们之间的是非问题，已有一些论著作了详实的考证和评述，① 本文只就民族主义与现代化的问题，作如下简要的分析，以说明严复并不是一般的笼统的批判民族主义，而是批判封闭式的传统民族主义，赞同开放式的近代民族主义；他认为中国民族要挽救危亡、并致富强的根本出路在于：完全脱离宗法社会，加速实现现代化，融入以近代文明为主导的世界潮流之中。

二、翻译问题：传统与近代

严复在《社会通诠》中翻译和批评的民族和民族主义，是宗法性质的，而不是近代意义上的民族和民族主义。这一点，王宪明教授在2005 年的《严复译〈社会通诠〉研究》一书中，进行了详实的考辨，他

---

① 关于考辨严译《社会通诠》的论著主要有：俞政：《评严译〈社会通诠〉引起的一场风波》，《史学月刊》2001 年第 6 期；王天根：《宗法社会与近代民族主义——以严复、章太炎对〈社会通诠〉探讨为中心》，《学术论坛》2002 年第 2 期；俞政：《严复著译研究》之第五章《社会通诠》第三节《论战是非》，苏州大学出版社 2003 年 5 月版，第 271~287 页；王宪明：《混杂的译本——读严复译〈社会通诠〉》，《中国翻译》2004 年 3 月第 25 卷第 2 期；王宪明：《语言、翻译与政治——严复译〈社会通诠〉研究》，北京大学出版社 2005 年 5 月版，第 86~130 页、187~223、230~235 页；罗福惠、袁永组：《一百年前由译介西书产生的一场歧见——关于严复译〈社会通诠〉所引发的〈民报〉上的批评》，《学术月刊》(沪)2005 年第 10 期；赵秀明、张文斌：《从翻译的目的论角度重新审视严译名著〈社会通诠〉》，《安阴工学院学报》2006 年 6 月第 3 期。

将中英文对照、仔细辨析，查出民族一词在严译《社会通诠》中共出现 25 次，其中真正与原文有对应关系的，只有 7 处，有 13 处不是对译原文，而是由译者自己增加出来的，另有 5 处出现在按语之中。他说："从几处译文与原文有对应关系的地方，可以得出结论：严复所说的'民族'，不是对应于甄克思原文中的'nation'，而是对应原文中的'tribe'、'clan'、'patriarch'、'communities'等数个不同的词。"上述这些词，其基本意思主要是指处于宗法社会阶段的宗族、家族、家长、群体或以此为特点的社会组织，是建立近代国家过程中所必须扫除的过时之物。严复在《社会通诠》正文中所加出的与原文没有对应关系的民族以及按语中所提到的民族或民族主义基本都是在宗法、宗族、家族意义上使用民族一词的。而与后来流行的民族主义的民族完全不同。而"nation"一词，按照后来通行的理解本应译作"民族"，严复却多将之译作"国民"；"nation"一词，且在甄克思原作前 6 章中未出现一次，只是在集中探讨近代国家的形成及其发展的第 7 及以后各章中有所出现，前后共出现 13 次；甄克思所谓的 nation，是指在消灭了前述 tribe 这一社会政治组织的基础上建立起来的近代的或具有近代意义的社会政治组织，它强调领土与文化意识，它与居住于一定领土上的所有人口有关，它不等同于国家(state)，但要通过国家实施政治管理。有的地方，nation 一词几乎与国家(state)同义。王宪明说："严复如此使用民族一词，使该词不仅与今天所理解的民族概念有着天壤之别，与一般把民族一词视作英文中的 nation 等词的对等词的做法也是完全不同的，而且与严复同时代人，特别是留日学生与保皇党人及革命党人所用的民族概念也有着非常大的不同。概念上的这种差别使得严译《社会通诠》在出版以后注定要与同样也在使用民族及民族主义术语的人士与团体发生严重冲突。"这种冲突，可以说是由于革命党不了解严复翻译用语的多样性及其真意所致①。

事实上。严复批判的民族主义是指以排外为特征的宗法性民族主义和在"排满"宣传中反映出来的狭隘民族主义、民族复仇主义，并

---

① 王宪明：《语言、翻译与政治——严复译〈社会通诠〉研究》，北京大学出版社 2005 年版，第 101、110、115、116、118、120、121、176、234 页。

不是笼统的反对民族主义，如他在 1906 年 8 月 10 日前后《与夏曾佑书》中，把爱国与民族主义等而视之，说："爱国者，民族主义之名辞也。"并说："泰西哲学家谓非道德理想之至者，故世间国土并立，必其有侵小攻弱之家，夫而后其主义（指民族主义——引者）有所用也。"①就是说，当大而强的国家侵略小而弱的国家之时，弱小国家就应该举起民族主义这面旗帜，号召国人团结起来，打败外来侵略者。他不仅在上述情况下提倡爱国主义和民族主义，而且强调爱国主义不是封闭式的，说"爱国心之所以可贵者，非深闭固拒，厚同种，薄他族之谓也"②。在他看来，只有以"天下公理"为标准的开放式的具有世界性的爱国主义，才是真正的爱国主义③。由此推论，他赞同的与爱国主义等同的民族主义，也应是开放式的近代民族主义。严复还曾表述过民族国家的思想，如他将"state"一词译作"国家"，将"nation"一词译作"同种国民"，后者即有一族一国的民族国家之意④；他指出，"言语风俗相同"之"民人"，"据一领土，内足自治，外可御侮，而国成焉"⑤，"有土有人之国，其中莫不有治理之主权"⑥，在领土、人民、主权等国家因素中，他特别强调要"尊重主权"这一近代国家因素，这说明严复所说的国家是近代民族国家，而建立近代民族国家正是近代民族主义的主要目标，也是他的主要标志。

三、思维模式：反帝、反封建和现代化

中国近代先进人物，在寻求挽救国家和民族危亡之方策时，有两

① 严复：《与夏曾佑书》，孙应祥、皮后锋：《严复集补编》，第 21 页。

② 严复：《论抵制工约之事必宜通盘筹划》，孙应祥、皮后锋：《严复集补编》，第 21 页。

③ 严复：《答某报驳议》，孙应祥、皮后锋：《严复集补编》，第 33 页。

④ 如严复说："国家，西文所谓 state 是已。""如今日所谓同种国民，西域所谓 nation 者，即无团体，亦无机关也。"严复：《政治讲义》，《严复集》，第 5 册，中华书局 1986 年版，第 1246、1272 页。

⑤ 严复：《读经当积极提倡》，《严复集》第 2 册，第 329 页。

⑥ 严复：《论国家于未立宪以前有可以行必宜行之要政》，孙应祥、皮后锋：《严复集补编》，第 49 页。

种思维模式：一种是坚持反帝、反封建、特别是反对满族统治的斗争。他们认为，只有这样，才能使国家和民族走上独立、富强、民主之路，与世界强国并立；他们在这些斗争中，也不乏现代化的思想，有的革新措施本身就是在实现某些方面的现代化；但是，他们的现代化思想是从属于反帝、反封建斗争的。另一种是强调向西方学习。进行思想启蒙，改革内政，使中国实现现代化。这部分人认为，只有这样，才能使国家和民族像西方强国那样，走上自主、富强、民主、文明之路，也才能从根本上使国家和民族免于危亡；他们也无不主张反帝、反封建，有的甚至锋芒毕露；但他们的反帝、反封思想是从属于现代化的。严复等人的立足点是中国的现代化；而章太炎等人的立足点则是反帝、反封建和反满斗争。

19世纪末20世纪初，整个社会思潮的主流是西学启蒙，批判封建专制主义和蒙昧主义，社会舆论及学术思想倾向于社会改良，注重以国民素质提高为基调的人的近代化。严复是西学启蒙的首要核心人物，他在1903—1904年翻译出版的《社会通诠》，强调的也是走出中世纪，进入西方式的近代文明国家行列。为此。他强调民族主义与宗法社会的亲缘关系，批判以排外为特征的宗法式的民族主义；汪精卫等革命派批评《社会通诠》是在1905年成立同盟会、创办民报、宣传三民主义之时，而章太炎的《〈社会通诠〉商兑》一文则是发表在革命派与改良派论战之热潮的1907年，他大力提倡保存国粹，宏扬民族主义，强调反满斗争，主张以武力推翻清王朝，因而对于凡是置疑和否定民族主义的观点，都不放过，并予以批驳。章太炎和严复对于民族主义的批判和提倡，显示了他们不同的知识结构、学术思想和由此形成的不同思维模式，严复西学深邃，章太炎国学深厚；严复主张西学启蒙，章太炎提倡保存国粹；严复是在世界性的前提下审视民族性，章太炎则是在民族性的基础上看待世界性。两者并非完全对立和互相否定，严复在批判以排外为特征的狭隘民族主义、强调开放主义之时，并未完全否定民族主义这一主题，这一点连胡汉民都有所洞察，他说：严复是"最近言民族主义之一人"，严复的民族主义思想，可从其思想渊源即斯宾塞那里找到根据，也可以从其他方面找到反映，"严氏民族主义，至译《法意》而益披露"①。事实上，严复除了在《社会通诠》、《法意》等译著中论述民族主义之外，还在所译《原富》以及他自己的著作《政治讲义》和《述黑格尔唯心论》、《导扬中华民国立国精神议》等文章中，论述了民族和民族主义的诸多理论问题，诸如关于民族的概念、民族与国家的关系、民族主义和爱国主义的关系、满汉关系、民族复兴等问题。他不仅突破了种族的狭隘观点，由种族思想升华为民族思想，而且如前所说，把民族与国家联系起来，在国家的领土、人口和主权等因素中，强调尊重主权这个近代意义上的因素，而不是强调传统的种族和血统，就是说，他赞同的是主张建立近代民族国家的近代民族主义②。至于汪精卫、章太炎等人在强调民族主义和反满斗争的同时，也未忘记现代化的目标，如汪精卫所说的"国民主义"，章太炎所说的"军国主义"，都是现代化的代名词。

四、排外与文明

严复在 1895 年甲午战后，写了一系列文章，坚决反对帝国主义侵略，揭露列强瓜分中国的阴谋；而在 1900 年义和团运动和八国联军侵华、订立《辛丑条约》之后，他又写了一系列文章，在反对帝国主义侵略的同时，也反对国人采取各种形式的排外活动。

第一，认为民族主义的排外性是宗法社会的本质特征。《社会通诠》原文曰：宗法社会"排外而锄非种"。"今之军国社会不然，为政者莫不知必民众而后有富国强兵之效。"③种清与种杂、排外与进种是宗法社会与军国社会的相异之处。严复也说："宗法社会之民，未有不乐排外者。"中国自鸦片战争以后，"实以排外为惟一之宗旨"，后"又争倡民族主义，夫民族主义非他，宗法社会之真面目也""以其

① 胡汉民：《述侯官严氏最近政见》，1906 年 5 月 6 日《民报》第 2 号。
② 徐迅：《民族主义》（修订本），中国社会科学出版社 2005 年版，第 33、69、71、72、73 页。
③ ［英］甄克思著，严复译：《社会通诠》，商务印书馆 1981 年版，第 18 页。

为宗法，故种界严。"①这里，对宗法社会民族主义特征的分析是符合实际的，只是对20世纪初中国兴起的民族主义，一律斥之为宗法性质的民族主义，是不够全面的，是缺乏具体分析的。

第二，既反对排外，又反对媚外。当19世纪末、20世纪初民族主义思潮兴起之时，出现了义和团式的笼统排外主义，随后，一些留日学生又起来反对野蛮排外，提倡文明排外。严复则认为，今天的"强国"之路，是靠"其通国之智力与教化。不讲于此，而……专专乎于排外争野蛮文明之稍异，则浅之为庚子之义和团，深之为今日之日本留学生"，二者都不能挽救国家和民族之危亡②。他主张"置文明排外之谈，而亟图教育之所以普及"③。有人主张抵制排外，他认为，这些人不知道，"道路不可不通，矿产不可不出；使吾能自通而自出之，将无事抵排，外力自消，内力自长；设不能自通自出，而仅言抵制，将抵制不成，成而病国益甚"④。可见，严复反对排外，特别是反对文明排外，也是从首先发展近代路矿业，即从现代化的需要出发的。值得提出的是，严复不仅反对笼统排外，而且反对媚外、优外，他说："至今物极者反，乃有媚外之象。"在他看来，在顽固派那里，"外媚"与"内排"是相通的，"其外媚之愈深，其内排之益至"⑤；这些分析应该说是符合当时实际的，值得肯定的。

第三，阐述排外与文明的关系。严复说："保国存种"与"文明富强"二者相比较，前者"其义最高"，后者"至为难得"；在排外与文明的两种方式上，中外历史证明，"与其言排外，诚莫若相勖于文明"，"期于文明可，期于排外不可"，因为致力于文明，外可自排，专讲排外，"将外不可排，反自塞文明之路"⑥。

严复认为，宗法制的排外性，是对外开放的一种障碍，不利于现代化的展开。对此，严复在所译《社会通诠》的读后感中，进行了严

① 严复：《读新译甄克思〈社会通诠〉》，《严复集》第1册，第148页。
② 严复：《述黑格尔惟心论》，《严复集》第1册，第216页。
③ 严复：《论南昌教案》，《严复集》第1册，第190页。
④ 严复：《实业教育》，《严复集》第1册，第204页。
⑤ 严复：《读新译甄克思〈社会通诠〉》，《严复集》第1册，第148页。
⑥ 严复：《与外交报主人书》，《严复集》第3册，第560~561页。

密的逻辑论证:"今日中国之大患在于惟贫";"居今而言救国,首在疗贫";"捄贫之方"在修"农"、"工"、"商"三事;"三者非能徒修也,其体在于学,而其用在道路之大通,故今日救贫之大经,其要在路矿";"使中国而以路矿救贫,揆今日之时势,非借助于外力,固不可";"国之殖财,常资三物——地,人,母本",三者之中,中国最缺母本。如果"既不能自为,又不乐与人共利",那就是"靳其一而亡其三",不是"理财"的长远之计;"且此犹言其直接之利而已,以言间接之利,实较直接者为愈宏",引进外资,不仅有利于生产、流通,而且有利于从思想层面变革传统的思维定式,所以说:"路矿之宏开,乃用路矿者之大利也。而治路矿者之富又其次已",如果说引进外资有害,那也是宗法社会造成的,"中国之不兴,宗法之旧为之梗也"①。这里说明:其一,严复认为,救亡的根本出路在完全脱离宗法社会,加速实现全面现代化。他重点谈了经济现代化,发展现代农业、工业、商业、特别是路矿业;以及教育现代化(学),军事现代化(强);该文还提出了政治现代化,即由君主专制、三权合一到民主政治、三权分立,说:"今泰西文明之国,其治柄概分三权:曰刑法,曰议制,曰行政";"泰东诸国,不独国主君上之权为无限也,乃至寻常一守宰,于其所治,实皆兼三权而领之"。他认为专制政体是国弱民贫的根本原因,要想国强民富,就要像西方文明国家那样,实行民主政治。文中特别强调了"人品"问题,认为坚持民族主义,以与列强相抗衡,"亦视其民品为何如耳",若"使其民而优",就是不讲民族主义,国家也不"至于灭";若"使其民而劣",就是极力主张民族主义,也只能像昔日重商主义一样,"以利国不足,而为梗有余"。这说明严复并不是笼统地反对民族主义,而是强调要提高全民族的素质,实现人的现代化;认为实现人的现代化,是比实现政治现代化更为重要的本中之本,只有实现人的现代化,才能救亡,才能富强,才能达到均平的目标。其二,严复所说的民族主义是指倡言排外的狭隘民族主义。这种民族主义的确与宗法观念相联系,虽出于爱国

① 严复:《读新译甄克思〈社会通诠〉》,《严复集》第 1 册,第 148~151 页。

之心，但不宜提倡①。其三，严复还对宗法社会及其制度进行了一分为二的思考，认为在宗法社会形成之初，宗法作为一种社会理念和制度(包括专制制度在内)是社会秩序维系的关键，功不可没；但它一旦形成完整的理论体系和完备的规章制度之后，"又常至坚难变"，古今中外，概莫能外。因此，要充分认识实现全面现代化、尤其是政治现代化和人的现代化的渐进性、长期性和艰巨性。

严复不仅从批判以排外为特征的狭隘民族主义，直接导入现代化；而且从阐释文明的角度进一步说明现代化。他在谈到"草昧国家与文明国家"时，说："草昧者，其团结成体，或由宗法家族，或由宗教神权。而文明国家，则渐离此二宗旨，而以保护利益为重，是以政权独尊。如今日西国是已。"他除了指出"文明国家"是脱离了"宗法家族或宗教神权"、"以政权独尊"、"以保护利益为重"的近代国家之外，进而说明，西方"近代文明"是指其群体为"有法度"、"已成国家"的"官团体之众"；"文明人"则是指"怀刑畏法"、"敬重国家"、"扶翼同类"、与"团体社会相宜"之近代国民；"文明社会"是指"如今世之英、法"，已脱离了"家族形质"、其"国家制度"没有"家族余意"、并与宗教分离的近代社会②。总之，严复"期于文明"、"相勖于文明"的"文明"，是指"如今日西国"、"今世之英法"式的近代文明，即已经实现了现代化的社会和国家，就是说，严复向往现代文明，即企盼中国早日实现现代化，建立西方式的近代文明社会和国家。

五、民族主义与军国主义

严复在所译《社会通诠》案语中所说的"民族主义"与"军国主义"，实际上是上面关于"排外"与"文明"的另一种说法。所谓"民族主义"，是指以排外为特征的宗法性的狭隘民族主义，他认为这种民

① 参见王天根：《宗法社会与近代民族主义——以严复章太炎对〈社会通诠〉探讨为中心》，《学术论坛》2002年第2期。
② 严复：《政治讲义》，《严复集》第5册，第1268、1260、1262页。

族主义，在今天既不能"强种"，也不能"救亡"；所谓"军国主义"，也就是西方近代资本主义，他认为只有"军国主义"才能实现自强、自立，从根本上达到救亡、富强的目的。严复根据人类社会的共同规律，即由蛮夷到宗法再到军国的总趋向，着重探讨了社会变迁之中的区域性差异，认为欧亚两洲的现实差异，关键在于社会演进节奏的迟速，欧洲如英、法等国，"始迟而终骤"；亚洲如中国，"则始骤而终迟"。欧洲宗法社会只有千年的历史，约于二百年前已开始进入军国社会；而中国自有信史以来至晚清，约四千余年，社会发展始终未能突破宗法制度的藩篱，"至于今……其政法、风俗、言议思维，则犹然一宗法之民而已"。从而导致今天中西社会的巨大差异，中国若要赶上时代的步伐，就要完成从宗法社会向军国社会的转型，因而就不能光讲传统的民族主义，而要提倡现实的军国主义，用今天的话来说，就是要进入西方已经实现了的富强、民主、文明的近代社会①。

杨度对严复所译《社会通诠》中的军国主义或国家主义，即现代化意识有所洞察。他在1907年的《〈中国新报〉叙》中，同意《社会通诠》中社会进化三大阶段说，主张中国要建立西方各强国式的完全军国社会，"以与各军国同立于生存竞争之中，而无劣败之惧"。为此，就要在军事、经济、政治诸方面学习西方，实现现代化。一是军事、经济现代化。即"经济战争国"，也就是"吾人所欲建设之完全国家，也即经济的军国主义"。二是政治现代化，"欲成经济的军国，则不可不采世界各军国之制度，而变吾专制国家为立宪国家。"②

胡汉民也认为，严复关于民族主义与军国主义的那段案语，是主张军国主义与民族主义兼行。他说："严氏惧其仅为种族思想不足以求胜于竞争剧烈之场也，故进以军国主义而有《社会通诠》之译。""为中国民族计者，同时以民族主义而排满人，即同时兴军国主义而期自立，非排满不能自立，一义也，而非兼讲军国主义不足以排满，即足

---

① 严复：《〈社会通诠〉译者序》，[英]甄克思著，严复译：《社会通诠》，卷首第9页。

② 杨度：《〈中国新报〉叙》，刘晴波主编：《杨度集》，湖南人民出版社1986年版，第208、209、210页。

以排满而不能自立，种虽存，亦将为犹太人之续，此又一义也……使吾民而奄有民族、军国二义，则可以排满，可以自立，可以破坏，可以建设。严氏希望，不外是乎。"胡汉民认为，"以民族主义而排满人，非排满不能自立"这一义，"为普通人所易解"；但是，"非兼讲军国主义不足以排满，即足以排满而不能自立"这一义，却"为众所忽视"，所以，严复对后一义特别强调，"责勉之以其所不足"①。这里，虽有胡汉民等人利用严复思想为革命服务的策略考虑，但也真实地反映了严复提倡军国主义，实现现代化的企求；然而，由于他们强化了对反满民族主义的宣传，从而使严复思想的重心发生了转移，即由军国主义转向民族主义，故而又淡化了现代化的思想。

总之，严复根据当时的国内外形势和中国国情，主张以西方近代国家为榜样，以发展交通和矿业为起点，以实行开放、引进外资为手段，在经济、军事、教育以及政治和人的素质等方面，全面实行现代化，使中国完全脱离中世纪，进入富强、民主、文明的近代社会。为此，就要实行开放主义，学习西方，改革内政，就要反对关门主义、排外主义、包括以排外为特征的传统民族主义，同时也要反对崇洋媚外，这从社会发展的大趋势来说，无疑是应该肯定的。中国是现代化后发国家，在西潮东涌的世界潮流中，实现现代化是必然的，不可避免的。严复高瞻远瞩，不仅对现代化的必要性和重要性有着清醒的认识，而且有以西方社会为样板并结合中国实际的现代化宏伟蓝图；严复自身致力于思想启蒙，为实现救亡和现代化目标进行了艰苦卓绝的斗争，为民族复兴和社会进步做出了有益的贡献，功不可殁。

严复关于民族主义与现代化的论述，也有他的局限和不足之处。比如，他对 20 世纪初兴起的民族主义思潮的评价，缺乏全面、具体的分析；对传统民族主义与现代化的关系也未能一分为二，这是应该引以为戒的。但是，瑕不掩瑜，严复关于民族主义与现代化的论述的主导方面是正确的、积极的，是留给后人的一笔精神财富，特别是他忧国忧民的爱国思想；主张发展教育，提高全民族素质的思想；主张改革开放，发展现代经济、军事乃至政治的思想；强调在提高物质文

---

① 胡汉民：《述侯官严氏最近政见》，1906 年 5 月 6 日《民报》第 2 号。

明和政治文明的同时，要注重伦理道德建设的思想等等，对于我们今天的社会主义现代化建设，仍具有启迪和借鉴意义。

【评介】

苏中立，1934 年生，湖北公安人。1960 年毕业于东北师范大学历史系，留系工作，后曾下放到东北矿山工作。1979 年调华中师范大学历史系任教，现已退休。主要研究领域为中国近现代史和中国近代思想文化史，曾多次荣获湖北省省部级教学奖，并多次参与完成中国近代社会思潮等国家社科重点科研项目。撰写、编选著作多部，包括：《清末社会思潮》（与吴雁南、冯祖贻合编，福建人民出版社 1990 年版）、《救国·启蒙·启示——严复和中西文化》（东北师范大学出版社 1992 年版）、《大变局中的涵化与转型：中国近代文化觅踪》（与陈建林合编，中国工人出版社 1992 年版）、《爱国论》（华中师范大学出版社 1994 年版）、《爱国教育家的故事》（华中师范大学出版社 1996 年版）、《执中鉴西的经世致用与近代社会转型》（与苏晖合著，中华书局 2005 年版）、《严复思想与近代社会》（与涂光久合著，中国文史出版社 2006 年版）、《百年严复：严复研究资料精选》（与涂光久合编，福建人民出版社 2011 年版）。发表期刊论文与会议论文 30 余篇，特别是在严复研究方面有突出的成果，为推动该领域的发展作出了重要贡献。

本文原载于《福建论坛》（人文社会科学版）2008 年第 4 期，主要从严复译《社会通诠》中关于民族主义的部分出发辨析了严复民族主义的真正内涵以及民族主义与现代化的关系。严复是否反对民族主义的问题，虽然曾经引发过讨论，但是 20 世纪 50 年代以后国内关于这个问题的探讨比较缺乏。作者提到，严复的"民族主义观"主要表现在其翻译的《社会通诠》中的译者序、案语及读后感部分。就在严译《社会通诠》刚出版不久，针对严复的"反对处于宗法社会阶段的中国发扬民族主义，而应先向军国主义转变"的思想，社会各界立即作出回响，其中多数是对严复的批判。汪精卫在《民报》上发表《民族的国民》一文，称："几道此言，遂若民族主义为不必重，而满为不必排者，此可云信公例矣，而未可云能审我民族公例上之位置也。"这一言论其实是在讽刺严复看不到"排满"的必要性。两年后章太炎在《民报》上发表了著名的《〈社会通诠〉商兑》，更是对严复的观点进行了猛烈的批判。总的来说，汪精卫和章太炎等人都主张民族主义、主张排外和"排满"，而批判严复的"反对排外排满"的言论。这一事件表面上看起来是汪、章等人的民族主义与严复的反民族主义的争论，但是作者在结合了前人的研究成果后提出，严复的"民族主义"与汪、章等人所说的"民族主义"，甚至与《社会通诠》的原作者甄克思所谓"民族主义"的内容都不相同，严复所批判的"民族主义"是一种狭隘的民族主义观或种族主义观。作者的这一观点在一些学者的研究中也有反映。如苏州大学俞政教授在他的论文《评严译〈社会通诠〉引起的一场风波》(载《史学月刊》2001 年第 6 期)中就指出，严复反对的是狭隘民族主义，主要针对的是顽固派。同时，严复对民族主义的思考虽然比不上孙中山，但是又比康有为和章太炎等人高明。安徽大学王天根教授在其论文《宗法社会与近代民族主义——以严复、章太炎对〈社会通诠〉探讨为中心》(载《学术论坛》2002 年第 2 期)中又提到，要考察社会转型时期晚清学者对于民族主义的分歧，应当注意不同学者所考虑的不同因素：一方面，学者们所在的社会环境、其时代的民族主义、相应的社会心态及理念对不同的学者会造成不同的影响；另一方面，学者们自身所受的教育以及由此形成的知识结构和思维方式各不相同。作者在这些研究的基础上，进一步认为，严复虽然极力反对汉人"排满"的行为，但是他的言论的真正核心却是在中国宣传实现近代化的重要性，他认为中国的首要任务是从宗法社会进入军国社会，从而实现国家的富强和现代化。既然双方的立足点不同，争论的产生也就可以理解了。可惜的是，当时的人急于国家救亡图存的事业，对于自己的立场大多坚定不移，反而使对立双方的为国家谋富强的共同点被忽略了。作者在这篇文章中直接指出严复民族主义的实质内容，拨开了百年前严复与汪精卫、章太炎等人关于"民族主义"分歧的迷雾，对这一问题的深入研究有重要意义。

由作者的观点，可以看出严复在看待民族主义的问题上是以爱国主义为出发点的，也是理智的。在"排满"这一问题上，严复是看得比较长远的。晚清的"排满革命"在一定程度上是革命党人为夺取政权而提出的口号，如孙中山就号召"驱除鞑虏，恢复中华"。但是严复清楚地认识到，挽救这个积贫积弱的社会不是简单地靠"驱除鞑虏，恢复中华"就可以实现的。在严复看来，当时的排外"排满"行动其实就是民族主义，而这种狭隘的民族主义是宗法社会的特征，并且是无益于中国社会的整体进步的。为了使国家真正走向富强，当务之急应是使国家从宗法社会转变成西方国家式的军国主义社会，于是严复极力呼吁，在经济、政治、军事、教育和民众素质等方面全面实现现代化。历史证明，严复的理念设计是更加有长远规划性的。"排满"并不能够帮助中华民族重新建立起以中国为中心的"华夷秩序"，也并不能够改变中国走出被西方军事强国欺压的境况，不从制度的根本改变上着手，革命者的设想也许都将会是无益的。辛亥革命后，执政党的革命党人也放弃了"排满"的口号，改而实行汉满蒙回藏五族共和。1924年国民党第一次代表大会上，孙中山提出"新三民主义"，其中就包括主张在国内实行民族平等的原则。

本文以阐明严复的民族主义观的实质为中心，从严复的翻译问题、思维模式、严复思想中的排外与文明、民族主义与军国主义四个方面入手来进行论证。

（一）翻译问题：传统与近代。作者首先引用了王宪明教授在他的《严复译〈社会通诠〉研究》一书中的观点。王宪明教授通过对严译《社会通诠》与甄克思的英文原著相对照，发现严复将几个表征着宗法社会阶段特点的词汇翻译成了"民族"，而对于本该翻译作"民族"的"nation"这一词，严复又翻译成"国民"。王宪明由此认为，严复所说的"民族主义"是带有宗法社会阶段特色的"民族主义"，而并不是近代西方社会意义上的"民族主义"。作者在此基础上又提出，"严复批判的民族主义是指以排外为特征的宗法性民族主义和在'排满'宣传中反映出来的狭隘民族主义、民族复仇主义，并不是笼统的反对民族主义"。在严复看来，以狭隘民族主义或者民族复仇主义为特征的爱国主义并不是真正的爱国主义，只有以"天下公理"为标准的开放式的具有世界性的爱国主义，才是真正的爱国主义。作者由此推论，严复赞同的是具有与爱国主义同等意义的民族主义，即开放式的近代民族主义。

(二)思维模式:反帝、反封建和现代化。作者认为,章太炎与严复等人的民族主义观之所以不同,在一定程度上是因为两者的思维模式不同。前者坚持反帝、反封建,也特别强调反对满族对国家的统治,他们提出的改革策略虽然以反帝反封建等比较急迫的"破旧"事业为目标,但也不乏倡议在中国的某些方面进行现代化的"立新"主张;而后者则强调向西方学习,即通过思想启蒙、普及新式教育、改革内政,使中国走向现代化,从而使国家实现富强。由此可见,章太炎与严复的立足点是不一样的,前者以反帝反封建和"反满"斗争为基础,后者则以实现中国的现代化为落脚点。为章太炎所忽视的是,严复的民族主义观与章太炎的并非没有交接点——严复在反对狭隘的民族主义、支持开放主义的时候,并未完全否定民族主义这一个主题,因此,作者认为,严复不仅"突破了种族的狭隘观点",还将"种族思想升华为民族思想",并且"把民族与国家联系起来,在国家的领土、人口和主权等因素中,强调尊重主权这个近代意义上的因素,而不是强调传统的种族和血统"。从这些角度可以看出,严复的民族主义观不仅没有置救亡图存、寻求富强的目标于不顾,反而是一种非常积极的爱国主义的表现。

(三)排外与文明。严复不但反对"排满",而且反对排外。在他看来,排外活动对中国自己的经济发展起到抑制作用。在这一部分中,作者根据严复所写的反对排外的一系列文章,对严复的反对排外思想作了总结。第一,严复将民族主义的排外性归结为宗法社会的本质特征。严复认为,当时的中国正处于宗法社会的阶段,而综观当时的世界形势,在政治经济制度以及思想文化方面都更为强大的西方国家已经步入军国主义(即资本主义)阶段,因此严复认为,排外活动作为宗法社会的特性之一不应受到提倡,只有通过对外开放、学习西方,国家才有可能顺利地向军国主义社会过渡,实现富强。第二,严复既反对排外,又反对媚外。关于严复反对排外的观点,前面已有论述,至于严复反对媚外的思想,作者认为,这主要是针对顽固派而言的。作者提到,当时的顽固派有"媚外"的倾向,而严复认为,他们的"媚外"与"内排"是相通的,也就是说,"外媚越深",则"内排越益",因此这也是严复所极力反对的。第三,严复认为,排外活动不利于国家建设现代化文明。在严复眼中，现代文明的建设离不开与西方先进国家的相勖相助，在国家力量还比较弱、社会各方面对西方技术有所依赖的时候主动排外，是不利于国家实力的积累的。总之，严复认为，宗法社会的排外将会对对外开放产生阻隔，是中国现代化转型的障碍，而实现现代化是一个国家经济独立的前提。因此，从长远来看，与国家的现代化相比，排外活动是不明智的。

（四）民族主义与军国主义。从宏观的角度看，排外与文明的关系也就是民族主义与军国主义的关系。当然这里还应说明，此"民族主义"指的是严复所反对的狭隘的民族主义。作者指出，严复在《社会通诠》的译者序、案语等文字中表达了他主张中国通过从宗法社会向军国主义的转型而实现现代化的思想。总之，作者在论文结尾处再次强调，严复关于民族主义的论述是以中国当时的实际国情为根据的，严复能看到中国要走出"中世纪"，走进富强民主的现代社会，就必须对外开放，学习西方并且改革内政。由此可见，严复对民族主义有着非常清醒的认识。

这篇文章以严译《社会通诠》为分析基础，简明扼要、详略有当地介绍了严复的民族主义观。总体上来看，该文展现了以下优长之处：

第一，系统地总结了严复民族主义观的内容，对严复的"反对狭隘的民族主义"与"提倡开放式的近代民族主义"作了介绍和区分，不同于过去认为严复持"反对民族主义"观点的简单看法，因而深化了对严复民族主义思想的理解。

第二，准确地抓住了严复民族主义观的核心——主张中国的现代化。作者不但对严复的民族主义观作了梳理，还指出，严复的这些言论指向一个更高的目标，那就是通过国家的对外开放，加强与西方国家在经济、政治、思想、文化等方面的交流，以使中国赶上世界潮流，实现军国主义社会的现代化。

融通古今中西：严复与中国近代学科的构建①

郭卫东

　　严复的译述活动主要集中在有限的十几年中，严译名著大致开始于 19 世纪 90 年代，较早的《国计学甲部》，翻译时间未详，仅译3000 字便终止②。《支那教案论》译成于 1894—1895 年③。《天演论》是 1895 年底译出；《原富》1901 年初译出；《群学肄言》、《群己权界论》、《社会通诠》都在 1903 年脱稿；《穆勒名学》的上半部完成是1905 年；《法意》全书脱稿是 1909 年④；《名学浅说》是 1909 年⑤。这是严复译述乃至著述的黄金时段，几乎全部的译述活动就集中在这十余年间。这时，严复倾力于译著，或是作为失意后的疗伤，"弟近灰心仕进，颇有南飞之思；欲一志译书……则此后正可不问他事，专心译书以饷一世人。弟于此事，实有可以自信之处"⑥。或是作为得意时的享受，"晚归，镫下惟以移译自娱"⑦。或是作为视天下为己任的责任感使然，他在 1899 年 3 月底或 4 月初致张元济信中称："有数部要书，非仆为之，可决三十年中无人为此者。"⑧从中也可看出，

---

① 本篇选自郭卫东、牛大勇主编：《中西融通：严复论集》，宗教文化出版社 2009 年版。
② 王栻主编：《严复集》第四册，中华书局 1986 年版，第 847 页。
③ 《严复集》第四册，第 849 页。
④ 《严复集》第四册，第 935 页。
⑤ 《严复集》第五册，第 1548~1550 页。.
⑥ 《严复集》第三册，第 525 页。
⑦ 《严复集》第三册，第 544 页。
⑧ 《严复集》第三册，第 525~526 页。

虽然他的某些译著是略后才出，但设想前已有之，若干译书也是早已想定。恰恰在"严译"迭出的时段，又正好是中国学术和教育体系从传统向近代转型的嬗递期，是中国近代学科构建的关键期。严复的学术活动与此转型构建有着重要关联。

中国近代的学科构建，自有中国传统学科的转型，但主要还是依据西方近代学术谱系。严复认为，单靠中国旧有的思想文化资源不足实现中国学术统绪的转机，只有"乃以求其所本无，非以急其所旧有。中国所本无者，西学也，则西学为当务之急明矣。"①严复甚至极言：即或是"出于夷狄禽兽，犹将师之，等而上焉者无论已"；另者，"虽出于父祖之亲，君师之严，犹将弃之"，其余"等而下焉者"更不用论。于是，以西学为范式，完成中国学术由传统向近世的转变，便成为严复的志业追求。

一、新学科谱系的构建

学术发展与社会演进同步是一定法则。中古建立在农业社会基础之上的传统知识谱系具有笼统性和模糊性的特点，中国传统的四部分类法——经、史、子、集，似乎能网尽天下知识。当然，不独中国这样，中世纪的西方知识也基本上被囊括在哲学甚或神学的范畴之内。而近代新知识谱系的出现则是与资本主义的兴起同步，特别是与大机器工业和近代科学的发展所导致的劳动分工的细密化、专门化相匹配，由此引出近代学科谱系的分类化和专业化。随着科学发展和知识积累，中古的哲学或神学已难以包容一切学科的知识，各学科开始分门别类，自成体系。和大工业分工体系首先从西方演进一样，近代学科谱系的构建也首先是从西方开始。近代以降，随着国人对科学技术更深入全面地了解，深感中国传统的"门类不分，粗细不辨"的旧学难以包容适应新学的发展，新知识谱系的大多又都是"中国所本无者"，依据西方的知识谱系重构中国学问已经势在必行。

鸦片战后，西方学科分类逐步引入中国，但主要在教会学堂和少

---

① 《与"外交报"主人书》，《外交报》1902 年第 9、10 期。

量洋务学堂中实行。1898 年，中国第一间国立大学——京师大学堂
成立，虽然标举"大学堂为各省之表率，万国所瞻仰，规模当极宏
远，条理当极详密"①，但所设学科为诗、书、易、礼和春秋六个堂，
依然是传统旧制。也是在这一年，严复以"西学门径功用"为题发表
了著名演讲，全面提出构建中国新学科谱系的问题。严复认为："大
抵学以穷理，常分三际。一曰考订，聚列同类事物而各著其实。二曰
贯通，类异观同，道通为一。"考订和贯通两际仍是古已有之的方法，
需补以第三际的近代方法：那就是"试验"。"中西古学，其中穷理之
家，其事或善或否，大致仅此两层。故所得之大法公例，往往多误，
于是近世格致家乃救之以第三层，谓之试验。试验愈周，理愈靠实
矣。此其大要也。"试验是近代科学实验室中的基本方法，将近代的
试验与传统的考订并列，反映出严复对近代学术方法论的重要认知。
更需提出的是，严复在演讲中还把学问分为两类："诸公在此考求学
问，须知学问之事，其用皆二：一、专门之用；一、公家之用。"这
已然是在提出新的学科分类方法，"专门之用"近似于专业学科："何
谓专门之用？如算学则以核数，三角则以测量，化学则以制造，电学
则以为电工，植物学则以栽种之类"；而"公家之用"近似于基础学
科，"公家之用最大。公家之用者，举以炼心制事是也"。那么，又
如何步入"公家之用"的学问堂奥呢？严复认为第一步要习"玄学"，
"玄者悬也，谓其不落遥际，理该众事者也"，颇有点类似于后来所
说的学问之上学问的哲学，严复还认为玄学包括"一名（逻辑学）、二
数（数学）"两大学科。第二步要习"玄著学"，包括"一力，力即气
也。水、火、音、光、电磁诸学，皆力之变也"，这便是指近代物理
学了；"二质，质学即化学也"，此一来，近代自然科学的最重要的

① 北京大学与中国第一历史档案馆编：《京师大学堂档案选编》，北京大
学出版社 2001 年版，第 26 页。有必要指出，严复虽为福建侯官人氏，但其主要
的政治和学术活动是在京津等地进行。其与北京大学有着密切的因缘，曾先后
担任京师大学堂译书局的总办和民国初年京师大学堂改制北京大学后的首任校
长。北京是清朝的都城，是中国学术文化的中心地带，而京师大学堂又是中国
的第一所国立大学，兹处较多地以京师大学堂为范例来研讨近代学术转型，或
具某种标志符号意义。

三大门类：数、理、化均被严复包容在"公家之用"中了。严复认为，只有掌握了前两步学问的路径，才能"用前数者之公理大例而用之，以考专门之物也。如天学，如地学，如人学(有包括生理学和心理学)，如动植之学"。最后可以治"群学"，"群学之目，如政治，如刑名，如理财，如史学"；还有"农学、兵学、御舟、机器、医药、矿务"等学科。这简直是开列了一份近代诸学科的大谱系表，其中，既囊括了理科，也包括工科，既罗列了人文学科，也涵盖了社会科学。① 令人瞩目的是，过去居于庙堂首尊的经学居然未被罗列，这真正是在离经叛道，在严复的眼中，过去正统之学的作用在新的时代中正在消歇②，正在日益边缘化(其后经学面临着迅速地被降格和离析的命运，成为历史学和哲学史、文学史等学科的具体研究门类，所谓的"降经为史")，而过去处在边缘的新学或西学却日渐居于正统。严复的此次演讲是其推介倡导学术尊西趋新，实现近代转型的最早代表作。

在百日维新进入高潮时，严复还发出了"治学治事宜分二途"的呼吁，认为应该普及教育，官有官学，民有民学，因才施教，学以致用，"天下之人，强弱刚柔，千殊万异，治学之才与治事之才，恒不能相兼……使强奈端(牛顿)以带兵，不必能及拿破仑也；使毕士马

① 《严复集》第一册，第 93~95 页。
② 在中国旧有的学术谱系中，经学是学术庙堂中的正尊。而严复则宣告这些所谓的正统学问在近代历史条件下，使命多已完结，已无法统领新的学术体系。以汉学而言："薄讲章者，则标汉学考据之赤帜。于是此追秦汉，彼尚八家，归、方、刘、姚、恽、魏、方、龚；唐祖李、杜，宋祢苏、黄；七子优孟，六家鼓吹。魏碑晋帖，南北派分，东汉刻石，北齐写经。戴、阮、秦、王，自闿许、郑，深衣几幅，明堂两个。钟鼎校铭，珪综著考，秦权汉日，穰穰满家。诸如此论，不可殚述。然吾得一言以蔽之，曰：无用。"以宋学而言："于是侈陈礼乐，广说性理。周、程、张、朱、关、闽、濂、洛。学案几部，语录百篇。《学部通辨》，《晚年定论》。关学刻苦，永嘉经制。深宁、东发，继者顾、黄，《明夷待访》，《日知》著录。褒衣大袖，尧行舜趋，也也声颜，距人千里。灶上驱庞，折垂笞羌。经营八表，牢笼天地，夫如是，吾又得一言以蔽之，曰无实。"(见《严复集》第一册，第 43~44 页)"无用"、"无实"四字之评的确严苛，但严复并非完全否认传统的学术体系，并非要将旧学术体系整个倾覆。而是在以矫枉过正的口气谈论在近代时势下，新旧学术体系的替代已是理之必然。

(俾斯麦)以知学，未必及达尔文也"。严复还对学科分类愈益细密的缘由进行了阐述："土蛮之国，其事极简，而其人之治生也，则至繁，不分工也。国愈开化，则分工愈密，学问政治，至大之工，奈何其不分哉!"严复进而建议："学成必予以名位，不如是不足以劝。而名位必分二途：有学问之名位，有政治之名位。学问之名位，所以予学成之人；政治之名位，所以予入仕之人。"也就是学位与官衔有别，教育面向整个社会，而不只是面向官员或准官员，学术是天下公器，而不仅是政府的专利。如此一来，"农工商各业之中，莫不有专门之学。农工商之学人，多于入仕之学人，则国治"。严复由此还言及国家体制的改变和民权的凸显，"今即任专门之学之人，自由于农、工、商之事，而国家优其体制，谨其保护，则专门之人才既有所归，而民权之意亦寓焉。天下未有民权不重而国君能常存者也。治事之官，不过受其成而已，国家则计其效而尊辱之"。① 这已经是相当近代的理念了。

1902 年，严复以华夏译介西学无出其右的资格顺理成章地出任京师大学堂译书局总纂。同年，《钦定京师大学堂章程》专列"大学分科门目表"：即政治、文学、格致、农业、工艺、商务、医术。经学只是并列于文学科的七个子目之下，即经学、史学、理学、诸子学、掌故学、词章学和外国语言文字学。② 这除了旧有正统之学的边缘化和新学的正统化意义之外，还可看出，这已然是一份较为完备的近代科学知识的分类编排谱系。戊戌后众多新学书籍目录的编排、新学丛书的编纂和新学堂课程表的制定也都程度不同而又不约而同地采用了新学科谱系。

到 1903 年，严复在为译书局手订章程时，对西方教育体制和学术谱系的认识更加清晰细密。关于学制，分为三等，"一为小学，一为中学。其深远者，俟此二等成书后再行从事"；"各门课本，拟分两项办法：一、最浅之本，为蒙学及寻常小学之用；一、较深之本，为高等小学及中学之用。惟两项课本相因为用，详略之间，宜斟酌妥

---

① 《论治学治事宜分两途》，载《国闻报》(1898 年 7 月 28、29 日)。
② 《京师大学堂档案选编》，第 150 页。

善，不当过涉重复。至精深宏博，西国各有专籍，大学各有专师，则所谓专门之学者尔"。小学、中学、大学的三级学制已属完备，小学期间还细分为蒙学、寻常小学和高小。关于学科分类，严复列出有38项之多，"教科分门：一、地舆；二、西文、律令；三、布算；四、商功；五、几何；六、代数；七、三角；浑弧；九、静力；十、动力；十一、气质力；十二、流质力；十三、热力；十四、光学；十五、声学；十六、电磁；十七、化学；十八、名学；十九、天文；二十、地气；二十一、理财；二十二、遵生；二十三、地质；二十四、人身；二十五、解剖；二十六、人种；二十七、植物状；二十八、动物状；二十九、图测；三十、机器；三十一、农学；三十二、列国史略；三十三、公法；三十四、帐录；三十五、庶工（如造纸、照象、时表诸工艺）；三十六、德育；三十七、教育术；三十八、体育术"。此分类表，主要是为教科书翻译而开列，不免在学科分类上过细和未必完全精当，但亦可看出严复对近代学科谱系的了解是更细密广泛了，特别是德育、体育和教育术的列出，尤具意义。严复还深切地体会到，此一学科体系与中国旧有的学术体系大异其趣，其学术资源背景较少能从中国的传统学术渊源中去寻找，而必须从西方的近代学术体系中去移植，故而严复又规定："专备普通学课本之用，应取西国诸科学为学堂所必须肄习者，分门翻译。"就是基本按照西方的科学谱系和教学体系来作为范式范本。① 同年，清政府推出"癸卯学制"，以政令形式规定全国所有学校需实行统一的分级学制和开设统一的课程门类。自此，梯级学制、分科教育和专业研修体系成为官方制度而正式确立。西学东渐由此前的笼统引进浮泛介绍转入到更深刻对后世更具影响力和生存力的具体学科的建构。从此，可以明显看出戊戌以来中国在构建新型学科体系方面的快速进步。

1907年，严复应邀主持官派留学生的选拔考试，为便于考生复习，严复特开列复习科目：国文（声明是遵照学部定章，其课本有四子五经、前四史、古文辞类纂），英文法，修辞学，英文作文，英文文学（特别列出古勒斯密（Goldsmith）的《六合国民》"*Citizen of the*

① 《严复集》第一册，第127~130页。

World"、狄斯丕尔曲(莎士比亚 Shakespeare)的《鄂得洛》"《奥赛罗》
Othello"、《罕谟勒》、《哈姆雷特》Hamlet"、《凯撒》"Julius Caesar",
以及《蓝察理论说》"Ch. Lamb's Essays"、《伊尔温旅行记》"N. Jroiog's
Tabof Travellers"、《鲁滨孙漂流记》"Robinson Crusoe",笔算,代数,
几何,平面三角,希腊史,罗马史,近世史,地志,地文,拉丁文,
德文,法文;并在物理、化学、植物学、动物学四科中任选一科。严
复又说,此项开列是鉴于"各校所设课程科目又属互有参差,致临考
之时,虽所出各题目悉在诸生应习应能之列"。① 从中可见,科举制
废除尽管只有短短两年,但新式的学科教育在中国的学校教育体系中
已经取得了决定性的胜利,虽然各校开列新课的程度水准有参差,但
新科目已在学堂中是普遍开列,新式学术和教育体系对旧体系的取代
已成大势和事实,其学科划分已经基本是近代型的体系。严复在中国
近代学科谱系的构建进程中起了奠基性的作用。

二、各门新学科的建立

19 世纪的最后几年,是西方各学科被大量又是混乱地引入中国
的时期,各新式学校纷纷开设新课,但缺乏章法,不成谱系,学科凌
乱,所学不一,各行其是,因人设课。更严重的是,除了没有形成正
规的教学体系外,就是对等级学科制不清楚,初中等教育和高等教育
没有科目区分,尤其在引介为主的西学科目上更加如此。如 1895 年
开办的天津中西学堂头等学堂的总科目分普通学和专门学,普通学就
包括几何学、微分学、格物学、重学、化学、地学、金石学、各国史
鉴、万国公法、理财富国学和英文翻译等课程②。1897 年开办的长
沙时务学堂也列出两类科目:"中学:《四子书》、《左传》、《国策》、
《通鉴》、《小学》、《五礼通考》、《圣武记》、《湘军志》,各种报及时
务诸书,由中文教习逐日讲传。西学:各国语言文字为主,兼算学、

---

① 《严复集》第二册,第 247~250 页。
② 盛宣怀:《拟设天津中西学堂章程禀》,载《皇朝经世文新编》卷五,大
同译书局 1898 年刊本。

格致、操演、步武、西史、天文，舆地之粗浅者。"①之所以出现这类情况，关键在于对各学科的具体情况及其在学术和教育谱系中所处的位置不详，只能笼而统之眉毛胡子一把抓地罗列科目，而不能对所开列的各学科都道出所以然。相比起不分层次系列地罗列学科谱系，对各近代学科分门别类的具体建设是更为艰难的事业。在这方面，严复不但倾力鼓吹整体上的学科大谱系的建立，还亲力亲为，致力于各新学科的引介和创立，在中国近代各门新学科的初建中，严复多有前驱先路之功。如果说，近代学科总谱系多为中国传统文化教育资源所无，多采行西方的近代学科体系，那么在各具体门类新学科的创建过程中，严复等更注意契合衔接中国已有的文化资源。严复奠定各新学科的一个重要特点，就是结合中国国情，联系中国传统文化。古今中外的思想家，无外乎从古今中外寻找思想资源，严复从异域寻找思想资源，多为论者言及，但严复从中国古代寻找思想资源，却较少言及。《清史稿》称"世谓纾以中文沟通西文，复以西文沟通中文，并称林、严"②。此说未必准确，严复同样重视中学。尝言："今夫六经之于中国也，所谓日月经天，江河行地者矣。而孔子之于六艺也，《易》、《春秋》最严……迨至西洋名学，见其所以求事物之故，而察往知来也，则有内导之术焉，有外导之术焉……乃推卷起曰：有是哉，此固吾《易》、《春秋》之学也。"③

并强调其翻译作品，"虽未能悉用晋唐名流翻译义例，而似较前为优"④。师法古贤，说明严复的学术追求。经严复之手，中国传统思想第一次有规模地与西方思想融为一体。恰如与严复相交甚笃的吴汝纶所评："西学以新为贵，中学以古为贵，此两者判若水火之不相入，其能溶中西为一治者，独执事一人而已。"⑤其碑传年谱记曰：严复"君早慧，词采富逸，师事同理黄宗彝，治经有家法，饫闻宋元明

① 《严复集》第五册，著译日记附录，第1411页。
② 赵尔巽等撰：《清史稿》列传273，第四八六卷，中华书局1976—1977年点校本。
③ 《严复集》第五册，第1411页。
④ 《严复集》第三册，第520页。
⑤ 《严复集》第五册，第1561页。

儒先学行"。① 1913 年,中华民国教育部规定大学分为文科、理科、法科、商科、医科、农科、工科。"这是中国一次学制上的重大变革,标志着近代中国在学科建设上,开始摆脱经学时代之范式,探索创建近代西方式的学科门类及近代知识系统"②。至此,中国学术分科的格局大定,至今没有大的变化。而这也是对 20 世纪初叶各具体学科构建初备的总结,没有各具体学科的构建,这"七科之学"是无法建立的。而在其中,严复多有奠基性的贡献。

于文科,1913 年的规定是包括哲学、文学、历史学和地理学四门,还包括社会学和外语等科目。

哲学。严复对哲学有特殊喜好③,哲学著述在严著中占了相当大的比例,其中,既有对中国传统哲学加以近代理路整理的文论,如《〈老子〉评点》,《〈庄子〉评点》等等,更有对西方哲学名著的译介。不妨说,严复思想的深邃很大程度上来自他哲学思维的习惯和方法论的使用,而中国对希腊哲学、德国古典哲学、逻辑学、伦理学和近代方法论的探索,以及对柏拉图、亚里士多德(严译"雅里斯多德")、休谟(严译"休蒙")、培根(严译"贝根")、康德(严译"汗德")、笛卡儿(严译"特嘉尔")、卢梭(严译"鲁梭")、洛克、霍布士(严译"赫伯思")、孟德斯鸠、黑格尔(严译"希格尔")等西哲的研究多从严复起步;通过严译,偶然性(严译"寓德")、必然性(严译"常德")、归纳(严译"内籀")、演绎(严译"外籀")、推理(严译"推证")、理性(严译"良知")、命题(严译"申词")、存在(严译"庇音")、三段论法(严译"联珠")、唯实主义(严译"净宗")、唯心主义(严译"意宗")、意识(严译"觉")、本体(严译"纽美诺")、形而上学(严译"理学"、"美台裴辑")等哲学概念与术语也都传入或被使用。在哲学

---

① 《严复集》第五册,第 1541 页。

② 左玉河:《从四部之学到七科之学》,上海书店 2004 年版,第 197 页。

③ 尽管严复有时并不太喜欢用"哲学"的名称,而更多的用中国传统的"理学"代之,于此,严复本人有解释:"理学,其西文本名,谓之出形气学,与格物诸形气学为对,故亦翻神学、智学、爱智学。日本人谓之哲学。顾晚近科学,独有爱智以名其全,而一切性灵之学则归于心学,哲学之名似尚未安也。"参《严复集》第四册,第 1029 页。

大范畴中，严复对西方逻辑学的引入是不能不说的①，于此，严复有两部重要译著，其一，《穆勒名学》，此书是西方逻辑学名作，严复开篇即对"名学"进行解释：逻辑此翻名学。其名义始于希腊……是学为一切法之法，一切学之学；明其为体之尊，为用之广，则变逻各斯为逻辑以名之。学者可以知其学之精深广大矣……盖中文惟名字所涵，其奥衍精博与逻各斯字差相若，而学问思辨皆所以求诚、正名之事，不得舍其全而用其偏也。"②穆勒原书分为：名与辞、演绎推理、归纳推理、归纳方法、诡辩、伦理科学的逻辑共六个部分，严复未能全译，但亦可看出西方逻辑学的基本经轨。其二，《名学浅说》，英国哲学家耶芳斯（W. S. Jevons）著，该书主要论说演绎逻辑和归纳逻辑，是一部比《穆勒名学》更集中地探讨逻辑学的著述。严复不是一味地照单全收西哲们的思想，而是有比较，诸如对亚当·斯密所列的哲学路阶，严复就很不以为然，原书说："欧洲诸国学，其中所教哲学分科之程如右。略言其次，则名学第一，为入门之功课。次曰元学。三曰神理之学……四曰德行之学……五曰物理之学。"严复对此按语："甚矣，教宗之说之害学术也。观其次第，惟以名学入门为有当，而莫谬于先神理之学。"③表示出将神学列入哲学步阶的不满，又以中国的思辨路数作为比较，在诸学科中，严复以为中国古代哲学并不输于西方哲学，尤其需要近世人所承继，他在老子《道德经》上篇的"同谓之玄，玄之又玄，众妙之门"句旁批注"西国哲学所从事者，不出此十二字"④。自然，中西思辨经轨应说各有优长。

　　文学。严复不是专门的文学家，但对文学由传统向近代的转轨亦有贡献。1897年，严复、夏曾佑撰文，把小说的功用抬高到"几几出于经史之上"⑤，不入庙堂之学的小说被定位在文学殿堂的正尊。自

---

　　①　"逻辑"一词固然早在明朝末年李之藻的《名理探》中已出现，但对逻辑学最早的全面解说仍应归功严复。

　　②　《严复集》第四册，第1027～1028页。

　　③　《严复集》第四册，第904～905页。

　　④　《严复集》第四册，第1075页。

　　⑤　阿英：《晚清文学丛钞·小说戏曲研究卷》，中华书局1960年版，第12页。

后，新派小说层出叠起，到 1905 年，《官场现形记》、《二十年目睹之怪现状》、《老残游记》、《孽海花》四大谴责小说先后问世；嗣后风行一时的"鸳鸯蝴蝶派"也可从晚清的"言情小说"中找到绪端；"新小说"、"绣像小说"、"报载小说"等新流派也在此前后开辟。1899 年，林琴南译出小仲马的《巴黎茶花女遗事》，打开外国言情小说在中国的销路，严复诗赞："可怜一卷茶花女，断尽支那荡子肠"，"林译"小说也风靡一时。另外，严译本身就是文学精品，是译界良笔和典雅美文。陈宝琛盛赞严复的文采："虽小诗短札，皆精美，为世宝贵。而其战术、炮台、建筑诸学，则反为文学掩矣。"①胡适评："严复的英文与古中文程度都很高，他又很肯用心不肯苟且"，故而，"严复的译书，有几种——《天演论》，《群己权界论》，《群学肄言》，在原文本有文学价值，他的译本，在古文学史也应该占有一个很高的地位"②。当然，"严译"追求雅驯古典，则与文学近代路数相逆（文学近代化的很重要标志便是文学下移，即文学的普及化和平民化，在中国则有白话文运动）。

历史学。在某些场合下，严复并不认为"历史"可以成为独立学科，"所不举历史为科者，盖历史不自成科……历史者，所以纪录事实，随所见于时界而历数之，于是资推籀因果揭立公例之所讲求也，非专门之学也"③。严复此言是因所有学科都有本身的"历史"（"科各有史"，如哲学有哲学史、文学有文学史），并非是不重视历史。相反，严复是十分注重也十分善于从中西历史对比中寻找思想资源的。1904 年，严复翻译出版了甄克思的《社会通诠》，该书便是一部政治社会史的著作，于此，严复有题解："是书原名《政治短史》。盖西国晚近学术分科，科各有史，而政治为学术之一科，其史所载，必专及

---

① 《清故资政大夫海军协督统严君墓志铭》，载《严复集》第五册，第1542~1543 页。
② 转引自商务印书馆编辑部编：《严复与严译名著》，商务印书馆 1982 年版，第 33 页。
③ 《"国计学甲部"（残稿）按语》，载《严复集》第四册，第 847 页。

治理之事。"①该书以进化论的观点来陈述人类历史是不断进步的②；严复在书中还对中西历史进行了大量作比，堪称近代历史比较学的一代宗师。严译还特别地表现出关注当代史和将历史研究与当下情势紧密结合的取向，表现出救国发蒙的强烈使命感，表现出将历史研究的范围从单纯的资君王之治拓展为面向全社会和多数民众服务的功能转换，因严复、梁启超、夏曾佑及至王国维等，史学的功用有了重大变化，史界革命风潮迭起，传统史学步入近代轨道，即便是在形式上也有大变化，"其体例颇合近代著史之法"③。特别是在严复所倡导的进化论思想的影响下，国人开始知道人类的进化史，人类对自身历史的了解也从几千年延伸到几十万年乃至百万年。④ 在新手段和新眼界的发见审视之下，史学（不仅仅是史学）的研究材料和对象也有了极大拓展，一些新材料或本为旧的但被新发现的材料的陆续揭出对史学研究产生了一连串颠覆性效应，人们的目光不再局限书本和金石，而扩充到田野，金石学又演变成为另一近代学科——考古学。

社会学。1842 年法国学者孔德完成《实证主义哲学大纲》，首次使用"社会学"（Sociology）一词，其词在中国的早期译名是"群学"，由严复于 1895 年创造。戊戌前后，"群学"因契合时局而有了迅速传播，俨然成一"显学"。1896—1897 年，严复以《群学肄言》的书名译刊了英国社会学家斯宾塞的《社会学研究》第一、二章；1901—1902 年，严复又将该书各章译出，西方社会学的理论得以完整介绍。由于严译西方名著习好结合中国国情的译述风格，使得社会学传入中国之时，也是该学科的中国化之日。在严译中，"群学"影响颇大，不仅

① 《读新译甄克思"社会通权"》，载《严复集》第一册，第 146 页。
② 该书将人类社会的进步历程分为"蛮夷社会"、"宗法社会"、"国家社会"等循序渐进的阶段。
③ 刘禺生：《世载堂杂忆》，中华书局 1960 年版，第 43 页。
④ 严复的著译便将国人对"历史"的认识时段大大往前延伸，严复曰："图腾者，蛮夷之徽识，用以自别其众于余众也。北美之赤狄，澳洲之土人，常画刻鸟饵虫鱼，或草木之形，揭之为恒表；而台湾生番，亦有牡丹槟榔诸社名，皆图腾也。"又曰："蛮獠相聚，如群羊耳，以此云部落。"《"社会通诠"按语》，《严复集》第四册，第 922~923 页。

引出新派人士的喝彩，还引出某些硕学通儒们的共鸣。"群学"的名词一时蔚为流行。章太炎称"其始何以生其终何以变此，治群学者所不可不讨论也"①。太炎先生为趋新人士。但叶昌炽也称"英人斯宾塞尔所著群学肄言，余尝得严又陵观察译本，读之云摩阏伯断碑出土于亚西之大版，系腓尼加古文语，与希伯来大致相似，所纪者鄂摩黎征服摩阏伯自阿洽之死及攻以色列种人，皆中国周初时事"②。时人便注意到"群学"与中国圣贤书间的衔接，"且历考外国哲学、群学各书，陈说道理皆与中国之圣经贤传相表里"③。

翻译学。"译才并世数严林"，严复作为翻译家名世，他作为近代重要启蒙思想家的地位得来也主要是因其是将西方近代自然和社会科学成体系的传译到中国来的第一人，"六十年来治西学者，无其比也"④。"在历史上，一个大的文化运动往往有一个翻译运动伴随或作为前驱。中国在 19、20 世纪之交酝酿着一个文化上的巨变，也有一个翻译运动应运而生"⑤。严复便是这场运动的领军人物。严复对近代翻译学的贡献，至少有四个方面。第一，将西方近代学术体系比较全面地译介中国。尽管翻译在中国古已有之，洋务时期的"广方言馆"之类的翻译机构也多自夸："自象纬、舆图、格致、器艺、兵法、医术，罔不收罗毕备，诚为集西学之大观。"但实在说来，严复之前的翻译还是"无次第，无层次"，"不合政学纲要"，特别是在"哲学理法"等方面不能"达其大本所在"⑥。严译，功力首先在选书，所选都是当时西方各学科领域中颇具代表性的名家名著，而且有意识地在学科上形成序列，形成一种多学科的集成谱系。以严译八大名著为例：

---

① 《太炎文录初编》别录卷二，民国章氏丛书本。

② 叶昌炽：《语石》卷三，宣统元年刻本。

③ 《清朝续文献通考》卷一百十四，学校考二十。

④ 陈宝琛：《清故资政大夫海军协都统严君墓志铭》，燕京大学国学研究所编《碑传集补》卷末集外文。

⑤ 王佐良：《严复的用心》，商务印书馆编辑部编《论严复与严译名著》，第 22 页。

⑥ 叶瀚：《论译书之弊》，转引自柳诒徵：《中国文化史》下卷，东方出版中心 1988 年版，第 796~797 页。

有侧重于讲生物学的《天演论》(*Evolution and Ethics*)，有讲经济学的《原富》(*An Inquiry into Nature and Causes of the Wealth of Nations*)，有讲社会学的《群学肄言》(*The Study of Sociology*)，有讲政治学的《群己权界论》(*On Liberty*)，有侧重讲历史学的《社会通诠》(*A History of Politics*)，有侧重讲法学的《法意》(*L'esprit des Lois*)，有讲逻辑学的《穆勒名学》(*A System of Logic*)和《名学浅说》(*Logic the Primer*)，这样，西方近代的诸多学科便被系统介绍到了中国，这些在中国的学科领域中都是开山之作，合起来也就构成了近代两方主流的学术形态系统。第二，自严复始，翻译脱出单纯"舌人"、"译手"的形象，而成了西学传播者和启蒙思想者，他们的作品也和国家时局联系一起，和启蒙宣传维新大业联系一起，和整个知识界的思想脉动联系一起，从而在全社会发生了轰动效应。严复"所译书以瑰辞达奥旨，风行海内。学者称为侯官严先生。至是人士渐渐倾向西人学说"①。"仰严子之译是书，不惟自传其文而已，盖谓赫胥黎氏以人持天，以人治之日新，卫其种族之说，其义富，其辞危，使读焉者怵焉知变"②。以《天演论》而言，一经译出，便产生了绝大的社会影响。古文大家吴汝纶在看到《天演论》译本后，喜不自胜，致书严复："尊译《天演论》，名理络络，笔势足穿九曲，而妙有抽刀断水之致，此海内奇作也。脱稿在迩，先睹为快。"又曰："得惠书并大著《天演论》，虽刘先主之得荆州不足为喻比。经自录副本，秘之枕中，盖自中土翻译西书以来无此闳制，匪直天演之学在中国为初凿鸿蒙，亦缘自来译手无似此高文雄笔也。"③梁启超称对严复的文字："循环往复诵十数过，不忍释手，尤为感佩。"即或是一向颇自傲的康有为在读了严复的著译后，"亦谓眼中未见此等人"。④ 黄遵宪也是多年将"《天演论》供养案头"，并通过严译体认到："译书一事以通彼我之怀，阐新旧之学，

① 陈宝琛：《清故资政大夫海军协都统严君墓志铭》，载《碑传集补》卷末集外文。

② 吴汝纶：《天演论》吴序，载《严复集》第五册，第1318页。

③ 吴汝纶：《桐城吴先生日记》(上)，河北教育出版社1999年版，第512页。

④ 《梁启超致严复书》，载《严复集》第五册，第1566、1570页。

实为要务。公(严复)于学界中，又为第一流人物，一言而为天下法则，实众人之所归望者也。"①年轻的鲁迅，也是"星期日跑到(南京)城南去，买来了白纸石印的一厚本《天演论》"，"一口气读下去，'物竞天择'也出来了，苏格拉第、柏拉图也出来了"。② 可见，是书对中国几代知识分子的影响。到清末，《天演论》的版本就达 30 种以上。这有力地推动了西学与中国知识分子的结合，出现"翻译书籍出版者，人人争购，市之为空"的情景③。第三，严复制定了翻译学的基本准则，那就是著名的"信、达、雅"三点论。后来，有不少学人提出各种翻译理论，但此三点论始终是译界的遵循原则和不移之论。严复将译事作为大事业来做，"复殚心著述，于学无所不窥，举中外治术学理，靡不究其原委，抉其失得，证明而会通之。精欧西文字，所译书以瑰辞达奥旨"④。对新理新词的处理也很是煞费苦心，"新理踵出，名目纷繁，索之中文，渺不可得，即有牵合，终嫌参差……一名之立，旬月踟蹰"⑤。严译名词就有许多被时人后人沿用，乃至成为流行语，如"物竞"、"天择"之类。通过严译和翻译三原则的提出，中国近代翻译学开始起步。第四，"严译"特别注意西方著作的翻译与中国传统文化的联结。严复采用桐城古文又特别是中国传统经典的语汇句式字词，成功实现中西文化不同文本的转换，达到令读者"忘其为译"的境界⑥。但严复译名后来多不流行，多被来自日本的转译名所取代，部分原因可能便与"严译"的过分高古晦涩有关。

于理科。

---

① 《黄遵宪致严复书》，载《严复集》第五册，第 1571~1572 页。

② 《朝花夕拾·琐记》，载《鲁迅全集》第 2 卷，人民文学出版社 1973 年版，第 406 页。

③ 中国近代史资料丛刊《戊戌变法》(三)，上海人民出版社 2000 年版，第 156 页。

④ 《清史稿》列传 273，卷四八六。

⑤ 《严复集》第五册，第 1322 页。

⑥ 吴相湘主编：《中国史学丛书·苏报》，台北学生书局 1965 年版，第 62 页。

生物学①。戊戌时期，所有的学科门类中，要说具有最大社会影响的，便是生物学了，即建立在达尔文进化论基础上的近代生物学，但又不是单纯自然科学意义上的进化论，而是杂糅了斯宾塞社会达尔文主义的进化论。其中，严复发挥了奠基性作用，1898 年，严复节译赫胥黎的《进化与伦理》，并结合中国的时政分析掺杂进自己的大量发挥，出版了《天演论》，该书将进化论的适用范围推向极限，痛陈物竞天择弱肉强食是万古不易的天演定律，中国已处在"弱肉"之命运，如再不自强，必将亡国灭种。《天演论》发聋振聩的言说一经刊行，便风行全国，该书最直接的作用是导引人们的目光从传统和古代转向当下和近代，"中国数千年学术之大体，大抵皆取保守主义，以为文明世界在于古时，日趋而日下"，进化论传入后，"以为文明世界在于他日，日进而日盛"②。由一学科引介导致出社会观念的革命性变化，在学术思想史上亦不多见③。而近代生物学也作为一个系统学科在中国开始建构（到 1902 年时，介绍到中国来的生物学书籍至少已有 19 种；几乎同时，中国近代植物学的开山人钟观光等已经在进行该学科的机构创建、授课教学和植物采集；而中国第一代生物学家：秉志、钱崇澍、陈焕镛、陈桢、戴芳澜、胡经甫等也陆续出国留学）。而读者们从《天演论》中同样也读出中国自来就有的古义。孙宝瑄记："览天演下卷，论终严复序谓：大易以自强不息为干，即天演

---

① 生物学在 1913 年的分科中被列在文科的西洋哲学类别下，这主要是从社会进化论的角度来划分。但在清末和民国年间的学科分类中，生物学主要还是被列在理科的范围内。如 1903 年清廷批准的学制中即将"动植物学"列在格致科目下。参见《从四部之学到七科之学》，第 238 页。

② 梁启超：《与严幼陵先生书》、《南海康先生传》，分见《饮冰室合集·文集》之一、之六。

③ 当时医学大盛，学医者众多，也很大程度上得力于进化论的大兴。1897 年，梁启超发表《医学辞会序》提出："凡世界文明之极轨，惟有医学……故言保民，必自医学始。"医学已不单纯是一门学科，而变成了文明的极致和保民强种的法门。这种观点因缘附会于当时风行的社会达尔文主义而颇成时代共识。1904 年到日本学习医学的鲁迅就自称："从译出的历史上，又知道了日本维新是大半发端于西方医学的事实。"《呐喊》自序，载《鲁迅全集》第 1 卷，第 270 页。

家本力长存之说。其曰：易不可见，则乾坤息，即世界毁于均平散力之说。又云：公羊春秋之旨，多与群学之公例合。又曰：泰西名学所以求事物之故，以察往知来也。有内导之学焉，有外导之学焉，司马迁曰：易本隐以之显外导之学也，春秋推见至隐内导之学也，内导云者致曲而概其全，审微而得其通；外导云者，据公例以例余事，设定数以逆未来者也。语极是。愚谓：额拉氏所持有已与将而无可指之今极有理。今日中西学问之分界，中人多治已往之学，西人多治未来之学，曷谓已往之学考古是也，曷谓未来之学经世格物是也。惟阐道之学能察往知来不在此例。"①

物理学。近代物理学自伽利略、牛顿时代起，经过近四百年的发展方基本成形。但至 19 世纪末，绝少有中国人知道严格意义上的经典物理学。维新运动使物理学作为一门学科比较广泛地传入，随之出现了以"奈端"（牛顿）为志趣者。1899 年，介绍到中国来的涉及物理学各分科如力学、光学、重学的书籍已有 50 余种。1900 年又出现了第一本系统介绍西方经典物理的《物理学》中译本（从日文转译），"物理学"的字眼从此取代过去范围含混的"格致学"而正式成为中文名词，同时标志着近代物理学在中国的落户。对此新兴学科，严复予以鼎力宣传，专门发表《论今日教育应以物理科学为当务之急》的演讲，驳斥某些保守人士对新学科的责难，倡言物理科学的重要性，认为："物理科学一事，不独于吾国为变化士民心习所不可无，抑且为富强本计所必需。"并大力鼓吹将物理科学引入学校课堂，作为教学内容中不可或缺的课程："物理科学，诚此后教育所不可忽。"值得注意，严复并不把物理学作为一门单纯的专业来看，而是把物理学视为国民教育的一门基础学科，视为培养人们基础素质和富国强兵的一种学问，不光专业人士需要学，各方面的人也都应该具备某些物理知识，因为这是"自然法则，昧而犯之，必得至严之罚；知而顺之，亦有至优之赏；以之保己，则老寿康强；以之为国，则文明富庶。欲识此自然规则，于以驾驭风雷，萧与水火，舍勤治物理科学，其道又奚由

---

① 孙宝瑄：《忘山庐日记》光绪二十三年十二月初五。

乎?"①在这前后,物理学成为中国某些新知识分子的志业追求,中国最早的一批以物理学为专业的留学生出国,他们是:李复几、何育杰、夏元瑮等。1907 年 1 月,李复几获德国皇家波恩大学博士学位,是中国第一位物理学博士学位获得者。其后,在国外获物理学位者日渐增多,这些人回国后,大部分又都被严复主掌的北京大学等校所延揽②。

1913 年的教育部规定法科含有法律学、经济学和政治学三门,颇似今天人文科学与社会科学的区划。

法学。在此领域中,严复最重要的译作是法国启蒙大家孟德斯鸠的《论法的精神》(严译《法意》)③,该书是西方法学经典,所论侧重法哲学。为使《法意》能够更好的被国人接受,严复专作《孟德斯鸠传》,称其"凡十有四年,而《法意》行于世。遐搜远引,钩湛瞩幽。凡古今人事得失之林,经纬百为,始终条理。于五洲礼俗政教,莫不籀其前因,指其后果。即脱稿,先以示同时名硕海罗怀纾,海罗怀纾叹曰:'作者宇宙大名,从此立矣。'印板既布,各国移译,一载间版重者二十二次。风声所树,暨可知矣。福禄特尔尝称曰:'人类身券,失之久矣,得此而后光复。'拿破仑于兵间携书八种自随,而《法意》为其一。后为其国更张法典,勒成专编,近世法家仰为绝作,而《法意》为其星宿海也。"④严复在译作中还加了 330 条案语,讲述法的起源和功能,法在君主制和民主制等不同政体下的作用,中国和西方在法领域中的区别,还讲述了立法、平等(人之间、民族之间、国家之间的平等)、狱刑等概念。同其他领域的译介一样,严复对法学的著述也表现出强烈的救世感,1897 年,德国强占中国的胶州湾,英国报纸却为其辩护,严复当即在《国闻报》撰文,以西方的国际公法来驳斥其谬:"呜呼!吾今而知英人开化之说为不可信也。夫所谓

---

① 《严复集》第二册,第 278~286 页。
② 戴念祖:《物理学在近代中国的历程》,载《中国科技史料》1982 年第 4 期。
③ 原著 31 卷,严复只翻译了 29 卷,并由英译本转译。
④ 《孟德斯鸠传》,载《严复集》第一册,第 145~146 页。

开化之民，开化之国，必其有权而不以侮人，有力而不以夺人。一事之至，准乎人情，揆乎天理，审量而后出。凡横逆之事，不欲人之加诸为也，吾亦毋以施于人。此道也，何道也？人与人以此相待，谓之公理；国与国以此相交，谓之公法；其议论人国之事，持此以判曲直、别是非，谓之公论。"①

经济学。严复关于经济方面的文字颇多②，其中影响最大的是其花费了四年时间翻译的亚当·斯密（Adam Smith）的代表作《国民财富的性质和原因之研究》，1901 至 1902 年该书以《原富》为名陆续出版，严复为书出版特作《译斯氏"计学"例言》③和《亚当·斯密传》等文字。书内并附严复所加案语约 300 条，在案语中，严复介绍了从威廉·配第，经亚当·斯密再到大卫·李嘉图的整个英国古典政治经济学，兼及马尔萨斯人口论等名家名说，而英国古典政治经济学是那个时代西方经济学体系的巅峰，这样就第一次把资本主义经济学体系比较完整地导入中国。通过严译，自由贸易的思想（"是故君上之利在使民岁进数均，而备物致用之权力日大。求其如是者，莫若使贸易自由"④）；市场经济的思想（"盖工商民业之中，国家去一禁制，市廛增一鼓舞之神。"）；反行业垄断的思想（"凡约联垄断之事，皆于本业有大利，而于通国有大损"）；公平竞争的思想（"英人首弛海禁，号曰无遮通商，亦名自由商法。"）；农商并举的思想（"农工商贾，故皆

---

① 《驳英"泰晤士报"论德据胶澳事》，载《严复集》第一册，第 55 页。

② 如《路矿议》，《论铜元充斥病国病民不可不急筹挽救之术》，《论中国救贫宜重何等之业》，《救贫》，《国计学甲部》等。

③ 《原富》的名称，严复又称《计学》，并专门有解释："计学，西名叶科诺密，本希腊语。叶科，此言家。诺密，为聂摩之转，此言治。言计，则其义始于治家。引而中之，为凡料量经纪撙节出纳之事，扩而充之，为邦国天下生食为用之经。盖其训之所苞至众，故日本译之以经济，中国译之以理财。顾必求吻合，则经济既嫌太廓，而理财又为过狭，自我作故，乃以计学当之。虽计之为义，不止于地官之所掌，平准之所书，然考往籍，会计、计相、计偕诸语，与常俗国计、家计之称，似与希腊之聂摩较为有合。故《原富》者，计学之书也"（《严复集》第一册，第 97 页）。可见，严复的所谓"计学"即今人所谓经济学，严复是更多的考虑到国人的传统而命名。

④ 严译名著丛刊：《原富》，第 519 页。

相养所必资，而于国为并重"）；专利制度的思想（"此如创机著书诸
事，家国例许专利，非不知专利之致不平也。然不专利，则无以奖劝
激励，人莫之为，而国家所失滋多，故宁许之"）；以至近代的劳动
作息制度、经济立法和劳动保护法，还有罢工行为和劳动效率等令人
耳目一新的思想①，都如此这般经严复之手传入中国或在中国有了更
大范围的流播。严复将今天的经济学译为"计学"，注意同中国传统
学术以及古词古义相衔接，充分考虑到了国人的理解元素和学术传
统，这在那样一个民族主义勃兴的时代，有其接续中华传统文化资源
还有激发国人的民族自信心，维护民族传统的更阔大的潜意义所在。
严复于此解释："再者计学之名，乃从 Economics 字祖义着想，犹名
学之名，从 Logos 字祖义着想。此科最新之作，多称 Economics 而删
Politicar 字面。又见中国古有计相计偕，以及通行之国计、家计、生
计诸名词。窃以谓欲立一名，其深阔与原名相副者，舍计莫从。正名
定义之事，非亲治其学通澈首尾者，其甘苦必未由共知，乍见其名，
未有不指为不通者也。计学之理，如日用饮食，不可暂离，而其成专
科之学，则当二百年而已。故其理虽中国所旧有，而其学则中国所本
无，无庸讳也……即如执事今易平准之名，然平准决不足以当此学。
盖平准者，乃西京一令，因以名官职，敛贱粜贵，犹均输常平诸政
制。计学之书，所论者果在此乎？殆不然矣。故吾重思之，以为此学
名义苟欲适俗，则莫若径用理财，若患义界不清，必求雅驯，而用之
处处无捍格者，则仆计学之名，似尚有一日之长，要之后来人当自知
所去取耳。"②

严复还对新译名与中国旧称间的关系有追本溯源的探讨："譬如
Economics 一宗，其见于行文者，或为名物，或为区别。自当随地斟
酌，不必株守计学二字也。此如化学有时可谓物质，几何有时可翻形
学，则计学有时自可称财政，可言食货，可言国计，但求名之可言而
人有以喻足矣。中国九流，有以一字称家，有以二字称家，未闻行文
者遂以此窘也。Economic Laws 何不可称计学公例？Economic

① 《严复集》第四册，第 893、902、887、865、866、858 页。
② 《严复集》第三册，第 517~518 页。

Problems 何不可云食货问题？即若 Economic Revolution 亦何不言货殖变革乎？故窃以谓非所患，在临译之剪裁已耳。至于群学，固可间用民群。大抵取译西学名义，最患其理想本为中国所无，或有之而为译者所未经见。若既已得之，则自有法想。在己能达，在人能喻，足矣，不能避不通之讥也。惟独 Rights 一字，仆前三年，始读西国政理书时，即苦此字无译，强译'权利'二字，是以霸译王，于理想为害不细。后因偶披《汉书》，遇'朱虚侯忿刘氏不得职'一语，恍然知此职字，即 Rights 的译。然苦其名义与 Duty 相混，难以通用，即亦置之。后又读高邮《经义述闻》，见其解《毛诗》'爰得我直'一语，谓直当读为职。如上章'爰得我所'，其义正同，叠引《管子》'孤寡老弱，不失其职，使者以闻'；又《管子》'法天地以覆载万民，故莫不得其职'等语。乃信前译之不误，而以直字翻尤为铁案不可动也。盖翻艰大名义，常须沿流讨源，取西字最古太初之义而思之，又当广搜一切引申之义，而后回观中文，考其相类，则往往有得，且一合而不易离。"①

严译对中国知识分子有重大影响，其观照本国学术源流的译法也特别受到对传统文化深有素养的士大夫们的接受。孙宝瑄记："泰东西之旧教莫不分义利为两途，自天演家、计学家出而后义利相合，非义不利，非利不义，民乐从善，而治化大进。严先生论及此盖以旧教为不然。吾则谓必治化大进而后义利可以合。"②载振记述："当中国乾隆年间英伦有斯密亚丹者著原富一书，综论工作之巧拙，本末之重轻，又论赋税钞币之法，最为完备。"③而吏部对新政机构改革设计中亦有"度支部设有计学馆，陆军部设有兵学馆"④。反倒是新派人士接受日本转译名词更为容易，梁启超就称"以通商论之计学，即日本所称经济财政诸学"⑤。

① 《严复集》第三册，第 518~519 页。
② 《忘山庐日记》，光绪二十七年三月二十日，光绪二十七年四月一日。
③ 载振：《英轺日记》卷六，清光绪铅印本。
④ 端方编：《大清光绪新法令》《吏部奏请各项分部人员仍照向章分发学习折》，宣统上海商务印书馆刊本。
⑤ 梁启超：《戊戌政变记》卷三，第 71 页。

　　政治学。严译政治学的代表作是《群己权界论》，作者是英国人约翰·穆勒(J. S. Mill)，该书本头不大，却是 19 世纪西方政治学的重要著作，书原名《自由论》(On Liberty)，严复改名，有学者认为此举反映严复此时思想趋于保守①。笔者不那么看，此书易名与其说是保守，不如说是避祸，此书所译在 1900 年前，正是戊戌政变后国内政局严峻的时期，六君子喋血菜市口，康梁逃亡域外，这时严复翻译此书，当是有所感有所指而发。严复在为书所作的"译凡例"中称："须知言论自繇，只是平实地说实话求真理，一不为古人所欺，二不为权势所屈而已，使理真事实，虽出之仇敌，不可废也；使理谬事诬，虽以君父，不可从也，此之谓自繇"②。这便是严复对近代自由观的诠释和大胆宣言。严复的另一部更重要的政治学著作是 1906 年出版的《政治讲义》，这是严复亲自著写的。书中，严复将中国传统的政治理论和西方近代的政治学原理结合，创造出了既具近代色彩又富中国特色的若干新的政治学理论，并使中国传统的治国平天下的言说演进到近代科学或学术的境界。该书因而被称为"清末第一部政治科学著作"，和"中国政治科学的奠基作"。③

　　此外，严复还颇具先见之明的对更多的学科创建予以贡献，这些在中国主要是在"五四"前后方才形成分门别类的学科。

　　军事学。严复是学军事出身的，尽管其军事学方面的才能和贡献多被其他领域所掩盖，但严复对中国近代军事学的贡献实在是不应忽略，其在军事学(特别是海军)领域中多有阐发，著有《新译"日本帝国海军之危机"序》，《"海军大事记"弁言》，《代北洋大臣杨拟筹办海军奏稿》等。严复尖锐地指出："今夫中国，非无兵也，患在无将帅。"为什么会"无将帅呢?"因为"中国将帅，皆奴才也"，其因在于"不学而无术"，只能听人指使，"若夫中国统领伎俩，吾亦知之：不知道里而迷惑，则传问驿站之马夫；欲探敌人之去来，则暂雇本地之

----

①　前揭《论严复与严译名著》，第 31 页。

②　《"群己权界论"译凡例》，《严复集》第一册，第 134 页。

③　陈小雅：《中国政治科学的奠基作——严复的"政治讲义"》，载《93 严复国际学术研讨会论文集》，海峡文艺出版社 1995 年版，第 264 页。

无赖。尤可笑者，前某军至大同，无船可渡，争传州县办差；近某军扎新河，海啸忽来，淹死兵丁数百。是于行军相地，全所不知。夫用如是之将领，使之率兵向敌，吾国不亡，亦云幸矣!"严复认为军人只有"报国之勇"是不够的，只具有传统的军事知识也是不够的，只掌握单纯的军事知识还是不够的。在近代战争中，必须要全面掌握近代多学科的知识，才能成为无愧于时代的军人。"所谓为将之略者，则非有事于学焉必不可。即如行军必先知地，知地必资图绘，图绘必审测量，如是，则所谓三角、几何、推步诸学，不从事焉不可矣。火器致人，十里而外；为时一分，一机炮可发数百弹，此断非徒裎奋呼、迎头痛击者所能决死而幸胜也。于是则必讲台垒壕堑之事，其中相地设险，遮扼钩联，又必非不知地不知商功者所得与也。且为将不知天时之大律，则暑寒风雨，将皆足以破军；未闻遵生之要言，则疾疫伤亡，将皆足以损众。二者皆与扎营踞地息息相关者也。乃至不知曲线力学之理，则无以尽炮准来复之用；不知化学涨率之理，则无由审火棉火药之宜；不讲载力、重学，又乌识桥梁营造？不将光电气水，又何能为伏桩旱雷与通语探敌诸事也哉？抑更有进者，西洋凡为将帅之人，必通敌国之语言文字，苟非如此，任必不胜"。①

新闻学。戊戌维新时期是中国近代新闻事业的发生时代。严复获得广泛的社会声誉也在这个时期，并主要通过新闻报刊来实现。1897年10月26日，严复等在天津创办《国闻报》，一经发刊，便表现出近代报刊的风貌和近代传媒的功用。在形式上，"略仿英国《泰晤士报》之例"，日报，铅字排印，八版。并规定"毁谤官长，攻讦隐私，不但干国家之律令，亦实非报章之公理。凡有涉于此者，本馆概不登载。即有冤抑等情，借报章申述，至本馆登上告白者，亦必须本人具名，并有妥实保家，本馆方许代登。如隐匿姓名之件，一概不登"。②这固然会在某种程度上削弱报刊的战斗性，但报刊的客观真实中立是保持其公平性、准确性和连续性的重要前提，是近代报刊的一项基本

① 　陈宝箴：《招考新设时务学堂学生示》，《时务报》第 43 册，光绪二十三年十月。

② 　《严复集》第二册，第 456 页。

守则。戊戌政变后，党人报刊多被查禁，《国闻报》仍在坚持，与这一办报原则不无关系，并给维新运动留下诸多信史。在办报宗旨上，揭出"求通"的理念，"一曰通上下之情，一曰通中外之故"。既要"通"上下中外之信息，那么消息的来源要广泛和快捷，也就是要有大量及时的新闻资源，《国闻报》的资讯来源主要来自翻译和采访两个途径："翻译之报，若俄、若法、若德、若美、若日本、若欧、墨其余诸国。萃取各国之报，凡百余种，延聘通晓各国文学之士，凡十余人。采访之报，如天津本地，如保定省会，如京师，如河南，如山东、山西，如陕、甘、新疆，如奉天、吉林、黑龙江三省，如前后藏，如内外蒙古；外国如伦敦，如巴黎，如柏林，如森彼得堡，如纽约、华盛顿。"①这应该说是建立了一个较广泛的国内外通讯网。因此，近代新闻学对新闻报道的基本要求——准确、丰富、快捷也就成了《国闻报》的特色，时任总理衙门章京的汪大燮在给报人汪康年的信中说："《国闻报》请人法最妙，所请即《泰晤士报》馆所请之人，消息确而速，又极多极详……不确、不详、不多、不速，人不要看，四美具则费钜矣。"②在栏目上，设《上谕恭录》(后期还列《宫门钞》一栏)、《路透电报》、《本馆论说》、《国闻录要》(国内要闻)、《本埠新闻》、《京师新闻》、《奉天新闻》(有时还设《西藏新闻》、《东南各省新闻》)、《日本新闻》等。于此近代报刊的各栏目类别，新闻、社论、综述、译述、消息、报道、转载等等多已齐备。作为与《国闻报》相匹配的有旬刊《国闻汇编》，其特点是"精"，《天演论》便是在此刊上最早发表，梁启超曾对维新期间林林总总的报刊有一评说："《时务报》后，澳门《知新报》继之。尔后一年间，沿海各都会继轨而作者，风起云涌，骤十余家，大率面目体裁，悉仿《时务》，若惟恐不肖者然，其间惟天津《国闻汇编》，成于硕学之手，精深完粹。"③《国闻报》不能算是维新时期创办最早和最有影响的报刊，但应该说是较具

---

① 《国闻报缘起》，《严复集》第二册，第 453、455 页。
② 《汪康年师友书札》(1)，上海古籍出版社 1986 年版，第 784 页。
③ 梁启超：《本馆第一百册祝辞并论报馆之责任及本馆之经历》，载《清议报》第一百号。

近代新闻报刊特征的出版物。

宗教学。严复对宗教学的译述开始的较早，早在甲午战争前后严复就翻译了英人宓克（A. Michie）的《支那教案论》，后又作《论南昌教案》、《续论教案及耶稣军天主教之历史》等，严复对西方宗教的注意主要由时局引发，19世纪后期，教案成了中外之间酿发频率最多的冲突，使严复深感有探究西教来龙去脉，并向国人介绍的必要。《支那教案论》出版于1892年，很快就被严复译介，就是有感于"时长江教案蜂起，作者盖深忧夫民教不和，终必祸延两国，而又悯西人之来华传教者，胶执成见，罕知变通，徒是己而非人，绝不为解嫌释怨之计，故著是书以讽之"①。通过严译，国人对天主教（严译"罗马宗"）、基督新教（严译"路德宗"）、犹太教、伊斯兰教（严译"摩哈穆"）以及所属的若干修会、差会（如耶稣会等）的历史和现状，对西方宗教学的发展和演变有了更多了解。应该提及，严复是一位强烈的无神论者，其对西方文明有多方面的兴趣和赞美，但对西教却持强烈排斥态度，他认为"西学与西教，二者判然绝不相合。'教'者所以事天神，致民以不可知者也……'学'者所以务民义，明民以所可知者也……'教'崇'学'卑，'教'幽'学'显；崇幽以存神，卑显以适道，盖若是其不可同也"②。有鉴于此，严复大声疾呼："教育最大之目的，曰去宗教之流毒而已。"③其非宗教的言论与他崇尚理性科学，致力国民启蒙，反对迷信盲从的思想是完全吻合的。

教育学。严复将其一生的主要精力放在新兴教育事业上，严厉抨击旧教育制度的漏弊，认为旧式科考有"锢智慧"、"坏心术"、"滋游手"三大害处，使天下无才。为此他极力呼唤新教育的兴起，并对新教育体系进行了略为完整的设计：在功能上，严复认为应该将过去官僚培训所性质的教育改为面向全社会的国民教育，以提高全体国民的素质为教育基准；在目标上，严复认为教育的目的应该是鼓民力、开民智、新民德，为此提出德育、智育、体育并重的教育思想；在内容

---

① 《支那教案论提要》，《严复集》第一册，第54页。
② 《严复集》第一册，第52页。
③ 《严复集》第四册，第1016~1017页。

上，严复强调应以近代的自然科学和人文科学为主，并特别强调了数学、化学、天文、地学、物理、生物等学科以及科学实验的功能，同时，严复也提出新式教育应该是符合中国国情，结合中国文化传统的教育；在学制上，严复认为应建立完整的近代学校教育体系，并依据人的身体发育阶段而将青年的受教年限区分为初级、中级和高级三个各具重点又互相衔接的时段；严复还对家庭教育、实业教育和妇女教育问题予以特别关注。

三、结　　论

在中国近代学术转型的过程中，严复曾一度居于领袖群伦无可他替的地位，有其内在原因。

在近代中国人中，严复是较早系统接触西学的。他出生在中西交会的前沿地带福建侯官（今福州），15岁（1867年，按：应为14岁）入马尾船政学堂，这是清朝第一所具近代教学内容的军校，"所习者为英文、算术、几何、代数、解析几何、割锥、平三角、弧三角、代积微、动静重学、水重学、电磁学、光学、音学、热学、化学、地质学、天文学、航海术，计五年而卒业"①。这些充满着浓郁新学气味的课程在当时被视为另类，在一般学堂是学不到的。其后，严复被派往"建威"、"扬武"舰实习，曾赴日本、新加坡等地。1876年，作为中国首批官派留英学生，严复先入朴茨茅斯大学院，又入格林尼治海军大学，在校期间除主修与海军有关的军事课程外，还比较系统地学习了重学、电学、化学、算学等课程，并对科学试验表现出很大的兴趣，当中国驻英国公使郭嵩焘访问格林尼治时，严复特为其表演了静电实验，并对水压机、麦克风、金属的缩胀原理以及对数和牛顿力学进行了说明。留英期间，严复还对西方社会多有体察，"尝入法庭，观其听狱，归邸数日，如有所失。尝语湘阴郭（嵩焘）先生，谓英国与诸欧之所以富强，公理日伸，其端在此一事。先生深以为然，见谓

---

① 《侯官严先生年谱》，载《严复集》第五册，第1546页。

卓识"①。说明严复在学习西方近代军事科技知识的同时，还广泛地接受了西方的学术和文化滋养，并进而探究西方之所以臻于富强的社会根由。1879年，严复回国，又先后在马尾船政学堂、北洋水师学堂、京师大学堂、复旦和后来的北京大学等处就职，在当时旧学居于正统的大环境下，这些机构都是那个年代不可多得的天朝中人接触西学的飞地前沿。所以可以说，严复所处的环境很具特殊性，他在中学为体的大氛围中，能够较长时间的独居西学气息很浓的小环境内，在那个时代，这样的客观小环境，对绝大多数国人来说是不具备的，"这种经历把他与他的绝大多数同胞绝然分开"②。正如孙诒让所称："我国士不学而民无教，以四百兆之众，而识字者不及百之一二，取士专重科目，以时文试帖之庸陋腐滥为多士进身之阶，是率天下而趋于不学也。京师国子监为古之大学，而祭酒司业徒拥虚位，并无肄业之生。各府州县学虽立教谕训导诸官，而无教士之法。书院院长仅课文艺，于学无与问，以声光化电诸学，则老师宿儒，懵然不能举其名。"③严复因之成为其时其间对西学了解最深的人，也便不奇怪了；严复又进而成为促使近代中国学术转型的重量级人物，也就不奇怪了，因为中国近代学术体系的相当部分是从西学移植，在当时，能够最早具备这种移植资格和能耐的人并不多见。再有，严复最重要的学术活动主要在京津等地（短期在上海）完成，可谓南人在北地成就大器，于北京来说，是中国学术文化最为发达的地区，尤其是中国传统学术文化的重镇，这对严复在趋新尊西的大前提下，又能熔南北、新旧、中西的优长于一炉的学术转型思路的形成，不无地域文化资源方面的影响。当然，中国近代学术转型是经过一两代人的共同努力方才基本完成，绝非严复一人之功。

严复致力于近代的学术转型，至少有两个特点值得提出。一是整体性，严复不愧为那个时代的博学大家，他没有局限于单项的学科门类，从自然科学的生数理化到人文科学的文史哲，再到社会科学的政

① 《严复集》第四册，第969页。
② 许华茨：《严复与西方》，职工教育出版社1990年中译本，第21页。
③ 孙诒让：《周礼政要》卷上，光绪二十八年瑞安普通学堂刻本。

经法以及社会学等，严复都有奠基性的作为①，是百科全书型的人物②。但应该看到，严复在各近代学科的确立过程中所扮演的是一种开创性的角色，其引进仍具浮泛、初始的特征，当学术转型达到一定深度时，严复型的泛引就远远不够了，只有期待对各学科有更精深研究的专家来进行。

再是融通性，严复对近代学术不是单纯的移植，不是全盘西化或照抄照搬，不是完全割裂传统，而是十分观照中国的既有国情，观照中国的传统文化和学术源流。严复从其早期译介开始，就始终关注中西结合的大问题，关注近代学科的中国化问题，在严复等人的努力下，近代学术的引介也由略早时期的"多翻译，少自著"的格局(主要由在华新传教士等所主持)演进到"独树一帜，一切例证，悉以中国之事实为本"的更加成熟的新阶段③。可以说，中国近代的学术转型很快就完成了从单纯引进到结合本国实际的再创制，进而较快地出现了将近代科学体系与中国国情相结合的各专业学科，这一过程的加快与严复等人有很大关系，就此言之，严复功莫大焉。严复有诗赞福建学人曰："旧学沈沈抱根底，新知往往穷人天"④。其实，也是严复本人的自觉的志趣追求和如实写照。黄遵宪曾评介："《天演论》供养案头，今三年矣。本年五月获读《原富》，近日又得读《名学》，隽永渊雅，疑出北魏人手，于古人书求其可以比拟者，略如王仲任之

---

① 严复对近代数学、地学也有阐发，还专为《化学导源》一书的出版作序，对化学的功用极而言之："虽谓泰西今日之富强，化学实尸之，未为失也。盖自农桑医药，至于一切之制造，皆非化学不为功。"《严复集》第二册，第291页。

② 严复不仅自身纵横驰骋多学科，显示出百科全书派的学养。而且其本人也特别重视百科全书或某些辞书的编撰，他曾自编英文文法书《英文汉诂》，又为《袖珍英华字典》、《英华大辞典》、《泰晤士万国通史》、《普通百科新大词典》、《习语辞典集录》等大型辞书作宣传，还特作《书"百科全书"》一文，称百科全书"盖以一部之书，举古今宇内，凡人伦思想之所及，为学术，为技能，为天官，为地志，为各国诸种有传之人，为宗教鬼神可通之理，下至草木、禽兽、药物、玩好，皆备于此书焉……学者家置一编备考览，则不出户可以周知天下"。《严复集》第二册，第251~252页。

③ 陈学熙：《中国地理学家派》，《地学杂志》第二年第十七号。

④ 《严复集》第二册，第365页。

《论衡》，而精深博则远胜之。"①这当不是黄氏的个人观感。于是，20世纪初在中国不仅出现了自然和社会科学各学科门类的大面积"移植"，且引出了中国固有学科门类的改造和重构，并进入到对中国学术进行自觉反思的所谓"道在反求"的境界②；更重要的是，它使"西学"开始有机地系统地融进"中学"之中，而创造出了不中不西，亦中亦西的近代"新学"，中西学术被初步整合在一个新的学术框架内。如果以二十来年作为一个代际，那么严复、康有为、谭嗣同、梁启超、章太炎这戊戌的一代明显地要比胡适、鲁迅、陈独秀、李大钊等"五四"的一代多一些中国传统的因袭和影响。严复这代不仅面向西域，也面向东方，不仅注意当下，也注意传统，不仅利用西方资源，也利用中国资源，并使二者有所融会。余英时在评论"五四"时代人物的不足时指出："至于他们把民主与科学放在和中国文化传统直接对立的地位，那更是不可原谅的大错误。"他们的"视野和胸襟都不够开阔，他们往往不能对中西文化在道德、宗教等精神层面所遭遇到的现代危机有任何深刻的同情和理解。不但中国的理学和佛教仅成为抨击的对象，西方的基督教和唯心论一系的哲学也得不到公平的待遇"③。戊戌前代不像五四后代，对传统文化资源抱持那样决绝态度，进而拒绝继承，告别传统。戊戌代对传统文化多了一些因袭连带乃至拖累，但也多了几许理解感情乃至偏好，严复甚至在其遗嘱中还谆谆告诫"须知中国不灭，旧法可损益，必不可叛"④。也正是经由他们之手，中西文化实现了第一次大的融合。

【评介】

郭卫东，北京大学历史系教授，主要研究方向包括中国近现代史、近代中外关系史、晚清政治史等。其代表著作包括《不平等条约

---

① 《黄遵宪致严复书》，载《严复集》第五册，第1571页。
② 冯桂芬：《校邠庐抗议》（制洋器议），载中国近代史资料丛刊《戊戌变法》（一），第30页。
③ 《试论中国文化的重建问题》，载余英时：《文史传统与文化重建》，三联书店2004年版，第437页。
④ 《严复集》第二册，第360页。

与近代中国》(高等教育出版社 1993 年版)、《近代外国在华文化机构综录》(与刘一皋合编,上海人民出版社 1993 年版)、《转折——以早期中英关系和南京条约为考察中心》(河北人民出版社 2003 年版)、《中西融通:严复论集》(与牛大勇合编,北京宗教文化出版社 2009 年版)等。

《融通古今中西:严复与中国近代学科的构建》收录在 2009 年出版的《中西融通:严复论集》中。该书是 2008 年 12 月在北京大学召开的"严复思想与中国变革"学术研讨会的会议论文总集。该书所收论文包含一个共同点,即将"中西融通"作为严复思想的一个主要特点,并从此特点出发对严复思想研究作新的拓展。郭卫东此文主要论述了严复对中国教育的影响,从严复的翻译著作、发表的论文、写与亲友的信件等角度观察严复对引进西方学科的贡献,并由此探究严复如何借西方学科体系之成果来构建中国的近代学科制度。

作者认为,严复构建中国近代学科体系的宏伟模型是建立在融合中西方文化、贯通中国古今思想的基础上的。具体地说,郭卫东等人主编的《中西融通:严复论集》明确指出严复思想的"融通性"的特点。事实上,"融通"与"会通"在中国史学发展史上有着独特的地位。司马迁写《史记》,开篇便表明写史是为了"究天人之际,通古今之变,成一家之言",于是撰成上至黄帝时代下至汉武帝的贯通历史之作。后世修史者如杜佑写《通典》、司马光写《资治通鉴》,都强调"会通古今历史"的重要性。如果从"会通"的角度来看,严复则在前人的基础上实现新的突破:他不但贯通古今历史,将中国传统文化思想融入他的著述,还会通中西思想,从中寻找改变中国危难境况的途径。

从"古今中西融通"的大主旨来观察严复在学科建设上的贡献,作者提出,严复所为与其他戊戌时代的变法者一道实现了中西文化的第一次大融合。这一中西文化大融合的意义之所以重大,首先在于,20 世纪初学科体系的建立"在中国不仅出现了自然和社会科学各学科门类的大面积'移植',且引出了中国固有学科门类的改造和重构,并进入到对中国学术进行自觉反思的所谓'道在反求'的境界;更重要的是,它使'西学'开始有机地系统地融进'中学'之中,而创造出了不中不西,亦中亦西的近代'新学',中西学术被初步整合在一个新的学术框架内"。其次,这一大融合的成果没有能够持续长久,而盲目地排斥中国传统文化或者西方文化的现象在后来的中国却交替地成为"主流",以至于出现"文化断裂"的现象,因而在近几十年学者重提"文化传承"、"借鉴西方"的时候,严复的"古今中西融通思想"便成为研究的中心。作者指出:"如果以二十来年作为一个代际,那么严复、康有为、谭嗣同、梁启超、章太炎这戊戌的一代明显地要比胡适、鲁迅、陈独秀、李大钊等'五四'的一代多一些中国传统的因袭和影响。"他又引述了余英时评论"五四"一代人的不足的话,他们的"视野和胸襟都不够开阔,他们往往不能对中西文化在道德、宗教等精神层面所遭遇到的现代危机有任何深刻的同情和理解。不但中国的理学和佛教仅成为抨击的对象,西方的基督教和唯心论一系的哲学也得不到公平的待遇"。相比之下,作者认为:"戊戌前代不像五四后代,对传统文化资源抱持那样决绝态度,进而拒绝继承,告别传统。戊戌代对传统文化多了一些因袭连带乃至拖累,但也多了几许理解感情乃至偏好,严复甚至在其遗嘱中还谆谆告诫'须知中国不灭,旧法可损益,必不可叛'。"这种"中西融通,古今相承"的思想在"五四"时期被搁浅了。在接下来的抗日战争、解放战争中,不仅是这种思想,甚至是学校教育都无法正常运行。新中国成立后,教育重新得到重视,学科建设提到日程上来,并且初步获得了良好的成果。可是此后频繁的政治运动与"十年文革"抑制了思想自由,西方文化与中国传统的优秀文化遭到了粗暴的否定,学术研究几乎没有"相通"、"相承"可言。于是,人们发现,在这漫长的、相互交错的"文化偏袒运动"中,培养适应现代社会的人才的教育被淹没,中国文化在民间出现了"断层",创新也受到了抑制。这就是为什么在改革开放以后,关于"文化断层"的批判、关于继承和学习古今中外优秀文化的呼吁层出不穷。此时回顾历史,人们发现,严复对待古今中西思想的态度以及他对中国学科建设的贡献是多么可贵。于是,加强严复思想研究,以促进中国在学习古今中外优秀文化之中不断创新便显得尤为重要。

本文内容主要包括三个部分:

(一)严复对新学科谱系的构建的贡献。作者提到,中国传统的四部分类法(经、史、子、集)随着清朝与西方政治经济文化大范围的交往而逐渐显得不合时宜,依据西方知识构建新的知识谱系对于近代中国变得势在必行。洋务运动虽尝试过在传统学科分类方面进行改革,但是成效不明显。有意义的变化应该说从严复这里开始。严复通过演讲、报刊来宣扬西方学科分类法的优点,积极帮助建立中国的学科体系。严复在演讲时,曾向听众提出构建中国新的学科体系的问题。他的宣讲并非大而化之的介绍,而是非常具体的学科体系的内容与构建计划。比如,严复不仅对学习的方法以及学问的功用进行分类,还提出学习基础学科的正确途径。此外,严复还曾在《国闻报》上发表文章,专门讨论"治学治事宜分二途",因材施教,使学生学以致用。他提出,"农工商各业之中,莫不有专门之学。农工商之学人,多于入仕之学人,则国治"。这一理念在现在看来符合"术业有专攻"的教育目标,但在封建士大夫的势力依然强大的晚清社会,提出这样的设计蓝图的确需要眼光与勇气。

(二)严复推动各门新学科的建立。在学科建立方面,严复不仅是一个演说家,还是一个实践者。作者提到,"严复不但倾力鼓吹整体上的学科大谱系的建立,还亲力亲为,致力于各新学科的引介和创立,在中国近代各门新学科的初建中,严复多有前驱先路之功"。此外,严复在引进各种西方新学科时,并不是全盘接受的。"如果说,近代学科总谱系多为中国传统文化教育资源所无,多采行西方的近代学科体系,那么在各具体门类新学科的创建过程中,严复等更注意契合衔接中国已有的文化资源。严复奠定各新学科的一个重要特点,就是结合中国国情,联系中国传统文化。"可见,严复既善于学习西方先进思想,又能够充分了解并且运用本国传统文化的博大、通融精神。凭借这样一种包揽古今中外优秀学习资源的原则,严复所倡导的新学科体系既没有背弃传统,也没有故步自封。与后来五四新文化运动的"全盘西化"的主张以及"文革"时期"打倒封建文化、打倒西方资本主义文化"的教育观念相比较,严复的教育学眼光令人钦佩。

作者认为,严复的艺术作品对中国社会所产生的巨大影响,在学科建设方面表现在为多门基础学科的建立提供了学科概论及学科入门知识的教材,并为这些学科在中国的长远发展打好基础。比如,在哲学学科上，严复的《〈老子〉点评》、《〈庄子〉点评》对中国古代哲学作了简单介绍，他在翻译著述中提到了柏拉图、亚里士多德、卢梭、孟德斯鸠、洛克等人及其相关哲学主张，还多次宣传了逻辑学的内容和它对思维的重要意义，由此初步介绍了西方哲学的知识。在文学学科上，严复把小说的功用抬到远高于"经史之上"，因此本来不入庙堂之学的小说在文学领域获得了"正统"的地位。在历史学学科上，作者提到，严复不认为"历史"可以作为一个单独的学科，因为每一个学科都可以有自己学科的历史，所以"历史"本身就不需要形成一个学科。尽管如此，严复还是对"专门史"作出过贡献。比如他翻译的甄克思的《社会通诠》，该书原名为《政治短史》，就是对西方政治的历史的简要介绍。此外，《天演论》使中国人了解到人类的进化史，从而大大改变了人们的历史观，并促使历史学者以新的史观研究历史。在社会学学科上，严复翻译了英国社会学家斯宾塞的《群学肄言》（原名为《社会学研究》），带动了社会学在中国的传播。在翻译学学科上，首先，严复有目的、有重点地选择翻译书目，引进了许多对于改变当时中国人落后思想有重大作用的书，这便超过了以前于中国无大裨益的翻译。其次，严复的翻译态度——"一名之立，旬月踟蹰"使其译著无论在翻译内容还是质量上都胜过以往通俗的翻译作品。再次，严复提出的"信、达、雅"三字原则成为中国翻译界的典范，作者认为，"通过严译和翻译三原则的提出，中国近代翻译学开始起步"。最后，严译著作非常注意在翻译西方作品的时候与中国传统文化连接起来，这使得中国社会——尤其是旧式士大夫能够理解和接受他所传达的西方思想。在生物学学科上，严译《天演论》的出版不仅成为当时国内生物学开始建设的引擎，而且其关于社会进化论的内容极大地冲击了时人的思想。严复在《天演论》中提到，天演进化思想与中国《易经》中的"变"有相通之处，这更加强化了《天演论》在社会上的影响力。在物理学学科上，它并不是严复通过翻译西方相关著作而引进的，但是严复曾专门发表题为"论今日教育应以物理科学为当务之急"的演讲，指出物理科学对于强国富民的重要性。此后，中国的物理学蓬勃发展起来。在法学学科上，严译孟德斯鸠的《法意》可以视为中国现代法学学科在中国的开端。在经济学学科上，严复通过翻译亚当·斯密的《原富》所加的案语，介绍了亚当·斯密、大卫·李嘉图及马尔萨斯人口论等名家名说，从而将资本主义经济学体系较为系统地引进中国。具体来说，严译经济学著作的出版使资本主义的自由贸易的思想、市场经济的思想、反行业垄断的思想、公平竞争的思想、农商并举的思想、专利制度的思想等在中国得到传播。在政治学学科上，严复翻译的约翰·穆勒的《群己权界论》介绍了西方自由主义思想，这一思想在康有为、梁启超的宣传下更为迅速地在中国传播开。关于严复译此书并将其书名由《论自由》改为《群己权界论》的问题，作者认为，这本书译成于1900年之前，那时戊戌政变发生不久，国内政局动荡，严复的"讳言"也是为了避免灾祸。考虑到在这样的政治形势下严复依然完成这本书的翻译，可见严复并没有背弃对西方自由主义的信仰。严复对政治学的另一个理论贡献是《政治讲义》的整理出版，该书结合了"中国传统的政治理论和西方近代的政治学原理"，使"中国传统的治国平天下的言说演进到近代科学或学术的境界"。

值得注意的是，作者在论述严复对这些学科的理论贡献时，都提到严复非常重视引进学科的"中西融通"性。即严复每介绍一门西方学科的具体内容，都会在中国传统文化中找到能与其相通相融的学理，或者以中国传统的语言和实例来解释这些学科中比较难懂的部分，由此向中国人宣传这门西方学科在中国的可实践性。这样的引进方式对中国社会的确是有效的。除了以上所列的学科，作者还总结出其他几个常被忽视的、同样由严复首倡的学科，包括军事学、新闻学、宗教学和教育学。

（三）结论。严复能够走在时代的前沿，结合古今中西的文化学说改造中国的传统教育制度，并初步建设起行之有效的学科体系，跟他的生活氛围有密切关系。作者分析道，首先，严复青年时曾在船政学堂上学，后来出国学习国外先进的科学知识，回国后又长期在学校中任职，因此，即使处于一个中学为体的大环境中，他也能"较长时间的独居西学气息很浓的小环境内"，使他对中西学术文化保持密切关注，造就了他深厚的中西学功底。其次，严复常年生活、工作在京津地区。在这个传统文化最为浓郁且西方新思想又极为畅通的地区，严复便有了充分的空间来塑造自己的"熔南北、新旧、中西的优长于一炉的学术转型思路"。当然，这些优势在某些情况下可能会转化为劣势，比如有的学者就认为，由于严复长期生活在这样比较封闭的学术环境中，而且鲜少参与政治，使得他缺乏对中国大多数民众的了解，"渐渐与社会脱节"，且不能积极地去实践自己的主张。也就是说，他在"理论贡献"上是先驱，在"实践"上却落后了。

可是严复的理论贡献便足以让后人不断发掘研究。在严复亲力构造的宏大学科建设体制中，作者不仅把握住其"古今中西融通"的主旨，还归纳出严复在建设新式学科体系过程中的特点，即整体性与通融性。

本文对所涉及的学科内容、学科建设的背景资料等都作了详尽的介绍，不仅概述了严复所作的贡献，也展现了晚清时期中国教育制度改革的大致情况。而更为重要的是，本文提醒了严复学术思想的研究者们，严复的论著横跨文理科多个领域，包括政治、经济、哲学、历史、生物、物理、化学等，并且在翻译文字和思想方面能做到会通达旨。《清史稿》对严复的评价便可印证："复殚心著述，于学无所不窥，举中外治术学理，靡不究其原委，抉其失得，证明而会通之。精欧西文字，所译书以瑰辞达奥旨。"因而其思想的深层意义是值得不同学科的研究者共同探索的。可是现阶段严复的学术思想研究主要集中在历史学科和翻译学科，其他学科对严复的研究较少。在21世纪初，有学者指出，严复学术与思想的研究内容丰富，框架宏大，不是单学科之力便可研究透彻的，而缺乏不同学科的共同参与是多年来严复研究和严复学术成就不相称的原因所在。所以，应该注意到，联合多个学科进行合作将是未来严复的学术和思想研究能够持续进步的趋势之一。

(李国庆)

近三十年严复研究论著提要

近三十年严复研究论著提要

1981 年

民国严几道先生复年谱

王蘧常著，台北：台湾"商务印书馆"，1981 年 4 月出版。本书是王云五主编的《新编中国名人年谱集成丛书》中的第十三辑。本书原名为《严几道年谱》，1936 年由上海商务印书馆首次出版发行。该书汇编了严复生平事迹的详细情况。

福建文史资料选辑·第 5 辑

中国人民政治协商会议福建省委员会文史资料委员会编，福州：福建人民出版社，1981 年 7 月出版。本书为《福建文史资料选辑》的第五辑，荟萃了与福建地方名人相关的文章共 17 篇。其中，严复的族侄严家理写的《严复先生及其家庭》和《严复与二林》两篇文章涉及严复在生活中与家人、朋友的交往的事迹。

筹安会"六君子"传

陶菊隐著，北京：中华书局，1981 年 7 月出版。"六君子"实指1916 年组织筹安会、为袁世凯帝制开道的六个人，包括杨度、孙毓筠、严复、刘师培、李燮和胡瑛。本书的意旨，与其说是为筹安会"六君子"立传，不如说是为了写出袁世凯篡国、窃国的罪恶史。其重点是写袁世凯由总统变成皇帝的过程。虽然杨度等组织筹安会积极支持袁世凯复辟，但作者认为筹安会只是这个过程的一段插曲。作者在书中称，本书主要是为了揭发袁世凯违背坚持共和制度的诺言而策划复辟的罪恶行状，因此书名和它的内容并不完全相称。

本书原名为"六君子传"，由作者在抗日战争前后陆续写成，当时作者一面写稿，一面将这些稿件在上海《新闻报》连载发表。然而，由于太平洋战争爆发，稿子未登完，《新闻报》便被日本接管，此书于是未能面世。直到1981年，中华书局才正式出版此书。作者对杨度、严复、蔡锷等人物的描写都生动逼真，使得人物的性格特征都活灵活现。同时，本书情节紧凑有致，波澜起伏，很能引起读者共鸣。

翻 译 论 集

刘靖之主编，北京：三联书店，1981年8月出版。本书由赖恬昌题辞，刘靖之作序，收集了近百年来海内外多位学者的关于翻译理论的论文。其中第一篇是严复作于1901年的《天演论·译例言》。主编者认为，严复所作的《天演论·译例言》开宗明义地提出了"信达雅"的翻译三原则，开创了中国翻译理论的先河。此外，韩迪厚的论文《严复的翻译理论及其影响》主要介绍了严复翻译理论的具体内容，以及其译著对于中国社会的影响。

本书主编在序中谈到，自严复以降，我国的翻译理论研究经历了几个发展变化的时期。从主导人物上看，严复、林语堂、赵元任、胡适、傅雷、林以亮、钱锺书等人与瞿秋白、鲁迅等人所持的翻译理念有异；从翻译原则上看，严复的"信达雅"原则起了奠基性的作用，被后人普遍地接受。此后还出现了关于"字译"和"句译"，"直译"、"硬译"、"死译"和"意译"，"神似"和"化境"等翻译方式的争论。

本书内容分为三组，第一组文章属于总论性质，讨论了翻译标准和翻译原则；第二组文章属于专论性质，讨论了具体的翻译理论和经验；第三组文章是对译作、译者的评介以及有关翻译史事的叙述。本书所收录的文章包括：严复《天演论译例言》，《鲁迅和瞿秋白关于翻译的通信》，《瞿秋白给鲁迅的信》，《鲁迅的回信》，《瞿秋白复鲁迅再论翻译》，林语堂《论翻译》，赵元任《论翻译中信、达、雅的信的幅度》，《胡适论翻译》（何欣记录），傅雷《翻译与临画——〈高老头〉重译本〈序〉》，《傅雷关于翻译的通信》，《致林以亮论翻译书》，《致罗新璋论翻译书》，陈康《论信、达、雅——〈柏拉图巴曼尼得斯篇·序〉》，林以亮《翻译的理论与实践》，《刘殿爵谈翻译传统与理论》（阮纪宏记录），余光中《翻译和创作》，思果《翻译要点》，邹嘉彦《意图、意义与翻译》，董桥《翻译与"继承外国文学遗产"商兑》，朱光潜《谈一词多义的误译》，董乐山《翻译五题》，黄雨石《试谈英译汉误译问题》，刘绍铭《方寸已乱——论译事之难》，刘靖之《泛论大学用语之中译》，思果《谈翻译上的"还原"》，林以亮《颜色的翻译》，林语堂《论译诗》，陈祖文《英诗中译——何以要忠实于原作的结构》，葛传椝《漫谈由汉译英问题》，高克毅《广播与翻译》，余也鲁《从"传理"论新闻翻译》，张树柏《谈谈科技论文的翻译》，林文月《〈源氏物语〉中译本第五册序》，钱锺书《林纾的翻译》，韩迪厚《严复的翻译理论及其影响》，梁实秋《关于莎士比亚的翻译》，伍蠡甫《伍光建的翻译观点——〈伍光建翻译遗稿〉的〈前言〉》，雷海宗《由翻译史看翻译理论与翻译方法》）。

1982 年

论严复与严译名著

商务印书馆编辑部编，北京：商务印书馆，1982 年 6 月出版。鉴于严译名著在中国思想史上的重大影响，以及严复与商务印书馆的密切合作关系，商务印书馆在成立八十五周年（1982 年）之际重印出版了严译名著八种。为了使读者了解严复的翻译工作，也为了方便相关研究人员的研究工作，商务印书馆编辑部从国内学者所撰写的论文中选取了 8 篇代表作编成本书，它们包括：王栻《严复与严译名著》，王佐良《严复的用心》，贺麟《严复的翻译》，侯外庐《严复思想批判》，王汝丰《严复思想试探——严复之翻译及其思想之初步试探》，冯友兰《从赫胥黎到严复》，张岂之、杨超《论严复》，李泽厚《论严复》。

在《严复与严译名著》中，王栻提供了严译名著八种的基本信息与主要内容，系统地介绍了严复译书的主导思想及其所撰写的文字的基本情况。作者认为，严译名著八种包括三方面思想：一、西学救国思想。二、经济上的民主思想，就是反对清政府的干涉，主张听任民族工商业自由发展。三、政治上的民主思想，即认为中国终将走上民主政治的道路。

王佐良在《严复的用心》中将严复翻译作品片段的原文与译文进行了比较，认为严复采用了"汉以前字法句法"的翻译方式，而其用心正在于吸引士大夫的注意。因为虽然这些旧式士大夫保守成性，却是足以左右政策制定的重要力量。这样的翻译方式有利于增加旧式士大夫对西方新思想的关注，减弱他们的排斥，以顺利实现改革国家落后的经济政治制度的理想。

贺麟在《严复的翻译》中主要归纳了严复翻译的几个特点。首先，在选书方面，严复一般根据先后缓急和时势之需要来选择将要翻译的书籍，并且在这之中融会贯通了中国思想。其次，在翻译语言方面，严复的译文总体上非常尔雅。但有的译著偏重于意译，略亏于信，有的则近于直译。此外，严复译著所包含的对原书作者的介绍、对旧思想的攻击等内容也对中国社会产生了相当的影响。

侯外庐的《严复思想批判》主要可以分为两部分。一、通过对严复的著述的分析，总结出严复属于温和的改良主义派。二、通过对严复早期的"改良主义"思想与晚期的"更加保守落后"的思想的分析，进行了历史性的批判。

王汝丰在《严复思想试探——严复之翻译及其思想之初步试探》中认为，严复的思想是矛盾的，一方面他确信世道必变，另一方面又害怕改变。其思想中日渐坚定的保守性使之最终不能挽救中国的危机。

冯友兰的《从赫胥黎到严复》对比了赫胥黎和严复的进化论与不可知论，指出进化论与不可知论在中国与西方分别产生了积极与消极的影响。

张岂之、杨超的《论严复》首先阐述了严复在向西方国家寻求真理时所扮演的"先行者"的角色，然后指出，严复后期日渐占上风的保守思想与改良思想使他所宣传的西学最终没有成为解救中国民族危机的良药。

李泽厚在《论严复》中主要评价了严复在中国近代历史上的地位，分析了严复翻译《天演论》的独创性、严复的经验论及其归宿，以及严氏"以自由为体，以民主为用"的思想。关于严复思想发展变化的问题，作者认为严复"早期民主先进，晚期封建落后"，并且认为，严复既不属于法家，也不属于儒家，而属于资产阶级改良派。

中国近代著名哲学家评传

张立文、默明哲主编，济南：齐鲁书社 1982 年 8 月出版。本书一卷两册，记载了由鸦片战争到五四运动时期，从龚自珍到胡适等二十六位中国近代著名哲学家的事迹，介绍了他们的生平、著作和学术活动，论述了他们的社会政治思想，特别是哲学思想，对历史上有关他们的评价进行重新定位。同时，本书比较全面、系统地介绍了从鸦片战争到五四运动时期这八十多年间中国哲学史的发展状况、规律及其理论思维的经验和教训，力求说明中国古代哲学是怎样终结的，中国近代资产阶级哲学是怎样产生、发展的，以及它们是怎样为马克思主义哲学在中国的建立与发展准备了条件的。

本书的"严复"部分由默明哲撰写。默氏所写《严复》主要介绍了严复的生平、严复的社会政治思想（包括前期的"批判旧学，提倡新学"、"自由为体，民主为用"的思想和后期的"尊孔读经"、"主张专制"的思想）、严复的哲学思想（包括前期进化论的唯物主义思想和后期"不可思议"的哲学思想），以及严复前期哲学思想的历史地位（作者认为，严复前期哲学是在新的历史条件下，新的自然科学水平上建立起来的进化论的唯物主义哲学，而严复则是中国进化论的唯物主义者的先驱）。作者在文章中把严复思想划分为前后两期。他认为，虽然严复思想在前期是先进的、引领时代潮流的，但是后期成了"企图开历史倒车的人物"。因此他后期的哲学思想也就表现为粗陋的唯心主义。

1983 年

中国近现代哲学史研究文集

吉林大学社会科学学报编辑部编，长春：吉林大学社会科学学报编辑部，1983 年 8 月出版。本书为《吉林大学社会科学丛刊》1982 年第 3 集，是以 1982 年 7 月在长春召开的"中国近现代哲学史学术研讨会"的会议论文为基础选编而成的，本书还收编了部分其他约稿。这些论文的内容涉及中国近代哲学发展的基本形态和主要线路，中国近代哲学的发展阶段、特点和规律，中国近代主要哲学思潮的内容与性质，中国近代哲学同中国古代哲学的关系，中国近代哲学同西方近代资产阶级哲学、自然科学之间的关系，马克思主义哲学在中国的传播、发展并取得胜利等方面的问题。本书强调"百花齐放、百家争鸣"的精神，尽管在意识形态与语言表述上还受到时代的限制，但是它代表了改革开放后的新声音，为中国近代哲学史的研究开创了新局面。

本书有三篇文章涉及严复研究。在张士楚的《严复的进化论与中国近代哲学革命》中，作者介绍了严复将进化论介绍到中国的过程，即严复通过翻译、宣传和改造生物进化论，最早地对中国近代哲学的发展起了推动作用。作者认为，严复将生物进化论提到哲学世界观的高度，以科学进化论为武器对中国哲学进行改造，并使进化论哲学成为资产阶级革命的理论基础。顾宝田的《严复与西学》主要介绍了严复将西学介绍到中国的过程与影响。作者认为，严复所介绍的西学集中反映在其严译名著八种之中，其主要内容可以归纳为：一、进化论思想。二、机械唯物主义自然观和经验主义方法论（即逻辑思想）。三、资产阶级政治学说和古典经济理论。曾乐山的《严复与陈独秀》则系统地比较了严复思想与陈独秀思想的异同。这主要表现在：其一，在科学进化论、科学与民主的关系、对中国的封建专制君权论的批判、学习西方的自然科学知识、宣传天赋自由观等的问题上，陈独秀继承并发展了严复的思想。其二，在主张君主立宪还是主张共和、所推崇的资产阶级民主的形式等方面的问题上，两人的观点有所不同。

本书共收入 27 篇论文，包括：石峻《有关中国近现代哲学史研究的几个问题》，丁宝兰《论中国近代哲学史研究的几个问题》，冯契、季甄馥《古今中西之争与中国近代哲学革命》，杨宪邦《试论中国近代哲学思想发展的主线》，申正《中国近代哲学特点、中心与主流述评》，孔繁《中国近代早期改良主义思想简论》，傅云龙《试论中国近代哲学思潮及其特点》，乌恩溥《中国近代哲学和古代哲学的关系》，张锡勤《略论今文经学、陆王心学、佛学和墨学在近代的复兴》，鲁军《进化论在近代中国的传播及其哲学影响》，张士楚《严复的进化论与中国近代哲学革命》，顾宝田《严复与西学》，曾乐山《严复与陈独秀》，陈庆坤《天赋人权论在中国的传播与发展》，郑直《关于孙中山民生史观评议问题》，李华兴《论马克思学说在中国的早期传播》，张平《"五四"时期李大钊对唯物史观的传播》，许苏民《论作为中国近现代哲学发展环节的鲁迅早期哲学思想》，吕希晨《李达前期哲学思想研究》，段启咸《三十年代唯物辩证法运动中的李达同志》，黎振国《瞿秋白与东西文化的争论》，刘国梁《中国共产党建立初期马克思主义者对基督教的批判》，吴琼《论胡适个人主义人生观的特点及其历史作用》，张慧彬《评张东荪的多元认识论》，哲斯《熊十力〈新唯识论〉述评》，宋志明《论冯友兰先生的新理学》，刘建国《关于加强中国近现代哲学文献、史料整理工作的几点意见》。

1984 年

严 复

王栻、俞政著，南京：江苏古籍出版社，1984 年 9 月出版。《中国历代名人传丛书》之一。本书是关于严复的较为全面的传记，记述了严复生平事迹，政治、哲学思想，译著影响，思想的发展变迁等内容。本书共包括五部分。一、海军生涯：（一）福州船政学堂的学生；（二）留学英国；（三）北洋水师学堂的校长。二、资产阶级启蒙思想家：（一）《马关条约》与"公车上书"；（二）鲜明的民主思想；（三）创办《国闻报》；（四）敲起祖国危亡的警钟；（五）在"百日维新"中。三、政治理论和哲学思想：（一）政治理论的基础——进化论及庸俗进化论；（二）机械唯物论的哲学思想。四、从进步转向保守：（一）不安定的生活；（二）专心译著；（三）译著的主要思想内容。五、顽固的瘝懋老人：（一）"筹安会六君子"；（二）提倡尊孔，反对五四运动；（三）在衰病中去世。本书最后附有严复生平大事年表。

1985 年

摇篮与墓地

　　陈越光、陈小雅著，成都：四川人民出版社 1985 年 4 月出版。《走向未来丛书》之一。本书主要介绍严复生平思想发展的道路。在详述时代背景的基础上，作者介绍了严复将西方学说引进中国的过程与影响，严复看待中华民族的独立的观点等，并把严复形容为思想上的"盗火者"。然而，作者认为，以孔孟之道为代表的中国传统文化既是滋养严复成长的摇篮，又在后期阻碍了他的思想的进一步发展，成为笼罩在他思想墓地上的"阴霾"。作者指出，尽管严复的思想在晚年发生倒退，但是他翻译的西方政治、经济、哲学著作，却成了启蒙整整一代中国人的思想火炬。虽然他最后走上了自己曾执著信仰的反面，但他的译著推动了历史的前进。

　　本书共有四章。第一章为"在大时代到来时"。该章包括两节：（一）莽莽神州，放逐中流；（二）纷起应战的人们。第二章为"近代中国思想界的盗火者"。该章包括三节：（一）世纪的产儿；（二）《天演论》；（三）不灭的火神。第三章为"永恒的命题"。该章包括四节：

(一)有共同规律吗？(二)在世界进步的潮流中看待中华民族的独立；(三)牛"体"安能有马"用"？(四)治"标"还是治"本"？第四章为"摇篮与墓地"。该章包括三节：(一)暮色笼罩，送来哀思；(二)伟大而沉重的包袱：专制—孔孟—民族的关系；(三)从历史的灰尘中发掘历史的主题。

1986 年

严复集(全五册)

王栻主编，北京：中华书局，1986 年 1 月出版。《中国近代人物文集丛书》之一。本书收录了严复的生平著述，分为诗文、书信、专著和按语四类。各类著述大体按撰写或发表的时间先后排列。本书系南京大学历史系《严复集》编辑小组的共同成果，其编辑工作从 20 世纪 60 年代就开始，但由于"文化大革命"而中断，直到 20 世纪 80 年代才完成编辑并正式出版。本书收录了关于严复的大量未曾公开的图片、文字材料等，增加了严复研究的资料信息，并在一些有争议的问题上取得了新发现，纠正了许多以往错误的观点。比如，编辑小组在找到《直报》上的最早的《原强》的文章后，发现其与后来人们所频繁引用的版本差异极大。此外，本书对于搜集到的资料，在文字整理、年月的考订、辨伪工作等方面作了进一步的整合。

本书共包括五册。第一册为"诗文(上)"。第二册为"诗文(下)"。第三册为"书信"。第四册为"按语"。第五册为"著译、日记、附录"。

第一、二册包括诗、文两部分，在编排上先文后诗。其中，文集部分经过重新校勘、整理，因而在质与量上有很大的进步。同时，文集中还包含了登在《国闻报》上的、经考证系严复所作的文章。诗部分则在严璩编印的《瘉懋堂诗集》的基础上另补录三首。

第三册包括严复与师友的书信及家书两部分。

第四册包括严复的"翻译按语"和"古书评语"两部分。其中，"翻译按语"部分包括严复翻译作品中的比较重要的按语三百六十余条，约十五万字。"古书评语"则主要选自以下四种书：《老子评语》、《庄子评语》、《王荆公诗评语》和《古文辞类墓评语》。

第五册包括专著《政治讲义》、严译《天演论》和日记三部分。其中严译《天演论》部分还附有其手稿，读者不仅可以从中看到它与通行本在文字上的差异，还可以看到严复思想从最初翻译到最后定稿的变化。

维新运动

王栻遗著，上海：上海人民出版社，1986 年 5 月出版。本书主要写了维新运动的酝酿、发展、高潮直到走向失败的整个过程，讨论了在不同的时期，不同维新人物的思想特色，以及在行动上所作的贡献，最后对维新运动失败的原因作了透彻的分析。本书原写于 1960年，1964 年由南京大学铅印作为教材。1981 年，王栻先生在夫人陈秀梅和五子王平的协助下，作了较大的修改，在内容上有所增添，并对其中的一些学说作了修正。1982 年 2 月 11 日，王栻先生突然因脑溢血昏迷，中止了本书的定稿工作。因此，本书主要反映了他 20 世纪五六十年代的研究成果，还不能完全展示他在 80 年代对于维新运动研究的态度。

本书第三章第三节专门介绍了严复在维新时期的思想与贡献。首先介绍了严复在甲午战争前后的思想的主要内容与变化，将严复形容为"温和的维新人士"。作者认为，严复一心希望中国独立富强，其《论世变之亟》、《原强》、《辟韩》、《救亡决论》四篇文章表现了其主张用英国的体制来改造中国，反对中国的专制政体的思想。但是严复认为，这种改造又不能急进，须通过"鼓民力"、"开民智"、"新民德"的方法逐步贯彻。同时，作者认可严复翻译《天演论》对中国社会所产生的巨大影响，还指出，虽然严复是一个非常重要的维新派思想家，但他却很少参加维新派的实际活动。最后，作者对严复在维新时期的思想作出评价，认为其既有积极的意义，也有消极的意义。

本书共有四章。第一章"甲午战争前维新思想的酝酿"包括四节：

第一节：维新思想的先驱者；第二节：民族资本主义近代工业的产生；第三节：早期维新思想的代表人物；第四节：早期维新思想的内容。第二章"甲午战争后维新运动的蓬勃发展"包括五节：第一节：维新运动蓬勃发展的历史条件；第二节：北京地区的维新运动；第三节：上海地区的维新运动；第四节：湖南的维新运动；第五节：两广的维新运动。第三章"维新运动参加者思想剖析"包括五节：第一节：维新运动的领导者——康有为、梁启超；第二节：激进的维新志士谭嗣同；第三节：温和的维新人士严复；第四节：维新运动中的"帝党"；第五节"张之洞与维新运动"。第四章"百日维新及其失败"包括五节：第一节：维新运动进入高潮；第二节：百日维新；第三节：戊戌政变；第四节：列强在政变前后的活动；第五节：维新运动失败的原因。

1988 年

严复——中国近代思想启蒙者

林保淳著，台北：幼狮文化事业公司，1988 年 4 月出版。本书为周凤五主编的《中国人丛书》之一。本书精练地概括了严复的生平事迹和思想发展历程。文中较多的议论与以往学者的观点相似，但在一些问题上也有新颖的看法。本书章节结构如下：一、风雨西潮；二、马江学堂；三、英伦去来；四、甲午战争；五、维新事业；六、天演进化；七、百日维新；八、转向保守；九、翻译著述；十、筹安君子；十一、回归传统。本书最后包括三篇附录：一、碑传年谱；二、严复在《国闻报》所发表的文章；三、严复翻译年表。

中国近代文学论文集（1919—1949）

牛仰山编，北京：中国社会科学出版社，1988 年 9 月出版。本书收录了 1919 年至 1949 年中国近代文学研究的论文和资料中较有代表性的文章共 39 篇。这些文章主要是从这三十年间发表于各种期刊、报纸上的数百篇文章中挑选出来的，反映了我国 20 世纪前期研究近代文学的基本情况。本书上卷为概论卷，下卷为诗文卷，内容涉及近代文艺思潮、文学派别、文学社团、翻译文学、重要的作家作品和文学史实等。其中王森然的《严复先生评传》、鲁迅的《关于严复的翻译》(节选)涉及对严复的思想及翻译理论的研究。

王森然的《严复先生评传》原发表于 1934 年，主要介绍了严复生平的经历、翻译书籍的情况与翻译原则、对中国经济政治社会等学科发展的影响、挂名筹安会等，是早期对严复评价较为全面的文章之一。鲁迅的《关于严复的翻译》(节选)选自 1931 年出版的《二心集·关于翻译的通信》。这篇文章认为严复所翻译的《穆勒名学》和《群己权界论》最为生涩难懂，而《天演论》是最容易懂的；严复虽然提出了"信、达、雅"的翻译标准，但是他自己在"信"这方面做得并不如"达"和"雅"。

本书所选论文包括：上卷：胡适《五十年来中国之文学》(节录)，胡先骕《评胡适〈五十年来中国之文学〉》，胡先骕《评钱基博〈现代中国文学史〉》，吴文祺《近百年来的中国文艺思潮》(节录)，林榕《晚清的翻译》，陈瀚一《论桐城派》，杨世骥《诗界潮音集》，鲁迅《论南社》，曹聚仁《纪念南社》，柳亚子《关于〈纪念南社〉——给曹聚仁先生的公开信》，徐蔚南《南社在中国文学上的地位》，周振甫《章太炎的文章论》。下卷：郑振铎《梁任公先生》，王森然《严复先生评传》，王森然《康有为先生评传》，王森然《王闿运先生评论》，葛贤宁《近代中国民族诗人黄公度》，钱穆《龚定庵思想之分析》，鲁迅《关于太炎先生二三事》，鲁迅《关于太炎先生而想起的二三事》，丁丁《诗僧曼殊》，赵而昌《记鉴湖女侠秋瑾》，杨世骥《宝廷》，杨世骥《樊锥与苏舆》，杨世骥《英美三教士》，王霆《诗僧苏曼殊》，梁国冠《台湾诗人丘仓海评传》，胡先骕《评赵尧生〈香宋词〉》，胡先骕《读郑子尹〈巢经巢诗集〉》，胡先骕《评金亚匏〈秋蟪吟馆诗〉》，胡先骕《评朱古微〈疆强村乐府〉》，胡先骕《评俞恪士〈觚庵诗存〉》，鲁迅《关于严复的翻译》(节录)，质灵《论黄遵宪的新派诗》，杨世骥《曾彦的〈桐凤集〉》，江菕《圆明诗史》，韦坚《略论金(江)弢叔的诗作》，周作人

《人境庐诗草》，劳无施《论〈石遗室诗话〉》。

中国近代思想史

　　李华兴著，杭州：浙江人民出版社，1988 年 9 月出版。本书第六章对严复思想作了系统的研究。该章探讨了严复的天演进化思想、自由民主学说、中西方文化比较观，肯定了严复思想对中国近代思想文化产生的重要影响。然而，本书作者在意识形态、笔风及相关历史观点的表达等方面还受时代约束。比如，作者较为强调所述及的思想家在历史上的阶级成分；对于严复生平思想发展的路线问题持传统的"早年民主先进，晚年封建落后"的观点。

　　本书由十二个章节组成，结构具体如下：第一章"绪论"包括四节：(一)近代中国的社会变化与思想研究；(二)中国近代思想史的对象与特点；(三)八十年思想史的基本线索；(四)研究思维的辩证发展过程。第二章"鸦片战争时期地主阶级改革派的思想"包括五节：(一)鸦片战争前后的社会思潮；(二)龚自珍的变革思想；(三)林则徐的抵抗思想；(四)魏源向西方学习的思想；(五)资产阶级改良派的思想先驱。第三章"太平天国时期的农民革命思想"包括三节：(一)太平天国领袖洪秀全的思想；(二)《资政新篇》的资本主义色彩；(三)曾国藩的封建思想体系。第四章"19 世纪 60—90 年代的社会思潮"包括四节：(一)洋务运动与洋务思潮；(二)洋务派与顽固派的争论；(三)早期的资产阶级改良主义思潮；(四)早期改良主义思想的历史地位。第五章"戊戌时期资产阶级改良派的变法维新思想"包括五节：(一)甲午战后社会矛盾的激化与维新思潮的特点；(二)戊戌维新领导者——康有为的思想；(三)戊戌维新宣传家——梁启超的思想；(四)戊戌维新激进分子——谭嗣同的思想；(五)顽固思想对维新思想的反扑。第六章"资产阶级启蒙思想家严复"包括四节：(一)《天演论》——改良派的理论基石；(二)"以自由为体，以民主为用"；(三)批判旧学，传播新学；(四)在中国近代思想文化史上的地位与作用。第七章"辛亥革命准备时期资产阶级民主主义思想的蓬勃发展"包括四节：(一)民主革命思潮的奔腾；(二)同盟会成立前后资产阶级革命派与改良派的论战；（三）朱执信在《民报》时期的思想贡献；（四）无政府主义者的社会政治思想。第八章"资产阶级革命派的思想家、宣传家——章太炎"包括三节：（一）章太炎的政治思想；（二）章太炎的哲学思想；（三）章太炎思想的演变及其阶级属性。第九章"伟大的革命民主主义者——孙中山的思想"包括五节：（一）三民主义学说的形成；（二）民族主义思想；（三）民权主义思想；（四）民生主义思想；（五）孙中山的哲学思想。第十章"旧民主主义革命的穷途末路与思想界的混乱"包括三节：（一）帝制复辟与尊孔逆流；（二）西方现代资产阶级哲学的输入；（三）资产阶级旧民主主义思想的软弱无力。第十一章"初期新文化运动与马克思主义在中国的传播"包括四节：（一）新经济、新政治与新文化运动的兴起；（二）蔡元培与新文化运动；（三）激进民主主义者陈独秀的思想；（四）共产主义知识分子李大钊的思想。第十二章题为"只有马克思主义才能救中国"。

中国近代启蒙哲学

陈庆坤著，长春：吉林大学出版社 1988 年 12 月出版。本书是一部介绍中国近代启蒙哲学的专著，重点考察了中国近代启蒙哲学产生的历史背景、与中国传统儒家文化的融合与博弈、在新的历史时期的发展情况等，着重介绍了康有为、梁启超、严复、谭嗣同、章太炎和孙中山的启蒙思想，展现出中国资产阶级启蒙哲学在近代的历史命运。本书主要依据上述启蒙思想家的原著，客观公正地评价，但是仍无法避免时代因素的影响，表现出较强的划分阶级的意识。

本书第五章论述了严复的启蒙思想。该章重点介绍了严复的中西哲学观、进化思想和机械唯物论、进化的历史观、经验主义的认识论和科学方法论、功利主义的伦理观等。作者认为，严复一生致力于翻译西方科学和社会政治学论著，介绍西学特别是进化论，这是他留给历史的不朽业绩。在教育思想上，严复提出的"开民智"、"鼓民力"、"新民德"顺应了国情的要求。虽然晚年趋于保守，但是他留下的大多数是当时国人从未接触过的新鲜的思想资料。

本书结构如下所示：导论部分包括十节："启蒙哲学"的历史规定性；中国近代启蒙哲学的历史特点；清代学术风气的变迁；从阴阳化生论到进化论；古代认识论向近代认识论的过渡（从顿悟思维到逻辑推断）；从便易史观、进化史观到唯物史观；从天赋君权论到天赋人权论；大同理想的近代形态；佛学与近代哲学；新文化运动与马克思主义哲学的来华。第一章"博爱派的哲学（上）"包括五节：康有为的生平和事业；元和它的矛盾性；进化唯物论；博爱哲学；公羊三世的进化史观。第二章"博爱派的哲学（下）"包括五节：梁启超的生平和事业；变易思想；"三界惟心"的哲学观；历史观；学术成就。第三章"冲决网罗的哲学"包括五节：谭嗣同的生平和事业；道器论；仁学体系的建立；转识成智的认识论；辩证观念和相对主义。第四章"天演哲学"包括七节：严复的生平和事业；对西学的传播及中西哲学的比较；进化论和机械唯物论；进化的历史观；经验主义的认识论和科学方法论；伦理学上的功利主义；严复哲学思想的历史地位。第五章"以分析名相始以排遣名相终"包括六节：章太炎的生平和事业；宇宙论及其局限性；从进化论到俱分进化论；具有唯理主义倾向的认识论；反功利主义与唯意志论；章太炎在中国近代哲学史上的地位。第六章"三民主义的哲学基础"包括六节：孙中山的生平和事业；对哲学基本问题的自觉；进化唯物主义的自然观；"知难行易"的认识论；民生史观；孙中山在中国近代哲学史上的地位。结语题为"中国近代启蒙哲学的历史命运"。本书最后的附录部分收入两篇论文。其一为陈庆坤、刘连朋合著的《严复和斯宾塞：不可思议与不可知的本体》；其二为陈庆坤所著的《从"转业识成智慧"到"以分析名相始以排遣名相终"》。

1989 年

福州市郊区文史资料专辑：严复与家乡

中国人民政治协商会议福州市郊区委员会文史资料工作委员会编

印，1989 年 5 月出版。本书从严复的家乡——现福州市郊区盖山乡阳岐村乡里先贤的文献记载中收集到相关论文，为读者提供了有关严复生平的丰富史料。论文内容多以生动具体的事件为基础，注重细节刻画，使得严复的历史形象更为丰满，有利于学者更为深入地进行研究。本书收录文章共 25 篇，包括：王栻《近代启蒙思想家、翻译家——严复》、《周恩来总理致王冶秋信》，李乡浏《严复在马江》，邱思颖《严复在英国》，廖楚强《严复在天津》，李乡浏《严复和"戊戌政变"的诗》，严培庸整理《严复的撰著和译文》，严家理《严复先生及其家庭》，林国清《严复和阳岐尚书祖庙》，巫光榕《严复与陈宝琛》，潘祖锦《严复与林纾》，黄荣春《严复墓》，王铁藩《严复"怀阳岐"故乡访记》、《重建严氏宗祠碑记》、《阳岐严氏宗系略记》，严培庸《严复五代直系亲属表》，《严复年谱》，陈子燊、严培庸《严复陈列室的建立》，黄政《严复的第三儿子——严叔夏生平》，郑庭椿《回忆严叔夏先生》，吴修秉《追忆严叔夏副市长》，陈子燊《今日的阳岐》，严停云《我的祖父》，华严《郎官巷里的童年》，李敖《严复长孙——严侨在台湾》。

寻求富强：严复与西方

[美]本杰明·史华兹著；叶凤美译，南京：江苏人民出版社，1989 年 7 月出版。《海外中国研究丛书》之一。本书是美国学者本杰明·史华兹的著作《寻求富强：严复与西方》在中国大陆首次翻译出版。自本书英文原版出版后，其研究方式、所表达的观点等就对国内外特别是中国港澳台地区的严复研究产生了巨大的影响，此书在中国大陆出版后，也成为中国大陆的严复研究者参考的权威著作之一。本书通过对严复的生平事迹、主要著述及其思想发展变化的轨迹进行考察分析，对严复作了全面的评价。作者的核心结论之一，就是将严复思想的基本动机和根本目的概括为以实现集体利益为特色的自由主义和追求国家的富强。在对严复的译著思想的理解方面，通过对严复翻译著作的原版及中译版进行比较研究，作者指出，有两个原因使得严复在翻译过程中对原文内涵进行了异化。其

一，代表西方文明的浮士德性格（即积极进取的性格）导致西方的空前富强，而这种性格恰恰是中国文明所缺乏的，因此严复极为强调发挥个人的全部能力、发展个人的自由性格。其二，由于严复的目光始终集中在追求国家的富强上，所以他所传达的自由主义精神是以集体主义为基础的，认为只有将个人能力联合起来才能更好地创造自由的环境。另一个影响深远的观点是，尽管严复深受斯宾塞的影响，但是严复的自由主义却不同于斯宾塞。斯宾塞的"自由"强调的是个人主义，认为宁可依靠个人也不愿意依靠集体来实现国家富强。严复则恰好相反，他提倡通过实现集体的自由来保障个人的自由。因此，他选择绕过斯宾塞所宣称的绝对的个人主义，而依靠集体的力量来实现国家富强。

本书包括十二个章节。第一章题为"背景"。第二章题为"早年时代"。第三章题为"原则宣言"，该章包括两节：一、思想领域；二、行动领域。第四章题为"西方智慧的源泉——《进化论与伦理学》"，该章包括两节：一、媒介；二、《天演论》。第五章题为"《原富》"。第六章题为"《群己权界论》"。第七章题为"《法意》"。第八章题为"《社会通诠》"。第九章题为"《穆勒名学》"。第十章题为"对道家学说的沉思"。第十一章题为"晚年时代"。第十二章题为"结语"。

1990 年

严复研究资料

牛仰山、孙鸿霓编，福州：海峡文艺出版社，1990 年 1 月出版。《中国近代文学研究资料丛书》之一。本书所收录的关于严复研究的文章，主要涉及严复的生平事迹、翻译思想、文学思想以及文学创作等内容。编者指出，在选择"严复研究资料"的时候，首先考虑收录的是严复自己所撰写的文章，因为这些文章能够真实反映严复的思想；其次考虑的是与严复同时代的并与他有往来的人的文章，因为这些人与严复同时代，对严复的了解相对较深，比较可信。再次是偏重于选择新中国成立前严复研究中比较有价值的文章。最后是新中国成立后较有代表性的文章。

本书的内容分为四个部分：一、严复的生平及文学活动；二、严复翻译研究文章；三、严复著译目录索引；四、严复研究资料目录索引。第一部分主要选入关于严复生平事迹及文学活动的文章，包括牛仰山《严复评传》、陈宝琛《清故资政大夫海军协都统严君墓志铭》、王蘧常《严几道年谱》等17篇。第二部分主要选入关于严复翻译活动的文章，包括贺麟《严复的翻译》、黄遵宪《与严又陵书(节选)》、梁启超《绍介新著〈原富〉》等40篇。

1991 年

严复学术文化随笔

严复著，王宪明编，北京：中国青年出版社，1991 年 1 月出版。本书属于《二十世纪中国学术文化随笔大系丛书》之一。本书从政论、教育、西学、中学、文史五个方面着手，选编了严复在这些领域的相关著述，展现了严复在西学东渐的时代对社会、文化、经济政治等方面的思考，给读者留下宝贵的启示。编选者指出，作为引进西学的第一人，严复的中西文化观是通融的，并且认为中学既不会因西学的输入而灭亡，西学也不会取中学而代之。相反，西学不兴，中学不现，西学大兴，中学大彰，两者之间的消长为正比例关系。

本书共包括五编。第一编"政论篇"收录了《论世变之亟》、《原强》、《救亡决论》等11篇文章。第二编"教育篇"收录了《论沪上创兴女学堂事》、《论治学治事宜分二途》、《与〈外交报〉主人书》等10篇文章。第三编"西学篇"收录了《译〈天演论〉自序》、《西学门径功用》、《〈日本宪法义解〉序》等12篇文章。第四编"中学篇"收录了《辟韩》、《论中国教化之退》、《有如三保》等15篇文章。第五编"文史篇"收录了《论译才之难(节选)》、《与梁启超书》、《〈英文汉诂〉叙》等14篇文章。书后附有《严复年谱简编》。

严复与福泽谕吉——中日启蒙思想比较

王中江著，开封：河南大学出版社，1991 年 5 月出版。本书以作者的博士论文《中日启蒙思想之比较研究——严复与福泽谕吉》为基础，在内容上有所修改和增补而最终成书，由张岱年作序。本书旨在通过对 19 世纪中后期，中日两国最具影响力的启蒙思想家严复和福泽谕吉的启蒙思想的比较，来考察中日两国的启蒙思想状况，并在对比中得出了有益于深化关于两国启蒙思想研究的结论。本书首先分别介绍了 19 世纪中日两国启蒙思想出现的时代背景，以及严复和福泽谕吉各自的启蒙道路。其次通过文化、思想、实践三个方面来对比两人启蒙思想的异同。最后，作者指出，严复和福泽谕吉对社会的根本意义在于：一、两人分别全面推进了中日思想的近代化，变革了传统的理论形态和价值观念。二、两人的启蒙思想都对其各自的文化社会产生了很大的影响，使一代人甚至几代人都受到了新思想的洗礼。但是，作者认为，两人的思想也各有时代局限性。

本书主要由时代篇、文化篇、思想篇、实践篇四个部分组成，其章节结构如下所示：张岱年《序》。引言。时代篇——背景与课题：第一章题为"时代背景——东方帝国的危机与抉择"。本章包括两节：一、中日锁国及其悲剧；二、中日开国及其对应。第二章题为"时代课题——中日近代化与启蒙思想"。本章包括四节：一、说近代化；二、启蒙思想一般；三、中日启蒙思想简论；四、中日启蒙思想异同。第三章题为"严复与福泽谕吉启蒙生涯简述"。本章包括两节：一、严复的启蒙道路；二、福泽谕吉的启蒙足迹。文化篇——东西文化的视角：第一章题为"历史进程中的中日东西文化论模式"。本章包括两节：一、东西文化论模式之一：华夷与神夷；二、东西文化论模式之二：中体西用与和魂洋才。第二章题为"严复与福泽谕吉的东西文化论"。本章包括四节：一、严复的视点——中西文化论；二、福泽谕吉的视点——日西文化论；三、严复与福泽谕吉视点的对比分析；四、严复与福泽谕吉的文与文化翻译。思想篇——科学与理性的领域：第一章题为"科学观与哲学观"。本章包括三节：一、严复的科学观与哲学观；二、福泽的科学观与哲学观；三、严复与福泽谕吉科学观与哲学观的比较。第二章题为"政治诸范畴"。本章包括三节：一、严复与福泽谕吉论自由；二、严复与福泽谕吉论法；三、严复与福泽谕吉论政体。第三章题为"历史意识"。本章包括三节：一、严复的进化史观；二、福泽谕吉的文明史观；三、比较分析。第四章题为"经济观念"。本章包括三节：一、严复的经济观；二、福泽谕吉的经济观；三、比较分析。第五章题为"宗教态度"。本章包括三节：一、严复与宗教；二、福泽谕吉与宗教；三、比较分析。实践篇——运作论与教育侧面：第一章题为"运作论"。本章包括三节：一、严复的变法自强论；二、福泽谕吉的文明开化论；三、比较分析。第二章题为"教育观与教育实践"。本章包括两节：一、严复与福泽谕吉论教育；二、严复与福泽谕吉的教育实践。结语——意义与遗题。增补：一、严复：中国科学主义的先驱；二、福泽谕吉：独立精神的自觉与追求。附：参考书目文献。后记。

中华民族杰出人物传(9)

· 孟庆远主编，北京：中国青年出版社，1991年7月出版。本书为《中华民族杰出人物传》之第九集，介绍了严复、康有为、谭嗣同、孙中山和章太炎的事迹，是一本通俗的历史人物合传。严复部分由郑一奇撰写。郑氏《严复》包括五个部分。一、从苦读少年到海军学校校长。二、提倡新学，反对旧学的出色理论家。三、在维新运动中的实际活动。四、在革命形势发展中趋向保守。五、晚年生活的曲折和思想的反复。六、他为后人留下了丰富的精神财富。郑氏论述严复生平的方式与传统严复传记的写法大体相同，都认为严复在早年思想民主激进，到了晚年却蜕于落后保守。但是作者对严复的影响给予了较高的评价，认为他是中国近代史上最杰出的资产阶级启蒙思想家之一，是学习和传播西方文化的代表人物，在中国近代思想史上开辟了新纪元。

辛亥革命与中国近代思想文化

胡伟希编，北京：中国人民大学出版社，1991 年 9 月出版。本书为纪念辛亥革命八十周年而编，运用社会文化场中思想文化的场效应这一方法来对中国近代思想史以及辛亥思想史进行研究，其方法之新颖，展示了不同以往的新思路。从方法论上看，本书中收录的二十多篇文章大致可以分为四组。第一组以辛亥革命思潮的发展为线索，论述辛亥前后的社会思想文化现象，接近于从"文化史"进行剖析。第二组注重探讨社会结构的变动对思想文化的影响，以及后者对前者的反作用，相当于"文化域"的研究。第三组试图发掘有形与无形的思想文化现象背后的深刻思想史意蕴，类似于"文化层"的研究。第四组是对辛亥前后一些重要思想家及其著作的"文本研究"。与仅仅注重思想观念演绎的传统方法不同，它们采用了一些新的观念与分析技巧，如释义学原理与比较研究。

书中《严复进化思想新探——近代中国进化论思想的一类型》一篇探讨了严复的进化论思想。该篇由日本学者高柳信夫所作。作者首先对达尔文与斯宾塞的进化论思想作了对比，认为达尔文的进化论思想强调"自然淘汰"，而斯宾塞的思想则更倾向于是一种"调和"的进化论思想。严复则更多地受到斯宾塞的影响，其进化论的观点在更大程度上也是"调和"的。

本书所选论文包括：郑师渠《简论晚清国粹派的崛起》，李喜所《略论辛亥革命时期的国粹主义思潮》，罗福惠《略论辛亥革命前后的"分""合"观念》，马勇《辛亥革命后复辟思潮的文化审视》，何一民《论辛亥革命前近代知识分子人权意识的觉醒》，高瑞泉《辛亥革命与近代中国的价值变迁》，谢本书《辛亥革命与近代爱国主义思潮》，黄大受《辛亥革命成功的分析》，高振农《辛亥革命与佛教》，范鹏《辛亥革命与中体西用》，陈剑安《二十世纪初年的新文化运动》，陈卫平《特征·意义·教训——论中国近代资产阶级革命派的进化论》，俞政《华夷观念与民族革命》，乐正《清末新学：造就近代国民之学——从学堂看清末新学的一个特征》，胡伟希《实证·反传统·功利主义——中国近代学术思想的基本特质》，桑兵《论清末民初传播业的民间化》，龚鹏程《侠骨与柔情——论近代知识分子的生命形态》，刘增泉《西方学说思想对孙中山民权主义的影响》，（日本）高柳信夫《严复进化思想新探——近代中国进化论思想的一类型》，唐文权《梁启超在辛亥革命准备时期的西学宣传》，姜义华《〈斯宾塞尔文集〉与章太炎文化观的形成》，白奚《试论章太炎对孔子的评价》，罗华庆《对平等——均衡的热切追求：论辛亥革命时期章太炎的国家政体思想》，郑家栋《冯友兰与近代以来的哲学变革》。

1992 年

救国·启蒙·启示——严复和中西文化

苏中立著，长春：东北师范大学出版社，1992 年 6 月出版。本书主要以严复的中西文化观为核心，以严复的不同人生阶段为时间线索，以严复的译著为观察点，论述了严复的中西文化观与"救国、启蒙、启示"的关系。作者把严复中西文化观的发展分为三个时期。作者认为，在前期，严复偏重于对深层文化即心理文化的比较，包括民心、民质、世界观方面，而对于表层文化即物质文化不屑一顾；中期，严复将心理文化和中层文化即制度文化融于一体进行比较，包括经济制度和思想的比较等；后期，严复则侧重于道德文化的比较。特别是严复期望通过中西文化的比较来表明两者的差异与优劣，吸取中西文化的优点，更新或重建中国文化，实现中国的独立、统一、民主和富强。作者还认为，严复在中期主张采用西学要结合中国的国情与传统，实现中西文化融通，以建设民族新文化的观点，是比较正确的；而其前期和后期对待中西文化的态度则有失偏颇，因为前期过于崇尚西学，后期又过于崇尚中学。但是，严复的爱国思想是始终如一的。本书在严复的中西文化比较观方面作了系统的论述，深化了这一领域的研究。

本书结构如下：前言。第一章题为"会通中西"。本章包括三节：一、西学的精深；二、中学的坚实；三、中西学的会通与比较。第二章题为"甲午戊戌间：崇拜西学与标本并治"。本章包括五节：一、更深层次的反思；二、中西民质与标本并治；三、中西进化观和《天演论》；四、中西文学和翻译理论；五、西学中源说辨析。第三章题为"戊戌辛亥间：中西融合与体用统一"。本章包括七节：一、译界泰斗；二、不枯守其旧，不盲随于新；三、严译《原富》和中西经济；四、严译《法意》和中西政治；五、严译名学和中西逻辑；六、中西妇女婚姻之比较；七、体用统一与中国的近代化。第四章题为"辛亥辛酉间：回观孔孟与反本复古"。本章包括五节：一、与乎其新，无宁为旧；二、天演持重；三、民约平议；四、相信神灵；五、婚姻复旧。第五章题为"救国、启蒙、启示"。本章包括三节：一、教育救国思想的契机与形式；二、启蒙思想的地位与特点；三、反思与回观的轨迹与启示。附录一：主要参考文献书目。附录二：严复生平活动和论著、译著大事年表。后记。

翻译家严复传论

高惠群、乌传衮著，上海：上海外语教育出版社，1992年10月出版。本书主要包括两个章节，后附有严复翻译言论选录和严复年谱。第一章题为"严复的生平与思想"，由高惠群撰写，包括三节：一、从投身海军到列名筹安——严复的社会政治思想；二、瘝野老人的悲哀——严复的教育思想与实践；三、载理想之羽翼，达情感之音声——严复的诗文和文艺观。第二章题为"论严译和严复翻译思想"，由乌传衮撰写，包括八节：一、"介绍近世思想的第一人"——严复的译著及其特点；二、"我罪我知，是存明哲"——对严译的评价；三、"指斥当轴之迷谬"，"从其后而鞭之"——严复从事译述的目的；四、"辛苦迻译"，"字字由戥子称出"——严复的翻译态度；五、"为达即所以为信也"——关于"达旨"的实质；六、"与其伤洁，毋宁失真"？——"雅"的概念的延伸；七、"一名之立，旬月踟蹰"——关于译名的厘定；八、"求才即精，则薪赡不得不优"——严复论翻译组织工作和译者报酬。

1993 年

严 复

牛仰山著，天津：新蕾出版社，1993 年 5 月出版。《中华历史名人丛书》之一。本书简要介绍了严复的生平事迹与主要思想，包括严复的求学之路、在北洋水师学堂任职的经历、维新变法思想、翻译的理论建设与成就、教育思想等多方面的内容，肯定并称赞了严复的爱国主义精神。本书的研究思路仍旧依据传统的模式，认为严复是资产阶级的启蒙思想家，其思想虽然在前期是比较先进的，但在总体上是保守的，特别是在后期出现了向封建传统倒退的情况。本书言简意赅，文风生动活泼，有利于读者了解严复的生平与思想。

本书包括七部分。一、在求学的道路上磨炼成长。该部分包括：私塾生活剪影；船政学堂的优等生；勘察台东海口的实习生；探求西学知识的留学生。二、在痛苦、彷徨中找出路。该部分包括：在母校当教员；有职无权的北洋水师学堂堂长；在科举的道路上碰壁。三、宣传维新变法的思想家。该部分包括：在国事危难中觉醒；写文章谈变法；《辟韩》引起的风波；创办《国闻报》；光绪召见；在通艺学堂讲演。四、戊戌喋血哭林旭。该部分包括：在维新派遭难前的日子里；为挚友的死难而痛悼。五、近代翻译西学的泰斗。该部分包括：认真翻译"鬼子"的书；建立翻译原则；《天演论》震动神州大地；介绍科学的思想方法；引进西方先进的思想；和梁启超黄遵宪的思想交流。六、主张教育救国。该部分包括：和《外交报》主编谈教育；在伦敦会见孙中山；慧眼识英才。七、投入封建主义思想的怀抱。该部分包括：挂名筹安会；反对新文化运动。

严 复 语 萃

马勇编，北京：华夏出版社，1993 年 9 月出版。本书为由"中国二十世纪思想文库编辑委员会"总编的《中国二十世纪思想文库·新论语丛书》之一，由张岱年作序。本书从严复生平著述中节选代表性片段，划分主题，集成语萃，内容涉及严复的政治经济思想、法律思想、自由平等思想、中西文化观、与其他近代启蒙思想者的关系、与袁世凯的关系、教育观等多个方面。本书章节分成五个部分：一、对中国传统社会与文化的认识；二、对西方社会与文化的认识；三、中西文化之比较；四、政治思想与政治实践；五、开民智与新民德。

近代伦理思想的变迁

张岂之、陈国庆著，北京：中华书局，1993 年 10 月出版。《中华近代文化史丛书》之一。本书介绍了中国近代新伦理思想的产生背景与初期发展情况，并通过介绍康有为、梁启超、严复、谭嗣同等近代启蒙思想家的伦理观，展现了中国近代伦理思想的变迁。本书第七章着重对严复的伦理观作了介绍，表达了以下观点：在宣传、介绍西学的过程中，严复引进了西方近代的某些伦理道德学说。与此同时，在译著的案语和一些论文中，严复阐述了自己的伦理道德思想，即与天争胜的进化伦理思想，自由、平等和个性解放思想，开明的、合理的利己主义思想和改造国民道德的"三民"主张。严复介绍西方近代伦理学说，并整理、改造中国传统伦理道德。他的努力有成功也有失败，但都给后人留下深刻的教益。

本书共有十三章：第一章"传统伦理思想遇到新的挑战"包括四节：一、反思与忧愤；二、关于传统善恶观的修正；三、洪秀全的背离与复归；四、曾国藩伦理思想的两重性。第二章"鉴别与选择的初步设想"包括两节：一、力求找到一个结合点；二、一个公式的初步提出。第三章"近代新伦理思想的孕育"包括三节：一、对儒家义利观的两级继承与发展；二、中西方伦理道德的初次比较；三、向封建礼教的复归。第四章"近代新伦理思想的萌发"包括四节：一、对传统伦理道德的新思考；二、对西方近代伦理学说的介绍；三、更新国民道德的近代伦理观；四、建构新伦理的得与失。第五章"'求乐免苦'与平等博爱——康有为的伦理观"包括五节：一、对自由平等博爱诸范畴的阐释；二、以人道主义批评封建礼教；三、以"求乐免苦"反对"存理去欲";四、从性无善恶到不忍之心;五、"大同"社会的伦理道德。第六章"国民道德改造与功利主义——梁启超的伦理观"包括四节:一、国民道德改造说;二、论道德起源、公德与私德;三、论独立与合群、自由与服从、权利与义务;四、功利主义伦理观和道德修养论。第七章"'开明自营'与进化理论——严复的伦理观"包括四节:一、进化伦理观的时代和理论特色;二、关于"自由"伦理口号的评价;三、"开明自营"的新伦理观;四、"三民"主张:塑造国民新道德。第八章"仁—通—平等——谭嗣同的伦理观"包括四节:一、伦理思想的框架:仁—通—平等;二、冲决网罗的呐喊;三、人性、人欲皆善的"以太即性"说;四、"崇奢黜俭"的功利主义伦理观。第九章"二十世纪新伦理的酝酿"包括四节:一、抨击"君权"及"君为臣纲"的旧道德;二、近代国民道德之陶铸;三、婚姻家庭道德观的新变化;四、对封建旧礼俗的抨击与改造。第十章"中西方伦理道德的继承与借鉴——孙中山的伦理观"包括三节:一、人格与国格乃"民族之魂";二、对中国传统道德的继承与迷惘;三、自由平等道德观及其内在矛盾。第十一章"建立革命道德之尝试——章炳麟的伦理观"包括三节:一、伦理道德与政治革命;二、论人心的善与恶;三、论自由、平等和个性解放。第十二章"伦理思想的退与进"包括三节:一、伦理思想的暂时倒退;二、政治革命需要伦理道德的演进;三、对儒家伦理学说的理性反思。第十三章"提倡新道德、反对旧礼教"包括三节:一、对封建礼教的揭露与批判;二、树立人格独立的新道德;三、道德教育与道德修养。

严复教育思想研究

崔运武著,沈阳:辽宁教育出版社,1993年12月出版。本书属于"中国近现代教育家系列研究"课题。本书主要从中西文化教育的角度出发,阐述了严复的教育思想。作者首先介绍了严复早年接受中国传统文化教育的情况,并指出其在随后留学的过程中受到西方文化的熏陶、接受了完全西式的教育。作者继而通过不同的方面介绍严复关于中西方教育的观点和理论,指出严复是一个中西文化教育的产儿——他既推崇西方文化，又对中国传统文化和教育有着感性上的认同。理论根基的不同与阅历的特殊，使他能比时人更为敏锐地感触到近代社会的理论需求。此外，他对西学的倡导也与时人大不相同，在新教育理论的发展上颇多建树。同时，这也使他对传统文化教育的批判极为尖锐。作者还提到，严复是中国近代教育领域里毕生追寻使中国走向富强的新式教育的探索者。作为探索者，他在教育领域里的收获颇丰，因为他运用基于近代自然科学之上的进化论为中国近代教育理论进行奠基，确立了培养拥有自由意识的新国民的教育目标，提出了中国近代最早的关于人的全面发展的理论模式，即德、智、体有机结合的教育体系，制定了融合中西学的以"体用一致"为标志的教育原则，建立了"智高于仁"的崭新的近代智育观，从而实现了近代教育观念的全面改造。但是在另一方面，严复的教育思想在实践上却没有什么收获。

本书章节结构如下所示：前言。第一章：在中西文化教育的交汇点上。第二章：对教育社会功能的高扬与放大。第三章：教育目标的构建：倡导资产阶级自由教育。第四章：三育教育体系的确立及教育对象、学制的设定。第五章：新教育原则的确立与发展。第六章：智育论(上)。第七章：智育论(下)。第八章：德育论。第九章：体育论。第十章：学位制和实业教育：教育价值观的变革。第十一章：国情、民性与教育关系的再思考——辛亥革命后向"传统"教育的回归。结语：探索者的收获与失落。附录：严复教育年表。后记。

1994 年

论世变之亟：严复集

胡伟希选注，沈阳：辽宁人民出版社，1994 年 6 月出版。为由张岱年主编的《中国启蒙思想文库》的一册。本书由张岱年、胡伟希作序，主要选录了严复在 1895 年之后的代表性文章，其内容涉及自由主义思想、经济理论、功利主义的伦理观以及社会价值观等。本书所选文章包括：《论世变之亟》、《原强》、《原强修订稿》、《辟韩》、《原强续篇》、《救亡决论》、《拟上皇帝书》、《有如三保》、《保教余义》、《保种余义》、《论治学治事宜分二途》、《〈日本宪法义解〉序》、《译斯氏〈计学〉例言》、《译〈群学肄言〉自序》、《〈群学肄言〉译余赘语》、《〈群己权界论〉译凡例》、《读新译甄克思〈社会通诠〉》、《〈英文汉诂〉卮言》、《实业教育》、《论今日教育应以物理科学为当务之急》、《与〈外交报〉主人书》、《政治讲义》。

严复评传

欧阳哲生著，南昌：百花洲文艺出版社，1994 年 8 月出版。《国学大师丛书》之一。本书考察了严复生平事迹和学术活动，特别是对他早年的求学经历、维新文化观、西学译述、老庄评语及其中西文化观等问题作了深入的分析。关于严复晚年思想保守性的问题，作者也重新给予了价值评判。由此，作者清晰地勾勒出严复这位中国近代思想史上融通中西学问之第一人的历史形象。刘桂生教授在本书序中指出，本书的一大可取之处就在于用"交融互释"的眼光来研究和阐释严复的中西文化观，其出发点高于传统的观点——即认为严复"早年全盘肯定西学，完全肯定中国传统文化"，而晚年"全盘肯定国粹，尽弃西学"。因此，本书给严复研究带来新的视角，使学界对严复思想的理解进入一个新的境界。

本书共有五章。第一章"孤寂先驱：早期求学生涯"包括三节：一、寒窗苦读的少年；二、留学英伦求新知；三、仕途维艰，科举落第。第二章"维新巨擘：开新文化之先河"包括三节：一、从救亡走向维新；二、严、康学术思想之分野；三、文化维新，教育救国。第三章"辛苦迻译：近世西学第一人"包括三节：一、译事楷模，西学泰斗；二、严译展现的"西学"世界；三、严译的"中学"根底。第四章"薪尽火传：旧学新释辟蹊径"包括三节：一、"道"的结果；二、庄子评注新特色；三、言之无文，行之不远。第五章"黄昏余晖：中西文化的前瞻"包括三节：一、思想视角的移位；二、重估中西文化；三、瘝懑老人的启示。书后附有"严复学术行年简表"。

1995 年

1993 年严复国际学术研讨会论文集

福建省严复研究会编，福州：海峡文艺出版社，1995 年 12 月出版。本论文集为 1993 年在福州召开的严复国际学术研讨会的论文总集，收录了与会海内外专家学者关于严复研究的 57 篇论文。该研讨会最终收录的论文的内容包括：一、严复故居及其早年生平事迹考察、严复祖辈世系考察；二、严复思想研究，这其中包括严复的爱国思想、政治思想、经济思想、天演进化思想、人才思想、教育思想、现代化思想、社会学思想、文化观、严复留英期间思想以及从总体上考察严复思想的发展轨迹、严复思想的主体，以及严复译著研究，包括译著及其特点、所体现的思想意图及其所产生的深刻影响；三、严复与重大历史事件的关系研究，如探讨严复与戊戌变法、辛亥革命、筹安会的关系，严复与北京大学的关系等。这些论文的内容广泛，有一定的深度，在某些问题上得出了新颖的、具开拓性的见解。值得一提的是本文集还收录了严复孙女严倬云的文章。严倬云的《吾祖严复的一生》以真挚诚恳的文字将严复生平事迹娓娓道来，抛开带有意识形态的批判，着重展现严复爱国、顾家、重视教育的特点。作为一篇非学术型的文章，严倬云之文被收录在本文集中，说明它已引起学术界的重视，并促进了学术界对严复思想的研究。同时，严倬云的文字清晰动人，有很强的亲和力与感染力。

本书由习近平作序，附有由郑江、延龄所写的《拓开严复研究的新局面——1993 严复国际学术研讨会述评》、本次学术研讨会议程实录以及部分贺信、贺电摘录。所选文章包括：严倬云《吾祖严复的一生》，马勇《严复研究的回顾与前瞻》，陈端坤《严复的故乡、出生地、少年时代》，（日本）手代木有儿《严复在英国（1877—1879）——对于西方民众存在方式的探讨》，范启龙《学贯中西的近代启蒙思想家严复》，肖忠生《试论严复早年爱国思想的形式》，柯远扬、邓华祥《试论严复传播维新思想的贡献》，苏中立《论戊戌辛亥间严复的西学宣传及其启蒙意义》，范兆琪《严复和他的维新爱国思想》，许在全《严复的译著及其爱国思想》，吕乃澄《试论严复的中西文化观》，李正午《严复的文化思想刍议》，陈允树《警醒国人的匠心巨作，变法维新的思想武器——浅析严复译注〈天演论〉的历史意义及其深远影响》，谢天冰《崇尚和传播现代理性思维的第一人——兼论严复编译〈天演论〉》，黄顺力《严复与章太炎进化论思想的比较》，汪毅夫《〈天演论〉：从赫胥黎、严复到鲁迅》，罗耀九、林平汉《严复评〈老子〉刍议》，王中江《观念的整合——严复对道家哲学的诠释》，冯佐哲《简论严复的社会思想》，林秋云、苏东福《严复的社会思想及其社会译著述评》，胡伟希《中国自由主义之父——严复》，姚春树、郑家建《严复：第一个点燃自由圣火的启蒙思想家——论严复自由论思想体系》，俞政《自由、平等、民主——〈法意〉按语评析》，陈小雅《中国政治科学的奠基作——严复的〈政治讲义〉》，王民《严复政体观要论》，张志建《论严复变革的政治思想》，廖楚强《论严复思想中的"改革开放"意识》，郑师渠《严复与卢梭的〈民约论〉》，林恩燕、林家钟《试谈严复思想趋向保守的原因》，张先文《论严复晚期政治思想》，牛康《君主立宪和民主共和——严复晚年思想和言行的探讨》，萧功秦《严复对中国现代化的思考及其启示》，林庆元、翁纪阳、杨波《"活力"与富强：严复思想轨迹的鸟瞰》，(日本)绪形康《严复的经济思想与亚当·斯密的思想比较》，林其泉《简议严复对〈原富〉的翻译》，潘心城《论严复的理财思想》，俞政《论严复的经济自由主义》，严扬《严复的一封英文信》，张寄谦《严复与北京大学》，黄新宪《严复与中国教育的近代化》，吴中光《"今日教育应以物理科学为当务之急"——严复科学教育思想探讨》，高时良《严复"教育强国根本"说评估》，叶芳骐《严复教育救国思想述评》，陈名实《严复教育思想的历史地位》，卢美松、欧潭生《严复译著对青年毛泽东的影响》，郭毓麟《严复的家教及其第三子叔夏的成就》，郑剑顺《略论严复的人才思想》，潘潮玄《严复与福州——兼论人才与城市的关系》，林伟功《严复与陈宝琛的友谊初探》，何绵山《严复与近代侯官文化》，邹振环《中国近代翻译史上的严复与伍光建》，姚春树、郑家建《"阔视远想，统新旧而视其通，苞中外而计其全，而后得之"——严复关于中国新文化创造论纲》，李慈健《严复与近代文学变革》，牛仰山《严复散文的风采》，石文英、范辉《"浮休齐得丧，忧患塞乾坤"——读〈瘉壄堂诗集〉札记》，官桂铨《严复世系》，王铁藩《严复家乡阳岐调查记》。

严复学术思想研究

张志建著，北京：商务印书馆，1995 年 12 月出版。本书第一版于 1989 年由广西师范大学出版社出版。1995 年版在 1989 年版的基础上作了一定的修改，使全书内容更加完整详实。本书系统地介绍了严复的政治思想、经济思想、哲学思想、逻辑思想、教育思想、法律思想、文学思想、史学思想、科学思想和中外文化比较思想等，展现了作为思想家的严复的丰富的思想内容。

本书包括十一个章节：第一章"严复思想的形成和发展"包括三节：一、形成和成熟时期；二、深化与发展时期；三、趋于保守时期。第二章"变革救亡的政治思想"包括三节：一、变则存、不变则亡；二、反对专制主义、主张君主立宪；三、以自由为体、以民主为用。第三章"自由平通的经济思想"包括五节：一、反对"重本抑末"、主张农工商同时发展；二、主张"自由平通"、促进经济发展；三、主张正确处理积累、消费和节约的关系；四、扬弃"人口级数论"、提倡人口"反比说"；五、既反对外国经济侵略，又主张平等通商引进。第四章"天演进化的哲学思想"包括四节：一、宣传进化论；二、提倡唯物论、批判唯心论；三、标榜不可知论；四、肯定事物本体存在。第五章"重归纳轻演绎的逻辑思想"包括四节：一、重归纳轻演绎；二、重视科学"概念"的运用；三、对中国古典名学的研究；四、研究逻辑学的目的。第六章"批科举兴学校的教育思想"包括四节：一、首倡体智德三育思想；二、批判旧学抨击科举；三、兴办资产阶级学校；四、适应时代发展需要的人才思想。第七章"治国之经制"的法律思想包括三节：一、立法必符合"天理人情"；二、正确处理自由和治理的关系；三、地之所在、法之所行。第八章"信、达、雅的文学标准"包括三节：一、信、达、雅的翻译；二、意气风发的政论文；三、"愈愚"诗和文艺观。第九章"社会进化的史学思想"包括五节：一、历史进化论和中国近代史学；二、独特的史学观点；三、科学的治学方法和史学；四、西方社会学传入促进中国新史学的发展；五、批判封建文化、建立资产阶级史学。第十章"黜伪而崇真的科学思想"包括四节：一、发展科学的对策；二、发展科学；三、推崇科学的思维方式；四、主张科学兴国。第十一章"比较的中西文化思想"包括三节：一、比较中西文化的原因和条件；二、比较中西文化；三、比较中西文化的评价。

1996 年

中国现代学术经典·严复卷

严复著，刘梦溪主编，欧阳哲生编校，石家庄：河北教育出版社，1996 年 8 月出版。本书由刘梦溪作序，由欧阳哲生撰成《严复先生小传》，汇编了严复的主要译著及述作。所收录的译著包括：《天演论》、《群学肆言》、《群己权界论》的《译者序》和《译凡例》、《穆勒自序》。所收录的述作包括：《原强》、《救亡决论》、《论治学治事宜分二途》、《论译才之难》、《西学门径功用》、《论今日教育应以物理科学为当务之急》、《说党》、《思古谈》、《读经当积极提倡》、《〈民约〉平议》、《与吴汝纶书(三封)》、《与〈外交报〉主人书》、《与熊纯如书》。本书书末附有《严复先生学术年表》和《严复先生著译要目》。

晚清巨人传严复

徐立亭著，哈尔滨：哈尔滨出版社，1996 年 3 月出版。《〈晚清巨人传〉丛书》之一。本书在广泛吸收中外学者研究成果的基础上，重点采用了王栻教授主编《严复集》的新资料，以严复生平经历为主线，介绍了严复翻译著述的时代背景与思想内容，为读者呈现出严复所处的社会历史环境，以及其人其书的真实状况。本书所介绍的严复著译思想涉及天演进化观、政治经济思想、国家建构思想等多个方面。

本书包括十一章：第一章"贫困的少年时代"包括三节：一、在民族危难中出世；二、阳岐严氏家族；三、从师宿儒读经。第二章"在福州船政学堂"包括两节：一、投考马江学堂；二、福建水师实习生活。第三章"留学英国的岁月"包括两节：一、入英国海军大学；二、海外巧遇知音。第四章"奉职水师学堂"包括五节：一、年轻的船校教习；二、天津水师学堂总教习；三、由会办升总办；四、科举仕途的坎坷；五、在甲午战争中惊醒。第五章"在维新运动中"包括四节：一、救国维新的呼唤；二、热心维新事业；三、创办《国闻报》；四、戊戌政变前后。第六章"《天演论》敲响警钟"包括四节：一、笃信进化论；二、《天演论》的翻译与出版；三、《天演论》传播进化论；四、《天演论》的创造性。第七章"传播西学第一人"包括四节：一、经济学译著；二、社会学译著；三、政治学译著；四、逻辑学译著。第八章"脱离海军界"包括四节：一、从天津到上海；二、在开平矿权交涉中；三、赴任京师大学堂；四、在南方教育界。第九章"卷进立宪运动"包括两节：一、重返京津前后；二、资政院议员。第十章"在民国初年的官场"包括四节：一、代表袁世凯议和；二、京师大学堂总监督；三、大总统的座上宾；四、在洪宪帝制运动中。第十一章"晚年闲居生活"包括三节：一、生平喜读《庄子》；二、"复虽在京，不入政界"；三、"赢得生前身后名"。

生斯世何必无情：严复家书

严复著，王思义编著，沈阳：辽宁古籍出版社，1996 年 4 月出版。本书为《中国名人家书经典》系列之一部分，收集了严复从 1894 年到 1921 年的一百多封家书，充分展现了严复的生活情趣、生平思想的发展轨迹，表现了其思想的积极面与消极面的对抗。其家书内容主要可以从以下几方面来解读：一、崇尚西学，以救时弊；二、教育子女，济世立业；三、尊重女性，倡办女学；四、对中国传统文化的精华加以继承和发扬。

本书章节结构如下所示：前言。严复小传。家书导读。一八九四年：得有时日多看西书——与长子严璩书。一八九六年：官场风气日下——与四弟观调书。一八九七年：中国不治之疾尚是在学问上——与五弟书。一八九八年：任用亲戚为非——与四弟观调书。一九〇一年：听中医之言十有九误——与甥女何纫兰书。一九〇五年：吾非望汝媚世阿俗——与长子严璩书。一九〇六年：期望儿子多读书——与夫人朱明丽书；复旦公学事急——与夫人朱明丽书；课余略学书法——与甥女何纫兰书；一息尚存，不容稍懈——与甥女何纫兰书；新政百端待举——与甥女何纫兰书；复旦诸生以书恳我为之校长——与甥女何纫兰书；书法要义——与甥女何纫兰书；为女界吐气——与甥女何纫兰书；为女界出一臂之力——与甥女何纫兰书；凉月在天，霜华满地——与夫人朱明丽书；学堂日有起色——与夫人朱明丽书。一九〇七年：海内视吾演说真同仙语——与甥女何纫兰书；老恋岂能胜此——与甥女何纫兰书；人世无常——与夫人朱明丽书；破脑决断校舍事——与夫人朱明丽书；即当旋沪——与夫人朱明丽书；大众硬求我演说——与甥女何纫兰书；堂事极忙，排日部署——与甥女何纫兰书；虽以苏格拉底、孔子为之，风潮亦难免耳——与侄严伯鋆书；学堂本教育之地——与甥女何纫兰书；人才真难得也——与甥女何纫兰书；长江上下革命党布满——与甥女何纫兰书；吾儿来考，大可望送留洋——与甥女何纫兰书；与卿戏笑事，千万不可认真——与夫人朱明丽书；立宪变法，做面子骗人而已——与夫人朱明丽书；年年如此，无谓之极——与夫人朱明丽书。一九〇八年：作大老官面目向人，未免令人感慨——与夫人朱明丽书；叫我做新政顾问官——与夫人朱明丽书；晚间多睡不着，早起筋跳——与夫人朱明丽书；旧时社会拘束女子太过野蛮——与甥女何纫兰书；我命付之于天久矣——与夫人朱明丽书；日日有串，恐精神不够支撑耳——与夫人朱明丽书；节靡费——与夫人朱明丽书；悬念纫兰病情——与夫人朱明丽书；议女弟子吕碧城多裂纲毁常之说——与甥女何纫兰书；在师范学堂读书，甚好——与夫人朱明丽书；一九〇九年：体气相若以往——与夫人朱明丽书；学部又央我审定各科名词——与夫人朱明丽书；嘱儿女辈千万勤学——与夫人朱明丽书；京中因张之洞出缺，舆论颇为纷纭——与夫人朱明丽书；看汝小楷，亦写得不俗——与夫人朱明丽书；大抵不外泄泻、咳嗽及筋跳三件——与夫人朱明丽书；部务方殷，实无暇细谈——与夫人朱明丽书；不可贪私不公——与夫人朱明丽书；吾大汝且二十余岁——与夫人朱明丽书；较之子女有过无逊——与甥女何纫兰书；约翰近日读书如何——与夫人朱明丽书；胡维德信事，系我错怪——与夫人朱明丽书；华严、约翰、眉男想皆可爱——与夫人朱明丽书；本日是卿生日——与夫人朱明丽书；以公心示人——与夫人朱明丽书；不见两孩，未免心中耿耿耳——与夫人朱明丽书。一九一〇年：此事不必外扬——与夫人朱明丽书；西医一科，欧美进步奇猛——与侄严伯鋆书；甥婿明年是否来京部试分科——与甥女何纫兰书；视升官若浮云——与夫人朱明丽书；吾北洋薪水，已于二月尾截止——与夫人朱明丽书；此境何可多得——与甥女何纫兰书；吾是文明人，亦不肯硬加压制——与夫人朱明丽书；汝何时到阳湖？拟住几日？——与夫人朱明丽书；被钦选硕学通儒议员——与夫人朱明丽书；儿能勤学写信，极好——与严瑸、严璆两女书；顺其性欲，似是唯一办法——与夫人朱明丽书；江氏离京——与夫人朱明丽书；不要学习你们三哥，不肯用心作文章——与严瑸、严璆两女书；无情何必生斯世——与夫人朱明丽书；决与之干到底——与夫人朱明丽书；初到京都——与夫人朱明丽书；在京四处觅屋——与夫人朱明丽书；吾平生耻于设誓——与夫人朱明丽书；叮咛嘱咐，教子有方——与夫人朱明丽书；难言之痛——与夫人朱明丽书。一九一一年：老年人真不配远行——与甥女何纫兰书。一九一二年：见袁总统——与夫人朱明丽书；往京师大学堂接印——与甥女何纫兰书；京中店门多闭，百物腾贵——与夫人朱明丽书；大学堂无款，恐不能开学——与夫人朱明丽书；今时世事，翻云覆雨——与夫人朱明丽书；大学堂事甚难办——与夫人朱明丽书；京中各种谣言尚是甚重——与夫人朱明丽书；生当乱世，家用自应从省——与夫人朱明丽书；开正以来我无一文进门——与夫人朱明丽书；三儿已入清华——与夫人朱明丽书；大局不定，时刻令人担险——与夫人朱明丽书；政府库空如洗——与夫人朱明丽书；现时政府实靠不住——与夫人朱明丽书；勿谓益小而不为，益不集无由以致健——与甥女何纫兰书；教员等颇形泛散——与甥女何纫兰书；吾儿慧眼当自分明——与甥女何纫兰书;近日头晕心跳日甚——与甥女何纫兰书;梁启超赴津时,特来相访——与甥女何纫兰书;离乱局面诸事不定——与夫人朱明丽书。一九一三年:读《李太白集》,极有神会——与甥女何纫兰书。一九一七年:京中发生张勋复辟事——与长子严璩书;京中局势渐入平静——与次女严璆书;外示优容,内怀冷淡——与严瓒、严璆两女书。一九一八年:归心似箭——与侄严伯鋆书;学业勿任抛荒——与四子严璿书;世故人情,皆力学问——与四子严璿书;为学须有优游自得之趣——与四子严璿书;德医生真名不虚传——与严瓒、严璆两女书;用纸帛糊成威廉帝全家,聚而焚之——与诸儿书;中国交通其不便乃如此——与次女严璆书;兵乱之时,民间所受亏损真不少耳——与诸儿书;岂是新人物可求——与五子严玷书。一九一九年:温习书本或学字最佳——与五子严玷书;国文改章,从之亦大佳——与四子严璿书;华严眼疾日来如何——与严瓒、严璆两女书;两宅去留,终仍须由汝断决——与长子严璩书;如不动作,看书作字精神尚可——与长子严璩书;"吾归与汝处,慎勿忧岁晚"——与长子严璩书;老去怜娇小,真同掌上珍——与四女严顼书;吾在医院计已卅九日——与长子严璩书;或南或北,吾辈端须有家——与长子严璩书;人老则思归——与四子严璿书;人生之不可无财也——与三子严琥书;古体三首有进境——与三子严琥书;"皮之不存,毛将焉附"——与四女严顼书。

社会剧变与规范重建——严复文选

卢云昆编选,上海:上海远东出版社,1996 年 6 月出版。《中国近现代思想家论道丛书》之一。本书精选了严复关于文化思想的重要著述。全书分为文钞、译著按语、典籍评语、书信四个部分。

编选者在序中指出,从严复的思想中可看出四个特点:一、从比较文明史的角度,阐明中西方人对于政治、经济、法律、教化、学术、事理及思想意识观念方面的殊异。二、指出天下大势已日趋混同,应及早变革以谋求富强。三、将自由提升为导体,认为自由是真理的皈依。四、力主社会规范的重建,认为必须有先进健全的社会制度和规范作为社会民主富强的保障。编选者还指出，通过严复的著述来全面地了解严复，能够使学者在严复研究上有更加明晰的方向。

从严复到金岳霖：实证论与中国哲学

杨国荣著，北京：高等教育出版社，1996 年 10 月出版。本书对实证论在中国的引进与发展作了系统的介绍。本书首先讨论了严复作为中国引进西方实证论的第一人，对西方实证论在中国的定型与发展所起的作用。作者认为，严复在一定意义上实现了由推崇西方近代的"实测内籀"之学（实证科学的方法）向实证主义的转换，同时，在注重直接的、可感知的经验事实方面，严复实现了实证主义与功利主义相互通融。不过，与西方实证主义以现象主义的原则而拒斥形而上的本体不同，严复并不否定本体世界的存在，只是认为当本体世界超越了现象的领域，从而"不可思议"。这样，在严复那里，本体界与现象界便处于一种既相互并存，又相互对峙的状态。作者又针对王国维所理解的实证论（即指近代科学方法，并包括实证论的经验主义及现象主义原则）、胡适的第二代实证论（实用主义）、丁文江与王星引进的马赫主义、冯友兰通过辩名析理而重建的形而上学（最终乃是为了引导人们进入理想的人生境界，这涉及了道德哲学）和金岳霖的新实在论逐一作了深刻的分析。

本书结构如下。导言。第一章"实证主义的东渐"包括三节：一、实测内籀之学；二、实证原则与功利主义；三、无对之域的双重意蕴。第二章"徘徊于形而上学与实证论之间"包括三节：一、从形而上学到实证论；二、实证论的双向展开；三、实证论的限度：二难困境。第三章"实用主义的引入与变形"包括四节：一、拒斥超验之道与认同自然；二、善与真；三、方法论上的中西会通；四、实用主义与马赫主义的合流。第四章"新实在论的融入与逸出"包括三节：一、重建形而上学；二、命题的二重化与辩名析理；三、人生境界说：扬弃元伦理学。第五章"走出实证主义"包括四节：一、元学的逻辑构造与超逻辑的道；二、对唯主方式的诘难；三、概念论；四、接受总则与归纳问题；余论。附录一：《知识与智慧》；附录二：《科学的泛化及其历史意蕴》。

中日近代对西方政治哲学思想的摄取：严复与日本启蒙学者

王克非著，北京：中国社会科学出版社，1996 年 12 月出版。为《北京日本学研究中心学术专著》的第三册。本书从"比较中日学者摄取西方思想"这一主题入手，阐述了 19 世纪末进化论和自由思想在中日两国不同的摄取情况，深入分析了中日摄取者严复、加藤弘之、中村正直的心态与翻译特色，摄取后译本在两国的影响，以及两国环境所赋予这一过程的意义。本书资料详实，提出了诸多新观点；在行文结构方面严谨有致；观点较为全面，有较高的学术价值，不仅拓宽了翻译史的研究，也丰富了思想史的研究。作者在绪论中指出，他注意到，中日两国启蒙学者都是把译介和传播西学从而改造本国体制、变革民心视为己任，这些启蒙学者的努力深刻影响了两国走向近代的进程。因此，作者所关注的问题，就集中在对于中日这样的被外国强迫打开国门的国家，在面对各种前所未闻的、有着不同来源和流派的西方新思想的时候，其国内启蒙学者选择与摄取这些新思想的方式，以及这种摄取所产生的结果。作者首先比较了严复和加藤弘之的进化论思想，探讨了如下问题：中日两国学者为何引入进化论思想，如何摄取进化论思想，这种摄取与本国环境、与引进者本人有何关系。其后，作者比较了严复和中村正直的经历与思想，分析了他们对 On Liberty 的翻译情况，考察了当时社会的接受环境，评价了两位启蒙思想家的译著对于两国社会的影响。最后，作者将严复、加藤弘之和中村正直三者进行了比较。首先，作者认为，作为 19 世纪末中日两国的启蒙学者，这三位翻译家都受过良好的国学教育，熟悉本土文化，关注民族命运。其次，他们能突破旧思想的束缚，学习外语，积极探究西方学说中有利于发展进步的精髓。再次，他们能够正视西方文化，并且不盲从不忘本。但是，中日两国的社会环境差异仍然使这些启蒙学者在翻译的时候选取了不同的方式。

本书包括四个部分。第一部分为"绪论"。第二部分为"进化论思想的摄取"。该部分包括六节：一、关于进化论思想；二、中日对进化论思想的引入；三、加藤弘之对进化论思想的摄取；四、严复对进化论思想的摄取；五、进化论思想摄取后的影响；六、比较分析。第三部分为"自由思想的摄取"。该部分包括八节：一、选择 *On Liberty* 译介自由思想；二、译者背景；三、译者的自由观；四、译者对自由译名的考虑；五、译本与译者心态的分析；六、翻译摄取后的影响；七、客观接受环境及其比较；八、比较分析。第四部分为"炼石补天：外来思想的摄取"。

传世藏书·集库·别集 15(严复诗文集、谭嗣同集、梁启超集、王国维诗文集)

季羡林总编，海口：海南国际新闻出版中心，1996 年 12 月出版。《传世藏书》由季羡林先生担任编辑委员会总编，由张岱年、徐复、王利器、钱伯城、戴文葆先生任主编，由全国 26 所高校和科研单位的两千余位专家学者选编、标点和校勘而成。《传世藏书》是国家"八五"至"九五"重点图书出版项目，选先秦至晚清历代重要典籍善本，加标点后用简化字横排出版。本书是《传世藏书》总集的第 15 册，内容包括严复诗文集、谭嗣同集、梁启超集和王国维诗文集。其中，《严复诗文集》广泛地收录了严复生平的诗歌散文，其中严复自撰的诗文，主要是依据蒋贞所辑《严几道诗文钞》、沈云龙主编的《侯官严氏丛刻》、《严几道先生遗著》、《国闻报汇编》、《直报》及其子严璩编印的《瘉壄堂诗集》而进行编校的，在顺序上依原集编排。其文集部分，大体依据撰写或发表时间先后编排。原未注明时间且亦无法考订者，则附在文集的末尾。另有发表于《国闻报》的若干文章，由于还不确定是否出于严氏手笔，仅附列于全书末尾作为参考。

1997 年

严 复

王中江著，台北：东大图书公司，1997 年 4 月出版。本书属于由傅伟勋、韦政通主编的《世界哲学家丛书》之一。本书在展现时代背景和严复人生历程的基础上，从严复的中西文化比较观、伦理思想、富强思想、民主自由精神、进化论及进步史观等多个方面，对严复思想进行了系统、深入的考察，揭示了他的"独自性"和"超越性"，是一部相当全面的论著。作者指出，严复不是一个行动型的人物，而是一个观念型的人物。在中国近代思想和社会的转型过程中，严复扮演了思想启蒙者、观念传播者、文化翻译者等丰富的角色，促进了传统价值观念的转换。这些转换的内容包括：社会价值一元化向社会价值多元化转换，个人能量泯灭的相安相养向个人潜力释放的竞争转换，道功义利的对立向经济利益与伦理道德的统一转换，不自由不平等向自由平等转换，以书本为研究对象向以自然为研究对象转换，主观心习性向客观实证性转换，演绎优位向归纳中心转换，好古循环的历史观向进步的历史观转换，大一统主义向分治主义转换，人治向法治转换，智德力上的弱民向智德力上的强民转换，旧学向新学转换，守旧向变法转换，专制制度向民主制度转换。

本书包括十个章节。第一章"历史舞台：背景与使命"包括四节：一、危亡变局；二、"自强"主题；三、"变法"诉求；四、学问世界。第二章"生命历程"包括七节：一、幼少求知；二、英国留学；三、天津水师学堂岁月；四、西学第一大家；五、游离不定时期；六、家庭生活；七、余年境况。第三章"中西文化的比较与整合"包括四节：一、中西文化差异；二、面对西方文化的开放心灵；三、中国传统文化反思；四、道家与西方观念。第四章"科学实证与超验存在"包括三节：一、科学实证诉求；二、为超验存在留下地盘：形上与宗教之省思；三、伦理思想。第五章"富强理想"包括两节：一、财富追求及其合理化；二、经济一般观念。第六章"'自由'、'民主'精神"包括两节：一、"自由"精神探险；二、论"民主"及其"平等"和"法治"。第七章"进化论及其进步历史观"包括两节：一、进化论的引入；二、进步历史观。第八章"'社会'和'变法'观念"包括两节：一、对"社会学"和"社会"的理解；二、论"变法"和"智、德、力"。第九章"文化翻译"包括三节：一、翻译境界；二、翻译活动；三、译名及其命运。第十章"历史的回声：影响与解释"包括两节：一、多维效应；二、解释历程。

严 复 评 传

杨正典著，北京：中国社会科学出版社，1997 年 10 月出版。本书全面系统地评述了严复的生平及学术思想，着重对严复的政治思想、美学思想、文化思想、哲学思想、历史观、伦理思想、教育思想、逻辑思想、翻译理论与特色等分章作了分析。关于严复生平思想发展的轨迹的问题，作者认为严复早年是先进的中国人，晚年却退化为尊孔派复辟派，强调了严复思想的矛盾性和局限性。总体说来，作者认为严复对西方文明的褒贬疑虑，对中国礼俗文化以及国民性的剖析，乃至晚年的苦闷落寞，都显示出其为民族命运求索的努力。

本书包括八章：第一章"生平事迹与政治思想"包括三节：一、向西方寻求真理；二、以译书为立命安心之事；三、更新传统文化。第二章"中西文化比较观"包括四节：一、扫清思想道路——批判排外主义、国粹主义、体用、主辅、本末说；二、宏观比较；三、多层次的比较观；四、比较哲学研究。第三章"进化唯物论哲学思想"包括五节：一、进化唯物论哲学的理论基础——《天演论》的内容及其意义；二、进化唯物论的自然观——联系统一的世界图景；三、从经验出发的认识论；四、由相对主义到不可思议论；五、进化唯物论哲学的理论意义与历史地位。第四章"严复的社会历史观"包括两节：一、进化的历史观；二、社会历史观的理论局限性。第五章"严复的伦理思想"包括三节：一、人性论；二、义利之辨；三、道德论。第六章"严复的教育思想"包括三节：一、教育救国论；二、教育理论；三、教学的重要问题。第七章"严复的逻辑思想"包括三节：一、大力倡导西方逻辑学；二、严复的逻辑观；三、用西方逻辑为思想武器分析批判传统逻辑思想和封建旧学。第八章"严复的文学和译著思想"包括四节：一、现实主义文学理论及其创作实践，二、严复文学思想的局限性；三、严复的译著；四、严复的美学思想——诗歌艺术赏析论。结束语。

中西文化之会通——严复中西文化比较与结合思想研究

李承贵著，南昌：江西人民出版社，1997 年 11 月出版。本书主要阐述了严复在中西方文化交流、传播过程中所持的态度以及所起的作用，解答了由此延伸出来的一些值得研究的问题。作者认为，严复对中西方文化进行了深刻而广泛的比较与沟通，并进行了中西文化结合的尝试。严复既继承了中华传统文化中的优秀部分，又对中国传统文化的新方向有所探索。作者认为，由于严复思想结合中存在理智大于情感、整体大于片面、综合大于分裂的情况，因此不能够简单地把严复早期思想定义为"全盘西化论"，更不能将严复生平思想变化的轨迹简单归类为"早期全盘西化—中期折中—晚期返本复古"的模式。

本书共有十一章。第一章题为"困境与求索——严复中西文化比较与结合背景"。该章包括四节：一、物质的领域——中西文化比较与结合的社会背景；二、观念的领域——中西文化比较与结合的思想渊源；三、中学西学第一人——中西文化比较与结合的个人素质；四、甲午战败——中西文化比较与结合的直接诱因。第二章题为"进化的自然与循环的历史——哲学思想的中西比较与结合"。该章包括四节：一、一般哲学理论的中西比较结合；二、哲学方法的中西比较与结合；三、哲学范畴的中西比较与结合；四、论评。第三章题为"自由则功罪赏罚皆由己出与自由未尝立以为数——道德风俗的中西比较与结合"。该章包括三节：一、道德观念的中西比较与结合；二、风俗习惯的中西比较与结合；三、论评。第四章题为"权柄归民与权柄归官"。该章包括三节：一、政治思想的中西比较与结合；二、法律思想的中西比较与结合；三、论评。第五章题为"自由的经济与自然的经济——经济思想的中西比较与结合"。该章包括三节：一、经济理论的中西比较与结合；二、经济行为的中西比较与结合；三、论评。第六章题为"尊新知与夸多识"。该章包括三节：一、教育理论的中西比较与结合；二、教育制度的中西比较与结合；三、论评。第七章题为"一尊而外无庸辅佐与奉天而外更祀众神——宗教观念的中西比较与结合"。该章包括两节：一、宗教观念的中西比较与结合；二、论评。第八章题为"统新故而视其通，苟中外而计其全——中西文化比较与结合理论方法探索"。该章包括四节：一、中西文化比较结合原则论；二、中西文化比较结合方法论；三、严复文化思想动态概观；四、论评。第九章题为"成绩与不足——严复中西文化比较与结合思想的总体评析"。该章包括四节：一、学理意义；二、历史作用；三、现代价值；四、主要局限。第十章题为"拓展与探新——严复研究余论"。该章包括四节：一、王韬严复文化观比较；二、"中体西用"与"体用不二"；三、预言大师——严复；四、严复进化思想探微。第十一章题为"回顾与展望五十年来严复思想研究述评"。该章包括六节：一、哲学之争；二、改良主义、政治思想与后期严复；三、自由经济理论的传播者；四、教育救国与教育近代化；五、启蒙大师；六、进化论的得与失。

1998 年

严复与中国近代化学术研讨会论文集

福建省严复学术研究会、福州市严复研究会编，福州：海峡文艺出版社，1998 年 5 月出版。本书是 1997 年 12 月于福州市召开的"严复与中国近代化"学术研讨会的论文成果，收录了与会海内外专家学者的论文六十余篇。这些论文主要以"严复与中国近代化"为主题进行广泛而深入的探讨。其内容具体可以分成五个方面：一、严复的政治思想研究。包括"三民说"，"自由观"，主张自由与法制、民主与专制相结合的中西"会通论"，国家观等。二、严复的文化思想研究。主要涉及严复所翻译、宣传的进化论哲学、经验论哲学、实证主义哲学以及逻辑哲学对中国传统哲学影响的情况。三、严复传播西学和中国近代化的起步与发展。四、严译《原富》的研究情况。五、严复的教育思想研究。

本书以袁启彤在该学术研讨会开幕式上的讲话以及福建省严复学术研究会会长郑重的《世纪回眸、求真为公》两文为序。所收入的论文包括：范启龙《〈天演论〉的译著及其伟大影响》，郑重《从〈天演论〉译著初版看严复强烈的爱国主义精神》，章正《戊戌维新时期严复爱国思想的理性特征》，郑守正《从严复就甲午战争事致陈宝琛的三封信看其爱国思想》，邓华祥、肖忠生《从严复致陈宝琛的一封信札中看他的爱国思想》，牛康《从社会传播角度来考察分析严复的〈天演论〉的成功》，罗耀九、林平汉《从严译〈天演论〉到孙中山的互助思想》，（韩国）曹世铉《论严复的〈天演论〉与李石曾的〈互助论〉——中国近代进化论的两种译著》，陈俱《读〈天演论〉札记》，鲜于浩、何云庵《追求中华民族素质近代化——严复"三民"说评议》，江道源《严复"三民"思想的本质——人的近代化》，王宜椿《一代哲人严复》，陈华新《严复传播西学与中国近代化》，叶芳骐《中国近代化的先声——严复传播"西学"述评》，陈九如《严复与西学传播》，郑剑顺《论严复的西洋观》，林启彦《严复论中西文化》，蔡永明《略论严复中西文化观的演变》，林伟功《浅论严复中西文化差异观》，石文英《严复译著的中西文化比较》，郭常英、关学增《严复对中西社会的对比及其时代价值》，黄顺力《严复与辜鸿铭文化心态的比较》，胡慧玲《文化牵引社会进步的巨大作用——试论严复思想文化的社会意义》，周济《严复的科教兴国思想》，叶涛《"开民智"严复一生所追求的目标与实践》，高时良《从魏源到严复——近代中国西学教育思维的历史性转变》，卢美松、欧潭生《严复对创办北京大学的贡献》，陈名实《严复素质教育观的现实意义》，谢放《中西学"分之则并立，合之则两亡"——严复文化教育思想研究》，李正午、李欣《严复的教育观评析》，杨旻旻《严复女子教育观剖析》，张延榕、张厚林《严复教育思想体系初探》，马勇《严复与安庆高等学堂》，李华兴《论严复的国家学说》，王大同《略论严复救国图强的伟大抱负》，皮后锋《国权·民权·特操·絜矩——严复自由观论析》，洪峻峰《论严复的自由观》，林其泉《严复君主立宪主张小议》，邓剑秋、石方杰、陈建华《维新时期严复思想述评》，齐上志《严复变革维新思想初探》，杨沐喜《维新变法时期严复与康、梁、谭思想异同之比较》，陈允树《论康有为、梁启超与严复——兼论对严复晚年评价问题》，林国清《严复未参加"筹安会"说》，陈双燕《严复晚年政治思想再研究》，苏中立《世纪之交严复和孙中山的伦理思想近代化比较》，李承贵《比较与会通——

论严复对中国传统哲学的近代改铸》，陈伯强、庄艺真《试论严复的处世哲学》，杨胜良《严复的启蒙思想与对老庄之学的评述》，黄新宪《论严复的基督教观》，潘心城《关于严复经济学理论的探讨》，林利本《严复对西方古典经济学的传播》，俞政《严译〈原富〉的社会反应》，姚春树、潘筠(执笔)《论严复与近代"文界革命"——兼论其政论杂文》，朱政惠《简议严复进化论传播和中国近代史学发展》，李斌《严复与〈国闻报〉》，李金强《严复与清季海军现代化初探》，梁义群《严复与吴汝纶》，吴仪《从中日近代思想史探讨严复与福泽谕吉对促进中日近代化之比较研究》，陈绛《英美学者笔下的严复》，张延榕《严复——中国译界泰斗》，黄克武《严复的翻译：近百年来中西学者的评论》，官桂铨《严复佚文三篇》。本书后有四篇附录：一、1997"严复与中国近代化"学术研讨会组委会；二、贺信；三、严复研究访谈录(陈端坤记录整理)；四、"严复与中国近代化"学术研讨会综述(研讨会学术组林平汉执笔)。

严 复 传

　　冯保善著，北京：团结出版社，1998 年 7 月出版。本书为由陈来胜主编的《中国文化巨人丛书：近代卷》之一，主要叙述了严复的生平事迹、翻译事业及其思想的发展轨迹。本书包括七章。第一章题为"少年人物江山秀"。该章包括三节：一、诞生中医世家；二、"一篇大孝论能奇"；三、留学英伦。第二章题为"男儿怀抱谁人知"，该章包括五节：一、马江学堂教习；二、北洋水师学堂总教习；三、"不预机要"的学堂总办；四、交恶李鸿章；五、初涉译坛。第三章题为"一卷生花《天演论》"，该章包括四节：一、救亡保种的呐喊；二、投身维新实践；三、光绪帝召见；四、"以人持天"、"与天争胜"的《天演论》。第四章题为"窈窕兮浮萍，泛淫兮无根"，该章包括五节：一、上海避难；二、开平矿务局空头总办；三、"道若隐沦"的京华三年；四、从复旦公学到安徽高师；五、人怕出名。第五章题为"欲持建鼓挝顽聋"，该章包括三节：一、"屏弃万缘，惟以译书自课"；二、严复的翻译思想与严译名著的特点；三、本时期译著的内

容及其产生的社会反响。第六章题为"人生难是受恩知"。该章包括
四节：一、从拒袁到为袁世凯门下客；二、投桃报李；三、尊孔读经
与筹安会挂名；四、时评政论。第七章题为"一庵吾欲送华颠"，该
章包括三节：一、忧愁风雨；二、心意迷惘；三、劫后余生。本书结
尾附有"严复简谱"。

论信达雅：严复翻译理论研究

沈苏儒著，北京：商务印书馆，1998 年 12 月出版。本书出版于
严复《天演论·译例言》刊行一百周年之际，是我国第一部研究"信、
达、雅"的综合性总结式专著。本书以严复的"信、达、雅"翻译理论
为线索，以翻译与文化为背景展开阐述，探讨了严复的"信、达、
雅"原则在中国翻译学史上的地位，并对翻译的本质、翻译的实践和
译事的阶段都作了深入的探讨。本书还结合当代国内外翻译学理论的
最新成果，提出了中国当代译学理论研究的未来方向，为翻译学的研
究的进步作了有益的贡献。作者特别认为，在信息时代，翻译对于不
同的文化群体的交流有更加重要的作用，因此像严复的"信、达、
雅"的翻译理论这样极有生命力的理论有必要进行更加深入的研究。

本书共有七章。第一章为"绪言"。该章包括两节：一、"信、
达、雅"说迎来百岁华诞；二、找出"信、达、雅"说生命力之所在。
第二章题为"严复的'信达雅说'"。该章包括四节：一、中国古代翻
译家论翻译原则；二、严复的时代、生平及其翻译业绩；三、严复
"信、达、雅"说诠释；四、历史地正确地理解作为翻译原则的"雅"。
第三章题为"各家对'信、达、雅'说的评价及各种新说"。该章包括
四节：一、第一类：肯定；二、第二类：大体肯定或不否定而代之以
新说；三、第三类：否定或不置评；四、对"信、达、雅"说评论中
的几个问题。第四章题为"在我国流传较广的几种外国译学学说"。
该章包括五节：一、泰特勒的翻译三原则；二、费道罗夫的"等值"
论；三、奈达的"动态对等"论；四、纽马克的"文本中心论"；五、
中外译论应融合而非相互排斥。第五章题为"从翻译的本质看'信、
达、雅'"。该章包括四节：一、对翻译本质的认识；二、翻译是交

流；三、翻译与文化；四、"等值"、"等效"只是一种理想。第六章题为"从翻译的实践看'信、达、雅'"。该章包括四节：一、翻译实践过程中的三阶段；二、翻译实践的第一阶段（理解）和第二阶段（表达的第一层次）；三、翻译实践的第三阶段（表达的第二层次）；四、三阶段与"信、达、雅"。第七章题为"继承和发展'信、达、雅'学说"。该章包括四节：一、前六章的小结；二、"信、达、雅"的理论意义；三、"信、达、雅"的实践意义和普遍意义；四、为建设我国现代翻译理论而努力。本书最后附有作者在其他杂志发表的文章《论"信、达、雅"》和《继承·融合·创立·发展——我国现代翻译理论建设刍议》，以及相关著作介绍《奈达近著〈翻译：可能与不可能〉内容介绍》。

1999 年

中国历代思想家 19：严复·康有为·谭嗣同·吴敬恒

郭正昭等著，台北：台湾"商务印书馆"，1999 年 8 月出版。本书为台湾"商务印书馆"出版的《中国历代思想家》的第 19 册，该册所撰述的中国近代思想家包括严复、康有为、谭嗣同和吴敬恒。该书于 1978 年第一次出版，原书记述了中国历史上的重要思想家 100 人的生平事迹与思想。1999 年新版则在原版的基础上增补了 19 人，依照这些思想家的出生时间排序，介绍了他们的生平事迹、主要思想、著述与身后影响等，使该书的体系更加完整，也更加清楚地展现了中国学术思想的演变情况，凸显了中华文化的价值。其中《严复》部分由郭正昭撰写。

严复思想新论

刘桂生编，北京：清华大学出版社，1999 年 12 月出版。本书收录了 20 世纪末的几年里海内外严复研究领域中较有代表性的新成果，包括学术论文 13 篇，主要探讨了严复在接受和传播西学的过程中对待中西文化态度的前后一贯性，以及其对于近代中国学术文化发展的贡献和意义。这些论文分为五个版块：一、严复与中西文化交融互释；二、严复与自由主义；三、严复与卢梭、斯宾塞；四、严复与西方思想；五、严复诗考释。

本书由张岱年、刘桂生和林启彦作序。张岱年在序中提到，严复晚年思想的趋向保守体现了时代的局限性，但他作为一个启蒙思想家，其努力介绍西方先进思想的功绩应当受到肯定。刘桂生在序中谈到，长期以来，我国学术界对严复思想的研究已经形成一种比较固定的"模式"，即认为严复一生的思想发展是一个由"全盘西化"到"中西折衷"，最后到"反本复古"的"S"形演变过程。与此同时，学术界还存在另一种以张恒寿教授为代表的观点，认为严复在早期并不曾"尽弃儒学"，而儒家思想不曾断裂地贯穿了严复的思想发展脉络。这一观点经过不断发展，逐渐成为解释严复思想发展路径的新思路。林启彦则提到，20 世纪后半叶的严复研究受两种主要思想的影响。一种思想以周振甫、王栻等为代表，认为严复思想发展遵循"S"形路线。另一种思想以美国学者史华兹为代表，认为严复仅把自由看做实现富强的手段，个人自由应当服从国家集体利益。林启彦强调，值得注意的是，上述较为定性的研究框架正在被突破，而本论文集的编纂恰恰是为了反映这种研究的新视角和新趋向。

第一版块"严复与中西文化交融互释"包括四篇文章。张恒寿《严复对于当代道学家和王阳明学说的评论》的内容为：严复对中国儒家学说有相当敏锐的认识，并不曾"全盘否定儒家学说"。相反，由于他对西方学术有深切的理解，所以能够较客观地看待中国学术，为中国传统学术的新发展作出了贡献。汪荣祖的《严复新论》根据王栻先生主编的《严复集》，考证出严复抽鸦片成瘾，认为这成为严复不受李鸿章重用的原因之一。同时，汪荣祖反对简单地把严复思想分为"早年先进、晚年保守"两部分，因为所谓的先进与保守，在不同的时期也有不同的内涵，不能一并而论。林启彦的《严复论中西文化》的主要内容为：严复以一贯的理性与持平态度评价中西文化。他既肯定中西两方各自的长处，也指出两者各有不足。林载爵的《有关严复思想的两个问题：激进与保守、批判传统与反本复古》驳斥了学术界长期以来对严复思想的"由激进到保守"、"由批判传统到反本复古"的定性描述，认为严复是中国近代思想史上第一个最严谨、最有系统、最有深度的保守主义者。同时林载爵将前述的定性思想归因于以严复为代表的保守主义思想从不曾被正确定位。本书第二版块"严复与自由主义"包括四篇文章。其中，周昌龙的《严复自由观的三层意义》、黄克武的《严复对约翰·弥尔自由思想的认识——以严译〈群己权界论〉(On Liberty) 为中心之分析》和《严复晚年思想的一个侧面：道家思想与自由主义之会通》这三篇文章从不同的角度探讨了严复自由思想的特质，否定了史华兹对严复自由思想的论断——认为严复并非如实吸纳英国 19 世纪的个人自由主义思想，他的自由思想是以实现国家富强为目的，服务于集体的自由。林载爵的《严复对自由的理解》则旨在探求严复自由思想的缺陷，该文论述了严复自由思想的"集体主义"目的，以及在极受英国自由主义传统重视的"消极的自由"方面的缺失。本书第三版块"严复与卢梭、斯宾塞"包括两篇文章。蔡乐苏的《严复启蒙思想与斯宾塞》论证了严复对西学的吸收具有一贯性。蔡乐苏认为，严复虽然肯定斯宾塞的进化论，但始终拒绝承认强存弱亡的必然性，而认为人能够通过主观力量，结合历史实际而克服灭亡的危险。王宪明的《关于戊戌时期严复传播"社会契约论"和"天赋人权论"问题再探讨》认为严复在戊戌时期宣传的自由主义实际上是 19 世纪后期英国进化的、实证的、功利的自由主义思想，而非卢梭的思想。因此就不存在严复早年传播卢梭、戊戌后批判卢梭的问题，也不存在早年民主进步晚年反动保守的问题。第四版块"严复与西方思想"包括两篇文章。胡志德的《挪用：再论严复与西方思想》着重阐明了严复思想中对于中西文化思想中的差异与矛盾的强调。但作者认为，这种强调导致严复思想理论上的混乱，并使严复一方面走向肯定远古的保守主义，另一方面又走向否定近代的虚无主义，造成以先秦思想服务近代社会在实践上的脱轨。李强的《严复与中国近代思想的转型——兼评史华兹〈寻求富强：严复与西方〉》的主要内容为：一方面肯定了史华兹的《寻求富强：严复与西方》一书对中国近代思想史研究有重要意义，另一方面则对该书的四个主要论点提出系统的质疑与反证。本书最后一个版块"严复诗考释"包括一篇文章，即王宪明的《"美人"期不来，诗人自多情——严复〈民国初建〉诗"美人"新解》，该文通过对严复的《民国初建》的重新解读，指出严复的政治态度是一贯的，他始终希望通过君主立宪与强人内阁来维持秩序与统一。

总之，本书内容丰富，既有创新的观点，在论述上又有理有据，这对于转变严复研究的思路有重要的作用。

2000 年

自由的所以然：严复对约翰弥尔自由主义思想的认识与批判

黄克武著，上海：上海书店，2000 年 5 月出版。本书主要对严复在翻译 *On Liberty* 的过程中所表达的自由主义思想进行了重新的考察，得出了新的认识与批判。史华兹在《寻求富强：严复与西方》中提出，严复在翻译 *On Liberty* 的过程中曲解了作者的自由主义观点，将原作者的个人主义的自由观转化成适合当时中国改革的以集体主义为基础的自由观。本书针对这方面的论点提出了一些修正性的看法。作者将 *On Liberty* 与严复的译本《群己权界论》作了对照性的研究，他通过逐字逐句地并列两个文本来分析两者之间的差异，以探索出严复在翻译此书的过程中所产生的误解，而这种方法是此前研究严复思想的学者所不曾做过的，因而为本书的亮点，也为本书的论点打下扎实的基础。作者首先对这两个文本作了全面的对照，然后在第三章引用相关材料来说明两者的异同。第四章则依据严复的相关著述来考察他对于 *On Liberty* 自由思想的理解与批判，并分析严复在这之中是如何建构起自己的自由思想的。作者认为，严复对个人价值的肯定是建立在群己平衡的基础上的。严复既没有将个人置于群体之上，也没有将群体置于个人之上，而是选择了一种植根于中国传统的"成己成物"、"明德新民"之观念的第三种观念：个人与群体一样的重要。因此，个人自由与社会利益并不一定相冲突。

本书结构如下。第一章"导论",该章包括五节:一、严复与约翰弥尔自由思想的所以然;二、弥尔主义在中国的问题;三、弥尔主义与调适思想的结合问题;四、严复的生平与思想;五、严复自由思想与弥尔主义的异同。第二章"清末民初以来学者对严译的讨论",该章包括四节:一、绪论;二、环绕着"达"的一些讨论;三、环绕着"信"的一些讨论;四、结语。第三章"严复对约翰弥尔自由思想的认识:以严译《群己权界论》为中心之分析",该章包括四节:一、绪论;二、成功的翻译;三、翻译与原著之间的差距;四、造成差距的原因。第四章"严复对约翰弥尔自由思想的接受与批判",该章包括九节:一、绪论;二、学界对严复自由思想的讨论;三、严复理想社会中的个人自由与个人尊严;四、严复理想社会中的经济与政治制度;五、严复对弥尔实施自由制度之条件的认识与肯定;六、严复反对的思想;七、严复政治思想的脉络;八、影响严复思想的各种因素;九、结语。第五章"结语"。

严复评传

郭良玉著,开封:河南大学出版社,2000年6月出版。本书叙述了严复生平的主要事迹、严复爱国思想的形成过程及其思想变化的轨迹。本书共十六章:第一章、家世;第二章、童年;第三章、从师就读;第四章、振先公去世后家中景况;第五章、入马江学堂;第六章、在英吉利得识郭嵩焘及郭之为人;第七章、学成归国,该章包括四节:一、归国途中;二、欲入仕途施展抱负;三、国难方殷,前仆后继;四、严复与变法维新。第八章、百日维新后,该章包括三节:一、痛定思痛,回忆往事;二、二次赴英伦,会见孙中山;三、在安徽高等学堂。第九章、家事二三则;第十章、中华民族的脊梁;第十一章、救贫图强的《原贫》一文及其他;第十二章、知交四五公;第十三章、慧眼卓识;第十四章、和袁世凯的交往;第十五章、思想片段;第十六章、国难家愁中魂归道山。

中国近代名家名作宝库5,严复林纾卷

严复、林纾著,周松平主编,呼和浩特:内蒙古人民出版社,2000年12月出版。本书为《中国近代名家名作宝库》丛书的第5册,收录了严复和林纾在散文、诗词、译著等方面的代表作。其中《严复卷》包括四个部分。第一部分为"散文",所收录的文章包括:《论世变之亟》,《原强》,《辟韩》,《救亡决论》,《译天演论自序》,《孟德斯鸠列传》,《斯密亚丹传》,《吴芝瑛传》。第二部分为"词篇",所收录文章包括:《社燕》,《送陈彤卣归闽》,《戊戌八月感事》,《哭林晚翠》,《送郑太夷南下》,《送沈涛园备兵淮扬四首》,《赠熊季廉》,《挽吴挚父京卿》,《甲辰出都呈同里诸公》,《人才》,《上海刘氏园见白莲孤开归而成咏》,《赠高啸桐》,《漫题二十六岁时照影》,《九月十二日》,《十三夜月》,《送朝鲜通政大夫金沧江泽荣归国》,《和寄朝鲜金泽荣》,《民国初建政府未立严子乃为此诗》,《题胡梓方诗册并寄陈散原》,《写怀》,《癸丑上已梁任公禊集万生园分韵流觞曲水四首》,《题侯疑始填词图册》,《寄散原》,《三月三日洁叶氏甥女约刘伯远叔通兄弟侯疑始游万生园》,《题张勇烈树珊遗像》,《挽麦孺博三首》,《书愤次伯远韵》,《题李一山汝谦所藏唐拓武梁祠画像有序》,《畴人》,《以渔洋精华录寄琥唐山春榆侍郎有诗见述率赋奉答》,《说诗用琥韵》,《赠林畏庐》,《寿康更生六十》,《摸鱼儿》,《金缕曲》,《解连环》。第三部分为"日记"。第四部分为"译著",所收文章包括:《〈天演论〉导言》,《总论宗法社会》,《释思想言论自由》,《〈法意〉三章》。

二十世纪中国散文大系1

张志欣、何香久主编,石家庄:河北教育出版社,2000年12月出版。本书为《二十世纪中国散文大系》的第一册,收录了五四运动前后中国的一批思想家的散文,这些思想家包括:郑观应、何家琪、樊增祥、黄遵宪、简朝亮、林纾、严复、马其昶、屠寄、辜鸿铭、康有为、汪康年、唐才常、蔡元培、章太炎、冯开、梁启超、叶景葵、

陈天华、王国维、秋瑾、陈独秀、刘大白、鲁迅、章士钊、马叙伦、周作人、邹容、夏丏尊、黄侃、林觉民、钱玄同、柳亚子和周建人。这些散文主要展现了如下特点：在思想上要求摆脱屈从的枷锁，追求生存的社会环境逐渐趋于平等和自由的合理状态；在艺术上要求运用真挚、深情和清新有力的文字，表达出自己的精神与心灵状况。本书所选的严复的文章包括《救亡决论》、《斯密亚丹传》、《辟韩》、《廉夫人吴芝瑛传》、《蒙养镜序》、《论八股存亡之关系》、《论华人之可用》、《论沪上创兴女子学堂》。这些文章为当时的社会注入了清新的活力，产生了巨大的影响。

2001 年

严复学术思想评传

马勇著，北京：北京图书馆出版社，2001 年 2 月出版。《二十世纪中国著名学者传记丛书》之一。本书详尽地介绍了严复生平及其学术思想，特别是在严复的翻译事业、实业救国思想、教育理念、政治经济思想、中西文化观等方面作了深入介绍。关于严复生平思想发展路线的问题，作者认为，在对待西学方面，严复将他的有条件、有选择性地吸收西方文化的主张贯穿一生。在对待传统文化方面，严复晚年并没有义无反顾地投入传统文化的怀抱。关于严复晚年思想上趋于保守的问题，作者认为，严复当时一系列的政治选择并不是盲目的，更不是故意与时代思潮主流立异，而是他在理性思考后所作的必然选择。

本书章节结构如下。导论部分题为"严复学术思想的历史定位"。第一章"中国文化的根基与西方文化的洗礼"包括两部分：一、中国文化的根基；二、西方文化的洗礼。第二章"甲午战败的刺激与思想启蒙"包括四部分：一、仕途坎坷意消沉；二、在战争中觉醒；三、原强：对传统的怀疑；四、救亡：走西方的路。第三章"在政治变革的激流中"包括六部分：一、南梁北严；二、与强权抗争；三、联俄与通艺；四、与康、梁的同与异；五、政治改革的蓝图；六、从期望到失望。第四章"近代中国第一译手"包括八部分：一、物竞天择、适者生存；二、供职译书局；三、寻求富强；四、察民群之变端；五、"合群"与"排满"；六、群己权界；七、法的精神；八、科学之科学。第五章"实业救国的思想与实践"包括六部分：一、华人总办；二、无一事可办；三、"龙旗"事件引发的问题；四、为张翼辩护；五、伦敦之行；六、收回开平的尝试。第六章"新教育的理念与实践"包括两部分：一、复旦公学监督；二、安庆高等师范学堂监督。第七章"目睹辛亥巨变"包括两部分：一、对君主立宪的期待；二、对民主共和的观望。第八章"新旧教育之转轨"包括两部分：一、接办北京大学；二、教育改革的理念与实践。第九章"共和欤？帝制欤？"包括三部分：一、意义的丢失与寻求；二、解决危机的不同思路；三、危险的步骤。第十章"孔教儒经的现代意义"包括两部分：一、信仰体系的崩溃与重构；二、国体虽更而纲常是否必变。第十一章"局外人的观察与思考"包括四部分：一、点评老庄；二、评骘康梁；三、评论时局，四、反省传统。尾声题为"留给历史的课题"。

严 复 书 评

伍杰编著，石家庄：河北人民出版社，2001 年 5 月出版。本书收集了严复在不同时期对于图书的评论，其中有序言、案语、例言等，共约 30 万字。其中书评大部分是案语，小部分是完整的书评文章，所评的内容涉及政治、经济、社会等多个领域。其书评实践和书评观，是围绕他的政治观点、学术思想而展现演绎的，所评的内容、侧重点随其思想的变化而变化。这一特点在其书评中有明显的反映：早期大量翻译评介了西方各领域、学科的代表著作，提倡科学民主；后期则多评论中国古代著作，如《老子》、《庄子》等，这说明其思想在早期比较激进，后期则趋于保守。通过对严复书评文字的整理出版，一方面可以更全面地评价严复在近代史上的地位——严复不仅是著名的启蒙思想家、翻译家，也是图书评论家；另一方面也可以反映出当时的社会思想状况。

本书中有关严复书评的部分的结构大致如下：译《天演论》自序；《天演论》译例言；《天演论》按语；斯密亚丹传；译斯氏《计学》例言（《原富》）；《原富》按语；穆勒《群己权界论》（《自由论》）译者序；《群己权界论》译凡例；《穆勒名学》按语；《日本宪法义解》序；《社会通诠》译者序；读新译甄克思《社会通诠》；《社会通诠》按语；译《社会通诠》自序；《群学肄言》译余赘语；《英文汉诂》卮言；《英文汉诂》叙；孟德斯鸠列传；《法意》按语；《名学浅说》译者自序；《名学浅说》按语；《民约》平议；译卫西琴《中国教育议》序；《普通百科新大词典》序；《英华大辞典》序；《蒙养镜》序；《庄子》评语；《老子》评语。

科学与爱国——严复思想新探

习近平主编，北京：清华大学出版社，2001 年 11 月出版。本书由习近平、郑重作序，辑集了各地学者研究严复思想的最新论文，并首次披露了新出的珍贵文献《严复手批沈瑶庆奏稿》，选载了新近考释而得的严复佚文三篇。本书所选论文共包括三部分。第一部分为"科学·教育·社会"，选入 24 篇论文，包括：范启龙、林天柱《严复一生心系祖国前途》，林庆元《严复与近代科学》，王民、陈友良《论严复的科学思想》，陈允树《科学思想与爱国精神相结合的典范——读严译〈原富〉按语》，周济《倡导自然科学与社会科学汇流的前驱》，陈鸿儒《从〈穆勒名学〉按语到〈名学浅说〉：试论严复逻辑思想的发展轨迹》，罗澍伟《严复对近代中国社会科学基础理论与基础研究的贡献》，郑剑顺《严复与中国社会科学近代化》，郭武群《论严复思想的科学性和前沿性》，黄殿祺《严复：中国图腾文化研究第一人》，高时良《严复国民素质教育思想评估》，江道源《素质教育：两个世纪之交共同关注的焦点》，李正午《严复科教思想对当今科教兴国的启示》，宋美云《严复对中国教育近代化的思考与实践》，何方生《严复社会思想及其现实意义》，李承贵、赖虹《严复社会发展观及其当代启示》，黄安榕《严复诗文中的爱国热忱》，陈端坤《严复的台湾情结与国家统一的理论》，邓华祥、肖忠生《变法维新，救亡图存——读严复〈论世变之亟〉》，林平汉《严复研究析疑三题》，罗耀九《严复改造中国传统道德的探索》，胡伟希《严复〈天演论〉与中国近代伦理思想观念的变迁》，林怡、蓝华生《从"求富强"到"尊人道"——论严复社会学思想的嬗变》，俞政《严译〈社会通诠〉按语中的政治思想》。第二部分为"学术·知识·政治"，选入 12 篇论文，包括：刘桂生《〈新潮〉中的严复形象论析——百年来社会舆论中的严复形象论析之一》，朱育和《格致治平之间：对严复晚年科学思想的再认识》，蔡乐苏《严复为何评点〈老子〉》，张勇《严复〈说党〉读解》，曾静《〈寿康更生六十〉析注——兼论严复晚年的忧国之思》，黄克武《思议与不可思议：严复的知识观》，都重万《严复对刘师培学术思想及〈国粹学报〉学术宗旨之影响》，戚学民《严复译著与梁启超思想之关系》，马勇《严复与京师大学堂》，林启彦《第一次世界大战期间严复的国际政治观：参战思想分析》，王宪明《严复对俄国及中俄关系的研究与认识》，苏中立《严复关于社会主义的论述》。第三部分为"史料与通信"，选入 2 篇文章，包括：黄启权《严复爱国思想的又一篇章——读〈严复手批沈瑶庆奏稿〉》，严诚《关于严复历史地位评价致华严女士的一封信》。

2002 年

天演之声：严复文选

牛仰山选注，天津：百花文艺出版社，2002 年 1 月出版。《中国近代思想者丛书》之一。本书共收录严复的代表作品 24 篇，内容涉及严复的社会政治、经济、军事、学术和文学思想等多个方面。每篇选文后附有题解，对选文产生的时代、主要内容与历史影响等作了扼要阐释。

本书所选文章如下所列：《论世变之亟》、《原强》、《辟韩》、《原强续篇》、《救亡决论》、《驳英〈太晤士报〉论德据胶澳事》、《论胶州章镇高元让地事》、《论胶州知州某君》、《论中国之阻力与离心

力》、《论沪上创兴女学堂事》、《有如三保》、《道学外传》、《论治学
治事宜分二途》、《译〈天演论〉自序》、《〈天演论〉译例言》、《与张元
济书》、《与〈外交报〉主人书》、《与梁启超书》、《〈英文汉诂〉叙》、
《论教育与国家之关系》、《〈蒙养镜〉序》、《廉夫人吴芝瑛传》、《〈涵
芬楼古今文钞〉序》、《〈西湖游记〉序》。

严复学术研讨会文集：纪念严复逝世 80 周年

政协天津市河东区委员会文史资料委员会编，2002 年 6 月出版。
本书属于《天津市河东区文史资料》第十四辑，是于 2001 年举办的纪
念严复逝世 80 周年学术研讨会的论文总集。本论文集收录的论文内
容涉及严复的生平事迹、民主自由思想、经济政治思想、文学贡献、
中西文化观、与天津的关系等多个方面，客观地探讨了严复对中国近
代思想的启蒙作用，以及其爱国主义思想和追求真理、严谨治学的精
神。本书是深入研究严复思想的又一本论文集，对于探索严复与天津
的关系也有积极意义。

本书由天津市河东区政协主席崔治凤作序，所收论文包括：严孝
潜《太平已有象，莫忘告黄泉——纪念严复逝世八十周年》，梁柱《先
驱者的历史功绩与历史评价——纪念严复逝世 80 周年》，雷颐《"以
自由为本，以民主为用"——严复的生平与思想》，罗澍伟《严复与近
代中国之社会科学》，卢美松、王宜椿《天演百年论严复》，林利本
《严复翻译〈原富〉的原因及意义》，郭武群《严复启蒙思想的历史贡
献》，尚克强《严复论人的近代化》，杨大辛《我国近代翻译事业的开
拓者——严复》，张大民《论严复对中国教育近代化的贡献》，张绍祖
《严复的教育实践和教育思想初探》，宋美云《严复的教育思想与现代
化》，高衡《论严复在中国近代军事教育史上的重要地位及其治学的
若干特点》，张宜雷《严复的文学贡献》，陈寒鸣《略论严复的中西文
化观》，严孝潜《严复在天津的二十年》，林开明《严复在天津心路试
探》，邓持中、高衡、王广仁《北洋水师学堂》，林开明《严复最早来
天津的时间考证》，马林《严复与天津》，卞僧慧《伊藤博文和大隈重
信是严复的留英同学吗?》，张绍祖《严复在津故居小考》，曲振明《严

复事迹考》，张树基《名人论严复语录》，张树基《梁启超录严复的一首长诗》，曲振明《严复佚文两篇》，缪志明《读严复致夫人朱明丽家书札记》。

2003 年

视域变化中的中国人文与思想世界

王中江著，郑州：中州古籍出版社，2003 年 1 月出版。《中国哲学前沿丛书》之一。本书主要探讨了传统中国人文与思想世界在处于儒家的经典人文世界、道家的人文世界、近现代新旧文化交替的世界、近现代产生了新视角的儒道精神世界等变化的"视域"中，所表现出的模式特征、互动与矛盾，以及产生的社会影响等。

本书分为五个部分。第一编为"人格、人文和经典世界"；第二编为"共同体生活样式与个体生活样式"；第三编为"传统社会解体过程中的文化选择立场及其论辩"；第四编为"另一种文明视野下的儒、道传统"；第五编为"两个领域：经验实证与超验预设"。

本书第四编第一节"严复与儒学"以及第五编第一节"严复认知世界的二重构造"着重讨论了严复的思想。"严复与儒学"旨在说明严复对待儒学的复杂态度。该文认为，严复在其晚年保守时期，坚定地推崇儒家文化，而其早期虽然也曾作过《辟韩》这样的文章对儒家代表人物进行激烈的攻击，但总体上来说他在前后不同时期的论著中，都在不断挖掘儒家经典的思想内涵。"严复认知世界的二重构造"旨在论述严复的认知世界中存在的可知与"不可思议"的二重结构。一方面严复强调科学实证和科学的作用，另一方面又相信超验世界的存在，并对宗教采取了一种开放的态度。

严复著译研究

俞政著，苏州：苏州大学出版社，2003 年 5 月出版。本书通过研究严复所翻译的八部著作及其案语，系统地展现了严复在各译著中表达的思想及该译著的社会意义。本书所选的翻译作品皆为严复的主要译著，内容涉及进化观、教案观、经济政治观、自由观等多个方面。本书共有七章，每章以严复的某一类译著为重点进行考察：第一章《天演论》；第二章《支那教案论》；第三章《原富》；第四章《群己权界论》；第五章《社会通诠》；第六章《政治讲义》；第七章《穆勒名学》和《名学浅说》。

第一章包括四节：《天演论》的译著经过；《天演论》的意译方式；《天演论》译文的修改；《天演论》的社会影响——以孙宝瑄为例。作者通过援引相关资料，详细论述了严复在翻译《天演论》的过程中所遇到的问题，并针对一些有争议的问题（如《天演论》翻译的具体时间）进行了考证。作者认为，严复煞费苦心的翻译使这部书在 20 世纪初的中国社会产生了巨大的影响。

第二章包括三节：译著概况；严复的宗教思想；严复的教案观。作者认为，严复借助《支那教案论》表明了比原作者更加坚定的立场，即无论下层百姓如何愚昧、抵外情绪如何强烈，教案的解决只能由国家政府自己处理，而决不能借师助剿。

第三章包括五节：翻译的经过；严复的经济自由主义；《原富》案语中的富国策；20 世纪初针对现实的经济思想；《原富》的社会影响——以孙宝瑄为例。作者指出，严复翻译《原富》并深受其影响，成为近代中国经济自由主义的典型代表。

第四章包括三节：原著大意；翻译概况；严复的自由思想。作者认为，尽管严复在翻译过程中因主观意愿的不同而在多处偏离原意，但他所有的"中国自由主义之父"的美誉是不可否认的。

第五章包括三节：译著大意；思想内容；论战是非。在本章中，作者针对时人批评严复反对民族主义的问题为严复作了辩护，认为严复反对的是"狭隘的民族主义"，不是近现代意义上的民族主义。

第六章包括四节：绪论；国家的分类；政界自由；宪政思想。作者认为，《政治讲义》作为严复一生中唯一的一部著作，在客观上配合了 1905 年国内的立宪运动，并且具有理论先导作用。

第七章包括三节：原作者的逻辑思想；重归纳轻演绎；正名论。

严 复 年 谱

孙应祥著，福州：福建人民出版社，2003 年 8 月出版。本年谱的写作与增补、修订历时二十年才得以完成。作者曾是王栻教授的学生，并且是王栻教授主编的《严复集》(1986 年出版)的重要参与者，他从早年便开始大量收集与严复相关的资料，这些资料为本年谱的完成提供了厚实的积累。《严复年谱》史料丰富，不仅大量征引严复各类已版著译，还汇集了众多佚文、手稿、书信等稀见资料。此外，本书广泛收集了国内外相关档案、大型资料汇编、近代报刊、近代人物的文集、日记、年谱、杂记、碑传以及研究论著等，各类资料共计200 余种，具有很高的史料价值。本年谱较前人所著年谱，对严复生平各时段的活动有了更加详实的记载，尤其在严复留学英国、创办《国闻报》、出版发行《天演论》、担任开平矿局华部总办、抵制美货运动、出任安徽高等学堂监督、参与南北和谈、执掌北京大学、民初依附袁世凯等方面，都提供了丰富可靠的材料，其中部分是前人尚未发现的，填补了严复研究中的一些薄弱环节与空白。许多以前尚未理清的史实，如严复觐见光绪帝后离开北京、接任复旦公学校长的具体时间等，在本年谱中都得到澄清。一些关于严复事迹的讹误也得到纠正。

严复与中国近代文化

张广敏主编，福州：海风出版社，2003 年 9 月出版。《严复研究丛书》之一。本书为福建师范大学严复研究所于 2003 年举办的"严复与中国近代文化"学术研讨会的与会论文集，同时还收编了其他有关专家学者撰写的论著节选，以期作为研究严复思想和高校教学科研的参考书，并借此纪念即将到来的严复诞辰一百五十周年(2004 年)。这些论文主要以"严复与近代中国文化的关系"为主题，从多个方面探讨了严复的教育思想、自由民主思想、国家观念、政治伦理思想、翻译理论、美学思想、晚年事迹等。

本论文集由李建平教授和张海鹏教授作序，所收录论文包括：庄明水《严复教育思想简论》，高时良《严复民族素质教育思想评估》，黄仁贤《严复的"新民德"学说与近代公民道德教育》，陈敏《论严复革新教育的思想根源及价值》，刘素芬《严复的教育方法探析》，黄慧君《严复教育思想的人才观探析》，陈丽晶《从严复的家书看其家庭教育思想》，姚春树《严复：第一个点燃自由圣火的启蒙思想家——论严复自由主义思想体系》，林平汉《严复对晚清官民国家观念的透析》，王民《严复〈天演论〉对中国近代社会的影响》，廖志诚《严复政治伦理思想探微》，房奕《良将·国士·窃火者——留英期间严复郭嵩焘交往研究》，齐卫平、肖照青《从西学到儒学：严复文化情结的变化及其原因探析》，石文英《严复论诗文》，姚春树《论严复的〈庄子评语〉》，鄢奋《鼓民力、开民智、新民德——严复"三民"思想新探》，张俊杰、叶祖淼《严复科技道德观探析》，庄渝霞《试析严复的理性科学文化观》，郭桂滨《略论严复的美学思想》，林本椿《论严复的翻译遗产》，郑辉《翻译家严复及其"信、达、雅"》，岳峰《试论信达雅论的误区》，姚春树《鲁迅和严复》，陈伯强《略论严复的与时俱进》，郑颐寿《严复深拒筹安会》，庄明水《严复与林纾——中国近代两位福建籍的教育家》，马勇《严复晚年心目中的梁启超》，黄克武《严复与梁启超》，俞元桂《忆叔夏师》，林辰《怀念严叔夏先生》，严培庸、林平汉《严复年谱》。

严 复 大 传

皮后锋著，福州：福建人民出版社，2003 年 10 月出版。本书为严复生平传记。关于本书的主要内容，蔡少卿教授在序中提到，本书侧重于评述严复的生平活动及其传播西学的贡献。大到其留学英国、投身维新运动、卷入洪宪帝制，小到其人际交往、家庭生活、鸦片嗜好等均有详述。本书以丰富的史料为基础，为读者提供了有关传主的大量信息，如有关严复参加中国国会、任职开平煤矿、参与南北和谈、辛亥革命后依附袁世凯等重大历史活动。此外，本书提出了不少值得关注的新观点。如作者对严复晚年依附袁世凯的心态作了合乎情理的解读；跳出"早年激进、晚年保守"的僵化评价模式，对严复的中西文化观的演变作了同情式的理解等。

本书内容丰富，语言简洁。作者经过十余年对资料的辛勤探索以及对严复思想的研究，收集了相关的档案资料、近代报刊、人物文集、年谱日记、碑传牒谱，以及大量传主的佚文、手稿、书信等稀见资料，旁征博引，拿捏有度。这些丰富的一手材料不仅确保了本书的学术价值，也显示出作者潜心学术的勤恳与执著。此外，图文并茂是本书的另一显著特色。本书所选图片资料有半数以上是首次披露，可以说，本书不失为一本文风严谨、功力扎实的学术专著。

本书主要包括 16 个部分：少年时代、进身海军、仕宦北洋、潜心西学、维新巨擘、天演惊雷、辗转京沪、侧身开平、教育济国、辛苦迻译、面对革命、执掌北大、盛名之累、蛰居京华、译界泰斗、桑榆晚景。

中国近代启蒙思想家——严复诞辰 150 周年纪念论文集

黄瑞霖主编，福建省严复学术研究会，北京大学福建校友会编，北京：方志出版社，2003 年 12 月出版。本书是为了纪念即将到来的严复诞辰 150 周年(2004 年)而由福建省召开的严复思想学术研讨会的论文总集。本书收录的论文从不同的角度、层面入手探讨严复思想，其论文内容广泛，分析深刻，显示出严复研究在过去几年中所取得的进步，对推动国内的严复研究和中国近代思想史的研究都起着有益的作用。

本书所收录的论文包括：梁柱《先驱者的历史功绩与历史评价》，李进修《近代中国启蒙思想先驱》，林启彦《论严复思想的价值与贡献》，史革新《严复与中国近代文化》，洪峻峰《从中国现代思想范式的建立看严复的影响与地位》，戴学稷《严复所处的时代和他的爱国主义精神》，苏中立《执西用中·尚实达用·世运转变——严复经世致用思想的独特性》，周济《试论严复的自然哲学思想》，俞政《严复的宗教思想》，杨琥《严复与章士钊关于"民约论"的论争》，郑剑顺《严复维护主权与对外开放思想》，孙佳《论严复的战和思想》，刘东华《简论严复的宪政思想》，侯金林、黄新宪《严复教育革新思想论略》，肖忠生《论严复与中国近代教育》，高时良《严复西学教育思想评估》，朱效梅《严复与陈独秀道德观比较》，叶芳骐《试论严复的海权思想》，朱从兵《严复铁路思想初探》，王红艳《严复的天演思想与晚清社会风潮》，陈墀城、张建华《严复社会进化论蕴含的可持续发展思想探微》，李欣、李正午《严复传播西学与中国文化近代化》，王宪明《"执西用中"，融汇创新——从〈社会通诠〉若干段落翻译看严复的文化取向》，郭卫东《严复与近代学术转型》，李承贵《传统学术研究方法的近代转型——兼论严复对传统研究方法近代转型的贡献》，苏振芳《严复对中国社会学研究的贡献》，王可珍《从〈拟上皇帝书〉看维新时期的严复》，张金德《1898—1902 年间严复心态初探》，黄克武《严复与中国式"个人主义"的起源与发展》，郭建荣《读〈论治学治事宜分二途〉》，王天根、朱从兵《严复译著时间考析三题》，孙应祥《〈天演论〉版本考异》，皮后锋《略论〈原富〉的翻译》，刘晓琴《严复与晚清海军教育》，石文英《严复论诗文》，卢美松《两份"说帖"见精神——论严复对北京大学的保护与改革》，范启龙《严复爱国思想对子孙的影响》，陈允树《严复出生地在福州苍霞洲》，房奕《留英期间严复与郭嵩焘交往研究》，李金强《严复与基督教》，薛刚《〈最近之五十年〉中的严复形象》，朱政惠《史华慈和他的严复研究》，苏中立《百年来严复研究的发展概述》。

2004 年

严复墨迹

卢美松主编，福州：福建美术出版社，2004 年 1 月出版。本书是为纪念严复诞辰一百五十周年（2004 年）而编的严复书法专辑，为读者展现了严复儒雅劲秀、笔力雄健的书法墨宝。主编卢美松在前言中评价道，"赏阅严复墨宝，不仅可以领略他书法艺术的优美和精湛，而且可以加深对他思想感情、品德风范、生平事迹的了解"，因此有着重要的意义。本书所选用严复墨迹大多数来自各有关图书馆、博物馆、档案馆藏品，少部分来自个人收藏或其他公开物，有的无法知道收藏者姓名，有的则应收藏者要求没有署名。书后附有《严复传略》，介绍了严复生平的大致轨迹，以供读者参考。本书所收严复书法包括以下几种形式：对联、条幅、横幅、屏条、扇页、诗稿、临书、信札、手稿、眉批、严复遗印和严复传略。

严复年谱新编

罗耀九、林平汉、周建昌编，厦门：鹭江出版社，2004 年 2 月出版。本书以 20 世纪 30 年代王蘧常编写的《民国严几道先生复年谱》为基础，征引了 80 年代王栻先生主编的《严复集》所发掘的新资料，并在其他相关方面补充了新资料。本年谱编排的特点是如实地提供资料，而不擅自表达观点，以尽量做到公正。对于一些比较有争议的问题，本书并没有下定论。如关于严复与伊藤博文是同学的说法，本书引用了相关资料来还原当时的情况，尽管编者对此事评价有所倾向，但还是没有在书中作出评判，而是让读者自己去分析抉择。作者还指出，相关争议性的问题有待更加深入的研究。本书与出版于 2003 年 8 月的由孙应祥编著的《严复年谱》各有侧重之处。在资料取舍上，两者所编写的严复事迹大致相同，但在关于传主的个别细节上，两者所选材料有所不同；在罗列同时代相关重要事件的时候，两者所取也稍有不同。此外，孙应祥的《严复年谱》在内容上显得更加丰富详实。

《严复集》补编

严复著，孙应祥、皮后锋编，福州：福建人民出版社，2004 年 7 月出版。本书为编者自王栻先生主编的《严复集》出版之后继续搜集到的关于严复的新资料的汇编。这些资料是《严复集》未收入的严复著述。本书对资料的编排与《严复集》保持一致，分为诗文（先文后诗词）、书信、评点（《〈沈瑶庆奏稿〉批语》）、译文四类，各类著述大体按撰写或发表时间先后排列，其内容涉及严复亲历的一系列重大历史事件。如：一、1878年，中国第一位驻外公使郭嵩焘被撤职，严复托译言志，翻译《中国初次派遣驻英钦差大臣将启程离英》一文，批评清政府的用人政策。二、开平煤矿被英国占领后，应聘为开平矿物有限公司华部总办的严复，先发表《奉告开平矿物有限公司中国诸股东启》，后又以《论收回开平煤矿说帖》一篇上书载泽。三、"立宪运动"兴起后，严复或发表演说，或建言献策，发表了《论国家于未立宪以前有可以行必宜行之要政》等长篇论文。四、严复执掌北京大学后，坚决反对教育部解散该校的动议，先后撰有《上大总统和教育部书》、《论北京大学校不可停办说帖》、《分科大学改良办法说帖》等文。此外，另有涉及严复外交、教育等方面思想的重要论著，如《有强权无公理此语信欤》、《论今日外交之困难》等。关于严复生平活动研究中的一些不明晰的问题，在本书的一些篇目中也能找到更为明确的答案。最后，本书附录部分收录了严复在《公言报》上的社论，与诗友的函稿，严复致梁启超等书的考辨以及近百年严复研究文献的索引。

传统的张力：儒学思想与近代文化变革

张昭军著，长春：吉林人民出版社，2004年8月出版。本书以近代中国为历史背景，通过描述龚自珍、曾国藩、张之洞、康有为、梁启超、严复、章太炎、孙中山等人的儒家文化思想，阐述了他们各自主张的改良、变革等思想在实践中的矛盾与张力。这种矛盾与张力表现在近代儒学思想与西方文化之间、与中国现代化之间，呈现出处于转型期的近代中国的传统与变革之间张力的缩影。

本书由绪论与八个章节组成：绪论"传统的张力——对传统与现代二元对模式的反思"包括三节：一、研究缘起；二、学术史回顾；三、基本思路。第一章"'一代之治，即一代之学'——龚自珍的经世思想与近代文化传统"包括五节：一、"抱小"与"追大"；二、"虫鱼学"与"卖饼家"；三、"欲知大道，必先为史"；四、"一代之治，即一代之学"；五、文化传统的复杂性。第二章"'义理与经济初无两术之可分'——曾国藩的理学经世思想"包括三节：一、思想来源；二、现实表现；三、理学经世与倡导洋务。第三章"'经世致用'与'中体西用'——张之洞对儒学的调试与锢蔽"包括三节：一、"经世致用"的双重意蕴；二、"中体西用"的矛盾内涵；三、对张之洞文化思想的几点检讨。第四章"'发明圣制，探讨微言'——康有为对儒学的改造与重构"包括四节：一、学术渊源；二、新学要理；三、旧学新解；四、纳儒入教。第五章"'淬厉其所本有而新之'——儒学与梁启超文化思想的演进"包括三节：一、儒学与变法；二、儒学与新民；三、儒学与普适性。第六章"'统新故而视其通'——西学家严复的儒学观"包括三节：一、从儒学视角看严复思想的演进历程；二、严复从未对儒学进行过全部肯定或否定；三、处理中西方文化关系的方法多样化。第七章"'用国粹激动种性'——章太炎与儒家思想的近代转换"包括四节：一、儒学与变法、革命；二、儒家道德的批判、继承与转化；三、驳建立孔教义；四、"六经皆史"与学术转型。第八章"'古人之思想足资今人学问'——儒学与孙中山的革命学"包括五节：一、从华夏中心主义到文化民族主义；二、民本思想与民权主义；三、大同理想与民生主义；四、知难行易学说；五、孙中山与20世纪儒学。

　　本书第六章着重从儒学的角度探讨了严复的思想，肯定了严复作为"近代西学第一人"的地位。作者在本章中指出，严复前期思想虽激进，但依然包含着儒家学说。同样，其后期思想虽保守，但依然强调了学习西方。作者进一步从"破旧立新"、"新旧相以为用"、"中西相长，各补所需"、"暗含道妙，道通为一"四个方面说明，中西交融会通才是严复思想中始终如一的主导因素。

2005 年

严复翰墨

卢美松主编，福州：福建美术出版社，2005 年 1 月出版。本书是在 2004 年的《严复墨迹》的基础上应读者要求而修订的，在内容和编排上都作了补充和调整，更加完整地展现了严复生前书法作品的意气风发、词采斐然的特点。书中所采用的严复墨迹大多来自各有关图书馆、博物馆、档案馆藏品，少部分来自个人收藏或其他公开物。本书收编的严复墨迹包括条幅、横幅、对联、屏条、扇页、诗稿、临书、信札、手稿和眉批。全书由黄瑞霖作序，书后附有严复遗印，以及由卢美松作的《严复传略》。

严复作品精选

许祖华选编，武汉：长江文艺出版社，2005 年 4 月出版。"现代文学名家作品精选"之一。本书是严复生平作品的精选集，主要选编了严复的政论文和少量书信、旧体诗，以及严复所译著作的序、跋等，内容涉及严复的政治、学术、人事、教育、文化等思想。根据所编选的文章，编者在书中总结道，严复的政治思想的基本内容是"以自由为体，以民主为用"；其经济思想主要是提倡经济自由和自由竞争；其哲学思想的核心是进化论；其教育思想的核心"鼓民力"、"开民智"、"新民德"；其翻译理论主要表现在"信、达、雅"原则中。编者还指出，严复的散文作品意气风发，其译文译笔古典雅致，其诗作意境沉郁。总之，本书所选文章对严复的思想、文风等各方面都有充分的表现。

语言、翻译与政治——严复译《社会通诠》研究

王宪明著，北京：北京大学出版社，2005 年 5 月出版。本书从文本源流、著译动因、关键词语与观念、政治社会影响等方面，对严译《社会通诠》一书进行了系统的考察与分析，归纳出若干新的认识：一、严复之所以选择翻译《社会通诠》，是他与晚清社会政治文化互动的结果，其目的是借助翻译此书来倡导中国着手朝近代国家方向的转型；二、在翻译的过程中，严复对原作中谈到的社会类型进行了改造，使中国读者易于理解，并把本不在原作视野中的中国纳入到对社

会类型归类的行列中；三、严译中的"国家"、"民族"等观念带有中国文化的特色，与原著并非完全相同；四、严译《社会通诠》出版后，对清末民初的立宪、革命及新文化运动等潮流都产生了重要影响。

本书共包括四章，书后附有严译《社会通诠》与甄克思原文对照。第一章题为"百年来严译《社会通诠》研究的历史与现状"。第二章"文本源流与著译动因"包括三小节：一、甄克思及其 *A Short History of Politics*；二、三种中译本；三、严复选择《社会通诠》之动因。第三章"融会与创新：社会、国家与小己"包括三小节：一、社会形式与分期；二、国家、民族与小己；三、制度构想。第四章"政治纷争与社会影响"包括四小节：一、媒体中有关《社会通诠》的出版介绍所反映的政见；二、立宪派援引《社会通诠》批评革命党；三、革命党人对《社会通诠》的批评与解释；四、《社会通诠》对新文化运动的影响。

严复与西方近代思想：关于孟德斯鸠与《法意》的研究

颜德如著，长春：吉林大学出版社，2005 年 11 月出版。本书从严复翻译孟德斯鸠《法意》的角度出发，探究了严复的翻译思想以及严复对于孟德斯鸠思想的理解，并对孟德斯鸠思想研究在中国的发展提出了相关的见解。作者通过对《法意》原文与严译本的对照阅读，分析出严复的政治、国家分权、自由民主等观念的内容与特色，并最后将严复思想的落脚点定位在对中国国情的适应与考虑。本书共包括五章。第一章题为"孟德斯鸠在近代中国的传播"。该章包括四节：一、戊戌变法前之孟德斯鸠：零星闪现；二、辛亥革命前后的孟德斯鸠：宣传高于研究；三、"五四"至新中国成立前：渐归平静；四、小结。第二章题为"严复翻译思想新论"。该章包括七节：一、翻译的前提；二、翻译的标准；三、翻译的宗旨；四、翻译的关键；五、翻译的素养；六、翻译的组织；七、翻译的动机。第三章题为"有关严译《法意》的几个问题"。该章包括四节：一、译书的过程：译介并行；二、译本的来源：哪个英文版本？三、译本的质量：以《法意》首段为例；四、译本的反响：波澜不惊。第四章题为"严复对孟德斯鸠思想的理解及其回应——以《法意》为中心"。该章包括四节：一、政体观；二、分权说；三、自由观；四、中国观。第五章题为"当代中国学者笔下的孟德斯鸠"。该章包括三节：一、当代中国学者研究孟德斯鸠的大致历程；二、深化研究孟德斯鸠的几点想法；三、结语。本书最后附有《20世纪以来西方学者对孟德斯鸠的研究》。这篇文章包括五节：一、传记作家笔下的孟德斯鸠；二、史家笔下的孟德斯鸠；三、社会学家笔下的孟德斯鸠；四、"百科全书"中的孟德斯鸠；五、马恩等经典作家笔下的孟德斯鸠。

2006 年

《天演论》传播与清末民初的社会动员

王天根著，合肥：合肥工业大学出版社，2006年5月出版。作者采用"从传播内容、传播媒介、传播对象到传播效果"的理论框架，对严译《天演论》进行文本分析与解读，探讨了《天演论》传播与清末民初社会动员（包括社会观念的变革等在内）的关系，特别是进化论与清末民初政治思潮、学术转型以及宗教神学的关系，以及《天演论》的传播与晚清社会通讯的内在联系等。本书的学术价值在于，一方面从社会动员角度考察《天演论》传播对进化思潮建构的过程，探讨出在文化转型中的近代知识分子对文本《天演论》及进化论的诠释、裁剪与晚清启蒙思想嬗变的关系，进而探讨进化思潮嬗变与社会转型的关系；另一方面从反动员角度探讨一部分革命者及宗教人士对进化思潮解构的过程。作者在书中指出，进化思潮退出历史舞台与近代政治变革的价值取向关系值得更进一步的探索。

本书共有七章。第一章"传播文本分析：原本 *Evolution and Ethics* 与译本《天演论》"包括四节：一、原本 *Evolution and Ethics*（《进化论与伦理学》）；二、严复对《天演论》的诠释；三、原著与译本的文本比较；四、《天演论》版本。第二章"传播动机、渠道及受众分析：《天演论》早期文本传播过程考析"包括三节：一、严复译著《天演论》动机考释；二、《天演论》文本流传考析：从人际传播到印刷传播；

三、刘古愚与陕西味经本《天演论》考析。第三章"传播效果分析
(上):《天演论》传播与维新变法前后的进化思潮"包括三节:一、
《天演论》传播与维新变法前后的知识分子;二、《天演论》传播与维
新变法前后知识分子对进化论的鼓吹——以梁启超为中心;三、《天
演论》传播与维新变法前后的知识分子对进化论的改造——以孙宝瑄
为个案。第四章"传播效果分析(下):《天演论》传播与辛亥革命前后
的伦理思潮"包括三节:一、进化思想嬗变与政治变革——以严复、
章太炎为中心;二、社会革命与伦理思想;三、辛亥革命前十年间报
刊对进化与伦理关系的多元评判。第五章"传播效果分析:《天演论
驳议》与清末民初的宗教"包括三节:一、陈垣藏《天演论驳议》出版
时间、作者及宗旨考释;二、严复、李问渔关于天主教在中国利益的
论争;三、李问愚对《天演论》的解构。第七章"《天演论》传播与清末
民初社会通讯"包括两节:一、清末民初社会通讯与社会变迁;二、
清末民初的文化时空与《天演论》传播。

严复思想与近代社会

苏中立、涂光久著,北京:中国文史出版社,2006 年 7 月出版。
本书是两位作者合著的论文集,其中半数曾公开发表,内容主要为对
严复的爱国思想、文化启蒙思想、进化论思想等的研究。本书除了绪
论、后记和附录之外,包括五个部分。

第一部分为"爱国·经世·近代化",该部分包括三篇文章:《甲
午战争时期严复爱国思想的特色》、《严复经世致用思想的独特性》、
《世纪之交严复和孙中山的伦理思想近代化比较》。作者认为,爱国
思想、经世思想和近代化思想是相关联的,因为经世致用的出发点是
爱国,它遗存下来的需要弘扬的内容中也包括了忧国忧民的爱国思
想。此外,经世致用不仅是旧学转向新学的桥梁,也是实现中国近代
化的动力,因此作者将这三篇文章归为一类。第二部分为"文化观·
启蒙思想",该部分包括三篇文章:《戊戌时期严复的中西文化观》、
《辛亥革命时期严复的西化思想与文化模式》、《辛亥革命时期严复启
蒙思想的特点》。作者认为严复的文化观与启蒙思想是息息相关的,

因为严复的文化观和启蒙思想都离不开西学的输入，而在中国近代的特殊环境下，介绍西学与启蒙大众大体上可以被放在同一进程之中。第三部分为"大同·社会主义"，该部分包括三篇文章：《戊戌时期严复和谭嗣同的理想社会模式之比较》、《辛亥革命时期严复和孙中山的理想社会模式之比较》、《严复关于社会主义的论述》。该部分主要对严复与谭嗣同、严复与孙中山的社会理想作了比较，探讨了他们之间的异同，还将严复的社会主义思想归纳为近代改良社会主义思想。第四部分为"天演·演化"，该部分包括五篇文章：《严复翻译出版〈天演论〉的时间考评》、《严复选择〈天演论〉的原因和主旨》、《天演、进化、进步的内涵及其关系》、《严复对〈天演论〉的改作》、《〈天演论〉的传播方式及其特点》。该部分主要就严复翻译出版《天演论》的时间、原因、主旨、内涵、修改、传播等问题进行了梳理，并分别作了阐释。第五部分为"研究概述·述评"，该部分包括四篇文章：《百年来严复研究的发展概述》、《纪念严复诞辰150周年学术研讨会学术论文综述》、《〈严复年谱〉简评》、《〈严复大传〉述评》。该部分的四篇文章是当时观察严复研究的一个动态窗口，包含了关于严复研究的发展状况、严复诞辰150周年学术会议状况、对当年所出版的比较重要的严复研究的著作的评析等内容，这对于研究严复的学者和读者有较强的参考性。本书最后附有兰州大学王劲教授的文章《简评〈执中鉴西的经世致用与近代社会转型〉》。

严复评传

皮后锋著，南京：南京大学出版社2006年7月出版。《中国思想家评传丛书》之一。本书简要评述了严复译书启蒙、教育救国的一生，对其参与南北和谈等一系列政治活动作了新的解释与评价。首先，本书讨论了严复的维新变法思想、政治主张、教育思想、教案观及文化观，从多个方面探寻其心路历程与思想内涵，考察了他为国家富强所作的长远计划，以及他本人生前身后的名誉得失。其次，通过对《天演论》、《原富》、《群学肄言》、《群己权界论》的文本研究，作者揭示出严译名著的特色与价值，讨论了严复在西学东渐进程中的特殊地位。关于严复思想发展的路线问题，作者不赞同传统的过于简单的划分，即认为严复"早年激进，晚年保守"。作者认为，一方面，严复倾心于西学，终生孜孜以求国家富强。天演进化的社会史观，自由民权的政治理念，即物实测的归纳逻辑等，在他的思想中始终是一个常数。另一方面，中华传统文化始终是严复研究西学、传播西学的立足点，儒家的仁爱大同、墨家的兼爱非攻、道家的无为而治等具有中国特色的思想主张，在其思想中同样是一个常数。因此作者认为，严复在中西文化关系问题上毕生坚守着中庸之道，一向反对极端主张，而不存在从早年激进到晚年复古的彻底改变。

本书章节结构如下：导言。第一章"时代与生平"包括十节：一、启蒙教育；二、海军生涯；三、投身维新运动；四、辗转南北；五、对抵制美货的异见；六、践行教育救国；七、参与南北和谈；八、执掌北京大学；九、卷入洪宪帝制；十、衰病辞世。第二章"'鼓民力、开民智、新民德'——严复的维新变法思想"包括三节：一、比较中西社会差异；二、教育救国的应变方略；三、教育救国论的历史影响。第三章"君宪救国论的持重与迷失——严复的政治主张"包括三节：一、抨击专制政治；二、鼓吹君主立宪；三、反对革命共和。第四章"瀹智慧、练体力、厉德行——严复的教育思想"包括五节：一、构建现代教育目标；二、德育论；三、智育论；四、美术教育论；五、实业教育论。第五章"'统新故而视其通，苞中外而计其全'——严复的文化观"包括三节：一、以人为本，超越体用；二、审同析异，取精用宏；三、因时权变，执两用中。第六章"情感与理智的困惑——严复的教案观"包括四节：一、翻译《支那教案论》；二、重视基督教的教化功能；三、剖析教案的原因与后果；四、弭平教案的标本之策。第七章"救亡警钟：《天演论》（上）——严译《天演论》的独创性"包括三节：一、生物进化论与社会达尔文主义；二、《天演论》的主要内容；三、《天演论》的独创性。第八章"救亡警钟：《天演论》（下）——严译《天演论》的传播与冲击"包括四节：一、《天演论》的传播与主要版本；二、进化论成为新世界观和方法论；三、进化论成为近代中国救亡运动的原动力；四、《天演论》与近代中国学术。第九章"富国阜民之术——严译《原富》研究"包括四节：一、《原富》的翻译与修改；二、《原富》与《国富论》的差异；三、《原富》案语的性质与内容；四、《原富》的传播与影响。第十章"治平之基——严译《群学肄言》研究"包括三节：一、斯宾塞及其《社会学研究》；二、《群学肄言》的翻译与特点；三、《群学肄言》的传播与影响。第十一章"自由精义——严复对西方自由主义的传播与会通"包括四节：一、《群己权界论》与《政治讲义》；二、自由的内涵与类别；三、国权·民权·特操·絜矩；四、中国自由主义的先驱。第十二章"译界泰斗——严复与西学东渐"包括三节：一、译事楷模："信、达、雅"；二、"近世西学第一人"；三、严译特色与价值。

严复话语系统与近代中国文化转型

韩江洪著，上海：上海译文出版社，2006 年 10 月出版。本书的"严复话语系统"意指"严复翻译话语系统"，即严复在译介西学著作时通过融入本国文化的创造性阐释而形成的一套独有的表达方式和语句系统。本书采用社会语言学、文体学、翻译改写论、目的论、翻译规范论等理论以作为基础，具体结合理论阐述、个案分析和历史考证等研究方法，参考借鉴了英国语言学家诺曼·费尔克拉夫的话语分析框架，从而探讨和分析严复话语是如何对近现代中国文化转型产生重大的影响的，并由此阐述严复话语系统中的内在机理。同时，本书还考察分析出除"信、达、雅"之外的严复的其他翻译思想。

作者认为，严复话语系统包括三大构成要素：一、话语形式，指译本中的词汇形式、语法形式及连贯性、文本结构和文本聚合等方面的特征。二、翻译方式，指译本形成过程中译者采用的意译、加案语、加注、换例等翻译方法与翻译策略。三、意识形态，指译本中的思想内容所表达出的原文作者的世界观和译者的世界观。

本书共有八个章节。第一章"绪论"包括三节：一、严复生平简介及其主要译著；二、严复翻译研究综述及其存在的问题；三、研究内容、方法及意义。第二章"严复话语系统的形成及其对近代中国文化转型的影响"包括三节：一、翻译与目标语文化转型的关系；二、严复话语系统的成因；三、严复话语系统在近代文化转型中所起的作用。第三章"严复话语结构中的延续与创化"包括五节：一、概述；二、模仿先秦词法句法结构；三、继承桐城派古文的优点；四、吸收其他文体的某些积极因素；五、严复话语——一种延续中有创化的新型问题。第四章"严复话语的现代性和启蒙意义"包括四节：一、现代性理论概说；二、严复选择拟译文本的现代性向度；三、严复翻译话语的现代性；四、严复现代性话语的启蒙作用——以孙宝瑄为例。第五章"严复话语系统的合乎目的的翻译策略"包括三节：一、翻译目的论概述；二、达旨——严复的目的意识和策略意识的集中体现；三、严复翻译策略的特色及其文化意义。第六章"严复翻译中的误读"包括三节：一、误读理论概述；二、严复翻译中的有意识误读；三、严复翻译中的无意识误读。第七章"翻译规范与严复话语"包括四节：一、引言；二、翻译规范论概述；三、期待规范与严复话语；四、专业规范与严复话语。第八章"严复的中西文化观与翻译实践"包括五节：一、引言；二、严复的中西文化观；三、严复文化观的功利主义性质；四、严复功利主义的翻译观与翻译实践；五、兼容古今、会通中西的严复话语系统。

严复思想研究

董小燕著，杭州：浙江大学出版社，2006 年 11 月出版。本书主要从政治学的角度出发，通过概述严复政治思想产生的时代背景，阐释严复政治思想的复杂矛盾面，以及分析严复政治思想的特质，来探讨严复政治思想的总体状况。本书共有八个章节。第一章题为"生平与时代"，旨在探讨严复政治思想产生的时代背景，梳理严复政治思想的理论与实践资源，这一章为本书后面的拓展性研究提供了历史背景。第二章题为"进化与衍变的政治经验主义"，以政治哲学为视角，从理论上分析严复的政治哲学思想。第三章题为"追求富强的国家观"，将"追求富强"作为严复的国家观的基础；在对严复关于国家的起源、特征与功能的观点进行探讨后，着重梳理了严复的建国构想。第四章题为"自由为体，民主为用的自由主义"，主要探讨了严复在其人生不同的时期对中西文化所作出的不同的比较。作者认为，从总体上说，严复的中西文化观是建立在对中西文化深刻认识的基础上的。第五章题为"中西政治文化比较"，主要探讨了严复早年与晚年的中西政治文化观的内容与特征，并对其观念在早期与晚期的不同原因作了分析。第六章题为"严复政治思想的矛盾性"，主要通过严复政治思想的内在矛盾和与时代的矛盾两个层面，来分析其政治思想的矛盾性。第七章题为"严复政治思想的特质分析"，作者认为，严复的思想处于自由和保守之间，具有自由主义和保守主义的双重特性。第八章题为"严复政治思想的启蒙价值"，作者认为，严复将西学全面引进中国，宣传民主、宪政、自由等理念，重视"开民智"，这在近代中国的思想启蒙史上有开创性意义。

辛亥革命与当代中国社会发展

梁川主编，银川：宁夏人民出版社，2006 年 12 月出版。本书是举办于 2001 年 11 月的"辛亥革命与当代中国社会发展"学术研讨会的论文总集，共收入论文九十多篇。这些论文从多个角度探讨辛亥革命，在诸多方面提出了新观点。其"新"主要表现在：一、在辛亥革命是成功还是失败、对辛亥革命如何把握、对辛亥革命的性质的理解等问题上有了新拓展。二、对于孙中山与辛亥革命的研究出现了新论点。三、在研究史料方面有了新发现。本书所收录的颜德如的论文《严复是自由主义在中国失败的罪人吗？——兼评辛亥革命》谈及严复的自由主义思想的问题。

颜德如在《严复是自由主义在中国失败的罪人吗？——兼评辛亥革命》中，就严复背弃自由主义的原因作了一系列分析。作者指出，人们对于严复离弃自由主义的问题，长久以来认为其原因是(1)严复对自由主义有背叛和误读之嫌；(2)严复的自由主义思想不能为当时社会秩序提供合法性支持；(3)严复的自由主义思想"先天不足、后天失调"。作者则将其原因归为严复对封建主义的回归，并通过"何谓保守"，"传统与自由是什么关系"，以及"中西文化如何通约"这三个层次递进地论证了他的观点。最后，关于自由与革命的关系问题，作者指出，革命并不必然排斥自由，因为革命的目标并不游离于自由。如果革命的结果是为社会建立起一套尊重人的制度，并且能够激发人们去追求自己的自由本性，那么革命就是值得采用的。作者认为，辛亥革命就得到了如上的结果，因此辛亥革命是伟大而正义的。

2007 年

中国近代人学与文化哲学史

尚明著，北京：人民出版社，2007 年 4 月出版。本书选取了张之洞、康有为、谭嗣同、严复、梁启超、章太炎、陈独秀、胡适、梁漱溟、熊十力、马一浮和冯友兰这 12 位在近代中国具有代表性且建立起自己的理论系统的思想家，对他们的思想作了整体性的评价，特别论述了他们关于近代中国应如何选择文化路向和再造民族精神的问题的学术主张。本书认为，这些学者在上述问题中虽然观点不一，但皆有颇多令人省思的睿智之言，有着可贵的理论价值和启迪意义。本书第四章"创三育强国本，倡内籀正文风——严复人学及文化哲学要义"主要讨论了严复的人学以及其文化哲学的思想。该章包括七部分：一、从自由精神求证中西文化差异的根源；二、更新民众素质为强国保种之本；三、对中国传统学术和君主体制的批判；四、融合中西教育思想和文化模式之构想；五、对斯宾塞、赫胥黎思想的扬弃及"合群进化"思想；六、为"开明自营"和"背苦趋乐"作道德正名；七、结语。作者认为，严复主要是通过对某些西方近代社会学说的扬弃来阐发其政治、文化和哲学见解的，虽然他的思想更富于近代科学和人文精神，却最终未能建构起自己完整的体系，因而没有形成独立的学派。而这一遗憾却使他的思想显示出一种开放性，因而有相对长久的影响。

本书的章节结构如下：第一章：内学养身心，外学应世事——张之洞人学及文化哲学要义。第二章：援儒入墨，用夷变夏——康有为人学及文化哲学要义。第三章：辟荀学立仁本，挞秦政倡民权——谭嗣同人学及文化哲学要义。第四章：创三育强国本，倡内籀正文风——严复人学及文化哲学要义。第五章：既闻海潮音，也作狮子吼——梁启超人学及文化哲学要义。第六章：从转俗成真，到回真向俗——章太炎人学及文化哲学要义。第七章：奉西方三大发明，斥旧学粪中毒药——陈独秀人学及文化哲学要义。第八章：张西化大纛，运会通本相——胡适人学及文化哲学要义。第九章：认取自家精神，寻取自家路走——梁漱溟人学及文化哲学要义。第十章：统贯天人，平章华梵——熊十力人学及文化哲学要义。第十一章：六经统摄国学，一心统摄六经——马一浮人学及文化哲学要义。第十二章：维旧邦新命，继理学法统——冯友兰人学及文化哲学要义。

从康有为和严复看晚清思想之嬗变

郑雅文著，台北：万卷楼图书股份有限公司，2007 年 4 月出版。本书旨在通过考察晚清传播西方思想的两位思想启蒙者康有为和严复的思想来厘清晚清思想的发展与变化。作者在介绍了以往对于康有为、严复思想的研究成果，以及两人的学术发展道路的基础上，从"进化观"、"儒学转化"、"民主思潮"、"群己观"等角度出发对康、严两人的思想主张作出比较分析，探讨了两人的思想主张在晚清思想创新转化中的独特意义。其中，作者指出，康、严两人的改革主张对于社会的意义在于：一、其进化论思想促进现代化的到来；二、其国民改造思想成为现代化的前提；三、其民主政治思想成为现代化的终极目标；四、他们的主张推动了现代化社会新伦理的展开。

本书共包括六个章节。第一章"绪论"。该章包括三部分：一、研究动机暨前人研究成果；二、康有为与严复；三、时代背景——攸关存亡绝续的历史关头。第二章"持进化观的康有为与严复"。该章包括三部分：一、康有为"以古论今"的思维改革；二、启迪民智的思想推手——严复暨其"进化论"主张；三、小结。第三章"晚清儒学之转趋现代化"。该章包括三部分：一、对传统儒学之转化；二、对现代思想的趋近；三、小结。第四章"当封建传统遇上民主思想"。该章包括四部分：一、近代民主理论的滥觞；二、康有为倡导民主思想对中国的适切性；三、严复的民主改革观念；四、小结。第五章

"当传统群己观面对西化冲击"。该章包括四部分：一、"社群伦理"的萌发；二、康有为发扬群体意识的救亡主张；三、严复阐扬群己自由观；四、小结。第六章"结论"。该章包括四部分：一、进化论是转进现代化的思想利器；二、国民改造是现代化的前提；三、民主政治是现代化的终极目标；四、现代化社会新伦理的开展。

重释"信、达、雅"——20 世纪中国翻译研究

王宏志著，北京：清华大学出版社，2007 年 5 月出版。本书1999 年由上海东方出版中心首次出版，2007 年交予清华大学出版社重新出版，为《翻译与跨学科学术研究丛书》之一。本书以翻译研究和文化研究为研究的切入点，以综述与个案研究为研究方法，通过对严复、梁启超、鲁迅、梁实秋、瞿秋白等中国近代翻译家的翻译思想与实践的论述，系统梳理了 20 世纪中国翻译理论的发展情况，从而勾勒出近代中国翻译史和思想文化史在其初始时期的图景。本书旁征博引，论述严谨有据，有较高的学术价值。本书第二部分主要阐释了严复的翻译理论。作者引用了丰富的资料，对严复的"信、达、雅"的翻译原则进行逐字的考察和解析。通过引述"信、达、雅"的出处，比较"信、达、雅"三字的地位，阐释严复的翻译动机，以及说明严复的读者及政治因素对严复翻译的影响，作者指出，"信、达、雅"在严复心中是一个整体，而其核心正是对原著意义的忠实。同时，作者强调，在分析严复翻译理论的时候，应当与时代背景结合，才能更好地体会严复的翻译思想。

本书共包括八个部分：一、绪论——关于 20 世纪中国翻译研究。二、重释"信、达、雅"——论严复的翻译理论。三、"专欲发表区区政见"——梁启超和晚清政治小说的翻译及创作。四、"暴力的行为"——晚清翻译外国小说的行为及模式。五、鲁迅的翻译活动——兼论晚清的意译风尚。六、能够"容忍多少的不顺"——论鲁迅的"硬译"理论。七、翻译与阶级斗争——论 1929 年鲁迅与梁实秋的论争。八、"谁能够说：这是私人的事情?!"——瞿秋白翻译理论的中心思想。

中国社会学的发端与扩展

刘少杰著，北京：中国人民大学出版社，2007 年 6 月出版。本书是由郑杭生主编的《社会学文库》之一。认识到西方社会学对于近代中国社会学的构建与发展的重要意义，本书首先考察了西方社会学的开端与涉猎范围，通过对经典社会学家思想理论的反思来重新界定社会学的本质。其后，本书介绍了近代中国社会学的起始与相应的西方社会学理论渊源，分析了中国社会学处于中西学术的历史交汇处的特点。同时，本书以严复、康有为、梁启超的社会学理论为例，分析了这些中国社会学的开拓者和奠基人的理论对于构建和传播中国社会学的意义和作用。进一步地，本书还讨论了梁漱溟的强调中国文化传统和中国社会结构特殊性的社会学理论，以及费孝通晚年大力倡导的扩展社会学传统界限的思想。

本书第三章阐述了严复的社会学思想，即其合群进化论。作者认为，严复对于引进西方社会学起了开端性的作用。虽然严复在引进西方社会学的时候曾一度摒弃中国传统文化，但在整体上看，严复对社会学在中国的传播从一开始就是站在本土立场上的。从另一个方面说，严复对斯宾塞的思想进行了重构性解读，这不仅体现了中华文化传统的延续，还展现了中华文化中的新活力。总之，中国传统的儒家学说成为严复阐释和分析中国社会生活的主要话语。但作者指出，中国社会学在后来的发展中，却往往忽视了那些具有本土特点和创造性的社会学观点，为中国社会学的健康发展设下阻碍。

本书包括七个章节。第一章题为"导论——社会学的本质与起点"。该章包括五节：一、具体的开端；二、分化的继承；三、以方法定界；四、起点的追问；五、边界的扩展。第二章题为"中国社会学的发端"。该章包括三节：一、中国社会学的精神渊源；二、中国社会学的西学来源；三、中国社会学的双重发端。第三章题为"严复的合群进化论"。该章包括五节：一、积极的民族主义出发点；二、辩证中西的学术立场；三、活力、合群与社会进化；四、"群己权界"的自由观；五、重构性开端的历史意义。第四章题为"康有为的去界大同论"。该章包括五节：一、今文经学的继承与发展；二、托古改制的社会理想；三、价值追求与理想社会学；四、理性精神与实证原则；五、去界求同的制度社会学。第五章题为"梁启超的化育新民论——超越中西对立的社会学深化"。该章包括五节：一、从今文经学向现代学术的转变；二、以群术治群的群学理论；三、探究群体进化的"新史学"；四、过渡时代的民族国家理论；五、化育新民的社会重建理论。第六章题为"梁漱溟的文化社会学"。该章包括六节：一、人生与社会的根本；二、文化根源主观论；三、文化路向多元论；四、伦理社会与职业分殊；五、人心、情理与制度；六、乡村建设理论。第七章题为"扩展中国社会学的新境界"。该章包括四节：一、伸张社会学的人文关怀；二、展开社会学理论新视野；三、寻求社会学的新突破；四、探寻古代文明中的社会学。

20世纪西方哲学东渐史：进化主义在中国

王中江著，北京：首都师范大学出版社，2007年9月出版。本书介绍了进化主义思潮在19世纪末由西方传教士带入中国以后，对中国社会产生的影响。作者从中国进化主义的诞生、进化主义与渐进变法思想的关系、与激进革命思想的关系、与五四新文化运动的关系等方面入手，勾勒出中国进化主义的发展历程，并且特别指出，进化主义其实从一开始就融洽地植入中国知识分子的观念中，甚至成为晚清以来中国知识界和思想文化领域最有号召力的精神力量之一。在当时，无论是自由主义者、无政府主义者，还是国家主义者、社会主义者、民族主义者等，大多能从进化主义中找到符合其学说主张的理论依据。

本书由一个导言和六个章节构成：导言"西方进化主义及其东渐"包括三节：一、从古希腊到18世纪；二、达尔文：进化主义的突破及其震撼；三、进化主义的变奏。第一章"进化主义初传中国及其早期形态"包括两节：一、进化主义初传中国；二、早期形态。第二章"中国进化主义与日本的中介作用"包括三节：一、进化主义在日本；二、日本进化主义对中国的影响；三、日本进化主义著作的翻译。第三章"在天道与人道之间：中国进化主义的诞生"包括六节：

一、游心进化主义的过程；二、"进化"原理及其普遍性；三、"进化"法则与"人道"世界；四、进化："个体"、"群体"与"社会有机体"；五、进化或进步信念；六、社会改革合理性的进化尺度。第四章"进化主义与渐进'变法'思想——康有为和梁启超的视角"包括七节：一、"富强"之道——"变法"、"合群"、"进化"；二、"三世"进化历史图示；三、"竞争"、"乌托邦"与"种族论"；四、明证性：作为"公理"的"进化主义"；五、"合群"与"竞争"和"进化"；六、"强权主义"逻辑；七、进步乐观主义。第五章"进化主义与激进'革命'思想——以革命派和无政府主义者为中心"包括四节：一、"进化"与"革命"；二、进化："竞争"耶？"互助"耶？三、进化：平等主义乌托邦；四、章太炎的"反进化主义"。第六章"进化主义与五四新文化运动"包括三节：一、"五四"人物、思潮与进化主义；二、作为"五四"激烈反传统的进化主义；三、进化之"源"及"人"的塑造。

作者在第三章讨论严复进化主义思想及其影响时指出了两个要点，首先，严复的进化主义思想在传播到中国社会以前，是先传入日本，再通过留日中国学生间接影响中国的。其次，在严复之前，进化主义通过在华传教士已经进入到中国。但是，经过严复吸收与整合的进化主义思想以其更加强大的力量回应了社会的需要，对中国产生了巨大的影响。

严复自由主义思想解读

冯英著，长春：吉林大学出版社，2007 年 10 月出版。本书对严复的自由主义思想进行了分析解读。本书包括七章。第一章题为"解读的开始：严复的思想脉络及表达形式"。该章包括两节：一、严复的人生经历及思想历程；二、严复思想的表达形式。该章着重从严复的人生经历和严复的思想表达方式两方面来分析严复思想脉络形成的过程与特点。第二章题为"西域语境中的自由主义"。该章包括两节：一、自由的含义及自由主义的理论定位；二、自由主义的类型。第三章题为"严复自由主义思想探源"。该章包括四节：一、思想探源的背景因素；二、严复与赫伯特·斯宾塞；三、严复与约翰·穆勒；

四、严复与让·卢梭。作者在该章中通过两个方面来探索严复自由思想的源头：一是严复身处的传统中国的文化氛围，二是严复所处时代的主题。第四章题为"严复自由主义思想的内涵剖析"。该章包括五节：一、群己权界中的个人自由；二、反对封建专制，强调有限政府；三、反对经济专制，倡导经济自由；四、自由与民主："以自由为体，以民主为用"；五、自由实现的方式——渐进主义路径。第五章题为"时代背景下的严复思想困境"。该章包括五节：一、现实中的悖论与理想中的冲突；二、工具理性与价值理性的两歧；三、国民程度与制度变革的两歧；四、激进主义与保守主义的两歧；五、"两歧"的时代性与"两歧"的永恒性。该章探讨了严复思想中"个体自由"和"集体自由"的两歧矛盾的表现形式及意义，指出这种对于两歧性的担忧在严复是难以克服的。第六章题为"严复的选择与中国语境分析"。该章包括两节：一、严复的选择与中国语境；二、严复自由主义与中国社会。第七章题为"解读之后的余音"。作者认为，严复在百年前对于培养现代化的公民就表现出敏锐的判断，然而严复的改造国民的理论在中国的发展过程中发生了流变，"精英的理性"代替了"公众的理性"。因此，"实现人的现代化"还需要长久的努力。本书结语为"认真对待自由"。

中国近百年人权思想

杜钢建著，汕头：汕头大学出版社，2007年12月出版。《汕头大学法学丛书》之一。本书第三章"严复的人权思想史"论及严复的法治、人权等方面的思想。本书共有十章。每章各选取中国近现代法治人权思想史上具有代表性的一位人物，通过对该人物的思想主张的评析来观察中国近现代法治、人权思想的发展概况。其中，关于人物的思想主张的内容介绍包括该人物的中西人权思想渊源、具体主张内容、对当时社会及后世的影响。同时，作者将各人物的人权思想与其所处时代、所接触的思潮紧密相连，呈现出中国近现代法治、人权思想发展的连续性与多样性。本书的十个章节具体如下：第一章、沈家本的人权思想。第二章、康有为的人权思想。第三章、严复的人权思想。第四章、梁启超的人权思想。第五章、陈独秀的人权思想。第六章、李大钊的人权思想。第七章、马叙伦的人权思想。第八章、胡适的人权思想。第九章、钱瑞升的人权思想。第十章、马哲民的人权思想。

在本书第三章"严复的人权思想"中,作者从严复的自然法观与人为法观出发,探讨了人在社会中的地位与作用、自由与民主的重要性、自由与法治的优越性及其在中国的可行性等问题。同时,作者认为,严复的"鼓民力、开民智、新民德"的"三民"思想在其人权法治思想体系中起到了极为重要的纲领作用。作者还指出,严复之所以能够成为中国近代史上不同凡响的思想家,并不在于他所翻译的鸿篇巨制,而在于他经过苦心探索而形成的个人本位主义的人权法律观具有时代进步的意义。

2008 年

近代中国启蒙思想研究

林启彦著,南昌:百花洲文艺出版社,2008 年 8 月出版。《人文中国书系》之一。本论文集收录了作者过去三十年间在各学术期刊上所发表的部分论文。这些论文主要探讨了在清末民初之际,以王韬、何启、严复、章士钊等为代表的知识分子各自建立的一套既可立新,而又不必彻底破旧的文化转型观念,这些观念对当时中国新旧文化的交汇与冲突产生了重大的影响。本书共收录 20 篇论文,分为三辑。

第一辑题为"近代中国政治思潮",所选论文旨在透视近代中国的民主主义、民族主义与大同思想三大政治思潮出现初期的模式与路径,对清末民初政治思想发展的多元性与多样性作出了较完整的论述。第二辑题为"孙中山、王韬与香港知识分子",意在探讨香港地区的一批知识分子的近代化富强思想。作者研究了以孙中山、王韬、何启、容闳等近代化启蒙思想家在近代政治、军事、海防及文化等方面的先进观念,从而概括出他们所构建起的近代化中国的蓝图。

第三辑题为"严复思想新诠"，旨在通过对严复启蒙思想的整体考察，以及对其近代化的思想模式、古典自由主义的政治理念、民质改良观等进行新的诠释与整理，从而对严复在近代思想史上的地位作出客观的评估。本辑共收录 7 篇论文。第一篇为《严复与何启——两位留英学生近代化思想模式的探讨》，回顾了中国近代启蒙思想家严复与同时期香港地区的华人领袖何启早年留学英国的经历，探讨了他们学习西学的过程及其革新思想形成的轨迹。作者提出，严复主张以温和渐进的方式改造中国，而何启主张以迅猛激烈的方式变革中国。第二篇为《论严复的保守思想——〈政治讲义〉的一种剖析》。该文通过分析严复的《政治讲义》，否定了传统的认为严复思想发展轨迹是"由进步到倒退"的评价，指出严复思想一贯具有保守性，并且严复一直认为政治制度及社会构造在中国皆不可一蹴而就。因此作者提出，将严复思想归纳为"折中古今、兼纳中西"似乎更为妥当。第三篇为《民国初年严复尊孔与重儒的思想——"新民德"观的探讨》。该文章指出，民质的改进是严复对中国近代化事业成败的关注焦点。对于民力与民质的提升，严复一生前后期的主张变化不大。但是其民德思想却发生了很大的改变。作者认为这一改变是源于严复对前期民德观念的补充与深化，并不是其思想价值的退化或趋向保守。第四篇为《严复与章士钊——有关卢梭〈民约论〉的一次思想论争》。该文通过分析卢梭思想的本质、严复与章士钊各自对《民约论》的评论，以及由此产生的争论，阐释了严章之争背后所牵涉的两人民主自由思想的异同、政治现实的考量等因素。第五篇为《第一次世界大战期间严复的国际政治观——参战思想的分析》。该文主要论述了严复在第一次世界大战期间的参战思想，指出此时期严复的国际政治观与参战观对于提升中国的国家地位、保障国家的安全与发展起了重要作用。第六篇为《五四时期严复的中西文化观》。该文通过分析严复对于五四浪潮的观点和中西文化观，指出严复一生的中西文化观的递变有其逻辑性，体现了同一种思想精神的延续性，而没有断裂与背离。第七篇为《论严复思想的价值与贡献》。该文通过对严复一生思想的发展与事迹功业的全面考察，提出严复一生的最终目标是成为一位教育家、启蒙思想家和新文化的诠释者。

严复思想与中国现代化

黄瑞霖主编，福州：海峡文艺出版社，2008年11月出版。本书是一部关于严复思想研究的论文集，所收论文大部分来自2007年的"严复思想与中国现代化"学术研讨会，还有部分论文选自2005年的"严复与天津"国际学术研讨会以及2006年的"严复译著《法意》出版100周年"学术研讨会。本书旨在促进学界对严复思想的研究，进一步深化关于严复对中国近现代社会进步所作贡献的认识。这些论文对严复思想的研究在广度上和深度上都比以往有了拓展，并且紧密地结合现实因素，因而更有现实意义。论文内容主要可分为两个方面：一、对于严复思想的总体研究。这方面的研究内容包括对严复看待近代中国民族主义思潮与社会政治运动、严复翻译思想、严复翻译西方名著的用意、严复晚年思想回归传统等问题的探讨。二、关于严复思想的分类研究。这方面研究内容包括对严复政治思想、道德思想、人本思想、学术思想、自由主义思想、爱国主义思想、社会和谐思想等。此外，关于严复的经济见解、严复与吴汝纶的交往、严复对近代妇女问题的观点、严复与船政文化的关系、严复与台湾的关系、严复与"东学"的关系等问题，本书中的部分论文也提出了新的观点。总之，本论文集所选论文以中国近百年来的现代化进程为视角，考察了严复思想的启蒙作用和普世价值，探讨了严复思想对当今社会推动现代化的借鉴意义和参考价值，因而将严复思想的内容与其现实意义尤为紧密地结合起来。

本论文集所收录文章包括：梁柱《严复的爱国主义思想特色及其当代启示》，邓文初《相勖于文明——严复视野中的民族主义与现代化》，史革新《严复关于近代国家理念的阐释》，苏中立、涂光久《严复关于民族问题的论述》，马克锋《严复"三民"思想及其当代价值》，傅小凡《传播西方文化，改造国民素质——试论严复介绍西学对中国近代思想发展的重要影响》，李承贵《严复与中国传统道德的现代转向》，王四达《从民族救亡到道德重建——对严复"救亡"思想的现代思考》，谢宏忠《改善民质与人的现代化——评严复的国民性改造思想》，廖志诚《严复政治伦理思想刍议》，区建英《严复的中西文化"会通"与自由》，李喜所《调试与会通——严复的社会和谐思想》，庞虎《严复自由主义启蒙思想评析》，郭道晖《严复自由观的法理解读》，俞荣根《严复的民权观与自由观》，周济《从"国贵自主"到"自主创新"——严复"国贵自主"思想的现实意义》，黄克武《严复与〈居仁日览〉》，黄顺力、段颖惠《严复的法制近代化思想刍议——以〈法意〉按语为核心》，王宪明《严译名著与中国文化的现代化——以严复译〈群学肄言〉为例的考察》，陈绛《严复〈原富〉的时代意义》，林怡《严复"斟酌新旧间"思想之浅议——〈与莫理循书〉读后》，陈友良、王民《严复思想中的日本因素——以清末"东学"为中心》，徐心希《严复"中体西用"之说与中国近代化进程》，许维勤《严复与孙中山思想在促进中国现代化过程中的差异与互补》，李卫华《清末民初知识分子对中西文化的弃守与迎拒：以严复为中心》，蔡乐苏《政术·心术·学术——梁启超、严复评王荆公比较研究》，董丛林《文缘·学缘·政缘——简论严复与吴汝纶"文友"关系中的"经世致用"基因》，赖建诚《严复与梁启超的经济见解：知识来源与影响力的对比》，邵雍《严复妇女观初探》，黄新宪《严复科学教育思想体系之构成》，郑剑顺《严复的学术思想》，林齐模《严复辞北京大学校长之原因之一解》，苏振芳、肖来富《严复与福州船政文化》，王民、陈友良《严复视野中的法理与律制》，杜力夫、吴向红《严复宪政法治思想初探》，连燕春《说不尽的严几道——由海外严复研究热引起的几点思考》，苏中立《五年来严复研究概况（2003—2007 年）》。本书最后一篇为卢美松所作与会论文综述：《"严复思想与中国现代化"学术研究讨论会论文综述》。

牛仰山文集

牛仰山著，北京：首都师范大学出版社，2008 年 12 月出版。本书主要收集了作者曾发表的关于近代文学研究的论文。这些文章内容涉及面广，主要分为四类：一是综合性的文章。涉及对于近代文学的性质、特点和变化发展的评论，对于欧风美雨影响近代文学的解读，对于鲁迅继承和发展近代文学的理解。二是探讨近代散文的文章。讨论了桐城派姚门四弟子在创作思想和实践方面的创新，以及散文的内容和文风在外国文学的影响下发生了重大变化的现象。三是关于小说研究的文章。作者着重对几部小说的人物形象和性格进行了深度剖析。四是杂论性文章。这类文章主要研究陈去病的改革戏曲之作。本书所选文章体现了作者写作时史料运用扎实，言而有据，善于创新的品格。

本书第三辑的《严复散文的风采和文采》、《论严复非桐城派》与第四辑的《严复传略》主要涉及严复研究。此外，第六辑收录了作者选编的严复文集《天演之声——严复文选》。《严复散文的风采和文采》主要归纳了严复散文在风采及文采方面的特色。作者认为，严复散文的思想风采可总结为如下几点：一、以简明的文辞宣传"物竞天择，适者生存"的进化论，而以激切的词语强调"与天争胜"和"自强保种"。但是严复在吸取西方学者的思想与表达自己的思想时，是择善而从，并不盲目吸收。二、以犀利的文笔揭露和批判封建君主专制的弊端，以激昂慷慨的语调提倡西方资产阶级民主政治。三、以严厉的口吻抨击封建科举的弊端，以热情的语言倡议向西方科学学习。四、把斥责的笔锋指向外国侵略者和国内投降派。严复散文的文风则可总结为如下几点：一、作者置身于文章之中，以情动人。二、大量运用比喻的手法来增强文章的艺术感染力。三、运用对比来强化文章的思想力度，让文章在表达思想的同时引起读者共鸣。四、把对比和对偶融合在一起，形成有机的联系，加强文章的可读性。《论严复非桐城派》驳斥了传统桐城派研究者把严复视为桐城末代文人的看法。作者对严复的学术思想、文学观念、翻译理论、译文风格以及与吴汝纶的交往进行了深入考察，认为严复并没有完全师从吴汝纶，也没有完全受桐城派的影响。以往的研究把严复划归为桐城派，缺乏史实依据，其实是不恰当的。《严复传略》是一篇介绍严复生平事迹及其思想的通俗易懂的文章。该文章的写法与大多数严复生平传记相似，叙述了严复的早年学习生涯、政治经济思想以及教育救国思想，并认为尽管严复早期的思想是先进的，但他晚年的思想发生退化，又投入"封建主义的怀抱"。

2009 年

沉重的转身：晚清文人实录

海天、肖炜著，北京：中国友谊出版公司，2009 年 1 月出版。本书主要汇编了康有为、严复、王国维、杨度和辜鸿铭这五位晚清文人的人生述评。这五位晚清知识分子不仅是文人，他们还在革命理论、引进西方思想、维护中国传统学术、议论救国、剖析中国人的精神等方面作出了贡献。无论他们对于中国变革的言论或实践的影响是正面还是负面，他们的言行都代表了晚清文人在那个剧烈动荡的时代为了应对变革而作出坚决的改变。

在论述严复的部分，作者通过对严复生平的线性描述，重点强调了严复救亡图存的爱国精神。本书的结构为：第一章"维新之梦——康有为"，该章包括八节：一、天游园；二、祸首；三、圣人为；四、大海潮音；五、维新梦；六、流亡；七、废都；八、大同书。第二章"惟适之安——严复"，该章包括七节：一、郎官巷；二、洋学堂；三、科举；四、梦断甲午；五、求变；六、救亡路；七、气垂长虹。第三章"孤寂人生——王国维"，该章包括六节：一、昆明湖；二、才子；三、伯乐；四、天涯路；五、绝学；六、干净土。第四章"市井国士——杨度"，该章包括七节：一、电话；二、君宪；三、仕途；四、东京；五、宰相梦；六、践约；七、匡民救国。第五章"大写春秋——辜鸿铭"，该章包括六节：一、辫子；二、西学；三、入幕；四、译经；五、倾国；六、归去。

亚当·斯密与严复：《国富论》与中国

赖建诚著，杭州：浙江大学出版社，2009 年 2 月出版。本书通过研究严复翻译亚当·斯密的《国富论》，重点考察了两方面问题。其一，西洋经济学说在中文相关词汇与概念尚不足的情况下，是以何种词语和思想形式传入的。其二，从追求富强的角度来看，这部以提倡"自由放任"、"反重商主义"、"最小政府"为主旨的《国富论》，对清末的知识界和积弱的经济产生了怎样的影响与作用。

本书共包括六章。第一章"综观概述"说明了本书的命题与架构，分析论述了此前学界在严复研究上的成果。第二章"《国富论》的传播"首先介绍斯密的经济思想，以及《国富论》的主要内容，然后解说此书在其他非英语国家所有过的译本，阐明这些文化背景和经济条件各异的国家对《国富论》所传达的经济思想，产生过哪些不同的反应。第三章"《原富》的翻译和案语"分析了严复翻译此书的原因及过程。作者认为，政治经济学并非严复的专业，因此严复对经济事务的见解有不少是"语义膨胀式"的，而非有系统、有组织、有理论基础的。第四章"严复对《国富论》的理解"主要根据严复的案语分析其对《国富论》的理解。第五章"严复的经济见解"根据严复的案语分析他的经济见解。第六章"结论"的主题是《原富》出版后在中国知识界所产生的影响。作者认为，如果说严复是以追求中国的富强为出发点来向斯密这位医生求药的话，那么《国富论》所倡导的经济自由主义，对中国的病情并不适用。适当的救亡图存的药方，应该是向"德国历史学派"求取，先以关税保护新兴产业，采取这类逐步自保自强的政策。最后，本书还附有作者的论文《西洋经济思想对晚清经济思潮的影响》。

异文化博弈：中国现代留欧学人与西学东渐

叶隽著，北京：北京大学出版社，2009 年 4 月出版。《留学史丛书》之一。本书内容涉及 20 世纪上半期中国知识分子的生活，对于那一代留欧学生在西学东渐的过程中所扮演的角色，以及这些留学生如何借鉴西学来为他们改造中国的实践服务的问题给予了特别的关注。作者在书中强调了文化多样性的意义，相比晚清文人及其后由中国史学家与公众所使用的"西学"概念，他更加注重揭示欧洲与美国思想对建塑中国近代文化的贡献。本书的研究集中于那个时代留欧学生中的三位代表人物：严复，英国功利主义思想的阐释者；李石曾，法国启蒙运动的鼓吹者；蔡元培，德国理想主义的虔信者。在包含了多种语言的材料支撑下，作者系统地考察了三个人物的个体语境——他们每一个人都偏向一个特定的国家文化，接受其文化的因素并将之化为己用。作者还发现，三者之间有着重要的联系。作者最后指出，20 世纪初的北京作为一个开放的文化场域，使得严复、李石曾和蔡元培都能够尝试将自己的外国经验运用于实践。尽管他们遭遇了困难和竞争，并且不得不进行事业调整，他们的思想甚至被平庸化，但这些证明了北京作为首都所具有的文化更新熔炉的特殊性，展现出对创新的怀疑态度，以及对外部事物本土化的巨大包容力。

本书包括八章，其章节结构如下：

第一章　世界形成中的"现代中国"：洲际视角之转换。该章包括五节：一、作为大国博弈平台的现代中国：在"西力东渐"与"西学东渐"的双重背景下；二、"西学"全球化与现代性"东渐"；三、"现代文明"脉络中的欧洲史进程：法、英、德意义上的"三种文化"；四、中欧文化交流史与法、英、德资源的东渐——以留欧学人为中心；五、异文化博弈与现代性问题。

第二章　现代中国初期之西学冲击波——严复的功利启蒙思想及其留英背景。该章包括四节：一、严复的功利启蒙思想与留英经历；二、严复功利启蒙的译介努力及其"英国资源"；三、严复的英国认知及对斯密的阐释；四、现代中国的思想"创译"与西学冲击波。

第三章　现代中国早期之无政府理想——李石曾的文化浪漫主义及其留法背景。该章包括四节：一、李石曾的文化浪漫主义及其留法经历；二、李石曾的文化浪漫主义与法国文化的关联；三、李石曾的法国认识及其对卢梭的理解；四、现代中国的世界理想及其实践。

第四章　现代中国教育制度的肇创——蔡元培的教育国家理念及其留德背景。该章包括四节：一、蔡元培的教育国家理念及其留德经历；二、蔡元培现代教育国家理念的核心内容与德国文化的关联；三、蔡元培的德国认知及其康德镜像——伦理学的发凡起例及其重要意义；四、现代中国大学制度之肇创。

第五章　北大场域的异文化博弈——以严复、蔡元培、李石曾三校长为中心。该章包括三节：一、作为"知识创新背景"的大精神初构：从严复的"体用一致，全学西方"到蔡元培的"思想自由兼容并包"；二、从文化的浪漫到政治的浪漫："蔡辞李继"与北大血统中留美一代的确立；三、为万世开太平——求知原则的萌芽与留日、欧、美学人的共谋。

第六章　从留法俭学到中法大学——蔡元培与李石曾的交谊与冲突。该章包括三节：一、留欧交谊及对法国文化的认识；二、文化场域的相互借重：以留法俭学为中心；三、中法大学的悖论。

第七章　法国镜像的异维度阐释——以严复、蔡元培与李石曾为中心。该章包括三节：一、1904—1909 年：《法意》出版对现代中国语境的影响；二、1907—1910 年：李石曾阐发的《新世纪》的思想史意义；三、1927—1928 年：蔡元培的法国情结及大学区制移植的制度史意义。

第八章　众声喧哗之后。该章包括三节：一、从拜伦、雨果到歌德——现代中国语境里英、法、德文化博弈的另面镜像；二、转益多国复"保守"：多维留学人的意义；三、国别资源消长的意义：以留法、留美学人为中心。

严复与道家思想

孙文礼著，武汉：湖北人民出版社，2009 年 4 月出版。本书为武汉科技学院主持的《人文社科文库丛书》之一。本书着眼于研究严复运用道家思想来传播和会通西方思想的意图，探索他试图从"道通为一"的角度来思考人类普遍问题的解决方式。本书认为传播西方思想只是严复著述的一个重要方面，是其"归求反观"的重要前提。严复通过会通道家思想和西方思想之间的"不期然而合"之处，重新诠释了"圣人之精义微言"，呼吁和引导近代中国的社会变革，最终试图找到适合中国实现富强的发展道路。

本书分为九个部分，包括引言、七个章节和结语。引言部分主要阐释了本书所讨论问题的关键点、相关研究现状和研究方法。第一章题为"中外文化交流史上的道家意蕴"，该章包括四节：一、中外文化交流的三种态势；二、佛教流行中国之初；三、基督教的早期传播；四、近代西学东渐和道家的发展。第二章题为"严复的道家情结"，该章包括两节：一、人生际遇及对道家的亲近；二、中西互诠的道家观。第三章题为"'道通为一'的中西会通观",该章包括两节：一、"自他之耀，回照故林"；二、"富强之基，本诸格致"。第四章题为"'道法自然'与天演学说"，该章包括三节：一、天演公例"犹黄老之明自然"；二、合群进化，皆有自然；三、"有渐无顿"与"飘风骤雨"。第五章题为"'无为而治'与民主政治"，该章包括两节：一、"黄老为民主治道"；二、"小国寡民"与"民主之真相"。第六章题为"逍遥游与自由论"，该章包括三节：一、"自由无罣碍"的自由本义；二、"自脱于拘虚、囿时、笃教"与言论自由；三、"顺物自然"与"行己自由"。第七章题为"章、王、冯对道家思想资源的运用"，该章包括三节：一、章太炎与道家思想；二、王国维与道家思想；三、冯友兰与道家思想。结语部分系统地分析了严复与道家思想之间的关系，指出道家思想在中国近代思想转型与发展中起着思想来源的作用，而且这一作用在当时的思想转型期中有其必然性。

群学探索与严复对近代社会理念的建构

王天根著，合肥：黄山书社，2009 年 4 月出版。本书以严复的社会学理论为研究主题，通过严复的社会实践来探索他诠释西方社会学译著的意图，并在这之中涉及了严复社会学思想在早期西方社会学中国化过程中所扮演的角色问题。

本书共分为三编。第一编题为"社会与思想：严复社会学思想的嬗变"。该编包括四章。第一章"严复早年社会学思想与斯宾塞"包括三节：一、早年严复中西学素养及其对本土、西方社会的认识；二、斯宾塞社会学思想及其对严复的影响；三、社会学学理的建构与严复对近代社会解析。第二章"立宪旨趣与严复以社会学思想印证老子之道"包括三节：一、严复及康有为评骘老子与社会变革的学理支撑；二、中西会通与严复评点老子的特色；三、日俄战争与严复藉老子对立宪政治的诠释。第三章"欧战前后严复社会学命题"包括三节：一、严复对其早期社会学思想的坚持；二、晚年严复对儒家伦理日趋强调；三、严复社会学命题：政治与伦理须剥离。本编小结。该编从社会与思想互动的角度，剖析了严复社会学思想嬗变的过程。

第二编题为"翻译与思想：严复社会学译著的题旨情境"。该编包括四章。第四章"近代利益集团与严复扮演的翻译家角色"包括三节：一、严复与李鸿章及其幕府；二、严复充当华部总办与张翼利益集团；三、严复在近代利益集团充当的翻译家角色。第五章"翻译与思想：以严复译著讲稿为中心"包括两节：一、《天演论》与严复对生存斗争学说的解读；二、《政治讲义》与严复社会学视角下的政治探索。第六章"翻译与思想：以严复译著《群己权界论》、《群学肄言》和《社会通诠》为中心"包括三节：一、《群己权界论》与严复对个人与社会关系的界定；二、《群学肄言》与严复社会学方法论；三、《社会通诠》与严复对宗法社会基本特征的诠释。本编小结。该编从严复翻译与其思想特色的角度出发，分析了严复在近代军政利益集团中扮演的引进思想之翻译家的文化角色。

第三编题为"早期'西方社会学中国化'的两个路向——严复对'西方事理'的强调和章太炎对'本土经验'的偏重"。该编包括三章。第七章"严复与章太炎社会学思想的对峙与交流"包括两节：一、严复与章太炎社会学论争缘起；二、严复、章太炎的门户之见及社会学思想分歧。第八章"严复、章太炎与早期'西方社会学中国化'的学术路向"包括两节：一、严复对"西方事理"的强调与早期"西方社会学中国化"；二、章太炎对"本土经验"的强调与早期"西方社会学中国化"。本编小结。该编探讨了严复与章太炎在早期的"西方社会学中国化"中分别所作的贡献。

总之，作者认为，严复社会学思想在中国近代社会学体系的建构历程中具有过渡性质，折射了近代学人在相应的时代、社会背景下，对应该建立什么样的政治制度、伦理教化才能科学地完成制度规范、精神规范的重建、两者是相互依附还是必然分离，以及未来社会模式朝什么方向走等问题的思索，表现出他们对这一普遍性社会课题的艰辛探索与执著追求。

富强抑或自由：严复宪政思想研究

杨阳著，北京：中国人民公安大学出版社，2009 年 6 月出版。

本书以严复生平译著为资料来源，对严复的宪政思想作了全面的探究。本书首先梳理了近代西方宪政思想的概念，阐释了近代西方的宪政与人权、分权理论、法治、宪法、宪政运动、民主等的关系。然后通过分析严复在其人生不同阶段所译著的不同作品，对其宪政思想的形成背景与发展演变作了考察与划分。本书认为，严复宪政思想的内容包括以下四点。一、宪政的起点是立宪；二、宪政的核心是三权分立；三、宪政的内在目的是人权；四、宪政的保障是法治。作者由严复宪政思想的内在目的开始，讨论了严复宪政思想的内在关怀。他指出，以往关于严复宪政思想的研究往往将其内在关怀限制在关怀"富强"这一点上，事实上，严复的关怀是两面的，既包括追求富强，也包括追求自由，而且这两者密不可分。本书在研究严复宪政思想方面得出了上述新的观点，因而具有以下几点意义：一、对严复宪政思想的梳理使人们认识到革命派的革命主张与严复的改良倡议都是有意义的。二、将严复的国家思想、政体思想、民主思想、立宪思想、三权分立思想、人权思想等择取出来，汇成严复宪政思想的主要内容。三、通过在时间上、内容上对严复宪政思想的梳理，找出严复终极关怀的具体内容。

本书结构如下。第一章为绪论。第二章题为"分析工具：宪政概念界说"。第三章题为"严复宪政思想的形成背景与发展演变"，该章包括四节：一、近代西方宪政思想的引入：宪政思想形成背景；二、1894年至1898年：宪政思想启蒙；三、1898年至1911年：宪政思想系统化；四、1911年至1921年：宪政思想升华。第四章题为"宪政之前提和基础"，该章包括两节：一、宪政的前提：国家与政体。二、宪政的基础：民主。第五章题为"严复宪政思想的主要内容"，该章包括四节：一、宪政的起点：君主立宪；二、宪政的核心：三权分立；三、宪政的内在目的：人权；四、宪政的保障：法治。第六章题为"严复宪政思想的内在关怀"，该章包括两节：一、学界已有的讨论；二、本书的看法。

中西通融：严复论集

郭卫东、牛大勇主编，北京：宗教文化出版社，2009年7月出版。本论文集收录的主要是 2008 年 12 月在北京大学召开的"严复思想与中国变革"学术研讨会上提交的论文。该会由北京大学历史学系、北京大学档案馆校史馆、清华大学历史学系、福建省严复学术研究会主办，其宗旨是纪念戊戌变法和北京大学建校 110 周年，以及纪念北京大学首任校长和近代启蒙思想家严复。书中也有少部分论文是会议前后的约稿。本论文集所选论文大多以"中西通融"作为严复思想观念的特点，对严复思想研究有新的拓展。其一，对于严复思想的历史定位与当代价值，部分论文在严复的科学民主精神、本土心智精神、严复寻求变革的方式与结果、严复对国家命运的关切等方面作了新的阐释。其二，严复思想在不同层面的表现形式受到新的发掘与探讨。

本论文集共收录 24 篇论文，包括：刘桂生《关于严复研究的几点认识》，梁柱《严复思想研究的意义》，杨华基《严复思想中的变革精髓》，林怡《以学为政：从朱熹到严复——论"理学"实践品格的历史传承及其当代启示》，史革新《严复与中华民精神在近代的重铸》，冯夏根《严复与近代中国的思想转型》，郭卫东《融通古今中西：严复与中国近代学科的建构》，王宪明《严复的"群学"：内涵、传承、特点》，王天根《科学视域下社会学学理建构与欧战前后严复对中国政教的评判》，戴晋新《严复与中国近代史学：相关论述的讨论》，王岗峰《加快严复思想文化资源规模开发利用建策》，郭建荣《惟国惟家严几道》，辛红光《激进革命的渐进回响——从严复的法国大革命观说起》，陈友良、王民《"留心世局，眷怀宗邦"——严复的欧战观述论》，张运君《严复与近代教科书的发展》，李永胜《论严复的版权思想》，任燕翔《严复留英若干问题再探》，孙应祥、皮后锋《"严复书札"伪作与严复、伊藤博文"同学"说的再传播》，皮后锋《严复与天津水师学堂》，郭卫东《严复与京师大学堂人事改组事件》，王晓秋《严复与民国初年的北京大学》，林齐模《北京大学首任校长严复去职原因补证》，严孝潜《严复确是用过"地雷"笔名》，蔡乐苏《"严复思想与中国变革"学术研讨会会议综述》。

中国近现代思想与哲学传统

胡伟希著，杭州：浙江工商大学出版社，2009 年 7 月出版。本书属于《钱塘文库·文艺哲学卷》。本书上编的第五章"严复与中国近代自由主义"，中编的第十八章"严复与梁启超的有机国家观"以及下编的第二十二章"严复与西方哲学：从格义到会通"，具体论述了严复的思想。

本书以近现代中国的社会政治观念与哲学观点为基础，重点论述了这些观点在近现代中国的历史流变，展现了中国近现代思想经过西方自由主义、民族主义、社会主义的影响，是如何由温和转向激进，并最终形成了兼具中西文化特色的新哲学传统的。作者认为，这一研究对当代中国面临的社会政治转型的问题，有重要的借鉴意义。全书分为上、中、下三编，共包括三十三个章节。上编题为"自由主义的兴起"。该编通过讨论维新运动对中国自由主义兴起的影响，以及中国近代自由主义思潮的萌生和发展等问题，分析了中国自由主义的思想渊源与历史流变，以及当自由主义在以中国传统文化而非西方文化为土壤的情况下发展时，所遇到的种种矛盾与问题。同时，通过阐释严复、梁启超、陈寅恪、徐复观与殷海光的自由主义思想，呈现了中国自由主义发展过程的丰富性与复杂性。中编题为"从渐进到激进"。该编主要论述了激进主义在近现代中国出现与形成的社会历史条件与背景，考察了近现代中国的政治浪漫主义与文化激进主义的具体情况，描述了中国自由主义思想家在国家观上的思想困境，并得出结论，认为近现代中国的社会政治思想的变化源自激进主义。下编题为"哲学古今中西之辨"。该编通过对"古今中西之辨"的第一人严复，"中西哲学会通派"的胡适，现代新儒家当中的梁漱溟、熊十力、牟宗三，以及实在论学派的冯友兰与金岳霖等人的中西哲学观点的论述，解释了这种中西文化与中西哲学之间的交谈与对话是如何使中国的哲学领域逐渐形成新的传统的。

在本书涉及严复思想的部分中，上编第五章侧重于从严复提倡建立维护个人自由的法制和政治制度、提倡经济上的放任主义、提倡功利主义的伦理观和提倡思想与言论自由这四个方面来肯定严复在全面地介绍西方自由主义思想上所作的贡献。中编第十八章则首先回顾了严复与梁启超的国家观的发展历程，即从自由主义的国家观出发，通过接纳理性主义的国家观，从而构建起融合欧洲大陆理性主义与英式自由主义的有机国家观。作者认为，尽管严复与梁启超的有机国家观最初以个人自由主义为目标，但在中国引入实践后，却产生了以国家自由代替个人自由的结果。下编第二十二章通过对严复的"格义"与"会通"两种方法的介绍，阐释了严复的"会通中西"的诠释学思想是如何建立起来的。作者认为，"格义"就是用中国传统思想中的名词与概念来阐释西方哲学中的名词与概念。"会通"即通过以西学通中学，以中学通西学，折中中西而后评析中西来完成中西思想文化的沟通与理解。

二十世纪中国翻译文学史·近代卷

连燕堂著，杨义主编，天津：百花文艺出版社，2009 年 11 月出版。本书主要介绍了近代中国翻译文学的历史，内容涉及近代中国翻译理论、翻译大家、翻译革新的尝试、翻译理论的发展转折等内容。作者将近代翻译的发展脉络分为四个时期：一、19 世纪 40 年代初到 60 年代初为发轫期，此时期在中国出现了"开眼看世界"的人物，一些印书馆也相继出现。二、19 世纪 60 年代初到 90 年代中是初行期。此时期出现了专门的翻译馆，翻译活动也开始兴起。三、19 世纪 90 年代中到辛亥革命为急进期，此时期翻译理论有所拓新，翻译阵地扩展，翻译队伍壮大，翻译水平不断提高，翻译的政治功利主义目的性大为加强。四、辛亥革命后到五四运动前为转折期，翻译领域出现了新气象。本书的一个特点是插入了大量图片资料，使读者能更好地理解书中内容。

本书第六章着重介绍了严复的翻译原则及其影响。该章认为，严复的译书，尤其是《天演论》，曾深刻地触发了中国人普遍存在的危机意识，符合中国先进的知识分子急于向西方寻求真理解救祖国危难的愿望，因而在中国产生巨大的影响。同时，"信、达、雅"的翻译原则对中国翻译历史产生了深远的影响，原因在于：一、它符合举世

公认的翻译工作的基本规律和通行原则。二、它具有明显的中国文化
色彩，融入了佛经与儒典的因素。三、严复的三原则是在不满当时翻
译界的前提下结合自己的亲身体会提出来的，所以有极强的针对性和
实用性。四、严复在其他文章中用自己的亲身体会，指点翻译者努力
的方向，这便使信、达、雅的要求具备了可行性。总之，严复的翻译
理论具有一定的科学性、针对性、实用性、可行性，内涵丰富，外延
广大，所以能历久不衰。

　　本书共包括十三个章节。第一章"绪论：近代翻译的发展脉络"
包括四节：一、始于史地：近代翻译的发轫期；二、继以工艺：近代
翻译的初行期；三、盛于政制：近代翻译的急进期；四、归于文学：
近代翻译的转折期。第二章"以救国图强为核心的动机和目的阐述，
以信、达、雅为主轴的标准和技术探讨——近代翻译理论"包括五
节：一、林则徐、魏源及洋务派对翻译作用的理解；二、维新派对翻
译重要性的认识；三、政治功利主义的文学翻译理论；四、关于译名
问题的大讨论；五、关于翻译标准的探讨。第三章"'在观念上，不
在方法上'，'对于民七的新诗运动'，'给予很大的影响'——近代的
诗歌翻译"包括五节：一、《人生颂》和"安南大夫诗"；二、《马赛
曲》和《祖国歌》；三、在译作和著作中夹带译诗；四、专门译诗和几
种单行本；五、对于近代译诗的一般印象。第四章"一度'翻译多于
创作'；'而中国的创作，也就在这汹涌的输入情形之下，受到很大
的影响'——近代的小说翻译"包括三节：一、从冷清到火爆——从
《昕夕闲谈》说起；二、政治小说、虚无党小说和侦探小说翻译；三、
科学小说和教育小说翻译。第五章"认翻译为强国第一义并推动近代
翻译事业全面发展的梁启超"包括四节：一、梁启超的生平与思想；
二、以理论鼓吹带动翻译事业的全面发展；三、以译述方式掀起西学
输入的新高潮；四、在文学翻译方面的带头和示范作用。第六章"第
一个系统译介西方学术和标举'翻译三原则'的严复"包括五节：一、
严复的生平与思想；二、严译名著的历史作用；三、《天演论》的翻
译和巨大影响；四、翻译三原则：信、达、雅；五、严复译著的文学
价值及于文体变革的作用。第七章"打开中西文学交流大门的林纾和
'林译小说'"包括五节：一、林纾的生平与思想；二、《巴黎茶花女

遗事》的轰动效应；三、林译小说对近代社会政治和思想的影响；四、林译小说对近代文学发展的影响（上）；五、林译小说对近代文学发展的影响（下）。第八章"开辟翻译新蹊径的周桂笙、徐念慈"包括两节：一、周桂笙的翻译活动及其影响；二、徐念慈的翻译活动及其影响。第九章"二十世纪初诗歌翻译之两大家：马君武和苏曼殊"包括四节：一、马君武传；二、马君武的诗歌翻译和其他翻译活动；三、苏曼殊的生平与思想；四、苏曼殊的文学翻译。第十章"具开创性的法国文学翻译与伍光建、曾朴"包括四节：一、法国文学翻译略说；二、伍光建早期的法国文学翻译；三、曾朴的生平与法国文学缘；四、曾朴的法国文学翻译与研究。第十一章"影响深刻的俄罗斯文学翻译与戢翼翚、吴梼、陈嘏"包括五节：一、俄国文学翻译概述（上）；二、俄国文学翻译概述（下）；三、戢翼翚与《俄国情史》；四、吴梼的几种名著翻译；五、陈嘏与《春潮》、《初恋》。第十二章"实为译界开辟一个新时代的纪念碑——鲁迅、周作人兄弟的早期翻译活动"包括四节：一、鲁迅在弘文学院的翻译活动；二、从筹办《新生》到出版《域外小说集》；三、周作人在辛亥以前的翻译活动；四、周作人辛亥后至"五四"前的翻译活动。第十三章"新一代翻译家陈独秀、胡适、刘半农在近代翻译转折期中的独特作用"包括三节：一、陈独秀的领导作用；二、胡适的带头作用；三、刘半农的开拓作用。

风云际会下的书生

吴相湘著，北京：中国工人出版社，2009年12月出版。本书收录了作者吴相湘所写的27位民国时期文化书生的传记，传主身份涉及政治、经济、军事、文化等领域。这27位民国时期文化人的传记，虽然不能完全代表民国文化的历史，但却可使读者从中窥探民国文化之斑，感受大动荡年代中国文化人命运的颠簸起伏，从而追踪他们的心路历程，理解他们的精神世界。作者所写的传记皆以可靠的史料为基础，因此有较高的可信度；同时文章语言通俗活泼，因此也有较高的可读性。

本书的严复传主要写了严复早年所受的教育，及其主持天津水师学堂的经历对其思想的影响。作者指出，严复极力宣传"开民智"、"新民德"、"鼓民力"，把兴教育、重科学视为救国强种之根本。严译《天演论》、《原强》、《群学肄言》、《群己权界论》、《法意》、《社会通诠》、《名学》等名著，介绍了西方哲学、政治、经济、社会等思想，开扩了国人的心胸，改变了人们的保守观念，对中国近代化运动产生了巨大影响。

2010 年

长治久安：理念、制度及其推进——严复政治哲学研究

王建龙著，上海：上海人民出版社，2010 年 5 月出版。本书主要从严复的政治哲学理念在制度上实行与推进的情况来进行考察，探讨了严复的"治道"观念，认为其"治道"观念的目的是为了保证社会"变"与"不变"的平衡，确保秩序与发展的互相协调。作者指出，所谓"治道"，是指古代中国社会将以"不变"为特征的良好秩序作为理想的人的生存状态，而这种生存状态被限制在一个井然有序、等级森严的政治秩序框架中。中国传统社会的"治道"认为"不变"是理所当然的，因为"天不变道亦不变"。但是事实上，对于"变"或者"不变"任意一方的偏袒都会导致社会平衡秩序的破坏。作者认为，严复的思考就充满了对中国传统"治道"的反思和对新"治道"的阐释。严复的反思从对民族生存危机的忧思开始，"救亡图存"是他反思的最初、最直接的动因。在反思的过程中，严复把"变"与"不变"的平衡作为一个基本原则，一方面企图通过"变"来保持"不变"，另一方面则通过"不变"来限制"变"的异化。因此严复认为真正的"治道"是一种在保持稳定秩序下的不断调整和发展，进而在秩序和发展之间实现有机统一的人的生存状态。首先，从理念的方面来看，严复从追求"变"与"不变"的平衡的角度对西方自由、民主和平等的含义进行了分疏和整合，对于自由、民主和平等观念予以澄清，并通过这种澄清对三

者进行新的整合，形成他所期望的"治道"的理念。可是同时，这种理念还是受到制度的约束。作者指出，在严复所谓的自由平等的状态中，一方面，人的生存状态体现为一种不断变动的过程，另一方面，这种变动的过程又是一个平稳的过程，变动本身受到了自由、民主和平等制度所形成的外在制度的约束与自由、民主和平等理念所包含的内在道德的约束。而这种生存状态恰恰显示出一种相互依存促进的和谐关系。其次，从推进的方面看，严复的理念并未实现。严复认为，传统社会向"治道"的推进是一个必然的趋势，但这种推进必须在确保秩序稳定的前提下进行。可是，严复反对在民力、民智、民德低下，民主和平等理念尚未得到正确理解的情形下贸然建构自由、民主和平的制度形式，因为单纯的制度形式并不能使社会真正进入"治道"，反而可能会因为违背了"变"与"不变"平衡的原则而导致失败。作者最后指出，严复晚年的思想看似迂腐保守，其实潜藏着对中国社会转型的理性认识和实现"治道"的执著追求。本书最后附有作者关于"中国向何处去"的问答记录，作者在其中谈到中国学习西方的历史原因、西方自由民主平等思想的潜在问题、学习西方的利与弊，以及在未来发展路途上应如何正确利用西方文化等问题。

本书章节结构如下。第一章"追求'治道'——变'治乱兴衰'为'长治久安'"包括两节：一、从救亡图存到寻求富强；二、从寻求富强到追求"治道"。第二章"近代西方观念的引入"包括三节：一、对传统"治道"的反思：治道与变道的分裂；二、自由、民主和平等观念的引入；三、西方观念的双重紧张。第三章"分疏与重构——对自由、民主和平等观念的有机统一"包括两节：一、对自由、民主和平等的重新分疏；二、"治道"理念的有机统一：治道与变道的整合。第四章"进化论的介入——治道与变道的进一步整合"包括两节：一、进化的两个层面：前进性和循序性；二、"治道"及其理念的进化特征。第五章"落实和推进——变中求治与治变统一"包括两节：一、"治道"理念的制度落实；二、民力、民智和民德的提高。结论(一)：对严复政治哲学思想的评价。结论(二)：中国向何处去？

盗火者严复

李新宇著，天津：天津人民出版社，2010 年 9 月出版。《带一门学问回中国丛书》之一。本书从严复的留学生涯、海军教习生涯、戊戌变法前后的政治思想、翻译事业、教育理念、辛亥革命前后的仕途等方面着手，重点论述了作为"盗取"西方先进思想之火的严复是如何走上盗火之路，又是如何盗火的，他个人在这其中的选取又给中国近代思想界造成了怎样的影响。同时，关于严复是否为"早年激进，晚年保守"的问题，作者则以如下的形容作为回答：一个走在时代前沿的思考者，最终却回归传统；一个盗火者，最后却亲自灭火。作者认为，严复的思想发展，既有不变之处，也有变化之处。不变之处在于，严复从未在根本上放弃自由民主的理念，只是认为由于中国"民质低下"的现实而不宜立即实行民主制度。变化之处在于，严复前期努力倡导西学，后期努力弘扬传统；前期努力鼓吹自由，后期努力强调秩序。作者指出，严复从"盗火者"向"灭火者"的转变，受到了"民质低下"的现实、辛亥革命后的不良社会秩序、个人理想与为人处世等多方面的影响。

本书共分为十个章节。第一章：留学：面对另一个世界。第二章：海军教习的悲欢。第三章：言论（上）：警世雄文。第四章：言论（下）：维新的另一路经。第五章：译述（上）：天演论旋风。第六章：译述（中）：自由理念。第七章：译述（下）：社会政治及其他。第八章：教育：理念与实践。第九章：政治舞台上的身影。第十章：盗火者"灭火"之谜。

古今中西交汇处的近代学术

李帆著，北京：北京师范大学出版社，2010 年 9 月出版。《北京师范大学史学探索丛书》之一。本书选文《严复论中西学术》与《刘师培、严复吸纳西学之比较》论及有关严复近代学术思想的问题。

本书分为上下两篇，收录作者的论文 21 篇，并附有从西方学者的角度探讨中国近代学术的文章两篇。上篇共收录文章 10 篇，包括《中国近代学术史研究的若干思考》、《清代嘉道之际的汉宋之争与汉宋兼采》、《章太炎、刘师培、梁启超与近代的戴学复兴》、《近代中国学术史上的戴震》、《近代中国思想史上的戴震》、《章太炎、刘师培、梁启超对戴震理欲观的评析》、《严复论中西学术》、《从〈刘向歆父子年谱〉看钱穆的史学理念》、《拉克伯里学说进入中国的若干问题》、《"文化形态史观"的东渐》。下篇收录文章 9 篇，包括：《仪征刘氏学术述略》、《刘师培论清代经学》、《刘师培对康有为变法理论的经学驳难》、《刘师培、严复吸收西学之比较》、《刘师培对拉克伯里等学说的接受与阐发》、《辛亥前夕刘师培的转向》、《陈独秀与刘师培》、《刘师培与北京大学》、《〈刘申叔先生遗书〉编误举例》。附录文章包括：《韦伯学说与美国的中国研究》和《柯文〈在中国发现历史〉导读》

在涉及严复思想的文章中，《严复论中西学术》以严复在辛亥革命以前的译著为核心，对其学术思想的内容与特点作出探讨。作者提出，严复在比照中西学术的过程中，认为西学实现了"学"与"术"的结合，而中学的"学"与"术"却相分离，因此而贬斥中学。其"贬斥中学"其实是他"学术救国"思想的表现。《刘师培、严复吸纳西学之比较》主要探讨了刘、严二人在学术关系方面、学术思想的异同方面的问题，并对两人吸纳西学的方式进行了比较。作者认为，尽管刘师培在交融中西学方面受到严复的影响，但其贡献和影响力都未能尽如严复。

严 复 睿 语

严复著，陆发春选编，合肥：黄山书社，2010 年 11 月出版。《晚清名人睿语系列》之一。本书所收录的严复睿语主要选自严复翻译序及案语、社论、著述等，表现在四个部分：政治、文化、社会和教育。编选者认为，严复的睿语有如下特征：一、古文体裁，以古雅见长。二、针对时弊，有感而发。三、视野开阔，具有全球化眼光。四、古今对比，中西对比，说理性强。五、总结精当，使读者读后有恍然大悟之感。总之，所选严复睿语不仅对严复所处时代产生巨大影响，对当代人也有重要的启发作用。

清代后期教育思想与论著选读(下)

冯克诚主编，北京：人民武警出版社，2010 年 12 月出版。《清代后期教育思想与论著选读》共分上下两册，为《中国教育名家名著精读丛书》之一，本书为下册。本书包括两部分。其一是"(清)鸦片战争后期教会和留学教育思想与文论选读"，其二是"(清)严复(1854—1921 年)、(清)王国维(1877—1921 年)救亡教育思想与教育论著选读"。第二部分章节结构如下："严复的教育思想和教育论著选读"：严复的求学和教育活动教育思想；严复教育文论选读；《天演论》选读；《群学肄言》选读。"王国维的教育思想和教育论著选读"：王国维的教育思想；王国维教育文论选读。

在涉及严复教育思想的部分，本书主要介绍了严复早期的求学经历与教育活动，以及他教育思想的特点。根据本书的归纳，严复的教育思想包括如下几个部分：在早期批判"中学"提倡"西学"的图强论，提倡"自由为体，民主为用"的教育救国论，宣扬"自强之本"的人才教育论，以及通过教育来实现国家救亡的思想。此外，本书还收录了部分严复的关于教育的议论文章、《天演论》的关于教育救国的内容，以及《群学肄言》中体现其教育主张的内容。

2011 年

百年严复：严复研究资料精选

苏中立、涂光久主编，福州：福建人民出版社，2011 年 1 月出版。本书收录了近百年来关于严复研究的 100 篇文章，反映了严复研究在不同时期的不同特点，是一部关于严复研究的学术发展史著作。本书选文共包括四个部分。第一部分题为"严复的世系与故居"，主要论及严复的世系、福州严复祖居与故居、天津严复故居与活动遗址三方面的内容，共收入 6 篇文章。第二部分题为"严复的生平与行状"，主要论及严复的"生平·年谱·传略"、同代人记述的事迹、亲友的追忆、行状的疏辩四方面的内容，共收入 30 篇文章。第三部分题为"严复的翻译与信、达、雅"，包括严复的翻译、关于翻译的通信、关于信达雅的评价三方面的内容，共收入 17 篇文章。第四部分题为"严复及其译著的影响"，包括严复生前的影响与评价、身后的影响与评价、当代的审视与评判三方面的内容，共收入 47 篇文章。综观全书内容，所收录文章按照内容又可以分为以下五个方面：一、介绍严复的世系与故居。二、关于严复的翻译。三、介绍严复的生平事迹，其中部分选文介绍了严复在某一时期或某一方面的经历与事迹。如严复留学英国，在海军中任职，与学生、学校以及出版机构的关系，在乾清宫被光绪皇帝召见等。四、对严复的评价。五、介绍了严复的某些著作及反映在其著作中的思想。这些思想内容主要包括严复的中西文化观，严复译述《天演论》与其天演思想，译述《社会通诠》与其相关观点，哲学、逻辑学思想，环保思想，优生学理论等。

本书具有重要的学术价值和现实意义。一方面，本书大量搜集了新中国成立前关于严复研究的文献资料，也搜集了新中国成立后的一些相关文献，内容丰富，涉及广泛，为后来的研究者提供了较全面的信息，有利于研究者向更深层次发掘资料。另一方面，所选入的论文内容涉及严复的政治、经济、哲学、教育等具有启发意义的思想，对中国当代社会具有启迪作用。

翻译与中国现代学术话语的形成

彭发胜著，杭州：浙江大学出版社，2011 年 1 月出版。《浙大人文青年学者文丛》之一。本书以翻译中的文化空间和学术维度为论述框架，重新界定了翻译概念，以严复、王国维、梁启超、胡适与金岳霖这五位在翻译领域各有突出贡献的人物的学术思想为对象，特别关注他们关于科学观念和方法论的思想。通过对学术史的考察与对话语的分析，有理有据地阐明了翻译在中国现代学术话语体系形成过程中发挥的重要作用。作者指出，近代中国学者在西方科学中获取力量，把引进西学作为自己的重要任务。翻译行为与翻译理念在这其中起了关键的桥梁作用，促使中国的翻译界构建起新的学术话语体系。作者从严复的翻译工作开始一直追踪到胡适，论述了本体论式微甚至走向谷底的过程。作者认为，直到金岳霖的《论道》一书出版，中国文化本体论才显示出复苏的迹象。本书作者精通英语、英语文学和翻译理论，广泛地引用国内外资料，对上述五位翻译大家的译著与其原著进行了仔细的比较，对相关翻译理论进行了详细的介绍。作者尤其关注现代西方科学话语在引进、传播以及在新的概念体系中被创造性地界定和运用的过程，将这一过程归纳为"译—驿—绎"，并根据此论述方式对上述五位代表的翻译观念进行剖析。

本书的第二章着重剖析了严复的翻译思想及其对于中国现代学术话语的形成的贡献。作者首先指出，严复不仅是一个译者，也是传播者和诠释者。这三重使命始终贯穿在他的翻译活动中，构成了他个人贯通新旧知识的话语空间。关于严复"翻译的用心"的问题，作者虽然同意王佐良的看法，即认为严复的翻译"极雅"是为了吸引那些足以左右大局的士大夫们的注意，但是提出严复的用心还有更深层的原因。其一，19世纪中后期中国对西方著作的引进是通过日本转接进来的，因而很多新名词要借用日本的翻译结果，而对于受甲午战争极大震动的严复来说，他极力回避日文术语的影响，而倾向于采用中国传统话语模式。其二，由于严复在科举制度上有切身之痛，加上吴汝纶的嘉奖，便有意地注明自己所采用的是先秦雅文。在对严译《天演论》的分析方面，作者作了一系列的数据统计和中英文本比较，认为严复在翻译过程中使赫胥黎与斯宾塞的思想在正文与案语之间构成充分的对话，从而引导读者进入进化论的话语空间。此外，作者还比较了"天"这一词在中西方文化中的不同含义，指出严复的"天"为"义理之天"，超出了达尔文的"自然进化"的简单含义。同时，严复还将中国传统儒释道思想援引进翻译的过程，在翻译过程中形成了多样的话语资源。最后，作者分析了严复的"不可思议"的哲学观，指出，严复认为西方的科学观念与科学方法，如逻辑，才可以真正将读者领入西学的核心。

本书由北京大学外国语学院世界文学研究所教授辜正坤作序，全书包括六个章节。第一章题为"文化空间和学术维度"。该章包括三节：一、传播与文化空间；二、学术维度；三、人物谱系。第二章题为"严复的三重使命"。该章包括五节：一、也说严复的用心；二、《天演论》的厚文本；三、译名之难；四、严复译名的分类与辨析；五、传播科学观念与科学方法。第三章题为"王国维的学术观和方法论"。该章包括三节：一、哲学与科学；二、在翻译与著述之间；三、二重证据法的哲学基础。第四章题为"梁启超的译论和方法论"。该章包括三节：一、康梁之间：仁爱与尚通；二、译论和新语；三、进化与分析。第五章题为"胡适的平等主义和方法论"。该章包括三节：一、普遍平等主义；二、译论与翻译；三、"大胆的假设，小心的求证"。第六章题为"金岳霖的哲学观和语言观"。该章包括五节：一、面对休谟问题；二、几对重要概念；三、"永真"的归纳原则；四、理由固然，势无必至；五、语言观和翻译观。

中国历代思想家·清(三)

王寿南主编，北京：九州出版社，2011年3月出版。本书是《中国历代思想家·清》的第三册。本书所涉及的清代思想家包括郭嵩焘、王韬、薛福成、郑观应、胡礼垣、严复、康有为和谭嗣同。其中，《严复》部分由郭正昭著，包括十六章：一、引言；二、少年生涯；三、留学英伦；四、献身海军教育；五、四篇警世论文；六、严复译赫胥黎《天演论》；七、亚当·斯密的《原富》；八、斯宾塞的《群学肄言》；九、穆勒的《群己权界论》；十、孟德斯鸠的《法意》；十一、甄克思的《社会通诠》；十二、《穆勒名学》；十三、评点老庄与晚年处境；十四、"达尔文主义"输入中国的途径与背景；十五、严复型危机哲学的意理结构；十六、结语。

在《严复》中，作者郭正昭对严复思想的变迁作了解析，指出严复一生整个思想体系的哲学基础正是"达尔文主义"。作者认为，关于达尔文主义何时东来、以何种途径输入中国、最早介绍达尔文主义的人是否为严复等的问题都有重要的研究意义，可以作为严复研究进一步发展的新方向。其中有四个历史线索尤其值得注意：(1)为何缺乏证据能够说明严复在少壮时期(27岁至42岁)有介绍达尔文主义的迹象？(2)为何未闻严复之前的西方传教士及来华商人等有介绍达尔文主义？(3)梁启超在《新民丛报》的一篇文章中，曾提到除严复外，还有其他关于达尔文主义的译本流行于中国，这些译本还缺乏研究。(4)香港作为东西文化经济交流的一个主要桥梁在此时期发挥的作用如何？

中国变革：社会学在近代中国兴起的视角

宋国恺著，北京：中国社会科学出版社，2011年9月出版。本书以社会学传入中国为背景，以"群学"概念为主要分析对象，揭示了社会学研究对象从物质实体向关系实在的转化过程，说明了社会学主张社会改良的性格，探讨了社会学这门西方学问在近代中国兴起的历程。本书以大量的文献资料为基础，以严复、梁启超等人在"群学"(社会学)方面的译、著活动为主线，对西方社会学在"群学"名义下导入中国的背景、过程和特征进行了细致的描述和分析，提出了一系列富有启发性的观点。作者在书中指出，晚清群学的兴起，源于严复翻译斯宾塞的《群学肄言》。严复通过《群学肄言》主张进行渐进的、非暴力的社会改良，并主张在实践上以开民智、鼓民力、新民德来配合。严复的这一系列思想对社会学在中国的传播及学术的制度化有着深刻的影响。

本书的章节结构如下。导论部分包括三节：一、问题缘起及研究意义；二、社会思想的基础；三、研究思路和方法。第一章"西学东渐与社会学"包括两节：一、启蒙与社会学；二、西学东渐与群学。第二章"群学的兴起"包括三节：一、作为原生态的荀子的群(学)思想；二、群学的辨析；三、群学治群——群学的兴起。第三章"群学：社会进化和群本主义"包括三节：一、托古改制；二、天演与社会变易；三、合群与保群。第四章"自强之本：群学与新民"包括两节：一、自强与新民；二、新民的内涵。第五章"群学与社会改良"包括两节：一、社会学的改良思想；二、群学与社会改良思想。

2012 年

惟适之安：严复与近代中国的文化转型

黄克武著，北京：社会科学文献出版社，2012 年 5 月出版。本书主标题"惟适之安"四字出自严复墓。作者认为"惟适之安"四字是严复思想的精髓，即国人只有不断适应环境的变迁与外在的挑战，才能走向太平安定之境，因此以此为本书标题。本书借用了新近发现的史料，通过严复在家庭、职业生活中的事件来刻画严复面对的挑战，展现了其思想上的彷徨与奋斗。作者特别提到了严复在吸食鸦片、纳妾、肯定孔教会等方面表现出的"反启蒙"的特点，由此一方面表现严复思想的复杂性，另一方面说明中国现代性内部的自由与保守之争，反传统与肯定传统之辩，以期借此思考中国文化转型的现实意义。

本书包括六个章节。第一章为导论。作者主要描述了严复思想中"先进面"与"保守面"的两歧性问题，指出对于严复思想的两歧性不能作简单的"从全盘西化转向全盘复古"的定论。第二章题为"异性情缘：性别关系与思想境界"。该章包括七节：一、父母之命、媒妁之言的初次婚姻；二、纳江莺娘为妾；三、续弦朱明丽；四、与莺娘离异；五、严复的烟霞癖；六、忘年之交吕碧城与何纫兰；七、小结。该章主要描写严复的家庭生活、情感世界与公私生活之间的相互影响。第三章题为"北洋当差：从水师学堂走向翻译之路"。该章包括四节：一、北洋当差，味同嚼蜡；二、严侯本武人，科举偶所慕：严复与科举制度；三、假令早遭十年，岂止如此？吕增祥、吴汝纶与严译《天演论》；四、小结：不能与人竞进热场，乃为冷淡生活。该章叙述了严复从英返国后在李鸿章的"淮系集团"里当差的仕途发展，讨论了他从建设海军、为国"立功"的发展方向，转移到以翻译"立言"的重要人生转折。第四章题为"新语战争：清末严复译语和制汉语的竞赛"。该章包括五节：一、另一场战争；二、从"名词"谈起；

三、严复对抗东学与东语；四、严复与译名统一工作；五、小结。该章谈论了严复翻译工作对中国近代新语汇、新思想的影响，以及他如何以一己之力对抗"东学"与"东语"的传播。第五章题为"灵学济世：上海灵学会与严复"。该章包括五节：一、从一页报纸广告说起；二、民初灵学研究的渊源；三、上海灵学会的成立；四、上海灵学会的运作：扶乩与灵魂照相；五、严复的知识观。该章讨论"灵学济世"，剖析严复科学思想的底蕴以及他支持被"五四"知识分子视为封建迷信的上海灵学会的原因。第六章题为"结论：太平如有象，莫忘告重泉"。该章指出，严复既是"五四"启蒙论述的开创者，又是"五四"启蒙论述的批判者与传统价值的支持者。最后，针对严复对于"五四"思想家激进的观念作的反省，本章进行了归纳与总结。

总之，本书提出了一系列新观点和新看法，尝试从新的角度解读严复思想，是严复研究的又一开拓之作。

中朝日近代启蒙思想——以严复俞吉浚福泽谕吉的思想为中心

张华著，北京：中央民族大学出版社，2012 年 10 月出版。本书主要通过对严复、俞吉浚、福泽谕吉三人的思想进行比较，阐述了19 世纪末的中国、朝鲜和日本三国在应对西欧近代思想的挑战时所主张的思想变革的相同点与不同点，并着重分析了三国知识分子在思想上的相互作用。本书由绪论、本论六章和结论三部分构成。本论六章包括：第一章"东亚三国的传统社会和西势东渐"，包括四节：一、东亚三国的国际政治背景；二、东亚三国传统思想的多样化及其与西学的碰撞；三、东亚三国吸收西学的形态比较；四、东亚三国吸收西学的后果。第二章"严复、俞吉浚、福泽谕吉的生平与思想形成过程"，包括四节：一、严复的生平与思想形成过程；二、俞吉浚的生平与思想形成过程；三、福泽谕吉生平及思想形成过程；四、三者之比较。第三章"严复、俞吉浚、福泽谕吉的西学观"，包括四节：一、严复的西学观；二、俞吉浚的西学观；三、福泽谕吉的西学观；四、三者之比较。第四章"严复、俞吉浚、福泽谕吉的自由民权思想"，包括四节：一、严复的自由民权思想；二、俞吉浚的自由民权思想；

三、福泽谕吉的自由民权思想；四、三者之比较。第五章"严复、俞吉浚、福泽谕吉的国家观"，包括四节：一、严复的国家观；二、俞吉浚的国家观；三、福泽谕吉的国家观；四、三者之比较。第六章"严复、俞吉浚、福泽谕吉的教育思想"，包括四节：一、严复的教育思想；二、俞吉浚的教育思想；三、福泽谕吉的教育思想；四、三者之比较。本书末尾附有《中朝日三国近代大事记》。

（李明慧）

近三十年严复研究大事记

近三十年严复研究大事记

1981 年

◇4 月

《民国严几道先生复年谱》出版

王蘧常著，台湾"商务印书馆"出版。本书原名为《严几道年谱》，1936 年由上海商务印书馆首次出版，是早期有较广泛影响的严复研究著作。在本书首次出版之前，学界已出现类似的严复年谱，如 1930 年严璩先生编撰出版的《侯官严先生年谱》；1933 年 6 月，林耀华先生将其在燕京大学法学院的毕业论文修改整理后，以《严复社会思想》为题发表在《社会学界》第 7 号上；1933 年 9 月，钱基博先生的《现代中国文学史》由上海世界书局出版，其中有章节专门讨论到严复的生平事迹。《严几道年谱》在已有的基础上，对严复生平事迹重新作了详细的考察，在相关史料和细节上有了较大扩充。关于严复与伊藤博文是否同学的问题，王蘧常综合了严璩、林耀华和钱基博的观点，认为两人的确曾经是同学。

1981 年，王蘧常《严几道年谱》被收录在由王云五主编的《新编中国名人年谱集成》中，修订名称为《民国严几道先生复年谱》，由台湾"商务印书馆"重新出版。该集成收编工作本始于抗日战争爆发之前，由于战争开始而被迫终止。直到 20 世纪 70 年代末，王云五先生重新主持收编工作，收入相关图籍两百余种，编成此集成。

◇7 月

《筹安会"六君子"传》出版

陶菊隐著，中华书局出版。本书原名为"六君子传"，是作者在抗日战争前后陆续发表在上海《新闻报》的连载文章的集成。书中记述了筹安会"六君子"杨度、孙毓筠、严复、刘师培、李燮和胡瑛与袁世凯复辟帝制的关系，揭露了袁世凯篡国窃国的罪恶史。由于抗日战争爆发，《新闻报》被日本接管，本书未能面世，直到 1981 年才由中华书局出版。

1986 年

◇1 月
《严复集》（五册）出版

严复著，王栻编，中华书局出版。本书是迄 1986 年为止收集严复遗著最为完备的编集。在此之前，虽然社会上已有多种版本的严复遗著，但是其内容有许多欠缺，有的甚至在校勘方面有诸多错误，这在一定程度上限制了严复研究的拓展。本书在前人收编成果的基础上，不仅补录了大量的严复未刊稿，而且对所收录的材料作了精细的编审校勘，纠正了以往的一些错误。全书共包括五册，第一、二册为诗文集，第三册为书信，第四册为案语，第五册为著译、日记、附录。著译部分收录了严复专著《政治讲义》和译著《天演论》。

1989 年

◇5 月
《福州市郊区文史资料专辑：严复与家乡》出版

本书由中国人民政治协商会议福州市郊区委员会文史资料工作委员会编辑出版，收集了有关严复与他的家乡——现福州市郊区盖山乡阳岐村的关系的文献，内容广泛，涉及严复在家乡的活动、严复的翻译事业、严复与家庭等方面。本专辑丰富了有关严复生平的资料，所收录的文章引述真实、细节刻画生动，使严复的历史形象更加具体化。

◇7 月
《寻求富强：严复与西方》中文译本出版

本书由美国著名汉学家本杰明·史华兹（Benjamin Schwartz,

1916—1999 年)所著，叶凤美译，江苏人民出版社出版。本书是史华兹的著作《寻求富强：严复与西方》(In Search of Wealth and Power：Yen Fu and the West)在中国大陆首次翻译出版。本书强调严复以"集体主义"的精神诠释西方的政治经济以及自由主义思想，而其目的就在于追求国家的富强，这一观点成为严复研究领域的权威，对国内外特别是中国港澳台地区的严复思想研究产生了深远持久的影响。中文译本的出版将这一观念更加广泛地传播给中国学者，为中国学者的研究带来新思路，增加了中外学者就相关问题进行交流的可能性。

1992 年

◇**11 月**

福州市严复研究会成立

11 月，全国第一个"严复研究会"在严复的故乡福州市成立。该研究会主要从事与严复有关的学术研究，联络各相关单位进行学术、经验交流，以及负责出版相关学术刊物等。

1993 年

◇**11 月**

严复国际学术研讨会在福州市举行

11 月 8 日至 11 日，为期 4 天的严复国际学术研讨会在福州市举行。随着中国改革开放的深入，越来越多的学者开始将研究目光转向了这位百年之前的改革先驱，"严复研究"的主题日益受到关注，于是这一学术研讨会便应运而生。本次学术研讨会是在中国大陆首次举行的讨论严复思想的学术盛会，由福州严复研究会发起，联合中国社会科学院近代史研究所、福建师范大学、福建省地方志编纂委员会共同举办。研讨会的内容包括：严复研究的历史和现状；严复与中西方文化；严复的历史地位及其影响；各学科角度的严复研究。研讨会的目的为：展示严复的思想文化成就；加强海内外严复研究者的联系和学术交流，推动对严复学术思想及其对当代社会生活影响的研究。

在本次研讨会上，时任福州市教育委员会副主任陈吉宣读了《关于同意创立"福州严复通艺学校"的批复》，并且授予校牌。该校牌由严复的侄子严恺教授题字。此外，与严复同代的海军将领叶祖圭的曾孙叶芳骐向研讨会赠送了严复与叶祖圭等在军舰上合影的珍贵照片。福建省文化厅、福建省地方志编委会陈树田副主任代表严复纪念馆收存。

本次研讨会共收到海内外学者的论文 77 篇，内容涉及严复生平事迹、严复的政治经济思想、教育思想、社会文化观、严复的译著研究等，范围较广，有一定的深度，表明严复研究进入了一个新阶段。主办方表示，这次大会是对未来建构"严复学"的一个新的推动，与此同时，研讨会中涉及的许多问题还需要进一步探索。

1994 年

◇2 月
胡希伟《中国自由主义之父》的发表明确了严复在中国自由主义历史上的地位

胡伟希在《甘肃社会科学》杂志上发表了以"中国自由主义之父"为题的文章，该文认为，严复提倡维护个人自由的法制和政治制度、提倡经济上的放任主义、提倡功利主义的伦理观、提倡思想和言论自由，为中国社会带来自由主义的先声。该文从而明确指出严复在中国自由主义史上的开拓性地位。这篇文章发表之后，关于严复自由主义的研究开始逐渐集中在讨论严复自由主义思想的内涵和特征、本身价值属性、来源和倾向等方面，极大地提升了对严复自由思想的研究的水平。

1996 年

◇1 月
福建省严复学术研究会在福州市成立

1 月，福建省严复学术研究会在福州市成立。该研究会成立后，经常与之联系的学者有将近一百名，其中包括了福建省高校、福建省科研部门和北京大学、清华大学、中国人民大学、北京师范大学、复旦大学、南京大学、华中师范大学、南开大学、中山大学等热心研究严复的学者。研究会的成立旨在举办严复研究学术研讨会,促进地区之间的学术交流,运用各种形式宣传严复,同时加强对中国青少年的爱国主义教育。此外,该研究会还旨在促进严复历史资料的搜集、整理以及完善对严复故居的修建、保护工作。

1997 年

◇3 月

文物鉴定家史树青于广东肇庆发现严复佚文"四箴铭录文"

当代著名学者、史学家、文物鉴定家史树青先生(1922—2007年)在广东肇庆端城大酒店艺术中心发现了一件自铭玳瑁书镇,史先生认为这件书镇属于严复,并且在此前从未公开过。史树青先生称,该玳瑁书镇是严复早年读书所用的文房具,长15厘米,宽4.9厘米,厚2.3厘米,与镇尺相比略短而厚,可以用于镇书压纸,其制作十分精致。书镇的正面刻有严复正书小楷"修正仁和四箴铭",该铭文没有被收录在1986年中华书局出版的《严复集》中。正面右上角刻有"青萍轩藏",正面左下角有"严复清玩"题字,背面中部有"光绪年制"方格楷书款。史树青先生认为,"青萍轩"应当是严复早年的书斋名。他还指出,玳瑁属龟类,产于海洋,一般的体长在三尺以上,背有主甲,淡黑而微黄,性强暴,会咬人,其甲可用于制作各种装饰品。严氏的玳瑁书镇,应该是用在海上获得的玳瑁分得其材而制成。

关于书镇上的铭文,史树青先生认为,由于《严复集》中曾记述道,严复长子严璩说过严复写于光绪年的诗文有诸多散失而不能收编到《严复集》中,因此该"修正仁和四箴铭"应当是《严复集》的佚文。该铭刻的主要内容说的是严复做人修身,自励为圣为贤,以达治平之道,这正是严复《原强》所谓:"西方之'群学',其节目支条与吾《大学》所谓诚正修齐治平之事有不期而合者,'群学'治而后能修齐治平。"史树青先生由此还认为,严复对中国传统思想的理解是很深沉的。"四箴铭录文"原文如下:

修

表正万邦，慎身修思，弘敷五典，无轻民事。

正

恒正咸和，天休而滋，吾德正威，立之始基。

仁

克宽克仁，皇建有极，惟精惟一，道积厥躬。

和

日升月和，乾清坤宁，吉享交泰，天地感应。

◇12 月
"严复与中国近代化"学术研讨会在福州市召开

12 月 1 日至 3 日，"严复与中国近代化"学术研讨会在严复的故乡福州召开。本次学术研讨会由福建省严复学术研究会、福州市严复学术研究会主办，并由中国社会科学院近代史研究所、福建省社会科学界联合会联合承办。这是中国大陆继 1993 年之后举行的又一次关于严复研究的学术盛会。来自海内外的八十多位专家学者参加了本次会议，并根据"严复与中国近代化"这一主题进行讨论。

会议主要探讨了以下几个方面的问题：严复的政治思想研究；严复的文化思想研究；严复传播西学和中国近代化的关系；关于严译《原富》的研究；严复的教育思想研究。与会专家学者提出建议，为了进一步推动严复研究的发展，研究者们应当做到：其一，开阔视角，深入研究严复；其二，尊重历史，实事求是；其三，结合现实。此外，与会者还提出，必须尽快创办《严复研究通讯》和《严复未刊文稿集刊》，以促进严复研究最新动态的传播交流。

1998 年

◇5 月
严复铜像在北京大学落成揭幕

5 月 3 日，由北京大学福州校友会捐赠的严复铜像在北京大学落成揭幕。该铜像高为 1.2 米，宽为 1.5 米，重约达 200 千克，由厦门大学李维祀教授设计，以此祝贺北京大学建校一百周年。严复是福建福州人，是中国近代杰出的启蒙思想家、翻译家和教育家。1912 年 2 月 15 日，他被任命为京师大学堂总监督。5 月 1 日京师大学堂改称北京大学，大学堂总监督改称校长，5 月 3 日严复被正式任命为北京大学校长。严复为北京大学的创办、发展和改革倾注了许多心血，在北京大学艰苦创业的阶段作出了重要贡献。如今，在保留下来的当时他与家人朋友的通信以及当时外界对他的评价中，都可以看到他对于北京大学初建以及北京大学学生发展的种种忧虑与竭力的支持。

◇6 月
"严复与天津——纪念《天演论》正式出版 100 周年学术研讨会"在天津召开

6 月 17 日，"严复与天津——纪念《天演论》正式出版 100 周年学术研讨会"在天津社会科学院召开。来自天津市社会科学界和教育界的 30 多位专家学者参加了会议，并向会议提交了论文。与会者认为，严复作为中国近代史上杰出的启蒙思想家、翻译家和教育家，率先系统地向中国介绍了西方先进的政治经济文化等思想，他在所翻译的 19 世纪英国进化论学者赫胥黎的《天演论》中宣扬了"物竞天择，适者生存"的进化思想，对近代中国的思想界产生了重大的影响。因此在《天演论》翻译出版后 100 年的当下，举办专题研讨会来探讨严复进化论思想对于近代中国的影响，以及对当下中国的借鉴价值，都有重要的意义。本次研讨会也代表着严复研究朝着系统化、专题化的方向发展。

与会专家学者们在会上提出了许多引人瞩目的新观点。比如，有学者认为，严复晚年对传统文化的回归，不是倒退或反动，而是在探索救国救民道路上的升华。有学者认为，严复不仅在引进西方政治经济学、伦理教育学等方面作出了杰出的贡献，而且也是中国图腾文化研究的开拓者。在文学方面，有学者指出，严复是中国近代小说理论最早和最重要的开创者之一，是中国近代译介西方诗歌最重要的作家之一。此外，还有学者就严复对维新运动的理论贡献和学术贡献、严复的中西文化观、启蒙教育思想等问题进行了讨论。然而，多数与会者表示，天津的严复研究相对来说比较薄弱，因此今后应当加强这一区域的严复研究，争取最终能成立天津严复研究中心，推动严复研究的进一步发展。

1999 年

◇8 月
福州严复墓被盗

8 月初，福州郊区的严复墓被盗，其中一对盘龙青石柱和一面雕龙石碑失踪，该碑、柱均刻有青龙浮雕。此事件立即引起新闻媒体的报道，不少指责盗墓者行为的言论也纷纷出现。严复墓发现被盗后，公安机关立即展开了立案侦查。严复墓被盗的具体日期尚不清楚，据媒体报道称，8 月 3 日，严复曾侄孙女严培庸带着客人来到严复墓地参观，却发现墓地一片狼藉。他们发现，墓前的青石板已被人翻起，用作石供案案裙的一面青石碑亦被撬走，立在供案前的一对盘龙青石柱也被截断窃去。严复墓地位于福州南郊阳岐村，1910 年，严复为了归葬夫人王氏，由长子严璩监督建造该墓，使之呈"风"字形。新中国成立后，严复墓曾数次修复、扩建。1985 年被福建省政府定为省级文物保护单位。此次严复墓被盗引起了文化界对于文物管理、保护的重视。

2000 年

◇1 月
《教育评论》刊载福建省严复学术研究会 1999 年工作捷报

2000 年 1 月号的《教育评论》刊载了题为"福建省严复学术研究会成绩斐然"的简讯。该文称，在 1999 年，福建省严复学术研究会为开展各种学术活动作出了重大贡献，取得了良好的社会效益。该研究会在 1999 年先后召开了严复诞辰 145 周年纪念大会，严复与《天演论》学术座谈会，录制并播放了爱国主义电视专题片《跨世纪的回眸》，组织创作电视连续剧《严复》，协助中央电视台"天涯共此时"栏目在福州摄制电视专题片《严复与天演论》，发行"爱国名人严复"纪念邮票，编辑印行纪念刊，并进行严复纪念馆的筹建工作。总之，福建省严复学术研究会于1999年在推广、普及有关严复爱国思想的教育方面取得了突出的成绩。

2001 年

◇5 月
清华大学林贤光教授伉俪向福州市博物馆赠送《严复手批沈瑶庆奏稿》

5月3日，福州市博物馆举行了隆重的文物捐赠仪式，捐赠者为清华大学教授、《榕城考古略》作者林枫的后裔林贤光伉俪。他们向家乡福州捐赠了一批重要文物，其中包括晚清官员沈瑶庆奏稿的严复手批——《严侯官墨迹》。这份手批以"严复手批沈瑶庆奏稿"为题收编在于该年11月出版的《科学与爱国：严复思想新探》的附录中。

◇9 月
严复逝世80周年纪念会和学术研讨会在天津市举行

9月12日，为了纪念严复逝世80周年，天津市河东区政协和中国人民解放军军事交通学院共同举办了严复学术研讨会。现中国人民解放军军事交通学院位于天津市河东区，是清末李鸿章创办的"北洋水师学堂"的旧址。严复曾经在天津"北洋水师学堂"任总教习、会办和总办等职达20年，他曾称天津为自己的"第二故乡"，因此在天津举办严复逝世80周年纪念会和学术研讨会，对于天津市的严复研究工作有重大意义。在学术研讨会上，与会专家学者就严复对中国近代思想的启蒙作用、其爱国主义思想及追求真理、严谨治学的精神，作了客观深入的探讨。

◇11 月
严复逝世80周年纪念会在福州市举行

11月9日，由福建省各界人士与全国各地专家学者组织，在福州市举行了"纪念严复逝世80周年"大会，同时举行了《科学与爱国：严复思想初探》论文集首发仪式。时任福建省省长的习近平在会上发表讲话，代表福建省政府对大会的顺利召开和论文集的如期出版表示祝贺。习近平在讲话中谈到，严复是中国近代的"思想先驱"，是福建的骄傲。近些年来，严复思想研究会做了许多工作，产生了一定的影响，促进了严复思想研究和两岸交流，这非常有意义。习近平还表示，希望严复研究能够得到进一步的开展，以促进祖国繁荣富强和海峡两岸的和平统一。大会还收到在台湾的严复嫡孙女严倬云女士、孙女婿辜振甫先生和嫡孙女严停云女士、孙女婿叶明勋先生的献词。

《严复手批沈瑶庆奏稿》与最新考释而得的严复佚文三篇首次披露

11月，习近平主编的《科学与爱国：严复思想新探》由清华大学出版社出版。本书不仅收集了当时全国各地的学者关于"严复思想研究"的最新文章，还首次披露了《严复手批沈瑶庆奏稿》，并且刊登了由最新考释而得的严复佚文三篇。

《严复手批沈瑶庆奏稿》约写于光绪二十七年（1901年），由清华大学林贤光教授伉俪提供，收藏于福州市博物馆。根据时任福州市博物馆馆长、副编审黄启权的研究，沈瑶庆（1864—1920年）原为晚清邑庠生，曾历任工部都水司行走，驻英使馆参赞，工部主事，奏保知府，调补商部平场司郎中以及诰授通议大夫。沈瑶庆奏稿原拟于光绪二十七年，用金黄框毛笔纸恭楷抄正，线状成本。在这份奏稿中，沈氏鉴于戊戌变法后的国内形势，根据自己在国外的亲身经历，向朝廷建议坚持变法，并条陈23款。该年12月左右，严复批阅了这一奏稿，作了34段首批。其中长者500多字，短者仅8字，批阅部分共计5000字，表现了严复积极支持政治经济变法，以及对民生民情的关切。

严复佚文三篇由清华大学历史系教授王宪明先生考释确证，并写成论文《严复佚文十五篇考释》，发表在2001年第2期《清华大学学报》上。严复生前曾多次提及自己在《公言报》发表文章的事情，但是后来的学者一直未能找到严复所说的这些文章。此前海内外各种版本的《严复集》，包括1986年中华书局出版的由王栻先生主编的5卷本

《严复集》，以及 1998 年由台湾联经出版公司出版的 20 卷本《严复合集》，都未能收录严复在《公言报》上发表的文章。王宪明教授通过对中国国家图书馆所藏的《公言报》的反复研读，确认《公言报》上署名"地雷"的一组社论就是一直未被发现的严复的文章。王宪明分析指出，"地雷"是严复 1916 年至 1917 年所用的一个笔名，严复以"地雷"为名发表的这组社论的核心问题，包括三个方面：其一，中国参加第一次世界大战的问题；其二，对第一次世界大战局势的分析和认识；其三，对第一次世界大战期间发生的俄国革命的观察及对中国各派参战问题的立场的比较。《科学与爱国：严复思想新探》所刊登的三篇佚文是这一组社论中的一部分，黄宪明教授发现的这组社论共有15 篇，其题目和发表日期为：

《时乎不再来》，1917 年 2 月 10—11 日；《惩热羹者吹冷齑》，1917 年 2 月 16 日；《一不可做，二不可休》，1917 年 3 月 4 日；《铸像时机》，1917 年 3 月 5 日；《欧战旁观论》，1917 年 3 月 6—7 日；《极端语》，1917 年 3 月 14 日；《信道不可不笃》，1917 年 3 月 24 日；《俄国革命之因果》，1917 年 3 月 27 日；《齐人莫如我敬王》，1917 年 3 月 29 日；《呜呼时局之写真》，1917 年 4 月 14 日；《未足惩贪仅堪戒拙》，1917 年 4 月 22 日；《保障共和亦虚语耳》，1917 年 5 月 12 日；《愿公等先为国计可乎》，1917 年 5 月 17 日；《愿公等更为私计可乎》，1917 年 5 月 17 日；《神圣神圣亦有不神圣之时》，1917 年 5 月 21 日。

2003 年

◇5 月
西安交通大学发现严复《原富》清稿本

5 月中旬，严复百年前翻译的《原富》付印清稿本在西安交通大学档案馆被发现。严复被公认为近代中国将西方资产阶级古典政治经济学说和自然科学、哲学的理论知识引进国内的第一人，他翻译的赫胥黎的《天演论》给晚清社会造成重大观念冲击。《原富》翻译自 18 世纪英国古典经济学家亚当·斯密的《国富论》，严复根据自己的理解将该书与中国传统文化联系，并在其中添加了相关评论。严复于 1897 年开始着手翻译这部著作，1901 年交由南洋公学（西安交通大学前身）译书院出版，1902 年 11 月首次出版。严氏《原富》付印清稿本一套共有 10 本，为红格写本。该版本抄笔端正严谨，书尾有严复签上的"几道复勘"的字样。这一稿本已由西安交通大学档案馆申报中国档案文献遗产，并通过国家档案局初评。

◇8 月

孙应祥《严复年谱》出版

孙应祥著，福州福建人民出版社出版。本书的主要资料来源为 1986 年王栻先生主编的《严复集》，然而在其引用资料、对一些问题的看法方面，本书又在前者的基础上作了重要补充和完善，较之前王蘧常的《民国严几道先生复年谱》有了极大的进步与扩展，特别是对严复生平各时段的活动有了更加详实的记载，为严复研究的发展提供了许多重要的新信息。本书引用史料丰富，不仅征引严复各类已版著译，还汇集了大量佚文、手稿、书信等稀见资料。此外，本书还广泛收集了国内外档案、大型资料汇编、近代报刊、近代人物的文集、日记、年谱、杂记、碑传、谱牒以及研究论著等，各类资料共计 200 余种。

◇10 月

严复诞辰 150 周年纪念大会暨严复思想学术研讨会在福州举行

2004 年 1 月 8 日是严复诞辰 150 周年纪念日。为了提前展开盛大的纪念工作，2003 年 10 月，政协福建省委员会主持举办严复诞辰 150 周年纪念大会暨严复思想学术研讨会。同时，福建省严复学术研究会、福建省社科联和北京大学福建校友会，共同参与筹备与承办会议。本次研讨会的研讨主题包括严复的学术思想、政治主张及其社会影响。来自全国各地的专家学者从多个层面、多个角度深入探讨了严复思想，涉及面广泛，分析深刻，对推动国内严复研究乃至中国近代思想史研究都有着积极的作用。

2004 年

◇1 月

纪念严复诞辰 150 周年学术研讨会在福州举行

1 月 3 日，由中国社会科学院近代史研究所、福建省亚太经济文化促进会、福建省师范大学严复研究所等单位联合主办的纪念严复诞辰 150 周年学术研讨会在福州举行，共有两百多位海内外专家学者参与了本次研讨会。2004 年 1 月 8 日是严复诞辰 150 周年纪念日，本次学术研讨会就是为了响应纪念严复诞辰 150 周年而举办。研讨会共收到论文 40 多篇，内容普遍涉及严复的政治思想、经济思想、教育思想、哲学思想、伦理道德思想、翻译思想等，并着重讨论了严复思想在文化启蒙中的地位和作用。多数论文还达成一个共识，即严复所传播的以"物竞天择，适者生存"为代表的天演思想不仅在近代中国救亡运动中发挥了重大的作用，而且对于当下社会依然有重要的现实意义。与会者还建议，今人应当学习、继承和弘扬严复的三点宝贵精神：一、始终不忘中华民族的复兴大业；二、始终不忘弘扬中华民族优秀文化；三、始终关注中国的现实问题。

严复诞辰 150 周年纪念会在福州举行

1 月 8 日，福建省严复研究会在福州隆重举办了严复诞辰 150 周年纪念会，国内外专家学者、严复后裔等近 50 人参加了本次纪念会。纪念会后，与会者前往严复故乡——福州仓山区阳岐村瞻仰严复故居，祭扫严复墓。同时，研究会受严复在中国台湾的孙女、孙女婿严倬云、辜振甫、严停云、叶明勋及曾孙严正等人的委托，代为敬献花篮。

《严复墨迹》出版

卢美松主编，福州福建美术出版社出版。本书是严复书法专辑，搜集到严复亲笔墨迹，为读者展现了严复儒雅、劲秀的书法艺术，也展现了严复在作为启蒙思想家、教育教和翻译家之外的书生的一面。

本书在 2004 年出版,是为了纪念严复诞辰 150 周年。本书所采用的严复墨迹大多数来自全国各地的图书馆、博物馆、档案馆藏品,而少部分来自个人收藏或其他公开物。其中有的书法作品无法知道收藏者,有的则应收藏者要求而不署名。《严复墨迹》的出版不仅为严复思想的研究提供了相关原始资料,也为书法界增添了亮点。

◇2 月

严复诞辰 150 周年纪念大会暨学术研讨会在福州举行

2 月 8 日,由福建省政协主办的严复诞辰 150 周年纪念大会暨学术研讨会在福州举行。主办方邀请到两百余人出席本次纪念大会与学术研讨会,这其中包括严复在海峡两岸的亲属与后裔、著名历史学家龚淑铎、来自日本及中国港台地区的专家学者,以及福建省各界人士等。其中,严复的孙女、中国台湾妇女界领袖人物严倬云携三子女及两位侄子专程从中国台湾来福州出席了本次大会。严倬云在大会上发表讲话时谈到,她一直敬仰着先祖父严复的爱国主义思想,她牢牢记住先祖父"中国必不亡"的遗嘱,看到现在中国日益强大富强,足以使长眠地下的先祖父感到欣慰。她还表示,希望海峡两岸的中国人能继续为振兴国家共同作出努力。此外,严倬云一行人还专程到福州阳岐村严复墓祭拜。

福建省政协主席陈明义在开幕式上发表讲话指出,严复是伟大的爱国者,是中国近代史上杰出的启蒙思想家、翻译家和教育家。在新形势下,中国人同样需要弘扬严复那种崇尚科学、追求先进文化的精神,以及他"崇真而黜伪"、"实体而躬行"的求真务实精神。

本次学术研讨会共收到论文 63 篇。

《严复年谱新编》出版

罗耀九、林平汉、周建昌编,鹭江出版社出版。本书在 20 世纪 30 年代王蘧常编写的《民国严几道先生复年谱》的基础上,借助 80 年代王栻主编的《严复集》所揭示的新资料而写成,在其他许多方面也补充了新资料,大大扩充了严复研究的历史资料,丰富了严复的形象,纠正了此前研究的一些错误。本书编者在编撰此书时,坚持做到公正，对于有争议的问题，并没有下定论。本书选择大量引述历史资料来还原历史真相，尽管编者对此事评价有所偏向，但仍然没有在书中作出定性的评判，而是指出，这些争议性问题有待更加深入的研究。

《人民日报》刊登林平汉《严复对中国近代法制观念的开拓》

2月27日，福建师范大学严复研究所所长林平汉在《人民日报》上发表了文章《严复对中国近代法制观念的开拓》。林平汉在文中着重介绍了严复的法学思想，包括严复重视法制、主张建立平等自由的法律、提出加强法治建设的若干设施、因地制宜同时从实际出发地制定法律等主张。由此，林平汉探讨了严复法律思想的社会意义，特别强调严复曾坚决主张要摆脱封建专制统治，建立一套完整健全的法律制度和法律机构，以使正义得到伸张，公理得到维护，最后促进国家富强和社会进步。

2004年是严复诞辰150周年，全国各地，特别是福建省内掀起了"严复研究"、"严复讨论"的热潮。即将到来的2005年则是严复发表《论世变之亟》、《原强》、《辟韩》和《救亡决论》这批著名论文110周年，再加上这一年国内的关于合理的法制建设的讨论正盛，对于严复的思想，特别是他的政治经济、自由民主以及法制思想的讨论便对人们探索国家建设的长远计划有着非常重要的借鉴作用。林平汉此文发表在《人民日报》上，不仅是应这一年的"严复学术热"而作，也是为大多数中国百姓普及历史知识，为探索中国法制建设的良好发展前景而作。

◇7月

《〈严复集〉补编》出版

严复著，孙应祥、皮后锋编，福州福建人民出版社出版。本书在1986年王栻先生主编的《严复集》的基础上，根据其后搜集到的关于严复的新资料而编成，因此题为《〈严复集〉补编》。本书的结构、内容与《严复集》保持一致，分为诗文（先文后诗词）、书信、评点（《〈沈瑶庆奏稿〉批语》）、译文四类，各类著述大体按撰写或发表时间先后排列。本书的出版为日益兴盛的严复研究提供了重要的研究新资料。

2005 年

◇1 月

严复翰墨

卢美松主编,福州福建美术出版社出版。2004 年出版的《严复墨迹》引起了读者的广泛响应,许多读者期望能看到更加丰富的"严复墨迹"资料。本书便是在这样的呼吁下修订的,在内容和编排上对《严复墨迹》都作了补充和调整,更加完整地展现了严复生前书法作品的意气风发、词采斐然的特点。本书所采用的严复墨迹依然大多来自各有关图书馆、博物馆、档案馆藏品,少部分来自个人收藏或其他公开物,所收编的"严复墨迹"的形式并没有发生太大变化。

◇6 月

严复学术与思想研讨会在香港浸会大学举行

6 月 24 日,由香港浸会大学近代史研究中心、香港中国近代史学会和福建师范大学严复研究所联合举办的严复学术与思想研讨会在香港浸会大学举行,这是香港首次举办有关严复的学术研讨会。本次会议共发表学术论文 13 篇。在会议上,来自中国内地和香港的学者分别宣读了这 13 篇论文。这些论文内容广泛、研究深入,受到与会者的高度评价。同时,与会者提到,严复学贯中西,其知识面之广阔涉及了文理众多学科。严复在学术上有多样的能力、多种成就,然而现在的研究者由于学科的划分而造成知识受局限,这就与严复研究的要求形成矛盾。有学者表示,没有一个学者能单独、全面而深透地完成严复学术与思想的研究,这是多年来严复研究和严复学术成就极不相称的原因所在。因此,为了提高严复研究的水准,应当联合多个学科、多个学术单位进行合作。

与会者还在会上表示,像本次会议这样的跨地合作,对于各单位来说都是第一次,该类型的学术合作将有利于发挥中国内地和香港两地学术的优势，提升严复研究的水准。

◇9 月

福建省社会学会暨福建省严复研究会 2005 年学术年会在福州大学召开

9 月 24 日，福建省社会学会暨福建省严复研究会 2005 年学术年会在福州大学对外学术交流中心隆重召开。来自厦门大学、福建师范大学、集美大学、福建省委党校、福建社科院等高校与科研院所的从事社会学研究与严复研究的 70 多位专家学者，以及福州大学人文社会科学学院的师生们参加了此次年会。与会者以"福建省和谐社会建设"与"严复的社会学思想"为主题展开了热烈的讨论。本次学术年会由福州大学人文社会科学学院主办，共收到与会代表提交的论文 80 多篇。

与会者对严复的社会思想展开了新的深入的研讨。他们注意到严复所翻译的《群学肄言》一书的重要性，认为它代表了严复对中国社会如何避免动荡式的变革、如何能平稳地进行改革的深入思考。此外，与会者将严复的社会思想与福建省当下的和谐社会建设紧密地联系起来，通过严复的社会观点来重新审视福建当前面临的社会问题。专家学者们认为，大多数社会问题是因为利益分配不平衡引发的，政府可以通过制定积极的社会政策以引导社会利益的公平分配，依法治省，促进不同社会阶层关系、城乡关系以及人与自然关系的和谐发展。

这是福建省社会学会与福建省严复研究会第一次联合召开学术年会，两个组织的合作对促进福建省社会学研究与严复研究的进步有重要的意义。

◇10 月

"纪念《天演论》翻译 110 周年——严复与天津"国际学术研讨会在南开大学举行

10 月 30 日，由天津市委统战部、南开大学、天津市政协和今晚报社联合主办的"纪念《天演论》翻译 110 周年——严复与天津"国际学术研讨会在南开大学召开。来自北京大学、清华大学、南京大学、吉林大学、武汉大学、厦门大学等几十所大专院校和中国社会科学院近代史研究所、广东社会科学院等单位的专家学者共百余人参加了本次研讨会。这是海内外第一次举行专题研讨关于严复与天津的历史文化关系的国际学术盛会，对于严复研究作了专题性的扩展，具有里程碑意义。自从 1880 年任职北洋水师学堂起，严复在天津工作、生活了二十多年，他的许多翻译作品、议论性文章等是在天津完成的。因此，在天津举办本次学术研讨会对于深入探究严复与天津的关系、严复在天津时期的思想发展路程等，都有重要意义。

会议期间，与会者讨论的话题包括：严复的爱国主义、社会改革主张、翻译思想、教育思想、严复的自由观与宪政思想、严复思想的发展脉络、严复的儒学观、宗教观、《天演论》的特点及其在中国近代思想史上的地位、严复与李鸿章、袁世凯、郭嵩焘、夏曾佑等人的交往、严复的仕途经历、严复在天津的生活等。通过广泛地交流国内外的研究成果，本次研讨会把严复研究又推上了一个新台阶。

2006 年

◇7 月
华东师范大学历史系教授邬国义发表《严复玳瑁书镇四箴铭是伪作》

《中国社会科学院研究生院学报》2006 年 7 月号刊登了华东师范大学历史系教授邬国义的文章《严复玳瑁书镇四箴铭是伪作》。1997年，当代著名学者、史学家、文物鉴定家史树青先生称在广东肇庆端城大酒店艺术中心发现了严复的一件自铭玳瑁书镇。该书镇正面刻的正书小楷"修正仁和四箴铭"被认为是严复的一篇佚文，并且已被收入 2004 年出版的由孙应祥、皮后锋主编的《〈严复集〉补编》中。邬国义教授在该驳议文章中指出，这一所谓的严复铭文其实是一篇伪作，是伪造者依据故宫乾清宫等处康熙、乾隆皇帝的楹联改作而成的。

该文认为，"修正仁和四箴铭"并不是严复的佚文，原因有三：一、铭文中显示的"青萍轩"斋名在严复曾有过的书斋名、印章上都没有找到印证。二、从内容上看，该铭文主要讲的是帝王宽和仁爱，表正万邦，又讲到日月之和、天地之交，说的应当是"帝、后之间的相互关系"，而非过去所认为的"是严氏作人修身，自立为圣为贤，以达治平之道"之作。三、细查铭文上的正书小楷，与严复的字迹并不符合。

经过认真的研读，邬国义教授发现了该铭文与康熙帝、乾隆帝的楹联的对应之处，由此认为这一书镇的严复铭文是伪作，是作伪者依据故宫乾清宫等处康熙、乾隆皇帝的楹联改作而成的。在文章的最后，邬国义教授斥责了文物伪造者的这种通过造伪来牟取暴利的行为，他指出，这样做不仅损害了国家的声誉，也对历史学研究造成了负面的影响，因此他建议这样的现象必须引起应有的重视。

◇10 月
"纪念严复逝世 85 周年国际学术研讨会"在福建省武夷山召开

10 月 19 日至 23 日，由福建师范大学严复研究所、中国社会科学院近代史研究所、福建省亚太经济文化促进会、厦门大学历史系、台湾东海大学历史系、福建省心理学会、福建师范大学社会历史学院及闽台区域研究中心等单位共同举办的"纪念严复逝世 85 周年国际学术研讨会"在福建省武夷山召开。来自海内外的 76 位专家学者参加了本次会议，并撰写有关学术论文 71 篇。福建省委副书记、省政协主席梁绮萍，以及严复嫡孙女、台湾妇女界领袖人物严倬云都发来贺电，祝愿本次会议"能够拓展深化严复学术思想研究"，并赞誉本次会议"能够开拓中西文化汇流价值，深具历史文化意义"。

本次会议成果丰富，出现了不少学术亮点；不同的学科能在同一平台上共同合作，最终汇集了严复的政治、经济、文学、教育、哲学、法学、伦理道德和翻译理论等领域的研究成果。与会者认为，这一跨学科、跨地区的学术交流活动对于弘扬中华民族优秀文化，深化严复学术研究，促进海峡两岸经济建设，推进祖国和平统一大业，都将产生深远的影响。根据林平汉所撰写的会议综述，大会研讨的主要内容包括以下三个方面：

第一，政治经济思想研究：一、探讨了严复"国贵自主"思想的现实意义，强调国家必须自己做主，不受制于人。二、认为严复思想突出地表现出以"西学救国论"、"文明排外论"为特色的爱国思想和民族观的特点，而这种特点具有广泛的感染力与强大的动员力。三、从多个角度探讨了严复对第一次世界大战的态度，认为应当联系戊戌变法后严复心中的关于民族意识与革命思想的矛盾来探析严复的民族意识。四、对严复"新民德"思想有了新的认识，认为严复之所谓"民德"，实际上是指国人的思想观念或国民性，而非指一般意义上的"道德"。严复出于对洋务运动的深刻反思，提出学习西方不能只学其"物质文明"，还必须在其思想道德观念上作出转变，以实现中国社会的进步。五、曾被众多学者忽视的严复的责任观问题（包括国家责任、社会责任、学者责任和家庭责任）重新获得关注，认为其具有深刻的内涵。六、在经济思想方面，认为严复在观念层面上主张"开明自营"，在政策层面上提倡"听民自谋"，在制度层面上提倡"定之以公约"，赞成"重农"，但又反对"抑末"，提倡"崇俭"，主张"积极消费"。

第二，哲学思想文化研究：一、承认严复为当时的中国人了解西方架接起沟通的桥梁。如19世纪末他对进化论的译介和宣传，20世纪初对"中体西用"、"政本艺末"、"中主西辅"等观点的批判，以及对"自由"、"科学"等近代文化本体论的阐发，都站在时代前列，代表了新文化的方向。二、对严复晚年复古思想作了新的理解评判，认为严复晚年在学术思想上表现出重新肯定传统文化价值的积极姿态，并不是简单地为了复古的需要，而是为了融合中西古今文化之长，创造出一套适合当时中国发展的新文化系统。三、认为开发"国民的智能"和提高"国民的体质"等观点往往与严复对科学、学问和实证的思考紧密联系在一起，而革新"国民的道德"，则与严复的人道观、价值观和道德信念结合在一起，对严复来说，"新民德"是广义上国家繁荣和富强的根基。四、关于严复文论思想，有学者归纳出以下四点特色：（一）严复文论思想相当丰富深刻，然而迄今未见有这方面的全面的研究之作。（二）严复的文论思想包含翻译论、诗论、文论、小说论、中外文化融合发展论，及其评《老子》、《庄子》、《王荆公诗》、《古文辞类纂》的文评实践和文评见解。（三）严复的诗文创作、文论思想和文评实践，同梁启超领导的改良派的文学革新运动中的

"文界革命"、"诗界革命"和"小说界革命"既有联系又有区别，严复与桐城派既有联系也有区别。(四)严复的文论思想有他作为"过渡时期人物"那种新旧杂陈的复杂性。五、关于严复的翻译理论产生持久影响力的原因，有学者归纳为以下几点：(一)严复提出的"信、达、雅"符合时人乃至今人审视译文的基本标准。(二)严复的翻译理论言简意赅，朗朗上口，为不同层次的人所接受。(三)因为其仅有三字，留有较为广阔的阐释空间，因此为众多人从不同角度进行理解与品评。六、认为严复虽然总结和概括了实业教育的特点及重要性，但他的强调仍然停留在理论层面。

第三，严复研究中仍有许多方面值得通过继续发掘史料而深入研究，这表现在：一、弄清严复在北洋水师学堂任职情况，详细说明严复由"洋文总教习"一职开始其教学生涯，再由"会办"到"总办"的升迁过程。二、近年陆续发现了严复致观澜四弟书信、一些未刊书信和译文，以及尚需进一步考订的严复研究史料和一些误认为严复笔名的文稿等，这些需要更深层的研究。

最后，大会还达成共识，认为国内出版的《严复集》迄今已 20 年，尚有不少新史料和未刊文稿，需要通力合作，进一步考订、增补，力争在三年左右完成编辑出版工作，以适应严复学术研究的需要。大会还成立了《严复全集》编辑筹备小组，以福建师范大学严复研究所为基地，负责组织协调编辑工作。

"严复译著《法意》出版 100 周年"学术研讨会在福州举行，宣布新发现严复未刊稿 8 篇

2006 年是严复逝世 85 周年，也是严复译著《法意》出版 100 周年。10 月 28 日，由福建省严复学术研究会和福建省政法管理干部学院共同主办的"严复译著《法意》出版 100 周年"学术研讨会在福州举行。《法意》是 18 世纪法国启蒙思想家孟德斯鸠《论法的精神》在中国首次翻译出版的版本，严复翻译这部著作后，在当时社会引起巨大反响。本次研讨会上，来自社科界的专家学者们认为，严复把西方法制思想介绍到中国的同时，结合了中国传统文化，根据中国当时的国情作了诠释，从而引发了当时中国思想文化界的共鸣。这些思想对于当今社会倡导依法治国依然有借鉴作用。

在与会者之中，包括专程从天津赶到福州的全国政协委员、严复侄曾孙严孝潜先生。会后，他在接受媒体采访时，宣布了新发现8篇严复未刊发的书信和译文的消息。

新近发现的这8篇严复文稿是：1890年《致观澜四弟书》、1900年《致孝明老棣书》、1909年《写给外甥女何纫兰信》、1909年《给何纫兰的短笺》、1911年《给族侄严瑜家书》、1913年《给何纫兰的信》、1920年《给长子的信》、译著《美国教会麦美德女士书吴芝瑛事略》。提供这些书信和译文的是严复的四弟严观澜的曾孙严名先生。严名原是上海第二医科大学教授，他的父亲严群是杭州大学教授。在王栻先生《严复集》的编后记中，对严群有过这样的介绍："严群先生是严复的侄孙，生平最注重收藏严复文字。十多年来，他陆续整理并先后寄来了抄稿近100篇，包括论文、诗词、书札、专著及翻译各个方面，一部分是未曾看到过的新材料，史料价值非常高。"严名曾帮助父亲做过一些整理和抄稿工作。严名说，当时由于一些历史原因，有一些严复的书信没有抄寄给王栻。严名多年旅居美国，2003年回国后定居上海，在整理家信时，发现了一批严复的书信，它们还没有刊发于《严复集》中，也未见于任何有关严复公开出版的书集里，现在严名将这些稿件提供给福建省严复学术研究会，为促进严复研究的新发展作了贡献。

2007 年

◇10月
严复译著《天演论》手稿等630件文物在中国人民革命军事博物馆展览

10月14日上午，严复译著《天演论》手稿等630件文物在北京市中国人民革命军事博物馆展出。此次主题展的名称为"复兴之路"，展览时间为两年。主办方称，为了用文物见证历史，以史为鉴，在百姓中普及历史知识，国家博物馆从馆藏近现代文物中精心挑选了630(套)珍贵文物在军事博物馆中展出，其中有70件属于国家一级文物。这些文物包括严复译著《天演论》手稿、上海公共租界界碑、太平天国天王洪秀全的玉玺、袁世凯在天坛祭天时穿的祭服和祭冠等文物。

◇11 月
"严复思想与中国现代化"学术研讨会在福州市召开

11 月中旬,由福建省严复学术研究会和政协福州市委员会联合举办的"严复思想与中国现代化"学术研讨会在福州市进行。2007 年是福建马尾船政学堂首次派遣中国学生留欧 130 周年,也是严复赴英留学 130 周年。为了纪念严复启蒙思想对促进中国社会进步和改革的重大贡献,同时为了深入探究严复思想的历史内涵与现代价值,"严复思想与中国现代化"学术研讨会在福建省社科联、福建省社科院以及福建省船舶工业集团等企事业单位的大力支持和赞助下顺利召开。

本次大会共收到论文近 50 篇,来自各地著名高校、科研单位的 60 余位专家学者为本次研讨会的论文作了贡献。研讨会以"严复的民主、科学和爱国主义思想对推动中国现代化的意义"为主题进行了深入探讨,并在严复思想的当代价值等方面取得了共识。同时,本次会议论文在研究深度和广度方面都比以往有了更大进步。这些论文的内容主要包括以下两个方面:一、关于严复思想的总体性评价研究;二、关于严复思想的分类研究,这一方面又包括:严复的政治思想研究、道德思想研究、教育思想研究、学术思想研究、法制思想研究、自由主义思想研究、爱国主义思想研究以及社会和谐思想研究。时任福建省文史馆馆长的卢美松在评价本次会议时指出,本次研讨会具体有四个特点:一、扩大了对严复思想的研究范围,对严复研究提出了许多新见解,开拓了一些新思路。二、普遍加深了对严复思想的认识程度,阐发了严复思想中许多以往不被人们注意的要点。三、研究论文多数能够紧扣主题,阐述严复思想对中国社会现代化的积极影响和现实意义。四、本次研讨会上出现了许多青年学者,他们以严谨的作风、积极的态度参与其中,表现了严复研究的新趋势和新动力。

此外,还有不少专家学者呼吁,要大力保护、开发和利用好严复的相关遗迹，经营"严复故里"的文化品牌，为提升福州作为海峡两岸省会中心城市的文化品位而努力。

2008 年

◇3 月

福建各界人士呼吁全面保护严复故里

3 月 30 日，福建省严复学术研究会同福建省军区教导大队、仓山区政府、严复后裔代表，以及福建省社科联党组书记、严复学术研究会会长杨华基，福州市人大常委会副主任、严复学术研究会副会长高翔，福建省文史馆馆长卢美松等人前往仓山区盖山镇阳岐村祭扫严复墓。祭扫后，他们来到严氏宗祠（即严复纪念馆），就严复故里的保护问题进行了座谈讨论。期间，他们呼吁要全面保护严复故里。他们认为，阳岐是严复的故乡，是福建省省级历史文化名村，这里不仅有作为全国文物保护单位的严复墓和严复祖居，还有严氏宗祠、陈文龙尚书祖庙、玉屏山庄、宋代午桥。这些文物与严复的生活密切相关，若不及时加以全面的保护和适当的规划，将造成闽都文化优秀资源的丧失。其后有两位专家建议，在保护的基础上，应在阳岐建设严复公园，并在公园里建设纪念馆。同时，市中心可以树起严复雕像，以"严复路"、"天演街"、"适安道"等命名新路，从而突出严复故里形象。还可借政府力量，吸收严复宗亲和社会的力量，设立严复基金，用于严复学术研究和宣传活动。

◇10 月

严复纪念堂正式开馆

10 月 28 日，严复纪念堂开馆仪式暨两岸书画交流会在福建省福州市晋安区春海堂美术馆进行。在福建省严复研究会、春海堂美术馆以及严复孙女严倬云女士的共同努力下，严复纪念馆以一种全新的面貌重新亮相。纪念馆里的展品不仅展示了严复一生的思想贡献以及学术成就，还为严复研究团体、闽台文化艺术交流提供了平台。

2010 年

◇**6 月**

严复故居重装开放

6 月 24 日，作为全国重点文物保护单位的严复故居重新对公众开放，此前严复故居刚刚经过 20 多天的布展更新。严复故居位于福州市鼓楼区郎官巷西段，是一座带有明清建筑风格的福州传统大厝，严复晚年曾与家眷生活在这里。为了更加全面、详细地再现严复的生平轨迹，该年 6 月初，三坊七巷管委会正式启动严复故居的布展更新工作。这次新增设的展馆分严复故居东院正厅和西院花厅两个展区，其中，东院正厅展区围绕"少年砺志"、"投身海军"、"天演惊雷"、"教育救国"4 个展示主题来介绍严复的生平功绩；西院花厅展区以"严复与儿孙"作为展示重点，同时还介绍了严复后裔在海峡两岸交流交往中发挥的重要作用。

2011 年

◇**11 月**

海峡文化研究会承办"严复思想与社会进步"论坛

11 月 12 日，"严复思想与社会进步"论坛在福建举行。本次论坛由福建省社科联主办，福建省海峡文化研究会等单位联合承办，共收到论文 18 篇。在论坛上，与会者围绕"严复文化批判与文化自觉"、"严复教育伦理观"等问题进行了研讨。

福建省海峡文化研究中心和福建省海峡文化研究会于 2005 年 7 月 26 日在福州成立。这两个研究机构的成立，是贯彻落实党的十六大和十六届三中、四中全会精神，贯彻落实福建省委、省政府关于树立科学发展观，构建社会主义和谐社会，加快海峡两岸经济区建设决策部署的一项重要举措。海峡文化研究中心和研究会的工作主要包括以下几点：一、统一思想，通力合作，共同构建海峡文化研究和宣传的平台。二、做好规划，协调合作，努力促进海峡文化研究工作更上一层楼。三、精心组织，积极参与，做好海峡文化的普及宣传工作。四、加强联系，拓宽渠道，进一步做好与中国台湾和海外的学术文化交流。本次"严复思想与社会进步"论坛的举办加强了海峡两岸关于严复研究的沟通和交流。

2012 年

◇1 月

首届闽都文化论坛在福州召开，严复故乡文化开发成热点

1 月 15 日，第一届闽都文化论坛在福建省福州市召开，共有 100 多位专家学者参加了本次论坛。在论坛上，多年来致力于严复研究的汪毅夫提出，严复是闽都文化的代表人物，严复译 19 世纪英国生物学家赫胥黎的《天演论》打破了中国"沙聚之邦"的社会问题，不仅对闽都有重要的历史意义，对于全中国更是历史意义重大。《天演论》迫使近代中国思想界产生危机感、使命感、责任感、认同感与道德感等，强化了社会凝聚力。同时，"物竞天择，适者生存"等进化论观点，激发了国人救亡图存的意志，对近代思想界影响极大，严复因而成为海内外历史文化界研究的重点。此外，汪毅夫高度评价了严复在中国近代思想启蒙方面的独有价值和现实意义。他认为，严译《天演论》实际上也是严复的论著，严复在介绍赫胥黎进化论与伦理学及其他论文的同时，也就是在介绍严复本人和其他中国学人的观点。其中关于用集体情感来强化社会结合的理论，完全切合于解决近代中国增强社会凝聚力的问题。

在本次闽都论坛上，研讨闽都文化在中国近现代发展历程中的地位和作用成为主旨，而在对众多闽都人物的研究中，严复成了专家们热议的焦点。有专家呼吁，应当对严复故乡文化资源进行规模开发。如福建师范大学教授王岗峰建议，可将严复故乡文化与三坊七巷文化、马尾船政文化并在一起，作为全国近代文化经典之作；还可以在严复墓周围建严复广场，在严复故乡福州仓山阳岐村的核心地带建设民俗街；甚至可以将阳岐两岸通往玉屏山庄、严氏祠堂、陈文龙尚书祖庙的沿路两边的民房改建为仿古建筑。中国社科院历史研究所所长

陈祖武亦认为，福州是众多历史文化名人故居的所在地，应该将包括严复在内的名人思想作进一步的总结和梳理，充分地挖掘其中的思想文化价值，以激活闽都文化的生命力。最后，大多数与会专家表示，借古开今才是挖掘闽都文化的价值所在。福州闽都文化研究会副会长林山表示，闽都文化承自中原文化，融合了闽越文化和海洋文化，又在近代的中西交融中吸收了西方文化的思想精华，展示出博大的胸怀。通过对闽都文化的研究，可以古为今用，为促进中国现代化提供有益的参照。

◇5 月
"纪念严复就任北京大学校长百年座谈会"在福州召开

5 月 26 日，由福建北京大学校友会、福建省严复学术研究会、福建省畿道文化传媒共同主办的"纪念严复就任北京大学校长百年座谈会"在福州召开。福建省文化界领导以及相关专家学者参加了本次座谈会。与会者强调，严复对北京大学的意义是"无君即无北大，有史必有其人"，并对严复在中国教育史上的诸多贡献作了充分的肯定。1912 年 5 月，京师大学堂改名为北京大学，严复受命任北京大学校长，提出了"兼收并蓄、广纳众流、以成其大"的办学思想。当北京大学因财政困难险遭停办时，严复曾作《论北京大学不可停办》帖，呼吁社会支持，挽救了北京大学。

（李明慧）